Comentário e Interpretação da Lei Previdenciária no Regime Geral da Previdência Social (RGPS)

Volume I

Lei de Benefícios da Previdência Social (Lei n. 8.213/91)

SERGIO RENATO DE MELLO

Advogado especialista em Direito Previdenciário.

Comentário e Interpretação da Lei Previdenciária no Regime Geral da Previdência Social (RGPS)

Volume I

Lei de Benefícios da Previdência Social (Lei n. 8.213/91)

LTr EDITORA LTDA.
© Todos os direitos reservados

Rua Jaguaribe, 571
CEP 01224-001
São Paulo, SP — Brasil
Fone (11) 2167-1101
www.ltr.com.br

Produção Gráfica e Editoração Eletrônica: RLUX
Projeto de capa: FABIO GIGLIO
Impressão: HR GRÁFICA E EDITORA

LTr 4715.9
Junho, 2013

Dados Internacionais de Catalogação na Publicação (CIP)
(Câmara Brasileira do Livro, SP, Brasil)

Mello, Sergio Renato de
   Comentário e interpretação da lei previdenciária no Regime Geral da Previdência Social (RGPS) : volume I : lei de benefícios da Previdência Social (Lei n. 8.213/91) Sergio Renato de Mello. — São Paulo : LTr, 2013.

   Bibliografia
   ISBN 978-85-361-2611-1

   1. Direito previdenciário — Brasil 2. Previdência social — Leis e legislação — Brasil I. Título.

13-04256   CDU-34:368.4(81)(094)

Índice para catálogo sistemático:

1. Brasil : Leis : Previdência social : Direito previdenciário   34:368.4(81)(094)

Ao Senhor Jesus, pelo sacrifício na cruz, que transformou a minha vida;

*à minha esposa, Elis Marisa Pieritz de Mello,
pela compreensão em momentos de ausência, dedicados
ao estudo do Direito, e pelas inúmeras lições de vida
já compartilhadas em tão pouco tempo de união;*

*a meus pais, Manoel Jorge de Mello e Lucia Catarina Jorge de Mello,
pelo apoio moral e material, e pela formação de meu caráter;*

*à minha irmã, Alessandra Cristina de Mello, com quem
compartilho momentos de solidariedade e cumplicidade;*

*a todos os operadores do Direito Previdenciário, corresponsáveis na
divina missão de assistir tecnicamente os desvalidos e hipossuficientes.*

SUMÁRIO

Apresentação 21

Prefácio 23

Art. 1º 25
1.1. Evolução histórica de sistemas de proteção dos primórdios ao *Welfare State* 25
1.2. A crise gerencial do sistema previdenciário no Estado de Bem-Estar Social 26
1.3. Seguridade, Previdência e Assistência 28
1.4. Desmistificando o *déficit* da Previdência Social 29
1.5. Mudanças de regime e "reformas paramétricas" 32

Art. 2º 33
2.1. Princípios e objetivos da Previdência Social 33
    2.1.1. Universalidade de participação nos planos previdenciários 34
    2.1.2. Uniformidade e equivalência das prestações urbanas e rurais 36
    2.1.3. Seletividade e distributividade dos benefícios 38
    2.1.4. Correção monetária dos salários de contribuição no cálculo do salário de benefício ... 39
    2.1.5. Irredutibilidade do valor dos benefícios 40
    2.1.6. Valor da renda mensal não inferior ao salário mínimo 42
    2.1.7. Previdência complementar facultativa 42
    2.1.8. Caráter democrático e descentralizado da gestão administrativa 43
2.2. Outros princípios informativos da Previdência Social 44
    2.2.1. Contrapartida 44
    2.2.2. Filiação obrigatória 44
    2.2.3. Caráter contributivo e diversidade de base de financiamento 45
    2.2.4. Solidariedade 46

Art. 3º 48
3.1. Conselho Nacional de Previdência Social 49

Art. 4º 50
4.1. Competências do Conselho Nacional de Previdência Social 50

Art. 5º 51
5.1. Cooperação dos órgãos governamentais 51

Art. 6º 52
6.1. Ouvidoria-Geral 52

Art. 7º 54
7.1. Conselhos Estaduais e Municipais de Previdência Social 54

Art. 8º 57
8.1. Competência dos conselhos estaduais e municipais 57

Art. 9º 58
9.1. Regimes de Previdência 58
9.2. Seguro-desemprego 60
9.3. Seguro-desemprego, durante o período de defeso, ao pescador profissional 60

Art. 10 62
10.1. Beneficiários do Regime Geral da Previdência Social 62

Art. 11 63
11.1. Espécies de filiação. Manutenção da filiação ao aposentado da ativa. Taxação das atividades concomitantes 69
    11.1.1. Empregado 70
    11.1.2. Empregado doméstico 73
    11.1.3. Contribuinte individual 73
    11.1.4. Empresário, autônomo e equiparado a autônomo 74
    11.1.5. Avulso 75
    11.1.6. Segurado especial 76
    11.1.7. Trabalho rural de curta duração 78
    11.1.8. Aluno-aprendiz 78
    11.1.9. Segurado especial 79
    11.1.10. Dirigente sindical 79
    11.1.11. Microempresário individual 79

Art. 12 80
12.1. Proteção do Regime Geral da Previdência Social aos servidores públicos 80

Art. 13 82
13.1. Segurado facultativo 82

Art. 14 84
14.1. Empresa 84

Art. 15 86
15.1. Aquisição, manutenção e perda da qualidade de segurado 86

Art. 16 91
16.1. Dependentes 91
    16.1.1. Relação jurídica entre dependente e a Previdência Social 91
    16.1.2. Dependente designado 92
    16.1.3. Cônjuge, companheira/companheiro, filho não emancipado, menor de vinte e um anos, ou inválido 92
    16.1.4. Companheiros homossexuais 96
    16.1.5. Equiparado a filho: enteado e menor sob guarda ou tutela judicial 97
    16.1.6. Pais 99

        16.1.7. Irmão não emancipado, menor de vinte e um anos ou inválido 99
        16.1.8. Direito de preferência entre as classes 100

Art. 17 101
17.1. Filiação e inscrição previdenciária 102
17.2. Filiação de pessoa maior de 60 anos de idade 105

Art. 18 106
18.1. Espécies de prestações: benefícios e serviços 107
18.2. Nascimento do direito subjetivo às prestações 108
18.3. Livre disponibilidade do direito às prestações 108
18.4. Crítica à apologia do aviltamento dos direitos sociais em face da crise do Estado de Bem-Estar Social 109
18.5. Desaposentação 110

Art. 19 115
19.1. Evolução histórica da proteção infortunística 115
19.2. Modalidades e normativas do sistema de proteção contra acidente do trabalho 116

Art. 20 118
20.1. Doença profissional e do trabalho 118

Art. 21 120
21.1. Acidente de trabalho por equiparação 120
21.2. Nexo Técnico Epidemiológico 121

Art. 22 123
22.1. Comunicação de Acidente de Trabalho — CAT 123

Art. 23 124
23.1. Fixação do dia do acidente 124

Art. 24 125
24.1. Definição de carência para os benefícios 125
24.2. Formas de cumprimento da carência de acordo com a espécie de segurado 126

Art. 25 128
25.1. Prazos de carência 128
25.2. Carência progressiva 129
25.3. Carência em função da migração de regime próprio ao RGPS 129

Art. 26 130
26.1. Isenção de carência 130
26.2. Dispensa de carência para os benefícios aos segurados especiais 131
26.3. Serviços 132
26.4. Salário-maternidade 132

Art. 27 133
27.1. Termo inicial para contagem da carência 133
27.2. Forma de recolhimento do contribuinte individual que presta serviço para pessoas jurídicas 136

Art. 28 137
28.1. Prestações calculadas pelo salário de benefício 137
28.2. Prestações não calculadas pelo salário de benefício 138
28.3. Prestações calculadas para os servidores de cargo efetivo dos entes federativos 138

Art. 29 139
29.1. Salário de benefício e salário de contribuição 142
29.2. Espécies de salário de contribuição de cada segurado 143
29.3. Salário de contribuição para o contribuinte individual e escala de salário-base 144
29.4. Período básico de cálculo 144
29.5. Renda mensal inicial 146
29.6. Valor mínimo em cada etapa do cálculo da renda mensal inicial 146
29.7. Verbas que integram o salário de contribuição 147
29.8. Percepção de benefício por incapacidade no período básico de cálculo 147
29.9. Aumento salarial fraudulento no período básico de cálculo 147
29.10. Taxação de inativos 147
29.11. Contribuições recolhidas em atraso 148
29.12. Salário de contribuição do empregador rural pessoa física e do segurado especial 148
29.13. Fator previdenciário 149
29.14. Acesso aos valores dos salários de contribuição: CNIS e provas materiais 151
29.15. Salário de contribuição para o microempreendedor individual e para o segurado de baixa renda 152

Art. 30 154
30.1. Remuneração variável para prestações por acidente de trabalho 154

Art. 31 155
31.1. Reajuste dos salários de contribuição 155
31.2. Integração do auxílio-acidente no salário de contribuição 156

Art. 32 157
32.1. Cálculo do salário de benefício para segurado exercente de atividades concomitantes 157

Art. 33 164
33.1. Limites mínimo e máximo para a renda mensal inicial 164
33.2. Incidência do novo teto. Julgamento da controvérsia revisional através do Recurso Extraordinário n. 564.354 166

Art. 34 168
34.1. Comprovação de recolhimento das contribuições previdenciárias 168

Art. 35 171
35.1. Não comprovação dos salários de contribuição dos segurados empregado e trabalhador avulso com direito adquirido ao benefício 171

Art. 36 172
36.1. Não comprovação do recolhimento das contribuições do segurado empregado doméstico 172

Art. 37 173
37.1. Efeitos financeiros das revisões dos arts. 35 e 36 173

Art. 38 174
38.1. Cadastro de informações previdenciárias 174

Art. 38-A 175

Art. 39 176
39.1. Regime permanente de benefícios para segurados especiais 176

Art. 40 179
40.1. Abono anual 179

Art. 41 181

Art. 41-A 181
41-A.1. Revisão/reajuste dos benefícios de prestação continuada da Previdência Social 183
41-A.2. Reajustes aos benefícios a partir da Lei n. 8.213/91 187
41-A.3. Ações judiciais revisionais 188
    41-A.3.1. Salário mínimo de referência 188
    41-A.3.2. Súmula n. 260 do Tribunal Federal de Recursos 188
    41-A.3.3. Correção de todos os salários de contribuição do período básico de cálculo para os benefícios com DIB antes da Constituição de 1988 189
    41-A.3.4. Autoaplicabilidade do art. 202, *caput*, da Constituição Federal de 1988 como exegese aplicativa do art. 144 da LB 190
    41-A.3.5. Pagamento de valores atrasados por conta da revisão administrativa do art. 145 da LB 190
    41-A.3.6. Expurgos inflacionários 191
    41-A.3.7. Conversão dos benefícios em URV 191
    41-A.3.8. IRSM de fevereiro de 1994 191
    41-A.3.9. Aposentadoria por invalidez precedida de auxílio-doença 191
    41-A.3.10. Reajuste pelos índices do IGP-DI nos anos de 1997, 1999, 2000 e 2001 192
    41-A.3.11. Equivalência com o salário mínimo 192
    41-A.3.12. Reajustamento pelos tetos dos salários de contribuição vindo com Emendas Constitucionais ns. 20/98 e 41/2003 193
    41-A.3.13. Súmula n. 02 do Tribunal Regional Federal da Quarta Região 195

Art. 42 196
42.1. Benefícios do Regime Geral de Previdência Social 196
    42.1.1. Aposentadoria por invalidez 196
        42.1.1.1. Requisitos 196
        42.1.1.2. Cancelamento do benefício 197
        42.1.1.3. Doença preexistente 197
        42.1.1.4. Fungibilidade do pedido judicial de benefício por incapacidade 198
        42.1.1.5. Carência 199

Art. 43 200
43.1. Data de início do benefício da aposentadoria por invalidez 200
43.2. Isenção de Imposto de Renda para o benefício de aposentadoria por invalidez 200

Art. 44 202
44.1. Renda mensal inicial da aposentadoria por invalidez 202

Art. 45	203
45.1. Acréscimo de 25% devido ao aposentado por invalidez que necessita de assistência permanente de outra pessoa	203
Art. 46	203
46.1. Retorno voluntário à atividade do aposentado por invalidez	203
Art. 47	204
47.1. Recuperação da capacidade para o trabalho e redução progressiva da renda mensal da aposentadoria por invalidez	204
Art. 48	205
48.1. Aposentadoria por idade	206
48.1.1. Carência	207
48.2. Concessão de aposentadoria por idade ao trabalhador rural mediante acréscimo de períodos de filiação diversos	208
Art. 49	209
49.1. Data de início do benefício de aposentadoria por idade	209
Art. 50	210
50.1. Renda mensal inicial da aposentadoria por idade	210
Art. 51	211
51.1. Aposentadoria compulsória	211
Art. 52	212
52.1. Aposentadoria por tempo de serviço/contribuição	212
52.1.1. Regime atual para filiados a partir de 16.12.1998	212
52.1.2. Regime transitório para aposentadoria por tempo de contribuição do RGPS pela EC n. 20/98	215
52.1.3. Direito adquirido até a Emenda Constitucional n. 20/98 (antiga aposentadoria por tempo de serviço)	217
52.1.4. Aposentadoria por tempo de contribuição para os segurados especiais	221
52.1.5. Aposentado que permanece ou retorna à ativa	221
Art. 53	222
53.1. Renda mensal inicial da aposentadoria por tempo de serviço/contribuição	222
Art. 54	223
54.1. Data de início do benefício da aposentadoria por tempo de serviço/contribuição	223
Art. 55	224
55.1. Reconhecimento e prova de tempo de serviço	225
Art. 56	230
56.1. Aposentadoria do professor	230
56.2. Conversão do tempo de serviço prestado na atividade docente	231
56.3. Fator previdenciário na aposentadoria do professor	233
Art. 57	234
57.1. Aposentadoria especial	235
57.1.1. Enquadramento por categoria profissional e mediante prova dos agentes nocivos	235

57.1.2. Carência 238

57.1.3. Renda mensal inicial 238

57.1.4. Conversão do tempo de serviço 239

57.1.5. Proibição de retorno ao exercício de atividade especial 242

57.1.6. Custeio específico para aposentadoria especial 242

57.1.7. Data de início do benefício 243

Art. 58 244

58.1. Comprovação dos agentes nocivos 244

58.2. Início do direito à conversão do tempo de serviço 246

58.3. Fator de conversão 247

58.4. Aposentadoria especial para os servidores públicos de Regimes Próprios de Previdência Social 247

Art. 59 249

59.1. Auxílio-doença 249

Art. 60 251

60.1. Data de início do benefício do auxílio-doença 251

60.2. Cessação de auxílio-doença concedido judicialmente 252

60.3. Alta programada 252

Art. 61 253

61.1. Renda mensal inicial do auxílio-doença 253

Art. 62 253

62.1. Reabilitação profissional 253

Art. 63 254

63.1. Licença obrigatória de segurado incapaz para o exercício de atividade laboral 254

Art. 64 254

64.1. Revogação do art. 64 254

Art. 65 255

65.1. Salário-família 255

Art. 66 256

66.1. Pagamento do salário-família em forma de cotas 256

Art. 67 256

67.1. Documentos necessários para pedido administrativo de salário-família 256

Art. 68 257

68.1. Forma de pagamento do salário-família 257

Art. 69 257

69.1. Forma de pagamento do salário-família para o trabalhador avulso 257

Art. 70 257

70.1. Não incorporação do salário-família ao salário ou ao benefício 257

Art. 71 258
    71.1. Salário-maternidade 258

Art. 71-A 259
    71-A.1. Pagamento à mãe adotiva ou que detém guarda judicial 259
    71-A.2. Prazo do salário-maternidade ampliado pela Lei n. 11.770/08 260

Art. 72 261
    72.1. Salário-maternidade para trabalhadora avulsa e empregada 261

Art. 73 263
    73.1. Salário-maternidade para as demais seguradas 263

Art. 74 264
    74.1. Pensão por morte 264
    74.2. Possibilidade de concessão ao cônjuge varão ou companheiro no período entre a CF/88 até o advento do Plano de Benefícios 264
    74.3. Estudante universitário e maioridade civil 265
    74.4. Data de início do benefício 266
    74.5. Casuística processual 267

Art. 75 269
    75.1. Renda mensal inicial da pensão por morte 269

Art. 76 272
    76.1. Concessão imediata da pensão por morte 272
    76.2. Inscrição ou habilitação posterior de dependente 272
    76.3. Cônjuge ausente, divorciado ou separado judicialmente 272

Art. 77 274
    77.1. Repartição das cotas de pensão por morte entre os dependentes 274
    77.2. Extinção de cotas 274
    77.3. Reversão de cotas 275

Art. 78 276
    78.1. Concessão de pensão por morte em caso de morte presumida 276

Art. 79 276
    79.1. Regras específicas de prescrição e decadência para dependentes incapazes, menores ou ausentes 276

Art. 80 277
    80.1. Auxílio-reclusão 277
    80.2. Data de início do benefício 280
    80.3. Renda mensal inicial 280

Art. 81 282

Art. 82 282

Art. 83 282

Art. 84 282

Art. 85 283
85.1. Pecúlios 283

Art. 86 285
86.1. Auxílio-acidente 286
86.2. Natureza jurídica 286
86.3. Hipóteses de incidência 286
86.4. Renda mensal inicial 287
86.5. Titulares do direito subjetivo 288
86.6. Carência 288
86.7. Data de início do benefício 288
86.8. Diferença entre auxílio-acidente e auxílio-suplementar 289
86.9. Diferença entre aposentadoria por invalidez, auxílio-doença e auxílio-acidente 289
86.10. Justiça competente para as ações de acidente de trabalho 290

Art. 87 291
87.1. Abono de permanência em serviço 291

Art. 88 292
88.1. Serviços 292

Art. 89 293
89.1. Habilitação e Reabilitação Profissional 293

Art. 90 294
90.1. Obrigatoriedade da prestação dos Serviços 294

Art. 91 294
91.1. Custeio de despesas para o processo de reabilitação ou exame médico fora do domicílio 294

Art. 92 295
92.1. Certificado de conclusão de processo de reabilitação 295

Art. 93 295
93.1. Obrigação de reservas para deficientes e reabilitados 295

Art. 94 296
94.1. Contagem recíproca de tempo de serviço/contribuição 296
94.2. Aproveitamento da atividade rural para fins de contagem recíproca 298
94.3. Atividade especial na administração pública 299
94.4. Contagem recíproca para o segurado de baixa renda 300

Art. 95 301
95.1. Carência mínima para aproveitamento do tempo a ser contado no RGPS 301
95.2. Certidão de Tempo de Contribuição 301
95.3. Certidão de Tempo de Contribuição com tempo laborado em condições especiais 301

Art. 96 303
96.1. Restrições no cômputo do tempo de serviço a ser aproveitado 303

Art. 97 304
97.1. Aposentadoria proporcional com tempo migrado de regime diverso 304

Art. 98 305
98.1. Não aproveitamento do tempo excedente para aposentadoria proporcional 305

Art. 99 306
99.1. Regime instituidor do benefício concedido mediante contagem recíproca 306

Art. 100 306
100.1. Salário-família e salário-maternidade para o segurado especial 306

Art. 101 307
101.1. Obrigação de segurado incapaz ou dependente inválido de submissão a exame médico 307

Art. 102 309
102.1. Perda da qualidade de segurado 309

Art. 103 310
103.1. Prescrição e decadência no direito previdenciário 310

Art. 103-A 313
103-A.1. Decadência para anulação do ato administrativo favorável ao segurado 313

Art. 104 316
104.1. Prescrição para cobrança de crédito decorrente de infortúnio acidentário 316

Art. 105 317
105.1. Direito de petição e requerimento de benefício previdenciário 317
105.2. Demandas previdenciárias: concessão, restabelecimento de benefícios e revisão das prestações 317

Art. 106 319
106.1. Prova da atividade rural 320

Art. 107 323
107.1. Aproveitamento do tempo de serviço no coeficiente da renda mensal inicial 323

Art. 108 324
108.1. Justificação administrativa 324

Art. 109 325
109.1. Pagamento do benefício previdenciário 325

Art. 110 326
110.1. Pagamento a beneficiário civilmente incapaz 326

Art. 111 326
111.1. Pagamento ao segurado menor de idade 326

Art. 112 327
112.1. Direito ao crédito previdenciário com a abertura da sucessão 327

Art. 113 328
113.1. Pagamento através de depósito em conta corrente 328

Art. 114 328
114.1. Intangibilidade do benefício previdenciário 328

Art. 115 329
115.1. Descontos autorizados no benefício previdenciário 329
115.2. Impossibilidade de descontos de benefícios recebidos de má-fé 333
115.3. Observância do prazo decadencial para anulação do ato administrativo derivado de erro ... 333

Art. 116 334
116.1. Demonstrativo de pagamento do benefício 334

Art. 117 335
117.1. Convênio com empresa, sindicato ou entidade de aposentado para pagamento do benefício 335

Art. 118 336
118.1. Estabilidade do segurado empregado que sofreu acidente de trabalho 336

Art. 119 337
119.1. Prevenção de acidente de trabalho 337

Art. 120 338
120.1. Ação regressiva do INSS contra empresa negligente no cumprimento das normas de proteção e segurança da saúde do trabalhador 338

Art. 121 339
121.1. Responsabilidade civil da empresa ou de outrem no acidente de trabalho 339

Art. 122 341
122.1. Direito adquirido aos benefícios com requisitos já cumpridos e opção pela transformação de aposentadoria por invalidez comum em acidentária de aposentado que volta à ativa 341
122.2. Diferença entre direito adquirido e direito subjetivo aos benefícios previdenciários 341

Art. 123 343
123.1. Conversão em aposentadoria por invalidez acidentária de aposentado que permanece na ativa e sofre doença profissional ou do trabalho e direito ao pecúlio 343

Art. 124 344
124.1. Acumulação de benefícios 344

Art. 125 348
125.1. Princípio da contrapartida na Seguridade Social 348
125.2. Fiscalização de obrigações não-tributárias e imposição de multa 349

Art. 126 351
126.1. Processo administrativo previdenciário 351
126.2. Mudança de interpretação ou de critério jurídico na aplicação da lei 354

Art. 127 355
127.1. Aplicação subsidiária do Código de Processo Civil aos procedimentos relativos às ações previdenciárias 355

Art. 128 356
128.1. Rito processual para demandas previdenciárias 356
128.2. Precatório para pagamento das condenações judiciais impostas à Fazenda Pública 358
128.3. Isenção de custas processuais 359
128.4. Assistência judiciária gratuita e gratuidade judiciária 359

Art. 129 362
129.1. Competência para ações previdenciárias 362

Art. 130 366
130.1. Execução contra o INSS 366

Art. 131 372
131.1. Atos de disposição processual pela Previdência Social 372

Art. 132 375
132.1. Formalização da desistência ou transação judicial 375

Art. 133 376
133.1. Multa por infrações administrativas 376

Art. 134 377
134.1. Periodicidade dos reajustes dos valores mencionados na Lei de Benefícios 377

Art. 135 378
135.1. Limites mínimo e máximo para os salários de contribuição 378

Art. 136 379
136.1. Eliminação do menor e maior valor-teto para o cálculo do salário de benefício 379

Art. 137 380
137.1. Extinção do programa de previdência aos estudantes 380

Art. 138 381
138.1. Extinção do regime da Lei Complementar n. 11/71 (FUNRURAL) 381

Art. 139 382
139.1. Benefícios extintos pela Lei n. 8.213/91 382
139.2. Renda Mensal Vitalícia e Benefício Assistencial de Prestação Continuada 382
139.3. Legitimidade passiva para ações referentes ao Benefício Assistencial de Prestação Continuada 391
139.4. Carência para o Benefício Assistencial de Prestação Continuada 391
139.5. Data de início do Benefício Assistencial de Prestação Continuada 391

Art. 140 392
140.1. Auxílio-natalidade 392

Art. 141 393
141.1. Auxílio-funeral 393

Art. 142 394

142.1. Norma de transição para carência dos filiados até 24.7.1991 395

Art. 143 397

143.1. Aposentadoria por idade com regime transitório ao trabalhador rural 397

Art. 144 400

144.1. Revisão de benefícios previdenciários com DIB entre 5.10.88 a 4.4.91 (Buraco Negro) 400

Art. 145 401

145.1. Retroação da revisão administrativa, para adequação aos novos cálculos, para os benefícios com DIB a partir da Lei n. 8.213/91 401

Art. 146 402

146.1. Regra transitória de reajustamento dos benefícios do RGPS mantidos até a data de vigência da Lei n. 8.213/91 402

Art. 147 403

147.1. Norma transitória para bases de cálculo das aposentadorias especiais concedidas até 24.7.91 403

Art. 148 404

148.1. Benefícios com regime jurídico apartado do Plano de Benefícios 404

148.2. Pensão Especial Vitalícia da Síndrome de Talidomida 404

148.3. Pensão Mensal Vitalícia do Seringueiro e seus Dependentes 405

148.4. Sistema especial de inclusão previdenciária a trabalhadores de baixa renda e sem renda própria dedicados exclusivamente ao trabalho doméstico 405

Art. 149 407

149.1. Ex-combatentes 407

149.2. Ferroviários 407

Art. 150 408

150.1. Anistiados 408

Art. 151 409

151.1. Relação das doenças isentas de carência para concessão de benefícios por incapacidade 409

Art. 152 410

152.1. Relação de atividades profissionais para aposentadoria especial 410

Art. 153 410

153.1. Regime Facultativo Complementar 410

Art. 154 411

154.1. Regulamentação da Lei de Benefícios 411

154.2. Alterações legislativas posteriores 411

Art. 155 411

155.1. Vigência 411

Art. 156 412

156.1. Revogação 412

Bibliografia 413

APRESENTAÇÃO

A par de uma elite poupadora, a classe populacional hipossuficiente teme por uma crise previdenciária fincada num sofismático *déficit* previdenciário, temido por colocar em risco uma velhice escassa que já se avizinha. O presente e o futuro do direito previdenciário positivado é o enfrentamento desta crise gerencial, que agrega interesses previdenciários que, em maior ou menor grau, atingem uma massa excluída dos processos de produção e de consumo e, de outro lado, uma parcela mínima abastada. A jurisprudência há de equacionar as duas realidades, embora opostas, e, cumprindo este papel constitucional, já vem sinalizando para a construção de um sistema democrático de repartição de renda já idealizado pelo constituinte de 1988, situação que perdurará enquanto não se romperem as bases estruturais de um Estado de bem-estar social.

A presente obra busca o enfrentamento técnico das questões previdenciárias, aliando a análise do direito positivado na Lei n. 8.213/91, cognominada de Plano de Benefícios da Previdência Social, em suas constantes modificações e reformas, com a participação construtiva de uma jurisprudência rigorosamente selecionada, sem descurar do tecnicismo de uma doutrina elucidativa e indispensável. Nesta simbiose, a LBPS é depurada em seus pormenores, onde trago, num só compilado, as redações de cada artigo, em sua redação atual e alterações pretéritas, examinando com profundidade o conteúdo dos princípios da Seguridade e Previdência Social, enriquecendo a abordagem com o direito pretoriano e a doutrina pertinente, numa demonstração de judiciosidade que só os amantes do direito previdenciário e das questões sociais podem externar com proficiência. Procura envolver toda uma classe técnica e operacional que vai do estudante, de graduação ou pós-graduação, ao profissional militante na área, instrumento exegético útil para o técnico do direito previdenciário, seja advogado, juiz, procurador ou qualquer outro segmento jurídico referente.

Vai aqui a minha contribuição para o direito previdenciário, confeccionada com primor técnico e paixão envolvida nas questões sociais.

Itajaí, novembro de 2009.

Sergio Renato de Mello

PREFÁCIO

Sergio Renato de Mello é realmente um especialista incansável.

Depois dos "Benefícios Previdenciários — Comentários à Lei n. 8.213/91" com 728 páginas, (Quartier Latin) agora ele nos brinda com estes "Comentário e Interpretação da Lei Previdenciária no Regime de Previdência Social (RGPS)" tratando dos benefícios e com 416 páginas (Volume I), referente ao financiamento da previdência social, com 368 páginas (Volume II).

Como se vê pelo seu avantajado índice, ele foi generoso na análise das centenas de institutos técnicos do Direito Previdenciário, máxime os que fazem parte da legislação, da jurisprudência, das súmulas e da doutrina, o que torna o seu livro um verdadeiro Curso de Direito Previdenciário.

Ele comenta com bastante propriedade cada uma dessas duas leis básicas da Previdência Social, tornando possível compreender dispositivos obscuros, os que carecem de integração e os que justificam a interpretação.

O que é importante, em cada caso, artigo por artigo, além de menções à doutrina nacional e estrangeira, ele nos fornece a sua opinião, o que torna a obra significativamente muito útil.

Diante da enorme dinamicidade da legislação, dos entendimentos doutrinários e pontos de vista do que ajuíza a Justiça Federal, convém ressaltar a atualidade de suas considerações, o que é relevante em qualquer obra a ser consultada.

Os advogados, expositores e magistrados que operam nessa área não podem deixar de consultá-lo porque ele se aprofunda na exposição dos temas que não provocam dúvidas, mas principalmente dos questionamentos usuais.

Repete-se a obviedade do que dissemos quando do seu primeiro livro. A bibliografia nacional do Direito Previdenciário foi totalmente acrescida com esses dois títulos. Sabemos do custo pessoal e familiar da elaboração de uma obra desse porte e, por isso, todos nós ficamos lhe devendo as lições que nos ministrou.

Wladimir Novaes Martinez

LEI n. 8.213, DE 24 DE JULHO DE 1991

Dispõe sobre os Planos de Benefícios da Previdência Social e dá outras providências.
O PRESIDENTE DA REPÚBLICA

Faço saber que o Congresso Nacional decreta e eu sanciono a seguinte Lei:

Art. 1º A Previdência Social, mediante contribuição, tem por fim assegurar aos seus beneficiários meios indispensáveis de manutenção, por motivo de incapacidade, desemprego involuntário, idade avançada, tempo de serviço, encargos familiares e prisão ou morte daqueles de quem dependiam economicamente.

1.1. Evolução histórica de sistemas de proteção dos primórdios ao *Welfare State*

Não se pretende exaurir a evolução histórica da proteção social em similaridade a autores como Juliana Presotto Pereira Netto[1] e Mozart Victor Russomano,[2] entre outros, porém buscar-se-á captar, a bem deste artigo inaugural, em estilo ameno, a essência da linha evolutiva por que passou o fenômeno protecionista, desde concepções mais remotas ao sofisticado complexo previdenciário. Como método de concepção deste ideário, necessária uma incursão nos anais legislativos, doutrinários e históricos que cercam esta temática.

Desde tempos idos mais longínquos da existência humana, a necessidade social de amparo contra infortunística encontra sustentação histórica, num primeiro plano, como forma empírica de proteção. A figura de Cristo é marcada como divisor de águas entre resquícios de assistencialismo familiar e ideais de solidariedade e liberalidade, o primeiro figurando como figura de Estado, dotada de autossuficiência de gestão existencial. Naquele tempo, a escravidão e o colonato, separados apenas cronologicamente, eram os redutos institucionalizados para a ociosidade, desfrutando o senhor das terras do mais alto escalão social, provedor-mor das necessidades do escravo e do colono.

Tempos depois é que se descobriram vestígios de solidariedade grupal nos anais de certas organizações de trabalho, ainda sob feição assistencialista. Remanescem sob este prisma antigas organizações do antigo Oriente, mais precisamente na Índia, bem como pelos egípcios, gregos, romanos, baseados na reciprocidade e mutualismo.

A idade média descortina indícios de solidariedade e assistencialismo com a existência de associações que agregavam pluralidade de objetivos (políticos, culturais, religiosos etc.), reconhecendo no ser humano uma interdependência social e incapacidade de gerir, por si, condições de proteção. Neste período, sente-se ruptura substancial com concepções até então verificadas, evoluindo à proporção dos avanços tecnológicos em pesquisas setoriais (mineiros e marinheiros, estes protagonizando as grandes navegações), deflagrando seguros privados mantidos por empregadores, porém ainda inquinados de defeitos estruturais como alto custo e falta de consciência previdenciária.

---

(1) Cf. *A Previdência Social em reforma:* o desafio da inclusão de um maior número de trabalhadores, 2002, p. 31 *et. seq.*
(2) Cf. *Curso de Previdência Social*, 1988, p. 6 *et. seq.*

Até este ponto os poucos indícios de proteção constatados na história externam-se com feitio facultativo, ainda desprovido da obrigatoriedade que marca o atual estágio social.

Porém observa-se a ruptura desta concepção, em 1601, na Inglaterra, com a implantação de assistência oficial e pública, custeada pelo *poor tax*.

Acompanhando esta tendência, prevalece como ponto de partida para ideários previdenciários na história o ano de 1883, tendo como palco a Alemanha, em especial a primeira lei de Bismarck. Fomentando-se uma série de revoltas e crises na doutrina do individualismo e da liberdade que marcou a Revolução Francesa, ao sistema *laissez-faire*, ínsito ao capitalismo, utilizado como manejo da lei da oferta e da procura, sucedeu grave crise social com desemprego, associado ao aviltamento das remunerações e à proliferação da infortunística. Com o surgimento, ainda rudimentar, da automação, separando classes sociais, a classe operária viu-se compelida a combater as más condições trabalhistas de então, inspirando movimentos revolucionários, a exemplo do Edouard Dolléans inglês. Para ilustrar este ponto, ressalte-se que o perfil da relação de emprego era baseado na desregulamentação, tomado pela imprevidência estatal e desprovido de garantias mínimas que assistissem, quando menos, direitos à indenização. Pressionado pelos trabalhadores, o Estado intermediou as lutas entre a classe operária e os donos do capital, incumbido de executar as projeções classistas. Passou-se a adotar princípios de justiça retributiva em lugar de justiça comutativa.

Neste contexto a Alemanha foi o berço da política de seguro social, tendo como precursoras as políticas de Bismarck, marcadas pela obrigatoriedade, generalidade e o financiamento tripartite (trabalhadores, Estado e empregadores), ainda incipiente, porém, naquela época, pela condição estatal subestimada a mera monitora das adequações normativas, desprovida de uma intervenção mais presente. Exemplos dos seguros adotados podem ser citados o auxílio-doença, contra acidentes de trabalho, prestações por invalidez e velhice. A Constituição de Weimar foi precursora na expansão territorial da proteção social, alargada mundialmente a partir da normativa constitucional neste país, seguindo período de expansão geográfica da vertente social protecionista. Conquanto principiada no século XIX, as duas guerras mundiais marcaram a fase de expansão, pelo mundo, a começar pelos continentes Asiáticos e Americanos. Fora da Europa, a Constituição Mexicana foi a primeira a tratar de seguros sociais. Também é citada como fator desencadeante das políticas públicas previdenciárias a crise que atingiu os EUA em 1929, seguindo-se a isso, e como pressuposto, o New Deal, política inspiradora do Estado de Bem-Estar Social (*Welfare State*). As estruturas do *Welfare State* foram erguidas "... *a partir da solidariedade social, nascida na guerra, da destruição e da resistência em torno de objetivos que buscaram incorporar o proletariado e outros segmentos subalternos aos novos empregos produtivos, à cidadania e às instituições socioestatais...*".[3]

Concomitantemente com a política do bem-estar social surge a adoção do regime de repartição, em contraposição às projeções capitalistas até então reinantes. O Brasil é um dos países que adotam tal regime, baseado na coleta de recursos coletivos para pagamentos de benefícios presentes e futuros, adotado como método contraceptivo do sistema de capitalização, marcada por uma poupança individual e, de regra, de projeção definida.

1.2. A crise gerencial do sistema previdenciário no Estado de Bem-Estar Social

Em continuação à evolução do fenômeno previdenciário, de tempos em tempos sendo alvo de fortes e profundas reflexões, surge agora, no cenário científico-jurídico, a noção de crise do *Welfare State*, cunhada sobre fortes influências de alçada internacional, como fenômeno concebido sob o império da globalização. Embora não seja temática diretamente relacionada ao objeto desta obra, uma abordagem, ainda que superficial, merece ser lançada, neste ponto, porém exatamente nos limites mais ou menos acríticos que vicejam um sistema analítico da Lei

---

(3) FIORI & TAVARES, 1997, *apud* COUTO, Berenice Rojas. *O direito social e a assistência social na sociedade brasileira:* uma equação possível?, p. 66.

de Benefícios, precisamente dentro dos domínios de conhecimentos gerais.

Seguindo ainda a linha literária de Berenice,

"Vários são os fatores apontados para a crise do *Welfare State*, dentre eles a chamada 'crise financeira', resultante do limite da capacidade de financiamento pelo Estado das políticas sociais. Dentre os fatores que contribuíram para a crise financeira, tem papel fundamental a mudança macroeconômica que desloca o potencial da indústria para a área de serviços, gerando, com isso, um volume inferior de recursos e restringindo a capacidade de investimento. Diametralmente oposto, o movimento organizado da classe trabalhadora pressionou o Estado para atender mais e mais às suas demandas. Além disso, a estrutura etária da população mundial ampliou-se, incorporando uma nova demanda ao campo das políticas sociais".[4]

Embora seja o corrente, o fundamento do Bem-Estar Social, que inspira política estatal de definições previdenciárias solidárias vem sendo, paulatinamente, substituído por princípios de poupança individual privada, experienciando países como Chile (pioneiro), Peru, Argentina, e outros da América Latina. As únicas vertentes de distinção entre cada qual se situam, neste contexto, pela presença mais ou menos forte do Estado na regulamentação. Na contramarcha daquela linha evolutiva, conspira-se, hoje, contra a eficiência do Estado do Bem-Estar Social, questionando seus fundamentos face modificações sociais estruturais. É que, na dicção de excerto doutrinário, a atual crise daquela política finca suas bases na antipatia da classe empresarial, obstinada à avidez especulativa, reprimida com imposição de cultura contributiva na área da previdência, aliando a isso o não cumprimento das promessas previdenciárias, o que vem gerando impopularidade pela não consecução dos objetivos de redistribuição de renda. A consequência é o abandono, parcial ou absoluto, da previdência social gerida como função pública, transferindo tal responsabilidade à alçada privada, seja pela execução total da política previdência, seja pela intensificação dos meios de previdência privada.[5] Tal tendência, no entanto, torna-se mais difícil de implementar, em alguns países, em face de ainda não se desvencilharem da presença do *Wefare State* em suas economias, agravando tal quadro o aumento da desproporção entre nascimentos e expectativa de vida, o que desequilibra bases solidificadas em correlativos econômicos com projeção em elevado número de contribuintes a sustentar a população inativa.[6]

Torna-se fácil compreender a famigerada crise social do *Wefare State*, na área previdenciária, pela diminuição do número de nascimento e o aumento na expectativa de vida da população, quando se observa que quanto maior a população contributiva melhor à solvabilidade tranquila do planejamento previdenciário, empreitada de difícil acesso sem uma projeção em um futuro mais ou menos longínquo, que alcance muitas gerações à frente. No Brasil, a famosa crise da previdência é, de há muito, pública e notória até entre os excluídos dos meios de produção e de consumo. É assente que os motivos que contribuem para isso são recorrentes, além do envelhecimento da população, provocado pela desproporção entre nascimentos e aumento da expectativa de vida, a fatores internos e externos, afetos à grande massa de contribuintes em potencial submetidos à informalidade e à má gestão dos recursos que predominava absoluta sem determinação para orçamento próprio para Seguridade Social, vindo com a EC n. 20/98. À ligeira vantagem do número de contribuintes sobre o de beneficiários vem diminuindo gradativamente e se constitui fator de grande preocupação governamental, justificando medidas de subsunção de contribuintes até então em estado potencial de financiadores, conquanto as estatísticas não contemplem este elenco marginalizado do sistema.[7] A segregação do orçamento das contas previdenciárias foi fator decisivo no combate à má gestão dos recursos públicos, antigamente empregados para fazer frente a custos com obras públicas de vulto, como a construção de Brasília. Não se pode esquecer também de fatores como aumento no

---

(4) *Idem, Ibidem*, p. 67-68.
(5) NETTO, Juliana Presotto Pereira. *Op. cit.*, p. 46-47.
(6) *Idem, Ibidem*, p. 48.
(7) CASTRO, Carlos Alberto Pereira de; LAZZARI, João Batista. *Manual de direito previdenciário*, p. 640.

pagamento de benefícios, face concessão ou aumento do rol de titulares do direito ou da renda mensal, têm se somado ao aumento das despesas."[8]

Não obstante ainda não se tem presente, entre nós, um sistema forte de capitalização de seguro capaz de desvencilhar o desprestígio já sentido em alguns regimes privados, o certo é que, no setor público,

"As reformas recentes não foram capazes de solucionar o problema e somente fazem sentido se forem entendidas no contexto de mais uma etapa em um processo contínuo de reformas — de grande incerteza para os participantes — até que o regime de repartição seja eventualmente substituído por um regime de capitalização" (...) "Se não é politicamente possível migrar no momento para um regime de capitalização, em maior ou menor grau, restam as chamadas propostas de mudanças 'paramétricas', em que o regime mantém sua forma atual, mas são alterados os parâmetros da concessão dos benefícios".[9]

Realmente, as reformas previdenciárias mais recentes, como bem demonstra a introduzida pela EC n. 20, de 1998, desvencilhando a mecânica de cálculo dos benefícios da rigidez constitucional e inserindo o fator previdenciário como forma de minimização do *déficit* previdenciário pregado pelo governo, ruma para o norte do regime de capitalização, denotado por atuários como de "capitalização virtual", na medida em que se aproxima, em menor grau, de uma maior equivalência entre contribuição e benefício, *"já que permite o atrelamento dos valores trazidos ao sistema pelos segurados aos valores dos benefícios, sem a necessidade imediata da troca do regime de repartição (que é o regime adotado pelo sistema previdenciário brasileiro, também conhecido como regime de caixa".*[10]

1.3. Seguridade, Previdência e Assistência

A Constituição Federal de 1988 colocou no corpo do *caput* do art. 6º, que trata dos Direitos Sociais, o direito à previdência social e a assistência aos desamparados. A seu turno, o art. 194 dá a formatação, em linhas mestras, da Seguridade Social, assim compreendida, nos termos daquela norma, um conjunto integrado de ações de iniciativa dos Poderes Públicos e da Sociedade, destinadas a assegurar os direitos relativos à saúde, à previdência e à assistência social. Depreende-se do dispositivo mencionado que a Seguridade Social é empregada como termo recorrente a assuntos relativos à previdência, à assistência e à saúde, sendo, então, preconcebida a nível de generalidade que engloba cada política de proteção social. Quer isso dizer, em forma amena de expressão, que cada setor estatal, a despeito de sua incorporação à Seguridade Social, tem sua individualidade preservada, cada qual com regulamentação e políticas em adequação constitucional aos postulados que dizem com a erradicação da pobreza e da marginalização, bem como comprometido com a construção de uma sociedade livre, justa e solidária, e a redução das desigualdades sociais, promovendo o bem de todos (art. 3º). A estes ideários constitucionais chamam-se subprodutos de um sistema maior implantado à luz de princípios de Estado Democrático de Direito, inaugurais do ordenamento constitucional vigente (art. 1º).

A assistência social está prevista a partir do art. 203 da Carta Magna, restando como proteção estatal exonerada de qualquer encargo contributivo, justificando-se à medida das necessidades de pessoas em estado premente de necessidade material, absolutamente dependentes do Estado, tendo supremacia em tratamento. Os protegidos podem contar com auxílio estatal em proteção à maternidade, à família, à maternidade, à infância, à adolescência e à velhice, bem como, entre outros focos de proteção, garantindo o acesso a benefício mensal de prestação continuada, no valor de um salário mínimo, à pessoa portadora de deficiência e ao idoso que comprovem não possuir meios de subsistir, por si ou por sua família, conforme disciplina legal. A Lei n. 8.742, de 7.12.1993 (Lei Orgânica da Previdência Social), regulamenta o postulado básico constitucional garantidor da forma assistencialista de proteção estatal.

---

(8) *Idem, Ibidem*, p. 642-644.
(9) FENDT, Roberto. Os rumos da economia: entre o desejável e o possível. In: SCHÜLER, Fernando; AXT, Gunter (Orgs.). *Brasil contemporâneo* — crônicas de um país incógnito. Porto Alegre: Artes e Ofícios, 2006. p. 125.
(10) HORVATH JÚNIOR, Miguel. *Direito previdenciário*, p. 189.

As ações relativas à saúde encontram suporte constitucional nos arts. 196 a 200, sendo garantido mediante "... políticas sociais e econômicas que visem à redução do risco de doença e de outros agravos e ao acesso universal e igualitário às ações e serviços para sua promoção, proteção e recuperação". Estão direcionados a todas as esferas de poder (federais, estaduais e municipais). À elucidação do tema, concorre prestativo excerto doutrinário de Daniel Machado da Rocha e José Paulo Baltazar Júnior:

"... buscando um atendimento integral a participação da comunidade, os quais não deveriam limitar-se à mera assistência médica, visando também a medida preventivas relativas ao bem-estar destas populações (tais como sanitárias, nutricionais, educacionais e ambientais). A política nacional de saúde é regulada pelas Leis ns. 8.080, de 19 de setembro de 1990, e 8.142, de 28 de dezembro de 1990, sendo seu executor o Sistema Único de Saúde — SUS, o qual reúne órgãos federais, estaduais e municipais."[11]

A área da saúde é prestada de forma complementar pela iniciativa privada, na forma do que dispõe o art. 199 da Constituição, regulamentada a atuação extraestatal por meio de diretrizes básicas e sem a alocação de recursos públicos, nesta área privada (§ 2º), sendo vedada a participação direta ou indireta de empresas ou capitais estrangeiros na assistência à saúde do País, salvo nos casos previstos em lei (§ 3º).

Quanto à previdência, necessário mencionar que guarda estreita relação com traço contributivo do sistema de seguridade aqui tratado. Os benefícios do setor sob enfoque são oferecidos à clientela de protegidos, quando subsumido suporte fático aos critérios definidos, mediante uma contrapartida pecuniária denominada contribuição social, como compromisso assumido em subserviência à solidariedade e obrigatoriedade necessária à subsistência do sistema. Busca disponibilizar recursos materiais com fins de contornar as consequências que a incapacidade, velhice, morte, maternidade, entre outras contingências sociais, acarretam aos beneficiários. Segundo art. 201, da Lei Magna, a organização da Previdência Social está fincada sob a forma de regime geral, de caráter contributivo e de filiação obrigatória, observando critérios que preservem o equilíbrio financeiro e atuarial.

Seus princípios e objetivos estão dispostos e comentados no art. 2º desta lei e as espécies no art. 9º.

1.4. Desmistificando o *déficit* da Previdência Social

Existe uma generalizada cultura de que a Previdência Social encontra-se, de há muito, financeiramente deficitária, acompanhada de uma disseminação da ideia de comprometimento da proteção social às futuras gerações ou, ao menos, um forte pessimismo de que a única alternativa futuramente possível, a bem de um seguro previdenciário, seria um plano de previdência privado aberto ou fechado. Contrariando tal prospecção, porém, existe outra ideia, diametralmente oposta, de um *superávit* previdenciário, até responsável pelo repasse de verbas públicas para fins diversos daqueles constitucionalmente garantidos para os sistemas de proteção social, em seus três matizes constitucionais: saúde, previdência e assistência. Tal silogismo, ao contrário da primeira hipótese, aquela do *deficit*, já é percebido numa parcela de atores da comunidade jurídico-científica, merecedora de maior crédito por carregar, por si, uma legitimidade inata para técnicas de percepção através de experiências não empíricas.

Não há dúvidas de que a partir da Constituição Federal de 1988, considerada "cidadã", o Estado viu-se na responsabilidade de cumprir as promessas constitucionais de conteúdo programático, a bem do alargamento do conceito de segurado da Previdência ou de hipossuficiente, a fim de garantir a efetivação dos pagamentos dos benefícios e serviços.

Acontece que este mesmo Estado não pôde cumprir a contento ou está cumprindo de forma bem deficitária.

A partir de 1988, o orçamento do Estado viu-se cada vez mais sendo dizimado por investimentos na área social, promessas constitucionais, como se disse, até que chegou

---

(11) *Comentários à lei de benefícios da Previdência Social*, p. 30.

ao ponto de não mais poder atender, de forma simultânea, a dois interesses extremos, quais sejam, a defesa do crescimento econômico do Estado e o atendimento universalitário de proteção social como forma de redistributividade da renda e erradicação da pobreza e da marginalização. O primeiro equaciona os interesses da busca ávida de especulação empresarial, enquanto o outro, no outro extremo, tenciona amparo material sem aviltamento da dignidade humana. Racionalmente, o certo seria privilegiar a camada populacional hipossuficiente da sociedade, preservando condições mínimas de crescimento econômico sustentável.

A Constituição de 1988 foi responsável pela inserção de políticas subversivas ao empresariado quando prestigiou a proteção mínima como garantia de proteção social. Os benefícios de valor mínimo passaram a ser pagos com aumento de 50% em relação aos benefícios do regime anterior e para uma parcela de benefícios muito maior. A redução da idade em cinco anos para o acesso aos benefícios rurais somente ganhou positividade na Carta Magna. O valor dos benefícios teve uma elevação significativa em sua renda mensal com a inserção, justa, diga-se de passagem, de normativas constitucionais que asseguram a correção monetária de todos os salários de contribuição utilizados no período básico de cálculo, fazendo eclodir as já conhecidas revisões administrativas para corrigir as distorções geradas pelo sistema antigo, como a dos arts. 144 e 145 da Lei de Benefícios. A legislação de amparo assistencial trouxe ao universo protecionista um grande número de beneficiários em potencial, tornando-se mais um fator de desequilíbrio das contas públicas. Com relação ao regime dos servidores públicos, há que se ter em conta que a determinação para estabelecimento de um regime único nos organismos estatais a partir de 1988 também serviu como fator determinante para que ex-celetistas ingressassem em aposentadorias com proventos iguais aos do último vencimento, superior em muito ao teto do Regime Geral da Previdência Social.

Existe hoje no Brasil e em muitos países a diferenciação de regimes de previdência entre o sistema do servidor público e o do trabalhador da iniciativa privada. A estrutura previdenciária do servidor público baseia-se numa proposta mais personalizada de carreira, onde o servidor ingressa no serviço público para cumprir uma espécie de missão estatal, daí a justificação para regras diferenciadas de aposentadorias e benefícios outros. Diferentemente do que ocorre com o trabalhador da iniciativa privada, este tem mais flexibilizado seu contrato de trabalho e não convive com as mesmas restrições impostas aos servidores dos entes estatais. A tendência mundial é de junção dos sistemas de previdência do servidor público e do trabalhador celetista, formando-se uma unificação de normatização capaz de atender aos dois sistemas, desconsiderando as particularidades de cada qual, alçada como meio de sobrevivência da previdência em função da crise financeira gerada pelos sistemas públicos.

Afinal de contas, a Previdência Social está ou não deficitária?

Apenas para ilustrar, fontes captadas da Associação Nacional dos Auditores Fiscais da Previdência Social — ANFIP desmistificam o *déficit*. A bem da verdade,[12] o resultado da análise das contas da Seguridade Social aponta para a superavitariedade do sistema, não apenas nos valores nominais, mas também em comparação com o PIB brasileiro. Este resultado positivo está relacionado ao aumento da arrecadação em detrimento de medidas impopulares vocacionadas a diminuir a contrapartida governamental em serviços e prestações. Também está atrelada ao desvio das verbas do orçamento privilegiado da Seguridade Social para aplicação em outras áreas, que, ainda assim continuaram superavitárias. Em outras palavras, os governos desviaram recursos que deveriam ser aplicados na área da saúde e assistência para outras finalidades, o que obrigou a utilização das fontes previdenciárias. Ainda resgatando as informações repassadas pela ANFIP, a sangria dos recursos arrecadados para o orçamento da Seguridade Social é levada a efeito pelo governo através da DRU — Desvinculação de Recursos da União. Somente em 2005, mais de trinta e dois bilhões de reais foram retirados daquele fundo social.

Pelo sim, pelo não, porém, o certo é que continua sendo dever do Estado, enquanto

---

(12) Associação Nacional dos Auditores Fiscais da Previdência Social — ANFIP. *Análise da seguridade social em 2005*. Abril de 2006.

protetor das camadas sociais desprotegidas, de proporcionar amparo previdenciário, assistencial ou relativo à saúde, ou seja, gerar condicionantes materiais mínimas para uma vida digna.

A famigerada contrapartida do equilíbrio financeiro e atuarial, que encerra benefícios previsíveis agregando tempo de contribuição, idade e expectativa de sobrevida, recebe o prestígio do legislador e de reformas impopulares à guisa de manutenção da solvência do sistema. No regime atual, a consecução destas adequações restou lograda com a moldura engendrada pelo fator previdenciário nas aposentadorias por tempo de contribuição e por idade (art. 29 da Lei de Benefícios, definido de acordo com a Lei n. 9.876/99). À ruptura da mecânica que levava em conta basicamente apenas poucas contribuições captadas a meio caminho da inativação, sucede-se ordem legal recorrente a molduras variantes sofisticadas que, quando levadas a cabo a segurado com meio século de vida, por exemplo, cria descontentamento com a vinda de uma renda com, mais ou menos, metade do salário recebido na ativa.

Antes das modificações operadas pela Emenda Constitucional n. 20/98, que promoveu alterações significativas no sistema de previdência social, o texto do art. 202, *caput*, da Constituição da República, trazia, em linhas gerais, o método de cálculo dos benefícios do RGPS. Até este momento, pretensas modificações no sistema previdenciário estavam submetidas ao rigoroso crivo previsto para o processo legislativo das Emendas Constitucionais, em geral mais formal e cauteloso. A EC n. 20 retirou do ordenamento constitucional as regras para o cálculo dos benefícios, deixando-as, somente, na integralidade, com a legislação ordinária, as quais podem ser encontradas, atualmente, na Lei n. 9.876/99 e 8.213/91.

O certo é que as reformas de vulto necessárias para o equilíbrio entre sistemas de protecionismos sociais básicos, como forma de manutenção sem um mínimo de aviltamento da dignidade humana, e o também propalado crescimento econômico, jaz em princípios basilares segundo os quais não existe crescimento econômico sem um mínimo de efetivação das condicionantes sociais, previdenciárias, assistencialistas ou referentes a serviços públicos de saúde, colocadas como promessas constitucionais para um futuro próximo. Mal dá para imaginar um Estado democrático de Direito, pelo menos por mais quatro anos, sem contrabalançar princípios constitucionais quando da atividade legiferante, na defesa de interesses que se opõem, garantindo, pelo menos, um mínimo de dignidade humana e projetando o crescimento econômico do país de forma sustentável, a bem de atender, paralelamente, inclusive, condicionantes mínimas colocadas como instrumentalidade para a prosperidade da camada social desvalida.

O mais importante é que existam políticas sociais básicas associadas a determinismos normativos voltados para o desenvolvimento de uma cultura de pensamento crítico e de prosperidade que combatam o pessimismo, o conformismo e a desesperança de uma população desmaterializada e deficitária.

É preciso ter a consciência de que as reformas estruturais no sistema de previdência brasileiro há de se ater ao contexto histórico, não simplesmente estar envolta numa discussão atual que leve em conta apenas critérios técnicos e atuariais, onde os interesses do povo quase sempre ficam em segundo plano. É claro que o interesse público há de sobrepujar qualquer ideário particularmente considerado, porém a população carente é a que mais necessita de amparo material. A reforma há de se nortear no mesmo ideário instrumentalizado pela Constituição de 1988, que é a manutenção da distributividade como caráter da seguridade social. Não se quer com isso a desconsideração total e completa de aspectos econômicos e demográficos da população brasileira, entretanto, aliando a isso o entendimento de que o prestígio da democracia, tal como plasmada no corpo constitucional, sobrepõe-se a qualquer mistificação de ordem fiscal ou orçamentária, alçada à condição de sobrevivência do sistema. A troca do sistema de solidariedade pelo de capitalização, numa simbiose conflitante onde graça controvérsia empresariado *versus* necessidades sociais, desequilibra toda uma estrutura já fincada em bases distributivistas e igualitaristas, conquistada mediante luta sanguinária de classes sociais extremadas. A mudança do regime de solidariedade pelo de capitalização, onde há o predomínio do capital, desmantela a presença do principio da redistribuição de renda quando sentimos a subversão do ciclo produtivo da solidariedade: cada um vai passar a ser responsável por sua própria aposentadoria.

O regime de capitalização da previdência, quando assumir o monopólio das contas individuais de benefícios, desencadeará uma consequência infelizmente inevitável, qual seja, o aumento da já cruel desigualdade social neste país. Isso fica evidente se pensarmos que se o benefício for custeado individualmente, cada um arcando com os custos da sua própria previdência, a disparidade entre pessoas será visivelmente clara pela diferença dos valores dos benefícios, podendo alguns pagarem pouco e se aposentarem com pouco, ou até não se aposentarem, e outros que poderão pagar muito para obterem benefícios de quantias elevadas, daí surgindo a diferença de classes.

1.5. Mudanças de regime e "reformas paramétricas"

Volta-se a dizer que o regime de repartição é aquele em que os recursos arrecadados dos contribuintes são repassados ao custeio do pagamento dos benefícios do pessoal inativo, ou seja, o montante arrecadado serve para o pagamento dos benefícios em manutenção já no momento em que entra como receita. Já o regime de repartição é, diversamente, considerado como fonte de captação individual de recursos para fazer frente a gastos com benefícios futuros do próprio contribuinte. O contribuinte assume o quantitativo que deseja pagar, sendo o montante desembolsado para si mesmo e não como uma poupança solidária entre todos os contribuintes. Não há um fundo mútuo, em outras palavras, como ocorre com o sistema de repartição.

As chamadas mudanças de regime objetivam justamente a transmutação de um regime para outro de natureza diversa. Os motivos que fazem o governo implementar reformas que justificam tal transformação, em geral, são conhecidos da sociedade e significam uma tentativa de enfrentar crise futura de gerenciamento do sistema previdenciário. As reformas implementadas pelas Emendas Constitucionais ns. 20, em 1998, e 41, em 2003, sinalizam para um futuro nada auspicioso quanto à solvência da Previdência, inseridas no ordenamento para fazer face à necessidade de aumento de financiamento do sistema para garantir os benefícios a uma população que envelhece rapidamente.

Como as modificações na legislação implicam em afetar, de um certo modo, a esfera de proteção jurídica do cidadão, adentrando no terreno da expectativa de direito ou até mesmo do direito adquirido do indivíduo, o custo social para implementação de tais reformas é muito grande e o governo precisa encarar a antipatia da população. Isto não é possível sem a inserção, na própria reforma, de meios de combate ou enfrentamento das crises sociais, que nada mais são do que normas de transição ou regime graduado de imposição de modificações no sistema que atenuam os efeitos abruptos das novidades jurídicas. São as chamadas "reformas paramétricas", meios eficazes de conter a impopularidade gerada por reformas estruturais ou de grande vulto no ordenamento jurídico. Exemplo disso pode ser citada a implantação gradual do fator previdenciário, expresso no art. 5º, da Lei n. 9.876/99, que dispõe que ele será aplicado, de forma cumulativa e sucessivamente, aumentando 1/60 (um sessenta avos) por mês a partir da publicação desta lei até completar 60/60 (sessenta sessenta avos) da média sobre a qual incide. Assim, somente ao fim do sexagésimo mês da publicação da lei (29.11.1999) é que o fator previdenciário será integralmente aplicado. Outro exemplo, um pouco mais antigo, foi o estabelecimento da carência progressiva para os segurados filiados ao sistema por ocasião da Lei n. 8.213/91, prevendo uma carência que, a partir de 1991, vem aumentando gradativamente com o tempo até atingir o limite máximo igual ao número exigido de meses para a carência do regime geral para os novos filiados, conforme determinação do art. 142.

> **Art. 2º** A Previdência Social rege-se pelos seguintes princípios e objetivos:
>
> I — universalidade de participação nos planos previdenciários;
>
> II — uniformidade e equivalência dos benefícios e serviços às populações urbanas e rurais;
>
> III — seletividade e distributividade na prestação dos benefícios;
>
> IV — cálculo dos benefícios considerando-se os salários de contribuição corrigidos monetariamente;
>
> V — irredutibilidade do valor dos benefícios de forma a preservar-lhes o poder aquisitivo;
>
> VI — valor da renda mensal dos benefícios substitutos do salário de contribuição ou do rendimento do trabalho do segurado não inferior ao do salário mínimo;
>
> VII — previdência complementar facultativa, custeada por contribuição adicional;
>
> VIII — caráter democrático e descentralizado da gestão administrativa, com a participação do governo e da comunidade, em especial de trabalhadores em atividade, empregadores e aposentados.
>
> Parágrafo único. A participação referida no inciso VIII deste artigo será efetivada a nível federal, estadual e municipal.

2.1. Princípios e objetivos da Previdência Social

Em face de constante necessidade de evolução, desde concepções remotas mais ou menos intervencionistas, o Estado vem avançando na medida das metamorfoses geradas pela evolução social. Ao Estado absolutista, sinalizando para o primado do direito à vida, alçado ao primeiro plano, em oposição à concepção do direito à propriedade, revela-se como uma simbiose entre o indivíduo, a propriedade e o Estado, contras-tando com a figura do Estado intervencionista, do qual irradiam as linhas mestras do Estado Democrático de Direito.[13] Valendo-se das concepções de Canotilho, "esse novo modelo de Estado significa, no plano interno, o atendimento de prestações de índole social, criadoras de bens coletivos e escudadas no princípio de igualdade de oportunidades, tendo como pressuposto que aos poderes públicos se deve assegurar uma capacidade de acção necessária para o cumprimento do 'programa constitucional' e das 'imposições legiferantes'".[14]

Produto das operações dogmáticas imbricadas na figura do Estado Democrático de Direito, expressamente adotado por aqui (art. 1º, da CF/88), força reconhecer seus desmembramentos pela Seguridade Social, particularmente na área da Previdência, da qual trataremos a seguir.

Reconhecendo-se autonomia ao Direito Previdenciário, nada mais científico do que premiar-lhe com princípios próprios, adequados aos seus domínios, sendo assente a ideia generalizada de ter-se por princípio as linhas mestras subjacentes de um ordenamento jurídico, sendo subproduto as demais normas e regras jurídicas do mesmo complexo normativo. Dado o caráter de generalidade, servem como norte ao legislador e aplicador, orientando-o na elaboração e interpretação das normas jurídicas.

No caso específico da Seguridade Social, o legislador constituinte acabou firmando princípios próprios para o instituto e particulares em relação a cada setor de proteção social, sendo certo que aqueles pertinentes à previdência social, reconhecidamente, se afeiçoam particularmente com a natureza contributiva da relação jurídica. E bom notar, a título de esclarecimento,

---

(13) RIBEIRO, Júlio Cesar Garcia. *A Previdência Social do regime geral na Constituição brasileira*, passim.
(14) CANOTILHO, José Joaquim Gomes. *Constituição dirigente e vinculação do legislador*. Coimbra: Coimbra Ed., 1982, cap. 4, p. 392, *apud* RIBEIRO, Júlio Cesar Garcia. *Op. cit.*, p. 33.

que os princípios adotados pela legislação ordinária aqui versada não exaurem a rede de normativas gerais, implícitas ou explícitas, interligadas ao complexo previdenciário. Sobreleva notar, a bem deste particular, que:

> "Tanto quanto os princípios constitucionais de fundamento, dos quais destacamos o de reconhecimento da cidadania, com vistas à elevação do dignidade da pessoa humana, baseada nos valores sociais do trabalho, objetivando a construção de uma sociedade livre, justa e solidária, com redução das desigualdades, existem outros princípios nitidamente previdenciários, caso do princípio fundamental da solidariedade, coincidente com os ditames de igual hierarquia da Constituição; dos princípios previdenciários básicos da universalidade, da inscrição obrigatória e da proteção; de outros de natureza técnica, como o da precedência do custeio, da seletividade e da distributividade; além do princípio administrativo e também constitucional da legalidade e dos interpretativos: *in dubio pro misero* ou *pro societate*, irretroatividade e sentido social da lei.
>
> Reconhecendo a generalidade destas regras fundamentais, e considerando a possibilidade da existência de estruturas implícitas, ao operador jurídico, legiferante ou aplicador da lei, pesa a necessidade do reconhecimento, senão de toda área a ser investigada, ao menos de suas partes estanques, daí a necessidade de detalhamento dos conceitos lógicos inerentes a esta espécie de proteção".[15]

Diante da necessidade premente de uma operacionalização mais coerente e lógica do sistema previdenciário, muitas vezes relegada a plano secundário pelo operador jurídico, avulta como de sobremodo importante analisar os fundamentos, a fim de conferir maior eficácia e celeridade aos comandos normativos do ordenamento, face à iminência de necessidade de proteção material substitutiva dos titulares dos direitos aqui tratados.

2.1.1. Universalidade de participação nos planos previdenciários

Encabeçado pelo art. 5º, *caput*, da Lei das leis, não poderia o legislador constituinte deixar assentado que o princípio da igualdade entre os indivíduos pudesse se efetivar se, no plano previdenciário, o rol de beneficiários se esgotasse numa medida aquém do que as necessidades sociais, diga-se riscos sociais, estaria a impingir a quotidiana rotina de quem tem o exercício de atividade remunerada como única fonte de rendimento. A igualdade jurídica está a merecer tratamento particularizado, no âmbito das três vertentes de proteção social, como medida de conferência subjetiva de direitos sociais em amplitude máxima de extensão.

O constituinte originário erigiu dogma constitucional o ideal da Universalidade da Cobertura e do Atendimento a mobilizar a atividade legiferante da organização da Seguridade Social (inciso I, parágrafo único, do art. 194 da CF/88). Compartilhando do mesmo princípio, o Plano de Previdência Social, concretizado pela Lei n. 8.213/91, o consagrou no plano infraconstitucional (art. 2º).

Desde que ao Congresso Nacional foi constitucionalmente encarregado de atender a cobertura previdenciária, com maior extensão possível, dos riscos sociais e moldar a relação jurídica previdenciária com os titulares dos direitos subjetivos, o ideal, em suas linhas mestras, materializa-se através do artigo 10 da Lei de Benefícios, com suas nuanças traçadas pelo Executivo-Mor no Decreto n. 3.048/99, art. 8º.

A universalidade de participação nos planos previdenciários idealiza o acesso à cobertura estatal previdenciária, mediante filiação obrigatória ou facultativa, com máxima amplitude de infortúnios ou eventos previsíveis deflagrados no meio social, bem como rol dos protegidos, sujeitos ativos de direitos subjetivos à prestação.

De maneira prática, sente-se a efetividade do direito à previdência como absoluta acessibilidade aos brasileiros e estrangeiros residentes no país, como correlativo de um aporte contributivo necessário à manutenção dos pagamentos. Tal princípio também permeia o campo da Seguridade Social, em âmbito constitucional, gênese da previdência.

Porém, o avanço em amplitude, hoje alcançado, com o rol de protegidos e riscos assumidos

---

(15) *Idem, Ibidem*, p. 96-97.

não chega nem perto do que o sistema representava, na sua gênese, com a implementação previdenciária exclusiva de certas categorias. Ao fim dos primeiros 40 anos a partir da Lei Eloy Chaves, a preocupação estatal era o amparo apenas dos trabalhadores urbanos. Com o passar do tempo, porém, o primado da universalidade foi sendo reforçado a ponto de literalmente assistir os trabalhadores rurais, através da ampliação das prestações e atenuando o rigor nos critérios para os benefícios. O rol dos alijados da cobertura, em face de escassez de contribuição ou perda da qualidade de segurado, intensifica-se com a satisfação do benefício de renda mensal vitalícia. O desafio, neste contexto, é exaurir a proteção previdenciária, inserindo no sistema o contingente economicamente ativo da população, ainda hoje no submundo do regime, contrabalançando financeiramente as despesas com o crédito contributivo.[16]

A universalidade implica uma proteção subjetiva e objetiva em amplitude irrestrita, condicionada a um quantitativo relativo à espécie de segurado e ao benefício postulado. Respeitados os níveis mínimo e máximo de proteção, as variantes que permeiam as prestações são matizadas em função do núcleo subjetivo do segurado, querendo exprimir sua afeição a dados estatisticamente divulgados, bem como sua participação, efetiva ou não, no montante já arrecadado, entre outros determinantes. Ainda circunscrevendo este ponto, força é reconhecer que o encargo legiferante, na área de proteção social umbilicalmente afeta ao sistema de previdência, impõe ao legislador a necessidade de constante perquirição das fragilidades de certas atividades a fim de subsumi-las ao regime de filiação obrigatória, conferindo-lhes a devida proteção ainda que à míngua da paga contributiva. Exemplo disso verifica-se quanto aos segurados especiais, erigidos ao mesmo patamar protetivo dispensado ao trabalhador citadino em respeito à sua migração do sistema do FUNRURAL para o da Previdência Social, prestigiando o princípio em referência. Objetivando manter a assistência sem solução de continuidade e preservar a expectativa de direito dos campesinos, estabeleceu diversos dispositivos transitórios nos Planos de Benefícios da Previdência Social para uma transição previdenciária tranquila. Em todas as facetas encontradiças no mundo fático para o labor agrícola em similaridade com o citadino, tratou de nivelar o tratamento dispensado a ambos, sem quebrar o princípio da igualdade.

Observando essa diretriz constitucional, de tempos em tempos o legislador vem experienciando, no caminhar da efetividade plena do postulado, a necessidade de alargamento da cobertura securitária a bem do fomento contributivo e também da extensão da proteção social. A Constituição Federal de 1988, em seu § 12, art. 201, estatuiu programa legiferante para instituição de sistema especial de inclusão previdenciária para atender a trabalhadores de baixa renda e sem renda própria que se dediquem exclusivamente ao trabalho doméstico no âmbito de sua residência, garantindo-lhes o acesso a benefícios não acima do salário mínimo. A teor do § 13, a proteção especial conferida a estes potenciais titulares de direitos subjetivos não passa da diferenciação no regime de alíquotas e carências aviltadas. No entanto, até o momento, o encargo legislativo ainda não foi cumprido, ainda não passando de promessa constitucional.

Isto até a primeira edição desta obra, porque de lá para cá importantes modificações complementaram o texto constitucional permissivo da benesse em questão. Assim, com o advento da EC n. 42/03, o § 12 do art. 201 da Constituição Federal teve a sua redação modificada e a introdução do § 13 foi responsável pela imposição de carência e alíquotas de contribuição inferiores aos demais segurados. Por força da Lei Complementar n. 123, que veio posteriormente ao encontro da necessidade de complementação do texto constitucional acima aludido, foram criadas os segurados contribuintes individuais e os facultativos de baixa renda, beneficiados com uma condição de alíquota diferente dos demais protegidos pelo RGPS. Fica claro, antes de tudo, que o regime diferenciado em prol destas figuras novas somente é aplicado em caso de falta de interesse, por partes destes, de alcançarem benefício de aposentadoria por tempo de contribuição. Em caso de pretensão a benefícios deste porte, que reclamam maiores aportes contributivos e necessidades atuariais de maior dimensão, haverá necessidade de complementação da

---

(16) STEPHANES, Reinhold. *Reforma da previdência sem segredos*, p. 77-79.

contribuição reduzida para atingimento de mesmo nível contributivo de todos os segurados. A Lei n. 8.212/91 (Lei de Custeio da Seguridade Social) ficou modificada depois que foi introduzida a redução de 20 para 11%, para efeito de alíquota dos contribuintes individuais que trabalham por conta própria, sem relação de trabalho com empresa ou equiparado, e do segurado facultativo.

Por outro lado, sente-se o aviltamento da universalidade de participação no princípio da contrapartida, o qual tenciona infirmar tal postulado com a regra de que "Nenhum benefício ou serviço da seguridade social poderá ser criado, majorado ou estendido sem a correspondente fonte de custeio total." (Constituição Federal, art. 195, § 5º).

Ao contrário do que ocorre na área da previdência, a universalidade da clientela nos domínios da seguridade social, face sua maior amplitude, está menos limitada aos apelos contributivos e atuariais que permeiam aquela do que nas condições socioeconômicas dos envolvidos nesta relação.[17]

2.1.2. Uniformidade e equivalência das prestações urbanas e rurais

É entendimento doutrinário assente que a eficácia do princípio da igualdade não é sinônimo de uma isonomia irrestrita ou que despreze o conteúdo discriminativo positivo presente nas categorias paradigmaticamente confrontadas. Para completa eficiência da operação, mister atentar para as realidades observando seus pontos de equivalência ou contradição e, com isso, estabelecer mesmo regime de tratamento, em níveis relativos, ainda que diferentes os resultados encontrados. Pode-se esperar do resultado deste silogismo não um mesmo tratamento considerado objetivamente, mas um correlativo ao aspecto subjetivo que não desgaste a igualdade estabelecendo critérios impossíveis de serem atendidos.

Na visão de Martinez,[18] a completude da justiça protecionista, enquanto perspectiva de equilíbrio do sistema, poderia se exaurir com a inclusão dos regimes próprios dos servidores públicos civis, militares e congressistas, sendo insuficiente a uniformidade urbano-rural, meta que, a despeito da premência da medida, está sendo implementada de forma gradual através de Emendas Constitucionais, principalmente no governo Lula, premiada como pioneira a de n. 20/98. Com tecnicismo específico no tema, demonstrado com proficiência quando em vias de acontecer a reforma previdenciária da EC n. 20, Reinhold Stephanes, parlamentar de então, já alertava sobre as distorções geradas com os regimes do setor público, assinalando, em nota alçada à guisa de apresentação, que "No regime dos benefícios previdenciários do setor público (União, estado e municípios), onde estão as maiores distorções, os inativos e pensionistas, que representam menos de 15% do total da 'população previdenciária' do país, custam mais do que os 85% restantes da população previdenciária do INSS."[19]

A uniformidade diz com o nível das prestações oferecidas, tanto qualitativa quanto quantitativamente, já a equivalência procura manter o mesmo patamar quanto à cobertura das contingências.

Além do princípio da igualdade disposto no texto da Carta Magna (art. 5º, *caput*), de aplicação generalizada a todos os compartimentos do ordenamento, pode-se entrever na uniformidade e equivalência um desdobramento da isonomia constitucional em nível previdenciário.

No regime anterior à Lei de Benefícios, a Lei Complementar n. 11, de 25 de maio de 1971, materializou o Programa de Assistência ao Trabalhador Rural, possuindo rol aviltado de prestações e valores de benefícios para o homem do campo, comparativamente com relação à Lei n. 3.807/60, para os trabalhadores urbanos.

O princípio da universalidade e equivalência é contemporâneo ao ordenamento constitucional de 1988, constando da Lei Maior desde a sua promulgação. Isso é reflexo da preocupação do Estado em amparar a grande massa de

---

(17) *Idem, Ibidem*, p. 103.
(18) *Comentários à Lei Básica da Previdência Social*, p. 40.
(19) *Loc. cit.*

trabalhadores rurais em processo de migração para o meio urbano, mobilizando aparato legislativo diferenciado que preservasse, tanto quanto possível, uma expectativa de direito que respeitasse pelo menos o tempo de atividade já exercida, ainda que sem o respaldo contributivo. A proteção concentrou-se, inicialmente, em nível constitucional, depois passou para os planos ordinários, vindo com as Leis ns. 8.213/91 e 8.212/91, respectivamente, os Planos de Benefícios e de Custeio da Previdência Social.

Nas várias facetas encontradiças nas normativas tratou o legislador de equacionar o novel regramento constitucional, já provedor de estrutural regime diferenciado, levando em consideração as condições laborativas da zona rural, bem como fatores extralaborais, como condições socioeconômicas e culturais. Buscando a prometida equivalência em nível de prestações, o sistema equacionou com maestria as contradições entre duas realidades extremamente opostas, editando legislação que observa critérios diferenciados para o trabalhador campesino, bem como preservadora da essência do trabalhador do campo, em suas nuanças, a bem da perfeição dos desenhos dos titulares.

O art. 11, VII, da LB, define a figura do segurado especial. Foi dispensado do cumprimento da carência em forma de contribuições mensais (art. 26, inciso III) para os benefícios oferecidos no art. 39, I, gravando-lhes com o ônus de apenas comprovarem o exercício de atividade rural. Em conformidade com o art. 48, § 1º, da Lei n. 8.213/91, a qual está em consonância com postulado constitucional de igual sentido no inciso II, § 7º, art. 201, a aposentadoria por idade tem o critério etário reduzido em cinco anos para o segurado de ambos os sexos, exigindo-se, além da atividade rural, a idade de 60 anos para o homem e 55 para mulher. Além dos benefícios definidos no corpo permanente do Plano de Benefícios (art. 39, I), emana também do sistema legislativo norma de caráter transitório destinada aos trabalhadores rurais que especifica[20]. Ambas estas normas interagem na composição do regime jurídico dos trabalhadores campesinos. O art. 39 volta-se ao segurado especial, exclusivamente, e o rol de prestações da norma perene é mais amplo do que aquele trazido pela norma de transição. O obséquio legal diferenciado em atenção aos segurados especiais, constante deste art. 39, dispensando-os do aporte financeiro sem solução de continuidade,[21] torna despicienda a contribuição e o cálculo dos benefícios nos mesmos moldes dos demais segurados. A garantia ainda não estaria exaurida não fosse a alternativa para contribuição facultativa, na forma conferida pelo inciso II. Por outro lado, a soma do tempo de serviço laborado na agricultura pode ser contado sem o recolhimento das contribuições, limitadamente ao período anterior ao advento da Lei n. 8.213/91 (§ 2º, do art. 55).

A teor do modelo de proteção mínima garantida pelo art. 39, inciso I, terá direito aos benefícios aposentadoria por idade ou por invalidez, auxílio-doença, auxílio-reclusão ou pensão, cada qual no valor de um salário mínimo, estando sujeito, como contrapartida da dispensa do recolhimento, a comprovar o exercício de atividade rural, ainda que de forma descontínua, no período imediatamente anterior ao requerimento do benefício, igual ao número de meses necessários para a carência do benefício requerido.

Por outro lado, se desejar ter acesso ao mesmo plano de benefícios dos demais segurados, incluindo rol de prestações e respectivos cálculos, na perspectiva de receber valor acima do mínimo, sujeita-se aos mesmos ônus contributivos do segurado facultativo. A forma de contribuição do segurado especial, desconsiderando a forma facultativa, está disposta no art. 25, da Lei n. 8.212/91. Caso contribuam facultativamente, os salários de contribuição existentes permitirão a formação do salário de benefício e, consequentemente, de uma renda mensal inicial no mesmo padrão dos outros segurados. Por outro lado, conforme comentários ao salário de benefício (art. 29), a entrada dos §§ 6º a 9º no art. 29 promovida pela Lei n. 9.876/99, estabe-

---

(20) Empregado rural e segurado especial, apenas, porquanto os incisos III e IV do art. 11 da mesma lei foram revogados pela Lei n. 9.876/99. De observar-se que o art. 2º da Lei n. 11.718, de 20 de junho de 2008, prorrogou o prazo previsto no artigo 143 da Lei n. 8.213/91, até o dia 31 de dezembro de 2010, para o segurado trabalhador rural empregado.
(21) O segurado especial recolhe contribuições apenas sobre a comercialização de sua produção, nos termos do art. 25 da Lei n. 8.212/91.

lecendo período básico de cálculo para a categoria, sem a implementação conjuntural simultânea na Lei de Custeio, culminou com uma imprecisão exegética quanto aos cálculos dos benefícios. A par dos benefícios de valor mínimo passíveis de concessão sem contribuição (inciso I, do art. 39) e aqueles disponíveis como contrapartida de contribuições facultativas (inciso II), existe a viabilidade jurídica de benefícios arrolados nos incisos I e II do art. 29 mediante contribuição anual proveniente da comercialização de sua produção.

Destaque-se que o segurado especial filiado antes da Lei n. 8.213/91, se não vier nova disciplina normativa relativa à questão, não mais terá direito à aposentadoria por idade, em face à expiração do prazo referido no art. 143.[22] Ainda assim, a despeito de carência normativa futura, socorre-lhe o direito adquirido ao cômputo de atividade prestada contemporaneamente à legislação que o amparava, não sendo, em função disso, autorizado à norma descartar tempo de atividade já prestado ou estabelecer prazo para exercício de direito ao seu cômputo.

O salário-maternidade proporcionado à segurada especial correspondeu aos anseios de conferir maior extensão quanto ao rol de titulares, eliminando regras limitativas e restritivas desta prestação. A condicionante desta prestação à segurada em comento exige o exercício de atividade rural diferenciado, limitando-se aos últimos dez meses imediatamente anteriores à data do parto ou do requerimento do benefício.

O regime jurídico dos trabalhadores rurais restou unificado com o do trabalhador do meio urbano, sendo para ambos o Regime Geral da Previdência Social. Porém, os regimes próprios de previdência dos servidores públicos, elaborados em conformidade com as conveniências de cada ente estatal e respeitando as normas constitucionais e legais, podem não assegurar a junção da atividade laborada na agricultura no pedido de benefício solicitado pelo servidor. É de todo imperioso reconhecer que o tempo de serviço prestado por segurados trabalhadores rurais anterior ao advento da Lei n. 8.213/91 somente pode ser considerado para obtenção dos benefícios de valor mínimo garantidos pelos arts. 143 ou 39, inciso I, daquele diploma, ou na composição do tempo para aposentadoria por tempo de contribuição, sendo autorizado valer-se deste interregno para fins de carência ou contagem recíproca somente na existência do respectivo aporte financeiro contributivo ao RGPS. Forçoso colacionar, opor oportuno, a Súmula n. 15 da Turma Recursal dos Juizados Especiais Federais de Santa Catarina, que, a respeito, decidiu: "O tempo de serviço do segurado trabalhador rural anterior a novembro de 1991, ainda que ausente o recolhimento das contribuições previdenciárias, pode ser considerado para a concessão dos benefícios do Regime Geral de Previdência Social (RGPS), exceto para efeito de carência".

2.1.3. Seletividade e distributividade dos benefícios

Impossível não cotejar este princípio com o ideal da universalidade da cobertura (inciso I, parágrafo único, do art. 194 da CF/88, art. 2º, da Lei n. 8.213/91), que, numa escala de valores, em tese, situam-se no mesmo pé de igualdade.

Se a universalidade da cobertura e do atendimento atende a ideais de ampliação dos protegidos, a mitigação deste postulado principia com as estruturas lógicas e jurídicas em forma de seletividade dos benefícios. A atividade legiferante, na consecução dos objetivos securitários, está jungida aos planos previdenciários para cobertura contingencial relativa a critérios previamente estabelecidos. O aplicador da lei previdenciária, na sua quotidiana rotina de empreender concessões de benefícios, está atrelado

---

(22) O governo editou a Medida Provisória n. 312, de 19 de julho de 2006, prorrogando por mais dois anos o prazo para o exercício do direito pelo segurado empregado rural. Maiores detalhes a respeito da vulneração do princípio da isonomia em face do estabelecimento de um prazo para exercício de um direito já incorporado ao patrimônio (cômputo de tempo de atividade já prestada), bem como alargamento da norma provisória para o segurado especial, vide art. 143. A aludida Medida Provisória foi convertida na Lei n. 11.368, de 9 de novembro de 2.006. De ver-se que o parágrafo único da lei referida foi incluído pela Medida Provisória n. 385, de 22 de agosto de 2007, a qual estendeu a prorrogação do prazo ao segurado contribuinte individual em caráter eventual que presta serviços para empresa. Entretanto, tal Medida Provisória foi rejeitada por Ato Declaratório do Senado de n. 3, de 2008. Atualmente, através da MP n. 410, de 28.12.2007, convertida na Lei n. 11.718, de 20 de junho de 2008, art. 2º e respectivo parágrafo único, o prazo, para os segurados em referência, foi novamente prorrogado para até 31 de dezembro de 2010.

aos critérios delimitados pelo legislador ordinário e interno, desprezando o subjetivismo administrativo.

As diretivas constitucionais e legais, na área da previdência, corporificadas por técnicas generalizadas de regramento, informam as atividades do legislador e do aplicador da lei, não se esquecendo que a cobertura previdenciária, respeitadas as suas limitações, é incapaz de atender a todas as necessidades sociais e nem tampouco foi criada com essa finalística. Os bens juridicamente tutelados pela normativa, antes de seu oferecimento aos titulares, passam pelo severo crivo da seletividade dos benefícios e, ao depois, pelo equilíbrio financeiro e atuarial.

A distributividade na prestação dos benefícios e serviços implica na obtenção de direitos materiais compromissados com a efetiva política no combate à injustiça na distribuição de renda, seja pela concessão de benefícios ou serviços, seja no temperamento das regras legais encampadoras de desigualdades sociais.

A distributividade na prestação dos benefícios importa na solidariedade da distribuição de renda, desafiando indicadores sociais pelos quais poucos recebem muito e muitos recebem pouco. Juliana Presotto Pereira Netto, em obra especializada, contribui para o tema afirmando que:

"Desta maneira, é em virtude das diversas manifestações de solidariedade que a previdência social redistribui renda, na medida em que alguns recebem mais do que deram e vice-versa, advindo daí a assertiva de Wladimir Novaes Martinez, para quem 'não é possível conciliar a desigualdade com o princípio fundamental da solidariedade social'. Destarte, embora possa não ser esta sua função principal, a previdência contribui para o processo de redução ou, ao menos, de não agravamento das desigualdades sociais e econômicas, figurando como fator de equilíbrio social, o que parece ser uma opinião unânime, defendida entre outros por Celso Barroso Leite e Luiz Paranhos Velloso, Carlos A. P. Castro e João B. Lazzari, Marly A. Cardone, Wladimir Novaes Martinez, Alfredo J. Ruprecht, etc.".[23]

Embora o princípio da distributividade se comprometa com o combate à má distribuição de renda, procurando minimizar desigualdades sociais, o regime de repartição, vigente entre nós, se constitui obstáculo técnico na técnica de proteção social, porquanto a arrecadação é distribuída atendendo a critérios previamente definidos. Entretanto, na contra-mão destes e outros óbices técnicos, existem segurados que recebem benefícios sem nunca ter contribuído, a exemplo dos titulares de benefício assistencial e prestações aos trabalhadores rurais. Por outro lado, não há que se entrever, no entrechoque destes postulados, algum ponto em que o princípio da contrapartida ou precedência do custeio é desgastado, ou pelo menos não há indícios de submissão ao seu prévio crivo.

2.1.4. Correção monetária dos salários de contribuição no cálculo do salário de benefício

Expressão maior no combate à depreciação da renda mensal do segurado está prevista no art. 201, § 3º, da Constituição da República, onde é encontrado o preceito que alude à devida correção monetária de todos os salários de contribuição considerados para o cálculo do benefício, observando, porém, a disciplina infra-constitucional de delineamento dos reajustes a serem aplicados.

Como se verá nas alusões ao art. 29, que versa sobre o cálculo do salário de benefício, o processo de elaboração quantitativa do benefício observa etapas tecnicamente dispostas na normativa previdenciária. À definição do período básico de cálculo, observando as variantes legislativas existentes ao tempo de direito adquirido, segue-se o resgate dos salários de contribuição do segurado, base de cálculo para as alíquotas correspondentes. A etapa subseqüente é a composição do cálculo do salário de benefício, definido por operações lógicas e exatas, em cujo resultado será aplicado percentual correspondente a cada benefício, o qual pode variar levando em conta expressão numérica composta por tempo de atividade ou grupo de contribuição, culminando, por fim, com o surgimento da RMI.

---

(23) *A Previdência Social em reforma:* o desafio da inclusão de um maior número de trabalhadores, p. 170.

Na fase contributiva, o salário de contribuição, além de ter que guardar correspondência ao valor exato da remuneração auferida pelo segurado, tem que expressar correlação com as faixas salariais, as quais, por sua vez, também estão compromissadas com a mecânica de reajuste dos benefícios. O reajustamento dos limites mínimo e máximo do salário de contribuição obedece a critérios legais diversos. O art. 28, § 3º, da Lei de Custeio assevera que o aumento do piso deve compartilhar dos mesmos critérios para o salário mínimo, tendo os mesmos percentuais de reajuste e data-base. Já no limite máximo incidem os mesmos reajustes e datas para o aumento dos benefícios em manutenção, conforme explicitado pelo § 5º, do art. 28.

Todos estes compartimentos são interdependentes entre si e compromissados com normativas constitucionais informadoras do equilíbrio financeiro e atuarial, dos quais depende a RMI. No resultado final, não pode haver resquício algum, por mínimo que seja, de perda de valor real acarretada por corrosão inflacionária.

A Constituição de 1988 pôs fim à injustiça da CLPS anterior (Decreto n. 89.312/84), espancando com a restrição à atualização monetária de apenas vinte e quatro dos trinta e seis salários de contribuição utilizados para o cálculo do benefício. Neste sentido, o *caput* do art. 202, da CF, em sua redação prima, era expresso em predizer que o cálculo da aposentadoria valia-se da média dos trinta e seis últimos salários de contribuição, atualizados mensalmente, cujos índices deveriam expressar seu valor real frente à corrosão provocada pela inflação. Este art. 202 foi redefinido pela Emenda Constitucional n. 20/98, passando a tratar de assunto totalmente alheio ao que até então previa. O § 3º, também originário, determinava a correção monetária de todos os salários de contribuição utilizados no cálculo do salário de benefício. Embora o comando para definição legislativa dos percentuais só veio com a nova redação dada pela Emenda Constitucional n. 20/98, a Lei n. 8.213/91, complementando o Texto Maior, no texto do art. 31 originariamente vigente, definiu, com período demarcado, que o índice para o reajustamento dos salários de contribuição seria o INPC. De lá para cá, o tempo vem ditando as mudanças legislativas por que vem sofrendo os reajustes dos benefícios e os dos salários de contribuição.

Conquanto possa parecer plausível que a Constituição Federal não é dada a tratar de pormenores, os quais devem passar para o crivo da legislação subalterna, há que se tecer elogios ao novel ordenamento constitucional vindo com a Carta de 1988, concernentemente ao aspecto protecionista externado pela atualização dos valores a compor o cálculo dos benefícios, redundando numa importância inicial de benefício mais equânime, bem como com o reajustamento dos benefícios mantidos na data de sua promulgação através do art. 58 do ADCT. A par da delegação expressa para definição de índices de reajustamentos, a pretensão do legislador constituinte culminou com injustiça aos segurados titulares de benefícios acima do mínimo. É que os índices de reajustamentos, de tempos em tempos, a partir da Lei n. 8.213/91, diferem daqueles praticados para atualizar o salário mínimo, gerando uma antipatia pela população com este estado de coisas perpetrado pelo legislador ordinário.

2.1.5. Irredutibilidade do valor dos benefícios

A renda mensal inicial dos benefícios de prestação continuada, via de regra, é sinônimo de substituição dos rendimentos percebidos pelo segurado na ativa. Na perspectiva previdenciária hodierna, a primeira mensalidade gerada há de equacionar critérios que preservem o equilíbrio financeiro e atuarial, ao mesmo tempo ser sinônimo de justiça na aplicação dos preceitos que guardam a atualização de todos os valores compositivos do cálculo do salário de benefício (salários de contribuição).

Após a primeira renda mensal, a preocupação, com o passar do tempo, passar a ser com a manutenção do mesmo poder aquisitivo inicial.

O princípio constitucional do art. 194, parágrafo único, inciso IV, da Carta Magna, garante a irredutibilidade do benefício previdenciário. De forma conjugada, o § 4º, do art. 201, também constitucional, estatuindo o reajustamento periódico dos benefícios para preservar-lhes, em caráter permanente, a manutenção do valor real, desiderato a ser atingido apenas com a implementação normativa que enfrente a corrosão da inflação. Enquanto para os trabalhadores e servidores não há garantia da preservação do valor real, apenas nominal, os beneficiários do RGPS são prestigiados com a aplicação do princípio. A proteção contra depreciação, em âmbito previdenciário, está firmada ao arbítrio do Poder Público, ao passo que os trabalhadores, quando frustradas eventuais negociações diretas com empregadores, têm nos dissídios coletivos ou individuais o pretendido aumento salarial.

A garantia defensiva para manutenção do *quantum* nominal e real do benefício está alicerçada a níveis constitucionais, como escudo protetor contra ataque legislativo ordinário que invista contra o direito adquirido ao valor originalmente estampado nas cartas de concessão dos benefícios. Já na gênese constitucional de 1988, observa-se preocupação legislativa reparadora das injustiças ocorridas no período pré-constituição, a exemplo da determinação para correção monetária de todos os salários de contribuição utilizados no período básico de cálculo, bem como equivalência com o número de salários mínimos da época da concessão em todos os benefícios em manutenção na data de sua promulgação.

Uma vez concedido, além da manutenção do valor real, o valor nominal não pode ser diminuído, implicando não incidência de descontos ilegais, paradigmaticamente aos salários dos trabalhadores (CF/88, art. 7º, inciso VI), bem como em restrição à livre disponibilidade.

A regra do reajustamento periódico tem por fim manter, o máximo possível, o mesmo padrão qualitativo da época da concessão. Porém, a realidade brasileira, notoriamente percebida pela população, é que o quantitativo do benefício, conquanto aumente em face dos reajustamentos periódicos, não faz frente ao mesmo padrão qualitativo inicial e, comparativamente aos benefícios de valor mínimo, também não acompanham o mesmo padrão real destes. Desde o marco final da eficácia do art. 58 do ADCT (9.12.1991, quando publicado o Decreto n. 357/91, regulamentador da Lei n. 8.213/91), os benefícios previdenciários acima do mínimo não vêm mantendo o mesmo nível aquisitivo inicial. No dizer sempre abalizado de Wagner Balera, "Os benefícios são prestações pecuniárias que não podem sofrer modificações nem em sua expressão quantitativa (valor monetário) nem em sua expressão qualitativa (valor real)". É preciso que "... a legislação estabeleça o adequado critério de aferição do poder aquisitivo do benefício. Poder aquisitivo este que, se vier a ser reduzido, deve de pronto ser recomposto mediante reajustamento periódico do valor da prestação devida".[24]

Uma questão que se coloca agora é se a forma de reajustamento anual verdadeiramente cumpre com a diretriz constitucional da permanência do reajustamento. Isto porquanto os reajustes anuais somente são aplicados ao final do período inflacionário, lapso durante o qual, enquanto as parcelas do índice a compor o reajuste vão se somando, mês a mês, observando a inflação, a renda mensal do benefício previdenciário vem se mantendo com o mesmo valor. Somente no mês do reajustamento é que o benefício irá receber o aumento alusivo a todo o período. Neste ponto, o Supremo Tribunal Federal já teve oportunidade de decidir que tal mecânica não viola o princípio da permanência, até sendo desproposito falar-se em direito adquirido enquanto não concluída a anualidade (RE 274.770 AgR/RS, Relator Min. Celso de Mello, DJ de 26.4.2004).[25] Quanto às alegações de inconstitucionalidade dos índices eleitos pelo legislador, o pretório excelso admitiu a presunção de constitucionalidade como prevalecente sobre pretensa impropriedade do dispositivo inquinado de vício.[26] Por fim, espancando quaisquer investidas judiciais na tentativa de substituir os índices eleitos, a mesma corte já reconheceu ser impróprio ao Judiciário definir os percentuais de reajustes como forma de atuação legislativa positiva.[27]

A evolução legislativa do reajustamento dos benefícios previdenciários obedece ao comando inserto no art. 41 da LB, ao qual remetemos o leitor, onde poderá verificar todos os detalhes que permeiam a mecânica do reajustamento, bem como tomar conhecimento técnico dos fundamentos teóricos e lógicos de ações judiciais cujo objeto é aplicação de justiça no reajustamento da renda mensal.

---

(24) *Sistema de seguridade social*, p. 21.
(25) *Curso de especialização em direito previdenciário*, p. 158.
(26) *Idem, Ibidem*, p. 159.
(27) Cf. *Idem, Ibidem*, p. 160.

2.1.6. Valor da renda mensal não inferior ao salário mínimo

Antes do advento da Constituição Federal de 1988, os benefícios previdenciários poderiam ser pagos em valor 5% abaixo do salário mínimo para o segurado citadino e em 50% para o campesino. No período que medeia entre a nova ordem constitucional de 1988 e a vinda da Lei n. 8.213/91, a previdência ainda continuou sendo refratária em aceitar o novo patamar mínimo.

A limitação mínima para o pagamento da renda mensal inicial do benefício de prestação continuada encontra sustentação constitucional no § 2º, do art. 201, da Carta Republicana, reafirmado pela EC n. 20, ao dispor que "Nenhum benefício que substitua o salário de contribuição ou o rendimento do trabalho do segurado terá valor mensal inferior ao salário mínimo." O pagamento mensal da prestação previdenciária, ainda que o regime tenha por objetivo manter um mínimo de condições indispensáveis e não o mesmo padrão, não pode ser aviltado em nível aquém do salário mínimo. Para os trabalhadores urbanos e rurais, a Constituição Federal de 1988, art. 7º, inciso IV, idealiza como direito social a garantia da percepção de renda contratual o valor não inferior ao salário mínimo, o qual visa atender às necessidades vitais básicas do trabalhador e de sua família, enfrentando materialmente despesas com os encargos familiares que especifica.

Da mesma forma, a garantia é extensiva aos beneficiários do Regime Geral da Previdência Social. O regime de repartição adotado pela previdência angaria recursos coletivos a bem do pagamento dos benefícios em manutenção. As prestações hão de observar critérios que observem o equilíbrio financeiro e atuarial, porém, não podem se desvencilhar da garantia mínima que prestigia a dignidade da pessoa humana, entre outros ideais democraticamente inseridos no contexto constitucional, como método contraceptivo à desigualdade social e fomentador da redistribuição de renda.

Por outro lado, ao mesmo tempo em que não negligenciar nos limites mínimo e máximo é dogma previdenciário, a mesma imposição não é sentida quanto a alguns benefícios que, por sua natureza, em geral não são substitutivos das rendas mensais. A regra em aferição não se aplica aos benefícios complementares, aqueles cuja prospecção é apenas complementar o rendimento do segurado, exemplificando-se com o auxílio-acidente, o extinto abono de permanência em serviço e o salário-família. Sua aplicação está reservada às prestações previdenciárias substitutivas, caracterizadas pela intenção de contornar materialmente o risco social verificado, substituindo os ingressos salariais do trabalhador ou de seu dependente. Por tal motivo é que o auxílio-acidente, dado o caráter indenizatório de que se reveste, simplesmente recupera, materialmente e em tese, a parcela de capacidade laborativa perdida com o infortúnio, nada impedindo valor aquém do salário mínimo.

Não está reservado pela espécie de segurado, sendo garantia isonomicamente ampliada a todo elenco da filiação previdenciária. Mesmo para os segurados que não exercem atividade remunerada, como os facultativos, a proteção mínima, como o próprio texto já diz, provê, para este, substituição de seu salário de contribuição.

2.1.7. Previdência complementar facultativa

Ao Estado, como provedor de Direitos Sociais, incumbe o planejamento em nível estratégico e executório dos ideais previdenciários para os planos privado e público, atendendo à necessidade material substitutiva dos rendimentos atingidos por contingências sociais.

Na forma originária da Constituição Federal de 1988 estava previsto, em seu art. 201, § 7º, a par do Regime Geral da Previdência Social, que a previdência social poderia criar seguro coletivo complementar e facultativo custeado por contribuições adicionais. Tal planejamento previdenciário se daria em níveis elitistas, visando atender parcela do setor privado mais abastada, impossibilitada de, mediante contribuições extras, cumular benefícios cuja soma ultrapassasse o teto. O art. 153 da Lei n. 8.213/91, norma transitória original ainda não cumprida, assina prazo de cento e oitenta dias para implantação do regime de que trata o inciso II, do art. 9º. Com o advento da EC n. 20, que, através de seu art. 1º, redefiniu o texto do § 7º, do art. 201, da CF/88, resta de vez espancado o regime facultativo complementar, perdendo totalmente poder normativo o inciso II e § 2º, do art. 9º, da Lei n. 8.213/91. Esta falta de razão de ser do sistema facultativo aqui tratado, agora sentido com mais intensidade, é reflexo da crise popular por que vem passando, de há muito, o Regime Geral da Previdência Social. O bom senso indica ser totalmente desproposidada a inserção de novos rumos previdenciários, alheios ao RGPS, quando o momento é de atenção exclusiva ao regime já existente. Juliana Presotto Pereira Netto, ao tecer seus comentários ao regime de que ora se cuida, assevera:

"(...) esse regime já vinha sendo recomendado desde a LOPS de 1960, para ampliar os benefícios por ela instituídos, mas nunca chegou a ser implementado. Na opinião de Marly Cardone é, inclusive, melhor que assim o seja, pois, desacreditada como está a previdência social, 'antes de recobrar a confiança dos segurados, qualquer plano de segurado facultativo estará destinado a não ter filiados'. Com a EC n. 20, esse dispositivo desaparece da CF, restando, em nível de previdência complementar, apenas a possibilidade dos sistemas privados, mencionados a seguir."[28]

Os regimes de previdência estão mais amiúde deduzidos na oportunidade do art. 9º.

À guisa de esclarecimento, registre-se que, com a normativa simultânea de espécies diversificadas de regimes de previdência, a amparar pluralidade de filiações, bem como o sistema de previdência privada, pode coexistir, num mesmo plano subjetivo, pluralidade de relação jurídica de custeio de benefícios. Isso, no entanto, veda o aproveitamento de um mesmo tempo de contribuição em dois ou mais regimes, sem que se possa inferir, porém, *bis in idem* em contribuições conjuntas.

Inaugurando a constitucionalidade dos sistemas de previdência privada, o art. 202, da Carta da República, na redação que lhe conferiu a EC n. 20/98, concebeu sistema com feição complementar e autônomo em relação à Previdência Social, financiado, facultativamente, por aportes contributivos dos participantes, a ser regulado por lei complementar. Na mesma esteira, fica conferido também, *mutatis mutandis*, regime contributivo complementar para os servidores públicos integrantes de planos previdenciários próprios, *ex vi* do § 15, do art. 40, da Constituição.

Não se olvide que, embora não alçada a nível de regulamentação no mesmo patamar que o Regime Geral, a previdência complementar aqui versada também não se vincula, a menos no caráter voluntarista, com os regimes de previdência privada abertos ou fechados, estes a amparar pretensões materiais ainda mais elitistas. Estes estão previstos no art. 202 da Constituição Federal, na nova redação dada pela EC n. 20/98, assim entendidos, de acordo com o texto constitucional, aqueles de caráter complementar e autônomo em relação ao RGPS, sendo facultativo e regulamentado por lei complementar, cujo montante arrecadado é coletado por constituição de reservadas que garantam o benefício contratado. A distinção constitucional relativa ao Regime Geral de Previdência Social, quando interliga as reservas coletadas aos benefícios contratados, alude à forma contratual ordenada pela mecânica de capitalização de recursos, diferentemente do que ocorre com o regime social, que é de repartição.

2.1.8. Caráter democrático e descentralizado da gestão administrativa

Os direitos relativos à Seguridade Social, compreendendo um conjunto integrado de ações de iniciativa dos Poderes Públicos e da sociedade, destinado a assegurar os direitos relativos à saúde, à previdência e à assistência social, serão definidos mediante gestão quadripartite, composta por representantes dos trabalhadores, dos empregadores, dos aposentados e do governo nos órgãos colegiados (art. 194, CF/88). Trata-se de subproduto do princípio constitucional que determina participação dos trabalhadores e empregadores nos colegiados dos órgãos públicos quando envolvidos direitos profissionais ou previdenciários destas categorias (art. 10).

Compreende-se que os planos e metas governamentais sejam colocados ao consenso de todos os envolvidos na relação jurídica previdenciária. Os trabalhadores estão num plano subjetivo de caráter dúplice com a previdência social, sendo ao mesmo tempo sujeitos de direitos às prestações e contribuintes do sistema. Os empregadores não são titulares do direito aos benefícios, mas são contribuintes do sistema, ao

---

(28) *Op. cit.*, p. 75.

lado do governo. Por outro lado, embora os trabalhadores e os aposentados estejam em desigualdade quanto ao nível técnico, têm voz ativa na elaboração das metas de cunho geral. Ainda contando com o tirocínio jurídico de Balera, "Na parte social do Estado Democrático de Direito, é dizer, no setor do Estado brasileiro que irá tocar a seguridade social, deve imperar o caráter democrático e descentralizado da administração, mediante gestão quadripartite, com participação dos trabalhadores, dos empregadores, dos aposentados e do governo."[29] Continuando, afirma que "É claro que, em setor no qual o futuro dos trabalhadores, empresários e aposentados está sendo decidido, a presença dos mesmos se coloca como exigência democrática fundamental."[30]

Nesta gestão administrativa eclética não devem passar políticas ou projetos de grande vulto, embora para sugestões ou recomendações de benefício geral não há empecilho.

O ideal da descentralização busca na aproximação dos destinatários da proteção a efetivação dos direitos previdenciários. Tal desiderato constitucional "... transfere para a periferia do sistema o poder de decisão, permitindo que os conselhos estaduais e municipais discutam e proponham — a partir da situação local, sempre peculiar, da necessidade particular daquela população assistida — diretivas e planos de ação".[31]

Os projetos para efetivação da descentralização perderam um pouco da força, pelo menos no plano formal, com a eliminação dos conselhos estaduais e municipais, antes previstos no art. 7º desta lei. Comentando sobre a dita revogação, traz-se à colação o escólio daquele renomado autor: "De ordem que a descentralização também adjudica a execução do plano de proteção, que consiste na prestação dos benefícios e dos serviços, na implementação de programas de saúde e de assistência social e nos projetos de enfrentamento da pobreza, aos órgãos locais".[32]

Mais adiante, conclui:

"Rebela-se, porém, contra referida diretriz a Medida Provisória n. 2.216-37, de agosto de 2001. Com efeito, sem maiores explicações, o art. 7º da Lei n. 8.213/91, que instituíra os Conselhos Estaduais e Municipais da Previdência Social, é revogado. Trata-se de manifesta afronta ao propósito descentralizador engendrado pelo constituinte."[33]

2.2. Outros princípios informativos da Previdência Social

Em vista da importância da matéria aqui tratada, avulta como de suma relevância explanar-se, embora em estilo ameno, outros princípios previdenciários de igual ou maior expressão e importância prática, a despeito de sua não inserção no art. 2º.

2.2.1. Contrapartida

A precedência do custeio informa a diretriz da não disposição de benefícios, aumentos ou extensão de prestações sem que a respectiva contrapartida financeira não esteja de pronto preparada a custear o aumento das despesas decorrentes, estando previsto no § 5º, do art. 195, da Constituição Federal. É sistema de cautela legislativa, direcionada ao legislador ordinário, lembrando-lhe de que não pode haver direito creditório a favor dos segurados em maiores proporções do que o numerário arrecadado para cobrir tais despesas; não se pode gastar mais do que se arrecada.

Este princípio será apreciado com maior dedicação nos comentários ao art. 125.

2.2.2. Filiação obrigatória

O princípio da filiação obrigatória impõe, como decorrência da contribuição compulsória, a automaticidade de filiação vinculada aos desenhos normativos de segurados engendrados pela legislação. Os titulares dos direitos subjetivos, assim considerados pela norma previdenciária ao prever as espécies de filiação, engendram fa-

---

(29) *Sistema de seguridade social*, p. 23.
(30) *Idem, Ibidem*, mesma página.
(31) *Idem, Ibidem*, mesma página.
(32) *Idem, Ibidem*, p. 24.
(33) *Idem, Ibidem*, mesma página.

ticamente a relação jurídica previdenciária com o simples exercício de atividade remunerada ou com o pagamento da contribuição, neste caso quando por conta de contribuinte facultativo. Entretanto, esta mecânica sofre mitigações na hipótese de segurado que exerce atividade vinculada a regime próprio de previdência, caso em que sua proteção já estará sendo garantida por norma de direito alheia ao sistema do RGPS.

2.2.3. Caráter contributivo e diversidade de base de financiamento

O caráter contributivo da previdência social, em oposição ao assistencialismo, é regra de custeio necessário e obrigatório destinada aos contribuintes, impondo-lhes o financiamento do sistema coletivo de arrecadação, repartição simples quando não individualizado. A separação das mecânicas de imposição contributivas, obedecendo ao pluralismo de filiações descortinadas no meio social, previstas pela normativa compulsoriamente, é matéria alheia ao campo dos benefícios. A Lei de Custeio (Lei n. 8.212/91), paralelamente ao Plano de Benefícios, se associa a este na completude do sistema protecionista, amparando-o financeiramente. A inserção obrigatória no regime de contribuição mediante repartição, à guisa do equilíbrio financeiro e atuarial, descortina uma série de riscos financeiros por parte dos dois lados da relação. O segurado pode contribuir por pouco tempo e receber aposentadoria por invalidez ao ser atingido por uma contingência logo no início da filiação. De outra parte, pode contribuir pelo teto máximo nos últimos anos antes da aposentadoria e correr o risco de não lograr correspectividade no valor do benefício em face de contribuições de baixo valor dentro do período básico de cálculo.

Embora não propriamente destinado a atender exclusivamente os objetivos previdenciários, impõe-se uma incursão no princípio da diversidade da base de financiamento, fonte normativa que abriga o aporte econômico para o custeio não só da previdência, como também de todos os sistemas de proteção isoladamente considerados.

Tal princípio está subentendido como previsto no art. 194, inciso VI, da Constituição da República.[34]

O art. 195, por sua vez, expressa forma de custeio pluralista, fazendo migrar recursos dos participantes contemplados na legislação subalterna.[35] A alusão à forma direta de participação da sociedade como cofinanciadora significa sua inserção na relação jurídica como sujeito passivo das contribuições sociais, emprestando-se tal estado de sujeição aos empregadores, empresas e entidades e ela equiparadas (inciso I), quando obrigados a pagar contribuição sobre a folha de salários e demais rendimentos dos segurados que lhe prestam serviços, bem como sobre a receita, o faturamento e o lucro. Os trabalhadores e demais segurados da Previdência Social também estão no elenco de financiadores, assim como sobre as receitas de concursos e prognósticos, importadores de bens ou serviços do exterior ou de quem a lei a ele equiparar. A receita arrecadada dos concursos de prognósticos advém de todo e qualquer jogo ou aposta legalizada no Brasil, quando parcela do montante é destinada ao fundo da Seguridade Social. A forma direta de financiamento chama a sociedade à responsabilidade fiscal através das contribuições sociais. A forma indireta advém de recursos dos orçamentos da União, dos Estados, do Distrito Federal e dos Municípios, formado pela arrecadação tributária destas pessoas políticas. Além destas fontes, a constituinte possibi-

---

(34) "A seguridade social compreende um conjunto integrado de ações de iniciativa dos Poderes Públicos e da sociedade, destinadas a assegurar os direitos relativos à saúde, à previdência e à assistência social. Parágrafo único. Compete ao Poder Público, nos termos da lei, organizar a seguridade social, com base nos seguintes objetivos: (...) VI — diversidade da base de financiamento;".

(35) "A seguridade social será financiada por toda a sociedade, de forma direta e indireta, nos termos da lei, mediante recursos provenientes dos orçamentos da União, dos Estados, do Distrito Federal e dos Municípios, e das seguintes contribuições sociais: I — do empregador, da empresa e da entidade a ela equiparada na forma da lei, incidentes sobre: a) a folha de salários e demais rendimentos do trabalho pagos ou creditados, a qualquer título, à pessoa física que lhe preste serviço, mesmo sem vínculo empregatício; b) a receita ou o faturamento; c) o lucro; II — do trabalhador e dos demais segurados da previdência social, não incidindo contribuição sobre aposentadoria e pensão concedidas pelo regime geral de previdência social de que trata o art. 201; III — sobre a receita de concursos de prognósticos. IV — do importador de bens ou serviços do exterior, ou de quem a lei a ele equiparar".

litou ao legislador arrecadação alternativa mediante implementação de outras fontes destinadas a garantir a manutenção ou expansão da Seguridade Social, condicionando o exercício deste direito às diretrizes para a competência residual da União, previstas no art. 154, inciso I, da CF/88, ou seja, mediante lei complementar, desde que sejam impostos não cumulativos e não tenham fato gerador ou base de cálculo próprios dos discriminados na Constituição.

As contribuições dos empregadores além das incidentes sobre a folha de salários, onerando o faturamento e o lucro, compensam a perda de receita pela informalidade e dispensa de mão de obra em face da tecnologia. Por outro lado, a desoneração do empregador sobre a folha de salários minimiza o Custo-Brasil e estimula o crescimento da formalidade contratual.

Ainda podem ser encontrados no texto constitucional outros dispositivos que estabelecem regras a respeito de fontes de custeio relativas a alguma das três formas de proteção social.

Conquanto expressamente retirado do rol dos benefícios previdenciários pelo art. 9º, § 1º, da LB, o desemprego involuntário gera direito subjetivo como prestação previdenciária expressamente inserta no art. 1º. A solvabilidade do benefício referido é garantida por contribuições para o Programa de Integração Social (PIS) e para o Programa de Formação do Patrimônio do Servidor Público (PASEP), recebendo uma contribuição adicional da empresa cujo índice de rotatividade da força de trabalho superar o índice médio da rotatividade do setor, na forma do art. 239 e § 4º.

A cobrança de trinta e oito centésimos por cento da impopular e "provisória" CPMF hoje está garantida até 31.12.2007, por força normativa do art. 90 do ADCT, depois de passar por uma sangria legislativa que desvencilhou do Fundo Nacional da Saúde parte da destinação do produto arrecadado, destinando-o a outros destinos.

A famigerada contrapartida do equilíbrio financeiro e atuarial que encerra benefícios previsíveis agregando tempo de contribuição, idade e expectativa de sobrevida, recebe o prestígio do legislador e de reformas impopulares a guisa de manutenção da solvência do sistema. No regime atual, a consecução destas adequações restou lograda com a moldura engendrada pelo fator previdenciário nas aposentadorias por tempo de contribuição e por idade (art. 29, definido de acordo com a Lei n. 9.876/99). À ruptura da mecânica que levava em conta basicamente apenas poucas contribuições captadas a meio caminho da inativação, sucede-se ordem legal recorrente a molduras variantes sofisticadas que, quando levadas a cabo a segurado com meio século de vida, por exemplo, cria descontentamento com a vinda de uma renda com, mais ou menos, metade do salário recebido na ativa.

A expansão das fontes de financiamento revela uma necessidade governamental de atender à expansão dos direitos sociais vindos a partir de 1988, com a "Carta Cidadã". O legislador buscou se prevenir do aumento de despesas com o Benefício Assistencial de Prestação Continuada e com os direitos às prestações ao trabalhador rural, entre outros fatores determinantes do aumento da dívida previdenciária.

A diversidade das bases de financiamento da Seguridade Social é sinônimo de redistribuição de renda, ou seja, a parcela da sociedade mais carente recebe recursos do setor social mais abastado, e o Estado os repassa aos hipossuficientes na forma de benefícios devidos nos três setores do sistema de proteção social aqui existente. Como o sistema previdenciário brasileiro adotado ainda continua sendo o regime de repartição, a redistribuição de renda acima referida, na forma previdenciária, consiste nas prestações pecuniárias retiradas do fundo arrecadado e repassadas aos mais pobres, cujas contribuições são insuficientes para o custeio de seu benefício (benefícios previdenciários ao trabalhador rural no valor de um salário mínimo, por exemplo). O assistencialismo e a prestação de serviço de saúde é a forma redistributiva de renda por excelência, possibilitando à população à margem do sistema previdenciário, seja por já terem perdido a qualidade de segurado, seja por nunca alcançarem tal estado, uma contrapartida estatal como resposta à mobilidade social considerada mais nobre.

2.2.4. Solidariedade

A solidariedade agrega-se à contribuição despretensiosa uma correlatividade prestacional, identificando-se, num sentido bem próprio, à caridade social, quando equivalente ao amparo aos desassistidos; assenta-se no dar sem querer receber algo em troca. É sentido de perto pelos empregados aposentados que continuam retirando de seu salário parcela contributiva sem direito a benefícios extras; justifica isenção de carência, concessão assistencialista de benefícios a trabalhadores rurais, exação a sujeitos passivos não titulares de direito às prestações (empresas), bem como pagamento a dependentes.[36]

---

(36) "Infere-se dos arts. 194 e 195 da Constituição da República que o sistema de seguridade social delineado pelo constituinte é universal e distributivo, ou seja, o segurado contribui para o sistema " porque a seguridade social será financiada por toda a sociedade ", e não para um fundo próprio que lhe assegure determinadas contraprestações específicas. Trata"se de tributo cuja arrecadação deve ser destinada a uma determinada finalidade, e não a trazer uma contrapartida direta e específica para o contribuinte que o recolheu, porque não há uma vinculação ou uma exata correspondência entre contribuição e benefício. Conquanto os benefícios do regime geral de Previdência Social sejam concedidos mediante contribuição, por força do princípio constitucional e legal da retributividade ou solidariedade contributiva (art. 195, § 5º), nem todas as contribuições vertidas ao sistema conduzem à concessão de benefícios previdenciários, visto que não ostentam natureza contraprestacional. Fosse assim, *ad argumentandum*, não se conceberia a existência de alguns benefícios que dispensam carência (*v. g.*, pensão por morte, auxílio"reclusão, aposentadoria por invalidez), desde que a ele faz jus, o segurado, tão"logo esteja vinculado ao sistema, preenchidos os requisitos legais. Prepondera, neste aspecto, o princípio da solidariedade social". (Apelação Cível n. 2002.04.01.005150-5, Relator Vivian Josete Pantaleão Caminha, DJU de 26.10.2005, p. 411).

Art. 3º Fica instituído o Conselho Nacional de Previdência Social — CNPS, órgão superior de deliberação colegiada, que terá como membros:

I — seis representantes do Governo Federal;

II — nove representantes da sociedade civil, sendo:

a) três representantes dos aposentados e pensionistas;

b) três representantes dos trabalhadores em atividade;

c) três representantes dos empregadores.

§ 1º Os membros do CNPS e seus respectivos suplentes serão nomeados pelo Presidente da República, tendo os representantes titulares da sociedade civil mandato de 2 (dois) anos, podendo ser reconduzidos, de imediato, uma única vez.

§ 2º Os representantes dos trabalhadores em atividade, dos aposentados, dos empregadores e seus respectivos suplentes serão indicados pelas centrais sindicais e confederações nacionais.

§ 3º O CNPS reunir-se-á, ordinariamente, uma vez por mês, por convocação de seu Presidente, não podendo ser adiada a reunião por mais de 15 (quinze) dias se houver requerimento nesse sentido da maioria dos conselheiros.

§ 4º Poderá ser convocada reunião extraordinária por seu Presidente ou a requerimento de um terço de seus membros, conforme dispuser o regimento interno do CNPS.

§ 5º (*Revogado pela Lei n. 9.528, de 10.12.97*)

§ 6º As ausências ao trabalho dos representantes dos trabalhadores em atividade, decorrentes das atividades do Conselho, serão abonadas, computando-se como jornada efetivamente trabalhada para todos os fins e efeitos legais.

§ 7º Aos membros do CNPS, enquanto representantes dos trabalhadores em atividade, titulares e suplentes, é assegurada a estabilidade no emprego, da nomeação até um ano após o término do mandato de representação, somente podendo ser demitidos por motivo de falta grave, regularmente comprovada através de processo judicial.

§ 8º Competirá ao Ministério do Trabalho e da Previdência Social proporcionar ao CNPS os meios necessários ao exercício de suas competências, para o que contará com uma Secretaria-Executiva do Conselho Nacional de Previdência Social.

§ 9º O CNPS deverá se instalar no prazo de 30 (trinta) dias a contar da publicação desta Lei.

Redações anteriores

Fica instituído o Conselho Nacional de Previdência Social — CNPS, órgão superior de deliberação colegiada, que terá como membros:

I — 4 (quatro) representantes do Governo Federal;

II — 7 (sete) representantes da sociedade civil, sendo:

a) 2 (dois) representantes dos aposentados e pensionistas;

b) 2 (dois) representantes dos trabalhadores em atividade;

c) 3 (três) representantes dos empregadores.

§ 1º Os membros do Conselho Nacional de Previdência Social — CNPS e seus respectivos suplentes serão nomeados pelo Presidente da República, tendo os representantes titulares da sociedade civil mandato de 2 (dois) anos, podendo ser reconduzidos, de imediato, uma única vez.

> § 2º Os representantes dos trabalhadores em atividade, dos aposentados, dos empregadores e seus respectivos suplentes serão indicados pelas centrais sindicais e confederações nacionais.
>
> § 3º O Conselho Nacional de Previdência Social — CNPS reunir-se-á, ordinariamente, uma vez por mês, por convocação de seu presidente, não podendo ser adiada a reunião por mais de 15 (quinze) dias se houver requerimento, nesse sentido, da maioria dos conselheiros.
>
> § 4º Poderá ser convocada reunião extraordinária por seu presidente ou a requerimento de 1/3 (um terço) de seus membros, conforme dispuser o regimento interno do Conselho Nacional de Previdência Social — CNPS.
>
> § 5º As decisões do Conselho serão tomadas com a presença de, no mínimo, 6 (seis) de seus membros.
>
> § 6º As ausências ao trabalho dos representantes dos trabalhadores em atividade decorrentes das atividades do Conselho, serão abonadas, computando-se como jornada efetivamente trabalhada para todos os fins e efeitos legais.
>
> § 7º Aos membros do Conselho Nacional de Previdência Social — CNPS, enquanto representantes dos trabalhadores em atividade, titulares e suplentes, é assegurada a estabilidade no emprego, da nomeação até 1 (um) ano após o término do mandato de representação, somente podendo ser demitidos por motivo de falta grave, regularmente comprovada através de processo judicial.
>
> § 8º Competirá ao Ministério do Trabalho e da Previdência Social proporcionar ao Conselho Nacional de Previdência Social — CNPS os meios necessários ao exercício de suas competências, para o que contará com uma Secretaria-Executiva do Conselho Nacional de Previdência Social — CNPS.
>
> § 9º O Conselho Nacional de Previdência Social — CNPS deverá se instalar no prazo de 30 (trinta) dias a contar da publicação desta Lei.

3.1. Conselho Nacional de Previdência Social

Nos termos do art. 194 da Constituição Federal de 1988, na redação da EC n. 20/98, a Seguridade Social compreende um conjunto integrado de ações de iniciativa dos Poderes Públicos e da sociedade, destinadas a assegurar direitos relativos à saúde, à previdência e à assistência social, cujos objetivos hão de prestigiar o caráter democrático e descentralizado da administração, mediante gestão quadripartite, com participação dos trabalhadores, dos empregadores, dos aposentados e do Governo nos órgãos colegiados.

A Seguridade Social não possui personalidade própria, sendo formada por partes estanques de instituições, cada qual com sua identidade e esfera de atribuições delineadas constitucionalmente, com vocação para a proteção social em seus diversos matizes.

Desde a sua instituição pela Lei n. 8.213/91, o Conselho Nacional de Previdência Social é órgão de gestão colegiada, alçado a nível superior de deliberação, tendo como objetivo principal a gestão do sistema previdenciário, estabelecendo as diretrizes gerais e a integração entre as diversas áreas de atuação.

A democracia na composição do conselho está garantida através da inserção, a par do Poder Público, de representantes da sociedade civil, dentre os quais representantes dos aposentados e pensionistas, dos trabalhadores em atividade e dos empregadores, não se podendo olvidar, por outro lado, que a nomeação dos representantes alheios ao governo pelo Presidente da República desnatura o caráter democrático, face à indicação, destes pares, por centrais sindicais e confederações nacionais pertencentes a cada categoria. Na esteira de excerto doutrinário de Wagner Balera, "É que se nenhuma instância estiver integrada pelos representantes dos trabalhadores, dos empresários e dos aposentados, não poderá ser considerado existente, nem mesmo sob perspectiva formal, o espaço democrático da seguridade social, pois estará desatendendo ao que determina o inciso VII do parágrafo único do art. 194 da Constituição".[37]

---

(37) *Sistema de seguridade social*, p. 44.

> **Art. 4º** Compete ao Conselho Nacional de Previdência Social — CNPS:
>
> I — estabelecer diretrizes gerais e apreciar as decisões de políticas aplicáveis à Previdência Social;
>
> II — participar, acompanhar e avaliar sistematicamente a gestão previdenciária;
>
> III — apreciar e aprovar os planos e programas da Previdência Social;
>
> IV — apreciar e aprovar as propostas orçamentárias da Previdência Social, antes de sua consolidação na proposta orçamentária da Seguridade Social;
>
> V — acompanhar e apreciar, através de relatórios gerenciais por ele definidos, a execução dos planos, programas e orçamentos no âmbito da Previdência Social;
>
> VI — acompanhar a aplicação da legislação pertinente à Previdência Social;
>
> VII — apreciar a prestação de contas anual a ser remetida ao Tribunal de Contas da União, podendo, se for necessário, contratar auditoria externa;
>
> VIII — estabelecer os valores mínimos em litígio, acima dos quais será exigida a anuência prévia do Procurador-Geral ou do Presidente do INSS para formalização de desistência ou transigência judiciais, conforme o disposto no art. 132;
>
> IX — elaborar e aprovar seu regimento interno.
>
> Parágrafo único. As decisões proferidas pelo CNPS deverão ser publicadas no Diário Oficial da União.

4.1. Competências do Conselho Nacional de Previdência Social

As competências do Conselho Nacional de Previdência Social estão definidas tanto no Plano de Benefícios quanto no Decreto n. 3.048/99, cujo elenco está assim composto:

"I — estabelecer diretrizes gerais e apreciar as decisões de políticas aplicáveis à previdência social;

II — participar, acompanhar e avaliar, sistematicamente, a gestão previdenciária;

III — apreciar e aprovar os planos e programas da previdência social;

IV — apreciar e aprovar as propostas orçamentárias da previdência social, antes de sua consolidação na proposta orçamentária da seguridade social;

V — acompanhar e apreciar, mediante relatórios gerenciais por ele definidos, a execução dos planos, programas e orçamentos no âmbito da previdência social;

VI — acompanhar a aplicação da legislação pertinente à previdência social;

VII — apreciar a prestação de contas anual a ser remetida ao Tribunal de Contas da União, podendo, se for necessário, contratar auditoria externa;

VIII — estabelecer os valores mínimos em litígio, acima dos quais será exigida a anuência prévia do Procurador-Geral ou do Presidente do Instituto Nacional do Seguro Social para formalização de desistência ou transigência judiciais, conforme o disposto no art. 353;

IX — elaborar e aprovar seu regimento interno;

X — aprovar os critérios de arrecadação e de pagamento dos benefícios por intermédio da rede bancária ou por outras formas; e

XI — acompanhar e avaliar os trabalhos de implantação e manutenção do Cadastro Nacional de Informações Sociais".

Pelo que se vê das atribuições, em patamares de direcionamento estrutural e geral, avultados de máxima importância na composição dos ideais previdenciários, erigidos às políticas de manutenção do sistema como um todo.

> **Art. 5º** Compete aos órgãos governamentais:
>
> I — prestar toda e qualquer informação necessária ao adequado cumprimento das competências do CNPS, fornecendo inclusive estudos técnicos;
>
> II — encaminhar ao CNPS, com antecedência mínima de 2 (dois) meses do seu envio ao Congresso Nacional, a proposta orçamentária da Previdência Social, devidamente detalhada.

5.1. Cooperação dos órgãos governamentais

A efetivação dos Direitos Constitucionais à saúde, à previdência e à assistência sinaliza para uma participação integrativa de segmentos sociais e governamentais, numa simbiose que mescla atuação governamental, idealizada através de políticas de desempenho administrativo, com cooperação social e de outros órgãos estatais. Sabe-se que a proteção previdenciária firma-se no plano de Previdência Social, contornando materialmente riscos sociais para o trabalhador privado e, também, parcela do setor público, como se pode observar das normativas dos arts. 11, inciso I, alínea *g*, *h* e *j*, e § 5º, e art. 12, *caput* e incisos. Neste intercâmbio protecionista é fundamental que o compartilhamento de interesses afins gere o compromisso de transferir informações necessárias para o fiel desempenho de políticas públicas na área de gestão previdenciária.

O auxílio mútuo, solidarizado, para este mister, deve ser elevado como panaceia da boa administração dos recursos materiais e intelectuais a bem da prestação do serviço social.

A proteção às filiações subsumidas à Previdência Social não exaure o contingente de riscos verificável no plano fático. Embora similaridades nas coberturas, os regimes protecionistas não são unos, o que acaba por intensificar o elenco de titulares de direitos subjetivos potencializados pela normativa. Dessa forma, avulta como de absoluta importância, também, neste cenário, os regimes previdenciários próprios para os servidores públicos civis e militares. Por isso, interessados, como participantes diretos deste processo, são os órgãos governamentais das entidades estatais (Estados, Municípios e Distrito Federal), embora a norma aluda à integração cooperativa num outro viés.

> **Art. 6º** Haverá, no âmbito da Previdência Social, uma Ouvidoria-Geral, cujas atribuições serão definidas em regulamento.
>
> **Redações anteriores**
>
> O Conselho Nacional de Previdência Social — CNPS deverá indicar cidadão de notório conhecimento na área para exercer a função de Ouvidor Geral da Previdência Social, que terá mandato de 2 (dois) anos, sendo vedada a sua recondução.
>
> § 1º Caberá ao Congresso Nacional aprovar a escolha do Ouvidor referido no "caput" deste artigo.
>
> § 2º As atribuições do Ouvidor Geral da Previdência Social serão definidas em lei específica.

6.1. Ouvidoria-Geral

A Lei n. 9.711, de 20 de novembro de 1998, deu nova grafia ao texto do artigo em comento.

A redação anterior determinava ao Conselho Nacional de Previdência Social — CNPS a indicação de cidadão de notório conhecimento na área para exercer a função de Ouvidor-Geral da Previdência Social, com mandato de dois anos, vedada sua recondução, cuja aprovação dependia de deliberação do Congresso Nacional (§ 1º). De acordo com o § 2º, suas atribuições deveriam ser definidas em lei específica.

O Regulamento da Previdência Social, atualmente incorporado pelo Decreto n. 3.048/99, prediz em seu art. 334 que haverá uma Ouvidoria-Geral cujas atribuições serão definidas em regulamento específico. Dessa forma, a disciplina normativa da Ouvidoria-Geral da Previdência Social, atendendo ao texto do artigo predito, não será matéria a ser regulada dentro do Decreto n. 3.048/99, mas sim submetido ao crivo do Executivo em regulamento apartado.

Da relação jurídica previdenciária extrai-se direitos e deveres na arrecadação das contribuições (custeio) e na concessão das prestações (benefício). O proceder do administrador público há que se pautar por critérios de conveniência e oportunidade somente quando a lei não atribui regramento ao ato administrativo, dando vazão ao crivo subjetivo. A própria Constituição Federal de 1988, em seu art. 37, *caput*, permite a ingerência administrativa somente quando norteada por princípios de direito administrativo, a saber: legalidade, impessoalidade, moralidade, publicidade e eficiência. Concorrem para o bom funcionamento da máquina administrativa regras de conduta ética, morais e jurídicas, com suas respectivas sanções, sem as quais a gestão de recursos humanos, materiais e serviços públicos, ficaria relegada ao nada.

Em função da falibilidade humana e técnica no gerir quotidiano da máquina previdenciária, impossível não haver percalços no tratamento dos direitos aos segurados. É preciso deixar claro que sempre haverá descontentamos, porquanto perfeição, embora idealizada em todos os setores do Poder Público, nunca houve e jamais estará presente mesmo que nas mais fortes economias, quanto mais com as mazelas do terceiro mundo. Isso, no entanto, não justifica o descaso ou a negligência, expressões sem lugar em qualquer área ou setor de prestação de serviços públicos ou privados. O lenitivo para as agruras inerentes à generalizada má gestão do serviço público não pode ficar relegado às reclamações ao ouvidor, muitas delas sem resposta e sabe-se desprovidas, de antemão, de qualquer resquício de expectativa positiva. A sociedade há de compreender que a completa satisfação das necessidades sociais, de há muito idealizada no plano normativo, senão configura-se empreitada de difícil execução prática, jamais será atingida sem sensibilidade e cooperação também por parte da sociedade administrada.

De acordo com a própria natureza do órgão em questão, trata-se de pessoa incumbida de, internamente, acolher as reclamações dos segurados, fazer o procedimento administrativo de solucionamento das questões tratadas, dirigindo-se diretamente à área ou servidor apontados como responsáveis por irregularidades, depois repassando aos segurados as respostas obtidas. Como se vê, não tem o papel propriamente de prover soluções para problemas rotineiros, estando encarregado apenas de intermediar as reclamações dos segurados. Enfim, trata-se de órgão cujas atribuições estão mais diretamente voltadas ao atendimento prático e diário dos princípios administrativos constitucionais, com vistas à sua efetividade dentro dos domínios da Previdência Social, em especial na própria agência do INSS.

Art. 7º Ficam instituídos os Conselhos Estaduais e os Conselhos Municipais de Previdência Social — respectivamente CEPS e CMPS —, órgãos de deliberação colegiada, subordinados ao Conselho Nacional de Previdência Social, observando para a sua organização e instalação, no que couber, os critérios estabelecidos nesta Lei para o CNPS, adaptando-os para a esfera estadual ou municipal. (Revogado pela *Medida Provisória n. 2.216-37, de 31.8.01*)

§ 1º Os membros dos CEPS serão nomeados pelo Presidente do CNPS e o dos CMPS, pelos presidentes dos CEPS. (*Revogado pela Medida Provisória n. 2.216-37, de 31.8.01*)

§ 2º Os representantes dos trabalhadores em atividade e seus respectivos suplentes serão indicados, no caso dos CEPS, pelas federações ou centrais sindicais, e, no caso dos CMPS, pelos sindicatos ou, na ausência destes, pelas federações ou ainda, em último caso, pelas centrais sindicais ou confederações nacionais. (*Revogado pela Medida Provisória n. 2.216-37, de 31.8.01*)

§ 3º Os representantes dos aposentados e seus respectivos suplentes serão indicados, no caso dos CEPS, pelas federações ou confederações, e, no caso dos CMPS, pelas associações ou, na ausência destes, pelas federações. (*Revogado pela Medida Provisória n. 2.216-37, de 31.8.01*)

§ 4º Os representantes dos empregadores e seus respectivos suplentes serão indicados, no caso dos CEPS, pelas federações, e, no caso dos CMPS, pelos sindicatos, associações ou, na ausência destes, pelas federações. (*Revogado pela Medida Provisória n. 2.216-37, de 31.8.01*)

Redações anteriores

Ficam instituídos os Conselhos Estaduais e os Conselhos Municipais de Previdência Social — respectivamente CEPS e CMPS — órgãos de deliberação colegiada, subordinados ao Conselho Nacional de Previdência Social — CNPS, observando para a sua organização e instalação, no que couber, os critérios estabelecidos nesta Lei para o Conselho Nacional de Previdência Social — CNPS, adaptando-os para a esfera estadual ou municipal.

§ 1º Os membros dos Conselhos Estaduais de Previdência Social — CEPS serão nomeados pelo Presidente do Conselho Nacional de Previdência Social — CNPS e os dos Conselhos Municipais de Previdência Social — CMPS, pelos presidentes dos Conselhos Estaduais de Previdência Social — CEPS.

§ 2º Os representantes dos trabalhadores em atividade e seus respectivos suplentes serão indicados, no caso dos Conselhos Estaduais de Previdência Social — CEPS, pelas federações ou centrais sindicais e, no caso dos Conselhos Municipais de Previdência Social — CMPS, pelos sindicatos ou, na ausência destes, pelas federações ou ainda, em último caso, pelas centrais sindicais ou confederações nacionais.

§ 3º Os representantes dos aposentados e seus respectivos suplentes serão indicados, no caso dos Conselhos Estaduais de Previdência Social — CEPS, pelas federações ou confederações e, no caso dos Conselhos Municipais de Previdência Social — CMPS, pelas associações ou, na ausência destas, pelas federações.

§ 4º Os representantes dos empregadores e seus respectivos suplentes serão indicados, no caso dos Conselhos Estaduais de Previdência Social — CEPS, pelas federações e, no caso dos Conselhos Municipais de Previdência Social — CMPS, pelos sindicatos, associações ou, na ausência destes, pelas federações.

7.1. Conselhos Estaduais e Municipais de Previdência Social

O texto dos arts. 7º e 8º está, no momento, revogado desde a Medida Provisória n. 1.799-5, de 13.5.1999, reeditada até a de n. 2.216-37, de 31.8.2001, em vigor no momento da edição desta obra por força do art. 2º da Emenda Constitucional n. 32, de 11.9.2001.

Em que pese isso, achamos por bem traçar, em apertada síntese, algumas linhas a respeito dos Conselhos Estaduais e Municipais, face à possibilidade, remota é bem verdade, de retorno de tais entidades representativas, em função da transitoriedade que marca as normas revogadoras dos arts. 7º e 8º.

E para tal desiderato, louvamo-nos dos comentários de Wagner Balera, que afirma, com proficiência:

"O direito subjetivo público dos trabalhadores urbanos e rurais não é diferente, em perspectiva previdenciária, daquele conferido aos servidores públicos civis e militares, aos magistrados e aos congressistas. Os riscos são os mesmos: doença, velhice, invalidez, morte, etc. De conseguinte, as mesmas deveriam ser as prestações. As razões históricas que justificaram a diversidade de regimes não podem prevalecer no avançado estágio de proteção que a seguridade social pretende implementar. Mas ninguém pode ignorar que o fenômeno da proteção social deve ser estendido e ampliado. A manifesta insuficiência financeira do sistema e a atoarda que pretende antes acabar com os direitos sociais do que aperfeiçoá-los e ampliá-los induziram o constituinte a seguir discriminando entre sujeitos de direitos previdenciários. O Conselho Nacional de Previdência Social configura o indispensável espaço democrático e participativo no qual esse debate deve ser travado. No entanto, a descentralização da estrutura melhor se configurava com a existência, em plano estadual e municipal, de conselhos regionais, que foram eliminados recentemente. De fato, os conselhos estaduais e municipais cumpririam importante função de ouvidoria, tomando conhecimento in loco e emitindo juízo prévio a respeito dos problemas de gestão que, não raro, tornam a prestação de seguridade de difícil percepção pelo sujeito de direito. Todavia, a malfadada Medida Provisória n. 1.999, de dezembro de 1999, revogou os arts. 7º e 8º da Lei n. 8.213/91, retirando a base legal de instituição dos Conselhos Estaduais e Municipais de Assistência Social, em confronto aberto com a diretriz constitucional da descentralização da gestão e com a construtura democrática da seguridade social. A realização do plano de proteção — como projeto constitucional para a ordem social — exige que a comunidade participe criativamente, envolvendo-se com os problemas, identificando os interlocutores e propondo soluções que, ultrapassando as decisões individuais e, também, impondo praticabilidade ao direito previdenciário, construa o trâmite necessário dos pleitos junto aos órgãos locais. Todas essas tarefas tornam-se sempre mais complexas quando se considera a enorme diversidade de regimes previdenciários e assistenciais que a recente reforma constitucional não logrou eliminar do ordenamento jurídico brasileiro".[38]

É bem verdade que uma unidade diretiva, elevada como bandeira da democracia na gestão da Seguridade Social, em especial no tocante à Previdência Social, parece-nos estar longe de ser alcançada. Uma verdadeira unidade previdenciária com relação aos regimes, no presente momento, é algo ainda mais utópico, embora prestigiado como aspiração universal e salvadora de sistemas. Isso face, sobretudo, às generalizadas reformas institucionais, tão decantadas em momentos de transição governamental, porém popularmente desacreditadas quando de suas implementações. É que os interesses, na sua gênese formal, sempre inspiram a implementação, em maior extensão possível, eficácia e efetivação, dos Direitos Sociais constitucionalmente assegurados, nos quais estão imiscuídos, como partes integrantes, os direitos relativos à previdência, à assistência e à saúde. Quando partindo para o crivo corporal de aprovação, aquele embate, enraizado como panaceia dos sistemas, vai perdendo sua verdadeira essência e impessoalidade, transformando-se em luta de classes, dificultando, quiçá impossibilitando, a sua aprovação.

Conforme nota de rodapé da mesma obra, intenção legislativa houve para aprovação de Emenda Constitucional que reativaria os ditos Conselhos. Segundo o mesmo autor:

"Na versão atual, a Medida Provisória n. 2.216, de 31 de agosto de 2001, art. 33, manteve revogados os arts. 7º e 8º da Lei n. 8.213, de 1991. Conforme esclarecíamos acima, a Medida Provisória n. 103, de 2003, praticamente dá por superados os preceitos da antiga estrutura cunhada pela citada Medida Provisória n. 2.216/2001. No já citado Rela-

---

(38) *Sistema de seguridade social*, p. 51-52.

tório Consolidado sobre a Reforma Previdenciária que o Conselho de Desenvolvimento Econômico e Social deu à estampa, em abril de 2003, figura o seguinte tópico conceitual: 'Instituição de projeções regionais do Conselho Nacional de Previdência Social'. No mesmo Relatório, apresenta-se a seguinte sugestão: 'Retorno dos Conselhos estaduais e municipais de Previdência Social, extintos em 1998/1999'".[39]

---

(39) *Ibidem*, p. 51.

> **Art. 8º** Compete aos CEPS e ao CMPS, nos âmbitos estadual e municipal, respectivamente: (*Revogado pela Medida Provisória n. 2.216-37, de 31.8.01*)
>
> I — cumprir e fazer cumprir as deliberações do CNPS; (*Revogado pela Medida Provisória n. 2.216-37, de 31.8.01*)
>
> II — acompanhar e avaliar sistematicamente a gestão previdenciária; (*Revogado pela Medida Provisória n. 2.216-37, de 31.8.01*)
>
> III — propor ao CNPS planos e programas para a Previdência Social; (*Revogado pela Medida Provisória n. 2.216-37, de 31.8.01*)
>
> IV — acompanhar, apreciar e dar conhecimento ao CNPS, através de relatórios gerenciais por este definidos, a execução dos planos, programas e orçamentos; (*Revogado pela Medida Provisória n. 2.216-37, de 31.8.01*)
>
> V — acompanhar a aplicação da legislação pertinente à Previdência Social; (*Revogado pela Medida Provisória n. 2.216-37, de 31.8.01*)
>
> VI — elaborar seus regimentos internos. (*Revogado pela Medida Provisória n. 2.216-37, de 31.8.01*).
>
> **Art. 8º** Compete aos Conselhos Estaduais de Previdência Social — CEPS e aos Conselhos Municipais de Previdência Social — CMPS, nos âmbitos estadual e municipal respectivamente:
>
> I — cumprir e fazer cumprir as deliberações do Conselho Nacional de Previdência Social — CNPS;
>
> II — acompanhar e avaliar sistematicamente a gestão previdenciária;
>
> III — propor ao Conselho Nacional de Previdência Social — CNPS planos e programas para a Previdência Social;
>
> IV — acompanhar, apreciar e dar conhecimento ao Conselho Nacional de Previdência Social — CNPS, através de relatórios gerenciais por este definidos, a execução dos planos, programas e orçamentos;
>
> V — acompanhar a aplicação da legislação pertinente à Previdência Social;
>
> VI — elaborar seus regimentos internos.

8.1. Competência dos conselhos estaduais e municipais

Como se disse, o texto dos arts. 7º e 8º está, no momento, revogado desde a Medida Provisória n. 1.799-5, de 13.5.1999, reeditada até a de n. 2.216-37, de 31.8.2001, em vigor no momento da edição desta obra por força do art. 2º da Emenda Constitucional n. 32, de 11.9.2001.

> **Art. 9º** A Previdência Social compreende:
>
> I — o Regime Geral de Previdência Social;
>
> II — o Regime Facultativo Complementar de Previdência Social.
>
> § 1º O Regime Geral de Previdência Social - RGPS garante a cobertura de todas as situações expressas no art. 1º desta Lei, exceto a de desemprego involuntário, objeto de lei específica.
>
> § 2º O Regime Facultativo Complementar de Previdência Social será objeto de lei específica.

9.1. Regimes de Previdência

A convivência social ensejou a necessidade do planejamento previdenciário coletivo a contornar riscos sociais. Ao Estado, como provedor de Direitos Sociais, incumbe a tarefa de traçar os ideais previdenciários para os planos privado e público, atendendo à necessidade material substitutiva da imensa gama de sujeitos de direitos subjetivos em potencial, potencializando-os em normativas protecionistas. Estruturalmente, a Constituição Federal direciona o legislador subalterno, delegando detalhamentos sem textura impróprios ao texto maior.

Antevendo-se riscos sociais, o fato social jurisdicizado potencializa a cobertura previdenciária e os titulares dos direitos subjetivos. O qualitativo e quantitativo dos benefícios define os aspectos das prestações oferecidas em *numerus clausus*.

Atentando-se ao setor privado de atividade econômica, desde a forma originária da Constituição Federal de 1988 estava previsto, em seu art. 201, § 7º, a par do Regime Geral da Previdência Social, que a previdência social poderia criar seguro coletivo complementar e facultativo custeado por contribuições adicionais. Isso se deve a que a Previdência Social, igualmente pública, porém obrigatória, irmã daquele, substitui os salários de contribuição ou rendimentos dos segurados como um mínimo indispensável, não aviltada a níveis inferiores ao salário mínimo, entretanto limitada a um patamar máximo definido em lei, inacessível popularmente senão mediante complementação pecuniária. A cumulação de benefícios sempre foi obstada, embora contribuição dupla possa haver, limitada ao teto máximo. A pretensa previdência complementar e facultativa, então, prevista no texto maior, buscava oferecer à elite do sistema do RGPS prestações adicionais que proporcionassem meios materiais condizentes com seus rendimentos. O art. 153 da Lei n. 8.213/91, ao versar de forma transitória sobre o Regime Facultativo Complementar de que trata o inciso II, do art. 9º, ainda mantido no ordenamento sem ter sido cumprido, assinava cento e oitenta dias de prazo para elaboração de projeto de lei a respeito da matéria. Com o advento da EC 20, que, através de seu art. 1º, redefiniu o texto do § 7º, do art. 201, da CF/88, resta de vez espancado o regime facultativo complementar, perdendo totalmente poder normativo o inciso II e § 2º, do art. 9º, da Lei n. 8.213/91.

Ainda compondo o quadro previdenciário social existem segurados com regime jurídico apartado do RGPS, merecedores de atenção especial pelos artigos 148 a 150 desta lei, regulamentares da transição do regime anterior, ontologicamente incompatível com a novel finalística protecionista da Lei de Benefícios, no particular.

Embora revogado pela Lei n. 9.528/97, o art. 148 da Lei n. 8.213/91 regulava, em linhas gerais, a dita passagem das aposentadorias do aeronauta, do jornalista profissional, do ex-combatente e do jogador profissional de futebol. A aposentadoria dos jornalistas profissionais era regulamentada pela Lei n. 3.529, de 13.1.59. A inativação do jogador profissional de futebol estava definida na Lei n. 5.939, de 19.11.73 e regulamentada pelo Decreto n. 77.210/76. A aposentadoria especial do aeronauta nos moldes do Decreto-lei n. 158, de 10 de fevereiro de 1967, está extinta a partir de 16 de dezembro de 1998, passando a ser devidos ao aeronauta os benefícios do Decreto n. 3.048/99, nos termos em que restou redigido seu art. 190, parágrafo único. O marco final foi estabelecido em face do advento da Emenda Constitucional n. 20/98. Remanesce ao alcance de eficácia das normas o direito adquirido, ainda que atemporal o requerimento. Portanto, o cumprimento contem-porâneo dos pressupostos enseja a concessão. A contar da Medida Provisória n. 1.523, de 11.10.96, convertida na Lei n. 9.528/97, estas categorias profissionais não mais dispunham do direito ao tratamento diferenciado até então existente, sendo devidos e pagos pelo Regime Geral da Previdência Social nos mesmos moldes dos demais benefícios de outros segurados.

Porque não expressamente referida no texto compreendido no art. 148 da LB, a aposentadoria especial de telefonista, regida pela Lei n. 7.850, de 23.10.89, continua sendo regrada por este diploma extravagante, sendo devida aos vinte e cinco anos de serviço.

Em situação similar, o regime legal dos benefícios dos ex-combatentes e dos ferroviários também tem caráter de especialidade. O regime previdenciário dos ferroviários estava previsto nos arts. 84 a 92 da CLPS (Decreto n. 89.312/84) e o dos ex-combatentes nos arts. 79 a 83 do mesmo diploma. O art. 149 criou o encargo legislativo de elaboração de lei específica para estas categorias, que até a edição desta obra ainda não havia surgido. De qualquer modo, a segurança jurídica privilegiou o direito adquirido dos segurados que até a edição da Lei n. 8.213/91 já tinham todos os pressupostos cumpridos segundo a legislação revogada. Ainda que se possa falar em omissão legislativa, houve, no caso, revogação expressa da matéria em comento em face da lei nova ter regulado integralmente a respeito da legislação anterior (CLPS).

O direito dos ferroviários servidores públicos e autárquicos ou em regime especial consiste na complementação de aposentadoria mantida e paga pelo Instituto Nacional da Previdência Social, cujo fundamento está nos arts. 1º, 3º e 4º, do Decreto-Lei n. 956, de 13 de outubro de 1969.

Apesar da revogação do art. 150 pela Lei n. 10.559, de 13.11.2002, a aposentadoria dos anistiados está alicerçada no art. 8º do ADCT (Ato das Disposições Constitucionais Transitórias), mantendo-se o direito adquirido ao tempo da legislação abolida.

Ainda dentro da proteção legislativa sob alçada do Poder Público, mas tratando especificamente dos servidores do setor público, remanescem os regimes próprios de previdência dos servidores civis e militares. Todas as esferas de governo, federal, estadual, municipal e do Distrito Federal, detêm competência para criar seus próprios sistemas de previdência, caso em que seus servidores ocuparão quadro previdenciário distinto do INSS, com relação jurídica de custeio e benefício atendendo cobertura própria, embora similar, em alguns pontos, à normativa geral (§ 12, do art. 40 da CF, na redação da EC n. 20). Regime próprio de previdência é aquele que, se não cobre todas as situações de risco social em igualdade de condições com o RGPS, ao menos assegura a percepção de aposentadoria e pensão aos seus vinculados, na forma do que dispõe o § 3º do art. 10 do Decreto n. 3.048/99, com a redação modificada pelo Decreto n. 3.452, de 9.5.2000. O art. 40 da Constituição Federal, redefinido por força da Emenda Constitucional n. 41, de 19.12.2003, assegura aos servidores titulares de cargos efetivos da União, dos Estados, do Distrito Federal e dos Municípios, incluídas autarquias e fundações, regime de previdência de caráter contributivo e solidário, mediante contribuição do respectivo ente público, dos servidores ativos, inativos e pensionistas, dentro de uma perspectiva que preserve o equilíbrio financeiro e atuarial. Dentro desta evolução, hoje externada mercê de uma tendência governamental sentida desde o tempo da EC n. 20/98, foi repensada e redefinida a regulamentação constitucional dos sistemas próprios a fim de eliminar *deficit* gerado por regalias e vantagens, embora legitimadas por legislação revogada. Desde 1990, existe o Regime Jurídico dos Servidores Públicos Civis da União, incorporado na Lei n. 8.112/90, a qual prevê Plano de Seguridade Social, na qual se insere a previdência para seus servidores (art. 183 a 231), incluindo sua família. Quanto ao pessoal ainda não incorporado ao regime próprio, remanesce com relativa importância a norma do art. 12, na redação dada pela Lei n. 9.876/99, quando coloca sob reduto do RGPS, de forma subsidiária, os servidores ainda à margem de um regime especificamente instituído. Tal imperativo apenas confere maior proteção a estes servidores na hipótese de o ente público não assumir o encargo constitucional previdenciário que lhe compete, podendo, assim, ser considerado como de garantia condicionada à omissão estatal.

O art. 12 da Lei n. 8.213/91 não deixa resquício algum de dúvidas quanto a não ser possível a filiação de servidor público ao RGPS se já amparado por regime próprio de previdência. O § 5º, do art. 201, da Carta da República, modificado pela EC n. 20/98, assevera também ser defesa a filiação ao Regime de Previdência Social, como segurado facultativo, de servidor público já protegido por aquele regime.

À guisa de esclarecimento, registre-se que, com a normativa simultânea de espécies diversificadas de regimes de previdência, a amparar pluralidade de filiações, bem como o sistema de previdência privada, pode coexistir, num mesmo plano subjetivo, pluralidade de relação jurídica de custeio de benefícios. Isso, no entanto, veda o aproveitamento de um mesmo tempo de contribuição em dois ou mais regimes, sem que se possa inferir, porém, *bis in idem* em contribuições conjuntas.

Inaugurando a constitucionalidade dos sistemas de previdência privada, o art. 202, da Carta da República, na redação que lhe conferiu a EC n. 20/98, concebeu sistema com feição complementar e autônomo em relação à Previdência Social, financiado, facultativamente, por aportes contributivos dos participantes, a ser regulado por lei complementar. Na mesma esteira, fica conferido também, *mutatis mutandis*, regime contributivo complementar para os servidores públicos integrantes de planos previdenciários próprios, *ex vi* do § 15, do art. 40, da Constituição.

9.2. Seguro-desemprego

O seguro-desemprego foi criado para cobertura dos trabalhadores contingenciados por desemprego involuntário, objeto de lei específica, de acordo com ressalva do § 1º, do art. 9º, da Lei de Benefícios. A disciplina normativa constitucional se encontra espalhada em vários pontos no texto maior, a começar conferindo *status* de Direito Social o direito à verba em questão (art. 7º, II). De outra parte, a cobertura previdenciária imbutida no plano de benefícios (art. 201, III), objeto da Lei n. 7.998, de 11.1.90. A solvabilidade do benefício em questão é garantida por contribuições para o Programa de Integração Social (PIS) e para o Programa de Formação do Patrimônio do Servidor Público (PASEP), recebendo uma contribuição adicional da empresa cujo índice de rotatividade da força de trabalho superar o índice médio da rotatividade do setor, na forma do art. 239 e § 4º.

9.3. Seguro-desemprego, durante o período de defeso, ao pescador profissional

O seguro-desemprego ao pescador profissional, durante o período de defeso, é garantia dada pela Lei n. 10.779, de 25 de novembro de 2003, ao pescador profissional que exerça sua atividade de forma artesanal, individualmente ou em regime de economia familiar, ainda que com o auxílio eventual de parceiros.

Tal prestação será no valor de um salário mínimo mensal e será devida no período de ocorrência do defeso de atividade pesqueira para a preservação da espécie.

O regime de economia familiar aqui empregado tem o mesmo sentido daquele expresso para o segurado especial definido como segurado da Previdência Social (art. 11, inciso VII, da Lei de Benefícios).

O período de defeso é o fixado pelo Instituto Brasileiro do Meio Ambiente e dos Recursos Naturais Renováveis — IBAMA, em relação à espécie marinha, fluvial ou lacustre a cuja captura o pescador se dedique.

De acordo com o art. 2º da referida lei, à habilitação ao benefício é feita no órgão do Ministério do Trabalho e Emprego, sendo imprescindível a apresentação dos seguintes documentos: a) carteira de pescador profissional ou registro devidamente atualizado, existente com antecedência mínima de pelo menos 1 (um) ano da data do início do defeso; b) comprovante de inscrição no Instituto Nacional do Seguro Social — INSS como pescador, bem como pagamento de contribuição previdenciária; c) comprovante de não estar usufruindo benefício de prestação continuada da Previdência ou Assistência Social, exceto auxílio-acidente e pensão por morte; d) atestado da Colônia de

Pescadores, comprovando exercício da profissão, dedicação à pesca, em caráter ininterrupto, durante o período do defeso anterior e o em curso, bem como não dispor de fonte de renda diversa da atividade pesqueira. Na forma do § único, poderá ser exigido outros documentos para a habilitação.

O cancelamento do benefício se dará (art. 4º): a) início da atividade pesqueira, no curso ou ao término do período de defeso; b) percepção de outra renda; c) morte do beneficiário; d) desrespeito à norma de conduta que prescreva obediência ao período de defeso; comprovação de falsidade das informações prestadas para obtenção do benefício.

Não há que se entrever desrespeito ao princípio da contrapartida com a instituição do benefício em tela, uma vez que seu custeio está desvencilhado do orçamento da Previdência Social, sendo efetuado à conta do Fundo de Amparo ao Trabalhador — FAT, instituído pela Lei n. 7.998, de 11 de janeiro de 1990.

Art. 10. Os beneficiários do Regime Geral de Previdência Social classificam-se como segurados e dependentes, nos termos das Seções I e II deste capítulo.

10.1. Beneficiários do Regime Geral da Previdência Social

O constituinte originário erigiu à categoria de dogma constitucional o ideal da Universalidade da Cobertura e do Atendimento a merecer atenção do legislador ordinário quando da organização da Seguridade Social (inciso I, parágrafo único, do art. 194 da CF/88). Compartilhando do mesmo princípio, o Plano de Previdência Social, concretizado pela Lei n. 8.213/91, o consagrou no plano infraconstitucional (art. 2º).

Desde que o Congresso Nacional foi constitucionalmente encarregado de atender à cobertura previdenciária, com maior extensão possível, dos riscos sociais e moldar a relação jurídica previdenciária com os titulares dos direitos subjetivos, o ideal, em suas linhas mestras, materializa-se através deste art. 10, pormenorizado pelo Executivo-Mor no Decreto n. 3.048/99, art. 8º.

A universalidade de participação nos planos previdenciários idealiza o acesso à cobertura estatal previdenciária, mediante filiação obrigatória, com máxima amplitude de infortúnios ou eventos previsíveis deflagrados no meio social, bem como rol dos protegidos, sujeitos ativos de direitos subjetivos à prestação previdenciária correspondente.

Efetua-se nos domínios do território nacional, independentemente de nacionalidade ou qualquer outro fator discriminatório, de forma imediata aos beneficiários, detentores da relação jurídica direta com a Previdência, e mediata aos dependentes, unidos diretamente com o segurado e indiretamente com o regime. Ainda sob o aspecto geográfico, é lícito afirmar que pode ocorrer a vinculação com o RGPS de segurado que presta serviço no exterior, desde que a contratação tenha sido efetuada no território nacional ou em decorrência de tratados ou acordos internacionais de que o Brasil faça parte. A relação do dependente com o regime é acessória da filiação que o segurado possui com a Previdência, seguindo a sorte desta. Dessa forma, não se pode dizer que existe vínculo da Previdência com o dependente se inexistente a relação jurídica principal do segurado com esta, fulminando os direitos dos dependentes. Continuamente, os ataques ao postulado são repreendidos sem exceção.[40]

Regra geral, abrange titulares de direitos subjetivos vinculados através de efetivo exercício de atividade ou mediante contribuições facultativas, cerceando a autonomia da vontade quando a filiação é obrigatória, no primeiro caso, e deixando ao talante do interessado quando representa ato volitivo.

O rol de beneficiários inserto no Regime Geral da Previdência Social abriga de forma impositiva os contribuintes obrigatórios e facultativos, estando a relação legal exposta de forma taxativa, não autorizando pretensões à contemplação dos direitos fora do albergue legal. Em outras palavras, a faculdade de filiação é quanto à manifestação da vontade de tornar-se segurado, não dizendo respeito à abrangência indiscriminada do elenco dos favorecidos. A filiação é obrigatória ou facultativa, falecendo o direito na ausência de sujeito ativo cuja categoria não esteja expressamente contemplada. A atuação administrativa legislativa interna relaciona mais amiúde o elenco dos protegidos para cada categoria genericamente contemplada no PBPS.

---

(40) Do Superior Tribunal de Justiça vale a pena citar o seguinte aresto: "PREVIDENCIÁRIO. PENSÃO POR MORTE. SEGURADO QUE HAVIA PERDIDO A QUALIDADE. INEXISTÊNCIA DE DIREITO À PENSÃO. Tendo deixado o segurado de contribuir para a Previdência Social por mais de 12 (doze) meses, perde essa qualidade, não deixando ao falecer direito à pensão por morte" (REsp n. 267345, Relator Ministro Gilson Dipp, DJU 5.11.01).

Art. 11. São segurados obrigatórios da Previdência Social as seguintes pessoas físicas:

I — como empregado:

a) aquele que presta serviço de natureza urbana ou rural à empresa, em caráter não eventual, sob sua subordinação e mediante remuneração, inclusive como diretor empregado;

b) aquele que, contratado por empresa de trabalho temporário, definida em legislação específica, presta serviço para atender a necessidade transitória de substituição de pessoal regular e permanente ou a acréscimo extraordinário de serviços de outras empresas;

c) o brasileiro ou o estrangeiro domiciliado e contratado no Brasil para trabalhar como empregado em sucursal ou agência de empresa nacional no exterior;

d) aquele que presta serviço no Brasil à missão diplomática ou a repartição consular de carreira estrangeira e a órgãos a elas subordinados, ou a membros dessas missões e repartições, excluídos o não brasileiro sem residência permanente no Brasil e o brasileiro amparado pela legislação previdenciária do país da respectiva missão diplomática ou repartição consular;

e) o brasileiro civil que trabalha para a União, no exterior, em organismos oficiais brasileiros ou internacionais dos quais o Brasil seja membro efetivo, ainda que lá domiciliado e contratado, salvo se segurado na forma da legislação vigente do país do domicílio;

f) o brasileiro ou estrangeiro domiciliado e contratado no Brasil para trabalhar como empregado em empresa domiciliada no exterior, cuja maioria do capital votante pertença a empresa brasileira de capital nacional;

g) o servidor público ocupante de cargo em comissão, sem vínculo efetivo com a União, Autarquias, inclusive em regime especial, e Fundações Públicas Federais. (*Alínea acrescentada pela Lei n. 8.647, de 13.4.93*)

h) o exercente de mandato eletivo federal, estadual ou municipal, desde que não vinculado a regime próprio de previdência social; (*Alínea acrescentada pela Lei n. 9.506, de 30.10.97*)

i) o empregado de organismo oficial internacional ou estrangeiro em funcionamento no Brasil, salvo quando coberto por regime próprio de previdência social; (*Alínea acrescentada pela Lei n. 9.876, de 26.11.99*)

j) o exercente de mandato eletivo federal, estadual ou municipal, desde que não vinculado a regime próprio de previdência social; (*Acrescentado pela Lei n. 10.887, de 18.06.2004*)

II — como empregado doméstico: aquele que presta serviço de natureza contínua a pessoa ou família, no âmbito residencial desta, em atividades sem fins lucrativos;

III — (*Revogado pela Lei n. 9.876, de 26.11.99*)

IV — (*Revogado pela Lei n. 9.876, de 26.11.99*)

V — como contribuinte individual: (*Redação dada pela Lei n. 9.876, de 26.11.99*)

a) a pessoa física, proprietária ou não, que explora atividade agropecuária, a qualquer título, em caráter permanente ou temporário, em área superior a 4 (quatro) módulos fiscais; ou, quando em área igual ou inferior a 4 (quatro) módulos fiscais ou atividade pesqueira, com auxílio de empregados ou por intermédio de prepostos; ou ainda nas hipóteses dos §§ 9º e 10 deste artigo. (*Alínea alterada pela Lei n. 11.718, de 20 de junho de 2008*)

b) a pessoa física, proprietária ou não, que explora atividade de extração mineral — garimpo, em caráter permanente ou temporário, diretamente ou por intermédio de prepostos, com ou sem o auxílio de empregados, utilizados a qualquer título, ainda que de forma não contínua; (*Redação dada pela Lei n. 9.876, de 26.11.99*)

c) o ministro de confissão religiosa e o membro de instituto de vida consagrada, de congregação ou de ordem religiosa; (*Redação dada pela Lei n. 10.403, de 8.1.2002*)

d) *(Revogado pela Lei n. 9.876, de 26.11.99)*

e) o brasileiro civil que trabalha no exterior para organismo oficial internacional do qual o Brasil é membro efetivo, ainda que lá domiciliado e contratado, salvo quando coberto por regime próprio de previdência social; *(Redação dada pela Lei n. 9.876, de 26.11.99)*

f) o titular de firma individual urbana ou rural, o diretor não empregado e o membro de conselho de administração de sociedade anônima, o sócio solidário, o sócio de indústria, o sócio gerente e o sócio cotista que recebam remuneração decorrente de seu trabalho em empresa urbana ou rural, e o associado eleito para cargo de direção em cooperativa, associação ou entidade de qualquer natureza ou finalidade, bem como o síndico ou administrador eleito para exercer atividade de direção condominial, desde que recebam remuneração; *(Incluído pela Lei n. 9.876, de 26.11.99)*

g) quem presta serviço de natureza urbana ou rural, em caráter eventual, a uma ou mais empresas, sem relação de emprego; *(Incluído pela Lei n. 9.876, de 26.11.99)*

h) a pessoa física que exerce, por conta própria, atividade econômica de natureza urbana, com fins lucrativos ou não; *(Incluído pela Lei n. 9.876, de 26.11.99)*

VI — como trabalhador avulso: quem presta, a diversas empresas, sem vínculo empregatício, serviço de natureza urbana ou rural definidos no Regulamento;

VII — como segurado especial: a pessoa física residente no imóvel rural ou em aglomerado urbano ou rural próximo a ele que, individualmente ou em regime de economia familiar, ainda que com o auxílio eventual de terceiros, na condição de: *(Alterado pela Lei n. 11.718, de 20.6.2008)*

a) produtor, seja proprietário, usufrutuário, possuidor, assentado, parceiro ou meeiro outorgados, comodatário ou arrendatário rurais, que explore atividade: *(Alterado pela Lei n. 11.718, de 20.6.2008)*

1. agropecuária em área de até 4 (quatro) módulos fiscais; *(Alterado pela Lei n. 11.718, de 20.6.2008)*

2. de seringueiro ou extrativista vegetal que exerça suas atividades nos termos do inciso XII do *caput* do art. 2º da Lei n. 9.985, de 18 de julho de 2000, e faça dessas atividades o principal meio de vida; *(Alterado pela Lei n. 11.718, de 20.6.2008)*

b) pescador artesanal ou a este assemelhado que faça da pesca profissão habitual ou principal meio de vida; e *(Alterado pela Lei n. 11.718, de 20.6.2008)*

c) cônjuge ou companheiro, bem como filho maior de 16 (dezesseis) anos de idade ou a este equiparado, do segurado de que tratam as alíneas a e b deste inciso, que, comprovadamente, trabalhem com o grupo familiar respectivo. *(Alterado pela Lei n. 11.718, de 20.6.2008)*

§ 1º Entende-se como regime de economia familiar a atividade em que o trabalho dos membros da família é indispensável à própria subsistência e ao desenvolvimento socioeconômico do núcleo familiar e é exercido em condições de mútua dependência e colaboração, sem a utilização de empregados permanentes. *(Alterado pela Lei n. 11.718, de 20.6.2008)*

§ 2º Todo aquele que exercer, concomitantemente, mais de uma atividade remunerada sujeita ao Regime Geral de Previdência Social é obrigatoriamente filiado em relação a cada uma delas.

§ 3º O aposentado pelo Regime Geral de Previdência Social — RGPS que estiver exercendo ou que voltar a exercer atividade abrangida por este Regime é segurado obrigatório em relação a essa atividade, ficando sujeito às contribuições de que trata a Lei n. 8.212, de 24 de julho de 1991, para fins de custeio da Seguridade Social. *(Incluído pela Lei n. 9.032, de 1995)*

§ 4º O dirigente sindical mantém, durante o exercício do mandato eletivo, o mesmo enquadramento no Regime Geral de Previdência Social-RGPS de antes da investidura. *(Incluído pela Lei n. 9.528, de 1997)*

§ 5º Aplica-se o disposto na alínea g do inciso I do *caput* ao ocupante de cargo de Ministro de Estado, de Secretário Estadual, Distrital ou Municipal, sem vínculo efetivo com a União, Estados, Distrito Federal e Municípios, suas autarquias, ainda que em regime especial, e fundações. *(Incluído pela Lei n. 9.876, de 26.11.99)*

§ 6º Para serem considerados segurados especiais, o cônjuge ou companheiro e os filhos maiores de 16 (dezesseis) anos ou os a estes equiparados deverão ter participação ativa nas atividades rurais do grupo familiar. (*Incluído pela Lei n. 11.718, de 20.6.2008*)

§ 7º O grupo familiar poderá utilizar-se de empregados contratados por prazo determinado ou de trabalhador de que trata a alínea *g* do inciso V do *caput* deste artigo, em épocas de safra, à razão de, no máximo, 120 (cento e vinte) pessoas/dia no ano civil, em períodos corridos ou intercalados ou, ainda, por tempo equivalente em horas de trabalho. (*Acrescentado pela Lei n. 11.718, de 20.6.2008*)

§ 8º Não descaracteriza a condição de segurado especial: (*Acrescentado pela Lei n. 11.718, de 20.6.2008*)

I — a outorga, por meio de contrato escrito de parceria, meação ou comodato, de até 50% (cinquenta por cento) de imóvel rural cuja área total não seja superior a 4 (quatro) módulos fiscais, desde que outorgante e outorgado continuem a exercer a respectiva atividade, individualmente ou em regime de economia familiar; (*Acrescentado pela Lei n. 11.718, de 20.6.2008*)

II — a exploração da atividade turística da propriedade rural, inclusive com hospedagem, por não mais de 120 (cento e vinte) dias ao ano; (*Acrescentado pela Lei n. 11.718, de 20.6.2008*)

III — a participação em plano de previdência complementar instituído por entidade classista a que seja associado em razão da condição de trabalhador rural ou de produtor rural em regime de economia familiar; e (*Acrescentado pela Lei n. 11.718, de 20.6.2008*)

IV — ser beneficiário ou fazer parte de grupo familiar que tem algum componente que seja beneficiário de programa assistencial oficial de governo; (*Acrescentado pela Lei n. 11.718, de 20.6.2008*)

V — a utilização pelo próprio grupo familiar, na exploração da atividade, de processo de beneficiamento ou industrialização artesanal, na forma do § 11 do art. 25 da Lei n. 8.212, de 24 de julho de 1991; e (*Acrescentado pela Lei n. 11.718, de 20.6.2008*)

VI — a associação em cooperativa agropecuária. (*Acrescentado pela Lei n. 11.718, de 20.6.2008*)

§ 9º Não é segurado especial o membro de grupo familiar que possuir outra fonte de rendimento, exceto se decorrente de: (*Acrescentado pela Lei n. 11.718, de 20.6.2008*)

I — benefício de pensão por morte, auxílio-acidente ou auxílio-reclusão, cujo valor não supere o do menor benefício de prestação continuada da Previdência Social;

II — benefício previdenciário pela participação em plano de previdência complementar instituído nos termos do inciso IV do § 8º deste artigo; (*Acrescentado pela Lei n. 11.718, de 20.6.2008*)

III — exercício de atividade remunerada em período de entressafra ou do defeso, não superior a 120 (cento e vinte) dias, corridos ou intercalados, no ano civil, observado o disposto no § 13 do art. 12 da Lei n. 8.212, de 24 julho de 1991; (*Acrescentado pela Lei n. 11.718, de 20.6.2008*)

IV — exercício de mandato eletivo de dirigente sindical de organização da categoria de trabalhadores rurais; (*Acrescentado pela Lei n. 11.718, de 20.6.2008*)

V — exercício de mandato de vereador do Município em que desenvolve a atividade rural ou de dirigente de cooperativa rural constituída, exclusivamente, por segurados especiais, observado o disposto no § 13 do art. 12 da Lei n. 8.212, de 24 de julho de 1991; (*Acrescentado pela Lei n. 11.718, de 20.6.2008*)

VI — parceria ou meação outorgada na forma e condições estabelecidas no inciso I do § 8º deste artigo; (*Acrescentado pela Lei n. 11.718, de 20.6.2008*)

VII — atividade artesanal desenvolvida com matéria-prima produzida pelo respectivo grupo familiar, podendo ser utilizada matéria-prima de outra origem, desde que a renda mensal obtida na atividade não exceda ao menor benefício de prestação continuada da Previdência Social; e (*Acrescentado pela Lei n. 11.718, de 20.6.2008*)

VIII — atividade artística, desde que em valor mensal inferior ao menor benefício de prestação continuada da Previdência Social. (*Acrescentado pela Lei n. 11.718, de 20.6.2008*)

§ 10. O segurado especial fica excluído dessa categoria: (*Acrescentado pela Lei n. 11.718, de 20.6.2008*)

I — a contar do primeiro dia do mês em que: (*Acrescentado pela Lei n. 11.718, de 20.6.2008*)

a) deixar de satisfazer as condições estabelecidas no inciso VII do *caput* deste artigo, sem prejuízo do disposto no art. 15 desta Lei, ou exceder qualquer dos limites estabelecidos no inciso I do § 8º deste artigo; (*Acrescentado pela Lei n. 11.718, de 20.6.2008*)

b) se enquadrar em qualquer outra categoria de segurado obrigatório do Regime Geral de Previdência Social, ressalvado o disposto nos incisos III, V, VII e VIII do § 9º deste artigo, sem prejuízo do disposto no art. 15 desta Lei; e (*Acrescentado pela Lei n. 11.718, de 20.6.2008*)

c) tornar-se segurado obrigatório de outro regime previdenciário; (*Acrescentado pela Lei n. 11.718, de 20.6.2008*)

II — a contar do primeiro dia do mês subsequente ao da ocorrência, quando o grupo familiar a que pertence exceder o limite de: (*Acrescentado pela Lei n. 11.718, de 20.6.2008*)

a) utilização de terceiros na exploração da atividade a que se refere o § 7º deste artigo; (*Acrescentado pela Lei n. 11.718, de 20.6.2008*)

b) dias em atividade remunerada estabelecidos no inciso III do § 9º deste artigo; e (*Acrescentado pela Lei n. 11.718, de 20.6.2008*)

c) dias de hospedagem a que se refere o inciso II do § 8º deste artigo. (*Acrescentado pela Lei n. 11.718, de 20.6.2008*)

§ 11. Aplica-se o disposto na alínea *a* do inciso V do *caput* deste artigo ao cônjuge ou companheiro do produtor que participe da atividade rural por este explorada. (*Acrescentado pela Lei n. 11.718, de 20.6.2008*)

Redações anteriores

Redação anterior à Lei n. 11.718, de 20.6.2008

São segurados obrigatórios da Previdência Social as seguintes pessoas físicas:

I — como empregado:

a) aquele que presta serviço de natureza urbana ou rural à empresa, em caráter não eventual, sob sua subordinação e mediante remuneração, inclusive como diretor empregado;

b) aquele que, contratado por empresa de trabalho temporário, definida em legislação específica, presta serviço para atender a necessidade transitória de substituição de pessoal regular e permanente ou a acréscimo extraordinário de serviços de outras empresas;

c) o brasileiro ou o estrangeiro domiciliado e contratado no Brasil para trabalhar como empregado em sucursal ou agência de empresa nacional no exterior;

d) aquele que presta serviço no Brasil à missão diplomática ou a repartição consular de carreira estrangeira e a órgãos a elas subordinados, ou a membros dessas missões e repartições, excluídos o não brasileiro sem residência permanente no Brasil e o brasileiro amparado pela legislação previdenciária do país da respectiva missão diplomática ou repartição consular;

e) o brasileiro civil que trabalha para a União, no exterior, em organismos oficiais brasileiros ou internacionais dos quais o Brasil seja membro efetivo, ainda que lá domiciliado e contratado, salvo se segurado na forma da legislação vigente do país do domicílio;

f) o brasileiro ou estrangeiro domiciliado e contratado no Brasil para trabalhar como empregado em empresa domiciliada no exterior, cuja maioria do capital votante pertença a empresa brasileira de capital nacional;

g) o servidor público ocupante de cargo em comissão, sem vínculo efetivo com a União, Autarquias, inclusive em regime especial, e Fundações Públicas Federais. (*Alínea acrescentada pela Lei n. 8.647, de 13.4.93*)

h) o exercente de mandato eletivo federal, estadual ou municipal, desde que não vinculado a regime próprio de previdência social; (*Alínea acrescentada pela Lei n. 9.506, de 30.10.97*)

i) o empregado de organismo oficial internacional ou estrangeiro em funcionamento no Brasil, salvo quando coberto por regime próprio de previdência social; (*Alínea acrescentada pela Lei n. 9.876, de 26.11.99*)

j) o exercente de mandato eletivo federal, estadual ou municipal, desde que não vinculado a regime próprio de previdência social; (*Acrescentado pela Lei n. 10.887, de 18.06.2004*)

II — como empregado doméstico: aquele que presta serviço de natureza contínua a pessoa ou família, no âmbito residencial desta, em atividades sem fins lucrativos;

III — (*Revogado pela Lei n. 9.876, de 26.11.99*)

IV — (*Revogado pela Lei n. 9.876, de 26.11.99*)

V — como contribuinte individual: (*Redação dada pela Lei n. 9.876, de 26.11.99*)

a) a pessoa física, proprietária ou não, que explora atividade agropecuária ou pesqueira, em caráter permanente ou temporário, diretamente ou por intermédio de prepostos e com auxílio de empregados, utilizados a qualquer título, ainda que de forma não contínua; (*Redação dada Lei n. 9.876, de 26.11.99*)

b) a pessoa física, proprietária ou não, que explora atividade de extração mineral — garimpo, em caráter permanente ou temporário, diretamente ou por intermédio de prepostos, com ou sem o auxílio de empregados, utilizados a qualquer título, ainda que de forma não contínua; (*Redação dada pela Lei n. 9.876, de 26.11.99*)

c) o ministro de confissão religiosa e o membro de instituto de vida consagrada, de congregação ou de ordem religiosa; (*Redação dada pela Lei n. 10.403, de 8.1.2002*)

d) (*Revogada pela Lei n. 9.876, de 26.11.99*);

e) o brasileiro civil que trabalha no exterior para organismo oficial internacional do qual o Brasil é membro efetivo, ainda que lá domiciliado e contratado, salvo quando coberto por regime próprio de previdência social; (*Redação dada pela Lei n. 9.876, de 26.11.99*)

f) o titular de firma individual urbana ou rural, o diretor não empregado e o membro de conselho de administração de sociedade anônima, o sócio solidário, o sócio de indústria, o sócio gerente e o sócio cotista que recebam remuneração decorrente de seu trabalho em empresa urbana ou rural, e o associado eleito para cargo de direção em cooperativa, associação ou entidade de qualquer natureza ou finalidade, bem como o síndico ou administrador eleito para exercer atividade de direção condominial, desde que recebam remuneração; (*Alínea acrescentada pela Lei n. 9.876, de 26.11.99*)

g) quem presta serviço de natureza urbana ou rural, em caráter eventual, a uma ou mais empresas, sem relação de emprego; (*Alínea acrescentada pela Lei n. 9.876, de 26.11.99*)

h) a pessoa física que exerce, por conta própria, atividade econômica de natureza urbana, com fins lucrativos ou não; (*Alínea acrescentada pela Lei n. 9.876, de 26.11.99*)

VI — como trabalhador avulso: quem presta, a diversas empresas, sem vínculo empregatício, serviço de natureza urbana ou rural definidos no Regulamento;

VII — como segurado especial: o produtor, o parceiro, o meeiro e o arrendatário rurais, o garimpeiro, o pescador artesanal e o assemelhado, que exerçam suas atividades, individualmente ou em regime de economia familiar, ainda que com o auxílio eventual de terceiros, bem como seus respectivos cônjuges ou companheiros e filhos maiores de 14 (quatorze) anos ou a eles equiparados, desde que trabalhem, comprovadamente, com o grupo familiar respectivo.

§ 1º Entende-se como regime de economia familiar a atividade em que o trabalho dos membros da família é indispensável à própria subsistência e é exercido em condições de mútua dependência e colaboração, sem a utilização de empregados.

§ 2º Todo aquele que exercer, concomitantemente, mais de uma atividade remunerada sujeita ao Regime Geral de Previdência Social é obrigatoriamente filiado em relação a cada uma delas.

§ 3º O aposentado pelo Regime Geral de Previdência Social — RGPS que estiver exercendo ou que voltar a exercer atividade abrangida por este Regime é segurado obrigatório em relação a essa atividade, ficando sujeito às contribuições de que trata a Lei n. 8.212, de 24 de julho de 1991, para fins de custeio da Seguridade Social. (*Parágrafo acrescentado pela Lei n. 9.032, de 28.4.95*)

§ 4º O dirigente sindical mantém, durante o exercício do mandato eletivo, o mesmo enquadramento no Regime Geral de Previdência Social-RGPS de antes da investidura. (*Parágrafo acrescentado pela Lei n. 9.528, de 10.12.97*)

§ 5º Aplica-se o disposto na alínea *g* do inciso I do *caput* ao ocupante de cargo de Ministro de Estado, de Secretário Estadual, Distrital ou Municipal, sem vínculo efetivo com a União, Estados, Distrito Federal e Municípios, suas autarquias, ainda que em regime especial, e fundações. (*Parágrafo acrescentado pela Lei n. 9.876, de 26.11.99*)

Redação original

São segurados obrigatórios da Previdência Social as seguintes pessoas físicas:

I — como empregados:

a) aquele que presta serviço de natureza urbana ou rural à empresa, em caráter não eventual, sob sua subordinação e mediante remuneração, inclusive como diretor empregado;

b) aquele que, contratado por empresa de trabalho temporário, definida em legislação específica, presta serviço para atender a necessidade transitória de substituição de pessoal regular e permanente ou a acréscimo extraordinário de serviços de outras empresas;

c) o brasileiro ou o estrangeiro domiciliado e contratado no Brasil para trabalhar como empregado em sucursal ou agência de empresa nacional no exterior;

d) aquele que presta serviço no Brasil à missão diplomática ou à repartição consular de carreira estrangeira e a órgãos a elas subordinados, ou a membros dessas missões e repartições, excluídos o não brasileiro sem residência permanente no Brasil e o brasileiro amparado pela legislação previdenciária do país da respectiva missão diplomática ou repartição consular;

e) o brasileiro civil que trabalha para a União, no exterior, em organismos oficiais brasileiros ou internacionais dos quais o Brasil seja membro efetivo, ainda que lá domiciliado e contratado, salvo se segurado na forma da legislação vigente do país do domicílio;

f) o brasileiro ou estrangeiro domiciliado e contratado no Brasil para trabalhar como empregado em empresa domiciliada no exterior, cuja maioria do capital votante pertença a empresa brasileira de capital nacional;

II — como empregado doméstico: aquele que presta serviço de natureza contínua a pessoa ou família, no âmbito residencial desta, em atividades sem fins lucrativos;

III — como empresário: o titular de firma individual urbana ou rural, o diretor não empregado, o membro de conselho de administração de sociedade anônima, o sócio solidário, o sócio de indústria e o sócio cotista que participe da gestão ou receba remuneração decorrente de seu trabalho em empresa urbana ou rural;

IV — como trabalhador autônomo:

a) quem presta serviço de natureza urbana ou rural, em caráter eventual, a uma ou mais empresas, sem relação de emprego;

b) a pessoa física que exerce, por conta própria, atividade econômica de natureza urbana, com fins lucrativos ou não;

V — como equiparado a trabalhador autônomo, além dos casos previstos em legislação específica:

a) a pessoa física, proprietária ou não, que explora atividade agropecuária, pesqueira ou de extração de minerais, em caráter permanente ou temporário, diretamente ou através de prepostos e com auxílio de empregados, utilizados a qualquer título, ainda que de forma não contínua;

> b) o ministro de confissão religiosa e o membro de instituto de vida consagrada, de congregação ou de ordem religiosa, este quando por ela mantido, salvo se filiado obrigatoriamente à Previdência Social em razão de outra atividade ou a outro sistema previdenciário, militar ou civil, ainda que na condição de inativo;
>
> c) o empregado de organismo oficial internacional ou estrangeiro em funcionamento no Brasil, salvo quando coberto por sistema próprio de Previdência Social;
>
> d) o brasileiro civil que trabalha no exterior para organismo oficial internacional do qual o Brasil é membro efetivo, ainda que lá domiciliado e contratado, salvo quando coberto por sistema de previdência social do país do domicílio;
>
> VI — como trabalhador avulso: quem presta, a diversas empresas, sem vínculo empregatício, serviço de natureza urbana ou rural definidos no Regulamento;
>
> VII — como segurado especial: o produtor, o parceiro, o meeiro e o arrendatário rurais, o garimpeiro, o pescador artesanal e o assemelhado, que exerçam suas atividades, individualmente ou em regime de economia familiar, ainda que com o auxílio eventual de terceiros, bem como seus respectivos cônjuges ou companheiros e filhos maiores de 14 (quatorze) anos ou a eles equiparados, desde que trabalhem, comprovadamente, com o grupo familiar respectivo.
>
> § 1º Entende-se como regime de economia familiar a atividade em que o trabalho dos membros da família é indispensável à própria subsistência e é exercido em condições de mútua dependência e colaboração, sem a utilização de empregados.
>
> § 2º Todo aquele que exercer, concomitantemente, mais de uma atividade remunerada sujeita ao Regime Geral de Previdência Social — RGPS é obrigatoriamente filiado em relação a cada uma delas.

11.1. Espécies de filiação. Manutenção da filiação ao aposentado da ativa. Taxação das atividades concomitantes

Para que se tenha uma visão mais panorâmica deste artigo, vale citar que os segurados estão classificados segundo a vontade do legislador em dispor de maneira sistemática as variantes de categorias obrigatória ou facultativamente filiadas, sendo esta disciplinada no art. 13 por exclusão. A diferenciação é importante com vistas à definição ao direito às prestações e ao financiamento contributivo do sistema.

A Lei n. 8.213/91, na sua gênese, trazia sete categorias de segurados obrigatórios, quais sejam: empregado, empregado doméstico, empresários, trabalhadores autônomos, equiparados a autônomos avulsos e segurados especiais. Reconhecendo sinonímia entre as categorias, a Lei n. 9.876, de 26.11.1999, passou o empresário, o trabalhador autônomo e o equiparado a trabalhador autônomo, antes inseridos nos incisos III e IV, à classe dos contribuintes individuais.

A relação jurídica vinculativa entre o segurado e a Previdência Social tem caráter dúplice. Sob o ponto de vista do custeio, é sujeito passivo de natureza tributária taxado impositivamente pelo sujeito ativo. Pelo prisma dos benefícios, porém, é tido como sujeito ativo de direitos subjetivos às prestações oferecidas.

Desencadeado o fato gerador ou hipótese de incidência da norma tributária no mundo fático, a gênese do direito prevista em lei autoriza a deflagração das consequências jurídicas. O titular do direito subjetivo, enquanto segurado ou dependente, tem o direito de exigir a concessão do benefício, e a Previdência Social o poder-dever de obter a declaração e cobrança dos encargos pecuniários contributivos devidos.

Dispõe o § 2º do art. 11 que o segurado que exercer atividades remuneradas de filiação obrigatória de forma concomitante está sujeito ao pagamento dos encargos pecuniários contributivos de ambas as atividades, sendo considerado sujeito passivo e ativo da relação jurídica de custeio e benefício, respectivamente.

É interessante que a dialética deste parágrafo com o art. 32 desta lei dá a dimensão exata para a determinação do cálculo do salário de benefício em casos tais. Neste aspecto, é sabido que o plano de previdência social aqui comentado é destinado a suprir a falta de rendimentos mínimos e indispensáveis do segurado, nunca a manutenção do mesmo padrão de vida auferido anteriormente ao benefício. Esta regra é sentida de forma efetiva na impossibilidade de sobretaxa do valor além do teto contributivo previsto em lei vigente no momento do recolhimento, bem como na imunidade sobre o excesso do salário de contribuição que supere o limite máximo em face de exercício de atividades concomitantes. Confirma-se com isso que o benefício tem o seu cálculo atuarialmente estipulado em consonância com o limite máximo contributivo, sendo de observar, neste particular, uma certa paridade, para o ponto de vista aqui tratado, entre o salário de contribuição e a renda mensal.

A sistemática do cálculo do salário de benefício está disposta pelo art. 32, sendo de somenos importância esmiuçar aqui matéria alheia aos domínios do artigo.

Não fosse o sistema de repartição simples o apanágio da Previdência Social brasileira, o argumento de que as contribuições recolhidas do segurado aposentado que se mantêm na ativa agride o princípio da proibição do enriquecimento sem causa poderia até ter algum propósito. No entanto, é sabido que o montante arrecadado destina-se à solvência dos benefícios em manutenção e não do próprio contribuinte, é lícito dizer que ainda que o aposentado que se mantém na ativa esteja obrigado a continuar contribuindo, não fará jus a nenhum benefício mesmo considerando somente as contribuições vertidas após o jubilamento (§ 2º do art. 18). O prejuízo financeiro advindo da incapacidade temporária do aposentado que continua trabalhando é contornado pela percepção deste benefício.

Conquanto o aposentado pelo Regime Geral da Previdência Social que estiver exercendo ou voltar a exercer atividade juridicamente protegida pela obrigatoriedade de filiação mantenha sua taxação sem solução de continuidade, não nos parece crível que do benefício poderiam ser descontadas as contribuições devidas, pelos mesmos motivos acima expendidos. Sob este ângulo, conquanto seja autorizado falar-se que o financiamento da seguridade social é tributado por toda a sociedade e por recursos provenientes da União, dos Estados, do Distrito Federal e dos Municípios, bem como por contribuições sociais do trabalhador e dos demais segurados da previdência social,[41] ainda não é tempo de afirmarmos que a hipótese materializa-se nesta norma. A vontade do constituinte, ainda manifestada no art. 195, inciso II, da Carta Magna, permanece relutando em não admitir a incidência de contribuição sobre aposentadoria e pensão pelo Regime Geral da Previdência Social. Por outro lado, a inserção abstratamente prevista do inciso I está a indicar que é totalmente fora de propósito o desconto de exação social sobre o benefício previdenciário. Com efeito, pois, segundo a Lei de Custeio (art. 33, § 5º), as contribuições não recolhidas em época própria dos segurados empregado, empregado doméstico e trabalhador avulso acabam podendo ser debitadas dos respectivos empregadores, cujos mecanismos de cobrança estão longe de atingir aqueles segurados. O empregado doméstico possui um tratamento particularizado a este respeito, sendo autorizada a concessão do benefício de valor mínimo e permitido o recálculo posterior se provados os efetivos rendimentos, na forma do que dispõe o art. 36 da Lei de Benefícios. Relativamente aos segurados contribuinte individual e facultativo, são obrigados ao recolhimento pessoalmente, não sendo permitida a concessão do benefício sem a contraprestação financeira.

Ainda que diversas as atividades de filiação obrigatória exercidas pelo segurado, contribuinte individual e empregado, por exemplo, a norma é de aplicar-se sem qualquer ressalva, quantitativamente limitada ao teto máximo, como já se disse.

Examinaremos, a seguir, as variantes abstratas pelas quais se desdobra a figura dos segurados obrigatórios e facultativo, esclarecendo os seus conceitos e estabelecendo a diferenciação para o perfeito enquadramento.

11.1.1. Empregado

A vontade do legislador constituinte originário era de estabelecer um mesmo regime de previdência para os segurados trabalhadores rurais e urbanos. Com isso, os segurados rurais migraram do regime do FUNRURAL para o da Previdência Social, prestigiados pelo princípio

---

(41) Art. 195, inciso II, da Constituição Federal de 1988, modificado pela EC n. 20/98.

da uniformidade e equivalência dos benefícios e serviços dispensados a estas classes (inciso II, do parágrafo único, do art. 194, da CF/88 e inciso II, do art. 2º, da Lei n. 8.213/91).

Objetivando manter esta assistência sem solução de continuidade e preservar a expectativa de direitos dos campesinos, estabeleceu diversos dispositivos transitórios nos Planos de Benefícios da Previdência Social para uma transição tranquila ao regime geral.

Em todas as facetas encontradiças no mundo fático para o labor agrícola em similaridade com o citadino, tratou de nivelar o tratamento dispensado a ambos, sem quebrar o princípio da igualdade.

Esta similitude é percebida já na alínea *a* do inciso I deste artigo.

O operador do direito previdenciário, em sua quotidiana rotina de empreender os reconhecimentos das relações jurídicas pleiteadas com vistas à aquisição de prestações, está autorizado a se socorrer dos conceitos existentes do direito trabalhista. Todavia, a esfera judiciária previdenciária prescinde, para qualquer fim, das definições e soluções encontradiças no âmbito trabalhista. Assim, a sentença trabalhista que reconhece vínculo empregatício, ainda que milite em seu favor grande carga de aceitabilidade, não vincula o operador jurídico, podendo este decidir de forma diversa. Não há na legislação qualquer norma que prescreva a vinculação à definição no âmbito trabalhista.

A casuística judiciária trabalhista revela uma imensa gama de situações nas quais a figura da relação de emprego é discutida, estando longe da proposta do presente trabalho uma incursão pormenorizada neste âmbito, sendo recomendada uma pesquisa a um repertório especializado na área.

Conquanto isso, necessário referir, em estilo ameno, que os mesmos pressupostos para a configuração da prestação de serviço com vínculo empregatício urbano são observados no meio rural, guardadas as devidas desigualdades. A consolidação trabalhista contribui para o conceito em seus arts. 2º e 3º, dispondo ser aquele que presta serviço de natureza urbana ou rural à empresa, em caráter não eventual, sob sua subordinação e mediante remuneração, inclusive como diretor não empregado. As características da relação empregatícia podem ser delineadas mediante os seguintes requisitos: subordinação, pessoalidade, não eventualidade e remuneração. É importante observar que a ausência de qualquer destes pressupostos leva à desclassificação para categoria diversa da do empregado ou acarreta a exclusão do regime pelo não exercício de atividade vinculada à previdência, sendo a mais comum a ocorrência da primeira hipótese. Assim, via de regra, a ausência de remuneração leva à desclassificação, porém, o fator imprescindível é que a natureza do labor prestado pressuponha necessariamente uma remuneração, percebendo ou não o empregado tal contrapartida. A natureza do trabalho empregatício é que ele seja prestado de forma personalíssima, ou seja, a própria pessoa contratada está obrigada à prestação, não havendo possibilidade de contratação de terceiros pelo empregado, podendo surgir, se for o caso, nestas hipóteses, a figura de contribuinte individual. Se o labor passa a ser eventual, pode surgir a figura do segurado do inciso V, alínea *g*, denominado contribuinte individual, observando-se as demais disparidades fáticas. O importante aqui é que a eventualidade não deve ser encarada sob o prisma de permanência, não desnaturando a figura quando o serviço é prestado, por exemplo, uma vez por mês ou até mesmo por ano, sendo essencial o ajuste entre as partes neste sentido. A subordinação é sinônimo de hierarquia entre as partes.

Pode ser considerado diretor empregado "aquele que, participando ou não do risco econômico do empreendimento, seja contratado ou promovido para cargo de direção das sociedades anônimas, mantendo as mesmas características inerentes à relação de emprego" (§ 2º, do art. 9º, do Decreto n. 3.048/99).

O trabalhador temporário é aquele que presta seus serviços em conformidade com a Lei n. 6.019/74. As suas principais matizes podem se resumir na prestação do serviço para a empresa tomadora e a existência da relação jurídica empregatícia com a empresa de trabalho temporário. A prestação de serviço na forma de trabalho temporário não é admitida na legislação como regra. De acordo com a própria redação do dispositivo sob enfoque, a demanda pela mão de obra extraempresa restringe-se à necessidade transitória de substituição de pessoal regular e permanente ou acréscimo extraordinário de serviços de outras empresas. A contratação é previamente demarcada para o período de três meses, após o que será considerado configurado o vínculo com a tomadora de serviços.

A regra geral é de que o âmbito geográfico de eficácia da lei restringe-se aos fatos geradores de benefícios ocorridos no território nacional. No entanto, exceções há que justificam a sua aplicação fora deste domínio, condicionadas ao atendimento de certos requisitos.

Os segurados empregados das letras *c* e *f* disciplinam a normatização jurídica aos segurados que prestam serviço no exterior, em homenagem ao princípio da extraterritorialidade da lei previdenciária, estendendo sua proteção àqueles que necessitam de seus ditames. O brasileiro e o estrangeiro têm que serem domiciliados e terem sido contratados no Brasil, a despeito de trabalharem no exterior. A empresa na qual trabalha o segurado da alínea *c* tem que ser nacional, ao contrário da do outro.

É empregado "aquele que presta serviço no Brasil à missão diplomática ou a repartição consular de carreira estrangeira e a órgãos a elas subordinados, ou a membros dessas missões e repartições, excluídos o não brasileiro sem residência permanente no Brasil e o brasileiro amparado pela legislação previdenciária do país da respectiva missão diplomática ou repartição consular", sendo necessário, nesta hipótese, que o estrangeiro tenha residência permanente no Brasil e que o compatriota não esteja amparado por regime próprio de previdência do país da missão diplomática ou consular.

Na forma da alínea *e* do inciso I "o brasileiro civil que trabalha para a União, no exterior, em organismos oficiais brasileiros ou internacionais dos quais o Brasil seja membro efetivo, ainda que lá domiciliado e contratado, salvo se segurado na forma da legislação vigente do país do domicílio". A importância do serviço prestado à pátria beneficia este empregado com a proteção previdenciária brasileira ainda que domiciliado e contratado no exterior. Por outro lado, inclui-se dentro da figura do empregado "o brasileiro civil que trabalha no exterior para organismo oficial internacional do qual o Brasil é membro efetivo, ainda que lá domiciliado e contratado, salvo quando coberto por regime próprio de previdência social".

Pela ordem e interagindo com o § 5º do art. 11, outra figura acobertada pela proteção securitária é "o servidor público ocupante de cargo em comissão, sem vínculo efetivo com a União, Autarquias, inclusive em regime especial, e Fundações Públicas Federais", sendo certo que a extensão foi dada, pelo § 5º, ao Ministro de Estado, Secretário Estadual, Distrital ou Municipal, sem vínculo efetivo com a União, Estados, Distrito Federal e Municípios, suas autarquias, ainda que em regime especial, e fundações. Os cargos em comissão são aqueles em confiança, de livre exoneração. Tal regramento é confirmado pelo § 13, do art. 40 da CF/88, com a redação da EC n. 20/98,[42] ao qual se acrescenta o servidor de cargo temporário e o empregado público. *A contrario sensu*, se efetivado o servidor público, independentemente da esfera de governo e da hierarquia, terá sua vinculação previdenciária com o regime próprio de previdência das entidades estatais mencionadas. Neste sentido o art. 12, na redação dada pela Lei n. 9.032/95, assim expresso: "O servidor civil ocupante de cargo efetivo ou o militar da União, dos Estados, do Distrito Federal ou dos Municípios, bem como o das respectivas autarquias e fundações, são excluídos do Regime Geral de Previdência Social consubstanciado nesta lei, desde que amparados por regime próprio de previdência social". Porém, em caso de exercício de atividade concomitante de uma ou mais atividades de filiação obrigatória ao RGPS, serão considerados segurados obrigatórios em relação a estas atividades (§ 1º). Se o servidor civil ou militar, vinculados a regime próprio de previdência, forem requisitados para outro órgão ou entidade cujo regime previdenciário não permita a filiação na mesma condição do regime próprio de origem, permanecerão vinculados a este mesmo regime (§ 2º). Regime próprio de previdência é aquele que, senão cobre todas as situações de risco social em igualdade de condições com o RGPS, ao menos assegura a percepção de aposentadoria e pensão aos seus vinculados, na forma do que dispõe § 3º do art. 10 do Decre-

---

(42) "Ao servidor ocupante, exclusivamente, de cargo em comissão declarado em lei de livre nomeação e exoneração bem como de outro cargo temporário ou de emprego público, aplica-se o regime geral de previdência social".

to n. 3.048/99, com a redação modificada pelo Decreto n. 3.452, de 9.5.2000. Por outro lado, o art. 40 da Constituição Federal, na redação dada pela EC n. 41, de 19.12.2003, passou a prescrever regime próprio de previdência para estes servidores, assim entendido um sistema contributivo e solidário, custeado por contribuição do respectivo ente público, dos servidores ativos, inativos e pensionistas. A nosso ver, conquanto o *caput* do art. 12 estabeleça aos aludidos servidores que não possuem regime próprio a vinculação ao RGPS, tal imperativo tem a finalidade apenas de conferir maior proteção a estes servidores na hipótese de o ente público ainda não assumir o encargo constitucional previdenciário que lhe compete, podendo, assim, ser considerado como de garantia condicionada à omissão estatal.

A Lei n. 9.506, de 30 de outubro de 1997 acrescentou a alínea *h* ao inciso I, passando à condição de empregados os eleitos para mandato eletivo federal, estadual ou municipal também são tidos pela lei como empregados, salvo se não vinculados a regime próprio de previdência social. Os que exercem mandatos eletivos são das esferas dos Poderes Executivo e Legislativo, considerados pelo direito administrativo como agentes políticos, galgados a esta condição pela manifestação do sufrágio popular.

A Lei n. 9.876, de 26 de novembro de 1999, retirou da classe do equiparado a autônomo e passou para a condição de empregados "o empregado de organismo oficial internacional ou estrangeiro em funcionamento no Brasil, salvo quando coberto por regime próprio de previdência social".

A alínea *j* acrescida pela Lei n. 10.887, de 18.6.2004, tem idêntica redação da letra *h*, podendo ser considerado, por isso, inoperante.

11.1.2. Empregado doméstico

Os pormenores casuisticamente encontrados na jurisprudência acerca dos litígios entre empregados domésticos e seus empregadores, especificamente a respeito da caracterização do vínculo, melhor podem ser revelados em repertório especializado em direito do trabalho. Aqui, o objetivo é apenas traçar as linhas gerais da definição do vínculo já inserta na legislação.

Pois bem, o empregado doméstico é o segurado previsto no inciso II do art. 11 da Lei de Benefícios, como tal entendido "aquele que presta serviço de natureza contínua a pessoa ou família, no âmbito residência desta, em atividades sem fins lucrativos".

A diferença mais facilmente percebida para o empregado em geral é a finalidade não lucrativa da atividade desenvolvida pelo empregador, já que as demais características presentes (pessoalidade, subordinação, remuneração e habitualidade) também têm que compor o núcleo da hipótese abstratamente prevista para o empregado doméstico. A remuneração é ínsita à configuração, sendo a finalidade desprovida de lucro referente ao empregador. Ainda que o empregado doméstico exerça atividades extralar, não perderá sua natureza como tal se a atividade continuar sem objetivos econômicos. Assim, são considerados como empregados domésticos o motorista de veículos particulares do empregador, o caseira da chácara, do sítio, o vigia da casa de praia etc. Em razão da ausência de habitualidade (do contrato e não da prestação dos serviços) inerente à espécie, a diarista não pode ser considerada empregada doméstica, justamente por falta de vínculo contratual permanente. Dessa forma, por exemplo, se uma pessoa tem a obrigação de fazer a faxina residencial três vezes por semana em decorrência de contrato previamente firmado pela vontade das partes neste sentido, será empregada doméstica. Ao contrário, se a execução das tarefas, apesar desta continuidade, for derivada da vontade unilateral da faxineira, que livremente resolve passar na mesma residência procurando trabalho, pode ser considerada uma diarista. A respeito da diarista, o Decreto n. 3.048/99 fez a diferenciação baseando-se na ausência de continuidade do vínculo contratual.

O empregado que trabalha em sítio, chácara ou fazenda, cuja atividade for predominantemente econômica, pode ser considerado empregado rural, e não empregado doméstico.

11.1.3. Contribuinte individual

A Lei n. 9.876, de 26.11.99, veio ao universo jurídico trazendo como participantes da figura do segurado contribuinte individual elenco de categorias até então figurantes individualmente pela Lei n. 8.213/91. Passaram a pertencer à classe dos contribuintes individuais, a partir daquele diploma, os segurados empresários, autônomos e equiparados a autônomo.

Vale a pena, a seguir, expor a definição legal de cada espécie em sua gênese e atualmente.

11.1.4. Empresário, autônomo e equiparado a autônomo

Preliminarmente, sente-se a necessidade de esclarecer uma situação colocada por muitos operadores do direito previdenciário menos técnicos, no sentido de saber se haveria necessidade do exercício de atividade pelo segurado contribuinte individual ou, alternativamente, bastaria apenas o pagamento das contribuições exigidas para sua definitiva caracterização.

A resposta, a toda evidência, há de ser positiva.

Ora, o sistema previdenciário foi idealizado para atender à universalidade de participação nos planos previdenciários, regra emanada do texto constitucional, embora com outra redação (art. 195, I), e do Plano de Benefícios da Previdência Social (art. 2º, I), assim entendida como a maior previsão possível dos riscos sociais e titulares de direitos subjetivos às prestações previdenciárias. Para o desempenho a contento deste mister legislativo, o legislador ordinário acobertou tanto segurados que, no mundo fático, exercem algum tipo de atividade remunerada, como aqueles que, senão desempenham ou não tenham rendimentos, ao menos são dignos de merecerem as prestações, não podendo ficar à margem da proteção legal. Esta subespécie ostenta a qualificação de segurado facultativo. Aliás, o art. 11 do Decreto n. 3.048/99 é expresso em predizer como marco etário mínimo para filiação a idade de 16 anos e não permite o enquadramento quando exercer atividade remunerada que o enquadre como segurado obrigatório da Previdência Social, elencando, no § 1º, um rol exemplificativo de situações ensejadoras de tal vínculo.

Portanto, para o reconhecimento da relação jurídica previdenciária entre o segurado contribuinte individual e a autarquia previdenciária é imprescindível o exercício de atividade remunerada, nos moldes prescritos pela lei, e o pagamento das contribuições correspondentes. Entretanto, a jurisprudência já teve oportunidade de permitir a fungibilidade da inscrição previdenciária, ou seja, na falta do exercício de atividade para quem efetuou a inscrição como contribuinte individual é de aceitar-se os recolhimentos respectivos na qualidade de segurado facultativo.[43]

Os parágrafos a seguir tratam das definições legais.

O inciso III do art. 11, já revogado pela Lei n. 9.876/99, definia a figura do empresário da seguinte forma: "o titular de firma individual urbana ou rural, o diretor não empregado, o membro de conselho de administração de sociedade anônima, o sócio solidário, o sócio de indústria e o sócio-cotista que participe da gestão ou receba remuneração decorrente de seu trabalho em empresa urbana ou rural".

De sua parte, a figura do autônomo estava prevista no inciso IV do mesmo artigo originário. Em sua gênese, o autônomo era "a) quem presta serviço de natureza urbana ou rural, em caráter eventual, a uma ou mais empresas, sem relação de emprego; b) a pessoa física que exerce, por conta própria, atividade econômica de natureza urbana, com fins lucrativos ou não".

Já o equiparado a autônomo possuía a sua caracterização delineada da seguinte forma, conforme previsão no inciso V: "a) a pessoa física, proprietária ou não, que explora atividade agropecuária ou pesqueira, em caráter permanente ou temporário, diretamente ou por intermédio de prepostos e com auxílio de empregados, utilizados a qualquer título, ainda que de forma não contínua; b) o ministro de confissão religiosa e o membro de instituto de vida consagrada e de congregação de ordem religiosa, este quando por ela mantido, salvo se filiado obrigatoriamente à Previdência Social em razão de outra atividade,

---

(43) "'PREVIDENCIÁRIO. APOSENTADORIA POR IDADE. CARÊNCIA. RECOLHIMENTOS COMO EMPRESÁRIO. AUSÊNCIA DE PROVA DO EXERCÍCIO DA ATIVIDADE. Tendo a parte autora realizado contribuições previdenciárias na condição de empresário, porém sem o exercício da atividade, possível o acolhimento daquelas contribuições como sendo de segurado facultativo.' (Processo n. 2004.72.95.003105-7, Relatora Juíza Eliana Paggiarin Marinho, Sessão de 2.9.2004)". (obtido no site da Justiça Federal na internet <www.jfsc.gov.br>. Acesso em: 20.8.2006).

ou a outro sistema previdenciário, militar ou civil, ainda que na condição de inativo; c) o empregado de organismo oficial internacional ou estrangeiro em funcionamento no Brasil, salvo quando coberto por sistema próprio de previdência social; d) o brasileiro civil que trabalha no exterior para organismo oficial internacional do qual o Brasil é membro efetivo, ainda que lá domiciliado e contratado, salvo quando coberto por sistema de previdência social do país do domicílio".

O equiparado a trabalhador autônomo, assim mencionado pela legislação anterior, era desta forma denominado, embora não participasse de condições laborativas de maneira similar, assim o foi enquadrado para fins de proteção infortunística e igualdade de tratamento para contrapartida financeira.

O pagamento das contribuições na qualidade de contribuinte individual milita em favor da prova do exercício de atividade, a qual é relativa e somente pode ser derruída por robusta prova em contrário com maior valor probatório. Em outras palavras, a chancela mecânica aposta nos carnês de pagamento ou em outro documento utilizado pela Previdência Social demonstrando o pagamento das contribuições serve também como prova do exercício da atividade, não sendo necessário a demonstração deste.

Os profissionais liberais podem estar enquadrados, dependendo da existência ou não dos pressupostos da relação empregatícia, como empregado ou como contribuinte individual.

O § 15 do art. 9º do Decreto n. 3.048/99 traz um rol exemplificativo de trabalhadores qualificados como contribuinte individual em potencial, podendo-se citar, a título de ilustração, o condutor autônomo de veículo rodoviário e seu auxiliar, o comerciante ambulante, a diarista, o feirante, o médico residente, entre outros.

A alínea "a" do inciso V deste art. 11 foi modificada pela Lei n. 11.718, de 20 de junho de 2008, apenas redifinindo a caracterização do segurado em exame pela delimitação do tamanho da área explorada. Pode ser considerado contribuinte individual aquele que explora atividade agropecuária em área superior a quatro módulos fiscais, sem auxílio de empregados ou prepostos, ou também aquele que tem área igual ou inferior a quatro módulos fiscais ou explora atividade pesqueira, podendo, neste segundo caso, valer-se de empregados ou prepostos. Pela ressalva expressa da parte final desta alínea, se o trabalhador que integra grupo explorador de atividade em regime de economia familiar tiver fonte de rendimento diversa das que constam dos incisos I a VIII do § 9º do art. 11, deixa de ser considerado segurado especial para ser tido como contribuinte individual, também assumindo a obrigação previdenciária, como segurado obrigatório do regime, de pagar contribuições compulsórias aos cofres previdenciários.

11.1.5. Avulso

O trabalhador avulso não foi incluído como contribuinte individual pela Lei n. 9.876/99, como aconteceu com o empresário, autônomo e equiparado a autônomo.

Está definido pelo inciso VI deste artigo como sendo "quem presta, a diversas empresas, sem vínculo empregatício, serviço de natureza urbana ou rural definidos no regulamento". A seu turno, o mesmo inciso do art. 9º do Regulamento dos Benefícios da Previdência Social o define como "aquele que, sindicalizado ou não, presta serviço de natureza urbana ou rural, a diversas empresas, sem vínculo empregatício, com a intermediação obrigatória do órgão gestor de mão de obra, nos termos da Lei n. 8.630, de 25 de fevereiro de 1993, ou do sindicato da categoria...". Como se vê, do cotejo dos dois dispositivos, o regulamento exige um plus para sua caracterização, qual seja, a presença obrigatória, como terceiro interveniente gestor, o sindicato da categoria ou o órgão gestor de mão de obra.

São, em sua essência, trabalhadores portuários de toda espécie de atividade no interior do porto, como capatazia, estiva, conferência e conserto de carga, vigilância de embarcação ou bloco, o guindasteiro etc.

O § 7º do art. 9º do Decreto n. 3.048/99 apresentam-se as definições das atividades pelas quais pode ser vislumbrado o exercício do labor pelo segurado avulso.

A Lei n. 8.630/93 versa sobre a modernização dos portos e se apresenta como reguladora da gestão da mão de obra portuária, disciplinando o recrutamento dos trabalhadores, além do cometimento ao órgão os procedimentos relativos à arrecadação e repasse das contribuições sociais devidas pelo fato gerador da prestação de serviço do segurado avulso.

11.1.6. Segurado especial

O legislador constituinte originário, no § 8º do art. 195 da CF/88, concebeu a figura do segurado especial com a seguinte formatação:

> "O produtor, o parceiro, o meeiro e o arrendatário rurais, o garimpeiro e o pescador artesanal, bem como os respectivos cônjuges, que exercem suas atividades em regime de economia familiar, sem empregados permanentes, contribuirão para a seguridade social mediante a aplicação de uma alíquota sobre o resultado da comercialização de produção e farão jus aos benefícios nos termos da lei".

As Leis ns. 8.212/91 e 8.213/91, conquanto tinham na sua gênese o garimpeiro, tal figura foi excluída da Lei n. 8.212 pela Lei n. 8.398, de 7 de janeiro de 1992, passando-o para a categoria do equiparado a autônomo, causando embaraço na interpretação pela concomitância de duas espécies de segurados especiais com especificações diferentes por duas leis. O problema exegético só foi resolvido com o advento da Lei n. 9.528/97, ao dispor que o garimpeiro passasse a ser considerado equiparado a autônomo.

A Emenda Constitucional n. 20/98, porém, aboliu o garimpeiro do rol do segurado especial, passando a ter a seguinte redação:

> "O produtor, o parceiro, o meeiro e o arrendatário rurais e o pescador artesanal, bem como os respectivos cônjuges, que exerçam suas atividades em regime de economia familiar, sem empregados permanentes, contribuirão para a seguridade social mediante a aplicação de um alíquota sobre o resultado da comercialização da produção e farão jus aos benefícios nos termos da lei".

Fica prevalecendo, no entanto, apesar da supressão da figura, o direito adquirido à contagem do tempo de serviço prestado anteriormente ao advento daquela emenda, observadas as regras pertinentes à possibilidade do cômputo do tempo para a classe do segurado especial, com ou sem contribuições, dependendo se o período for anterior ou posterior à Lei n. 8.213/91. Vejam-se os comentários a respeito da prova do tempo de serviço, art. 55 desta lei.

Quanto ao marco inicial para a idade a ser considerada, é questão praticamente pacificada a consideração do exercício de atividade rural a partir dos doze anos de idade. As correntes jurisprudenciais que encerram feição contrária a este entendimento, creditando o reconhecimento a partir dos quatorze, já não mais subsistem diante dos argumentos que militam em favor do outro marco. Em sede jurisprudencial nos Juizados Especiais Federais, há em abono da tese a Súmula n. 05 da Turma de Uniformização Nacional, no seguinte teor: "A prestação de serviço rural por menor de 12 a 14 anos, até o advento da Lei n. 8.213/91, devidamente comprovada, pode ser reconhecida para fins previdenciários". O Tribunal Regional Federal da 4ª Região perfilha do mesmo entendimento, valendo colacionar o seguinte aresto:

> "(...) Referentemente à possibilidade do cômputo da atividade rural entre 12 e 14 anos de idade, a jurisprudência deste Tribunal e dos e. STJ e STF é pacífica nesse sentido (TRF4ªR 3ª Seção, EI 2001.04.01.0252300/RS, Rel. Juiz Federal Ricardo Teixeira do Valle Pereira, j. 12.03.2003; STJ AgRg no RESP 419601/SC, 6ª T, Rel. Min. Paulo Medina, DJ 18.04.2005, p. 399 e RESP 541103/RS, 5ª T, Rel. Min. Jorge Scartezzini, DJ 01.07.2004, p. 260; STF AI 529694/RS, Rel. Min. Gilmar Mendes, 2ª T, j. em 15.02.2005). Contudo, tendo a parte autora pedido o reconhecimento somente a partir dos 14 anos de idade, procede"se à verificação conforme postulado na inicial, mostrando"se descabido o recurso do INSS nesta parte". (Apelação Cível n. 2002.72.03.0017649, de Santa Catarina, Relatora Juíza Federal Eloy Bernst Justo, DJU 6.9.2006, p. 970)

O art. 7º, inciso XXXIII, da Constituição Federal, na redação da Emenda Constitucional n. 20/98, passou a permitir o reconhecimento de atividade laborativa do menor de idade a partir dos 16 anos. Essa modificação atingiu diretamente o sistema previdenciário, tendo a legislação ordinária que se submeter ao novel comando constitucional para o limite etário mínimo. Assim, fica entendido que a idade a ser considerada é de 16 anos, a partir de 16 de dezembro de 1998, para filiação à previdência social em qualquer condição, inclusive ao segurado facultativo (art. 13 da LB), e a idade dos filhos menores do segurado especial (inciso VII, do art. 11, da LB). Demais disso, fica entendido, também, que o segurado especial, além das figuras já mencionadas nos parágrafos anteriores, inclui, ao lado do cônjuge, o companheiro e filhos maiores de dezesseis anos ou a ele equiparados, desde que trabalhem comprovadamente com o grupo familiar respectivo.

As celeumas judiciárias concernem à prova do tempo de atividade agrícola para fins de cômputo na aposentadoria por tempo de contribuição/serviço, ou para concessão de outros benefícios previdenciários, além da prova da atividade como carência para aposentadoria por idade rural. Daí a relevância da necessidade de se dominar as definições legais, sem deixar de atentar para a casuística jurisprudencial que se formou a respeito.

Regime de economia familiar é um sistema de produção agrícola baseado na mútua dependência e cooperação dos membros do grupo familiar, sem o concurso de qualquer mão de obra assalariada, como empregados ou diaristas, imprescindível ao sustento da família (§ 1º do art. 11), de modo que fica subentendida a descaracterização, como segurado especial, para o membro que desempenha atividade extra-agricultura.[44] Neste sentido, a caracterização do regime de economia familiar permanece incólume mesmo diante do exercício concomitante ou percepção de outra fonte de renda por algum componente do grupo. Aliás, o próprio Decreto n. 3.048/99, em seu art. 9º, § 8º, inciso I, na redação do Decreto n. 4.729, de 9.6.2003, deixa extreme de dúvidas esta situação ao dispor que não se considera segurado especial apenas o membro do grupo familiar que possui outra fonte de rendimento, de qualquer natureza. Aliás, esta ressalva agora consta expressamente da modificação introduzida pela Lei n. 11.718/08, que explicitamente retira a condição de segurado especial ao membro do grupo familiar que possuir fonte de rendimento diversa das que constam no rol dos incisos I a VIII do § 9º do art. 11. Porém, é preciso que fique induvidoso que a situação de o membro do grupo familiar possuir outra fonte de renda não desnatura a grupo familiar, apenas elide a caracterização, como segurado especial, daquele membro específico, o qual, por conseguinte, não poderá usufruir dos benefícios na condição de segurado especial, e sim, como contribuinte individual, a teor da parte final da alínea "a", do inciso V, do art. 11, e ainda assim se tiver pago as contribuições necessárias. Entretanto, a existência de outra fonte de renda, em concorrência com a produção agrícola, desnatura o regime na hipótese de constituir a sua principal fonte de manutenção, sem a qual impossível o sustento do grupo.

É preciso observar, porém, o período em que existiu fonte de renda paralela ao exercício rural de quem pleiteia o seu reconhecimento. Em muitos casos, não há o reconhecimento pretendido mesmo para um período em que já não existe mais a presença do ente familiar detentor da outra renda, seja por motivos de migração para a cidade ou morte. Nestes casos, é preciso ter rigor na apreciação dos fatos e apreciar a prova coletada com a máxima cautela para não haver injustiças.

Somente é permitida mão de obra do próprio grupo familiar. Entretanto, a troca de dias ou multirão com vizinhos não desqualifica o sistema se esporádicos, geralmente em época de plantio ou colheita.[45]

Hipótese rara, porém, merecedora de esclarecimentos, diz respeito às errôneas inscrições como empregador rural para efeitos de Imposto Territorial Rural.

O Decreto n. 1.166, de 15 de abril de 1971, que dispõe sobre o enquadramento e contribuição sindical rural, em seu art. 1º, dispôs que "Para efeito de enquadramento sindical, considera-se: (...) II — empresário ou empregador rural: (...) b) quem, proprietário ou não e mesmo sem empregado, em regime de economia familiar, explore imóvel rural que lhe absorva toda a força de trabalho e garanta a subsistência e progresso social e econômico em área igual ou superior à dimensão do módulo rural da respectiva região; c) os proprietários de mais de um imóvel rural, desde que a soma de suas áreas seja igual ou superior à dimensão do módulo rural da respectiva região". Dessa forma, o errôneo enquadramento sindical de quem não tinha empregados ou quando a área do imóvel fosse superior ao módulo rural da região acarretava a

---

(44) Do Tribunal Regional Federal da 4ª Região: "Não é considerado segurado especial o membro do grupo familiar que possui outra fonte de rendimento decorrente do exercício de atividade remunerada ou aposentadoria de qualquer regime" (Apelação Cível n. 1998.04.01.058397-2, do Rio Grande do Sul, Relator Altair Antonio Gregório, DJU 19.7.00).

(45) "PREVIDENCIÁRIO. APOSENTADORIA RURAL POR IDADE. LEI N. 8.213/91. REQUISITOS. 1. A concessão de aposentadoria por idade ao segurado trabalhador rural depende do preenchimento de três requisitos: idade mínima, qualidade de segurado e carência (...)" Do voto da relatora extrai-se: "(...) A — Configuração do Regime de Economia Familiar: (...) Primeiro. O trabalho agrícola dever ser desenvolvido apenas pelos membros da família. Porém, a troca de dias ou realização de multirão com vizinhos em época de plantio ou de colheita não descaracteriza o regime de economia familiar (...)" (Tribunal Regional Federal da 4ª Região, Apelação Cível n. 2000.04.01.001638-7, Relatora Eliana Paggiarin Marinho, DJU de 4.7.2001).

falsa impressão de alguém ser empregador rural quando, na realidade, não passava de um simples engano.[46]

O que marca a diferenciação entre o segurado especial e o produtor rural pessoa física, transformado de equiparado a autônomo para contribuinte individual pela Lei n. 9.876/99, aludido na alínea a do inciso V do art. 11 da Lei n. 8.213/91, é a exploração agropecuária poder se utilizar do concurso de mão de obra assalariada, podendo haver, como dito anteriormente, e como exceção, o auxílio esporádico de terceiros em períodos de colheita ou plantio, em se tratando de segurado especial.

No âmbito dos Juizados Especiais Federais da Seção Judiciária de Santa Catarina, a questão da necessidade de recolhimento de contribuições previdenciárias para o fim de ver reconhecido tempo de serviço laborado como rurícola mereceu atenção do enunciado sumular da 1ª Turma Recursal Catarinense, o qual espancou qualquer resquício de divergência que ainda poderia persistir.[47]

O Superior Tribunal de Justiça já pacificou, através da Súmula n. 272, que "O trabalhador rural, na condição de segurado especial, sujeito à contribuição obrigatória sobre a produção rural comercializada, somente faz jus à aposentadoria por tempo de serviço, se recolher contribuições facultativas".

Quanto à comprovação da atividade agrícola, é de todo recomendável se reportar às alusões feitas aos arts. 55 e 106, norma de cunho geral acerca da prova de atividade laborativa e em particular relativamente ao trabalhador campesino, respectivamente. Os benefícios a que faz jus, basta consultar o art. 39.

O tempo de exercício de atividade rural anterior à Lei de Benefícios é juridicamente permitido independentemente de contribuições, não valendo, no entanto, como carência. A este respeito, a equidade foi estabelecida no julgamento da Adin 1.664-0, pelo STF, ao suspender os efeitos que viriam com a nova redação do art. 55, § 2º, pretendida pela Medida Provisória n. 1.523/96, a qual exigia o recolhimento de contribuições em época própria para o reconhecimento da atividade campesina nos benefícios diversos daqueles de valor mínimo. A tempo, a Lei n. 9.528/97, que converteu a referida Medida Provisória, não convalidou a pretendida alteração.

11.1.7. Trabalhador rural de curta duração

O trabalhador rural contratado por pequeno prazo é aquele que, na forma instituída pela Lei n. 11.718, resultado da conversão da Medida Provisória n. 410/07, que acrescentou o art. 14-A à Lei n. 5.889/73, exerce seus serviços temporários por prazo determinado e de curta duração, contratado por produtor rural pessoa física. A contribuição destes segurados empregados por prazo determinado de curta duração é de 8% sobre o seu salário de contribuição (art. 28, inciso I, da Lei n. 8.212/91), a teor do que dispõe o art. 14-A, § 5º, daquele ato normativo, não podendo os serviços durarem mais do que dois meses dentro do período de um ano, sob pena de o contrato se transformar em ajuste por prazo indeterminado, na forma do art. 14-A, § 1º da aludida lei modificada. Estes trabalhadores têm os mesmos direitos já assegurados ao trabalhador comum, entre os quais o próprio Fundo de Garantia por Tempo de Serviço, previsto na Lei n. 8.036/90.

11.1.8. Aluno-aprendiz

Considerado assente que quase toda e qualquer atividade sujeita ao Regime Geral da Previdência Social, por força dos princípios constitucionais alusivos à relação jurídica de direito

---

(46) "PREVIDENCIÁRIO. EMBARGOS INFRINGENTES. RURÍCOLA. APOSENTADORIA POR IDADE. REQUISITOS LEGAIS PREENCHIDOS. EMPREGADOR RURAL II-B. REGIME DE ECONOMIA FAMILIAR CARACTERIZADO. EXISTÊNCIA DE INÍCIO RAZOÁVEL DE PROVA MATERIAL (...) 2. O enquadramento 'Empregador Rural II-B' na classificação da propriedade rural junto ao INCRA, não descaracteriza o trabalho rural em regime de economia familiar, porquanto utilizado para fim de enquadramento sindical, nos moldes do art. 1º, inciso II, alínea b, do Decreto-lei n. 1.166/71. 3. Embargos infringentes improvidos." (Tribunal Regional Federal da 4ª Região, Embargos Infringentes em Apelação Cível n. 94.04.16731-2, Relator Edgard Lippmann, DJU de 7.7.99).
(47) "O tempo de serviço do segurado trabalhador rural anterior a novembro de 1991, ainda que ausente o recolhimento das contribuições previdenciárias, pode ser considerado para a concessão dos benefícios do Regime Geral de Previdência Social (RGPS), exceto para efeito de carência".

previdenciário, está coberta pelo sistema previdenciário estatal, poderia haver a discordância de vozes doutrinárias em aceitar a prestação do trabalho por aluno-aprendiz, considerado aquele que não está sujeito ao regime trabalhista do empregado comum, porém fica submetido a regime de emprego quase típico de merecer a mesma consideração. A jurisprudência, a respeito do tema, tem evoluído gradativamente, a ponto de permitir que o aluno-aprendiz seja tido como um servidor público, desde que em contraprestação de seus préstimos laborais tenha recebido remuneração da outra parte. Este sentido possui a Súmula n. 18 da Turma Nacional de Uniformização de Jurisprudência dos Juizados Especiais Federais, assim redigida: "Provado que o aluno-aprendiz de Escoa Técnica Federal recebia remuneração, mesmo que indireta, à conta do orçamento da União, o respectivo tempo de serviço pode ser computado para fins de aposentadoria previdenciária".

11.1.9. Segurado especial

A abrangência que hoje desfruta a figura do segurado especial, agora em comentário, não existia antes do advento da atual Lei Fundamental. No período precedente à Constituição Federal de 1988, o regime jurídico para o segurado especial era regulado pela Lei Complementar n. 11/71, chamado de Estatuto do Trabalhador Rural, e pela Lei n. 4.214/63, onde se via a proteção previdenciária (na verdade assistencialismo disfarçado) somente para o próprio chefe ou arrimo de família, ficando de fora do albergue legal os demais membros que hoje compõem o núcleo definido constitucional e legalmente. Naquela ocasião, os demais membros da família apenas detinham o estado de dependentes, não assim o próprio trabalhador que era considerado chefe da família, indo os benefícios somente a ele (arts. 160 e 162 da Lei n. 4.214/63 e 4º e 5º da Lei Complementar n. 11/71).

Depois que veio ao ordenamento jurídico a nova Regra Constitucional, não somente os cônjuges são considerados segurados especiais, também assim os filhos maiores de 14 anos de idade, na forma dos dizeres enunciativos dos arts. 12, inciso VII da Lei de Custeio e 11, inciso VII da Lei de Benefícios.

11.1.10. Dirigente sindical

Os sindicatos são entidades de direito privado representativas de interesses de categorias profissionais ou econômicas, atuando muitas das vezes em nome próprio e no interesse das categorias que representam, detendo por isso legitimação processual na condição de substituto processual ou extraordinária (art. 6º do CPC). Normalmente, quem atua como dirigente sindical é um dos trabalhadores da categoria, razão por que o ordenamento jurídico lhe dispensa tratamento favorecido em seus direitos trabalhistas e previdenciários, por força da autorização contida no art. 8º, inciso VII, da Lei Maior. No que pertine aos seus direitos previdenciários, o § 4º do art. 11 da Lei de Benefícios, acrescentado pela Lei n. 9.528/97, estabelece que deve ficar o mesmo enquadramento para o dirigente sindical, assegurando-lhe, assim, uma certa estabilidade de manutenção de sua condição profissional na empresa onde trabalha. Dessa forma, o empregado eleito para compor o quadro de dirigente sindical não pode ser prejudicado em razão de sua nova condição, a ele sendo mantida a presunção de desconto e recolhimento de suas contribuições, apesar do não exercício de atividade profissional.

11.1.11. Microempresário individual

Com o surgimento da Lei Complementar n. 128/08, denominada Estatuto Nacional da Microempresa e da Empresa de Pequeno Porte, a qual veio instituir tratamento diferenciado também para atender necessidade constitucional de proteção previdenciária de inclusão de trabalhadores de baixa renda (§ 12 do art. 201 da CF/88), criou-se condições para que uma pessoa que trabalha individualmente na informalidade venha ter condições de adentrar no sistema previdenciário e obter melhor acesso ao crescimento empresarial. O art. 18-A da Lei Complementar n. 123/06, na forma que lhe deu a Lei Complementar n. 128/08, facultou ao Microempreendedor individual a opção pelo recolhimento dos impostos e contribuições pelo Simples Nacional em valores fixos mensais, e isso independentemente da renda bruta mensal auferida no mês. Em vista do disposto no art. 18, § 1º, da LC n. 123/06, o microempreendedor individual é aquele a que se refere o art. 966 do Código Civil, que tenha auferido receita bruta, no ano-calendário anterior, de até R$ 60.000,00 (sessenta mil reais), optante pelo Simples Nacional e que não esteja impedido de optar pela sistemática contributiva prevista na referida Lei Complementar.

> **Art. 12.** O servidor civil ocupante de cargo efetivo ou o militar da União, dos Estados, do Distrito Federal ou dos Municípios, bem como o das respectivas autarquias e fundações, são excluídos do Regime Geral de Previdência Social consubstanciado nesta Lei, desde que amparados por regime próprio de previdência social. (*Redação dada pela Lei n. 9.876, de 26.11.99*)
>
> § 1º Caso o servidor ou o militar venham a exercer, concomitantemente, uma ou mais atividades abrangidas pelo Regime Geral de Previdência Social, tornar-se-ão segurados obrigatórios em relação a essas atividades. (*Redação dada pela Lei n. 9.876, de 26.11.99*)
>
> § 2º Caso o servidor ou o militar, amparados por regime próprio de previdência social, sejam requisitados para outro órgão ou entidade cujo regime previdenciário não permita a filiação, nessa condição, permanecerão vinculados ao regime de origem, obedecidas as regras que cada ente estabeleça acerca de sua contribuição. (*Parágrafo acrescentado pela Lei n. 9.876, de 26.11.99*)
>
> **Redações anteriores**
>
> O servidor civil ou militar da União, dos Estados, do Distrito Federal ou dos Municípios, bem como o das autarquias e fundações, é excluído do Regime Geral de Previdência Social — RGPS consubstanciado nesta Lei, desde que esteja sujeito a sistema próprio de previdência social.

12.1. Proteção do Regime Geral da Previdência Social aos servidores públicos

Desde que o constituinte originário levantou a bandeira do Regime Jurídico Único, a implantação de um sistema normativo unificado para o funcionalismo público de qualquer esfera e nível era a panaceia para acabar com a pluralidade de sistemas vigentes em uma mesma entidade. Em todas as esferas de governo há o permissivo para instituição concorrente de seus regimes de previdência, o que determinará a migração dos servidores do Regime de Previdência Social para o sistema próprio que adotarem. Hoje, vigora, em nível federal, o estatuto do funcionalismo público federal, incorporado na Lei n. 8.112, de 11 de dezembro de 1990.

Quanto ao quadro de pessoal ainda não incorporado ao regime próprio, remanesce com relativa importância a norma deste art. 12, na redação dada pela Lei n. 9.876/99, quando coloca sob proteção, de forma subsidiária, os servidores ainda à margem de um regime especificamente instituído. Porém, em caso de exercício de atividade concomitante de uma ou mais atividades de filiação obrigatória ao RGPS, serão considerados segurados obrigatórios em relação a estas atividades (§ 1º). Se o servidor civil ou militar, vinculados a regime próprio de previdência, sejam requisitados para outro órgão ou entidade cujo regime previdenciário não permita a filiação na mesma condição do regime próprio de origem, permanecerão vinculados a este mesmo regime (§ 2º). Regime próprio de previdência é aquele que, senão cobre todas as situações de risco social em igualdade de condições com o RGPS, ao menos assegura a percepção de aposentadoria e pensão aos seus vinculados, na forma do que dispõe o § 3º do art. 10 do Decreto n. 3.048/99, com a redação modificada pelo Decreto n. 3.452, de 9.5.2000. Por outro lado, o art. 40 da Constituição Federal, na redação dada pela EC n. 41, de 19.12.2003, passou a prescrever regime próprio de previdência para estes servidores, assim entendido um sistema contributivo e solidário, custeado por contribuição do respectivo ente público, dos servidores ativos, inativos e pensionistas. A nosso ver, conquanto o *caput* do art. 12 estabeleça aos aludidos servidores que não possuem regime próprio a vinculação ao RGPS, tal imperativo tem a finalidade apenas de conferir maior proteção a estes servidores na hipótese de o ente público não assumir o encargo constitucional previdenciário que lhe compete, podendo, assim, ser considerado como de garantia condicionada à omissão estatal.

O servidor público ocupante de cargo em comissão, sem vínculo efetivo com a União,

Autarquias, inclusive em regime especial, e Fundações Públicas Federais, pertence à categoria do segurado empregado, na forma do que dispõe a alínea g do inciso I do art. 11, sendo certo que a extensão foi dada, pelo § 5º, ao Ministro de Estado, Secretário Estadual, Distrital ou Municipal, sem vínculo efetivo com a União, Estados, Distrito Federal e Municípios, suas autarquias, ainda que em regime especial, e fundações. Tal regramento é confirmado pelo § 13, do art. 40 da CF/88, com a redação da EC n. 20/98,[48] ao qual se acrescenta o servidor de cargo temporário e o empregado público. A *contrario sensu*, se efetivado o servidor público, independentemente da esfera de governo e da hierarquia, terá sua vinculação previdenciária com o regime próprio de previdência das entidades estatais mencionadas.

Este art. 12 não deixa resquício algum de dúvidas quanto a não ser possível a filiação de servidor público ao RGPS se já amparado por regime próprio de previdência. Porém, o § 5º do art. 201 da Carta da República, modificado pela EC n. 20/98, assevera também ser defesa a filiação ao Regime de Previdência Social, como segurado facultativo, de servidor público já protegido por aquele regime.

---

(48) "Ao servidor ocupante, exclusivamente, de cargo em comissão declarado em lei de livre nomeação e exoneração bem como de outro cargo temporário ou de emprego público, aplica-se o regime geral de previdência social".

> **Art. 13.** É segurado facultativo o maior de 14 (quatorze) anos que se filiar ao Regime Geral de Previdência Social, mediante contribuição, desde que não incluído nas disposições do art. 11.

13.1. Segurado facultativo

Como já afirmado anteriormente, desde que o constituinte ergueu a bandeira da universalidade da cobertura e do atendimento, a legislação infraconstitucional compartilha do mesmo princípio e tem que ser sinônimo de máxima proteção contra riscos socialmente verificáveis e abertura relativa para titulares de direitos subjetivos às prestações. Tal objetivo somente pode estar cumprido a contento na medida em que o elenco dos protegidos albergue situações de risco em potencial também à margem do universo laboral. Aliás, a própria Constituição Federal, nos primórdios do texto do art. 201, § 1º, confirmava a higidez deste raciocínio ao dispor sobre a abertura indiscriminada do acesso a qualquer pessoa aos benefícios da Previdência Social mediante contribuição.[49]

A facultatividade da filiação previdenciária é o amparo das situações no campo da inatividade, todavia, marcadas pela potencialidade do exercício de atividade. A legislação previdenciária não desampara as situações de inatividade temporária, prestigia os ativos e abomina a ociosidade, embora camuflada pelo aporte pecuniário que lhe dá suporte. Estão à margem da cobertura previdenciária os direitos subjetivos dos desafortunados e inativos, temporária ou definitivamente nestas condições, subsumindo-se aos planos estatais assistencialistas de proteção.

O Decreto n. 3.048/99 é, por excelência, complementador no ponto, acrescentando a não subsunção na qualidade de segurado facultativo das situações dentro do campo fático que dá suporte à filiação obrigatória. Elenca, exemplificativamente, os segurados que podem exercer o seu direito à filiação voluntária e fazer jus aos benefícios do plano (§ 1º, do art. 11). Na forma deste enunciado legal, podem filiar-se facultativamente, entre outros, a dona de casa, o síndico de condomínio, quando não remunerado, o estudante, aquele que deixou de ser segurado obrigatório da previdência social, o membro de conselho tutelar, o bolsista e o estagiário, o presidiário etc.

Com relação ao presidiário, os beneficiários diretos com o encarceramento de quem desfrutava da condição de segurado naquele momento, embora de forma relativa à percepção do benefício previdenciário, são aqueles que comprovarem a qualidade de dependentes na forma do art. 16 desta lei, tendo direito ao auxílio-reclusão. O preso, por sua vez, não está amparado pela obrigatoriedade de filiação mesmo exercendo atividade no presídio, podendo assumir aquela condição quando, fora do cárcere, exercer atividade vinculativa ao RGPS.

O art. 7º, inciso XXXIII, da Constituição Federal, na redação da Emenda Constitucional n. 20/98, passou a permitir o exercício de atividade laborativa do menor de idade a partir dos 16 anos. Essa modificação atingiu diretamente o sistema previdenciário, tendo a legislação ordinária que se submeter ao novel comando constitucional para o limite etário mínimo. Assim, fica entendido que a idade a ser considerada é de 16 anos, a partir de 16 de dezembro de 1998, para filiação à previdência social em qualquer condição, inclusive ao segurado facultativo (art. 13 da LB). Há uma disparidade entre a norma constitucional permissiva do trabalho a partir dos quatorze anos de idade como aprendiz e a Lei de Benefícios que estipula como limite etário mínimo a idade de dezesseis anos para a relação jurídica previdenciária. Infelizmente, a vedação constitucional exclusiva para prestação de serviço não sustenta a defesa da pretensão ao pagamento de contribuições anteriores ao marco etário mínimo da vinculação ao regime, fi-

---

(49) "Qualquer pessoa poderá participar dos benefícios da previdência social, mediante contribuição na forma dos planos previdenciários".

cando a cargo da construção pretoriana a definição da questão, no ponto. A nosso ver, a abominação ao trabalho precocemente prestado ao arredio da lei atende à finalística protecionista da infância nos limites de seu próprio benefício, não impedindo o surgimento dos consectários da relação jurídica previdenciária, custeio e benefício, ainda que contrarie a norma legal.

O albergue legal da figura do segurado facultativo pelo regime previdenciário social desencadeou a eliminação de figuras que anteriormente mereciam proteção particularizada através de leis especiais.

Elucidativo, a respeito, o seguinte excerto doutrinário:

"No regime anterior, existia a figura do segurado facultativo, mas com menor amplitude, reservada praticamente aos religiosos, e quase extinta a partir da Lei n. 6.696, de 8.10.79, que se equiparou aos trabalhadores autônomos. A ampliação da possibilidade de filiação como segurado facultativo teve como consequência a extinção do Programa de Previdência Social aos Estudantes, instituído pela Lei n. 7.004, de 24.6.1982 (LBPS, art. 137). Da mesma forma, não há mais que falar em 'contribuinte em dobro' como era chamado aquele que continuava a verter contribuições, majoradas, após deixar de exercer atividade vinculada à previdência social, a fim de manter sua qualidade de segurado".[50]

O art. 12 é de clareza meridiana ao dispor não ser possível a filiação de servidor público ao RGPS se já amparado por regime próprio de previdência. Porém, o § 5º do art. 201 da Carta da República, modificado pela EC n. 20/98, assevera também ser defesa a filiação ao Regime de Previdência Social, como segurado facultativo, de servidor público já protegido por aquele regime.

Poderia ser argumentado que as contribuições recolhidas na qualidade de segurado facultativo seriam exclusivamente para fins de carência ou qualidade de segurado, não sendo aproveitadas para o cômputo do tempo de contribuição/serviço, já que desprovidas do exercício de atividade, não se olvidando, também, que a Constituição Federal passou a vedar a contagem de tempo de contribuição fictício a partir da EC n. 20/98. Conquanto a própria essência do segurado facultativo força o reconhecimento da ausência de exercício de atividade, a partir daquela emenda passou-se a ter o entendimento de que, para o segurado em geral, e com mais intensidade para o facultativo, o tempo de serviço prestado, anteriormente ou após, deve ser sinônimo de período de contribuição efetivamente recolhida ao sistema agregada ao fator temporal. A própria expressão indica o seu significado quando alude a tempo de contribuição em lugar de tempo de serviço, apontando a simbiose do fator tempo, expressão que marca um intervalo entre dois marcos, ao aporte financeiro ao sistema, marca registrada de qualquer poupança securitária. Como lógico, não seria de todo reconhecer a extinção, a partir da emenda, da prestação do serviço como fator principal a nortear o sistema. O que se deve abominar, no entanto, é o uso ilícito da regra para o pagamento adiantado de certo montante de contribuições de que se necessita a fim de, transversamente, contornar o fator risco, inerente a qualquer seguro contratual ou imposto.

A autorização para filiação deixada ao alvedrio do segurado, contrariamente ao sistema impositivo, obsta a geração de efeitos jurídicos para período anterior à data da inscrição, tornando empecilho ao pagamento de indenizações pretéritas, na forma do que dispõe o § 3º do art. 11 do Decreto n. 3.048/99.

O tratamento discriminatório dispensado ao segurado facultativo chega ao ponto de lhe reduzir o período de graça para apenas seis meses após a cessação do pagamento das contribuições (Decreto n. 3.048/99, inciso VI, art. 13), ficando impedido, em face da perda daquela condição, o pagamento de contribuições em atraso no período à periferia daquele benefício legal (§ 4º, do art. 11).

À título de conclusão, pode-se afirmar que o princípio da facultatividade da filiação acarreta no plano normativo consequências jurídicas subjetivas (direito subjetivo) não simplesmente pela incidência da norma sob fatos jurisdicizados (exercício de atividade remunerada), porém vociona à proteção previdenciária aliando a dupla condicionante do fato gerador (capacidade para trabalhar) e o exercício da aquisição do direito subjetivo do pagamento das contribuições previdenciárias.

---

(50) ROCHA, Daniel Machado da; BALTAZAR JÚNIOR, José Paulo. *Comentários à Lei de Benefícios da Previdência Social*, p. 72.

> **Art. 14.** Consideram-se:
>
> I — empresa — a firma individual ou sociedade que assume o risco de atividade econômica urbana ou rural, com fins lucrativos ou não, bem como os órgãos e entidades da administração pública direta, indireta ou fundacional;
>
> II — empregador doméstico — a pessoa ou família que admite a seu serviço, sem finalidade lucrativa, empregado doméstico.
>
> Parágrafo único. Equipara-se a empresa, para os efeitos desta Lei, o contribuinte individual em relação a segurado que lhe presta serviço, bem como a cooperativa, a associação ou entidade de qualquer natureza ou finalidade, a missão diplomática e a repartição consular de carreira estrangeiras. (*Redação dada pela Lei n. 9.876, de 26.11.99*)
>
> **Redações anteriores**
>
> Consideram-se:
>
> I — empresa: a firma individual ou sociedade que assume o risco de atividade econômica urbana ou rural, com fins lucrativos, ou não, bem como os órgãos e entidades da administração pública direta, indireta ou fundacional;
>
> II — empregador doméstico: a pessoa ou família que admite a seu serviço, sem finalidade lucrativa, empregado doméstico.
>
> Parágrafo único. Considera-se empresa, para os efeitos desta Lei, o autônomo e equiparado em relação a segurado que lhe presta serviço, bem como a cooperativa, a associação ou entidade de qualquer natureza ou finalidade, a missão diplomática e a repartição consular de carreira estrangeiras.

14.1. Empresa

Na forma idealizada abstratamente pelo constituinte de 1988, os planos securitários, assistenciais e relativos à saúde formam o núcleo do instituto da Seguridade Social, à qual poderá dispor de suporte material e intelectual proveniente do concurso do Poder Público e da sociedade em geral (art. 194, *caput*). O financiamento pecuniário está cometido os orçamentos de todas as esferas de governo e das contribuições sociais (art. 195) "(...) I — do empregador, da empresa e da entidade a ela equiparada na forma da lei, incidentes sobre: a) a folha de salários e demais rendimentos do trabalho pagos ou creditados, a qualquer título, à pessoa física que lhe preste serviço, mesmo sem vínculo empregatício; II — do trabalhador e dos demais segurados da previdência social, não incidindo contribuição sobre aposentadoria e pensão concedidas pelo regime geral da previdência social de que trata o art. 201." (sem grifo no original).

Percebe-se claramente do dispositivo acima reproduzido que o aporte pecuniário destinado ao financiamento da seguridade social compreende, inclusive, de contribuição social incidentes sobre o empregador, a empresa ou a entidade a ela equiparada na forma da lei.

As abstrações jurídicas acima referidas delineiam-se na legislação infraconstitucional, repetidamente nos Planos de Benefício e de Custeio da Previdência Social, achando-se reproduzidos no regulamento. Cumprindo o comando constitucional, a legislação teceu tais conceitos tencionando definir os sujeitos passivos das obrigações administrativas e tributárias relativas ao custeio da Previdência Social. Embora a exploração de considerações com maior rigor técnico ficam melhores situadas no âmbito do custeio, necessário referir, no essencial, neste ponto, que as contribuições a serem recolhidas pela empresa não são apenas os débitos das pessoas a seu serviço, mas sobretudo, as exações a ela impostas, em época própria ou extemporaneamente. Em nível de abstração legal, as obrigações administrativas consistentes na arrecadação e recolhimento das contribuições obedecem ao disposto no capítulo X da Lei n. 8.212/91.

Diferentemente do que se vê em outra seara e mostrando-se com outros fins, a figura da empresa foi largamente estendida para comportar, além das abstrações do direito privado, personalidades que a princípio não estariam compreendidas em seu núcleo. Assim, a empresa pode ser com fins lucrativos ou de filantropia, integrando-se pelas entidades da administração direta ou indireta do Estado, as quais, como é sabido, via de regra também são alheias a feições especulativas, tudo constituindo um esforço máximo de exploração empírica a compor o rol de protegidos.

A subsunção jurídica pelo Poder Público protagoniza a relação jurídica tributária como sujeito passivo, não se compreendendo a presença destas entidades como coadjuvantes em sistemas de auxílio, subvenção ou captação extraordinária de fontes de recursos. Neste sentido, os servidores públicos alheios a um regime próprio de previdência por não instituição pela entidade para a qual trabalha, ou quando instituídos, ficam de fora de seus preceitos por imposição legal, delineiam os quadros do Regime Geral da Previdência Social como segurados obrigatórios (a respeito, *vide* excertos ao art. 11, inciso I, alínea g).

Totalmente fora de propósito excluir microempresas ou empresas de pequeno porte. Para Castro e Lazzari (2003:127):

> "Aplicam-se às microempresas e às empresas de pequeno porte todas as obrigações estabelecidas pela legislação previdenciária para as empresas em geral, estando obrigadas ao recolhimento das contribuições previdenciárias e das destinadas a outras entidades e fundos, permitida, nas hipóteses previstas em lei, a opção pelo sistema próprio de recolhimento de contribuições e tributos — o Sistema Integrado de Pagamento de Impostos e Contribuições — SIMPLES. Seus titulares e sócios em exercício de atividade laborativa e os empregados destas têm assegurados todos os direitos previstos na legislação previdenciária".

À figura do empregador doméstico concorrem as definições dos incisos II, do art. 14, e II, do art. 11. A inserção do empregador doméstico a um mesmo nível de solução normativa encontradiça para a empresa revela uma maior preocupação do legislador, na concretude, em instituir maior rigor formal para proteger os segurados que lhe prestam serviço, além, é claro, de atingir um patamar mais elevado, ainda que mínimo, no saldo da conta previdenciária.

Afora o conceito de empresa delineado no inciso I do art. 14, o segurado contribuinte individual, definido no inciso V do art. 11, relativamente ao segurado que lhe presta serviço, bem como entidades sem fins lucrativos, tais como associações, cooperativas, missões diplomáticas e repartições consulares de carreira estrangeira, restaram equiparadas ao conceito geral de empresa por força da Lei n. 9.876/99. Repare-se que em todas as hipóteses nas quais pode surgir a figura do contribuinte individual aparece sempre a pessoa física, daí a razão da inclusão de tal preceito, em nível normativo, espancando qualquer resquício de interpretação contrária.

> **Art. 15.** Mantém a qualidade de segurado, independentemente de contribuições:
>
> I — sem limite de prazo, quem está em gozo de benefício;
>
> II — até 12 (doze) meses após a cessação das contribuições, o segurado que deixar de exercer atividade remunerada abrangida pela Previdência Social ou estiver suspenso ou licenciado sem remuneração;
>
> III — até 12 (doze) meses após cessar a segregação, o segurado acometido de doença de segregação compulsória;
>
> IV — até 12 (doze) meses após o livramento, o segurado retido ou recluso;
>
> V — até 3 (três) meses após o licenciamento, o segurado incorporado às Forças Armadas para prestar serviço militar;
>
> VI — até 6 (seis) meses após a cessação das contribuições, o segurado facultativo.
>
> § 1º O prazo do inciso II será prorrogado para até 24 (vinte e quatro) meses se o segurado já tiver pago mais de 120 (cento e vinte) contribuições mensais sem interrupção que acarrete a perda da qualidade de segurado.
>
> § 2º Os prazos do inciso II ou do § 1º serão acrescidos de 12 (doze) meses para o segurado desempregado, desde que comprovada essa situação pelo registro no órgão próprio do Ministério do Trabalho e da Previdência Social.
>
> § 3º Durante os prazos deste artigo, o segurado conserva todos os seus direitos perante a Previdência Social.
>
> § 4º A perda da qualidade de segurado ocorrerá no dia seguinte ao do término do prazo fixado no Plano de Custeio da Seguridade Social para recolhimento da contribuição referente ao mês imediatamente posterior ao do final dos prazos fixados neste artigo e seus parágrafos.

15.1. Aquisição, manutenção e perda da qualidade de segurado

A filiação previdenciária passa a ter importância na compreensão da relação jurídica previdenciária quando abstratamente prevê as atividades sujeitas à proteção securitária. O sujeito passa a ser titular de direitos subjetivos enquanto protegido pelo alcance material e temporal da norma previdenciária. Esta qualidade não desaparece com a cessação da filiação, remanescendo ao albergue legal do instituto da qualidade de segurado, o qual ganha realce dependendo do montante contributivo aportado ao sistema, aviltado na hipótese da filiação facultativa.

Concretamente, o sujeito adquire a qualidade de segurado filiando-se obrigatoriamente pelo exercício de atividade remunerada ou mediante inscrição e pagamento de contribuições de forma voluntária, engendrando, na melhor das hipóteses, a manutenção do vínculo sem solução de continuidade.

Tenha-se em mente que a qualidade de segurado é adquirida, de uma forma geral, enquanto perdurar o exercício de atividade remunerada ou o pagamento das contribuições, dependendo se o segurado é obrigatório ou facultativo.

Particularmente em relação à manutenção do liame, um dos poucos favores legais que ainda remanescem do legado deixado por legislações já expungidas é o chamado período de graça, entendido como tal a manutenção da qualidade de segurado sem solução de continuidade num tempo em que interrompido o exercício de atividade ou o pagamento das contribuições, bem como a deflagração de situações fáticas justificadoras da benesse. Afora benefícios indultados pela não exigência deste requisito no momento do fato gerador, como aposentadoria por idade, por tempo de serviço e especial,[51] bem como aposentadoria por tempo de contribuição,[52] é preciso ter assente, com valor dogmático, que o evento determinante desencadeador das prestações deve-se dar no momento de manutenção da qualidade de segurado. Assim, os benefícios não citados neste parágrafo têm, em absoluto, como condição *sine qua non* para a concessão o advento de seu núcleo material da hipótese de incidência (morte, reclusão, incapacidade etc.) precisamente no limite temporal fixado pelo legislador, ainda que à míngua de aporte contributivo ou exercício de atividade.

A exegese da mensagem legal deste art. 15 deve ser explorada em conjugação com aquela do art. 102 do mesmo diploma.

Com efeito, pois uma vez extinta a qualidade de segurado por inocorrência de uma das situações previstas no art. 15 da Lei n. 8.213/91, a relação jurídica até então mantida pelo segurado com a Previdência Social desaparece, somente podendo o segurado readquirir seus direitos aos benefícios se previamente observar a regra do parágrafo único do art. 24, que exige o pagamento de, pelo menos, 1/3 da carência do benefício postulado.

Observando, no entanto, o atendimento de todos os pressupostos exigidos para aposentadoria (e para qualquer benefício, diga-se de passagem) segundo a legislação contemporaneamente vigente, o passar do tempo não tem força para macular a higidez do direito ao benefício pretendido, apenas atingindo as parcelas não cobradas em inobservância ao velho brocardo jurídico *dormientibus non succurrit jus*.

Outra importante ressalva que há de ser feita para melhor entendimento do tema é a diferença entre qualidade de segurado e carência, embora esta deva ser tratada com mais afinco no capítulo adequado.

Volta-se a lembrar que qualidade de segurado decorre do exercício de atividade remunerada enquadrada como de filiação obrigatória ou mediante o aporte contributivo facultativo. O sujeito conquista o *status* de segurado mediante a filiação. Já a carência é encarada sob o prisma do montante a ser recolhido dependendo do benefício postulado. A carência é o número mínimo de contribuições mensais para que o segurado faça jus ao benefício, considerando o recolhimento efetivo ou presumido pelos sujeitos passivos de obrigações administrativas. Exemplificativamente, se o empregado trabalhou pelo menos um dia numa empresa, já adquiriu a qualidade de segurado e tem uma contribuição neste contrato de trabalho, porém, ainda não tem carência para benefícios fora do alcance das normas que a dispensam (arts. 26 e 151).

Não há que se confundir o resgate das contribuições já pagas com a reaquisição da qualidade de segurado. O reaproveitamento de contribuições passadas já pagas é possível mediante o pagamento de 1/3 da carência do benefício pretendido, enquanto a qualidade de segurado é readquirida pela filiação (mero exercício de atividade) ou pagamento de pelo menos uma contribuição (para segurado facultativo).

Generalidades à parte, explorando o art. 15, tem-se várias hipóteses de absoluta importância prática na análise dos casos concretos sujeitos à ação do tempo como limite para o direito aos benefícios. Conquanto mencione apenas a manutenção da qualidade de segurado à míngua de contribuições, pelas explanações acima deduzidas há de se adicionar àquela dispensa o exercício de atividade.

O inciso I parece, à primeira vista, ocioso, diante da lógica de que se o segurado está recebendo o benefício, se não for caso de concessão irregular, satisfez as condições exigidas para a

---

[51] Art. 3º, da Lei n. 10.666, de 8 de maio de 2003, *verbis*: "A perda da qualidade de segurado não será considerada para a concessão das aposentadorias por tempo de contribuição e especial. § 1º Na hipótese de aposentadoria por idade, a perda da qualidade de segurado não será considerada para a concessão desse benefício, desde que o segurado conte com, no mínimo, o tempo de contribuição correspondente ao exigido para efeito de carência na data do requerimento do benefício". Este parágrafo, ao condicionar o preenchimento da carência correspondente na data do requerimento administrativo para a não consideração da perda da qualidade de segurado na aposentadoria por idade não muda o sentido do art. 142 da Lei n. 8.213/91 de exigir a carência segundo o ano em que o segurado implementa o requisito etário. Aquela norma apenas exige que o preenchimento dos requisitos já tenha acontecido até o momento do requerimento administrativo.

[52] § 5º, do art. 13, do Decreto n. 3.048/99, na redação do Decreto n. 4.729, de 9.6.2003: "A perda da qualidade de segurado não será considerada para a concessão das aposentadorias por tempo de contribuição e especial".

prestação, entre as quais, como não poderia deixar de ser, a qualidade de segurado. De outro modo, a percepção do benefício significa ser credor de prestação, por si só já lhe conferindo o título de segurado e enquanto permanecer nesta condição. Por outro lado, cessado o recebimento do benefício, desaparece, de imediato, a qualidade de segurado, não estando abrigado pelo benefício do período de graça dos incisos II a VI e dos §§ 1º e 2º deste artigo.

O segurado que deixar de exercer atividade remunerada sujeita a filiação obrigatória pela Previdência Social, seja qual for o motivo, tem garantida a manutenção da sua relação jurídica perante o RGPS, merecendo as prestações, pelo prazo de doze meses a partir da cessação do labor. A liberalidade legal continua protegendo o segurado das contingências sociais ocorridas naquele prazo. O dispositivo se aplica aos segurados que exercem atividade remunerada vinculadora da relação jurídica previdenciária, não sendo destinado apenas aos empregados, ficando de fora os segurados facultativos por estarem filiados ao sistema sem o suporte fático relativo ao exercício de atividade. A exigência de ausência de remuneração para os segurados cujos vínculos laborativos estiverem suspensos ou licenciados justifica-se pelo caráter suplementário das prestações previdenciárias, via de regra inacumuláveis com rendimentos da ativa ou com outros benefícios. Confirmação do princípio de hermenêutica de que não há, necessariamente, entre um dispositivo legal e o diploma em que ele se insere, um compartilhamento da mesma natureza jurídica, o § 4º do art. 13 do Decreto n. 3.048/99 determina a aplicação do período de graça, bem como a sua dilatação pelo § 1º, ao servidor público vinculado a regime próprio de previdência social. Então, se na lei instituidora do regime previdenciário da entidade estatal não houver garantia de manutenção do vínculo, não obstante a paralisação do exercício funcional, há a aplicação daquele dispositivo ao servidor. O art. 13, inciso II, do Decreto n. 3.048/99, descortina hipótese de grande importância prática, ao considerar hígida a qualidade de segurado "... até 12 (doze) meses após a cessação de benefício por incapacidade ou após a cessação das contribuições, o segurado que deixar de exercer atividade remunerada abrangida pela previdência social ou estiver suspenso ou licenciado sem remuneração;". O segurado que recebeu auxílio-doença, por exemplo, mantém sem máculas a sua relação jurídica com a previdência por mais um ano após a cessação do benefício, de maneira que, se ficar novamente incapacitado, não importando se a qualidade da enfermidade gera ou não solução de continuidade entre os benefícios.

O poder de polícia de que se reveste o Poder Público impõe restrições à liberdade individual em face do bem-estar coletivo. Como medida de saúde pública, a hipótese do inciso III garante ao segurado portador de doença que exija um período de convalescença em isolamento, a dilatação da sua condição de segurado por mais doze meses após o seu retorno ao convívio social.

Durante o período em que o segurado estiver preso em cumprimento de pena privativa de liberdade manterá hígida sua relação jurídica com a previdência social. Com a sua saída do cárcere, o vínculo ainda permanece por um período de até doze meses, tempo suficiente, na visão do legislador, para sua readaptação ao mercado de trabalho. A natureza da prisão não importa, sendo favorecido ainda que em face de prisão anterior ao trânsito em julgado ou como cumprimento de pena.

A prestação do serviço militar obrigatório é causa de suspensão do contrato de trabalho do segurado empregado, mercê do art. 472 da CLT, conservando a lei o vínculo securitário até três meses após o licenciamento.

Em face da voluntariedade do vínculo previdenciário do segurado facultativo e por não exercer atividade remunerada, o legislador achou por bem aviltar-lhe o prazo para apenas seis meses após a cessação das contribuições. Dessa forma, resolvendo parar de contribuir, ainda terá seis meses de proteção securitária contra infortúnios sociais que venham a ocorrer neste prazo.

Ainda que sem caráter especulativo, sabe-se que o sistema previdenciário brasileiro reveste-se do caráter de repartição, ou seja, o montante arrecadado é para cobrir o pagamento dos benefícios em manutenção, presentes e futuros, não se destinando exclusivamente a honrar o benefício do próprio contribuinte. Com isso, quanto maior o numerário arrecadado, melhor à solvência tranquila do sistema. Com essa consciência, o Congresso Nacional, através de vários dispositivos na legislação, em especial os §§ 1º e 2º deste art. 15, achou por bem fomentar o desembolso contributivo mediante a inserção da dilatação dos prazos de favor para qualidade de segurado. Assim, em vez de doze meses, aumenta para vinte e quatro o tempo de manutenção do liame previdenciário na hipótese de paralisação do exercício de atividade remunerada, suspensão ou licença sem remuneração, desde que o segurado tenha vertido mais de cento e vinte contribuições entre as quais não tenha havido a perda da qualidade de segurado. Note-se, aqui, que não há um acréscimo naquele período originário, deixando claro a lei que tal lapso temporal sofre prorrogação. Não há necessidade de contabilização grupal das contribuições anteriores, a implementar as cento e vinte, bastando apenas, como diz a lei, que entre elas não haja solução de continuidade superior aos prazos estipulados neste artigo para manutenção da qualidade de segurado. A contagem das contribuições para o direito à prorrogação obedece às disposições concernentes à conta da carência (art. 24), assim como as regras relativas ao recolhimento presumido ou efetivo para determinados segurados (art. 27).

O prazo de vinte e quatro ou de doze meses, do inciso II e do § 1º do art. 15, terão um acréscimo de doze meses em caso de desemprego comprovado pelo registro no órgão próprio do Ministério do Trabalho e da Previdência Social, na forma do que dispõe o § 2º. Nos tempos que correm, a jurisprudência não tem interpretado literalmente a regra deste parágrafo, reputando como suficiente para o benefício apenas a ausência de registro na carteira de trabalho para o segurado desempregado. Confira, a respeito, o seguinte aresto:

"PREVIDENCIÁRIO. PENSÃO POR MORTE. QUALIDADE DE SEGURADO. MANUTENÇÃO. ART. 15, II E §§ 1º e 2º, DA LEI N. 8.213/91. DESEMPREGO. COMPROVAÇÃO. JUROS DE MORA. (...) A situação de desemprego, para os fins de manutenção da qualidade de segurado por mais 12 (doze) meses, não necessita estar comprovada perante o órgão do Ministério do Trabalho e da Previdência Social. Em se tratando de segurado empregado, a ausência de anotação na CTPS basta para tal fim (...)" (TRF 4ª Região. Apelação Cível n. 2001.70.00.023397-9, do Paraná, Relator Desembargador Federal Paulo Afonso Brum Vaz, publicado no DJ de 26.2.2003).

O que o preceito do § 2º exige para o acréscimo no prazo de graça é apenas a situação de desempregado, desimportando qual a causa que levou a tal estado, se proveniente de pedido de demissão ou de dispensa por parte do empregador.

Ocorrendo qualquer das hipóteses contempladas neste art. 15, a teor do disposto no § 3º, "... o segurado conserva todos os seus direitos perante a Previdência Social", o mesmo acontecendo com o segurado acometido de doença incapacitante que deixa de contribuir.[53]

Por outro lado, não se olvide que a perda da qualidade de segurado fulmina, por consequência, a relação jurídica previdenciária, somente podendo o segurado readquirir seus direitos aos benefícios se previamente observar a regra do parágrafo único do art. 24, que exige o pagamento de, pelo menos, 1/3 da carência do benefício postulado.

A pensão por morte é benefício devido aos dependentes do segurado que falecer exercendo atividade cuja filiação é obrigatória, sendo segurado facultativo (em caso negativo), estando no período de graça (art. 15) ou se já tiver direito adquirido à aposentadoria ou auxílio-doença.

Como se verá na doutrina relativa ao art. 102, a Turma Recursal dos Juizados Especiais Federais de Santa Catarina, contrariando a regra, já decidiu conceder pensão por morte a favor de viúva de empresário que provou ter exercido atividade sem pagar as contribuições devidas, efetuando-se a compensação do débito do *de cujus* mediante desconto no benefício.[54]

---

(53) Julgado extraído do Boletim de Jurisprudência n. 01/2005 da Turma Recursal dos Juizados Especiais Federais de Santa Catarina, elaborado pela equipe de gabinete do Juiz Federal João Batista Lazzari, então Presidente da Turma Recursal da Seção de Santa Catarina, disponível no *site* da Justiça Federal na internet (www.jfsc.gov.br), acessado em 4.10.2006, item 10.3, *verbis*: "Aquele que já estava incapacitado quando deixou de contribuir para a previdência social não perde a qualidade de segurado (Processo n. 2002.72.07.000263-3, Relator Juiz Osni Cardoso Filho, Sessão do dia 20.8.2002)".
(54) "PREVIDENCIÁRIO. JEF. CONCESSÃO DE PENSÃO POR MORTE. CONTRIBUINTE INDIVIDUAL. REGULARIZAÇÃO DAS CONTRIBUIÇÕES. I. Cabe concessão de pensão por morte, a ser paga aos dependentes do segurado que, na data do óbito, exercia atividade de contribuinte individual, desde que devidamente comprovada. II. A regularização dos débitos deverá observar as regras previstas no art. 282 da Instrução Normativa INSS/DC n. 118, de 14.4.2005." (Recurso Contra Sentença n. 2005.72.95.006938-7, Relator João Batista Lazzari, Retirado do *site* da Justiça Federal na internet: www.jfsc.gov.br).

Presente longo espaço de tempo entre a aquisição do direito e o requerimento administrativo, o benefício deve ser calculado em observância à lei contemporânea à aquisição do direito e reajustar a RMI até a data da solicitação do pedido.

De acordo com o estatuído no § 4º, o momento eleito pela Lei n. 8.213/91 para a ocorrência da perda da qualidade de segurado é o dia seguinte ao término do prazo fixado pela Lei de Custeio para o recolhimento da contribuição, aferida individualmente de acordo a espécie de filiação, relativa ao mês imediatamente posterior aos prazos do período de graça.

A digressão legal pode ser explicitada da seguinte forma: cada espécie de segurado tem, de acordo com a Lei de Custeio, dia certo determinado para o recolhimento da contribuição e seu encargo. Por exemplo, a contribuição relativa à competência do mês de maio para o segurado empregado, atualmente, tem que ser recolhida até o dia 02 do mês seguinte, ou seja, abril (art. 30, inciso I, alínea b, da Lei n. 8.212/91). Neste sentido, se o exercício de atividade cessou no dia 1º de maio, o empregador tem que recolher a contribuição da competência maio até 02 de abril. Para os segurados que já estavam filiados ao sistema antes do advento daqueles prazos do período de graça, exercendo atividade ou contribuindo, a última contribuição teria que ser recolhida, como se viu no exemplo do empregado, num momento posterior à efetiva cessação da filiação. Tendo esta consciência e objetivando facilitar a compreensão do tema, o legislador ordenou no corpo do texto deste art. 15 a separação dos prazos do período de graça e o momento em que considera perdida a condição de segurado levando em conta aqueles dias para o recolhimento. Logo, pela Lei n. 8.213/91, a perda da qualidade de segurado se dará não ao término dos prazos do período de graça, mas sim ao final da soma resultante dos prazos do período de graça com os dias para o recolhimento da última contribuição.

Pois bem, continuando com a incursão, e concluindo esta primeira fase, a Lei de Benefícios trata a matéria de maneira que a qualidade de segurado se conserva até a meia-noite do último dia resultante da soma do período de graça com aqueles dias que dispõem o segurado para o recolhimento da contribuição relativa à última competência do período.

Entretanto, esta digressão poderia aqui ter seu fim não fosse o Regulamento dispor de maneira diversa do estatuído pela lei, exorbitando de seu poder regulamentar.

Com efeito, pois assim dispõe o art. 14 do Decreto n. 3.048/99, alterado pelo Decreto n. 4.032, de 26.11.2001, *ipsis verbis*: "O reconhecimento da perda da qualidade de segurado no termo final dos prazos fixados no art. 13 ocorrerá no dia seguinte ao do vencimento da contribuição do contribuinte individual relativa ao mês imediatamente posterior ao término daqueles prazos".

Do texto normativo podem-se extrair as seguintes inferências: a) diferentemente da Lei de Benefícios, a perda da qualidade de segurado ocorre ao final dos prazos fixados para o período de graça, ou seja, sem a soma do período relativo ao momento da cessação da atividade ou contribuição até o vencimento do prazo para o recolhimento respectivo; b) o reconhecimento deste evento (perda da qualidade de segurado), no tempo, tem que ser feito apenas ao fim dos prazos relativos ao período de graça com os dias que se somam até o vencimento da contribuição do contribuinte individual; c) o Regulamento unificou para o vencimento da contribuição do contribuinte individual o prazo para todas as espécies de segurados; d) como o vencimento para o recolhimento da contribuição do contribuinte individual é no dia 15 do mês seguinte, os demais segurados foram favorecidos com a extensão da regra; e) a Lei de Benefícios é genérica quanto à especificação da espécie de segurado para a fixação do prazo de recolhimento, motivo pelo qual ficam valendo as regras do Regulamento, mais favoráveis do que a interpretação individualizada segundo a espécie de filiação.

Afora disparidades interpretativas, parece mais conveniente desconsiderar a exegese literal do Regulamento e assentar que a perda da qualidade de segurado ocorre no dia 16 do mês seguinte à competência posterior ao término dos prazos do período de graça.

> **Art. 16.** São beneficiários do Regime Geral de Previdência Social, na condição de dependentes do segurado:
>
> I — o cônjuge, a companheira, o companheiro e o filho não emancipado, de qualquer condição, menor de 21 (vinte e um) anos ou inválido; (*Redação dada pela Lei n. 9.032, de 28.4.95*)
>
> II — os pais;
>
> III — o irmão não emancipado, de qualquer condição, menor de 21 (vinte e um) anos ou inválido; (*Redação dada pela Lei n. 9.032, de 28.4.95*)
>
> IV — (*Revogado pela Lei n. 9.032, de 28.4.95*);
>
> § 1º A existência de dependente de qualquer das classes deste artigo exclui do direito às prestações os das classes seguintes.
>
> § 2º O enteado e o menor tutelado equiparam-se a filho mediante declaração do segurado e desde que comprovada a dependência econômica na forma estabelecida no Regulamento. (*Redação dada pela Lei n. 9.528, de 10.12.97*)
>
> § 3º Considera-se companheira ou companheiro a pessoa que, sem ser casada, mantém união estável com o segurado ou com a segurada, de acordo com o § 3º do art. 226 da Constituição Federal.
>
> § 4º A dependência econômica das pessoas indicadas no inciso I é presumida e a das demais deve ser comprovada.
>
> São beneficiários do Regime Geral de Previdência Social — RGPS, na condição de dependentes do segurado:
>
> I — o cônjuge, a companheira, o companheiro e o filho, de qualquer condição, menor de 21 (vinte e um) anos ou inválido;
>
> II — os pais;
>
> III — o irmão, de qualquer condição, menor de 21 (vinte e um) anos ou inválido;
>
> IV — a pessoa designada, menor de 21 (vinte e um anos) ou maior de 60 (sessenta) anos ou inválida.
>
> § 1º A existência de dependente de qualquer das classes deste artigo exclui do direito às prestações os das classes seguintes.
>
> § 2º Equiparam-se a filho, nas condições do inciso I, mediante declaração do segurado: o enteado; o menor que, por determinação judicial, esteja sob a sua guarda; e o menor que esteja sob sua tutela e não possua condições suficientes para o próprio sustento e educação.
>
> § 3º Considera-se companheira ou companheiro a pessoa que, sem ser casada, mantém união estável com o segurado ou com a segurada, de acordo com o § 3º do art. 226 da Constituição Federal.
>
> § 4º A dependência econômica das pessoas indicadas no inciso I é presumida e a das demais deve ser comprovada.

16.1. Dependentes

16.1.1. Relação jurídica entre dependente e a Previdência Social

Na esteira do disposto no art. 1º da Lei de Benefícios, a Previdência Social tem como fim assegurar aos seus beneficiários meios indispensáveis de manutenção, especificando, exemplificativamente, os eventos sociais cobertos pelo regime geral, entre os quais se infere a prisão ou morte daqueles de quem dependiam economicamente. Os beneficiários do Regime Geral da Previdência Social classificam-se como segurados e dependentes (art. 10).

A relação jurídica das pessoas arroladas como dependentes com a Previdência Social passa a existir somente a partir da concessão de alguma prestação previdenciária, sendo até então simples expectativa de direito, compartilhada também pelo segurado; não há relação de custeio com o dependente, apenas com o próprio segurado; até a ocorrência do evento determinante do benefício, quem está vinculado diretamente ao regime é o próprio segurado, a quem compete verter as contribuições necessárias ao financiamento e tem o direito às prestações logo sobrevindo o evento; a relação jurídica que enlaça o dependente é acessória do liame do segurado com a previdência, seguinte a sorte desta. Neste sentido, pode-se afirmar que o direito aos benefícios de pensão por morte e auxílio-reclusão depende da manutenção da condição de segurado do falecido no momento do óbito.

Pode-se dizer que, "segundo Wladimir Novaes Martinez, 'dependente é a pessoa economicamente subordinada a segurado. Com relação a ele é mais próprio falar em estar ou não inscrito ou situação de quem mantém a relação de dependência ao segurado, adquirindo-a ou perdendo-a, não sendo exatamente um filiado, pois este é o estado de quem exerce atividade remunerada, embora não passe de convenção semântica.'" (55)

Para um cotejo da legislação anterior com a atual, sempre importante para aferição de possível direito adquirido, basta acompanhar os comentários deste artigo com a transcrição completa do texto pertinente da CLPS revogada (Decreto n. 89.312/84).(56)

16.1.2. Dependente designado

A CLPS de 1984, Decreto n. 89.312, de 23 de janeiro de 1984, em seu art. 10, inciso II, conferia *status* de dependente à pessoa designada, homem menor de dezoito, maior de sessenta anos ou inválido, e mulher de qualquer idade, pouco importando se não inválida. Antes de ser modificada pela Lei n. 9.032/95, na redação primitiva da Lei de Benefícios existia o inciso IV, no qual constava a pessoa designada, menor de vinte e um ou maior de sessenta anos ou inválida. A aferição do direito à pensão por morte deve ser feita no momento do óbito. Assim, independentemente de designação já operada, não há direito ao benefício se no momento do falecimento a pessoa designada não mais mantinha relação de dependência econômica com o falecido ou, quando sim, a espécie de dependente designado perdeu este *status* pela superveniência de lei nova.(57)

16.1.3. Cônjuge, companheira/companheiro, filho não emancipado, menor de vinte e um anos, ou inválido

Os dependentes da primeira classe são: cônjuge, companheira ou companheiro, filho não emancipado menor de vinte e um anos ou inválido. Conquanto não compartilhando do mesmo texto legal, pertencem também a esta classe o enteado e o menor tutelado, tidos como equiparados a filho (§ 2º). A segunda classe comporta

---

(55) MARTINEZ, Wladimir Novaes. *Curso de direito previdenciário*. Tomo I — Noções de Direito Previdenciário. São Paulo: LTr, 1997. p. 201-208, apud CASTRO, Carlos Alberto Pereira de; LAZZARI, João Batista. *Manual de direito previdenciário*, p. 174.
(56) Art. 10, inciso I: "Consideram-se dependentes do segurado: I — a esposa, o marido inválido, a companheira mantida há mais de 5 (cinco) anos, o filho de qualquer condição menor de 18 (dezoito) anos ou inválido e a filha solteira de qualquer condição menor de 21 (vinte e um) anos ou inválida; II — a pessoa designada, que, se do sexo masculino, só pode ser menor de 18 (dezoito) anos ou maior de 60 (sessenta) anos, ou inválida; III — o pai inválido e a mãe; IV — o irmão de qualquer condição menor de 18 (dezoito) anos ou inválido e a irmã solteira de qualquer condição menor de 21 (vinte e um) anos ou inválida".
(57) "PREVIDENCIÁRIO. PENSÃO. DEPENDENTE DESIGNADO. SEXO FEMININO. PREENCHIMENTO DOS REQUISITOS LEGAIS. PEDIDO DEFERIDO. 1 — Considera-se dependente a pessoa designada que vive sob a dependência econômica do segurado, tendo direito, em consequência, à pensão por morte deste. 2 — As restrições de que tratava o art. 10, item II, do Decreto n. 89.312/84, se referiam à pessoa designada do sexo masculino, que só podia ser menor de 18 anos, maior de 60 anos, ou inválida. 3 — O termo inicial do benefício de pensão por morte é a data do óbito do segurado (art. 67, do Dec. n. 83.080/79). 4 — Os juros moratórios são contados a partir da citação. 5 — Apelação a que se dá parcial provimento." (TRF da 1ª Região, Apelação Cível n. 9001076840, de Minas Gerais, Relator Juiz Antonio Sávio, DJ 17.5.1999, p. 78). Com relação à ausência de dependência econômica: "PREVIDENCIÁRIO. PENSÃO POR MORTE. PESSOA DESIGNADA. DESIGNAÇÃO *POST MORTEM*. Sob o império da redação original do art. 16, IV, da Lei n. 8.213/91, combinado com seu art. 74, era possível a concessão de pensão por morte, à pessoa designada, desde que ficasse comprovada sua dependência econômica, em relação ao segurado falecido. No presente caso, restou comprovada a dependência econômica dos autores, em relação a seu falecido avô, que os criava, educava e mantinha. Em casos como este, a jurisprudência admite a designação *post mortem*. Logo, assiste aos autores, em conjunto, o direito à percepção da pensão em causa." (grifos no original) (TRF da 4ª Região, Apelação Cível n. 1999.04.01.050173-0, Relator Juiz Federal Sebastião Ogê Muniz, DJU de 2.7.00).

os pais do segurado e a terceira o irmão não emancipado, de qualquer condição, menor de vinte e um anos ou inválido.

Carlos Alberto Pereira de Castro e João Batista Lazzari entreveem que a solidariedade familiar, ínsita ao direito civil, a sustentar a dependência econômica, transcende a mera necessidade financeira reciprocamente considerada entre os cônjuges, asseverando o argumento na possibilidade de manutenção da dependência econômica ainda que os cônjuges obtenham rendimentos pelo exercício, cada qual, de atividade remunerada.[58]

A discriminação com relação à dependência econômica do marido na legislação revogada, restringindo à hipótese de invalidez, desapareceu com o advento da Constituição Federal de 1988, que igualou homens e mulheres em direitos e obrigações (art. 5º, inciso I). A controvérsia teve lugar, a partir da CF/88, a respeito da possibilidade de concessão de pensão por morte ao marido viúvo por óbito de esposa antes da Lei n. 8.213/91. Admitia-se, por vezes, o benefício, em obséquio à autoaplicabilidade do art. 201, inciso V, da Lei Maior.[59] Os julgados contrários baseavam-se na tese da necessidade de complementação legislativa.[60]

Cônjuges são pessoas unidas pelo matrimônio, presumindo a lei a dependência econômica recíproca do casal enquanto vigente o casamento.

Em face da separação de fato do falecido, a presunção *juris tantum* de veracidade da dependência econômica que milita em favor do casal deixa de existir, tendo o beneficiário que se desincumbir de tal fato. Uma prova relativa que milita em favor da dependência econômica do beneficiário separado de fato, judicialmente ou divorciado, contemplada na própria lei, é a titularidade de pensão de alimentos. Além disso, a norma positiva erige estes beneficiários à condição igualitária dos dependentes da classe I do art. 16, que são os preferenciais (§ 2º do art. 76 da LB). Porém, na ausência de recebimento de pensão de alimentos, o deslinde da controvérsia reclama maiores digressões em torno da seara jurisprudencial e doutrinária acerca do assunto. A questão ganha contornos interessantes quando o pretendente a dependente dispensou o recebimento da pensão no momento da separação ou divórcio.

É certo que a titularidade de percepção de alimentos goza de presunção, por lei, relativa de veracidade. Porém, embora a lei não prestigie qualquer outro elemento com a mesma força probante, ele não é o único no mundo dos fatos que possa merecer tratamento igualitário.

Assim é que, se fatores fáticos outros permitirem a conclusão de que, não obstante o não recebimento de alimentos, ainda assim existe, no caso concreto, a reclamada dependência econômica, a despeito da separação ou divórcio e mesmo em havendo renúncia de alimentos, o direito surge em toda sua plenitude para o pretendente (Súmula n. 379 do STF). Tanto é assim que a Súmula n. 64 do extinto Tribunal Federal de Recursos,[61] erigindo a necessidade de alimentos posterior ao evento que levou à bancarrota o casamento à condição de evento determinante do benefício, acabou levando a controvérsia a ter o seu deslinde. Avalizando este entendimento, o Superior Tribunal de Justiça já teve por diversas vezes oportunidade de dirimir a controvérsia concreta que chegava à sua presença.[62] Outros casos também não faltaram nos tribunais.[63]

---

(58) *Ibidem*, p. 174-175.
(59) "'(...) Deve ser concedido ao marido o benefício de pensão por morte da esposa, cujo óbito tenha ocorrido posteriormente à promulgação da Constituição Federal. Aplicação do inciso I e § 1º do art. 5º c/c art. 201, inciso V, ambos da CF-88.' [STF, RE 224.742-1, Sepúlveda Pertence, Decisão Monocrática em 24.6.02]" (Roberto Luis Luchi Demo, *Jurisprudência Previdenciária*, p. 124).
(60) "CONTITUCIONAL. PREVIDENCIÁRIO. PENSÃO. EXTENSÃO AO VIÚVO. PRINCÍPIO DA IGUALDADE. NECESSIDADE DE LEI ESPECÍFICA. CF, ART. 5º, I; ART. 195 E SEU § 5º; ART. 201, V" (*Ibidem*, mesma página).
(61) "A mulher que dispensou, no acordo de desquite, a prestação de alimentos, conserva, não obstante, o direito à pensão decorrente do óbito do marido, desde que comprovada a necessidade do benefício."
(62) "PREVIDENCIÁRIO. PENSÃO POR MORTE. CÔNJUGE SEPARADO JUDICIALMENTE SEM ALIMENTOS. PROVA DA NECESSIDADE. SÚMULAS NS. 64 — TFR E 379 — STF. O cônjuge separado judicialmente sem alimentos, uma vez comprovada a necessidade, faz jus à pensão por morte do ex-marido." (REsp. n. 195.919, de São Paulo, Relator Ministro Gilson Dipp, DJU n. 36-E, de 21.2.2000, p. 155).
(63) "PREVIDENCIÁRIO. PENSÃO POR MORTE. ESPOSA E COMPANHEIRA. CONCORRÊNCIA. APELAÇÃO DA AUTORA NÃO PROVIDA. 1. O art. 76, § 2º, da Lei n. 8.213/91 dispõe que o cônjuge divorciado, separado judicialmente ou de fato que recebe

Concluindo, temos que, havendo ou não recebimento de alimentos pelo cônjuge divorciado, separado judicialmente ou de fato, se houver prova idônea de que beneficiário está a provar o fel da escassez financeira, a suplicar pelo retorno da situação desfrutada antes da separação, força o reconhecimento da dependência econômica.

No que concerne aos companheiros, pelo que se vê do texto legal da CLPS, no ordenamento jurídico vigente antes da Carta Constitucional de 1988 apenas a companheira tinha o estado de titular de direito subjetivo à pensão por morte, reunidos os demais requisitos. O direito dos companheiros somente passou a existir a partir da atual Carta Magna, ainda com eficácia suspensa até a Lei n. 8.213/91. As mesmas ilações tiradas da necessidade ou não de regulamentação do dispositivo constitucional pelo qual tomou forma o princípio da igualdade entre os cônjuges tem lugar, *mutatis mutandis*, também com relação aos companheiros.

A Constituição Federal de 1988, em seu § 3º, do art. 226, expressamente reconheceu a necessidade de proteção estatal das famílias constituídas fora do casamento, erigindo como entidade familiar paralela ao casamento as uniões estáveis. A atual redação do § 3º do art. 16 da Lei n. 8.213/91, complementando o dispositivo constitucional no âmbito previdenciário, conferiu tal *status* ao relacionamento mantido entre segurado ou segurada com companheira ou companheiro, desde que estes não sejam casados, aludindo a uma forma de união estável que se reporte ao texto constitucional. Aquele dispositivo constitucional, contrariamente à normatização que lhe dá operacionalização, no entanto, apenas indica o reconhecimento de uniões estáveis entre heterossexuais, marginalizando qualquer inferência que se possa fazer quanto a estado civil. Do mesmo ideal infraconstitucional compartilha o Regulamento, no § 6º, do art. 16, ao aceitar como união estável o relacionamento constituído entre heterossexuais solteiros, separados judicialmente, divorciados ou viúvos, ou tenham filhos em comum, assim considerado enquanto não houver separação.

A celeuma reside em saber se relacionamentos extraconjugais, nos quais estão presentes os componentes de um verdadeiro núcleo familiar, com todos os seus pormenores psíquicos, materiais, sociais e morais, podem ter a chancela da sociedade e merecer tratamento isonômico aos vínculos familiares convencionais.

A nosso ver, respeitadas as opiniões ao redor dos convencionalismos sociais, o conceito avalizado pela sociedade de companheiro ou companheira está além do desenho de união estável idealizado pelo Estado-legislador. A constitucionalidade dos relacionamentos observados no mundo fático, em consonância com o atual padrão moral observado da realidade empírica, é a consideração de união estável entre segurado/segurada com seu companheiro/companheira ainda que mantido o relacionamento matrimonial. A não ser assim, o casamento do segurado se constituiria óbice aos direitos previdenciários indispensáveis à sobrevivência da companheira após o falecimento daquele, ficando a pensão, em sua integralidade, apenas aos dependentes da relação matrimonial, como esposa e filhos. Tanto que a Súmula n. 159 do extinto Tribunal Federal de Recursos já tinha preconcebido a divisão do direito à pensão entre esposa e companheira, atendidos os requisitos legais de cada qual, estando assim vazada: "É legítima a divisão da pensão previdenciária entre a esposa e a companheira, atendidos os requisitos exigidos". Nesta temática, então, concluímos prevalecer o entendimento de que, a despeito da legislação infraconstitucional ter conferido estado de união estável apenas aos relacionamentos entre pessoas não casadas, parece mais consentâneo com o atual estágio social a consideração de união estável às convivências entre homem e mulher mesmo que um deles seja casado, independentemente do tempo de relacionamento e da existência de filhos em comum. Trata-se de analisar, em cada caso, a existência de uma autêntica união estável ou, quando me-

---

pensão de alimentos concorrerá em igualdade de condições com os dependentes referidos no inciso I do art. 16 dessa lei. *A contrario sensu*, entende-se que o cônjuge nessas condições que não receba pensão alimentícia não concorre com os outros dependentes para fins de pensão por morte. 2. Considerando a realidade social do país, tal situação poderia ser contornada se a apelante comprovasse que, não obstante separada de fato e sem pensão alimentícia fixada em juízo, dependia economicamente de seu marido para sobreviver. Isso, porém, não foi demonstrado. 3. Apelação da autora não provida." (Apelação Cível n. 375598, de São Paulo, Relator Juiz Nino Toldo, DJU de 18.11.2002).

nos, a presença de um concubinato impuro, para o qual a jurisprudência tem dado ampliação gradativa no sentido de estender a proteção previdenciária em relação ao benefício de pensão por morte.[64] A Primeira Turma do Colendo Supremo Tribunal Federal não dá direito de pensão previdenciária à concubina (RE 590779). O Superior Tribunal de Justiça também tem o mesmo entendimento a respeito do tema.[65]

A falta de tecnicismo legislativo, o despreparo ou mesmo a apressada redação da legislação, em temas que merecem atenção especial e mais equilibrada, como sói ser situações que envolvam estados familiares, não pode servir de empecilho ao juiz na análise dos casos submetidos à sua laboriosa apreciação. Se fosse assim, a limitação do Regulamento aos estados civis de solteiros, separados judicialmente, viúvos ou divorciados aos conviventes traria uma verdadeira injustiça àqueles que ainda não se desvencilharam oficialmente dos laços formais de vínculos antigos e estão, no presente, separados

---

(64) PREVIDENCIÁRIO. CONSTITUCIONAL. PENSÃO POR MORTE. RATEIO. ESPOSA E CONCUBINA. POSSIBILIDADE. HIPÓTESE CONFIGURADA. ANTECIPAÇÃO DE TUTELA. MANUTENÇÃO. 1. A concepção acerca da família, é consabido, sofreu significantes variações ao longo dos tempos, tendo sido moldada conforme os anseios de cada época. Neste processo evolutivo, algumas de suas características foram preservadas, outras, por não se adequarem mais à realidade social, restaram superadas. Tal processo de adaptação resultou no que hoje se entende por família. 2. Etapa importante do referido processo evolutivo ao qual a família vem se submetendo encontrou eco e reprodução no mundo jurídico, impondo sua representação na Constituição Federal de 1988, cujas inovações conferiram status de família à união estável e aos núcleos monoparentais, pondo-se, desta forma, fim ao conceito 'matrimonializado' de família (art. 226 e §§ da CF/88). Neste diapasão, a afetividade, consubstanciada com a estabilidade (relacionamentos duradouros, o que exclui os envolvimentos ocasionais) e a ostentabilidade (apresentação pública como unidade familiar) passa a servir de lastro para a conceituação da família contemporânea. 3. Na atualidade, a família tem sido alvo de profundas reflexões, as quais vêm resultando em modificações no modo de pensá-la e defini-la. Não se trata de questionar a instituição familiar em si, mas sim a forma que adquiriu como resultado do processo histórico que desembocou nos padrões sociais atuais. 4. Com a imposição legal da igualdade entre homens e mulheres, bem como em virtude da necessidade de proteção à dignidade da pessoa humana, constatou-se a relevância de se adequar o conceito do modelo familiar, já não mais nos moldes tradicionais. A reformulação jurídica do conceito de família, desta forma, é mero reflexo das inovações ocorridas no cenário social. 5. O momento atual, no que concerne ao modelo familiar, é de transição. Busca-se consolidar um novo formato a ser conferido à família, tendo o ordenamento jurídico pátrio passado a sofrer alterações significativas, a fim de se adequar aos novos anseios da sociedade. Neste sentido, a CF/88 representou um marco evolutivo nesse processo de adaptação, ampliando o conceito de família e passando a servir de norte para todas as normas infraconstitucionais. 6. A admissão de outros modelos familiares que não o lastreado no casamento é resultado da alteração da base ideológica de sustentação da família. Procura-se hoje considerar a presença do vínculo afetivo e protetivo como fator determinante para a enumeração dos núcleos familiares. Admitida a afetividade como elemento essencial dos vínculos familiares, aqui vista também como a intenção de proteção mútua, resta saber até que ponto os relacionamentos humanos nos quais tal sentimento esteja presente podem vir a ser rotulados de família, sendo, consequentemente, abarcados pelas normas jurídicas que tutelam os indivíduos que a constituem. 7. Entende-se por concubinato puro a modalidade de envolvimento afetivo, entre homem e mulher, que obedeça os ditames sociais. Trata-se de verdadeiro casamento não oficializado, uma vez que atende a todas as condições impostas à sua celebração e os envolvidos se comportam como se casados fossem, lhes faltando apenas o reconhecimento estatal. Já o concubinato impuro, por sua vez, refere-se a todo e qualquer envolvimento afetivo que se estabeleça em afronta às condições impostas ao casamento, condições estas materializadas nos impedimentos matrimoniais. 8. A princípio, dentro do quadro evolutivo jurídico, marcado pela valorização do afeto e superação de formalismos, parece ter sido preservada a vigência do princípio jurídico da monogamia. Isto porque não se pode olvidar que o modelo monogâmico ainda é o que melhor atende às aspirações da sociedade contemporânea, garantindo a estabilidade necessária à educação da prole e ao desenvolvimento do homem na qualidade de agente econômico, político e social. 9. Nessa linha de raciocínio, o reconhecimento de direitos previdenciários decorrentes de concubinato impuro depende de uma série de requisitos que demonstrem cabalmente a existência de dois relacionamentos (casamento e concubinato) que em praticamente tudo se assemelhem, faltando ao segundo tão somente o reconhecimento formal. Deve ser levado o efetivo 'ânimo' de constituição de uma unidade familiar para fins de proteção mútua e estatal, com suas respectivas variáveis, tais como eventual dependência econômica, tempo de duração da união, existência de filhos, etc. Do contrário, deve prevalecer o interesse da família legalmente constituída. 10. Na hipótese dos autos, correta a sentença que determinou o rateio da pensão entre esposa e concubina, eis que restou demonstrado pela autora que seu relacionamento duradouro com o de cujus se revestia dos requisitos necessários para a caracterização da união estável constitucionalmente protegida. 11. Atendidos os pressupostos do art. 273 do CPC — a verossimilhança do direito alegado e o fundado receio de dano irreparável -, é de ser mantida a antecipação da tutela deferida na sentença." (Apelação Cível n. 0000316-54.2011.404.9999, do Rio Grande do Sul, Relator João Batista Pinto Silveira, Sexta Turma, DJ de 1º.2.2012, <www.trf4.jus.br>).

(65) "AGRAVO REGIMENTAL. PREVIDENCIÁRIO. PENSÃO POR MORTE. UNIÃO ESTÁVEL. RELAÇÃO SIMULTÂNEA AO CASAMENTO. CARACTERIZAÇÃO. IMPOSSIBILIDADE. 1. Não há como abrigar agravo regimental que não logra desconstituir os fundamentos da decisão atacada. 2. Segundo o entendimento firmado nesta Corte, a proteção conferida pelo Estado à união estável não alcança as situações ilegítimas, a exemplo do concubinato. 3. Agravo regimental a que se nega provimento." (Agravo Regimental no Recurso Especial n. 1142584, de Santa Catarina, Relator Ministro Aroldo Rodrigues, Sexta Turma, DJ de 5.4.2010, <www.stj.jus.br>).

apenas de fato. Na tarefa cometida ao magistrado, em mesmo nível dispensado ao casamento, pode valer-se de todo material probatório possível para perquirição da qualidade do vínculo, não incidindo as restrições legais em tributo à tarifação da prova material para a comprovação do tempo de serviço (§ 3º, do art. 55), ficando as exemplificações de prova material trazidas no Decreto n. 3.048/99 restritas à administração.

A dependência econômica, por expressa disposição normativa (§ 4º, do art. 16), é presumida, como, aliás, acontece no âmbito matrimonial.

A cessação da união estável, na forma sugerida nesta obra, dar-se-á nos mesmos moldes previstos para o casamento, ressalvando, é claro, as solenidades inerentes desta espécie de estado. As mesmas particularidades à cessação do casamento quanto à inversão do ônus da prova da dependência econômica se aplicam, *mutatis mutandis*, à união estável. Assim, terminará com o rompimento do relacionamento, materializando-se com a separação de fato entre ambos, ficando resguardado os direitos previdenciários, senão havia percepção de pensão alimentícia, quando menos existia este direito não exercitado, a depender de prova produzida pelo ex-convivente.

Como não poderia deixar de ser, os filhos também integram o rol dos dependentes preferenciais, quando não emancipados, menores de vinte e um anos ou inválidos, independente da condição. O ordenamento legal anterior discriminava homens e mulheres, filhos do segurado, ao estabelecer limite etário máximo diferenciado entre ambos, 18 e 21 anos, respectivamente, odioso preconceito que a Constituição Federal acabou abolindo através do art. 227, § 6º.

A emancipação é instituto de direito civil que confere ao menor, sob autorização dos pais e mediante ato jurídico por instrumento público, na forma do inciso I, parágrafo único, do art. 5º, do novo Código Civil (Lei n. 10.406, de 10 de janeiro de 2002), a prática de atos jurídicos relativos à gestão de seu patrimônio material e moral sem a intervenção supressiva ou assistencialista de seus representantes. Existindo tal ato de manifestação de vontade, ficam impedidos os direitos previdenciários, relativamente na condição de dependentes, aos filhos menores emancipados, restando derruída a presunção relativa da incapacidade para a prática dos atos da vida civil.

A alusão da Lei n. 8.213/91 quanto a qualquer condição, em referência aos filhos, é sinônimo do que a Constituição Federal proclamou em seu art. 227, § 6º, ao conferir direito subjetivo a tratamento igualitário entre filhos havidos ou não da relação matrimonial e por adoção, fazendo fenecer qualquer designação discriminatória concerne à filiação extraconjugal. Por extensão, desapareceu, por outro viés, a desigualdade jurídica também com relação aos pais e irmãos de filhos antigamente preconcebidos, odiosamente, como ilegítimos ou bastardos.

Como sempre se disse em momentos de reflexão acerca dos direitos aos dependentes, é preciso que os requisitos estejam cumpridos no momento do falecimento do segurado instituidor do benefício pretendido. A respeito disso, faz-se salutar a qualidade de segurado e a condição de dependente comprovada no ato do requerimento administrativo, que se reportará ao momento do passamento. Os filhos menores de vinte e um anos perceberão o benefício até atingirem aquela idade e os inválidos até cessar a invalidez. O Decreto n. 3.048/99 contraria esta regra ao dispor, art. 115, que não cessará o direito do dependente atingido pela invalidez antes da maioridade.

16.1.4. Companheiros homossexuais

De modo ainda mais particular, com relação à união estável composta por pessoas de mesmo sexo, a decisão judicial proferida na Ação Civil Pública de n. 2000.71.00.009347-0, com eficácia nacional, o INSS foi compelido a normatizar os procedimentos afetos aos benefícios para companheiros homossexuais, estando atualmente em vigor a Instrução Normativa INSS/DC n. 118, de 14 de abril de 2005, que, por seu art. 30, conferiu a qualidade de dependente mediante a comprovação da vida em comum e a dependência econômica, a fim de obtenção dos benefícios de pensão por morte e auxílio-reclusão em concorrência com os dependentes da classe I, ou seja, os preferenciais, ressalvando os benefícios aos óbitos ocorridos a partir da Lei n. 8.213/91 (5.4.1991). A única ressalva que poderíamos fazer aqui é com relação à prova da dependência econômica, sendo certo que tal exigência não se coaduna com o art. 16, § 4º, regra geral determinante da presunção de dependência econômica a incidir sobre os relacionamentos ainda mantidos por ocasião do evento deflagrador do benefício.

Para ilustrar o que vem sendo admitido nos pretórios, traz-se à colação aresto do TRF2, Apelação Cível n. 2002.51.01.000777-0, do Rio de Janeiro, Relatora Juiza Tânia Heine, DJU 21.07.2003, assim ementado:

"PREVIDENCIÁRIO — PENSÃO — COMPANHEIRO HOMOSSEXUAL. I — O autor comprovou uma vida em comum com o falecido segurado, mantendo conta bancária conjunta, além da aquisição de bens, tais como veículo e imóveis em seus nomes, por mais de vinte anos. II — Os ordenamentos jurídicos apresentam lacunas, que se tornam mais evidentes nos dias atuais, em virtude do descompasso entre a atividade legislativa e o célere processo de transformação por que passa a sociedade. III — compete ao juiz o preenchimento das lacunas da lei, para adequá-la à realidade social, descabendo, na concessão da pensão por morte de companheiro ou companheira homossexual qualquer discriminação em virtude da opção sexual do indivíduo, sob pena de violação dos arts. 3º, IV e 5º, I, da Constituição Federal. IV — Tutela antecipada concedida. V — O art. 226, § 3º, da Constituição Federal não regula pensão previdenciária, inserindo-se no capítulo da Família.

VI — Apelação e remessa necessária improvidas".

O mesmo regional também decidiu, *mutatis mutandis*: "PREVIDENCIÁRIO — PENSÃO POR MORTE — UNIÃO ENTRE HOMOSSEXUAIS — INSTRUÇÃO NORMATIVA N. 25 do INSS. 1 — É de se reconhecer a união entre duas pessoas do mesmo sexo, que conviveram por tempo razoável num mesmo domicílio, dividindo as despesas domésticas, com vistas a conceder o benefício previdenciário de pensão por morte, nos termos da IN 25, de 7.6.2000 do INSS. 2 — Remessa Necessária e Apelação improvidas".[66]

16.1.5. Equiparado a filho: enteado e menor sob guarda ou tutela judicial

A Lei n. 9.528/97 mudou a figuração do equiparado a filho, que tinha a seguinte forma: "Equiparam-se a filho, nas condições do inciso I, mediante declaração do segurado: o enteado, o menor que, por decisão judicial, esteja sob a sua guarda; e o menor que esteja sob sua tutela e não possua condições suficientes para o próprio sustento e educação". A partir do diploma revogador do preceito primitivo, o § 2º do art. 16 passou a ter o seguinte texto: "O enteado e o menor tutelado equiparam-se a filho mediante declaração do segurado e desde que comprovada a dependência econômica na forma estabelecida no Regulamento".

A relação de parentesco formada entre o enteado e seu padrasto ou madrasta deriva da relação triangular delineada entre ele, seu pai ou mãe, e a pessoa com quem estes mantenham união conjugal; são os filhos advindos de casamento anterior.

A par dos filhos gerados no seio da família natural, a tutela, a guarda e a adoção são as três formas possíveis de colocação de criança e adolescente em família substituta, sob o severo crivo da lei, quando presentes as hipóteses previstas. Há, na família substituta, além do natural dever de guarda, prestação de assistencial material, moral e educacional, na forma do que dispõe o art. 33 do Estatuto da Criança e do Adolescente, conferindo o *status* de dependente, inclusive para fins previdenciários (§ 3º).

Referido dispositivo está assim redigido:

"Art. 33. A guarda obriga a prestação de assistência material, moral e educacional à criança ou adolescente, conferindo a seu detentor o direito de opor"se a terceiros, inclusive aos pais.

(...)

§ 3º A guarda confere à criança ou adolescente a condição de dependente, para todos os fins e efeitos de direito, inclusive previdenciários".

Deve ser considerada inconstitucional a exclusão do menor sob guarda operada pela Lei n. 9.528/97, existente no regime anterior, por malferimento do art. 227, *caput*, e inciso II do § 3º do mesmo dispositivo. A dependência econômica, condição exigida a partir da modificação legislativa, em relação ao menor tutelado e sob guarda judicial, parece-nos também insustentável em face dos atributos preconizados pelo Estatuto da Criança e do Adolescente à família que faz às vezes da união natural, em qualquer de suas formas tripartidamente apresentadas. Se a lei submete ao severo crivo do Judiciário a colocação da criança e do adolescente em família substituta, é de toda valia o argumento de que os responsáveis pela manutenção material, moral e educacional, bem como pela gestão da família de si mesmo considerada, estão prontos para

---

(66) Apelação Cível n. 275728, do Rio de Janeiro, Relator Juiz Abel Gomes, DJU de 2.12.2003, p. 124.

cumprir os desígnios do comando legal, sendo presumida a relação de dependência econômica.

Neste sentido é da jurisprudência:

'PREVIDENCIÁRIO. PENSÃO POR MORTE DA AVÓ. MENOR SOB GUARDA. PRINCÍPIOS PROTETIVOS. APLICAÇÃO. 1. Hipótese em que, na data do óbito (26.11.98), de acordo com o art. 16, § 2º, da Lei n. 8.213/91, com a redação dada pela Lei n. 9.528/97, o menor sob guarda não mais se enquadrava como dependente para fins previdenciários. 2. Em face dos princípios constitucionais protetivos dos interesses do menor, a omissão constante na nova redação do art. 16, § 2º, da Lei n. 8.213/91, relativamente ao menor sob guarda judicial, é suprida pelo § 3º do art. 33 do Estatuto da Criança e do Adolescente " Lei n. 8.069/90, que assegura à criança ou adolescente sob guarda todos os direitos, inclusive previdenciários. 3. O termo de guarda judicial serve para comprovar dependência econômica. 4. Custas devidas pela metade (Súmula n. 2 do TARS)". (REO 2001.04.01.0591799, do Rio Grande do Sul, Relator De. Federal A. A. Ramos de Oliveira, DJU de 28.8.2002, p. 805).

Sucede, porém, que no Superior Tribunal de Justiça não há consenso quanto à matéria, existente duas vertentes de correntes diametralmente opostas, uma preconizando a prevalência do Estatuto da Criança e do Adolescente sobre a exclusão normativa operada na Lei de Benefícios e outra dando preferência ao princípio *tempus regit actum*.

As duas exegeses podem ser identificadas através dos seguintes arestos:

"PREVIDENCIÁRIO. PENSÃO POR MORTE. MENOR SOB GUARDA. APLICAÇÃO DA LEI VIGENTE À ÉPOCA DO FATO GERADOR DO BENEFÍCIO. DEPENDÊNCIA APÓS A LEI N. 9.528/97. IMPOSSIBILIDADE. ESTATUTO DA CRIANÇA E DO ADOLESCENTE. INAPLICABILIDADE. 1. Resta incontroverso nesta Corte o entendimento de que a lei a ser aplicada, para fins de percepção de pensão por morte, é aquela em vigor quando do evento morte do segurado, que constitui o fato gerador do benefício previdenciário, inexistindo direito adquirido de menor sob guarda na vigência da lei anterior. 2. Tratando"se de benefícios oriundos do Regime Geral da Previdência Social, a lei previdenciária prevalece sobre o Estatuto da Criança e do Adolescente. 3. Precedentes. 4 . Recurso provido". (REsp 323893, de Santa Catarina, Relator Ministro PAULO GALLOTTI, Sexta Turma, DJU de 27.3.2006, p. 347).

"PREVIDENCIÁRIO. RECURSO ESPECIAL. PENSÃO POR MORTE. MENOR SOB GUARDA. DEPENDENTE DO SEGURADO. EQUIPARAÇÃO A FILHO. LEGISLAÇÃO DE PROTEÇÃO AO MENOR E ADOLESCENTE. OBSERVÂNCIA. 1. A Lei n. 9.528/97, dando nova redação ao art. 16 da Lei de Benefícios da Previdência Social, suprimiu o menor sob guarda do rol de dependentes do segurado. 2. Ocorre que a questão referente ao menor sob guarda deve ser analisada segundo as regras da legislação de proteção ao menor: a Constituição Federal " dever do poder público e da sociedade na proteção da criança e do adolescente (art. 227, *caput*, e § 3º inciso II) e o Estatuto da Criança e do Adolescente "é conferido ao menor sob guarda a condição de dependente para todos os efeitos inclusive previdenciários (art. 33, § 3º, Lei n. 8.069/90). 3. Recurso especial desprovido". (REsp 762329, do Rio Grande do Sul, Quinta Turma, Relatora Ministra LAURITA VAZ, DJU de 1º.2.2006, p. 603).

Entretanto, deve-se rejeitar o pedido quando fundamentado em pressupostos fáticos subversivos do instituto protetivo, ou seja, na hipótese de constatar que a guarda judicial foi obtida para efeitos exclusivamente previdenciários, elidindo factivelmente a reclamada condição de dependência econômica entre as partes.

Vale reproduzir aresto assim ementado:

"PREVIDENCIÁRIO. PENSÃO POR MORTE. DESVIRTUAÇÃO DO INSTITUTO DA GUARDA COM O FIM ÚNICO DE ASSEGURAR BENEFÍCIO PREVIDENCIÁRIO AO MENOR. A nova redação dada pela Lei n. 9.528/97 ao § 2º do art. 16 da Lei n. 8.213/91 não tem o condão de derrogar o art. 33 da Lei n. 8.069/90 (ECA), sob pena de ferir a ampla garantia de proteção ao menor disposta no art. 227 do texto constitucional, que não faz distinção entre o tutelado e o menor sob guarda. Permanece, pois, como dependente o menor sob guarda judicial, inclusive para fins previdenciários. Entretanto, sendo demonstrado que a guarda, que não chegou a ser formalizada em favor do *de cujus* em vida, tinha por finalidade única a concessão de benefício previdenciário, é de se indeferir a pensão por morte pleiteada". (Apelação Cível n. 2003.04.01.035907-3, de Santa Catarina, Relator Juiz Ricardo Teixeira do Valle Pereira, DJU de 7.12.2005, p 1.062).

O pressuposto fático do pensionamento aqui questionado é a dependência econômica do menor sob guarda, imprescindindo dos seus pressupostos fáticos inerentes a tal instituto, tais como prestação de assistência moral, educacional e material, pouco importando se não formalizada a relação jurídica pelo crivo judicial.[67]

---

(67) "PREVIDENCIÁRIO. PENSÃO POR MORTE. MENOR SOB GUARDA DE FATO DO AVÔ. DIREITO À PENSÃO. 1. A nova redação dada pela Lei. n. 9.528/97 ao § 2º do art. 16 da Lei n. 8.213/91 não teve o efeito de excluir o menor sob guarda do rol de dependentes previdenciários, pois a guarda, nos termos do artigo 33 do ECA, ainda vigente, confere à criança e ao adolescente a condição de dependente para todos os fins e efeitos de direito, inclusive previdenciários 2. É possível o reconhecimento do direito à pensão, ainda que não formalizada a guarda judicial, se comprovado que de fato o menor estava sob a guarda do avô no período que antecedeu ao óbito. 2. Na vigência do art. 74 da Lei n. 8.213/91, em sua redação original, a pensão é devida desde a data do óbito". (Apelação Cível n. 2000.04.01.1121.63-4, do Rio Grande do Sul, Relator Juiz Ricardo Teixeira do Valle Pereira (convocado), DJU de 6.8.2003, p. 214).

Por outro lado, se fosse de considerar constitucionais as modificações introduzidas em comento, devem ser respeitadas as situações jurídicas faticamente consolidadas ao tempo da legislação revogada. Dessa forma, para os óbitos ocorridos anteriormente à modificação que expungiu do ordenamento o menor sob guarda, bem como com relação à presunção de dependência econômica em obséquio ao instituto, conserva-se o direito subjetivo ao *status* legal de dependente, contrariamente ao que ocorre com o falecimento posterior, já que não há direito adquirido a regime jurídico.

16.1.6. Pais

Esgotando-se nos pais o parentesco ascendente para a relação previdenciária, talvez a mais árdua missão do julgador, ao adentrar no mais íntimo da economia doméstica aqui versada, em um caso concreto, é a perquirição de possível dependência material de pais com relação aos filhos.

Em geral, a dependência econômica, por força de interpretação por exclusão sugerida pelo § 4º do art. 16, há de ser cabalmente demonstrada em processo de justificação administrativa ou judicial, alternativamente posta em seu favor, em tributo ao princípio da livre produção e apreciação probatória, todos os meios lícitos disponíveis em direito, como testemunhal e material. Como se disse, não há, neste particular, a tarifação dos meios probatórios para atividade laborativa. Ainda em linha de princípio, deve se observado o conteúdo normativo preconizado pela Súmula n. 229 do TFR, a qual dispõe: "a mãe do segurado tem direito à pensão previdenciária, em caso de morte do filho se provada a dependência econômica, mesmo não exclusiva". Em vista destes comandos é que o magistrado julgará existente ou não a dependência econômica, sendo certo que figuram como elementos indispensáveis o estado civil do filho e a qualidade dos recursos materiais aportados. Se o filho for solteiro, estão abertas as portas para análise de outros elementos concludentes; caso contrário, o laço financeiro restará ainda mais remoto. Por outro lado, a qualidade da ajuda é que servirá para o deslinde. Assim, pequenos e eventuais repasses financeiros a pais desprovidos de rendimentos, ainda que em concurso à relação matrimonial do filho, servem para configurar o requisito aludido. Não há dúvidas se os pais são agricultores e têm a lavoura como único recurso disponível para a alimentação, argumento reforçado se os pais são idosos e não tem direito à aposentadoria etária rural ou urbana, bem como amparo assistencial. No universo casuístico, a jurisprudência não vacila quando se trata de filho solteiro, compartilhando de mesma residência dos pais, sem filhos e que não mantenha união estável.[68] Também descabe falar-se em pensionamento quando os pais já são aposentados e residem com outros dois filhos que exercem atividade remunerada. Julgado do TRF4 dirimiu lide posta em Apelação Cível n. 2001.04.01.038188-4, de Santa Catarina, Relator Des. Federal Guilherme Pinho Machado, DJU de 4.12.2002, p. 614, cuja ementa restou na seguinte grafia: "PREVIDENCIÁRIO. PENSÃO POR MORTE. DEPENDÊNCIA DOS PAIS. AUSÊNCIA. Não podem ser considerados dependentes para fins de obtenção de pensão por morte, os pais que vivem em casa própria, recebem aposentadoria, e ainda convivem com outros filhos que trabalham".

16.1.7. Irmão não emancipado, menor de vinte e um anos ou inválido

A exemplo do que ocorre com os dependentes da classe II, o irmão também precisa provar a sua dependência econômica com relação ao segurado. O mesmo que foi dito em parágrafos anteriores, com relação à alusão da Lei n. 8.213/91 quanto a qualquer condição, em referência aos filhos, pode ser aqui aplicada, sendo sinônimo do ideal constitucional, proclamado em seu art. 227, § 6º, de conferir direito subjetivo a tratamento igualitário entre filhos havidos ou não da relação matrimonial e por adoção, condenando qualquer designação discriminatória concer-

---

(68) Do Tribunal Regional Federal da 4ª Região vale a pena citar o seguinte precedente, Apelação Cível n. 96.04.33071-3, Relatora Juíza Virgínia Scheibe, DJU 12.9.98, assim ementado: "PREVIDENCIÁRIO. PENSÃO POR MORTE. MÃE DE SEGURADO. DEPENDÊNCIA ECONÔMICA NÃO EXCLUSIVA. Tem direito à pensão previdenciária a mãe do segurado morto, na medida em que a prova testemunhal atesta que o seu filho suportava parte das despesas domésticas ordinárias, o que é suficiente para fins previdenciários, em que não se exige dependência econômica exclusiva. Dependência econômica que se presume, quando se tratar de família humilde, e o filho, mesmo maior de idade, resida com os pais, seja solteiro e não possua companheira ou filho".

ne à filiação extraconjugal. Por extensão disso, desapareceu, por outro viés, a desigualdade jurídica também com relação aos pais e irmãos de filhos antigamente preconcebidos, odiosamente, como ilegítimos ou bastardos.

O pleito relativo à concessão de benefício previdenciário para irmão de segurado é hipótese raríssima de ocorrência prática.

16.1.8. Direito de preferência entre as classes

A forma da distribuição dos dependentes no art. 16 indica a existência de preferência entre as classes previstas em cada inciso. Hierarquicamente, as classes precedentes preferem às demais, não havendo direito de preferência entre os diferentes dependentes de cada classe. Assim, entre cônjuge e pai, acaso existente vínculo de dependência de ambos com o segurado, aquele tem preferência sobre este na obtenção do benefício. Já entre cônjuge, companheira e filho, todos dependentes da classe do inciso I, não há direito de preferência, repartindo-se o benefício proporcionalmente ao número de dependentes titulares do direito. O dependente preterido em seu direito à observância da hierarquia das classes, tem o direito subjetivo para fazer valer administrativamente ou em juízo o recebimento da pensão, excluindo-se o dependente anterior, nos moldes explicados quando dos comentários ao art. 76. Os artigos desta lei alusivos ao benefício de pensão por morte, em especial quanto à reversão e distribuição de cotas-parte, têm fundamentos nas regras estabelecidas para hierarquia do direito aos benefícios aos dependentes, estatuído no § 1º do art. 16. O estabelecimento de níveis desiguais para cada qual dos dependentes importa também, em semelhantes proporções, para análise dos valores probatórios necessários para a demonstração da condição. Consoante esta premissa, a dependência econômica dos dependentes preferenciais, dados os vínculos afetivos, psicológicos, morais e materiais naturalmente mais fortes que os enlaçam, prescindem da comprovação exigida para os demais, sendo esta, no entanto, relativa. Esta presunção em menor grau é afastada por prova mais convincente produzida em sentido contrário pela autarquia previdenciária. Para nós, ela é relativa porque o aspirante ao benefício, não obstante afirmar que ostente esta qualidade, começa a sucumbir diante da comprovação, por exemplo, do exercício de atividade que proporcione um rendimento de maior porte do que aquele recebido pelo segurado. Ainda que, pelo princípio da solidariedade familiar ínsita às relações parentais, não nos parece plausível a percepção de um benefício previdenciário pelo dependente à míngua do requisito da indispensabilidade, finalística própria da Previdência Social.

Art. 17. O Regulamento disciplinará a forma de inscrição do segurado e dos dependentes.

§ 1º Incumbe ao dependente promover a sua inscrição quando do requerimento do benefício a que estiver habilitado. (*Redação dada pela Lei n. 10.403, de 8.1.2002*)

§ 2º O cancelamento da inscrição do cônjuge se processa em face de separação judicial ou divórcio sem direito a alimentos, certidão de anulação de casamento, certidão de óbito ou sentença judicial, transitada em julgado.

§3º (*Revogado pela Lei n. 11.718 de 20 de junho de 2008*)

§ 4º A inscrição do segurado especial será feita de forma a vinculá-lo ao seu respectivo grupo familiar e conterá, além das informações pessoais, a identificação da propriedade em que desenvolve a atividade e a que título, se nela reside ou o Município onde reside e, quando for o caso, a identificação e inscrição da pessoa responsável pela unidade familiar. (*Incluído pela Lei n. 11.718, de 20 de junho de 2008*)

§ 5º O segurado especial integrante de grupo familiar que não seja proprietário ou dono do imóvel rural em que desenvolve sua atividade deverá informar, no ato da inscrição, conforme o caso, o nome do parceiro ou meeiro outorgante, arrendador, comodante ou assemelhado. (*Incluído pela Lei n. 11.718, de 20 de junho de 2008*)

§ 6º Simultaneamente com a inscrição do segurado especial, será atribuído ao grupo familiar número de Cadastro Específico do INSS — CEI, para fins de recolhimento das contribuições previdenciárias. (*Incluído pela Lei n. 11.718, de 20 de junho de 2008*)

Redações anteriores

Redação anterior à Lei n. 11.718, de 20 de junho de 2008

O Regulamento disciplinará a forma de inscrição do segurado e dos dependentes.

§ 1º Incumbe ao dependente promover a sua inscrição quando do requerimento do benefício a que estiver habilitado. (*Redação dada pela Lei n. 10.403, de 8.1.2002*)

§ 2º O cancelamento da inscrição do cônjuge se processa em face de separação judicial ou divórcio sem direito a alimentos, certidão de anulação de casamento, certidão de óbito ou sentença judicial, transitada em julgado.

§ 3º A Previdência Social poderá emitir identificação específica, para os segurados referidos nos incisos III, IV, V, VI e VII do Art. 11 e no Art. 13 desta Lei, para produzir efeitos exclusivamente perante ela, inclusive com a finalidade de provar a filiação.

Redação original

O Regulamento disciplinará a forma de inscrição do segurado e dos dependentes.

§ 1º Incumbe ao segurado a inscrição de seus dependentes, que poderão promovê-la se ele falecer sem tê-la efetivado.

§ 2º O cancelamento da inscrição do cônjuge se processa em face de separação judicial ou divórcio sem direito a alimentos, certidão de anulação de casamento, certidão de óbito ou sentença judicial transitada em julgado.

§ 3º A Previdência Social poderá emitir identificação específica, para os segurados referidos nos incisos III, IV, V, VI e VII do art. 11 e no art. 13 desta Lei, para produzir efeitos exclusivamente perante ela, inclusive com a finalidade de provar a filiação.

17.1. Filiação e inscrição previdenciária

Volta-se a lembrar que, concretamente, o sujeito adquire a qualidade de segurado filiando-se pelo exercício de atividade remunerada obrigatoriamente protegida pelo regime ou mediante a inscrição e pagamento de contribuições, de forma voluntária, que, na melhor das hipóteses, engendram a manutenção do vínculo sem solução de continuidade. A qualidade de segurado é adquirida, de uma forma geral, enquanto perdurar o exercício de atividade remunerada ou o pagamento das contribuições, dependendo se o segurado é obrigatório ou facultativo. Esta, aliás, a dicção do parágrafo único do art. 20 do Decreto n. 3.048/99, pelo qual "A filiação à Previdência Social decorre automaticamente do exercício de atividade remunerada para os segurados obrigatórios e da inscrição formalizada com o pagamento da primeira contribuição para o segurado facultativo", preceito que obedece ao comando geral inserto no *caput*, assim redigido: ...o vínculo que se estabelece entre pessoas que contribuem para a previdência social e esta, do qual decorrem direitos e obrigações".

A filiação é ato automático para os segurados obrigatórios, apenas se reportando ao mundo fático, e voluntário para o facultativo, enquanto que inscrição é a formalização comprovada, perante a previdência, da filiação; é a comprovação, para efeito de cadastramento junto ao órgão previdenciário, de uma relação jurídica já existente entre o segurado e a Previdência Social, servindo também para a comprovação da qualidade de dependente; não serve apenas em benefício do segurado, valendo, também, como elemento útil à fiscalização previdenciária à cata de débitos contributivos.

O meio mais comum e eficaz para prova do contrato de trabalho do empregado é a Carteira de Trabalho e Previdência Social. Apesar de não esgotar o ajuste firmado entre as partes, tal documento facilita em muito a comprovação das cláusulas contratuais nela constantes, além de poder ser usada como documento de mão para prova da filiação. O mesmo efeito pode ser obtido, para outros segurados, mediante a confecção de identificação específica. É o caso dos segurados contribuinte individual, trabalhador avulso, especial e facultativo, referenciados pelo § 4º do art. 18, na redação dada pelo Decreto n. 3.265/99. Com a elaboração e expedição de tal documento, estes segurados poderão utilizá-lo junto à Previdência Social como prova de filiação na obtenção de benefícios, o que tornará despicienda, ao contrário do que acontece normalmente, a produção de toda sorte de prova visando demonstrar o exercício da atividade. Este documento eliminará estes entraves burocráticos, amenizando os percalços comuns para comprovação da filiação.

Se o segurado falecer sem ter efetuado a inscrição do dependente, este pode fazê-la mediante a observância do Regulamento da Previdência Social (art. 17, § 1º, na antiga redação). Atualmente, este § 1º vige como permissivo ao dependente para fazer sua inscrição no ato do requerimento do benefício, consoante prescrito pela Lei n. 10.403, de 8.1.2002.

A inscrição da diversidade de segurados protegidos pelo sistema está regulada pelo Regulamento em seu art. 18 e a do dependente no art. 22.

A definição legal de inscrição é dada pelo art. 18, *caput*, na forma trazida pelo Decreto n. 3.265/99, nos seguintes termos: "Considera-se inscrição do segurado para efeitos da previdência social o ato pelo qual o segurado é cadastrado no Regime Geral da Previdência Social, mediante comprovação dos dados pessoais e de outros elementos necessários e úteis a sua caracterização, observado o disposto no art. 330 e seu parágrafo único, na seguinte forma (...)".

Dali em diante, especifica a forma pela qual cada segurado deve efetuar a sua inscrição, valendo mencionar, aqui, que tal ato pode ser operado no próprio INSS, para os segurados empregado doméstico, contribuinte individual, especial e facultativo, e diretamente na empresa para o segurado empregado e no sindicato ou órgão gestão de mão de obra para trabalhador avulso (§ 1º, do art. 18, redigido por força do Decreto n. 3.265/99). Como o recolhimento das contribuições devidas pelo empregado e trabalhador avulso deve ser levado a efeito por aqueles órgãos, a estes cabe o cadastramento, para efeitos previdenciários, destes segurados. Os demais efetuam o pagamento de suas contribuições sem intermediários, motivo pelo qual o encargo administrativo na forma direta.

O que vale dizer, por importante, é que a inscrição, embora seja obrigação administrativa de relevância, não interfere na aquisição dos direitos aos benefícios. Ocorrido o evento deflagrador do fato gerador do direito ao benefício, este não pode ser negado ainda que à míngua de qualquer formalização ou cadastro do segurado. A proteção securitária continua existindo, mercê da filiação, ainda que ausente inscrição prévia. Ausente inscrição anterior ao evento ocorrido, a comprovação dos dados pessoais e de outros elementos necessários e úteis à figura do segurado poderá ser exigida quando do requerimento do benefício, a teor do que dispõe o § 6º do art. 18 do Regulamento, acrescido pelo Decreto n. 3.265/99. Nesta temática, pode-se afirmar, com supedâneo no § 5º do art. 18, do mesmo ato normativo, que, estando "Presentes os pressupostos da filiação, admite-se a inscrição *post mortem* do segurado especial". Equivale a dizer, exemplificativamente, que, se viúva de agricultor pretender receber pensão por morte rural, poderá comprovar o exercício da atividade campesina do falecido.

O ato jurídico que deflagra no meio jurídico a inscrição do segurado em nada interfere na aquisição dos direitos subjetivos, pois estes já nascem a partir da ocorrência no mundo fático da filiação obrigatória ou facultativa, sendo, na primeira hipótese, pela simples incidência da norma jurídica que jurisdiciza o fato jurídico do exercício de atividade remunerada, enquanto que, no segundo caso, a capacidade de trabalhar é erigida pela norma jurídica como potencializadora do exercício do direito subjetivo do pagamento das contribuições para aquisição da filiação. Os direitos e deveres decorrentes da relação jurídica previdenciária nascem a partir da filiação, tendo a inscrição natureza declaratória e não constitutiva de direitos, desimportando, portanto, na análise temporal da aplicação da norma jurídica no tempo.

Para os segurados que se valem das anotações em carteira profissional (empregado e empregado doméstico) para prova do contrato de trabalho, este é o documento aceito pela previdência para fins de prova do exercício de atividade e qualidade de segurado, embora com valor relativo de veracidade. A partir de julho de 1994, os dados constantes do CNIS — Cadastro Nacional de Informações Sociais valem para todos os efeitos como prova de filiação, relação de emprego, tempo de serviço ou de contribuição e salários de contribuição, estando a autoridade administrativa autorizada, se for o caso, a exigir a apresentação dos documentos que serviram de base às anotações (art. 19, *caput*, do Decreto n. 3.048/99, com a redação dada pelo Decreto n. 6.722, de 30.12.2008), porém, não pode negar o benefício, segundo remansosa jurisprudência, em subserviência àquele cadastro.[69]

Por outro lado, com respeito à comprovação de tempo de serviço ou contribuição, vê-se que a dicção do § 3º do art. 55 desta lei deixa induvidoso ser necessário para tal finalidade um adminículo de prova material, ressalvadas as exceções fáticas fundadas em caso fortuito ou força maior. No caso de segurado empregado, por exemplo, é de mediana sabença que a comprovação da atividade é feita através de carteira profissional, à qual é dispensada relativa presunção de veracidade, desfeita por prova em contrário. Entretanto, não menos correto é afirmar que as informações constantes no CNIS, pouco importando o período que se quer comprovar,

---

[69] "PREVIDENCIÁRIO. INDEFERIMENTO DE REQUERIMENTO PARA CONCESSÃO DE BENEFÍCIO. ALEGAÇÃO DE FALTA DE COMPROVAÇÃO DE TEMPO APÓS CONSULTA AO CNIS. IMPOSSIBILIDADE DE VERIFICAÇÃO. EXTRAVIO DO PROCEDIMENTO ADMINSTRATIVO E DOS DOCUMENTOS COMPROBATÓRIOS. A AUTARQUIA NÃO PODE PREJUDICAR NENHUM SEGURADO EM VIRTUDE DA SUA DESORGANIZAÇÃO. NÃO EXISTE DECADÊNCIA DA VIA MANDAMENTAL. A parte impetrante observou de forma correta as exigências legais, dando entrada no pedido de aposentadoria, no dia 10 de maio de 1991, sendo este indeferido por falta de tempo de serviço atestado por consulta ao Cadastro Nacional de Informações Sociais — CNIS. O Instituto Nacional do Seguro Social não pode promover a suspensão, cancelamento ou indeferimento de requerimento de benefício com base unicamente na consulta realizada no CNIS, posto que tal cadastro está sujeito a erro, tendo, inclusive, demonstrado inúmeras falhas. Se a autarquia não se vale de tal cadastro para concessão, pois é obrigação da parte juntar prova dos vínculos empregatícios passados, não pode utilizar para cassar ou indeferir o pedido de benefício. O Instituto Nacional do Seguro Social afirmou que, após buscas incessantes, não pôde localizar o procedimento de concessão de benefício e, consequentemente, os documentos originais que a parte impetrante, de boa fé, juntou, a fim de obter a verba alimentar - Não há dúvidas que a autarquia não pode se valer da sua própria desorganização para prejudicar seus segurados. Não há a decadência para a utilização da via mandamental, uma vez que o não pagamento de benefício previdenciário, constitui, ao meu ver, o não cumprimento de uma prestação de trato sucessivo, renovada a cada mês do descumprimento. Recurso provido para determinar a manutenção da aposentadoria concedida e o pagamento das parcelas vencidas desde a data da impetração." (APELAÇÃO EM MANDADO DE SEGURANÇA — 37165, Relator Juiz Ricardo Regueira, publicado no DJU de 4.12.2002, p. 110).

também é aceito como prova material, dando-se relativa veracidade ao seu conteúdo, na mesma proporção dos dados obtidos na carteira profissional. Julgado do Quarto Regional comprova esta assertiva: "PREVIDENCIÁRIO. PERÍODOS URBANOS. **CNIS**. PROVA PLENA. RECONHECIMENTO. **APOSENTADORIA** PROPORCIONAL POR TEMPO DE SERVIÇO. CONCESSÃO. BASE DE CÁLCULO DA VERBA HONORÁRIA.CUSTAS. 1. As anotações obtidas junto ao **CNIS** possuem presunção *júris tantum* de veracidade, fazendo jus à averbação do respectivo período. 2. Torna-se viável a concessão da **aposentadoria** proporcional por tempo de serviço, tendo em vista o cumprimento dos requisitos legais. 3. A base de cálculo da verba honorária abrange, tão somente, as parcelas devidas até a prolação da sentença de procedência ou do acórdão que reforme a sentença de improcedência. 4. O INSS está isento do pagamento de custas quando litiga na Justiça Federal." (Apelação Cível n. 2002.70.01.003053-0, do Paraná, Relator Juiz Federal Victor Luiz dos Santos Laus, DJU de 30.8.2006, p. 700).

É tão grande a aceitabilidade das informações constantes nos dados do CNIS que, por vezes, este cadastro prefere aos dados anotados na carteira profissional, na hipótese de ser esta solução mais vantajosa ao segurado. Confira-se a seguinte ementa de aresto extraído do corpo do acórdão acima mencionado: "PREVIDENCIÁRIO. RECONHECIMENTO DE TEMPO DE SERVIÇO URBANO. INFORMAÇÕES CONSTANTES NO CNIS. PROVA EQUIVALENTE ÀS ANOTAÇÕES EM CTPS. DIVERGÊNCIA ENTRE DADOS CONSTANTES NAQUELAS. PREFERÊNCIA PELA INTERPRETAÇÃO MAIS FAVORÁVEL AO SEGURADO.1. Os registros constantes no Cadastro Nacional de Informações Sociais (CNIS), por força da nova redação do art.19 do Decreto 3048/99, tem valor probatório equivalente às anotações em CTPS. 2. a 8. Omissis. (AC 2002.70.00.070703-9, 5ª Turma, acórdão de minha relatoria, DJU 16.11.2005)".

A Emenda Constitucional n. 20/98 aumentou a idade mínima para filiação à Previdência Social de 14 para 16 anos e, quanto limite etário máximo, deixou de ter previsão normativa na Lei n. 8.213/91, ao contrário do sistema legislativo anterior, que, para sexagenários, conferia a titularidade de apenas parte dos benefícios disponíveis (pecúlio, salário-família, renda mensal vitalícia, serviços e auxílio-funeral). Dessa forma, não há maiores contratempos ou óbices legais à filiação das pessoas com 60 anos de idade ou mais, a não ser a recolocação no mercado de trabalho a partir desta idade, hipótese praticamente infactível, mas serve de ilustração.

A inscrição do dependente deve ser promovida quando do requerimento do benefício, mediante a apresentação dos documentos especificados nos incisos do art. 22, do Decreto n. 3.048/99, modificado pelo Decreto n. 4.079, de 9.1.2002. É preciso anotar que a exigência da apresentação dos documentos arrolados no § 3º, do art. 22 do Regulamento, é ato exclusivamente pertencente ao âmbito administrativo, estando livre o juiz para apreciação da forma, qualidade e quantidade dos meios probatórios colacionados ao processo judicial. Neste sentido, é da jurisprudência:

> "(...) A comprovação da existência de união estável pode ser feita por qualquer meio de prova admitido em direito, não se aplicando, para tal caso, a restrição à prova exclusivamente testemunhal que o § 3º do art. 55 da Lei n. 8.213/91 faz exclusivamente para a comprovação do tempo de serviço. Os documentos enumerados no art. 19 do Regulamento da Previdência Social devem ser entendidos como mera exemplificação de como se pode comprovar a condição de companheiro (a) (...)" (Tribunal Regional Federal da 4ª Região, Apelação Cível n. 1999.04.01.133696-8, Relatora Juíza Ana Paula de Bortoli, DJU de 18.10.00).

O exercício de mais de uma atividade remunerada sujeita à filiação obrigatória perante a Previdência Social obriga à inscrição de todas elas. A superveniência de fato que importe em exclusão ou inclusão de dependente deve ser comunicado ao Instituto Nacional do Seguro Social, mediante a apresentação das provas adequadas (§ 4º, do art. 22, do Decreto n. 3.048/99).

A banalização, por parte da autarquia, da adoção de medidas impopulares, é sinônimo de aumento do desprestígio da seguradora estatal e da vulnerabilidade do sistema. Exemplo disso é o preceito do § 2º do art. 19, de alta relevância na quotidiana rotina administrativa e no foro. Como se disse, o CNIS — Cadastro Nacional de informações Sociais é uma espécie de arquivo eletrônico administrativo responsável pelo armazenamento do histórico laborativo dos segurados. Especificamente para o segurado empregado, o cumprimento malsucedido pela empresa, culposa ou dolosamente, na transmissão dos dados necessários ao INSS acaba comprometendo a caracterização da filiação, vitimando o direito aos benefícios em fase administrativa. Em face de defeitos em tal sistema ou pela ausência de informações necessárias, tais como contribuições ou remunerações, este tem sido, no mais das vezes, o vilão da postulação administrativa, por não espelharem a realidade laborativa. Acontecendo isso, o gravame é repassado ao segurado pelo § 1º do art. 19, recaindo sobre ele o ônus de solicitar a inclusão, exclusão ou retificação dos dados depositados eletronicamente, do qual estará desincumbido mediante a apresentação de prova documental reveladora da realidade.

Inovação inserta no § 6º, do art. 17, desta lei, no sentido de atribuir o encargo administrativo de se efetuar a inscrição não somente por parte do segurado especial, mas também de todo o grupo familiar em que ele se insere. Ou seja, o segurado especial, individualmente considerado, está obrigado a efetuar a sua inscrição na Previdência Social, estando também com esta mesma obrigação o próprio grupo familiar em que ele está inserido.

17.2. Filiação de pessoa maior de 60 anos de idade

É intuitivo saber que a filiação de qualquer pessoa em idade avançada, mesmo em seguros privados de previdência aberta, é fator determinante para a impossibilidade de contratação, isso justamente pelo fato de que a finalidade de cobertura de qualquer seguradora, estatal ou não, é cobrir riscos futuros e incertos, quando subjaz ao contrato entabulado entre as partes uma certa álea que deve existir. No caso dos planos de benefícios previdenciários governamentais, especialmente este aqui que se comenta, do RGPS, antes do advento da Lei n. 8.213/91 a filiação de pessoa maior de 60 anos de idade era excluída para determinados benefícios, passando a ser permitida na sua totalidade com aquele diploma legal revogador da CLPS. Assim, a Lei n. 8.213/91 não veda a filiação previdenciária de pessoa maior de 60 anos de idade, fazendo ela jus a todos os benefícios previdenciários cobertos pelo regime, desde que, como se disse, venha surgir o evento depois de sua filiação. Embora o Brasil esteja passando por certo crescimento na expectativa de vida, é pouco provável que a pessoa não atinja os requisitos para aposentadoria por tempo de contribuição ou mesmo por idade. Se conseguir satisfazer os pressupostos de carência e de tempo de serviço usufruirá o benefício por muito pouco tempo.

A mesma exigência que determina o art. 55, § 3º, da Lei de Benefícios da Previdência Social, no sentido de exigir prova exclusivamente documental para efeito de comprovação de tempo de serviço ou de contribuição, não deve ser aceita para fins de evidenciação de prova de dependência econômica. Ou seja, a Lei n. 8.213/91 exige prova material para comprovação de tempo de serviço/contribuição, não assim para deixar evidente relação de dependência econômica entre o segurado falecido e pretenso dependente interessado no benefício. É o que constantemente tem decidido o Colendo Superior Tribunal de Justiça a respeito do tema, valendo colacionar o seguinte precedente:

"PREVIDENCIÁRIO. AGRAVO REGIMENTAL NO RECURSO ESPECIAL. PENSÃO POR MORTE. DEPENDÊNCIA ECONÔMICA. COMPROVAÇÃO. AGRAVO IMPROVIDO. 1. A Terceira Seção deste Superior Tribunal, no âmbito da Quinta e da Sexta Turma, já consolidou entendimento no sentido de que não se exige início de prova material para comprovação da dependência econômica de mãe para com o filho, para fins de obtenção do benefício de pensão por morte. 2. Agravo improvido." (Agravo Regimental no Recurso Especial n. 2006/0201410-6, de São Paulo, Relator Arnaldo Esteves Lima, Quinta Turma, DJ de 3.11.2008, <www.stj.jus.br>).

Art. 18. O Regime Geral de Previdência Social compreende as seguintes prestações, devidas inclusive em razão de eventos decorrentes de acidente do trabalho, expressas em benefícios e serviços:

I — quanto ao segurado:

a) aposentadoria por invalidez;

b) aposentadoria por idade;

c) aposentadoria por tempo de serviço;

d) aposentadoria especial;

e) auxílio-doença;

f) salário-família;

g) salário-maternidade;

h) auxílio-acidente;

i) (*Revogada pela Lei n. 8.870, de 15.4.94*)

II — quanto ao dependente:

a) pensão por morte;

b) auxílio-reclusão;

III — quanto ao segurado e dependente:

a) (*Revogada pela Lei n. 9.032, de 28.4.95*)

b) serviço social;

c) reabilitação profissional.

§ 1º Somente poderão beneficiar-se do auxílio-acidente os segurados incluídos nos incisos I, VI e VII do Art. 11 desta Lei. (*Redação dada pela Lei n. 9.032, de 28.4.95*)

§ 2º O aposentado pelo Regime Geral de Previdência Social — RGPS que permanecer em atividade sujeita a este Regime, ou a ele retornar, não fará jus a prestação alguma da Previdência Social em decorrência do exercício dessa atividade, exceto ao salário-família e à reabilitação profissional, quando empregado. (*Redação dada pela Lei n. 9.528, de 10.12.97*)

Redações anteriores

O Regime Geral de Previdência Social — RGPS compreende as seguintes prestações, devidas inclusive em razão de eventos decorrentes de acidente de trabalho, expressas em benefícios e serviços:

I — quanto ao segurado:

a) aposentadoria por invalidez;

b) aposentadoria por idade;

c) aposentadoria por tempo de serviço;

d) aposentadoria especial;

e) auxílio-doença;

f) salário-família;

g) salário-maternidade;

> h) auxílio-acidente;
>
> i) abono de permanência em serviço.
>
> II — quanto ao dependente:
>
> a) pensão por morte;
>
> b) auxílio-reclusão;
>
> III — quanto ao segurado e dependente:
>
> a) pecúlios;
>
> b) serviço social;
>
> c) reabilitação profissional.
>
> § 1º Somente poderão beneficiar-se do auxílio-acidente e das disposições especiais relativas a acidente de trabalho os segurados e respectivos dependentes mencionados nos incisos I, VI e VII do art. 11 desta Lei, bem como os presidiários que exerçam atividade remunerada.
>
> § 2º O aposentado pelo Regime Geral de Previdência Social — RGPS que permanecer em atividade sujeita a este regime, ou a ela retornar, somente tem direito a reabilitação profissional, ao auxílio-acidente e aos pecúlios, não fazendo jus a outras prestações, salvo as decorrentes de sua condição de aposentado, observando o disposto no art. 122 desta Lei.

18.1. Espécies de prestações: benefícios e serviços

Como o direito disciplina as relações jurídicas descortinadas no meio social, visando à pacificação dos conflitos, o fato adquire estado jurídico pela norma de direito que o subsume. O direito previdenciário, não sendo alheio a esta realidade, também tem suas nuanças, nasce, vive e morre pela regra de direito (*jus est norma agendi*). Os matizes da relação jurídica de Direito Previdenciário têm sua fecundação normativa no poder de império do Estado, à revelia do assentimento das partes envolvidas (*jus cogens*).

Sabe-se que a relação jurídica de direito previdenciário tem como binômio direitos e obrigações aos sujeitos ativos e passivos que a compõem. Fecundada sob o crivo legislativo e ocorrida no mundo fático a contingência social, de um lado está a entidade de direito público interno titular do direito subjetivo às contribuições sociais e da obrigação de pagar o benefício. De outro viés, porém, o segurado, detentor do poder de exigir a entrega da prestação previdenciária que lhe foi prometida pela lei, mediante, todavia, a contrapartida pecuniária correspondente.

As prestações previdenciárias, destinadas a contornar o risco socialmente verificado, compreendem os benefícios e serviços. Os benefícios são de natureza pecuniária, podendo ser solvidos mediante pagamento único ou de prestação continuada (em parcelas). Os serviços materializam-se pelo cumprimento de obrigações de fazer, destinadas à promoção da reabilitação profissional e a conscientização de direitos subjetivos previdenciários.

O elenco de prestações firmado no art. 18 já não mais atua com todos os seus protagonistas originários. Com efeito, o abono de permanência em serviço foi abolido pela Lei n. 8.870/94. As Leis ns. 9.032/95 e 9.129/95 acabaram eliminando as modalidades de pecúlio existentes. A aposentadoria por tempo de serviço foi eliminada para dar lugar à aposentadoria por tempo de contribuição. De modo que restam integrantes do elenco de prestações exclusivas do segurado: a) aposentadoria por tempo de contribuição, por idade, invalidez e especial; b) auxílio-doença; c) salário-família; d) salário-maternidade; e) auxílio-acidente. Para o dependente: a) pensão por morte; b) auxílio-reclusão. Prestações comuns (segurados e dependentes): a) reabilitação profissional e serviço social.

A Lei n. 9.032/95 reformulou o texto do § 1º do art. 18, retirando os presidiários que exerçam atividades remuneradas do rol de titulares de direitos subjetivos ao auxílio-acidente, bem como do campo de abrangência substantiva e adjetiva dos dispositivos mais benéficos relativos a acidente de trabalho.

18.2. Nascimento do direito subjetivo às prestações

Desencadeado o fato gerador ou hipótese de incidência da norma tributária no mundo fático, a gênese normativa do direito autoriza a deflagração das consequências jurídicas. O titular do direito subjetivo, enquanto segurado ou dependente, tem o direito de exigir a concessão do benefício, e a Previdência Social o poder-dever de obter a declaração e cobrança dos encargos pecuniários contributivos devidos. O segurado que exercer concomitantemente atividades de filiação obrigatória é sujeito passivo em todas as atividades. Neste aspecto, é sabido que o plano de previdência social aqui comentado é destinado a suprir a falta de rendimentos mínimos e indispensáveis do segurado, nunca a manutenção do mesmo padrão de vida auferido anteriormente ao benefício. Não fosse o sistema de repartição simples o apanágio da Previdência Social brasileira, o argumento de que as contribuições recolhidas do segurado aposentado que se mantêm na ativa agride o princípio da proibição do enriquecimento sem causa poderia até ter algum propósito. No entanto, é sabido que o montante arrecadado destina-se à solvência dos benefícios em manutenção e não do próprio contribuinte, sendo lícito dizer que ainda que o aposentado que se mantém na ativa esteja obrigado a continuar contribuindo, não fará jus a nenhum benefício mesmo considerando somente as contribuições vertidas após o jubilamento (§ 2º do art. 18). O prejuízo financeiro advindo da incapacidade temporária do aposentado que continua trabalhando é contornado pela percepção deste benefício. Na redação transformada pela Lei n. 9.528/97, o § 2º do art. 18 descortina, de um certo modo, a regra adotada quanto ao sistema de repartição simples de custeio, afirmando que o aposentado pelo Regime Geral da Previdência Social que se manter na ativa ou a ela retornar, somente terá direito ao salário-família e à reabilitação profissional, ainda somente na condição de empregado, ficando à margem do direito aos benefícios previdenciários estendidos aos outros beneficiários. Entretanto, este dispositivo passou por duas modificações antes da atual redação. Primeiramente, pela Lei n. 9.032/95, modificando o texto primitivo, quando outorgava, além do direito à reabilitação profissional, também o auxílio-acidente e os pecúlios, reportando-se ao art. 122, que lhe facultava, num tempo em que diferente o quantitativo para aposentadoria acidentária, a transformação da aposentadoria de que fosse titular, de natureza comum, para a decorrente de acidente de trabalho eventualmente sofrido na ativa. Abolidas as modalidades de pecúlio pelas Leis ns. 9.032/95 e 9.129/95, a redação dispensada pelo primeiro diploma retirou o direito ao pecúlio do elenco deste § 2º.

18.3. Livre disponibilidade do direito às prestações

As prestações pecuniárias dos benefícios pagos pela Previdência Social carregam em si uma feição de dívida de valor, querendo com isso significar que tratam-se de obrigações cumpridas mediante pagamento em dinheiro em substituição aos bens materiais que, poderiam, em tese, ser entregues *in natura*. Em outras palavras, tais obrigações não são especificamente dívidas em dinheiro, sendo, porém, dívidas de bens cujo cumprimento é efetuado através do dinheiro.

Ainda que com receio de desgaste à finalística da proteção infortunística, a prestação previdenciária ressente-se, atualmente, ao menos com a mesma intensidade, da mesma feição tutelar de tempos idos, quando imperava uma proteção exacerbada contra ataques à sua livre e irrestrita disponibilidade. A irrenunciabilidade, indisponibilidade, inalienabilidade e impenhorabilidade continuam marcando o direito ao benefício, conquanto sem o mesmo prestígio desfrutado anteriormente. Sente-se, hoje, embora com submissão ao severo crivo do Judiciário, a presença de renúncia de direitos materiais ou processuais em prol da pacificação dos conflitos, da efetividade do direito e da entrega, sem vacilo, ao seu verdadeiro titular, ainda que em detrimento do direito ao contraditório ou da ampla defesa, coisa julgada e trânsito em julgado da sentença. Ampliou-se o rol permissivo do desconto regrado no valor do benefício (art. 115) e aboliu-se a indisponibilidade subserviente à natureza alimentar das prestações, especificamente nas demandas afetas aos Juizados Especiais Federais (Lei n. 10.259/01), permitindo a transação e a renúncia do crédito excessivo a sessenta salários mínimos, esvaziando, pelo menos de forma relativa, o conteúdo imperativo angustiante do precatório (*caput* do art. 100 da CF/88). Administrativamente, a livre disposição dos direitos ainda não tem lugar, e com razão, por relutância da administração, atrelada, em tudo, pelo princípio da legalidade que norteia o atuar impessoal do Poder Público, na esteira de imperativo constitucional (art. 37, *caput*).

18.4. Crítica à apologia do aviltamento dos direitos sociais em face da crise do Estado de Bem-Estar Social

Não há negar que é notória, nos dias que correm, a vulnerabilidade da Previdência Social, revelada de longe pela impopularidade das transformações normativas, rígidas ou flexíveis, materializadas no maior rigor probatório e no estabelecimento de condições legais mais acentuadas. Erigidas como tábua de salvação de um sistema chamado de deficitário, dependente, corrupto e insensível ao patrimônio jurídico dos segurados, culturalmente marginalizados do sistema de democratização da justiça, o regramento corporativo pormenorizado atinge de perto, impiedosamente, o direito subjetivo do segurado, vitimando-o com o vício da ilegalidade (inadvertida?). O resultado deste estado de coisas são apelos ao Judiciário na busca do direito violado, com a agravante de que são mantidos, ainda que sob a sentinela da justiça, sob o severo crivo da procrastinação tendenciosa. Foros são abarrotados por expectativas de direitos sabidamente inexistentes, materializadas sob grafias deixadas ao léu e de conteúdo evasivo, protegidas unicamente por princípios processuais como trânsito ou coisa julgada.

A aposentadoria, neste contexto, é vista como uma última esperança minimizadora de um quadro de miséria e desemprego descortinado pelo sistema capitalista de exclusão dos processos de produção e de consumo. Em contrapartida, o binômio aposentar-se mais cedo conjugado ao viver mais torna-se insalubre à harmonia do sistema previdenciário e a política econômica governamental harmonizadora é o afastamento desta realidade, numa aproximação do sistema de capitalização.

A pretexto de manter o equilíbrio financeiro e atuarial para gerações contemporâneas e futuras, o sistema é avesso à estagnação e configura-se terreno fértil a transformações legislativas constantes. Num cenário restrospectivo, as prestações sofreram modificações na estrutura material e valorativa do núcleo da hipótese de incidência de norma. O aspecto quantitativo e qualitativo do benefício foi por diversas vezes repensado à guisa de suprimir ou aumentar o rol de titulares de direitos subjetivos ou modificar direitos. Coeficientes de RMI foram unificados ou aumentados, mesmo que em inadvertência ao postulado constitucional da contrapartida (art. 195, § 5º), prazos de exercício de direitos previdenciários foram reduzidos e, por outro lado, aumentados para anulação do ato administrativo concessivo do benefício.

A sistemática legislativa do cálculo da renda mensal inicial teve uma evolução que passou por processos mais rudimentares até chegar ao patamar atuarial hoje existente com o fator previdenciário, associando dados intrinsecamente estáticos com a atuação de variáveis impopulares erigidas à satisfação do equilíbrio financeiro e atuarial.

A inserção do fator previdenciário nada mais é do que um alento para um sistema apregoado de deficitário, agravado pela precocidade das aposentadorias por tempo de serviço e, de quebra, de brasileiros com taxa de sobrevida maior, sem esquecer da possibilidade legal de composição do tempo de contribuição por atividades desprovidas de aporte financeiro, a exemplo da atividade rural. Por outro lado, a bem da verdade, trata-se de uma forma transversa de implantação do limite etário derrocado no Congresso Nacional, um misto da correlação entre contribuição e benefício e um passo a mais em direção ao sistema de capitalização para os benefícios previsíveis, permanecendo de repartição simples para os imprevisíveis. Prestigia-se o equilíbrio financeiro e atuarial com a ideia de que quanto mais idade menor o tempo de recebimento do benefício e, por conseguinte, maior a prestação mensal. A diminuição do tempo de recebimento é compensada pelo aumento da renda mensal. Por outro lado, o aumento esperado na renda mensal proporcional ao tempo de espera mesmo após a aquisição do direito e pela idade não compensa o prejuízo com a perda das prestações durante o período voluntariamente esperado.

18.5. Desaposentação

O instituto da renúncia de direitos se constitui forma de liberdade individual ao cidadão, assegurada na própria Constituição Federal, no sentido de que ninguém é obrigado a fazer ou deixar de fazer alguma coisa senão em virtude de lei (art. 5º, inciso II). Pelo que assim está definido na Carta Maior, a supremacia da esfera de liberdade individual somente é sobrepujada em existindo lei que restrinja os direitos já adquiridos, surgindo, destas premissas básicas, a possibilidade de se controverter doutrina e jurisprudência sobre o segurado aposentado poder ou não abrir mão de direito à continuação do recebimento de um benefício. É certo, todavia, que inexiste lei que proíba a renúncia ao benefício previdenciário, ou, em sentido contrário, norma expressamente autorizadora do ato, senão que existe princípio maior de direito a restringir a livre disposição de direitos indisponíveis, como sistema de proteção ao caráter alimentar da prestação. Entretanto, ainda que se possa entrever nestes postulados norma de maior generalidade, daí o caráter de princípio, não menos correto é afirmar que nos poucos setores jurídicos em que ainda tem aplicação, ainda há de incidir-se, porém, com maior flexibilidade ou com temperamentos nos tempos hodiernos.

Na área previdenciária, tem o segurado a chancela jurídica do direito à desaposentação para obtenção de outra aposentadoria aproveitando o tempo de contribuição e demais requisitos utilizados naquele primeiro benefício. É ato unilateral emanado do titular e o benefício pretendido em substituição pode ser do próprio Regime Geral de Previdência Social ou de regime próprio. Conquanto inexistente regramento específico na Lei de Benefícios ou no seu Regulamento, ressoa como permissivo a contagem recíproca de tempo de contribuição na atividade privada, rural ou urbana, e pública (CF/88 art. 201, § 9º), a par da restrição unicamente quanto ao aproveitamento de tempo de contribuição já utilizado para obtenção de benefício em outro regime, em homenagem ao custeio. Embora o Decreto n. 3.048/99 condene atos de disposição de prestações pelos segurados, tem-se entendido pela possibilidade jurídica de tal ato.

A renúncia à aposentadoria concedida não tem o aval do Poder Público, por entrever nela caráter alimentar provido de irreversibilidade, sendo ato administrativo já consumado à luz dos preceitos legais. Somente pode haver retorno ao *status quo ante* em caso de fraude ou erro que macule a legalidade na concessão do benefício, por iniciativa da própria administração, e ainda assim limitando o exercício da autotutela no tempo.

Afora tempos idos de relutância ao ato administrativo de revogação do benefício[70] e conquanto não unânimes, são em maior número os argumentos que rendem ensanchas à permissibilidade do ato de renúncia da aposentadoria.

Embora continuando merecedora de tutela, a aposentadoria, já de longe, vem perdendo o aspecto indisponível que encerra a sua natureza. Por outro lado, subverte a esfera de liberdade individual compelir o cidadão a permanecer aposentado contra sua própria vontade, ainda mais quando se tem em vista a substituição por um benefício mais vantajoso. O argumento apoiado no caráter alimentar dos benefícios previdenciários, em face do que não poderia o segurado ficar sem rendimentos, também não socorre a tese contrária diante da ausência apenas temporária do benefício, sem o risco de comprometimento de sua sobrevivência.

Marina Vasquez Duarte, em artigo intitulado "Desaposentação e revisão do benefício no RGPS",[71] proclama a diferença entre o ato puramente abdicatório e a própria desaposentação.

---

(70) "PREVIDENCIÁRIO. RENÚNCIA À APOSENTADORIA POR TEMPO DE SERVIÇO PARA PERCEPÇÃO DE NOVA APOSENTADORIA NO MESMO REGIME PREVIDENCIÁRIO OU, EM PEDIDO SUCESSIVO, A RESTITUIÇÃO DOS VALORES DESCONTADOS A TÍTULO DE CONTRIBUIÇÕES PREVIDENCIÁRIAS A PARTIR DA DATA DA APOSENTADORIA. ART. 18, § 2º DA LEI N. 8.213/91 COM A REDAÇÃO DA LEI N. 9.528/97. LEI N. 8.870/94. Não é renunciável o benefício de aposentadoria por tempo de serviço para percepção de nova aposentadoria no mesmo regime previdenciário. O exercício de atividade abrangida pela Previdência Social pelo segurado já aposentado não gera direito a novo benefício, não podendo perceber uma nova aposentadoria ou computar o tempo posterior ao jubilamento para fins de aumento do coeficiente de cálculo. A devolução das contribuições em forma de pecúlio não tem mais amparo legal desde a extinção deste benefício pela Lei n. 8.870/94. Apelação desprovida". (Apelação Cível n. 2000.71.00.015111-0, Rio Grande do Sul, Relator João Surreaux Chagas, DJU de 18.7.2001, p. 735).
(71) *Temas atuais de direito previdenciário e assistencial social*, p. 74.

Diz que a hipótese mais rara de ser encontrada é a renúncia pura e simples, dada a sua carência em termos de benefícios reais ao segurado. E continua, afirmando que "O que normalmente se postula no Judiciário é a desconstituição do ato de aposentação, para que o beneficiário volte a poder contar com o tempo de serviço e as contribuições que serviram de base para a concessão da aposentadoria, a fim de que outra lhe seja concedida".[72]

Para a hipótese de revisão da aposentadoria, inicia a digressão com a seguinte doutrina:

"Cumpre diferenciar inicialmente a situação do segurado que pretende simples revisão do benefício alegando inconstitucionalidade do art. 118, § 2º, da Lei n. 8.213/91. Após ter postulado aposentadoria proporcional ou até mesmo integral, o segurado permanece ou retorna a exercer atividade que o vincula obrigatoriamente, de tal modo que, se tivesse esperado mais alguns anos para postular o benefício, sua renda mensal seria superior àquela já concedida, seja porque a média dos salários de contribuição é maior se considerados os valores sobre os quais incidiu a contribuição previdenciária após a aposentadoria, seja porque soma mais tempo de serviço, totalizando um coeficiente de 100%, ou, seja porque terá uma idade superior que o beneficiará no cálculo do Fator Previdenciário".[73]

Após incursionar sobre o princípio da legalidade e a respeito da natureza jurídica do ato de concessão da aposentadoria, conclui o tema:

"Conforme o acima exposto, entendemos que a simples revisão da aposentadoria por tempo de serviço antes concedida não é permitida. Afinal, o segurado estar-se-ia locupletando do sistema, driblando a revogação do abono de permanência em serviço, percebendo inclusive benefício superior ao antes permitido.

Contudo, o segurado não pode ser compelido a manter o benefício. A garantia legal da irrevogabilidade do ato jurídico perfeito existe para proteger o administrado, nunca para prejudicá-lo. A regra de que a prestação é definitiva a irreversível existe como garantia do segurado, e não da Administração.

(...)

Inexiste no nosso ordenamento jurídico lei que proíba a desconstituição do ato em virtude da vontade exclusiva do segurado. Uma vez que a aposentadoria, quando implementadas as condições, pode ser concedida a qualquer tempo, dependendo apenas da manifestação de vontade do trabalhador, nada impede o seu arrependimento posterior, manifestando a intenção de desconstituir o ato que foi produzido por sua exclusiva provocação.

(...)

Desde que a administração não tenha qualquer prejuízo com a desconstituição do ato, não há por que proibir a desaposentação.

(...) Uma vez permitida a desaposentação em virtude de alteração da manifestação de vontade do segurado que deu ensejo à aposentadoria, deve ser reconstituída a situação anterior, devolvendo-se todas as quantias percebidas como consequência do ato que se quer desconstituir".[74]

Dessa forma, mediante a desconstituição do ato administrativo concessivo do benefício que se quer abrir mão, o estado anterior ao ato será reconstituído, devendo o segurado devolver à previdência tudo que foi recebido, corrigido monetariamente, sem, porém, a incidência de juros moratórios, posto não se entrever atraso ou dívida tributária.[75]

Em meio a conflitos jurisprudenciais, o Tribunal Regional Federal da 4ª Região vem permitindo o desfazimento da inativação, consoante se pode verificar dos seguintes julgados:

"EMENTA PREVIDENCIÁRIO. MANDADO DE SEGURANÇA. DESAPOSENTAÇÃO. PEDIDO. NEGATIVA ADMINISTRATIVA. DESCABIMENTO. AUSÊNCIA DE NORMA IMPEDITIVA. DIREITO DISPONÍVEL. PEDIDO DE DESISTÊNCIA NA FASE RECURSAL. 1. A liberdade é tema a ser cuidado explicitamente, não podendo ser inferida ou deduzida, disciplinada por omissão ou *a contrario sensu*. Trata-se de bem fundamental e carece, quando afetado pela norma jurídica, de prescrição claríssima,

---

(72) *Ibidem*, mesma página.
(73) *Ibid.*, p. 74-75.
(74) *Ibid.*, p. 92-93.
(75) *Ibid.*, p. 93.

exigindo disciplina objetiva e expressa. Caso contrário, não existe ou não pode ser considerada na interpretação. 2. O ordenamento jurídico subordina-se à Carta Magna, e esta assegura a liberdade de trabalho, vale dizer, a de permanecer prestando serviços ou não (até, após a aposentação). E, evidentemente, de desfazer este ato. 3. É perfeitamente válida a renúncia à aposentadoria, visto que se trata de um direito patrimonial de caráter disponível, inexistindo qualquer lei que vede o ato praticado pelo titular do direito. A instituição previdenciária não pode contrapor-se à renúncia para compelir o segurado a continuar aposentado, visto que carece de interesse." (APELAÇÃO EM MANDADO DE SEGURANÇA N. 2005.72.00.010217-2, de Santa Catarina, Relator João Batista Pinto Silveira); 'PREVIDENCIÁRIO E PROCESSUAL CIVIL. BENEFÍCIO PREVIDENCIÁRIO. RENÚNCIA. FALTA DE INTIMAÇÃO DA UNIÃO FEDERAL. (...) LITISCONSORTE NECESSÁRIO. PRELIMINAR DE NULIDADE DO FEITO AFASTADA. ALÍNEA C. AUSÊNCIA DO COTEJO ANALÍTICO. ART. 255/RISTJ. APLICAÇÃO DA SÚMULA N. 182/STJ. I — A aposentadoria é direito patrimonial disponível. Portanto, passível de renúncia. Precedentes. II — Descabida a tese alusiva à nulidade do feito, tendo em vista a lide não objetivar concessão ou não de benefício previdenciário, mas, tão somente, declarar a possibilidade de renúncia do benefício, para eventual obtenção de certidão de tempo de serviço. Neste particular, o interesse é exclusivo da Autarquia Previdenciária. I I I — (omissis)'" (Agravo em Recurso Especial n. 497.683, de Pernambuco, Relator Ministro Gilson Dipp, DJU de 4.8.2003, p. 398).

Em sentido contrário, porém, já se olvidou da necessidade de devolução dos valores como contraprestação financeira pela indenização que deverá arcar a Previdência ao regime próprio da administração pública, sustentando-se que a contrapartida econômica ao regime próprio já estaria garantida pelas contribuições que o segurado verteu aos cofres previdenciários. Dessa forma, o segurado aposentado nada terá que devolver ao INSS dos valores que recebeu como aposentadoria.[76]

É bem verdade que a tutela à prestação previdenciária, como salvaguarda de direito indisponível à sobrevivência do segurado, merece ampla e irrestrita proteção. Tratando-se de direito social, qualquer limitação ao percebimento do benefício há de ser vista com reservas, somente podendo ser permitida sob crivo judicial e ainda assim após ampla análise dos princípios norteiam os interesses em conflito. O certo é que o ato de despojamento de um direito já adquirido sempre tem que ser precedido de precauções, mormente em se tratando de verba alimentar. Está-se falando de benefícios previdenciários do sistema do RGPS, sendo público e notório que a aposentadoria está cada vez mais difícil de se obter, no Brasil, em face de óbices financeiros e atuariais ainda a observar.

A cautela tem que ser redobrada em nível de consciência técnica. O segurado tem que estar seguro do ato que pretende efetivar, para que sua pretensão em substituir a aposentadoria já concedida por outro benefício, no mesmo ou em outro regime, não seja impedida por óbices normativos, sempre tendo a certeza de que irá usufruir, no futuro, de algum benefício previdenciário.

Dessa forma, nunca se poderá criar obstáculos à pretensão de renunciar uma aposentadoria, na certeza de que o segurado terá, futuramente, seu benefício substituído por outro, não sendo inviabilizado, por isso, a concretude do sistema de proteção social previdenciário que se pretende jamais deixar de efetivar-se.

Quanto à devolução dos valores já recebidos, a título de aposentadoria, aos cofres do INSS, não obstante controvérsia imperando no ponto, não merece aceitação o argumento da necessidade de indenização à previdência. A sustentação da tese da restauração do *status quo ante*, em virtude da revogação do ato adminis-

---

(76) "EMBARGOS INFRINGENTES. PREVIDENCIÁRIO. APOSENTADORIA. RENÚNCIA. INEXIGIBILIDADE DE DEVOLUÇÃO DOS PROVENTOS. CERTIDÃO. 1. A alegação de que, em decorrência da renúncia, deveria haver indenização ao INSS pelos pagamentos já efetuados em razão da aposentadoria não tem fundamento. 2. O segurado trabalhou e contribuiu para a Previdência durante anos, para só então recorrer à aposentadoria. 3. Não procede a alegação de que haverá prejuízo ao Instituto pelo fato de que terá que indenizar a contagem recíproca para sistema previdenciário diverso porque a autarquia também deixará de pagar mensalmente ao segurado o valor da aposentadoria. Haveria, sim, locupletamento ilícito do INSS ao pretender receber do segurado o valor que indenizará a terceiro, olvidando"se que já recebeu dele contribuições mensais por mais de 30 anos. 4. Logo, não tem sustentação a assertiva de prejuízo financeiro à Autarquia Previdenciária decorrente da compensação financeira com o regime instituidor da futura aposentadoria no serviço público. 5. Embargos infringentes rejeitados". (Embargos Infringentes em Apelação Cível n. 200.71.09.000394-2, do Rio Grande do Sul, Relator João Batista Pinto Silveira, DJU de 23.8.2006, p. 964). Do corpo deste acórdão extrai-se ainda aresto assim ementado: "PREVIDENCIÁRIO. RENÚNCIA À APOSENTADORIA POR TEMPO DE SERVIÇO. EXPEDIÇÃO DE CERTIDÃO DE TEMPO DE SERVIÇO. 1. É possível a renúncia à aposentadoria, eis que se trata de um direito patrimonial disponível, não existindo lei que vede tal possibilidade. 2. Não pode o Poder Público contrapor"se à renúncia para compelir o segurado a continuar aposentado. 3. Não há prejuízo à Autarquia Previdenciária pelo fato de indenizar sistema diverso em razão da contagem recíproca, vez que já recebeu contribuições do segurado por mais de 30 anos e ainda ficará dispensada de continuar pagando proventos de aposentadoria. 4. Apelação e remessa oficial improvidas".

trativo concessivo, não pode se constituir óbice jurídico à concretização da liberdade de renúncia de prestação previdenciária usufruída em esforço do próprio segurado, como contrapartida financeira e laborativa. Em outras palavras, o segurado contribuiu e, via de regra, trabalhou para conseguir se aposentar, sendo natural que o direito daí resultante, dado o caráter sinalagmático que se reveste esta relação, possa ser dele desvinculado sem contrapartidas financeiras além do aporte contributivo já desembolsado.

A grande maioria dos tribunais do país tem se inclinado pela devolução dos valores recebidos pelo segurado a título de percepção do benefício previdenciário. Porém, o Superior Tribunal de Justiça, já de há muito, tem proclamado pela desnecessidade desta devolução, constituindo até jurisprudência consolidada desta alta corte de justiça.[77] Já no Supremo Tribunal Federal existe Recurso Extraordinário que pende de julgamento (RE n. 381367), com repercussão geral sobre o tema. Com relação ao apelo nobre interposto perante o Egrégio STF, há que se observar que a decisão que está lá aguardando para se efetivar no ordenamento jurídico previdenciário não terá efeitos vinculantes, como sói acontecer com os casos decididos nas ações de inconstitucionalidade e nas Súmulas Vinculantes desta corte. Por isso, os juízes continuarão tendo a discricionariedade de julgar segundo a sua própria consciência. A necessidade de repercussão geral significa simplesmente que o Recurso Extraordinário a ser interposto pela parte tem que ter tal pressuposto subjetivo como mais uma condição de atendimento para ascensão do inconformismo, não que a decisão dele provinda atingirá todos quantos estejam na mesma situação fática ou jurídica. É o que se observa do teor dos arts. 102, § 2º, da Constituição Federal atual, e do 534-A do CPC.

Contribuição diferenciada do contribuinte individual e do segurado facultativo e exclusão do direito à aposentadoria por tempo de contribuição.

Como já foi visto nos comentários ao art. 11 da Lei de Benefícios, a Lei Complementar n. 123/06 trouxe inovação jurídica ao ordenamento jurídico-previdenciário brasileiro, ao introduzir norma que permite ao segurado contribuinte individual e facultativo contribuírem por uma alíquota menor em relação aos valores daquelas em regime normal de aportação. Se optarem por esta contribuição reduzida, não terão direito ao benefício de aposentadoria por tempo de contribuição (abolida, no novo regime, a aposentadoria por tempo de serviço, tanto que a LC n. 123/06 deu nova redação à alínea c do incido I do art. 18 da Lei n. 8.213/91). O segurado que terá o direito subjetivo, se cumprir os pressupostos fáticos, de contribuir na forma diminuída, é aquele cujo delineamento já está no texto do artigo, sendo aquele que trabalha por conta própria, sem relação de trabalho com empresa ou equiparado. Assim, este segurado contribuinte individual é aquele que não tem vínculo algum com empresa, não presta serviços para empresa, trabalhando individualmente. A redação atual do art. 21, § 2º, da Lei n. 8.212/91, ao qual faz remissão este art. 18, § 3º, da Lei n. 8.213/91, foi novamente modificada pela MP n. 529, de 7 de abril de 2011, e depois pela Lei n. 12.470, de 31 de agosto de 2011, para bipartir a contribuição reduzida em duas modalidades, a do inciso I, de 11% do segurado contribuinte individual e do segurado facultativo, já aludidos anteriormente, e de 5% para o microempreendedor in-

---

[77] "PREVIDENCIÁRIO. PROCESSUAL CIVIL. DESAPOSENTAÇÃO. RENÚNCIA À APOSENTADORIA. DEVOLUÇÃO DE VALORES. DESNECESSIDADE. RECONHECIMENTO DE REPERCUSSÃO GERAL PELO STF. SOBRESTAMENTO DO FEITO. IMPOSSIBILIDADE. EXAME DE MATÉRIA CONSTITUCIONAL EM SEDE DE RECURSO ESPECIAL. DESCABIMENTO. HONORÁRIOS ADVOCATÍCIOS. JUÍZO DE EQUIDADE. VALOR IRRISÓRIO. NÃO DEMONSTRAÇÃO. 1. O reconhecimento da repercussão geral pela Suprema Corte não enseja o sobrestamento do julgamento dos recursos especiais que tramitam neste Superior Tribunal de Justiça. Precedentes. 2. Inviável o exame, na via do recurso especial, de suposta violação a dispositivos da Constituição Federal, porquanto o prequestionamento de matéria essencialmente constitucional, por este Tribunal, importaria usurpação da competência do Supremo Tribunal Federal. 3. Descabe falar em adoção do procedimento previsto no art. 97 da Constituição Federal nos casos em que esta Corte decide aplicar entendimento jurisprudencial consolidado sobre o tema, sem declarar inconstitucionalidade do texto legal invocado. 4. A fixação de honorários, nos termos do que determina o § 4º do art. 20 do Código de Processo Civil, não está limitada aos percentuais estipulados no § 3º do art. 20 do Código de Processo Civil. 5. O percentual de 5% sobre o valor da condenação não se revela irrisório, mormente quando não são apresentados elementos aptos a demonstrar o caráter ínfimo da condenação. 6. Agravos regimentais improvidos." (Agravo Regimental no Recurso Especial n. 1274283, de São Paulo, Relator Ministro Jorge Mussi, Quinta Turma, DJ de 11.11.2011, <www.stj.jus.br>).

dividual de que trata o art. 18-A da Lei Complementar n. 123/06 (este analisado quando do art. 11 da Lei n. 8.213/91) e do segurado facultativo sem renda própria que se dedique exclusivamente ao trabalho doméstico no âmbito de sua residência, desde que pertencente a família de baixa renda. Em vista do disposto no art. 18, § 1º, da LC n. 123/06, o microempreendedor individual é aquele a que se refere o art. 966 do Código Civil, que tenha auferido receita bruta, no ano-calendário anterior, de até R$ 60.000,00 (sessenta mil reais), optante pelo Simples Nacional e que não esteja impedido de optar pela sistemática contributiva prevista na referida Lei Complementar.

Existe ainda pendência judicial acerca da possibilidade, no novo pedido de aposentadoria pretendido pelo segurado, após o seu desfazimento da jubilação anterior, de se computar o novo período trabalhado após a inativação, isso em vista da regra restritiva contida no art. 18, § 2º, da Lei de Benefícios da Previdência Social, com a redação da Lei n. 9.527, de 1997, nos seguintes termos: "§ 2º O aposentado pelo Regime Geral de Previdência Social — RGPS que permanecer em atividade sujeita a este Regime, ou a ele retornar, não fará jus a prestação alguma da Previdência Social em decorrência do exercício dessa atividade, exceto ao salário-família e à reabilitação profissional, quando empregado." Assim, por este enunciado normativo, não haveria direito de o segurado contar com o tempo de serviço usufruído na nova atividade depois da aposentadoria, posto que não há direito à prestação alguma em decorrência deste exercício laborativo.

A propósito da constitucionalidade do dispositivo contido no art. 18, § 2º, da Lei n. 8.213, de 1991, é bem de ver que a controvérsia ainda aguarda julgamento judicial perante o Supremo Tribunal Federal, que irá decidir a causa com repercussão geral no RE n. 381.367. Neste apelo nobre, o voto do Ministro Marco Aurélio de Mello veio para permitir o desfazimento da aposentadoria, na forma pretendida pelos segurados, ou seja, permitindo o novo cômputo das contribuições posteriores à inativação.

> **Art. 19.** Acidente do trabalho é o que ocorre pelo exercício do trabalho a serviço da empresa ou pelo exercício do trabalho dos segurados referidos no inciso VII do Art. 11 desta Lei, provocando lesão corporal ou perturbação funcional que cause a morte ou a perda ou redução, permanente ou temporária, da capacidade para o trabalho.
>
> § 1º A empresa é responsável pela adoção e uso das medidas coletivas e individuais de proteção e segurança da saúde do trabalhador.
>
> § 2º Constitui contravenção penal, punível com multa, deixar a empresa de cumprir as normas de segurança e higiene do trabalho.
>
> § 3º É dever da empresa prestar informações pormenorizadas sobre os riscos da operação a executar e do produto a manipular.
>
> § 4º O Ministério do Trabalho e da Previdência Social fiscalizará e os sindicatos e entidades representativas de classe acompanharão o fiel cumprimento do disposto nos parágrafos anteriores, conforme dispuser o Regulamento.

19.1. Evolução histórica da proteção infortunística

Historicamente, a legislação infortunística apresentou-se bastante sinuosa no aspecto reparatório, ora tendo roupagem civil, ora constitucional, seja previdenciária ou indenizatória.

A Lei n. 3.724, de 15.1.1919, engendrou como pioneira os anais da infortunística, fundamentando a reparação na responsabilidade objetiva do empregador, estabelecendo o direito ainda que presentes condições alheias a condutas humanas (caso fortuito), buscando no antigo Código Civil, então vigente, os pormenores quantitativos da indenização devida. Não obrigava o empregador contratar seguro contra acidentes de trabalho em favor do empregado. Antes de seu advento, o Código Civil monopolizava a normatização de forma geral, aludindo à indenização por ato ilícito engendrado por culpa subjetiva (aquiliana).

O primeiro diploma normativo a proteger a classe operária em expansão, em forma de seguro previdenciário, foi a Constituição de 1934.

O Decreto n. 24.637, de 10.7.34, estabeleceu regras a respeito do direito ao pensionamento aos herdeiros do obreiro vítima fatal envolvida em acidente de trabalho. O Decreto-Lei n. 7.036, de 10.11.44, passou a prescrever a cumulação do seguro contra acidentes do trabalho com benefícios previdenciários.

A Constituição de 1946 criou a obrigação do empregador em manter o Seguro de Acidentes do Trabalho — SAT de forma apartada da previdência social, estendido aos trabalhadores rurais a partir do advento da Lei n. 6.195, de 19.12.74.

A teoria do risco social veio ao ordenamento previdenciário com a Lei n. 5.316/67. Este diploma integrou o seguro de acidentes de trabalho na Previdência, retirando da iniciativa privada a exploração securitária em matéria acidentária.

Com a Carta Política de 1988 conferiu-se proteção previdenciária ao acidente de trabalho, prescrevendo o dever indenizatório do empregador por dolo ou culpa cumulativamente com o recebimento do montante securitário devido pelo SAT. A Lei n. 8.213/91, na sua forma originária, acompanhou a Carta Magna quanto ao monopólio do SAT pela entidade estatal.

Modificação mais recente no cenário previdenciário foi com a Lei n. 9.032/95, ao promover a equiparação, para efeito de cálculo, dos benefícios acidentários aos comuns, de forma que a renda mensal inicial passou a observar a sistemática do salário de benefício em vez do salário de contribuição do dia do acidente. A aposentadoria por invalidez acidentária antes das modificações quantitativas inseridas nos benefícios pela Lei n. 9.032/95 tinha a vantagem de poder ser concedida mediante a opção entre uma RMI de 100% do salário de benefício ou do salário de contribuição vigente no momento do acidente. Revogou também o art. 123, que assegurava ao titular de qualquer aposentadoria do RGPS (por idade, tempo de serviço, especial ou de regimes especiais) o direito à transformação de seu benefício em aposentadoria por invalidez acidentária desde que apresentasse doença profissional ou do trabalho conexa à atividade antes exercida. Diferentemente do disposto no artigo anterior, não era exigida a manutenção do vínculo empregatício ou o retorno à ativa. Antes da Lei n. 9.032/95, os percentuais do auxílio-acidente eram variantes, diferentemente do que ocorre agora, passando a ser unificado para 50%. Com o compartilhamento quantitativo entre os benefícios acidentários e comuns efetivado pela Lei n. 9.032/95, as vantagens oferecidas à infortunística se restringem à dispensa de carência, estabelecida pelo art. 26, inciso II, e a estabilidade contratual ao acidentado, sem olvidar, no entanto, regime processual diferenciado com maior comodidade ao segurado radicado fora dos limites da competência da justiça federal, na época ainda incipiente em interiorização, bem como quanto ao rito processual mais célere (vide comentários ao art. 129).

Alteração estrutural de grande vulto veio com a Emenda Constitucional n. 20/98, dando nova redação ao § 10 do art. 201 da Carta da República, ao dispor expressamente o concurso da iniciativa privada e do setor público no atendimento aos riscos decorrentes de acidente de trabalho.

19.2. Modalidades e normativas do sistema de proteção contra acidente do trabalho

Partindo para um nível conceitual, a Lei de Benefícios, a começar pelo art. 19, potencializou três modalidades de risco em matéria de infortunística, a saber: a) o acidente de trabalho típico ou próprio; b) a doença profissional e do trabalho; c) os acidentes do trabalho por equiparação. A doença profissional e do trabalho diferenciam-se por carecerem do pressuposto da subtaneidade, própria dos eventos causados por infortúnio.

À caracterização do acidente do trabalho concorrem seus pressupostos lógicos, insculpidos no art. 19, quais sejam, a sua ocorrência em exercício de atividade laborativa e o nexo de causalidade entre o acidente e a lesão, entendida esta em qualquer de suas formas. O Decreto n. 3.048/99, em seu art. 337, *caput*, prescreve perícia médica a cargo do Instituto Nacional do Seguro Social com vistas à aferição do nexo causal entre o acidente e a lesão, a doença e o trabalho e a *causa mortis* e o acidente.

O próprio texto do art. 19 descortina os titulares do direito subjetivo, que são os segurados a serviço da empresa, ou seja, empregados e trabalhadores avulsos (art. 11, incisos I e VI), bem como segurados especiais referidos no inciso VII do art. 11. Os segurados não contemplados com o beneplácito podem vir a ter direito, quando muito, aos benefícios decorrentes de acidente de qualquer natureza, fazendo jus aos benefícios de natureza comum. Ainda que a vítima tenha agido com um mínimo de culpa para o acontecido, ou que tenha concorrido para este com desígnio totalmente doloso, não importa, ainda assim continuará tendo direito ao benefício, em tributo à teoria do risco social acolhida pela nossa Constituição Federal, o mesmo podendo-se afirmar quando originário de evento natural ou fortuito. A aferição da existência de conduta culposa fica reservada para a hipótese de indenização civil a ser suportada pelo empregador.

Porém, não basta a ocorrência, no mundo físico, a caracterizar acidente de trabalho típico, a concretização de um evento inesperado e violento. É preciso o surgimento de lesão corporal ou perturbação funcional que cause a morte ou a perda ou redução, permanente ou temporária, da capacidade para o trabalho. Por lesão corporal pode-se entender, no léxico, como a "(...) ofensa à integridade física ou mental de alguém (...)", e perturbação funcional, "(...)Patol. Distúrbio no desempenho de uma função física ou psíquica".[78]

Para melhor elucidação de um conceito, socorremo-nos dos excertos de Mozart Victor Russomano, citado por Carlos Alberto Pereira de Castro e João Batista Lazzari,[79] o qual en-

---

(78) LAINE, Mário. *Novo dicionário da língua portuguesa*. São Paulo: Rideel, 2006. CD-ROM.
(79) RUSSOMANO, Mozart Victor. *Comentários à Consolidação das Leis da Previdência Social*. São Paulo: Revista dos Tribunais, 1981. p. 395, apud CASTRO Carlos Alberto Pereira de; LAZZARI, João Batista. *Manual de direito previdenciário*, p. 465.

trevê que o acidente pode ser considerado como do trabalho mediante as seguintes características: exterioridade da causa do acidente; violência; subtaneidade; e a relação com a atividade laboral. Incursionando nos termos, diz que o acidente de trabalho deve decorrer de um evento externo, não podendo ser mal congênito ou enfermidade preexistente. Por outro lado, afirma ter que ser violento o fato, a ponto de atingir a integridade física do obreiro e causar-lhe lesão corporal ou perturbação funcional que acarrete incapacidade temporária ou definitiva ou a própria morte. Deve decorrer de um evento súbito, fato inesperado desencadeado por curto espaço de tempo e, por fim, que ele tenha sido deflagrado pelo exercício de atividade laborativa, pouco importando se dentro ou fora do ambiente físico da empresa, bastando ter sido no desempenho da atividade, ainda que nos momentos de trajeto para o serviço.[80]

Nos termos em que restou vazado o art. 18, a Previdência Social tem por fim contornar o prejuízo material indispensável gerado por contingências sociais, sobretudo disciplinando o contexto laboral mediante imposição de condutas preventivas, protecionistas e fiscalizatórias quando concernentes a acidente de trabalho. O art. 19, de sua parte, cuida de elaborar os conceitos desta espécie de risco social e as hipóteses acobertadas, seus pormenores e detalhes específicos.

No entanto, a adoção das medidas preventivas não pode ser deixada ao arbítrio de seus destinatários. É preciso que em complementação às condutas impostas sigam preceitos sancionadores atemorizadores ou meios de, por outro viés, contornar os prejuízos sofridos. Como medida também preventiva, o § 3º comete à empresa o ônus de prestar informações pormenorizadas sobre os riscos da operação a executar e do produto a manipular. O cumprimento das normas de prevenção contra acidentes de trabalho, dispostas nos § § 1º e 3º, segundo § 4º, deve ser fiscalizado de forma tripartipe, sendo encarregados de tal função o Ministério do Trabalho e Previdência Social, os sindicatos e entidades representativas de classe.

Restringindo a autonomia da vontade no contrato de trabalho, o § 1º, do art. 19, desta lei prescreve que a empresa é responsável pela adoção e uso das medidas coletivas e individuais de proteção e segurança da saúde do trabalhador. Não deve somente adotar as medidas possíveis, tendo que fiscalizar e exigir o seu efetivo uso pelo trabalhador. Por outro lado, as medidas adotadas devem ser eficazes a ponto de atenuar ou eliminar os riscos de acidente de trabalho e a exposição ao contato com agentes que prejudiquem a saúde do trabalhador. O § 3º estabelece tipo penal e respectivo preceito sancionador. Constitui conduta típica da norma penal incriminadora, como contravenção penal, *"deixar a empresa de cumprir as normas de segurança e higiene do trabalho"*, fato punível com multa.

A Carta Magna, em seu art. 7º, inciso XXVIII, prevê como direito social aos trabalhadores urbanos e rurais, além de outros que visem à melhoria de sua condição social, seguro contra acidentes de trabalho, a cargo do empregador, sem excluir a indenização a que este está obrigado, quando incorrer em dolo ou culpa. A Súmula n. 229 do STF orienta: "A indenização acidentária não exclui a do direito comum, em caso de dolo ou culpa grave do empregador". Finalizando as abstrações, de forma conjugada, o art. 121 da Lei de Benefícios fixa que o dever indenizatório da empresa ou de outrem não é excluído pela concessão dos benefícios previdenciários acidentários. O conteúdo e alcance das normas legais e o quantitativo acidentário reparatório pertencem aos domínios do direito civil, cabendo à construção pretoriana a responsabilidade de ditar este aspecto do direito.

A evolução da infortunística como proteção social, todo o direito construído a partir da jurisprudência e da doutrina especificamente dedicada, com afinco, ao tema agora posto em debate, realça sua importância científica para o direito atual. Infelizmente, as estatísticas acidentárias assumem posições de destaque no contexto infortunístico, mobilizando segmentos diretamente afetos à normatização, execução e fiscalização do cumprimento das normas protecionistas.

---

(80) CASTRO, Carlos Alberto Pereira de; LAZZARI, João Batista. *Manual de direito previdenciário*, p. 465-466.

> **Art. 20.** Consideram-se acidente do trabalho, nos termos do artigo anterior, as seguintes entidades mórbidas:
>
> I — doença profissional, assim entendida a produzida ou desencadeada pelo exercício do trabalho peculiar a determinada atividade e constante da respectiva relação elaborada pelo Ministério do Trabalho e da Previdência Social;
>
> II — doença do trabalho, assim entendida a adquirida ou desencadeada em função de condições especiais em que o trabalho é realizado e com ele se relacione diretamente, constante da relação mencionada no inciso I.
>
> § 1º Não são consideradas como doença do trabalho:
>
> a) a doença degenerativa;
>
> b) a inerente a grupo etário;
>
> c) a que não produza incapacidade laborativa;
>
> d) a doença endêmica adquirida por segurado habitante de região em que ela se desenvolva, salvo comprovação de que é resultante de exposição ou contato direto determinado pela natureza do trabalho.
>
> § 2º Em caso excepcional, constatando-se que a doença não incluída na relação prevista nos incisos I e II deste artigo resultou das condições especiais em que o trabalho é executado e com ele se relaciona diretamente, a Previdência Social deve considerá-la acidente do trabalho.

20.1. Doença profissional e do trabalho

O art. 19 trata do acidente de trabalho típico, assim considerado, como visto, o fato violento e inopinado que agride a integridade física do trabalhador, causando-lhe lesão corporal ou perturbação funcional, vitimando-o ou ocasionando redução ou perda da capacidade laborativa, permanente ou temporária.

Já o art. 20 trata das doenças ocupacionais, distribuídas em doença profissional ou do trabalho, as quais se equiparam, por lei, ao acidente do trabalho, com a diferença de que estas desencadeiam um processo de degeneração lento e imperceptível ao organismo, mas com as mesmas consequências danosas. Surgem pelo contato com agentes nocivos químicos, físicos ou biológicos ou, quando não, resultam do desempenho inadequado do trabalho ou está afeto às más condições oferecidas para o seu exercício.

As doenças profissionais têm estreita relação com determinado tipo de atividade, promovida em função do desempenho desta, devendo-se comprovar o nexo causal entre o exercício da atividade e o agente patogênico relacionado no anexo II do Decreto n. 3.048/99. Como a relação é exemplificativa, comprovada a causalidade com doença não tipificada naquela relação, ainda assim a previdência pode reconhecer a origem acidentária da patogenia. São consideradas como tal as idiopatias, tecnopatias ou ergapatias.

A doença do trabalho, como decorre do próprio texto legal, é aquela adquirida ou desencadeada em função das condições em que o trabalho é realizado e com ele se relacione diretamente, cujo rol também pode ser visualizado no anexo II do Regulamento. Este tipo de entidade mórbida não guarda relação de causa e efeito diretamente com determinada espécie de atividade, mas sim com a maneira com que o trabalho é exercitado, descortinadas seja por fatores ambientais impróprios, seja por desempenho inadequado ligado à postura do próprio empregado. Fatores externos ou internos que poderiam ser objeto de prevenção específica do próprio patrão ou, acaso adotadas todas as medidas possíveis, resultam de postura inadequada do empregado. São os casos de esforços repetitivos ou ruído excessivo. Ainda que a doença não esteja relacionada no anexo II do Decreto n. 3.048/99, mas reconhecido o nexo causal com o desempenho do labor, a Previdência Social deve considerá-la como decorrente de acidente de trabalho, a teor do disposto no § 2º do art. 20.

O § 1º excepciona as seguintes entidade mórbidas da classe das doenças do trabalho: doença degenerativa, inerente a grupo etário, a que não produza incapacidade laborativa, a doença endêmica quando não relacionada da exposição ou contato direto determinado pela natureza do trabalho.

> **Art. 21.** Equiparam-se também ao acidente do trabalho, para efeitos desta Lei:
>
> I — o acidente ligado ao trabalho que, embora não tenha sido a causa única, haja contribuído diretamente para a morte do segurado, para redução ou perda da sua capacidade para o trabalho, ou produzido lesão que exija atenção médica para a sua recuperação;
>
> II — o acidente sofrido pelo segurado no local e no horário do trabalho, em consequência de:
>
> a) ato de agressão, sabotagem ou terrorismo praticado por terceiro ou companheiro de trabalho;
>
> b) ofensa física intencional, inclusive de terceiro, por motivo de disputa relacionada ao trabalho;
>
> c) ato de imprudência, de negligência ou de imperícia de terceiro ou de companheiro de trabalho;
>
> d) ato de pessoa privada do uso da razão;
>
> e) desabamento, inundação, incêndio e outros casos fortuitos ou decorrentes de força maior;
>
> III — a doença proveniente de contaminação acidental do empregado no exercício de sua atividade;
>
> IV — o acidente sofrido pelo segurado ainda que fora do local e horário de trabalho:
>
> a) na execução de ordem ou na realização de serviço sob a autoridade da empresa;
>
> b) na prestação espontânea de qualquer serviço à empresa para lhe evitar prejuízo ou proporcionar proveito;
>
> c) em viagem a serviço da empresa, inclusive para estudo quando financiada por esta dentro de seus planos para melhor capacitação da mão de obra, independentemente do meio de locomoção utilizado, inclusive veículo de propriedade do segurado;
>
> d) no percurso da residência para o local de trabalho ou deste para aquela, qualquer que seja o meio de locomoção, inclusive veículo de propriedade do segurado.
>
> § 1º Nos períodos destinados a refeição ou descanso, ou por ocasião da satisfação de outras necessidades fisiológicas, no local do trabalho ou durante este, o empregado é considerado no exercício do trabalho.
>
> § 2º Não é considerada agravação ou complicação de acidente do trabalho a lesão que, resultante de acidente de outra origem, se associe ou se superponha às consequências do anterior.
>
> **Art. 21-A.** Presume-se caracterizada incapacidade acidentária quando estabelecido o nexo técnico epidemiológico entre o trabalho e o agravo, decorrente da relação entre a atividade da empresa e a entidade mórbida motivadora da incapacidade, em conformidade com o que dispuser o regulamento (*Incluído pela Medida Provisória n. 316 — de 11 de agosto de 2006*).

21.1. Acidente de trabalho por equiparação

Já analisado o acidente de trabalho próprio ou típico, incumbe tecer comentários a respeito do acidente do trabalho por equiparação, os quais recebem da lei este *status* mesmo sobrevindo no momento em que o empregado não está exercendo a atividade.

Associam-se às causas diretas do acidente as concausas antecedentes, concomitantes ou supervenientes. Exemplificando, tem-se o caso de empregado que perdeu um braço fora do exercício de atividade e, no decorrer desta, perdeu o movimento do outro. À perda capacidade laborativa, deflagrada pela perda do movimento do braço, está aliada umbilicamente pela causa antecedente correspondente à preexistente perda do outro braço. A concausa concomitante ou simultânea pode ser observada na hipótese de o empregado sofre infarto durante um assalto na empresa ou, mesmo fora deste ambiente, mas durante a execução de tarefa, a caminho do trabalho ou de volta para casa, ou, por fim, durante viagem para frequência e curso de capacitação ou para execução de alguma tarefa, na forma das situações elencadas no inciso IV. Concausa superveniente é o caso de pessoa que esteve internada por fratura e vem a falecer em face de infecção hospitalar. Estão fora das hipóteses de concausas as situações do § 2º do art. 21. Assim, não se considera agravação ou complicação de acidente de trabalho a lesão que, resultante de acidente de outra origem, se associe ou se superponha às consequências do anterior. Dessa forma, a ocorrência de acidente que não seja do trabalho não entra, pela lei, na linha evolutiva do resultado considerado. Por exemplo, o empregado sofre acidente de trânsito a caminho do hospital, encaminhado para tratamento de fratura por acidente de trabalho.

Também se consideram acidente de trabalho os infortúnios surgidos no momento em que o empregado, embora não exercendo a atividade, esteja nos horários destinados à refeição ou descanso ou para satisfação de outras necessidades fisiológicas. É preciso, no entanto, que o empregado esteja no local de trabalho ou durante a jornada laboral (§ 1º). Exceção disso, são as hipóteses das alíneas *a* a *d*, do inciso IV, considerando como acidente de trabalho as ocorrências durante a execução de ordem ou na realização de serviço sob autoridade da empresa; na ausência de ordem da empresa, o serviço espontâneo tem a intenção de lhe evitar prejuízo ou proporcionar benefício para a empresa; em viagem para execução de serviço ou para frequência em curso de capacitação, ainda que o meio de locomoção seja de propriedade do próprio trabalhador; e, em última hipótese, a mais comum, o acidente ocorrido in itinere, ou seja, verificados durante o trajeto em rumo ao trabalho ou de volta para casa. Outra hipótese, incluída no rol infortunístico, é a contaminação acidental ocorrida durante o exercício da atividade (inciso III).

Confirmação da teoria do risco social, a qual acha-se desvencilhada da perquirição de qualquer conduta culposa, da vítima ou do patrão, exaurindo-se até mesmo nas hipóteses de eventos naturais (caso fortuito ou de força maior), o inciso II do art. 21 esgota as possibilidades, arrolando casos de acidentes ocorridos no local e horário do trabalho, em consequência de atos extraordinários do quotidiano laboral, porém merecedores de mesmo tratamento por vitimarem empregado no ambiente e durante a jornada laboral.

21.2. Nexo Técnico Epidemiológico

Dada a transição do Estado de liberdade para o Estado de Bem-estar Social, ao qual aderiu o Brasil, as normas enunciativas de Direitos Sociais terão que ser incorporadas pelo legislador infraconstitucional de forma a amenizar os riscos de acidente de trabalho e de garantia de proteção contra a infortunística. Em caso de concessão de benefício por acidente de trabalho, as prestações deverão ser pagas pelo INSS, que, no entanto, terá o direito de avaliar se as condições em que se deu o acidente podem ou não ensejar que sua natureza seja acidentária. Por outro lado, a empresa também participa da relação jurídica de direito previdenciário, sendo sujeito de direitos e deveres nos domínios da Seguridade Social, a qual também poderá ser atingida. De outra parte, sabido que a caracterização da natureza acidentária do benefício pago pelo INSS repercute na esfera trabalhista, assegurando ao trabalhador o direito à estabilidade por doze meses após a cessação do auxílio-doença acidentário e o depósito dos valores referentes ao Fundo de Garantia por Tempo de Serviço. A diferença que existia antes das modificações operadas pelas reformas previdenciárias à Lei n. 8.213/91, relativas ao cálculo da Renda Mensal Inicial dos benefícios por acidente de trabalho, já não mais existem, tendo, principalmente a Lei n. 9.032/95, expungido as diferenciações.

O problema que surge diante dos casos concretos está na possibilidade de qualificação da natureza do acidente, se de natureza acidentária ou comum. Concorre para a comprovação da natureza acidentária do benefício a emissão de CAT — Comunicação de Acidente de Trabalho e o INSS. Na redação dada pela Lei n. 11.430, de 26.12.2006, ao alterar o texto do art. 21-A da Lei de Benefícios, o INSS poderá caracterizar o nexo entre o exercício do trabalho e o agravo, considerando para isso a relação entre a atividade da empresa e a entidade mórbida motivadora da incapacidade elencada na Classificação Internacional de Doenças — CID.

A regulamentação da novidade trazida pela Medida Provisória n. 316, de 11 de agosto de 2006, ao incluir o art. 21-A, ainda não foi providenciada até a edição desta obra. Porém, adveio a modificação no Decreto n. 3.048/99 (Regulamento da Previdência Social), através do Decreto n. 6.042/07, que alterou a redação do art. 337 do Regulamento. Em caso de discordância por parte da empresa, esta poderá interpor recurso administrativo, a fim de comprovar a inexistência de nexo entre o trabalho exercido pelo segurado e o agravo que lhe foi impingido.

> **Art. 22.** A empresa deverá comunicar o acidente do trabalho à Previdência Social até o 1º (primeiro) dia útil seguinte ao da ocorrência e, em caso de morte, de imediato, à autoridade competente, sob pena de multa variável entre o limite mínimo e o limite máximo do salário de contribuição, sucessivamente aumentada nas reincidências, aplicada e cobrada pela Previdência Social.
>
> § 1º Da comunicação a que se refere este artigo receberão cópia fiel o acidentado ou seus dependentes, bem como o sindicato a que corresponda a sua categoria.
>
> § 2º Na falta de comunicação por parte da empresa, podem formalizá-la o próprio acidentado, seus dependentes, a entidade sindical competente, o médico que o assistiu ou qualquer autoridade pública, não prevalecendo nestes casos o prazo previsto neste artigo.
>
> § 3º A comunicação a que se refere o § 2º não exime a empresa de responsabilidade pela falta do cumprimento do disposto neste artigo.
>
> § 4º Os sindicatos e entidades representativas de classe poderão acompanhar a cobrança, pela Previdência Social, das multas previstas neste artigo.

22.1. Comunicação de Acidente de Trabalho — CAT

Afora os formulários exigidos para requerimento de benefícios por incapacidade, ligados a causas de origem acidentária ou não, e demais documentos para instruir tal pedido administrativo, configura-se exigência legal a elaboração e entrega da CAT — Comunicação de Acidente do Trabalho pelo empregador ao empregado, bem como a seus dependentes, ou mesmo para o sindicato da categoria (§ 1º). Tais informações são de grande vulto no recenseamento dos infortúnios com vistas à elaboração de estatísticas para formulação de medidas de prevenção, fiscalização e regulamentação legal por parte do Pode Público. A empresa continua com a obrigação, e o INSS de aceitar, ainda que não haja afastamento do trabalho ou requerimento de benefício por incapacidade e abrangem também as doenças profissionais ou do trabalho.

Ainda que haja CAT, visando a caracterização do infortúnio como decorrente de acidente de trabalho, se a situação fática permitir um juízo valorativo contrário ao entendimento da empresa, o INSS não estará obrigado a compartilhar da mesma posição adotada pelo empregador.

O acidente deverá ser comunicado à Previdência Social até o 1º dia útil seguinte ao da ocorrência quando resultar lesão corporal ou perturbação funcional causadora de perda ou redução da capacidade para o trabalho e, em caso de morte, a comunicação deverá ser ato contínuo ao acidente. A autoridade mencionada no dispositivo se refere ao agente policial com circunscrição no local. Na falta de comunicação por parte da empresa, podem fazê-la o próprio acidentado, seus dependentes, o sindicato representativo da categoria, o médico que o assistiu ou qualquer autoridade pública (§ 2º), a qual não elide a infração já consumada de autoria da empresa e, consequentemente, da imposição da penalidade pecuniária (§ 3º). Em caso de descumprimento desta obrigação administrativa, a empresa estará incursa na pena de pecuniária, que poderá variar entre o limite mínimo e máximo do valor do salário de contribuição vigente a partir do momento do descumprimento, cuja titularidade para aplicação e cobrança é da Previdência Social. Tal penalidade tem caráter essencialmente punitivo e sua titularidade é da Previdência social. A CAT serve para instruir ação judicial cuja causa de pedir esteja envolvida com acidente de trabalho, conforme estatuído no art. 129, inciso II, desta lei.

O valor da penalidade já tem cominação expressa no dispositivo sancionador da norma, motivo pelo qual não há de aplicar-se o art. 133 desta lei, genericamente destinado aos casos omissos.

O art. 286 do Decreto n. 3.048/99 minudencia a aplicação da penalidade, prescrevendo a imposição de uma penalidade para cada acidente não comunicado (*caput*).

Art. 23. Considera-se como dia do acidente, no caso de doença profissional ou do trabalho, a data do início da incapacidade laborativa para o exercício da atividade habitual, ou o dia da segregação compulsória, ou o dia em que for realizado o diagnóstico, valendo para este efeito o que ocorrer primeiro.

23.1. Fixação do dia do acidente

Como o processo evolutivo para deflagração de doenças profissionais ou do trabalho é paulatino e não de forma súbita, configura-se empreitada assaz dificultosa o estabelecimento de um marco inicial para a enfermidade, razão pela qual se adota, nestes casos, segundo o texto do art. 23, a data do início da incapacidade laborativa ou o dia da segregação compulsória, bem assim o dia que for realizado o diagnóstico, valendo o que ocorrer primeiro.

Antes que as modificações operadas pela Lei n. 9.032/95 determinassem que os benefícios acidentários compartilhassem dos mesmos critérios de cálculo dos benefícios de origem comum, ou seja, o cálculo pelo salário de benefício em vez do salário de contribuição vigente no dia do acidente, a determinação para o dia do acidente, em casos tais, também tinha importância para definição deste aspecto quantitativo do benefício.

> **Art. 24.** Período de carência é o número mínimo de contribuições mensais indispensáveis para que o beneficiário faça jus ao benefício, consideradas a partir do transcurso do primeiro dia dos meses de suas competências.
>
> Parágrafo único. Havendo perda da qualidade de segurado, as contribuições anteriores a essa data só serão computadas para efeito de carência depois que o segurado contar, a partir da nova filiação à Previdência Social, com, no mínimo, 1/3 (um terço) do número de contribuições exigidas para o cumprimento da carência definida para o benefício a ser requerido.

24.1. Definição de carência para os benefícios

Prefacialmente, cumpre assinalar que o governo Lula, através da Medida Provisória n. 242, de 24 de março de 2005, tentou acabar com a necessidade do cumprimento de 1/3 da carência para recuperação das contribuições anteriores à perda da qualidade de segurado, a fim de compor o somatório da carência em todo o tempo de filiação do segurado, revogando expressamente o art. 24. Acontece que tal norma não foi aceita no Senado, sendo posteriormente suspensa pelo Ato Declaratório do Presidente do Senado de n. 01 de 2005, publicado no DOU de 21.7.2005. A bem da verdade, tal medida em nada mais influenciaria nos casos concretos além do que já vem ocorrendo na prática para os benefícios de aposentadoria por idade e por tempo de contribuição/serviço, já que restou totalmente afastada a hipótese da referida necessidade para tais benefícios a partir da Lei n. 10.666/2003. Porém, para os benefícios de aposentadoria por invalidez e auxílio-doença, principalmente, a exigência ainda perdura até os dias atuais. Já para a pensão por morte e auxílio-reclusão não sofrem incidência do preceito regulador do art. 24 por não exigirem o requisito da carência.

Como se disse em páginas anteriores, a previdência social, como, aliás, todo e qualquer seguro, nos faz vir à mente o pressuposto da contribuição pecuniária, sinônimo de contraprestação pela expectativa de um serviço ou benefício futuro e incerto.

No Brasil tem lugar o regime de repartição, sistema pelo qual o financiamento pecuniário, o montante arrecadado, cobre as despesas com pagamentos de benefícios em manutenção, não se destinando à cobertura do benefício do próprio contribuinte.

Aliada aos requisitos para obtenção de benefícios disponíveis, como idade, tempo de atividade, morte, reclusão, incapacidade, a carência assume a condição de pressuposto econômico, sem o qual, via de regra, o beneficiário não se torna elegível à sua concessão.

O desembolso da contribuição serve não apenas para a satisfação do montante exigido como carência, mas também para obtenção da qualidade de segurado filiado ao sistema, bem como para a contagem do tempo de atividade (contribuição/serviço). Assim, para os segurados que têm em sua essência o pressuposto do exercício de atividade remunerada, basta a filiação para que a cobertura previdenciária descortine seus efeitos como relação jurídica. O segurado facultativo, enquanto derivado de filiação espontânea, assume sua posição na relação jurídica no momento do efetivo aporte ao sistema.

A Previdência Social assume sua condição de mantenedora de um sistema contributivo destinado a afiançar prestações enquanto futuras e incertas, considerando o momento do estabelecimento da relação jurídica. Se o risco que se quer contornar já se encontra concretizado quando da gênese do liame, o pagamento das contribuições necessárias ao benefício cuja contingência já se efetuou não milita em favor da sua regularização e, se presente má-fé do segurado, configura o crime de estelionato contra a Previdência Social. Aliás, como norma positiva, o preceito do art. 89, § 7º, da Lei n. 8.212/91, é expresso em predizer que "não será permitida ao beneficiário a antecipação do pagamento das contribuições para efeito de recebimento de benefícios". Não se pode olvidar que referido § 7º foi revogado pela Medida Provisória n. 449, de 3.12.2008.

O *caput* do art. 24 expressa não só a definição, em nível abstrato, da carência, como também demarca a forma de sua contabilização.

Quando alude a um número mínimo de contribuições mensais para que o beneficiário faça jus ao benefício pretendido, há que se reportar ao art. 26, o qual refere o aporte mínimo para cada qual dos benefícios, dosadas de acordo com a espécie de prestação. A referência ao beneficiário, em vez de simplesmente segurado, é totalmente despropositada, posto que os benefícios disponíveis aos dependentes, individual ou concomitantemente com o segurado, desprezam a condição econômica. Em obséquio ao princípio elementar de previdência de que os riscos cobertos têm que ser futuros e incertos, há o reclamo de que as contribuições têm que ser mensais e individuais, salvante os casos legais de pagamentos em montante único de débitos pretéritos excepcionalmente permitidos em lei.

24.2. Formas de cumprimento da carência de acordo com a espécie de segurado

Considera cumprida a carência a partir do transcurso do primeiro dia dos meses de suas competências. Observadas as variantes para cada espécie de segurado, tem-se como materializada a carência, para os segurados que exercem atividade remunerada, a partir do momento em que se verificar, no mundo fático, o pressuposto da filiação em associação com o transcurso do tempo e, quanto aos segurados facultativos, pelo pagamento das contribuições inerentes a esta qualidade.

No âmbito normativo, os dispositivos que tratam da carência estão concentrados nos arts. 24 a 27, da Lei de Benefícios. Individualmente considerados, expressam a definição do instituto, o volume contributivo mínimo e o *modus operandi* do recolhimento considerando cada espécie de segurado.

Como não poderia deixar de ser, o Regulamento é de todo dedicado a detalhes, motivo pelo qual seu art. 26 enriquece o assunto disciplinando especificamente os segurados considerados individualmente. Para o segurado especial, a carência não é em contribuições pecuniárias, sendo contada pelo exercício de atividade rural, ainda que de forma descontínua, igual ao número de meses exigidos para a carência do benefício (§ 1º). Porém, para o período anterior a novembro de 1991, veio a contrapartida na vedação de sua utilização para fins de carência. Neste aspecto do tema, é de todo imperioso reconhecer que o tempo de serviço prestado por segurados trabalhadores rurais anterior ao advento da Lei n. 8.213/91 somente pode ser considerado para obtenção dos benefícios de valor mínimo garantidos pelos arts. 143 ou 39, inciso I, ou na composição do tempo para aposentadoria por tempo de contribuição, sendo autorizado valer-se deste interregno para fins de carência ou contagem recíproca somente na existência do respectivo aporte contributivo ao RGPS. Forçoso colacionar, opor oportuno, a Súmula n. 15 da Turma Recursal dos Juizados Especiais Federais de Santa Catarina, que, a respeito, decidiu: "O tempo de serviço do segurado trabalhador rural anterior a novembro de 1991, ainda que ausente o recolhimento das contribuições previdenciárias, pode ser considerado para a concessão dos benefícios do Regime Geral de Previdência Social (RGPS), exceto para efeito de carência".

As contribuições vertidas para regime próprio de previdência serão consideradas para todos os efeitos, inclusive para fins de carência, valendo, neste particular, as considerações à contagem recíproca de tempo de serviço feitas na oportunidade dos arts. 94 a 99.

Quando o art. 24 menciona a exigência do transcurso do *primeiro dia* dos meses referentes à sua competência quer dizer que não basta o início do exercício da atividade para o início da contagem da carência, necessitando o transcurso do primeiro dia de cada mês. Na forma da dicção legal, uma contribuição somente vai ser contabilizada se o segurado houver trabalhado durante um dia inteiro. Assim, se o segurado foi admitido no dia 1 de janeiro e trabalhou neste dia, somente a partir do dia 2 é que haverá possibilidade de se contabilizar a carência do dia 1 do mês de janeiro, o mesmo acontecendo com o mês de fevereiro, e assim sucessivamente.

Para esclarecimento, imprescindível esmiuçar, em estilo ameno, o sistema de recolhimento presumido. Verificado o exercício de atividade remunerada, por exemplo, do segurado empregado, pelo menos em um dia do mês, tem-se aí uma contribuição válida, que pode ser aproveitada independentemente de existir ou não, considerando o sistema de recolhimento presumido, o efetivo pagamento da contribuição. Se o empregado trabalhou em uma empresa do dia 31.1.2006 ao dia 1º.4.2006, pagou quatro contribuições ao RGPS.

Se o segurado perder esta condição, tendo desatendido os prazos em seu favor estipulados no art. 15, as contribuições anteriores a esta perda somente poderão ser aproveitadas no cômputo da carência mínima quando o segurado não apenas readquirir esta qualidade, mas somente quando cumprir, pelo menos, 1/3 do número de contribuições exigidas para o benefício que postula. Por exemplo: se o segurado empregado trabalhou apenas numa empresa no período de 1º.1.2002 a 31.12.2003 e, após perder a qualidade de segurado, voltou a filiar-se trabalhando como empregado a partir de 1º.3.2005, somente terá direito ao auxílio-doença após o pagamento de quatro contribuições mensais, o que se dará somente com a entrada do mês de junho de 2005, se não houver interrupção do exercício de atividade neste interregno. Colocado de outro modo, se sobrevindo o evento no momento em que readquirida a qualidade de segurado, porém, ainda sem o pagamento de 1/3 da carência, não está atendido o requisito legal.

Para aposentadoria por idade, tempo de serviço e especial, está ultrapassada a exigência do recolhimento de mais 1/3 da carência. Os pretórios já vinham decidindo neste sentido antes mesmo que a edição da Lei n. 10.666, de 08 de maio de 2003, espancasse de vez com a divergência ao dispor que a perda da qualidade de segurado não será considerada para estes benefícios.[81]

Tendo perdido a razão de ser com a Lei n. 10.666/03, a exigência da carência de 1/3 a incidir sobre a carência progressiva do art. 142 da Lei de Benefício também não mais tem sentido, desaparecendo, a partir daquele diploma normativo, a antiga controvérsia a respeito, o que dispensa maiores digressões doutrinárias e jurisprudenciais.

---

(81) O § 1º do art. 3º da Lei n. 10.666/03, ao condicionar o preenchimento da carência correspondente na data do requerimento administrativo para a não consideração da perda da qualidade de segurado na aposentadoria por idade não muda o sentido do art. 142 da Lei n. 8.213/91 de exigir a carência segundo o ano em que o segurado implementa o requisito etário. Aquela norma apenas exige que o preenchimento dos requisitos já tenha acontecido até o momento do requerimento administrativo.

> **Art. 25.** A concessão das prestações pecuniárias do Regime Geral de Previdência Social depende dos seguintes períodos de carência, ressalvado o disposto no art. 26:
>
> I — auxílio-doença e aposentadoria por invalidez: 12 (doze) contribuições mensais;
>
> II — aposentadoria por idade, aposentadoria por tempo de serviço e aposentadoria especial: 180 contribuições mensais. (*Redação dada pela Lei n. 8.870, de 15.4.94*)
>
> III — salário-maternidade para as seguradas de que tratam os incisos V e VII do art. 11 e o Art. 13: dez contribuições mensais, respeitado o disposto no parágrafo único do art. 39 desta Lei. (*Inciso acrescentado pela Lei n. 9.876, de 26.11.99*)
>
> Parágrafo único. Em caso de parto antecipado, o período de carência a que se refere o inciso III será reduzido em número de contribuições equivalente ao número de meses em que o parto foi antecipado. (*Parágrafo acrescentado pela Lei n. 9.876, de 26.11.99*)
>
> **Redações anteriores**
>
> A concessão das prestações pecuniárias do Regime Geral de Previdência Social — RGPS depende dos seguintes períodos de carência, ressalvado o disposto no art. 26:
>
> I — auxílio-doença e aposentadoria por invalidez: 12 (doze) contribuições mensais;
>
> II — aposentadoria por idade, aposentadoria por tempo de serviço e aposentadoria especial e abono de permanência em serviço: 180 (cento e oitenta) contribuições mensais.

25.1. Prazos de carência

Conquanto um sistema contributivo de previdência não sobreviva sem prévio ingresso pecuniário dos elegíveis aos benefícios, a quantidade das mensalidades não pode ser deixada indiscriminadamente ao alvedrio do legislador. Há de se respeitar um mínimo de equidade na implantação das contribuições, levando em consideração o caráter previsível ou não das prestações pecuniárias consideradas isoladamente. Como se disse em várias oportunidades anteriores, o regime de repartição simples, adotado no Brasil, desvencilha qualquer correlativo entre o benefício ser honrado e as próprias contribuições vertidas pelo mesmo segurado, assegurando, apenas, o equilíbrio do caixa para solvência dos benefícios em manutenção de forma não individualizada.

Em tributo a isso, o legislador implantou uma carência menor para os benefícios de aposentadoria por invalidez e auxílio-doença, exigindo um total de doze, e para as aposentadorias por tempo de contribuição/serviço, especial e por idade, cobra um número mais elevado, exigindo um total de cento e oitenta. Afora estas hipóteses, o art. 26 trata das prestações que não exigem o aporte contributivo.

Volta-se a lembrar que a carência para os segurados especiais é expressa em exercício de atividade rural, nos moldes delineados, prescindindo do desembolso do numerário para os benefícios que especifica (inciso III, do art. 26). Querendo o mesmo tratamento dispensado aos outros beneficiários, recebendo mesmos benefícios e forma de cálculo, terão que contribuir nos mesmos moldes do segurado facultativo (inciso II, do art. 39).

O salário-maternidade independe de carência para a segurada empregada, trabalhadora avulsa e empregada doméstica (art. 26, inciso VI, da LB), exigindo-se da segurada contribuinte individual, especial e facultativa um total de dez contribuições mensais, na forma do art. 25 da Lei n. 8.213/91, modificado pela Lei n. 9.876/99. Deve-se ressaltar que a segurada especial aqui referida trata-se da trabalhadora rural que se propõe a pagar as contribuições como segurada facultativa para ter direito ao cálculo do salário de benefício sobre suas contribuições. Enquanto que para a segurada especial não contribuinte fica garantido o benefício no valor mínimo, na forma do art. 39, parágrafo único, da LB, tendo que comprovar o exercício de atividade rural nos doze meses anteriores ao início do benefício. O art. 93, § 2º, do Decreto n. 3.048/99, cuja redação foi alterada pelo Decreto n. 5.545, de 22.9.2005, prescreve um total de dez meses de exercício de atividade rural imediatamente anteriores à data do parto ou do requerimento do benefício, quando requerido antes do parto, mesmo que de forma descontínua. Em caso de parto antecipado, o período de carência para as seguradas contribuinte individual, especial e facultativa, ou seja, dez contribuições mensais, passa a ser reduzido na mesma proporção em relação ao número de meses antecipados (parágrafo único).

25.2. Carência progressiva

A Lei n. 8.213/91 implantou um significativo aumento no prazo de carência para os benefícios de aposentadoria por idade, tempo de serviço e especial. A CLPS imediatamente revogada, assinava um prazo geral de sessenta contribuições para os citadinos aspirantes a estes benefícios. Com a novidade legislativa, a partir de 5.4.1991 estes benefícios passaram a demandar uma carência de cento e oitenta pagamentos mensais para cada qual. Não obstante isso, o legislador, porém, cuidou de proteger a expectativa de direito daqueles que, no momento da produção dos efeitos da novel legislação, ainda não tinham incorporado algum direito adquirido em seu patrimônio jurídico, implantando, em nível abstrato, uma progressão do número de contribuições exigidas para estas situações, aumentando paulatinamente até o total reclamado pela norma geral (180). Com isso, segurados que recém transpunham os umbrais do novo regime sem o direito incorporado em seu patrimônio, poderiam contar com o favor legal.

O favor legal em beneplácito à expectativa de direito contemplado neste artigo, ressalte-se, somente incide sobre os segurados que até a data de vigência da Lei n. 8.213/91, expressamente referida no texto como sendo 24.7.91, já tinham estabelecido algum vínculo de filiação antes deste marco. O texto legal menciona a inscrição do segurado. Porém, a bem da verdade, é o desempenho de atividade submetida ao crivo da legislação como sendo obrigatória (ou sem o exercício de atividade para os segurado facultativos) é que determina a regra. *A contrario sensu*, os segurados que se filiarem em data posterior a 24.7.91, por questão de lógica, terão que cumprir a regra geral de 180 contribuições, eis que o suporte fático de incidência da norma estará totalmente dentro do campo de eficácia do comando normativo. As antigas divergências doutrinárias e jurisprudenciais sobre se era preciso ter o segurado filiação exatamente em 24.7.91 já perderam espaço para o entendimento oposto.

25.3. Carência em função da migração de regime próprio ao RGPS

Já não era sem tempo para que a odiosa regra do art. 95 fosse revogada,[82] a qual exigia uma carência de trinta e seis contribuições mensais para que o segurado da Previdência Social pudesse contar com o tempo de serviço prestado em regime próprio federal, estadual ou municipal. Quer dizer que o tempo nestes regimes somente poderia ser contado para obtenção de aposentadoria no RGPS após um período contributivo, neste regime, de no mínimo três anos.

---

(82) Pela Medida Provisória n. 2.187-13, de 24.8.2001, que foi convertida na Lei n. 10.887, de 18 de junho de 2004.

> **Art. 26.** Independe de carência a concessão das seguintes prestações:
>
> I — pensão por morte, auxílio-reclusão, salário-família e auxílio-acidente; (*Redação dada pela Lei n. 9.876, de 26.11.99*)
>
> II — auxílio-doença e aposentadoria por invalidez nos casos de acidente de qualquer natureza ou causa e de doença profissional ou do trabalho, bem como nos casos de segurado que, após filiar-se ao Regime Geral de Previdência Social, for acometido de alguma das doenças e afecções especificadas em lista elaborada pelos Ministérios da Saúde e do Trabalho e da Previdência Social a cada três anos, de acordo com os critérios de estigma, deformação, mutilação, deficiência, ou outro fator que lhe confira especificidade e gravidade que mereçam tratamento particularizado;
>
> III — os benefícios concedidos na forma do inciso I do art. 39, aos segurados especiais referidos no inciso VII do art. 11 desta Lei;
>
> IV — serviço social;
>
> V — reabilitação profissional;
>
> VI — salário-maternidade para as seguradas empregada, trabalhadora avulsa e empregada doméstica (*Inciso acrescentado pela Lei n. 9.876, de 26.11.99*)
>
> **Redações anteriores**
>
> Independe de carência a concessão das seguintes prestações:
>
> I — pensão por morte, auxílio-reclusão, salário-família, salário-maternidade, auxílio-acidente e pecúlios;
>
> II — auxílio-doença e aposentadoria por invalidez nos casos de acidente de qualquer natureza ou causa e de doença profissional ou do trabalho, bem como nos casos de segurado que, após filiar-se ao Regime Geral de Previdência Social — RGPS, for acometido de alguma das doenças e afecções especificadas em lista elaborada pelos Ministérios da Saúde e do Trabalho e da Previdência Social a cada 3 (três) anos, de acordo com os critérios de estigma, deformação, mutilação, deficiência, ou outro fator que lhe confira especificidade e gravidade que mereçam tratamento particularizado;
>
> III — os benefícios concedidos na forma do inciso I do art. 39 aos segurados especiais referidos no inciso VII do art. 11 desta Lei;
>
> IV — serviço social;
>
> V — reabilitação profissional.

26.1. Isenção de carência

Alguns dos favores legais encerram certa correlação com a imprevisibilidade que marcam alguns benefícios ou, em outras hipóteses, guardam estreito laço com a gravidade da enfermidade que deu ensanchas ao surgimento de uma incapacidade. Outros, porém, não veiculam o ato concessivo à relação jurídica primária com o segurado, desviando seu curso ao dependente. Em suma, o legislador não poderia ficar insensível a situações especiais, deixando de estabelecer tratamento diferenciado a casos que, não fossem as exceções legais, ficariam à míngua do direito a um benefício disponível.

Pela CLPS anterior (Decreto n. 89.312/84), revogada pela Lei n. 8.213/91, a pensão por morte e o auxílio-reclusão reclamavam uma carência de doze contribuições mensais. O auxílio-acidente, salário-família e o salário-maternidade desprezavam a exigência da carência. O inciso I foi modificado pela Lei n. 9.876/99, que excluiu do rol de benefícios premiados com a benesse o salário-maternidade e o pecúlio. Acontece, porém, que a menção ao pecúlio quedou-se revogada tacitamente a partir do momento em que eliminados do ordenamento jurídico os dispositivos que os contemplavam. Com relação ao salário-maternidade, os prazos de carência estão regulados no art. 25 e 39, já comentados nestas oportunidades.

O inciso II consagra o beneplácito da isenção de carência a casos eleitos como de maior relevância para proteção infortunística. Merece dispensa contributiva auxílio-doença ou aposentadoria por invalidez quando contornarem cujo risco social de acidente de qualquer natureza ou causa e de doença profissional ou do trabalho, bem como segurado acometido de doença cuja gravidade justifica o favor. Nesta última hipótese, verifica-se que a norma contém menção exemplificativa de fatores mórbidos seguida de expressão genérica ("... ou outro fator que lhe confira especificidade e gravidade que mereçam tratamento particularizado;"), conferindo, assim, ao preceito, caráter exemplificativo e não taxativo, permitindo enquadramento ampliativo de enfermidades análogas. O art. 151, por expressa disposição em seu texto, também demanda complementação legislativa com a lista das doenças mencionada no inciso II do art. 26 da Lei n. 8.213/91. Porém, ao tempo em que ainda não elaborada tal relação, as enfermidades que, provisoriamente, complementam aquele dispositivo são aquelas mencionadas. Atualmente, a propalada relação veio com a Portaria Interministerial MPAS/MS n. 2.998, de 23 de agosto de 2001, publicada no DOU de 24.8.2001. Deste modo, o segurado que se incapacitar temporária ou definitivamente após filiar-se ao RGPS em decorrência de alguma destas entidades mórbidas terá direito enquanto cumpridos os requisitos da filiação ao regime (qualidade de segurado) e a incapacidade temporária ou permanente, conforme o benefício pretendido for auxílio-doença ou aposentadoria por invalidez. É de todo imperioso que a incapacidade seja posterior à filiação, quando muito dentro do período de graça.

Ressalte-se que estão alcançados pelo preceito não só infortúnios decorrentes de acidente de trabalho, tendo albergado quadros clínicos surgidos em função de qualquer espécie de acidente.

Outra questão interessante, recentemente julgada pela Turma Regional de Uniformização de Jurisprudência dos Juizados Especiais Federais do TRF da 4ª Região, restou descortinada pela conjugação dos arts. 26, II, e 42, § 2º, ambos da Lei n. 8.213/91. O primeiro dispositivo, aqui analisado, favorece o segurado com isenção de carência, entre outros casos, pela superveniência de doença elencada e sobrevinda após a filiação. O art. 42, § 2º, a seu turno, ressalta que o fator determinante para o direito à aposentadoria por invalidez não é a doença em si, mas sim a incapacidade para o exercício de atividade laborativa.

A Turma Regional de Uniformização, no Incidente de Uniformização de n. 2006.72.95.004093-6, onde atuamos no patrocínio do segurado, decidiu, por maioria, entender que a isenção de carência da hipótese do art. 26, II, somente se aplica aos casos em que o segurado ingressa no RGPS sem mesmo ter conhecimento de sua doença. Assim, ainda que a incapacidade sobrevenha por motivo de agravamento da doença, sendo, portanto, caso de incapacidade superveniente, ou seja, após a filiação e após, inclusive, se for o caso, o pagamento de ¼ da carência, se a doença que originou a incapacidade não lhe era desconhecida, não é o caso de aplicar-se a isenção de carência do art. 26, II.

É oportuno trazer à colação a ementa daquele julgado, que restou assim transcrita, *verbis*: "A preexistência de enfermidade à filiação ao RGPS não impede a concessão da aposentadoria por invalidez, caso a incapacidade decorrente do agravamento da doença seja posterior à filiação. Provimento negado. Falta de demonstração da carência do art. 25, I, da Lei n. 8.213/91." (publicado no Diário Eletrônico de 22.10.2007, <www.trf4.gov.br>).

Acerca do tema, é interessante destacar as seguintes considerações: a) o art. 26, II, dispensa de carência apenas os casos em que o segurado contrai a doença após ter-se filiado; b) o art. 42, § 2º, deixa claro como requisito imprescindível para aposentadoria por invalidez a incapacidade superveniente e não a doença; c) o art. 42, § 2º, não desautoriza a concessão do benefício em caso de conhecimento pelo segurado de que é portador de doença antes do ingresso no RGPS, porém não será agraciado com a isenção de carência do art. 26, II.

26.2. Dispensa de carência para os benefícios aos segurados especiais

O segurado especial figura como contribuinte obrigatório da Previdência Social (inciso VII, do art. 11). A base de cálculo e o percentual para recolhimento da contribuição estão expressos no art. 25 da Lei n. 8.212/91. As peculiaridades de sua atividade criam certas disparidades da forma mensal de contribuir, usual aos outros segurados, motivo pelo qual dele não é exigido carência em forma de desembolso de contribuições, expressando-se em exercício de atividade rural nos moldes exigidos pelo art. 39, inciso I, ou seja, ainda que de forma descontínua, no período imediatamente anterior ao requerimento do benefício, igual ao número de meses correspondentes à carência do benefício requerido, se almejarem benefícios disponibilizados como garantia mínima, ou mediante contribuição facultativa se quiserem lograr acesso aos mesmos direitos dos outros segurados, em idênticas formas de cálculo e elenco de prestações. Para o período anterior a novembro de 1991, veio a contrapartida na vedação de sua utilização para fins de carência. Neste aspecto do tema, é de todo imperioso reconhecer que o tempo de serviço prestado por segurados trabalhadores rurais anterior ao advento da Lei n. 8.213/91 somente pode ser considerado para obtenção dos benefícios de valor mínimo garantidos pelos arts. 143 ou 39, inciso I, ou na composição do tempo para aposentadoria por tempo de contribuição, sendo autorizado valer-se deste interregno para fins de carência ou contagem recíproca somente na existência do respectivo aporte contributivo ao RGPS. Forçoso colacionar, por oportuno, a Súmula n. 15 da Turma Recursal dos Juizados Especiais Federais de Santa Catarina, que, a respeito, decidiu: "O tempo de serviço do segurado trabalhador rural anterior a novembro de 1991, ainda que ausente o recolhimento das contribuições previdenciárias, pode ser considerado para a concessão dos benefícios do Regime Geral de Previdência Social (RGPS), exceto para efeito de carência".

26.3. Serviços

O serviço social e a reabilitação profissional dispensam o pagamento das contribuições por se tratarem de prestações desprovidas de feição pecuniária.

26.4. Salário-maternidade

Na ocasião em que comentada a hipótese do inciso III, do art. 25, explanou-se de forma completa a respeito da carência para o benefício salário-maternidade. Por ora, cuida-se, aqui, de dispensa da contribuição das seguradas empregada, trabalhadora avulsa e empregada doméstica (inciso VI acrescido pela Lei n. 9.876/99).

> **Art. 27.** Para cômputo do período de carência, serão consideradas as contribuições:
>
> I — referentes ao período a partir da data da filiação ao Regime Geral de Previdência Social, no caso dos segurados empregados e trabalhadores avulsos referidos nos incisos I e VI do art. 11;
>
> II — realizadas a contar da data do efetivo pagamento da primeira contribuição sem atraso, não sendo consideradas para este fim as contribuições recolhidas com atraso referentes a competências anteriores, no caso dos segurados empregado doméstico, contribuinte individual, especial e facultativo, referidos, respectivamente, nos incisos II, V e VII do Art. 11 e no art. 13. (*Redação dada pela Lei n. 9.876, de 26.11.99*)
>
> **Redações anteriores**
>
> Para cômputo do período de carência, serão consideradas as contribuições:
>
> I — referentes ao período a partir da data da filiação ao Regime Geral de Previdência Social — RGPS, no caso dos segurados empregados e trabalhadores avulsos referidos nos incisos I e VI do art. 11;
>
> II — realizadas a contar da data do efetivo pagamento da primeira contribuição sem atraso, não sendo consideradas para este fim as contribuições recolhidas com atraso referentes a competências anteriores, no caso dos segurados referidos nos incisos II, III, IV, V e VII, este enquanto contribuinte facultativo, do art. 11 e no art. 13 desta Lei.

27.1. Termo inicial para contagem da carência

O inciso I ainda não foi modificado, enquanto o inciso II está, atualmente, com a redação que lhe foi dada pela Lei n. 9.876/99.

Cuida-se, no contexto do art. 27, das contribuições que podem ser consideradas para efeito do cômputo da carência e do seu marco inicial, considerando os segurados analisados individualmente. O modo do recolhimento e os percentuais estão regulados na Lei de Custeio (Lei n. 8.212/91).

Este enunciado legal tem íntima relação com a forma de filiação e para entendê-lo é preciso entrever a forma pela qual cada segurado tem o dever de recolher. Transcreva-se, a este respeito, a título explicativo, o parágrafo único do art. 20 do Decreto n. 3.048/99, assim redigido: "A filiação à Previdência Social decorre automaticamente do exercício de atividade remunerada para os segurados obrigatórios e da inscrição formalizada com o pagamento da primeira contribuição para o segurado facultativo". Atualmente, o referido art. 20, parágrafo único está com a redação dada pelo Decreto n. 6.722, de 30.12.2008, mas sem alterações que modifiquem a substância do preceito normativo em comento.

Os segurados contribuinte individual, especial e facultativo, referidos no inciso II, recolhem as suas contribuições por iniciativa própria, dispensando a intervenção de terceiros. Já o contrário acontece com segurados empregado e trabalhador avulso, os quais têm, por natureza, um intermediário obrigado a arrecadar e recolher as contribuições, ficando diretamente responsáveis pelos débitos em caso de descumprimento deste encargo.[83] A filiação destes segurados e,

---

(83) Confira-se acórdão do Tribunal Regional Federal da 4ª Região, Apelação Cível n. 2000.04.01.022984-0, Relator Nylson Paim de Abreu, DJU 29.8.00, assim ementado: "PREVIDENCIÁRIO. APOSENTADORIA POR TEMPO DE SERVIÇO. PERÍODO DE CARÊNCIA. FALTA DE RECOLHIMENTO DAS CONTRIBUIÇÕES PREVIDENCIÁRIAS. CUSTAS JUDICIAIS. CORREÇÃO MONETÁRIA. 1. A empresa empregadora é a *responsável* pelo *recolhimento* das contribuições previdenciárias dos segurados empregados, a teor do *art. 39 inc.1, let. A let. B*. Se deixa de recolhê-las no período de carência, não poderá, por tal motivo, o segurado ser penalizado com o indeferimento do benefício. 2. É da competência do INSS a fiscalização do *recolhimento* e a cobrança das contribuições previdenciárias incidentes sobre a folha de salários. 3. Para o preenchimento do requisito da carência, basta a prova da vinculação à Previdência Social na qualidade de empregado, presumindo-se o recolhimento de todos os encargos pelo empregador". (grifos no original).

por conseguinte, os efeitos da relação jurídica, como decorre do texto do enunciado legal acima reproduzido, opera-se pelo simples exercício da atividade. O Decreto n. 3.048/99, em seu art. 26, § 4º, considera presumido o recolhimento das contribuições do segurado empregado, trabalhador avulso e, em relação ao contribuinte individual, a partir da competência abril de 2003, as contribuições dele descontadas pela empresa na forma do art. 216. A menção feita ao contribuinte individual, incluindo-o no rol dos segurados prestigiados com recolhimento presumido a partir da competência abril de 2003, na forma que restou com o Decreto n. 4.729/2003, tem sua razão de ser no fato de que estes segurados exercem atividade remunerada prestando serviços a empresas e a outros segurados. O legislador, entrevendo isso, subsumiu a tomadora de serviços do contribuinte individual ao alcance da obrigação administrativa de arrecadar e recolher as contribuições geradas pela prestação dos serviços.

Os segurados obrigados ao recolhimento por ato próprio podem contar como carência as contribuições pagas em dia, não sendo incluídas no seu cômputo aquelas vertidas em atraso para competências anteriores. Se houver exercício de atividade sem formalização da inscrição e pagamento de contribuições, no caso dos segurados obrigatórios que não recolhem por ato próprio, está assegurado o pagamento do débito retroativo para aproveitamento no tempo de serviço/contribuição, qualidade de segurado e filiação (parágrafo único, do art. 20, do Decreto n. 3.048/99), não sendo permitida para contagem da carência.[84] O segurado especial tem forma de contribuir diferente dos moldes usuais em função do *modus operandi* da operacionalização de sua produção, o que impossibilita a sua participação no custeio mensalmente. Os segurados que contribuem por ato de outrem podem contar para todos os efeitos o tempo de atividade ainda que à escassez contributiva em época própria, para tal desiderato sendo necessário, apenas e tão somente, a comprovação do exercício de atividade, nos moldes delineados pelo art. 55.

Em se tratando de contribuições dos contribuintes individuais em atraso, é interessante anotar que, na esteira do que preceitua o § 1º do art. 45 da Lei n. 8.212/91 (Plano de Custeio), a contagem do tempo de serviço está condicionada ao pagamento das respectivas contribuições não pagas em época própria. Em outras palavras, se o segurado contribuinte individual pretender receber algum benefício da Previdência Social, terá que comprovar o exercício de atividade remunerada e efetuar o pagamento das contribuições que não pagou na época em que prestou os serviços. Embora no momento da prestação da atividade tais verbas possam ter tido natureza tributária, dotadas de grande carga de compulsoriedade, no momento do requerimento administrativo passam a ter a natureza indenizatória, motivo pelo qual não há que se falar em prescrição e decadência das contribuições como motivo para o impedimento de tal favor a ser dispensado em prol do contribuinte individual. Tal ressarcimento em favor da Fazenda Pública Previdenciária tem a finalidade de concorrer para o sistema securitário de forma atuarial e financeira, servindo de equilíbrio para a manutenção tranquila da solvência do sistema de seguridade estatal. O ressarcimento indenizatório à Previdência Social é feito na forma do art. 96, inciso IV, do Plano de Benefícios, em obediência ao postulado no § 2º, do art. 45, da Lei de Custeio, levando-se em conta apenas e tão-somente a média simples dos últimos trinta e seis (36) salários de contribuição, excluindo-se os juros e multa de mora.[85]

---

(84) "PREVIDENCIÁRIO. APOSENTADORIA POR TEMPO DE SERVIÇO. SEGURADO AUTÔNOMO. CONTRIBUIÇÕES EM ATRASO. TEMPO DE SERVIÇO NÃO COMPROVADO. 1. À época em que houve a alegada prestação de atividade como autônomo — de 1964 a 1976 —, bem como na ocasião em que efetuadas as contribuições em atraso — 1984 — a legislação previdenciária (arts. 2º e 5º da Lei n. 3.807, de 26.8.1960, art. 24 do Dec. n. 72.771, de 6.9.1973, que regulamentou a LOPS, e inciso I do art. 19 do Dec. n. 83.080, de 24.1.1979, que regulamentou a CLPS de 1984), o mero exercício de atividade abrangida pela previdência social urbana trazia, por consequência, filiação obrigatória, independentemente de ter havido inscrição anterior. 2. Se a lei vigente à época em que a demandante alega ter prestado atividade profissional como autônoma exigia o efetivo exercício da atividade remunerada para que fosse segurada obrigatória, antes de mais nada essa condição é que deve ser comprovada. 3. Não sendo objeto da lide a comprovação da real prestação de serviços no período controvertido, não há como outorgar-lhe o benefício, uma vez que antes de discutir se o procedimento efetuado pela demandante ao proceder os recolhimentos em atraso estava correto, é necessário demonstrar o exercício de atividade laboral no intervalo controvertido". (Apelação Cível n. 1999.71.04.002283-3, do Rio Grande do Sul, Relator Celso Kipper, DJU de 26.10.2005, p. 662).
(85) Vale a pena reproduzir ementa de acórdão do TRF4, assim redigida: "CERTIDÃO DE TEMPO DE SERVIÇO. CONTRIBUINTE INDIVIDUAL. DECADÊNCIA. RECOLHIMENTO DAS CONTRIBUIÇÕES PREVIDENCIÁRIAS EM ATRASO. O legislador propiciou ao

Ainda em se tratando de contribuições pagas em atraso pelos segurados referidos no inciso II do art. 27 da Lei de Benefícios, uma importante consideração há de ser explicitada, neste momento, a bem do entendimento da parte final do dispositivo, alusiva à não consideração das contribuições recolhidas com atraso referentes às competências anteriores.

Uma simples leitura do dispositivo legal retrocitado levaria a uma intelecção errônea e exageradamente literal, no sentido de que toda e qualquer contribuição paga em atraso nunca seria aceita como carência. No entanto, não é dessa forma que deve se conduzir, na exegese do preceito, o operador jurídico previdenciário.

Para os segurados em referência, como se afirmou em linhas anteriores, o mero exercício de atividade não tem a eficiência de gerar o cômputo do período de carência, como no caso dos segurados do inciso I, que recolhem por ato de outrem. Para os segurados do inciso I, é necessário, para tal finalidade, não só o efetivo pagamento da contribuição, mas também que esse desembolso seja em dia. A não consideração das contribuições pagas em atraso referentes às competências anteriores significa a exigência de disciplina contributiva, ou seja, não pode haver burla ao sistema, hipótese bastante ocorrente, na prática, quando um contribuinte individual, por exemplo, sentindo a necessidade urgente de filiar-se ao RGPS, em razão de doença iminente, dois ou três meses antes do pedido administrativo de benefício paga, de uma só vez, todas as contribuições exigidas para compor a carência. Nesta hipótese houve má-fé do segurado, porquanto embora exercendo atividade sujeita à filiação ao RGPS, não pagou as contribuições respectivas a cada competência mensal. Diferentemente é o caso daquele segurado que, embora tenha pago as contribuições em atraso, não efetuou o desembolso de uma só vez, momentos antes do pedido, mas deixou escoar o prazo contributivo em relação a cada competência, pagando a contribuição apenas dias após o seu vencimento mensal. Outra situação, também verificada, porém lícita, acontece quando o desembolso de contribuições em bloco opera-se em períodos distantes do direito ao benefício ou mesmo do requerimento, não havendo que se falar, também, neste caso, de má-fé do segurado.

Não é sem propósito que deixamos o segurado empregado doméstico fora daquele comentário alusivo aos segurados que recolhem por ato próprio.

Como se sabe, o empregado doméstico tem características similares ao empregado de empresa (ressalvando a finalidade lucrativa), devendo a sua contribuição ser recolhida pelo empregador doméstico, mediante desconto no salário, e não pelo próprio empregado (art. 30, inciso V, da Lei n. 8.212/91). Por isso, não há como deixar de tecer críticas ao odioso tratamento dispensado ao segurado empregado doméstico por incluí-lo na relação do inciso II, ou seja, daqueles que recolhem por ato próprio e, em função disso, ficam impossibilitados de pagar contribuições em atraso. O remédio jurídico é tratá-lo de forma igualitária ao empregado de empresa, em níveis idênticos de filiação mediante prova de exercício de atividade em carteira profissional. Por isso, provado o exercício de atividade remunerada e o não recolhimento em época própria, o empregador doméstico substituirá o empregado arcando pessoalmente pelos débitos que deixou de recolher, valendo as contribuições para efeito de carência.[86]

---

segurado inadimplente o favor legal de recolher as contribuições atrasadas e não exigíveis e com isso poder contar tais períodos como **tempo de serviço** para fins de jubilação ou outro, não possuindo o INSS direito potestativo de exigibilidade de tais contribuições. Absurdo, assim, querer contar qualquer prazo e, dessa forma, alegar os institutos da decadência ou da prescrição, relativamente a quem não tinha e não tem ação e nem potestade. Incumbindo à parte autora, na qualidade de contribuinte individual, a obrigação de recolher as contribuições previdenciárias e não efetuando o recolhimento no momento oportuno, é devido o pagamento da indenização prevista no artigo 96, inciso IV, da Lei n. 8.213/1991, para que haja o reconhecimento do tempo de serviço, na forma do § 2º do art. 45 da Lei n. 9.032/1995, levando-se em conta tão somente o valor da média simples dos últimos 36 (trinta e seis) meses do salário de contribuição, excluídos os juros e a multa, por ser a forma mais justa para segurado e previdência social, atendendo, ainda, aos princípios constitucionais tributários da reserva legal, da irretroatividade da lei e da isonomia". (Apelação Cível n. 2000.70.03.005369-0, do Paraná, Relator Vilson Darós, publicado no DJU de 13.9.2006, p. 624).
(86) "PREVIDENCIÁRIO. APOSENTADORIA POR INVALIDEZ. EMPREGADA DOMÉSTICA. **CONTRIBUIÇÕES EM ATRASO — CARÊNCIA.** HONORÁRIOS PERICIAIS. 1. Tratando-se de empregada doméstica as contribuições recolhidas em atraso são consideradas para fins de **carência** uma vez que a responsabilidade pelo recolhimento é do empregador. 2. Demonstrado pelo conjunto probatório ser a autora portadora de moléstia que a incapacita, total e permanentemente, para o exercício de atividades laborativas, mantém-se a sentença que concede o benefício a contar do requerimento administrativo. 3. Fixada a verba honorária

27.2. Forma de recolhimento do contribuinte individual que presta serviço para pessoas jurídicas

Fruto da conversão em lei (Lei n. 10.666/03), a Medida Provisória representou evolução no tocante ao tratamento dado aos segurados contribuintes individuais que prestam serviços para pessoas jurídicas. Trata-se, a bem da verdade, medida de igualação e justiça no dispensamento a estes contribuintes, alçando-os a um mesmo nível de isonomia, no aspecto, aos segurados empregados, justamente por terem um intermediário que pode participar de relação jurídica de direito tributário e concorrer na sistemática de pagamento das contribuições.

A partir de então, cronologicamente com marco inicial em abril de 2003, os segurados contribuintes individuais que prestam serviços para empresas poderão desfrutar da presunção de arrecadação e recolhimento contributivo. Assim, as empresas, a par de terem que desembolsar as suas próprias contribuições, terão o encargo tributário de se verem na condição de contribuinte (ou terceiro responsável) para efetivarem o ato de arrecadar e recolher as contribuições dos segurados contribuintes individuais. É de notar-se, por relevante, que os segurados contribuintes individuais poderão ter acesso ao sistema de presunção de recolhimento somente se prestado o serviço para pessoas jurídicas, não assim para pessoas físicas, caso em que continuarão com a obrigação tributária de proceder ao recolhimento das suas próprias contribuições.

---

pericial consoante estabelecido na Resolução n. 227, de 15 de dezembro de 2000, do Conselho da Justiça Federal, vigente quando da fixação da mesa, improcede o apelo no ponto, mesmo porque o laudo foi bem elaborado não se resumindo a, tão somente, responder aos quesitos formulados pelas partes e pelo julgador". (Apelação Cível n. 2000.71.12.002534-0, do Rio Grande do Sul, Relator João Batista Pinto Silveira, DJU de 28.7.2004, p. 477).

> **Art. 28.** O valor do benefício de prestação continuada, inclusive o regido por norma especial e o decorrente de acidente do trabalho, exceto o salário-família e o salário-maternidade, será calculado com base no salário de benefício (*Redação dada pela Lei n. 9.032, de 28.4.95*)
>
> § 1º (*Revogado pela Lei n. 9.032, de 28.4.95*)
>
> § 2º (*Revogado pela Lei n. 9.032, de 28.4.95*)
>
> § 3º (*Revogado pela Lei n. 9.032, de 28.4.95*)
>
> § 4º (*Revogado pela Lei n. 9.032, de 28.4.95*)
>
> **Redações anteriores**
>
> O valor do benefício de prestação continuada, inclusive o regido por norma especial, exceto o salário-família e o salário-maternidade, será calculado com base no salário de benefício.
>
> § 1º Quando o benefício for decorrente de acidente do trabalho, considerar-se-á, ao invés do salário de benefício calculado de acordo com o disposto nesta Subseção, o salário de contribuição vigente no dia do acidente, se mais vantajoso, aplicando-se-lhe o disposto no § 2º do art. 29.
>
> § 2º Entende-se como salário de contribuição vigente no dia do acidente o contratado para ser pago por mês, dia ou hora, no mês do acidente, que será multiplicado por trinta quando diário, ou por duzentos e quarenta, quando horário, para corresponder ao valor mensal que servirá de base de cálculo para o benefício;
>
> § 3º Quando a jornada de trabalho não for de oito horas diárias, será adotada, para fins do disposto no parágrafo anterior, a base de cálculo a ela correspondente.
>
> § 4º Quando, entre o dia do acidente do trabalho e a data do início do benefício, ocorrer reajustamento por dissídio coletivo ou alteração do salário mínimo, benefício deverá iniciar-se também com a renda mensal reajustada, nos mesmos índices deste ou de acordo com a política salarial.

28.1. Prestações calculadas pelo salário de benefício

Volta-se a relembrar, como já feito em outras oportunidades, que as modificações operadas, de tempos em tempos, nos diplomas previdenciários, atentando ao afastamento cada vez mais acentuado das mecânicas de cálculo escassas de feição atuarial, levaram o sistema de cálculo ao nível mais alto de impopularidade com o fator previdenciário, um cenário nunca antes visto na história da previdência, erguido como tábua de salvação para o regime de repartição, engendrado como retaliação pela derrocada do governo na aprovação do limite de idade mínimo para aposentadoria por tempo de contribuição.

E a modificação de que ora se cuida se reveste deste desiderato, embora imperceptível aos olhos do desconhecedor da técnica atuarial.

Críticas à parte, no regime previdenciário atual, disciplinado pela Lei n. 8.213/91, existem três espécies de prestações previdenciárias: de pagamento continuado, de pagamento único, os serviços e a reabilitação profissional. As prestações de pagamento único, embora o direito a elas tenha sido revogado, subsistem em contemplação ao direito adquirido quando atendidos os requisitos contemporâneos à legislação revogada.

Os benefícios de prestação continuada, geridos pela Previdência Social, são pagamentos mensais cujo *quantum* obedece a um ritual matemático legalizado, nos tempos que correm, sob o crivo do equilíbrio financeiro e atuarial. Em sua maioria são pagamentos vitalícios e sua forma de pagamento não pode sofrer solução de continuidade, motivo pelo qual seu valor real tem que acompanhar os movimentos inflacionários e sua qualidade nominativa é irredutível.

Refere o art. 28 que os benefícios de prestação continuada, inclusive o regido por norma especial e as prestações concebidas sob infortúnios de acidente de trabalho, exceto o salário-família e o salário-maternidade, serão calculados consoante a sistemática do salário de benefício.

O salário de benefício é uma técnica de cálculo das prestações previdenciárias de pagamento continuado que associa determinado período contributivo, denominado período-básico-de-cálculo, com o valor das remunerações auferidas pelos segurados, limitativamente consideradas sob a alcunha de salários de contribuição. O salário de benefício vale-se de um determinado período de filiação do segurado em que existem ou não contribuições recolhidas e as considera num limite mínimo e máximo preconcebido.

28.2. Prestações não calculadas pelo salário de benefício

Estão de fora do alcance do salário de benefício o salário-família e o salário-maternidade. O salário-família, embora custeado mediante contribuições previdenciárias, não se trata de benefício assistencialista, e pode ser pago em cota inferior ao salário-mínimo, sendo devido por número de dependentes do segurado. O salário-maternidade é pago sob diferentes matizes, dependendo da segurada de que se cuida. A empregada e trabalhadora avulsa terão direito a receber o benefício no valor igual à sua remuneração mensal. A Previdência Social caberá pagar o benefício à segurada trabalhadora avulsa, na forma do que dispõe o art. 73, § 3º, da Lei n. 8.213/91. A mãe adotiva, conforme preceito do art. 71-A, da LB, receberá o benefício diretamente da Previdência Social. A empregada doméstica receberá quantia igual ao valor de seu último salário de contribuição, limitado ao teto máximo da Previdência Social. Receberá 1/12 (um doze avos) do valor sobre o qual incidiu sua última contribuição anual, em caso de segurada especial, e, no mesmo valor, os demais segurados, só que incidentes sobre a soma dos doze últimos salários de contribuição, apurados num período não superior a quinze meses, também limitados ao teto máximo do RGPS, estando garantido o valor mínimo para cada qual em caso de ser inferior a este patamar. A segurada especial não contribuinte individual terá direito a um salário mínimo como valor do benefício.

O regime vigente antes da metamorfose operada pela Lei n. 9.032/95, que eliminou os parágrafos do art. 28 e deu nova grafia ao *caput*, conferia diferente mecanismo apenas ao salário-família e ao salário-maternidade, dando o mesmo tratamento aos benefícios regidos por norma especial e, quanto aos benefícios acidentários, os parágrafos tratavam, em esquema à parte, do seu valor, assegurando-lhe a renda mais vantajosa entre o cotejo do valor resultante do salário de benefício e o salário de contribuição vigente no dia do acidente.

É claro que as prestações com data de início de benefício (DIB) contemporânea ao período anterior à revogação (até 28.4.1995) restam imaculadas, atentando a legislação até então vigente quanto à forma de cálculo.

28.3. Prestações calculadas para os servidores de cargo efetivo dos entes federativos

Em conformidade com o que se depreende da Constituição Federal de 1988 (§ 13 do art. 40) e da presente Lei de Benefícios da Previdência Social (art. 12), somente serão enquadrados como segurados obrigatórios do RGPS aqueles que estiverem exercendo atividade sujeita à filiação obrigatória e facultativa, não assim os servidores que estiverem ocupando cargo efetivo com as entidades estatais e seus desmembramentos. A *contrariu sensu*, farão jus ao enquadramento no RGPS os servidores públicos que não estiverem cobertos por Regime Próprio de Previdência Social, assim também aqueles que ocuparem cargos em comissão, cargo ou emprego público, situações que demarcam uma certa instabilidade no vínculo com as entidades públicas paras quais prestam seus serviços.

A idealização de igualação previdenciária que vem surgindo no meio jurídico entre os segurados do Regime Geral de Previdência Social e os servidores públicos reflete-se, de alguma forma, como é inevitável, também no cálculo do valor dos benefícios. Com o advento da Emenda Constitucional n. 41/03, o regime de pagamento integral e paritário das mensalidades previdenciárias, em mesmo nível inicial e manutenção de seu valor igual aos servidores da ativa, foi implementado pela Medida Provisória n. 167, convertida na Lei n. 10.887/04.

Art. 29. O salário de benefício consiste:

I — para os benefícios de que tratam as alíneas *b* e *c* do inciso I do art. 18, na média aritmética simples dos maiores salários de contribuição correspondentes a oitenta por cento de todo o período contributivo, multiplicada pelo fator previdenciário; (*Incluído pela Lei n. 9.876, de 26.11.99*)

II — para os benefícios de que tratam as alíneas *a*, *d*, *e* e *h* do inciso I do art. 18, na média aritmética simples dos maiores salários de contribuição correspondentes a oitenta por cento de todo o período contributivo. (*Incluído pela Lei n. 9.876, de 26.11.99*)

§ 1º (*Revogado pela Lei n. 9.876, de 26.11.99*)

§ 2º O valor do salário de benefício não será inferior ao de um salário mínimo, nem superior ao do limite máximo do salário de contribuição na data de início do benefício.

§ 3º Serão considerados para cálculo do salário de benefício os ganhos habituais do segurado empregado, a qualquer título, sob forma de moeda corrente ou de utilidades, sobre os quais tenha incidido contribuições previdenciárias, exceto o décimo-terceiro salário (gratificação natalina). (*Redação dada pela Lei n. 8.870, de 1994*)

§ 4º Não será considerado, para o cálculo do salário de benefício, o aumento dos salários de contribuição que exceder o limite legal, inclusive o voluntariamente concedido nos 36 (trinta e seis) meses imediatamente anteriores ao início do benefício, salvo se homologado pela Justiça do Trabalho, resultante de promoção regulada por normas gerais da empresa, admitida pela legislação do trabalho, de sentença normativa ou de reajustamento salarial obtido pela categoria respectiva.

§ 5º Se, no período básico de cálculo, o segurado tiver recebido benefícios por incapacidade, sua duração será contada, considerando-se como salário de contribuição, no período, o salário de benefício que serviu de base para o cálculo da renda mensal, reajustado nas mesmas épocas e bases dos benefícios em geral, não podendo ser inferior ao valor de 1 (um) salário mínimo.

§ 6º O salário de benefício do segurado especial consiste no valor equivalente ao salário-mínimo, ressalvado o disposto no inciso II do art. 39 e nos §§ 3º e 4º do art. 48 desta Lei. (*Alterado pela Lei n. 11.718, de 20 de junho de 2008*)

I — (*Revogado pela Lei n. 11.718, de 20 de junho de 2008*)

II — (*Revogado pela Lei n. 11.718, de 20 de junho de 2008*)

§ 7º O fator previdenciário será calculado considerando-se a idade, a expectativa de sobrevida e o tempo de contribuição do segurado ao se aposentar, segundo a fórmula constante do Anexo desta Lei. (*Incluído pela Lei n. 9.876, de 26.11.99*)

§ 8º Para efeito do disposto no § 7º, a expectativa de sobrevida do segurado na idade da aposentadoria será obtida a partir da tábua completa de mortalidade construída pela Fundação Instituto Brasileiro de Geografia e Estatística — IBGE, considerando-se a média nacional única para ambos os sexos. (*Incluído pela Lei n. 9.876, de 26.11.99*)

§ 9º Para efeito da aplicação do fator previdenciário, ao tempo de contribuição do segurado serão adicionados: (*Incluído pela Lei n. 9.876, de 26.11.99*)

I — cinco anos, quando se tratar de mulher; (*Incluído pela Lei n. 9.876, de 26.11.99*)

II — cinco anos, quando se tratar de professor que comprove exclusivamente tempo de efetivo exercício das funções de magistério na educação infantil e no ensino fundamental e médio; (*Incluído pela Lei n. 9.876, de 26.11.99*)

III — dez anos, quando se tratar de professora que comprove exclusivamente tempo de efetivo exercício das funções de magistério na educação infantil e no ensino fundamental e médio. (*Incluído pela Lei n. 9.876, de 26.11.99*)

Art. 29-A. O INSS utilizará as informações constantes no Cadastro Nacional de Informações Sociais — CNIS sobre os vínculos e as remunerações dos segurados, para fins de cálculo do salário de benefício, comprovação de filiação ao Regime Geral de Previdência Social, tempo de contribuição e relação de emprego. (*Alterado pela Lei Complementar n. 123, de 14 de dezembro de 2006*)

§ 1º O INSS terá até 180 (cento e oitenta) dias, contados a partir da solicitação do pedido, para fornecer ao segurado as informações previstas no *caput* deste artigo. (*Incluído pela Lei n. 10.403, de 8.1.2002*)

§ 2º O segurado poderá solicitar, a qualquer momento, a inclusão, exclusão ou retificação de informações constantes do CNIS, com a apresentação de documentos comprobatórios dos dados divergentes, conforme critérios definidos pelo INSS. (*Alterado pela Lei Complementar n. 123, de 14 de dezembro de 2006*)

§ 3º A aceitação de informações relativas a vínculos e remunerações inseridas extemporaneamente no CNIS, inclusive retificações de informações anteriormente inseridas, fica condicionada à comprovação dos dados ou das divergências apontadas, conforme critérios definidos em regulamento. (*Acrescido pela Lei Complementar n. 123, de 14 de dezembro de 2006*)

§ 4º Considera-se extemporânea a inserção de dados decorrentes de documento inicial ou de retificação de dados anteriormente informados, quando o documento ou a retificação, ou a informação retificadora, forem apresentados após os prazos estabelecidos em regulamento. (*Acrescido pela Lei Complementar n. 123, de 14 de dezembro de 2006*)

§ 5º Havendo dúvida sobre a regularidade do vínculo incluído no CNIS e inexistência de informações sobre remunerações e contribuições, o INSS exigirá a apresentação dos documentos que serviram de base à anotação, sob pena de exclusão do período. (*Acrescido pela Lei Complementar no 123, de 14 de dezembro de 2006*)

Art. 29-B. Os salários de contribuição considerados no cálculo do valor do benefício serão corrigidos mês a mês de acordo com a variação integral do Índice Nacional de Preços ao Consumidor — INPC, calculado pela Fundação Instituto Brasileiro de Geografia e Estatística — IBGE. (*Incluído pela Lei n. 10.877/2004*)

Redações anteriores

Redação antes da modificação pela Lei n. 11.718, de 20.06.2008

O salário de benefício consiste: (*Redação dada pela Lei n. 9.876, de 26.11.99*)

I — para os benefícios de que tratam as alíneas b e c do inciso I do art. 18, na média aritmética simples dos maiores salários de contribuição correspondentes a oitenta por cento de todo o período contributivo, multiplicada pelo fator previdenciário; (*Inciso acrescentado pela Lei n. 9.876, de 26.11.99*)

II — para os benefícios de que tratam as alíneas a, d, e e h do inciso I do art. 18, na média aritmética simples dos maiores salários de contribuição correspondentes a oitenta por cento de todo o período contributivo. (*Inciso acrescentado pela Lei n. 9.876, de 26.11.99*)

§ 1º (*Revogado pela Lei n. 9.876, de 26.11.99*)

§ 2º O valor do salário de benefício não será inferior ao de um salário mínimo, nem superior ao do limite máximo do salário de contribuição na data de início do benefício.

§ 3º Serão considerados para cálculo do salário de benefício os ganhos habituais do segurado empregado, a qualquer título, sob forma de moeda corrente ou de utilidades, sobre os quais tenha incidido contribuições previdenciárias, exceto o décimo-terceiro salário (gratificação natalina) (*Redação dada pela Lei n. 8.870, de 15.4.94*)

§ 4º Não será considerado, para o cálculo do salário de benefício, o aumento dos salários de contribuição que exceder o limite legal, inclusive o voluntariamente concedido nos 36 (trinta e seis) meses imediatamente anteriores ao início do benefício, salvo se homologado pela Justiça do Trabalho, resultante de promoção regulada por normas gerais da empresa, admitida pela legislação do trabalho, de sentença normativa ou de reajustamento salarial obtido pela categoria respectiva.

§ 5º Se, no período básico de cálculo, o segurado tiver recebido benefícios por incapacidade, sua duração será contada, considerando-se como salário de contribuição, no período, o salário de benefício que serviu de base para o cálculo da renda mensal, reajustado nas mesmas épocas e bases dos benefícios em geral, não podendo ser inferior ao valor de 1 (um) salário mínimo.

§ 6º No caso de segurado especial, o salário de benefício, que não será inferior ao salário mínimo, consiste: (*Parágrafo e incisos acrescentados pela Lei n. 9.876, de 26.11.99*)

I — para os benefícios de que tratam as alíneas b e c do inciso I do art. 18, em um treze avos da média aritmética simples dos maiores valores sobre os quais incidiu a sua contribuição anual, correspondentes a oitenta por cento de todo o período contributivo, multiplicada pelo fator previdenciário;

II — para os benefícios de que tratam as alíneas a, d, e e h do inciso I do art. 18, em um treze avos da média aritmética simples dos maiores valores sobre os quais incidiu a sua contribuição anual, correspondentes a oitenta por cento de todo o período contributivo.

§ 7º O fator previdenciário será calculado considerando-se a idade, a expectativa de sobrevida e o tempo de contribuição do segurado ao se aposentar, segundo a fórmula constante do Anexo desta Lei (*Parágrafo acrescentado pela Lei n. 9.876, de 26.11.99*)

§ 8º Para efeito do disposto no § 7º, a expectativa de sobrevida do segurado na idade da aposentadoria será obtida a partir da tábua completa de mortalidade construída pela Fundação Instituto Brasileiro de Geografia e Estatística — IBGE, considerando-se a média nacional única para ambos os sexos (*Parágrafo acrescentado pela Lei n. 9.876, de 26.11.99*)

§ 9º Para efeito da aplicação do fator previdenciário, ao tempo de contribuição do segurado serão adicionados: (*Parágrafo e incisos acrescentados pela Lei n. 9.876, de 26.11.99*)

I — cinco anos, quando se tratar de mulher;

II — cinco anos, quando se tratar de professor que comprove exclusivamente tempo de efetivo exercício das funções de magistério na educação infantil e no ensino fundamental e médio;

III — dez anos, quando se tratar de professora que comprove exclusivamente tempo de efetivo exercício das funções de magistério na educação infantil e no ensino fundamental e médio.

Redação original

O salário de benefício consiste na média aritmética simples de todos os últimos salários de contribuição dos meses imediatamente anteriores ao do afastamento da atividade ou da data da entrada do requerimento, até o máximo de 36 (trinta e seis), apurados em período não superior a 48 (quarenta e oito) meses.

§ 1º No caso de aposentadoria por tempo de serviço, especial ou por idade, contando o segurado com menos de 24 (vinte e quatro) contribuições no período máximo citado, o salário de benefício corresponderá a 1/24 (um vinte e quatro avos) da soma dos salários de contribuição apurados.

§ 2º O valor do salário de benefício não será inferior ao de um salário-mínimo nem superior ao do limite máximo do salário de contribuição na data de início do benefício.

§ 3º Serão considerados para cálculo do salário de benefício os ganhos habituais do segurado empregado, a qualquer título, sob forma de moeda corrente ou de utilidades, sobre os quais tenha incidido contribuição previdenciária.

§ 4º Não será considerado, para o cálculo do salário de benefício, o aumento dos salários de contribuição que exceder o limite legal, inclusive o voluntariamente concedido nos 36 (trinta e seis) meses imediatamente anteriores ao início do benefício, salvo se homologado pela Justiça do Trabalho, resultante de promoção regulada por normas gerais da empresa, admitida pela legislação do trabalho, de sentença normativa ou de reajustamento salarial obtido pela categoria respectiva.

§ 5º Se, no período básico de cálculo, o segurado tiver recebido benefício por incapacidade, sua duração será contada, considerando-se como salário de contribuição, no período, o salário de benefício que serviu de base para o cálculo da renda mensal, reajustado nas mesmas épocas e bases dos benefícios em geral, não podendo ser inferior ao valor de 1 (um) salário-mínimo.

29.1. Salário de benefício e salário de contribuição

Inicialmente, cumpre assinalar que o governo Lula, através da Medida Provisória n. 242, de 24 de março de 2005, tentou modificar em parte o cálculo do salário de benefício para alguns benefícios da Previdência Social. A partir da referida MP, os benefícios de auxílio-doença e auxílio-acidente passariam a não mais ter o cálculo do salário de benefício submetido ao período básico de cálculo a partir da competência julho de 1994, passando a terem período básico de cálculo como antes das modificações operadas pela Lei n. 9.876/99, ou seja, pela média aritmética simples dos últimos trinta e seis salários de contribuição ou, não alcançando este limite, pela média aritmética simples dos salários de contribuição existentes. Tal inovação também seria aplicada nas hipóteses de auxílio-doença ou aposentadoria por invalidez quando acometido o segurado por doença isenta de carência, relacionada no inciso II do art. 26, e a renda mensal resultante do novo cálculo não poderia ultrapassar o valor da remuneração do segurado, considerada em seu valor mensal, ou do seu último salário de contribuição, neste caso quando houver recebimento de remuneração variável. Acontece que tal Medida Provisória não foi aceita pelo Ato Declaratório do Presidente do Senado, de n. 01/2005, publicado no DOU em 21.7.2005, não tendo produzido qualquer efeito desde a sua publicação.

O art. 29 traz uma gama enorme de regras para o cálculo do salário de benefício, embora toda a matéria não se encontre esgotada neste único dispositivo. Remanesce com mesmo propósito o art. 32, que trata do cálculo na hipótese, conquanto rara, de exercício de atividades concomitantes pelo segurado, sem deixar-se de atentar, sobretudo, aos fundamentos constitucionais, embora sob linhas gerais, mas com incidência direta na mecânica do cálculo e na intangibilidade da expressão monetária do seu *quantum*. O conceito do salário de benefício não se exaure em si mesmo, sendo dependente do compartilhamento de definições extraídas de normas constitucionais e da Lei de Custeio, as quais irão compor o seu delineamento e culminar com a renda mensal inicial, importância originária estabelecida para recebimento pelo segurado.

A Constituição de 1988 pôs fim à injustiça da CLPS (Decreto n. 89.312/84), espancando a restrição à atualização monetária de apenas vinte e quatro dos trinta e seis salários de contribuição utilizados para o cálculo do benefício. Neste sentido, o *caput* do art. 202, da CF, em sua redação prima, era expresso em predizer que o cálculo da aposentadoria valia-se da média dos trinta e seis últimos salários de contribuição, atualizados mensalmente, cujos índices deveriam expressar seu valor real frente à corrosão provocada pela inflação. Este art. 202 foi redefinido pela Emenda Constitucional n. 20/98, passando a tratar de assunto totalmente alheio ao que até então previa. O § 3º, também originário, determinava a correção monetária de todos os salários de contribuição utilizados no cálculo do salário de benefício. Embora o comando para definição legislativa dos percentuais só veio com a nova redação dada pela Emenda Constitucional n. 20/98, a Lei n. 8.213/91, complementando o Texto Maior, no texto do art. 31 originariamente vigente, definiu, com período demarcado, que o índice para o reajustamento dos salários de contribuição seria o INPC. De lá para cá, o tempo vem ditando as mudanças legislativas por que vem sofrendo os reajustes dos benefícios e os dos salários de contribuição.

Conquanto possa parecer plausível que a Constituição Federal não é dada a tratar de pormenores, os quais devem passar para o crivo da legislação subalterna, há que se tecer elogios ao novel ordenamento constitucional vindo com a Carta de 1988, concernentemente ao aspecto protecionista externado pela atualização dos valores a compor o cálculo dos benefícios, redundando numa importância inicial de benefício mais equânime, bem como com o reajustamento dos benefícios mantidos na data de sua promulgação através do art. 58 do ADCT. A par da delegação expressa para definição de índices de reajustamentos, a pretensão do legislador constituinte culminou na injustiça cometida aos segurados titulares de benefícios acima do mínimo. É que os índices de reajustamentos, de tempos em tempos, a partir da Lei n. 8.213/91, diferem daqueles praticados para atualizar o salário-mínimo, gerando uma antipatia pela população com este estado de coisas perpetrado pelo legislador ordinário.

Os salários de contribuição a serem utilizados para o cálculo do valor dos benefícios obedecem a critérios temporais e qualitativos.

Sob acepção qualitativa, o § 3º, do art. 29, explicita, de uma forma genérica, as verbas que não deixarão de compor o salário de contribuição do segurado empregado, reportando-se aos seus ganhos habituais, sob qualquer título, em forma de moeda corrente ou de utilidades, tirante o décimo terceiro salário, querendo-se referenciar às verbas que, relacionadas em maior número pelo art. 28 da Lei de Custeio, sofrerão incidência da exação contributiva e comporão o salário de contribuição. Oportuno trazer à colação o seguinte aresto:

> "'PREVIDENCIÁRIO. REVISIONAL. RAZÕES DISSOCIADAS DA SENTENÇA. INCLUSÃO DE HORAS EXTRAS NO CÁLCULO DO BENEFÍCIO. 1. Não se conhece de apelo cujas razões são inteiramente dissociadas da matéria versada na sentença. 2. No cálculo da aposentadoria por tempo de serviço deve ser considerada a integralidade dos valores recebidos a título de horas extras.' [TRF4, AC 95.04.53672-7, Tadaaqui Hirose, 5ª T., DJU 29.11.99]."[87]

É necessário repisar que, segundo art. 195, da Constituição Federal de 1988, no delineamento pós-EC n. 20/98, o financiamento da Seguridade Social é tríplice, mantido por recursos dos orçamentos do Estado, contribuições das empresas e dos segurados. Já se disse, em inúmeras oportunidades, que o fluxo de caixa do regime de repartição simples é a soma das contribuições vertidas pelos sujeitos passivos e o benefício a ser concedido para cada segurado, em particular, é pago mediante recursos coletivos. Entretanto, o cálculo do salário de benefício, para cada segurado, é feito em atenção às suas próprias contribuições, deixando-se de lado as contribuições vertidas pelo seu empregador. Em outras palavras, a parcela da empresa não compõe o salário de contribuição do segurado.

O salário de contribuição é relevante para os planos previdenciário e trabalhista, na medida em que define as verbas integrantes da remuneração do segurado e trabalhador; pode ser conceituado com o concurso de elementos contributivos, já que se trata de figura de direito tributário; é a base de cálculo sobre a qual incidirá a alíquota correspondente à exação tributária, assim definida pela Lei de Custeio da Previdência Social, cuja operacionalização pode ser vislumbrada em dois momentos distintos, quais sejam, no momento da exação contributiva, quando do pagamento da contribuição, e na oportunidade do cálculo do salário de benefício, ocasião em que, mediante levantamento histórico, serão resgatados os valores que serviram para a base de cálculo da contribuição a fim de compor o cálculo do salário de benefício.

29.2. Espécies de salário de contribuição de cada segurado

Os segurados contribuinte individual e facultativo estão obrigados a recolher as contribuições até o dia 15 do mês seguinte ao da competência (inciso II, do art. 30, da Lei n. 8.212/91).

O segurado facultativo, em vista de ausência de exercício de atividade, não tem como escapar de declarar o valor de forma aleatória, respeitando-se o limite mínimo e máximo. O salário de contribuição do empregado, doméstico e trabalhador avulso respeitam a forma de pagamento compositiva da essência destes segurados. O empregado é obrigado a descontar parcela de seu salário auferido em uma ou mais empresas, de acordo com o art. 28, inciso I, da Lei n. 8.212/91. O empregado doméstico contribui pelo valor expresso na Carteira de Trabalho e Previdência Social (inciso II). O segurado especial recolhe na forma do art. 25 do mesmo diploma, ou seja, mediante a alíquota incidente sobre o resultado da comercialização de sua produção, o que pode não ocorrer mensalmente, em face do que pode contribuir, também, facultativamente, na forma do art. 21, acompanhando o contribuinte individual e facultativo (art. 195, § 8º, da CF/88).

O art. 28 da Lei de Custeio esquadrinha as várias espécies de segurados, em função da natureza da atividade de cada qual, a fim de definir, com profundidade, os elementos que compõem a base de cálculo da contribuição.

Ainda neste ponto sob enfoque, é necessário adiantar que o benefício poderá ser concedido ainda que à carência de comprovação dos valores dos salários de contribuição pelo segurado, na forma do disposto nos arts. 35 e 36 da Lei n. 8.213/91, registrando mais uma vez o aspecto protecionista da legislação previdenciária. Por outro lado, o art. 34 atenta para o esquema de

---

(87) DEMO, Roberto Luis Luchi. *Jurisprudência Previdenciária*, p. 74.

recolhimento presumido das contribuições respeitando a operacionalização das atividades de certos segurados.

29.3. Salário de contribuição para o contribuinte individual e escala de salário-base

A Lei n. 9.876/99 trouxe uma espécie diferenciada de salário de contribuição para o segurado contribuinte individual, tendo sido abandonado o abominável esquema de contribuição sobre escala de salário-base, pelo qual os antigos segurados autônomo, equiparado a autônomo e empresário, integrantes da categoria hoje denominada contribuinte individual, contribuíam mensalmente obedecendo limitações temporais e quantitativas, em total discrepância com os seus efetivos rendimentos. A partir daquele diploma normativo, ao revogar o art. 29 da Lei de Custeio, o legislador aboliu a mecânica de contribuição fictícia de recolhimento, passando a prescrever a obrigação de recolhimento com base nos efetivos ganhos mensais para os segurados contribuinte individual e facultativo. Assim, o inciso III, do art. 28 da Lei de Custeio determina que o salário de contribuição do contribuinte individual é a remuneração auferida em uma ou mais empresas ou pelo exercício de atividade por conta própria. No entanto, o art. 4º, da Lei n. 9.876/99, preservou o mesmo regime jurídico de recolhimento do contribuinte individual e facultativo para os segurados já filiados por ocasião da data de sua publicação, mandando observar a redação do art. 29 da Lei n. 8.212/91 vigente naquele momento.[88]

Em função das constantes modificações legislativas, não raro é necessário, na análise de um caso concreto, incursionar em legislações já revogadas na busca do direito aplicável à espécie. Para o caso da contribuição dos segurados ora em análise, tratando-se de modificação razoavelmente recente, imperiosa uma rápida digressão na mecânica do recolhimento em vigor em 28.11.1999. Os segurados contribuinte individual e facultativo recolhiam sob a escala de salário-base, composta de dez classes, cada qual com seu valor pré-fixado de recolhimento. O segurado contribuía pelo valor atribuído à classe na qual estava enquadrado, não levando em consideração o valor de seus efetivos rendimentos. Diferentemente de que ocorre hoje, quando se tem uma alíquota única de 20%, as alíquotas da antiga escala também variavam em função da classe, sendo de 10% até a classe 3 e a partir de então passando a 20%. O enquadramento inicial deveria ser na classe inicial, salvo as exceções dos §§ 3º, 7º e 8º, do art. 29. Verificada a classe inicial, o segurado somente poderia progredir para a classe subsequente após observado o interstício correspondente, que era o número de meses de contribuição mínimo a se respeitar, podendo, então, cumprido o interstício, progredir na escala, passando a poder contribuir sob valor maior. Havia também a possibilidade de regressão na escala para classe inferior. De acordo com o § 1º, do art. 4º, da Lei n. 9.876/99, o número mínimo de meses em cada classe, na redação vigente em 28.11.1999, seria reduzido, gradativamente, em doze meses a cada ano, após o que estaria extinta a referida escala.

29.4. Período básico de cálculo

Na redação vigente antes da modificação operada pela Lei n. 9.876/99, a apuração do salário de benefício levava em conta o período contributivo (período básico de cálculo) no espaço de quarenta e oito (48) meses anteriores ao afastamento da atividade ou da data de entrada do requerimento. Deste número, calculava-se a média aritmética com apenas trinta e seis (36) salários dentro destes marcos, chegando-se ao valor sobre o qual incidiria o coeficiente para renda mensal inicial. Dispunha o antigo § 1º, do art. 29, que para aposentadoria por idade, tempo de serviço e especial, contando o período básico de cálculo com menos de 24 contribuições, o salário de benefício seria a média aritmética simples destes valores. Para benefícios de auxílio-doença, aposentadoria por invalidez, pensão por morte e auxílio-reclusão, o salário de benefício será obtido pela média aritmética simples dos valores encontrados no período básico de cálculo.

---

(88) "Considera-se salário de contribuição, para os segurados contribuinte individual e facultativo filiados ao Regime Geral da Previdência Social até o dia anterior à data de publicação desta Lei, o salário-base, determinado conforme o art. 29 da Lei n. 8.212, de 1991, com a redação vigente naquela data."

Como a Lei n. 8.213/91, em seu art. 29, anterior à modificação operada pela Lei n. 9.876/99, dispunha que o período-básico-de-cálculo teria que ser composto pelos 48 últimos salários de contribuição *imediatamente anteriores ao afastamento da atividade* ou *da data de entrada do requerimento*, parece ter surgido, entre uma modificação e outra, o conflito de sucessão de leis no tempo, a ser resolvido pelos princípios basilares de hermenêutica e aplicação do direito. Isso porquanto mesmo com o advento da nova leitura a ser dada por força da Lei n. 9.876/99, que alterou o dispositivo, parece que ao segurado deve-se manter o seu direito adquirido em face da lei nova, com o cálculo de seu benefício por suas remunerações *anteriores ao afastamento da atividade* ou *da data de entrada do requerimento*. Assim, se o segurado resolve fazer o pedido de sua aposentadoria no ano de 2004, deverá ter como período-básico-de-cálculo os últimos meses anteriores a esta data ou da data em que se afastou da atividade, porque adquiriu o direito de calcular o benefício pelas regras anteriores ao advento da Lei n. 9.876/99 ou da Emenda Constitucional n. 20/98. Apesar desta lógica jurídica, os tribunais parecem não manter este posicionamento, decidindo que o segurado terá calculado o seu benefício pelos salários de contribuição anteriores ao marco temporal em que iniciou a vigência da nova lei. Logo, de acordo com este raciocínio, os salários de contribuição serão aqueles anteriores a EC n. 20/98 (que costuma ser até 16.12.1998) ou até a véspera da data da Lei n. 9.876/99.

Com a Lei n. 9.876/99, o período básico de cálculo passou a ser desde a competência julho de 1994 até a DIB do benefício para os segurados já filiados ao sistema até o dia anterior à data de publicação desta lei (28.11.1999), a teor do disposto no art. 3º, e todas as contribuições para os segurados que se filiarem a partir de 29.11.1999. A Lei n. 9.876/99 não trouxe explicação alguma do porquê da adoção como marco a competência julho de 1994, presumindo-se, ante tal omissão, para coincidir com a transformação da moeda em real.

A Lei n. 9.876/99 tem ainda uma regra de transição aplicável aos segurados já filiados em algum momento antes de 29.11.1999, segundo a qual nas aposentadorias por tempo de serviço, idade e especial, o divisor considerado no cálculo da média não poderá ser inferior a 60% do período decorrido da competência julho de 1994 até a data de início do benefício, limitado a 100% de todo o período contributivo (§ 2º, do art. 3º). Assim, exemplificativamente, se no período básico de cálculo de julho de 1994 até a data de entrada do requerimento existirem 200 meses (competências) mas somente 100 contribuições efetivamente pagas pelo segurado, será feita a soma das 100 contribuições e divisão do resultado por 60. Por outro lado, se o total do montante contribuído estiver entre um percentual de 60 a 80% de julho de 1994 até a data do requerimento, seria feita a média aritmética simples.

Até ter saído a primeira edição desta obra entendíamos desta forma. Porém, com o evoluir da doutrina científica sobre a inteligência do preceito em questão, atualmente entendemos que, exemplificativamente, se o segurado possuir as mesmas 100 contribuições dentro de um período de 200 meses, será feita a média aritmética daquele número de 100 contribuições dividido por 120, que representa 60% de todo o período contributivo, no caso, de 200 contribuições. No entendimento dos tribunais nunca que o divisor mínimo poderá ser menor do que 60% do período de julho de 1994 até a DIB do benefício. Da forma que, num exemplo ainda mais gritante, se o segurado possuir apenas 50 contribuições dentro de um mesmo período de 200 meses, seus 50 aportes serão somados e divididos por 120 (60% de 200). A ação judicial a respeito desta espécie de revisão de benefício poderá ser minuciosamente mais bem detalhada por ocasião dos comentários ao art. 41 da Lei de Benefícios.

Os segurados que se filiarem a partir da Lei n. 9.876/99 não contarão com a aplicação do divisor mínimo de 60%.

Como visto, foi respeitado o direito adquirido à forma de cálculo vigente antes das novas regras e, quanto à expectativa de direito, incidiu, como não poderia deixar de ser, o princípio de que não há direito adquirido a regime jurídico. O fator previdenciário incide sobre os benefícios cujo risco social materialmente contornado é previsível, quais sejam, aposentadoria por idade e por tempo de contribuição, resultando o salário de benefício na média aritmética simples dos maiores salários de contribuição apurados de 80% do período contributivo, multiplicado pelo fator previdenciário. A aposentadoria por invalidez e especial, o auxílio-doença e o auxílio-acidente terão o salário de benefício composto da mesma forma, diferenciando apenas no tocante à não incidência do fator previdenciário. A pensão por morte e o auxílio-reclusão, têm o método de contabilizar os valores de forma *sui generis*. Se o segurado instituidor (falecido ou recluso) do benefício não estava recebendo nenhum benefício da Previdência, a pensão por morte será 100% do valor de uma aposentadoria por invalidez fictícia, acompanhando o mesmo compasso o auxílio-reclusão.

29.5. Renda mensal inicial

Suplantada as etapas precedentes (investigação da legislação aplicável, segundo o direito ao benefício; composição do período básico de cálculo e do salário de benefício), a fase subsequente é a definição do valor mensal a ser recebido pelo segurado no primeiro pagamento.

A renda mensal inicial, ou RMI, é composta pela aplicação dos índices definidos para cada espécie de benefício previsto, incidindo sobre o resultado numérico apurado por conta do cálculo do salário de benefício. Em outras palavras, o percentual previsto em lei incide sobre o resultado a que chegou o salário de benefício.

A legislação anterior discrepava da atual na previsão dos coeficientes da RMI, sendo de 95% o valor máximo que poderia ser recebido pelo segurado nas aposentadorias por idade e por tempo de serviço, apresentando variantes percentuais do salário mínimo como valor mínimo da prestação continuada (§ 2º, art. 23), ao contrário do que passou a ocorrer a partir da Constituição Federal de 1988.

Varia conforme a espécie de benefício, podendo assim ser mais bem visualizada: a) aposentadoria por invalidez (100%); aposentadoria por idade (70% + 1%, máximo de 100%); aposentadoria por tempo de serviço (70% + 6%, máximo de 100%, direito adquirido até 15.12.1998); aposentadoria por tempo de contribuição (70% + 5%, máximo de 100%); aposentadoria especial (100%); auxílio-doença (91%); pensão por morte (100%); auxílio-reclusão (100%); auxílio-acidente (50%).

As rendas mensais dos benefícios que, antes das modificações operadas na Lei 8.213, tinham previsão para uma renda mensal inferior aos novos coeficientes, estão aguardando solução definitiva pelos pretórios, em apelos nobres interpostos pela autarquia sustentando a aplicação do princípio *tempus regit actum* como forma de prevalecer a legislação de regência ao tempo de concessão do benefício. Poderão ser mencionados aqui os benefícios de pensão por morte, auxílio-doença e aposentadoria especial, cujas rendas mensais apresentavam variação no percentual aplicável, dependendo de fatores como total de tempo de atividade ou contribuição apurado ou número de dependentes. Nos artigos correspondentes à renda mensal de cada benefício, foi feito referência a estas ações de forma mais judiciosa, valendo mencionar, no momento, que o direito pretoriano tem firmado posicionamento favorável para revisão de aposentadorias especiais mediante o novo coeficiente introduzido pela Lei n. 9.032/95, com efeitos financeiros a partir da sua vigência e respeitada a prescrição quinquenal. Tal entendimento vem respaldado em analogia extraída da mesma revisão precedentemente aplicada ao benefício de pensão por morte, cujo deslinde, de amplitude nacional, a Turma de Uniformização Nacional de Jurisprudência dos Juizados Especiais Federais teve a seguinte pacificação: "O valor mensal da pensão por morte concedida antes da Lei n. 9.032, de 28 de abril de 1995, deve ser revisado de acordo com a nova redação dada ao art. 75 da Lei n. 8.213, de 24 de julho de 1991". Atualmente, não mais vige o entendimento antes consagrado pela Turma Nacional de Uniformização, tendo o STF decidido, em favor do INSS, que os novos coeficientes vindos com a Lei n. 9.032/95 não se aplicam aos benefícios concedidos anteriormente.

De resto, fica valendo mencionar que, a partir de fevereiro de 2001, por força da Medida Provisória n. 2.187-13, de 24 de agosto de 2001, art. 12, está o INSS autorizado a arredondar para unidade de real imediatamente superior os valores em centavos dos benefícios de prestação continuada. Na forma, do parágrafo único, tais valores serão descontados no pagamento da gratificação natalina ou no último benefício, na hipótese de cessação da prestação antes daquele evento.

29.6. Valor mínimo em cada etapa do cálculo da renda mensal inicial

A proteção previdenciária, sinônimo de contrapartida a um aporte contributivo, não poderá ser aviltada a nível aquém do mínimo indispensável à sobrevivência do segurado, nem ser superior ao patamar estabelecido como teto do salário de contribuição (§ 2º, do art. 201, da CF/88). O salário de benefício também tem esta salvaguarda (§ 2º do art. 29), assim como o salário de contribuição (§§ 3º e 5º, do art. 28, da Lei n. 8.212/91) e a renda mensal inicial (art. 33 da Lei n. 8.213/91). Na hipótese de, apurado o valor do salário de benefício, este resultar em valor inferior ao salário mínimo, sua ascensão àquele limite será imperativa, o contrário acontecendo se o resultado for superior ao limite máximo. As exceções ao limite máximo do valor da renda mensal inicial do benefício estão no benefício para o aposentado por invalidez que necessitar da assistência permanente de outra pessoa (art. 45) e o salário-maternidade para a segurada empregada e trabalhadora avulsa (art. 72). O reajustamento dos limites mínimo e máximo do salário de contribuição obedece a critérios legais diversos. O art. 28, § 3º, da Lei de Custeio assevera que o aumento do piso deve compartilhar dos mesmos critérios para o salário mínimo, tendo os mesmos percentuais de reajuste e data-base. Já no limite máximo incidem os mesmos reajustes e datas para o aumento dos benefícios em manutenção, conforme explicitado pelo § 5º, do art. 28.

29.7. Verbas que integram o salário de contribuição

Já as verbas que integram ou não o salário de contribuição pertencem ao texto dos § 8º e 9º do art. 28. O valor do auxílio-acidente integra como salário de contribuição no cálculo do salário de benefício, motivo pelo qual, provavelmente, este benefício passou a ser pago até a concessão de alguma aposentadoria ou, quando não, até o óbito do segurado. O décimo-terceiro salário integra o salário de contribuição, sendo dele descontada a contribuição, mas não entra na fase do cálculo do salário de benefício (§ 7º, do art. 28, da Lei n. 8.212/91).

29.8. Percepção de benefício por incapacidade no período básico de cálculo

Se no período básico de cálculo houver percepção de benefício por incapacidade (auxílio-doença ou aposentadoria por invalidez), o salário de benefício que serviu de base para a concessão, reajustado nos moldes dos benefícios, será utilizado como salário de contribuição (§ 5º, do art. 29). Em caso de concessão de aposentadoria por invalidez precedida de auxílio-doença, o INSS vem aplicando, administrativamente, em vez deste dispositivo, o § 7º, do art. 36, do Decreto n. 3.048/99, apenas elevando de 91 para 100% o coeficiente aplicado sobre o salário de benefício reajustado nos mesmos moldes dos benefícios em geral. No entanto, a jurisprudência da Turma Recursal dos Juizados Especiais Federais de Santa Catarina já pacificou a questão, nas causas afetas a estes procedimentos, através da Súmula n. 09, vazada nos seguintes termos: "Na fixação da renda mensal inicial da aposentadoria por invalidez precedida de auxílio-doença deve-se apurar o salário de benefício na forma do art. 29, § 5º, da Lei n. 8.213/91". Dessa forma, nas demandas revisionais de aposentadoria por invalidez resultante da conversão de auxílio-doença precedente, os valores das rendas mensais do auxílio-doença deverão compor o período básico de cálculo da aposentadoria por invalidez em forma de salário de contribuição.

29.9. Aumento salarial fraudulento no período básico de cálculo

O § 4º abomina o aumento salarial desproporcionado ou fraudulento, liberalidade do empregador. Desconsidera no cálculo do salário de benefício o aumento que exceder o limite legal, salvante quando homologado pela justiça do trabalho, resultante de promoção regulada pelas normas gerais da empresa, admitida pela legislação do trabalho, de sentença normativa ou de reajustamento salarial obtido pela categoria respectiva. O limite legal referido alude ao aumento dado pelo governo aos trabalhadores da iniciativa privada, desconsiderados quando não refletirem a realidade laboral, ou seja, quando não corresponderem aos efetivos ganhos do segurado, seja por conluio entre patrão e empregado, seja por fraude do empregador objetivando desviar-se dos encargos previdenciários e trabalhistas.

29.10. Taxação de inativos

Conquanto seja autorizado falar-se que o financiamento da seguridade social é tributado de forma tríplice, ainda não é tempo de convivermos com a decantada taxação de inativos. A vontade do constituinte, ainda manifestada no art. 195, inciso II, da Carta Magna, permanece relutando em não admitir a incidência de contribuição sobre aposentadoria e pensão pelo Regime Geral da Previdência Social. Por outro lado, pelo que se vê do § 3º, do art. 11, da Lei n. 8.213/91, o aposentado que permanecer exercendo ou voltar a exercer atividade sujeita ao RGPS está obrigado ao recolhimento das contribuições respectivas ao tipo de filiação para fins de custeio da Previdência Social.

29.11. Contribuições recolhidas em atraso

Segundo a Lei de Custeio (art. 33, § 5º), as contribuições não recolhidas em época própria dos segurados empregado, empregado doméstico e trabalhador avulso acabam podendo ser debitadas dos respectivos empregadores, cujos mecanismos de cobrança estão longe de atingir aqueles segurados. O empregado doméstico possui um tratamento particularizado a este respeito, sendo autorizada a concessão do benefício de valor mínimo e permitido o recálculo posterior se provados os efetivos rendimentos, na forma do que dispõe o art. 36 da Lei de Benefícios. Relativamente aos segurados contribuinte individual e facultativo, são obrigados ao recolhimento pessoalmente, não sendo permitida a concessão do benefício sem a contraprestação financeira.

29.12. Salário de contribuição do empregador rural pessoa física e do segurado especial

A contribuição do empregador rural pessoa física e a do segurado especial, destinada à Seguridade Social, é de 2% da receita bruta proveniente da comercialização de sua produção mais 0,1% desta mesma base de cálculo para financiamento das prestações por acidente de trabalho (art. 25, da Lei n. 8.212/91). O produtor rural pessoa física (art. 12, V, alínea a, da Lei n. 8.212/91), que possui empregados, não terá de contribuir da mesma maneira que o empregador urbano sobre a remuneração do empregado, tendo que contribuir, além dos 2,1%, obrigatoriamente, também na forma contributiva do segurado contribuinte individual e facultativo (§ 2º, do art. 25, da Lei n. 8.212/91). Na forma do § 1º deste mesmo artigo, o segurado especial referido poderá contribuir com uma exação adicional em observância ao sistema contributivo dos segurados facultativos. Esta sistematização contributiva diferenciada para os segurados especiais decorre do regime prestacional distinto para estes segurados, distanciando dos direitos das demais espécies. Com efeito, de acordo com o art. 39, do Plano de Benefícios, os segurados especiais terão direito a benefícios de um salário mínimo caso não resolvam contribuir de forma facultativa (na forma do § 1º, do art. 25, da Lei n. 8.212/91), tendo acesso apenas aos benefícios de aposentadoria por idade, invalidez, auxílio-doença, auxílio-reclusão ou pensão por morte, desde que lograrem comprovar exercício campesino no período exigido como carência para estes benefícios. Caso contribuam facultativamente, os salários de contribuição existentes permitirão a formação do salário de benefício e, consequentemente, de uma renda mensal inicial no mesmo padrão dos outros segurados. Com a entrada dos §§ 6º a 9º no art. 29 promovida pela Lei n. 9.876/99, fica difícil ao operador jurídico extrair uma ilação segura acerca do cálculo dos benefícios possíveis aos segurados especiais, sobretudo quando concomitantemente não se tem uma modificação conjuntural nos dispositivos que regulam a forma de contribuição destes segurados (art. 25, da Lei n. 8.212/91, art. 39, e § 6º, do art. 29, ambos da Lei n. 8.213/91). As únicas interpretações possíveis ficam no campo de conjecturas, à margem de uma precisão exegética necessária no direito previdenciário. Assim, a par dos benefícios de valor mínimo passíveis de concessão sem contribuição (inciso I, do art. 39) e aqueles disponíveis como contrapartida de contribuições facultativas (inciso II), existe a viabilidade jurídica de benefícios arrolados nos incisos I e II do art. 29 mediante contribuição anual proveniente da comercialização de sua produção, formando uma nova espécie de salário de contribuição e salário de benefício no RGPS. Contribui para a formação deste raciocínio a diferença de denominação aos valores utilizados para o cálculo: para os segurados especiais mencionou-se a palavra maiores valores, enquanto para os outros foi usada a menção a maiores salários de contribuição. Dessa forma, para aposentadoria por idade e por tempo de contribuição, o salário de benefício será 1/13 avos da média aritmética simples (soma e divide pelo número de meses encontrados, depois divide o resultado por 13), dos maiores valores sobre os quais incidiu a sua contribuição anual, correspondentes a 80% de todo o período contributivo, cujo resultado terá a incidência do fator previdenciário (inciso I, do art. 26). Os benefícios de aposentadoria por invalidez, especial, auxílio-doença e auxílio-acidente, dado encerrarem feição imprevisível, não terão a incidência do fator previdenciário (inciso II). Além disso, na forma do § 6º deste artigo da Lei n. 8.213/91, na redação dada pela Lei n. 11.718/08, o salário de benefício do segurado especial consiste no valor equivalente ao salário-mínimo, exceto se contribuírem na forma facultativa, para terem acesso aos benefícios e forma de cálculo em igualdade aos demais segurados. Se tiverem exercido outras atividades sujeitas ao RGPS que não sejam na filiação de segurado especial, poderão somar os respectivos períodos ao tempo de atividade rural como segurado especial para obtenção do benefício de aposentadoria por idade, ao homem quando completar seus 65 anos de idade e à mulher seus 60 anos de idade, quando então seu salário de benefício será calculado na forma geral, ou seja, pelo art. 29, inciso II, da Lei n. 8.213/91, conforme ressalva expressa no art. 48, § 4º, do mesmo diploma legal.

29.13. Fator previdenciário

As modificações estruturais de vultosa importância no cálculo dos benefícios podem ser expressas em duas palavras: fator previdenciário.

Antes das modificações operadas pela Emenda Constitucional n. 20/98, que promoveu alterações significativas no sistema de previdência social, o texto do art. 202, *caput*, da Constituição da República, trazia, em linhas gerais, o método de cálculo dos benefícios do RGPS. Até este momento, pretensas modificações no sistema previdenciário estavam submetidas ao rigoroso crivo previsto para o processo legislativo das Emendas Constitucionais, em geral mais formal e cauteloso. A EC 20 retirou do ordenamento constitucional as regras para o cálculo dos benefícios, deixando-as, somente, na integralidade, com a legislação ordinária, as quais podem ser encontradas, atualmente, na Lei n. 9.876/99 e 8.213/91.

A técnica legislativa do fator previdenciário busca, em tese, equacionar o sistema de concessão de benefícios previdenciário previsíveis, estabelecendo a contrapartida de um benefício aviltado para tempo de contribuição e idade menores, já que maior o tempo de recebimento, o contrário acontecendo com segurados menos afoitos por uma aposentadoria, que esperam para se aposentar mais tarde na expectativa de um benefício um pouco mais vantajoso. Estabeleceu-se, com a inserção do fator, a tão decantada correlação entre os aportes contributivos do segurado e o valor da renda mensal inicial do benefício, chegando mais perto de um benefício mais personalíssimo (capitalização virtual).

Tecnicamente, o fator incide após concluídas as operações de composição do salário de benefício. As variáveis encontradiças na fórmula são a idade, o tempo de contribuição e a expectativa de sobrevida, esta última, de acordo com § 8º, do art. 29, aferida no momento da aposentadoria e obtida a partir da tábua completa de mortalidade elaborada pela Fundação Instituto Brasileiro de Geografia e Estatística — IBGE, considerando a média única para ambos os sexos. A expectativa de sobrevida do segurado é o período considerado pelo legislador como de recebimento do benefício previdenciário. A letra a, constante numérica correspondente a 0,31, expressa a soma da contribuição do empregador, fixa em 20%, com a alíquota máxima de contribuição do segurado empregado de 11%.

Prevendo o legislador a impopularidade gerada pelo fator previdenciário, estabeleceu dispositivo legal transitório estabelecendo aplicação progressiva do fator. Nessa esteira, o art. 5º, da Lei n. 9.876/99 dispõe que ele será aplicado, de forma cumulativa e sucessivamente, aumentando 1/60 (um sessenta avos) por mês a partir da publicação desta lei até completar 60/60 (sessenta sessenta avos) da média sobre a qual incide. Assim, somente ao fim do sexagésimo mês da publicação da lei (29.11.1999) é que o fator previdenciário será integralmente aplicado.

Fomentando o retardamento da aposentadoria valendo-se de um aumento no valor do benefício em proporção ao tempo de contribuição, quanto maior o tempo de contribuição maior será o valor da renda mensal do benefício. Porém, há categorias de segurados beneficiados com tempo mínimo de contribuição reduzido. Assim, o tempo de contribuição reduzido na fórmula não poderia prejudicá-los, em função do que ao tempo de contribuição será adicionado, para equilibrar o cálculo e não haver ofensa à isonomia, o tempo de contribuição faltante para igualar o tempo máximo normal. Pelo § 9º, do art. 29, serão acrescentados cinco anos para mulher e professor e dez anos para professora do magistério da educação infantil, ensino fundamental e médio.

A fórmula para o cálculo do fator previdenciário restou assim definida:

$$f = \frac{Tc \times a}{Es} \times \left[1 + \frac{(Id + Tc \times a)}{100}\right]$$

f: fator previdenciário;

Es: expectativa de sobrevida no momento da aposentadoria;

Tc: tempo de contribuição até o momento da aposentadoria;

Id: idade no momento da aposentadoria;

a: alíquota de contribuição correspondente a 0,31.

Analisando a legislação previdenciária em retrospectiva, a sistemática legislativa do cálculo da renda mensal inicial evoluiu de rudimentar ao patamar atuarial hoje existente com o fator previdenciário, associando dados intrinsecamente estáticos com a atuação de variáveis impopulares erigidas à condição de tábua de salvação do equilíbrio financeiro e atuarial. Basta observar a grandeza da diferença final de cálculos com e sem a aplicação do fator previdenciário. No entanto, o quantitativo contributivo do elenco de financiadores do sistema, exposto no art. 195 da Carta Magna, relativiza a rigidez de critérios atuariais impopulares e disfarçadamente especulativos do fator previdenciário, estrategicamente suavizado com a sua implantação gradual, apesar da ampliação do período contributivo poder ser tida como adequada a fins histórico-contributivos e a receita tributária da União ser composta, insuperavelmente, por contribuições previdenciárias. Por outro lado, restam desconsideradas, pelo menos em teste, preocupações com risco de insolvência futura do sistema em função da previsão constitucional de orçamento próprio para receitas da Seguridade Social, de acordo com a regra constitucional do art. 195, § 1º, reforçado pelos §§ 2º a 5º, existentes em decorrência de cautela legislativa com a Seguridade Social.

A inserção do fator previdenciário nada mais é do que um alento para um sistema chamado de deficitário, agravado pela precocidade das aposentadorias por tempo de serviço e, de quebra, de brasileiros com taxa de sobrevida maior, sem esquecer da possibilidade legal de composição do tempo de contribuição por atividades desprovidas de aporte financeiro, a exemplo da atividade rural. Por outro lado, a bem da verdade, trata-se de uma forma transversa de implantação do limite etário derrocado por várias vezes no Congresso Nacional, um misto da correlação entre contribuição e benefício e um passo a mais em direção ao sistema de capitalização para os benefícios previsíveis, permanecendo de repartição simples para os imprevisíveis. Prestigia-se o equilíbrio financeiro e atuarial com a ideia de que quanto mais idade menor o tempo de recebimento do benefício e, por conseguinte, maior a prestação mensal. A diminuição do tempo de recebimento é compensada pelo aumento da renda mensal. Por outro lado, o aumento esperado na renda mensal proporcional ao tempo de espera mesmo após a aquisição do direito e pela idade não compensa o prejuízo com a perda das prestações durante o período voluntariamente dilatado.

Como já deduzido nos comentários à crise de gerenciamento dos sistemas de previdência pelo Estado, acarretando desgaste na doutrina do *Welfare State*, não obstante ainda não se tenha presente, entre nós, um sistema forte de capitalização de seguro capaz de desvencilhar o desprestígio já sentido em alguns regimes privados, o certo é que, no setor público,

"As reformas recentes não foram capazes de solucionar o problema e somente fazem sentido se forem entendidas no contexto de mais uma etapa em um processo contínuo de reformas — de grande incerteza para os participantes — até que o regime de repartição seja eventualmente substituído por um regime de capitalização" (...) "Se não é politicamente possível migrar no momento para um regime de capitalização, em maior ou menor grau, restam as chamadas propostas de mudanças 'paramétricas', em que o regime mantém sua forma atual, mas são alterados os parâmetros da concessão dos benefícios".[89]

Realmente, as reformas previdenciárias mais recentes, como bem demonstra a introduzida pela EC n. 20, de 1998, desvencilhando a mecânica de cálculo dos benefícios da rigidez constitucional e inserindo o fator previdenciário como forma de minimização de perdas apregoadas pelo governo como deficitárias, ruma para o norte do regime de capitalização, denotado por atuários como de "capitalização virtual", na medida em que se aproxima, em menor grau, de uma maior equivalência entre contribuição e benefício, "já que permite o atrelamento dos valores trazidos ao sistema pelos segurados aos valores dos benefícios, sem a necessidade imediata da troca do regime de repartição (que é o regime adotado pelo sistema previdenciário brasileiro, também conhecido como regime de caixa".[90]

O mais importante, num primeiro momento, é que as modificações legislativas vindas com a Lei n. 9.876/99 e pela EC n. 20 não provocaram desgaste ao princípio do direito adquirido. O art. 7º daquela lei o consagra quando garante ao segurado com direito à aposentadoria por idade a opção pela não aplicação do fator previdenciário. Em parecer abalizado com o peso de Celso Ribeiro Bastos, encomendado pelo Ministério da Previdência e Assistência Social por ocasião da tramitação do projeto de lei para o fator previdenciário,

> "A desconstitucionalização da forma de cálculo dos benefícios previdenciários com a alteração da redação do art. 202 da Constituição Federal não afetou o direito adquirido. A supressão do art. 202 em sua redação original, pela reforma previdenciária já mencionada, deixou o campo livre de critérios constitucionais expressos, conferindo, destarte, um campo amplo para a atuação do legislador, respeitados sempre, é óbvio, os elevados princípios constitucionais".[91]

29.14. Acesso aos valores dos salário de contribuição: CNIS e provas materiais

O cálculo do salário de benefício levará em conta as informações constantes do Cadastro Nacional de Informações Sociais — CNIS (art. 29-A), aproveitando-se os valores dali colhidos para efeito de composição do período básico de cálculo e salários de contribuição a partir de 1º de julho de 1994. A Lei Complementar n. 128, de 19.12.2008 alterou a redação deste artigo.

Como se disse em momentos anteriores, constitui-se em acervo eletrônico no qual estão depositados os dados dos segurados, especialmente valor de remunerações repassadas pelas empresas onde prestam serviços os segurados empregados, contribuintes individuais e avulsos. Tais informações têm que espelharem a realidade contratual e firmam, mediante presunção de veracidade relativa, o ato administrativo que as utiliza. Em tributo à natureza declaratória da relação jurídica entre o segurado e a previdência, neste momento apenas depositária de informações contratuais, não há prazo para retificação daqueles dados ali constantes, motivo pelo qual eventuais erros, má-fé da empresa, fraude ou até mesmo defeitos no sistema que prejudiquem a transmissão de dados, a macular as informações depositadas, geram o direito à retificação pelo segurado prejudicado, sucumbindo em face de comprovação em contrário por documentos idôneos (§ 2º). Tais dados não são sigilosos, motivo pelo qual, o INSS terá cento e oitenta dias, contador a partir da solicitação do pedido, para fornecimento das informações constantes do cadastro (§ 1º). Para os segurados que se valem das anotações em carteira profissional (empregado e empregado doméstico) para prova do contrato de trabalho, este é o documento aceito pela previdência para fins de prova do exercício de atividade e qualidade de segurado, embora com valor relativo de veracidade. A partir de julho de 1994, os dados constantes do CNIS — Cadastro Nacional de Informações Sociais valem para todos os efeitos como prova de filiação, relação de emprego, tempo de serviço ou de contribuição e salários de contribuição, estando a autoridade administrativa autorizada, se for o caso, a exigir a apresentação dos documentos que serviram de base às anotações (art. 19, *caput*, do Decreto n. 3.048/99).

Em havendo divergência entre a relação de salários de contribuição fornecida pela empresa e a Comunicação de Acidente do Trabalho — CAT, deve aquela prevalecer sobre as informa-

---

(89) FENDT, Roberto. Os Rumos da Economia: entre o desejável e o possível. In: SCHÜLER, Fernando; AXT, Gunter (Orgs.). *Brasil contemporâneo — crônicas de um país incógnito*. Porto Alegre: Artes e Ofícios, 2006. p. 125.
(90) HORVATH JÚNIOR, Miguel. *Direito previdenciário*, p. 189.
(91) *Idem, Ibidem*, p. 190.

ções contidas nesta, a guisa de comprovação dos salários recebidos pelo empregado acidentado para o cálculo do salário de benefício. Sobremodo importante colacionar o seguinte aresto (Questão de Ordem em Apelação Cível n. 2001.04.01.082493-9, Relator Juiz Ricardo Teixeira do Valle Pereira, DJU de 23.3.2005, p. 121), assim ementado:

> "QUESTÃO DE ORDEM. REVISÃO DE BENEFÍCIO DECORRENTE DE ACIDENTE DO TRABALHO. 1. Necessária a renovação do julgamento do processo que, em virtude de conter erro material no acórdão, deve ser declarado nulo. 2. Competência da Justiça Federal no caso concreto definida em Conflito de Competência julgado pelo STJ. 3. Afastada a alegação de nulidade da sentença. 4. Na vigência da redação original da Lei N. 8.213/91, a aposentadoria por invalidez decorrente de acidente do trabalho deveria considerar, em seu cálculo, o salário de contribuição vigente na data do acidente, a teor do disposto no art. 44, alínea "b", e no art. 61, alínea "b". 5. No caso concreto, havendo divergência, no que respeita ao valor informado a título de salário de contribuição vigente na data do acidente do trabalho, entre a Comunicação de Acidente do Trabalho e a relação dos salários de contribuição fornecida pela empresa empregadora, deve prevalecer a informação contida neste último documento, uma vez que se trata de documento oficial da empresa, do qual o INSS extrai as informações necessárias para calcular os benefícios previdenciários, ao passo que o CAT tem por precípuo escopo comunicar a ocorrência do acidente do trabalho, podendo, não raras vezes, conter informações equivocadas a respeito do salário de contribuição do segurado. 6. Aos benefícios concedidos após a data da promulgação da Constituição Federal de 1988, inaplicável o art. 58 do ADCT. 7. Os honorários advocatícios devem ser fixados em 10% sobre o valor da condenação, excluídas as parcelas vincendas, considerando como tais as vencidas após a data da sentença, face ao que dispõe o art. 20, § 3º, do CPC e a Súmula N. 111 do STJ".

Quando as informações inseridas na CAT revelam salários a menor do que o empregado recebia, cabe o direito à revisão da RMI de aposentadoria por invalidez para ver calculada sobre o salário de contribuição vigente na data do acidente, sendo do INSS a responsabilidade de perquirição de eventuais vícios no transpasse dos valores.[92] Demais disso, não há falar-se em falta de interesse de agir por ausência da CAT na petição inicial quando o benefício pleiteado por de auxílio-doença comum.[93]

O § 2º recebeu nova redação com a Lei n. 11.718/08 e os §§ 3º a 5º do mesmo artigo foram introduzidos pelo mesmo diploma normativo.

29.15. Salário de contribuição para o microempreendedor individual e para o segurado de baixa renda

O segurado contribuinte individual que não presta serviço para empresas e o segurado facultativo têm forma de contribuir diferente da que é planejada para os outros segurados, principalmente com relação à alíquota aplicável.

Com o surgimento da Lei Complementar n. 128/08, denominada Estatuto Nacional da Microempresa e da Empresa de Pequeno Porte, a qual veio instituir tratamento diferenciado também para atender necessidade constitucional de proteção previdenciária de inclusão de trabalhadores de baixa renda (§ 12 do art. 201 da CF/88), criaram-se condições para que uma pessoa que trabalha individualmente na informalidade venha ter condições de adentrar no sistema previdenciário e obter melhor acesso ao crescimento empresarial. O art. 18-A da Lei Complementar n. 123/06, na forma que lhe deu a Lei Complementar n. 128/08, facultou ao Microempreen-

---

(92) "PREVIDENCIÁRIO. VALOR DE BENEFÍCIO DE APOSENTADORIA POR INVALIDEZ ACIDENTÁRIA. SALÁRIO DE CONTRIBUIÇÃO INFORMADO A MENOS NA COMUNICAÇÃO DE ACIDENTE DO TRABALHO. RESPONSABILIDADE DA AUTARQUIA. HONORÁRIOS ADVOCATÍCIOS SOBRE PARCELAS VINCENDAS. 1. Calculado a menor o valor da aposentadoria por invalidez por acidente do trabalho, em função do empregador ter informado a menor o valor do salário de contribuição na CAT, devida a revisão do benefício para que observado o salário de contribuição vigente na data do acidente (art. 5º, inciso 2 da Lei n. 6.367/76). 2. O INSS, como órgão responsável pela arrecadação das contribuições previdenciárias e manutenção dos benefícios, tem por obrigação conferir a veracidade dos valores informados pelo empregador na CAT, antes de conceder o benefício previdenciário por acidente de trabalho. 3. Em ações previdenciárias, a verba honorária de 10% (dez por cento) sobre o valor da condenação está adequada ao disposto no art. 20, § 4º do CPC-73. 4. Ao teor da Súmula n. 111 do STJ, descabe a condenação em honorários sobre prestações vincendas". (Apelação Cível n. 92.04.35553-0, do Rio Grande do Sul, Relatora Maria Lúcia Luz Lieira, DJU de 22.10.1997, p. 88.504).
(93) "PREVIDENCIÁRIO. CONCESSÃO DE AUXÍLIO-DOENÇA. FALTA DE INTERESSE DE AGIR. IMPOSSIBILIDADE JURÍDICA DO PEDIDO. AUSÊNCIA DE PERÍCIA JUDICIAL. SENTENÇA ANULADA DE OFÍCIO. 1. Não se tratando de acidente do trabalho e sendo auxílio-doença o benefício pleiteado, incabível a alegação de falta de interesse de agir por ausência de CAT (Comunicação de Acidente do Trabalho). 2. Não está verificada impossibilidade jurídica do pedido na demanda de benefício de auxílio-doença relativa a período anterior à concessão de aposentadoria por idade. 3. Versando a controvérsia sobre a capacidade ou não da segurada, bem como o período em que perdurou a inaptidão, caso tenha ocorrido, nula é a sentença prolatada sem a perícia necessária para apurar tal situação, providência de busca da verdade real exigível do magistrado". (TRF4, Apelação Cível n. 2002.04.01.026749-6, do Rio Grande do Sul, Relator Juiz Federal Néfi Cordeiro, DJU de 22.10.2003, p. 495).

dedor individual a opção pelo recolhimento dos impostos e contribuições pelo Simples Nacional em valores fixos mensais, e isso independentemente da renda bruta mensal auferida no mês. Em vista do disposto no art. 18, § 1º, da LC n. 123/06, o microempreendedor individual é aquele a que se refere o art. 966 do Código Civil, que tenha auferido receita bruta, no ano-calendário anterior, de até R$ 60.000,00 (sessenta mil reais), optante pelo Simples Nacional e que não esteja impedido de optar pela sistemática contributiva prevista na referida Lei Complementar. A redação atual do art. 21, § 2º, da Lei n. 8.212/91, ao qual faz remissão este art. 18, § 3º, da Lei n. 8.213/91, foi novamente modificada pela MP n. 529, de 7 de abril de 2011, e depois pela Lei n. 12.470, de 31 de agosto de 2011, para bipartir a contribuição reduzida em duas modalidades, a do inciso I, de 11% do segurado contribuinte individual e do segurado facultativo, já aludidos anteriormente, e de 5% para o microempreendedor individual de que trata o art. 18-A da Lei Complementar n. 123/06 (este analisado quando do art. 11 da Lei n. 8.213/91) e do segurado facultativo sem renda própria que se dedique exclusivamente ao trabalho doméstico no âmbito de sua residência, desde que pertencente a família de baixa renda. Em vista do disposto no art. 18, § 1º, da LC n. 123/06, o microempreendedor individual é aquele a que se refere o art. 966 do Código Civil, que tenha auferido receita bruta, no ano-calendário anterior, de até R$ 60.000,00 (sessenta mil reais), optante pelo Simples Nacional e que não esteja impedido de optar pela sistemática contributiva prevista na referida Lei Complementar.

> **Art. 30.** *Revogado pela Lei n. 9.032, de 28.4.95.*
>
> **Redações anteriores**
>
> No caso de remuneração variável, no todo ou em parte, qualquer que seja a causa da variação, o valor do benefício de prestação continuada decorrente de acidente do trabalho, respeitando o percentual respectivo, será calculado com base na média aritmética simples;
>
> I — dos 36 (trinta e seis) maiores salários de contribuição apurados em período superior a 48 (quarenta e oito) meses imediatamente anteriores ao do acidente, se o segurado contar, nele, mais de 36 (trinta e seis) contribuições;
>
> II — dos salários de contribuição compreendidos nos 36 (trinta e seis) meses imediatamente anteriores ao do acidente ou no período de que trata o inciso I, conforme mais vantajoso, se o segurado contar com 36 (trinta e seis) ou menos contribuições nesse período.

30.1. Remuneração variável para prestações por acidente de trabalho

O dispositivo em comento favorecia o segurado que tivesse recebido remuneração variável no período básico de cálculo e que reclamasse alguma prestação acidentária (auxílio-doença, aposentadoria por invalidez, auxílio-acidente e pensão por morte). Estabelecia disparidade de tratamento em comparação com a regra geral do art. 28, na medida em que o cálculo da renda mensal não observava a mesma regra do salário de benefício. Contemplava um cálculo que levava em conta a média aritmética simples, adotando os percentuais para RMI predefinidos para cada benefício, de trinta e seis salários de contribuição, dentro de um período não superior a quarenta e oito meses. Caso o segurado contasse com mais de trinta e seis contribuições, a média seria apurada pelas trinta e seis contribuições. Se existisse trinta e seis ou qualquer outro número menor de contribuições, a média aritmética seria executada pela soma e divisão levando em conta as contribuições existentes.

Foi revogado pela Lei n. 9.032/95, motivo pelo qual a sua análise, aqui, de forma mais pormenorizada, é despicienda, senão como valor histórico para eventual caso concreto que abarque direito adquirido.

Com a modificação promovida pela Lei n. 9.032/95 no art. 28, os benefícios acidentários passaram a compor o elenco dos benefícios que têm em sua composição quantitativa a roupagem do salário de benefício.

> **Art. 31.** O valor mensal do auxílio-acidente integra o salário de contribuição, para fins de cálculo do salário de benefício de qualquer aposentadoria, observado, no que couber, o disposto no art. 29 e no Art. 86, § 5º. (*Artigo restabelecido, com nova redação, pela Lei n. 9.528, de 10.12.97*)
>
> **Redações anteriores**
>
> **Forma original**
>
> Todos os salários de contribuição computados no cálculo do valor do benefício serão ajustados, mês a mês, de acordo com a variação integral do Índice Nacional de Preços ao Consumidor — INPC, calculado pela Fundação Instituto Brasileiro de Geografia e Estatística — IBGE, referente ao período decorrido a partir da data de competência do salário de contribuição até a do início do benefício, de modo a preservar os seus valores reais.
>
> **Texto de 28.5.1994 a 10.11.1997**
>
> *Revogado pela Lei n. 8.880/94.*
>
> **Texto de 11.11.1997**
>
> O valor mensal do auxílio-acidente integra o salário de contribuição, para fins de cálculo do salário de benefício de qualquer aposentadoria, observado, no que couber, o disposto no art. 29. (*Restabelecido pela Medida Provisória 1.596-14/97*)

31.1. Reajuste dos salários de contribuição

As inferências acerca da definição e modalidades do salário de contribuição já foram alvo de nossa explanação por ocasião do art. 29.

Antes da alteração promovida pela Lei n. 9.528/97, o artigo sob apreciação cuidava da atualização dos salários de contribuição a serem utilizados no cálculo do salário de benefício. Volta-se a repisar que a gênese do salário de contribuição mescla nuança tributária e previdenciária. Versa feição tributária enquanto base de cálculo de recolhimento da contribuição aos cofres previdenciários, sujeitando-se às normas que são afetas àquele ramo do direito público. Deflagrado o fato gerador e reclamada a prestação, surge o momento da elaboração do quantum a ser pago resgatando-se os valores recolhidos. Sob este segundo enfoque, o valor nominal de tais importâncias deverá sofrer incidência direta de percentual eleito pelo legislador para se tornar real, ou seja, formar quantia reajustada ou corrigida no momento da confecção do cálculo, a bem da justiça da renda mensal inicial.

A par do limite máximo (§ 5º), o reajustamento dos salários de contribuição, para fins de imposição da contribuição previdenciária, é submisso às mesmas datas e índices do reajustamento dos benefícios da Previdência Social. Na forma do que dispõem o § 1º, do art. 20, e parágrafo único do art. 21, da Lei de Custeio, todas as vezes que forem reajustados os benefícios, igual índice de reajustamento incidirá nas faixas salariais contributivas dos segurados empregado, empregado doméstico e trabalhador avulso. Os contribuintes individuais e facultativos, a partir da extinção da escala de salário-base, contribuem sobre sua remuneração real e efetiva, razão pela qual não mais estão sujeitos à imposição de faixas salariais, como outrora, quando ainda em plena vigência o art. 29, § 1º, da Lei de Custeio, que também sujeitava os reajustes dos níveis de cada classe em idênticos patamares dos benefícios. Agora, neste particular, devem atentar para autogestão de seus aportes contributivos.

Em atendimento à política constitucional idealizada no art. 202, *caput*, de atualização de todos os salários compositivos do período básico de cálculo, à qual o regime anterior era refratário, a partir de outubro de 1988 os benefícios passaram a ter na sua renda mensal inicial uma enorme carga de equidade. A respeito da correção monetária dos salários de contribuição para o cálculo do salário de benefício e não mais tratando-se de reajuste, a norma original deste art. 31, como não poderia deixar de ser, perfilhou do mesmo paradigma de atualização, determinando o reajuste mensalmente, elegendo, originariamente, o Índice Nacional de Preços ao Consumidor — INPC, o qual seria adotado desde o primeiro salário de contribuição até a data de início do benefício (DER ou data da ocorrência do fato gerador, conforme prescreve a legislação). Após a revogação pela Lei n. 8.880, de 27 de maio de 1994, o Plano de Benefícios deixou de ter regra expressa a respeito da correção monetária dos salários de contribuição. Em consequência, os índices e datas, de tempos em tempos, estão sendo fixados por normas diversas.

31.2. Integração do auxílio-acidente no salário de contribuição

A Lei n. 9.528/97 redefiniu o art. 31 após eliminação fatal do Plano de Benefícios de qualquer menção à correção monetária dos salários de contribuição, restando sua expressão apenas como princípio no art. 2º, inciso IV. Aquele diploma inovou este dispositivo, impondo que o valor mensal do auxílio-acidente é parcela que compõe o salário de contribuição para fins de cálculo do benefício de qualquer aposentadoria. Em contrapartida, a fim de eliminar *bis in idem*, evitando enriquecimento ilícito por parte de segurado, reformulou também o termo final do pagamento do auxílio-acidente, o qual deixou de ser vitalício, cessando com a concessão de qualquer aposentadoria.

A incidência do auxílio-acidente no salário de contribuição exclusivamente para fins de cálculo do salário de benefício e não, inclusive, como parcela contributiva, advém de norma expressa a respeito da vedação da taxação de inativos, sobrevivendo ao tempo como dogma constitucional (inciso II, do art. 195), reforçado com a EC n. 20/98.

> **Art. 32.** O salário de benefício do segurado que contribuir em razão de atividades concomitantes será calculado com base na soma dos salários de contribuição das atividades exercidas na data do requerimento ou do óbito, ou no período básico de cálculo, observado o disposto no art. 29 e as normas seguintes:
>
> I – quando o segurado satisfizer, em relação a cada atividade, as condições do benefício requerido, o salário de benefício será calculado com base na soma dos respectivos salários de contribuição;
>
> II – quando não se verificar a hipótese do inciso anterior, o salário de benefício corresponde à soma das seguintes parcelas:
>
> a) o salário de benefício calculado com base nos salários de contribuição das atividades em relação às quais são atendidas as condições do benefício requerido;
>
> b) um percentual da média do salário de contribuição de cada uma das demais atividades, equivalente à relação entre o número de meses completo de contribuição e os do período de carência do benefício requerido;
>
> III – quando se tratar de benefício por tempo de serviço, o percentual da alínea "b" do inciso II será o resultante da relação entre os anos completos de atividade e o número de anos de serviço considerado para a concessão do benefício.
>
> § 1º O disposto neste artigo não se aplica ao segurado que, em obediência ao limite máximo do salário de contribuição, contribuiu apenas por uma das atividades concomitantes.
>
> § 2º Não se aplica o disposto neste artigo ao segurado que tenha sofrido redução do salário de contribuição das atividades concomitantes em respeito ao limite máximo desse salário.

32.1. Cálculo do salário de benefício para segurado exercente de atividades concomitantes

Os sistemas previdenciários de proteção social variam conforme o modelo adotado em cada ordenamento. Sabe-se que as suas duas vertentes conhecidas são o regime de repartição e o de capitalização.

O regime de repartição, adotado entre nós, é o sistema previdenciário de captação de recursos solidários por excelência, marcado, como se disse, pela solidarização no aporte das contribuições e na distribuição das prestações correspondentes. Através deste sistema, os recursos arrecadados destinam-se ao pagamento dos benefícios em manutenção.

O regime de capitalização é marcado pela ingerência de capitais individualizados, formando um fundo de poupança onde cada titular planeja sua própria previdência.

O sistema de repartição brasileiro impõe ao segurado aposentado o dever de continuar contribuindo para o sistema, sem que dessa imposição se possa entrever qualquer direito subjetivo a alguma prestação além da aposentadoria. Por outro lado, também determina a obrigatoriedade de filiação compulsória para cada espécie diferente de atividade desenvolvida pelo segurado, i. é, o exercício simultâneo de atividades vincula obrigatoriamente cada exercício profissional ao regime contributivo previdenciário, devendo o segurado contribuir em cada uma das atividades por ele desenvolvidas, ainda que a garantia protecionista já se potencialize pelo exercício de pelo menos delas. Por outro lado, inexiste direito subjetivo à percepção cumulativa de benefícios, senão nas hipóteses taxativamente elencadas na normativa legal.

A contrapartida destas determinações contributivas é a previsão de limites mínimo e máximo no valor dos benefícios. Sabe-se que o valor da renda mensal inicial não pode ser aquém do valor do salário mínimo e nem além do limite máximo do salário de contribuição, justificando-se a adoção destes marcos a finalística protecionista básica da Previdência Social, marcada pela distribuição de recursos mínimos e indispensáveis e não uma indiscriminada fonte de enriquecimento elitista. Se o segurado aposentado pretender continuar recebendo semelhante quantitativo da ativa, terá que se vincular a um sistema privado de previdência que lhe proporcione meios personalizados de investimento previdenciário.

A população, inclusive o próprio segurado, não conhece nem mesmo direitos básicos em relação à previdência. Não raro questiona-se a respeito da possibilidade de se computar em dobro tempo de serviço duplamente contribuído, ou seja, se há permissivo legal autorizando a contagem de tempo de serviço em dobro em caso de exercício concomitante e pagamento de contribuições como empregado e contribuinte individual, ou mesmo quando exerce dois empregos.

Por exemplo, já existiu demanda controvertendo a respeito da obtenção de duas aposentadorias num mesmo regime, valendo-se das mesmas contribuições.[94]

Chegando ao tema principal, o conhecimento destas premissas básicas implica a maior inteligência das normas que cuidam de perto do cálculo do salário de benefício do segurado que exerceu atividades concomitantes durante o período básico de cálculo.

Prefacialmente, ressalte-se que o tema revela-se por demais tormentoso, necessitando cautela redobrada na análise dos preceitos que encerram as diretrizes do artigo. Isto é assim porque a casuística é bastante variada e o legislador não conseguiu lançar em norma todos os casos potencialmente factíveis, tendo o operador jurídico que lançar mão, mais uma vez, dos princípios gerais aplicáveis à seara previdenciária. Por se tratar de regra pouco utilizada na prática, não sofreu alteração desde a sua gênese de 1991, apesar de não primar pelo rigor técnico no emprego dos termos científicos utilizados. Norma cuja interpretação recomenda maior cautela, deixando margem a conjeturas e conclusões díspares se sua exegese não for bem lapidada.

Com estas regras, o Plano de Benefícios tomou a cautela, em benefício do segurado, de não desperdiçar as contribuições das atividades cujo direito à prestação inexiste em face do não cumprimento dos requisitos, tomando-se as filiações isoladamente consideradas. Em obséquio à regra que não permite a cumulação de benefícios no sistema do RGPS, ainda que o segurado venha satisfazer os requisitos para concessão de dois ou mais benefícios considerando isoladamente cada filiação, a solução encontrada pelo legislador foi de apenas somar as contribuições vertidas simultaneamente e não disponibilizar pluralidade simultânea de prestações.

Pode acontecer de haver multiplicidade de filiações pelo exercício simultâneo de várias atividades sujeitas à contribuição obrigatória ao Regime Geral da Previdência Social. Cada qual, individualmente considerada, está sujeita a pagar a correspondente contribuição. Inspirado no preceito do § 2º, do art. 11, do Plano de Benefícios, o ideal informativo da Previdência Social inspira-se na obrigatoriedade de filiação em todas as atividades exercidas pelo segurado, ainda

---

(94) "PREVIDENCIÁRIO. APOSENTADORIA POR IDADE. PERDA DA QUALIDADE DE SEGURADO. INOCORRÊNCIA. CUMULAÇÃO COM PROVENTOS DE REFORMA MILITAR. POSSIBILIDADE. TERMO INICIAL DO BENEFÍCIO. MULTA. CORREÇÃO MONETÁRIA. JUROS DE MORA. HONORÁRIOS ADVOCATÍCIOS. 1. Laborando e contribuindo para o RGPS por mais de dezessete anos ininterruptos, até os 64 anos e 3 meses de idade, faz jus o autor à concessão da respectiva aposentadoria etária, sem que se cogite da perda de sua qualidade de segurado porque, ao preencher os requisitos para a aposentadoria, o autor se enquadrava na regra inserta no art. 15, II, da Lei n. 8.213/91. 2. 'A norma previdenciária não cria óbice a percepção de duas aposentadorias em regimes distintos, quando os tempos de serviços realizados em atividades concomitantes sejam computados em cada sistema de previdência, havendo a respectiva contribuição para cada um deles.' (REsp 687.479/RS, Relatora Ministra Laurita Vaz, Quinta Turma, DJ 30.5.2005 p. 410). 3. Faltante prévia postulação administrativa, o termo inicial do benefício é fixado na data da citação do INSS. 4. A cominação de multa pelo Juízo *a quo* em caso de não implantação do benefício no prazo de 30 (trinta) dias, é incompatível com os preceitos legais da Administração Pública. Precedentes. 5. A correção monetária das parcelas devidas será feita com base nos índices estabelecidos no Manual de Cálculos da Justiça Federal. 6. Juros de mora mantidos em 1% ao mês, incidindo a partir da citação em relação às parcelas a ela anteriores, e de cada vencimento, para as subsequentes. 7. Honorários advocatícios arbitrados em 10% do valor das parcelas vencidas até a data da prolação da sentença, porque consentânea essa fixação com as diretrizes contidas nos §§ 3º e 4º do art. 20 do CPC e com o enunciado da Súmula 111 do STJ. 8. Apelação desprovida. 9. Remessa oficial a que se dá parcial provimento." (Apelação Cível n. 200434000089010, do Distrito Federal, Relatora Desembargadora Federal Juíza Neuza Maria Alves da Silva, DJU 13.12.2007, p. 104).

que a cobertura correspondente a uma delas já lhe assegura os direitos às prestações.

O que marca o dispositivo, para efeito de sua incidência, não é simplesmente o exercício simultâneo de duas ou mais atividades, independentemente da época em que existiu o labor, mas a concomitância dentro do período básico de cálculo. Já vimos que o período básico de cálculo varia conforme o início da filiação do segurado. De acordo com a Lei n. 9.876/99, para o segurado filiado ao RGPS até 28.11.1999, véspera da publicação daquela lei, serão utilizadas as contribuições do período contributivo da competência julho de 1994 até o requerimento do benefício. Diferentemente para aqueles que se filiarem ao regime após aquele marco, o período contributivo será composto por todas as contribuições do segurado até a data do requerimento do benefício, resgatando-se desde a primeira contribuição vertida. Há que se considerar também, na análise do direito ao benefício, possível direito adquirido antes da publicação da EC n. 20 ou da Lei n. 9.876/99, o que acarretaria, no caso de requerimento formulado após a publicação desta, diversidade de regimes jurídicos e, consequentemente, de períodos básicos de cálculo a serem compostos.

Iniciando a análise do dispositivo propriamente dito, a regra inicial básica é a de somar as salários de contribuição de todas as atividades. Será calculado um salário de benefício único mediante a soma dos salários de contribuição de todas as atividades quando o segurado tiver direito ao benefício pelo atendimento de todos os requisitos em cada uma delas (inciso I).

Quando o segurado preencher os requisitos para o benefício pretendido em relação a apenas em uma ou algumas das atividades, não havendo direito isoladamente em todas, não haverá cálculo de salário de benefício unificado. Será calculado um salário de benefício individualmente para cada atividade e somados os valores resultantes, atentando-se ao percentual a ser aplicado sobre o salário de benefício para as atividades cujo direito ao benefício não foi atendido. Este percentual será equivalente à relação entre o número de meses completo de contribuição e o do período de carência do benefício requerido, se o benefício pretendido não for de aposentadoria por tempo de serviço, e tendo que ser resultante da relação dos anos completos de atividade e o número de anos de serviço considerado para aposentadoria por tempo de serviço ou de contribuição.

Exemplificando, primeiramente, com benefício que não leva em conta tempo de serviço, como auxílio-doença, por exemplo. Suponhamos a hipótese de segurado que trabalha em duas empresas, uma no turno matutino e outra no vespertino, tendo na primeira quinze anos de contribuição e na segunda apenas dois. Fica incapaz para o exercício da primeira. A renda mensal inicial será resultante da soma dos salários de benefício individualmente considerados, atentando-se ao percentual a ser aplicado para a segunda atividade, em vista da inexistência de incapacidade para esta. De acordo com a regra emanada da alínea b do inciso II, e considerando a carência de doze contribuições para o auxílio-doença (art. 25, I), o percentual para a segunda atividade será de 2/12 (dois doze avos) do salário de benefício, que, somado ao valor do da primeira e após aplicado o coeficiente de 91% (art. 61) sobre o valor final desta adição, resultará na renda mensal inicial.

Na hipótese de benefício de aposentadoria por tempo de contribuição, situação prevista à parte pelo inciso III, a forma de calcular o percentual será a mesma, mas considerando a relação entre o número de anos completos de atividade exercida e o de tempo de serviço exigido para o benefício pretendido. Exemplificativamente, se o segurado exerceu duas profissões, uma em cada turno, e tiver trinta e dois anos de contribuição em uma e dez em outra, será calculado o salário de benefício da primeira, sem nenhuma alteração por força destas regras, aplicando-se, na segunda, porém, atividade para a qual não preencheu o tempo mínimo para aposentadoria (trinta anos), uma fração de 10/30 (dez trinta avos) a incidir sobre seu salário de benefício. O salário de benefício global resultará da soma do salário de benefício da primeira com o da segunda.

O percentual a ser aplicado, na hipótese de aposentadoria especial, será resultante da proporcionalidade existente entre o número de anos trabalhados e o de anos exigidos para o tipo de atividade na qual se quer inativar-se, se quinze, vinte ou vinte e cinco anos. Assim, 5 anos de efetivo serviço em atividade que reclama 25 anos, o percentual será de 20%. Na mesma esteira, nas atividades de 20 ou 15 anos, o percentual, considerando o mesmo tempo de serviço exercido, será, respectivamente, de 25% e 33%.

Acontece que a lei é lacônica exatamente em não antever solução para hipótese de não serem atendidos os requisitos em nenhuma das atividades isoladamente consideradas, porém apenas conjuntamente. Neste caso, o salário de benefício final será a soma dos salários de benefício calculados isoladamente, utilizando-se do método legal de se aplicar os percentuais nas atividades tidas como secundárias. O problema a ser enfrentado, em função da omissão legal, é a definição de quais atividades podem ser consideradas principais ou secundárias.

A jurisprudência, embora vacilante no tema, tem proclamado a atividade de empregado, outras vezes decide a favor da atividade mais antiga e de maior renda, ou, em outras oportunidades, recomenda a eleição da atividade cujo cálculo final for mais vantajoso, enfim, adota a solução mais justa para o segurado, considerando como principal a atividade segundo a própria vontade do segurado, conforme a que resultar em maior proveito econômico.

Confira-se, a respeito, os seguintes julgados, assim ementados:

"PREVIDENCIÁRIO. CÁLCULO DO SALÁRIO DE BENEFÍCIO. ATIVIDADES CONCOMITANTES. INSUFICIÊNCIA DA REGULAÇÃO LEGAL. ADOÇÃO DE CRITÉRIO RAZOÁVEL. 1. O recurso no ponto que ataca matéria não veiculada na sentença não deve ser conhecido. 2. Uma vez que a solução legal não regula a situação concreta para a consideração da atividade a ser considerada preponderante no cálculo do salário de benefício e consequente renda mensal inicial, deve ser adotado critério razoável para tanto, devendo-se considerar, no caso, a atividade mais antiga e de maior renda. 3. Apelação conhecida em parte e, no ponto, improvida e remessa oficial parcialmente provida." (Apelação Cível n. 1998.04.01.056319-5, do Rio Grande do Sul, Relator Juiz Altair Antônio Gregório, publicado no DJU 6.12.2000, p. 513). "PREVIDENCIÁRIO. CÁLCULO DO SALÁRIO DE BENEFÍCIO. INSUFICIÊNCIA DE REGULAÇÃO LEGAL. ADOÇAO DO CRITÉRIO MENOS PARADOXAL. PERCEPÇÃO DE AUXÍLIO-DOENÇA NO PERÍODO BÁSICO DE CÁLCULO. EFETIVO TEMPO DE SERVIÇO. LEI N. 8.213/91, ART. 32, INC. 2 E INC. 3, E ART. 29, § 5º. 1.Uma vez que o segurado não satisfaz as condições para a concessão do benefício em nenhuma das atividades concomitantes e a solução legal não regula a situação concreta, deve ser adotado o critérios menos paradoxal para o salário de benefício, considerando-se como principal a atividade exercida como empregado e como secundária a de contribuinte autônomo. 2. Se utilizado o critério administrativo, que considera a atividade principal como a de maior tempo de filiação (contribuinte autônomo), a renda mensal inicial do segurado resulta menor do que se continuasse trabalhando apenas na atividade sujeita a desconto, como empregado (...)" (Apelação Cível n. 9604221400, do Rio Grande do Sul, Relator Juiz Carlos Sobrinho, publicado no DJU de 5.8.1998, p. 634). "PREVIDENCIÁRIO. REVISÃO. APOSENTADORIA POR TEMPO DE SERVIÇO. CÁLCULO DO SALÁRIO DE BENEFÍCIO. ATIVIDADES CONCOMITANTES. ATIVIDADE PRINCIPAL. 1. A Lei n. 8.213/91, no seu art. 32, não determina que deva ser considerada como principal a atividade com maior tempo de serviço, dentre aquelas desenvolvidas concomitantemente pelo segurado no período básico de cálculo. A exegese da norma legal deve de ser feita no sentido de considerar como principal a atividade que assim efetivamente o era para o segurado e que lhe vertia maior proveito econômico. Precedente da Corte. 2. A atualização monetária das parcelas vencidas deverá ser feita de acordo com os critérios estabelecidos na Medida Provisória n. 1.415/96, pelo IGP-DI, desde a data dos vencimentos de cada parcela, inclusive daquelas anteriores ao ajuizamento da ação, em consonância com os enunciados n. 43 e 148 da Súmula do STJ. 3. Honorários advocatícios fixados em 10% sobre o valor da condenação, nela compreendidas as parcelas vencidas até a data do acórdão (ERESP 202.291/SP, STJ, 3ª Seção, DJU, ed. 11.9.2000). 4. Os juros de mora devem ser fixados em 1% ao mês, a contar da citação (ERESP 207992/CE, STJ, Terceira Seção, Relator Min. JORGE SCARTEZZINI, DJU, ed. 4.2.2002, p. 287). 5. Isenção de custas processuais, a teor do disposto no art. 4º da Lei n. 9.289, de 4.7.96. 6. Apelação provida." (APELAÇÃO CIVEL n. 199972000106436, de Santa Catarina, Relator Juiz Nylson Paim de Abreu, publicada no DJU de 10.9.2003, p. 1.105). "PREVIDENCIÁRIO. REVISÃO DE BENEFÍCIO. APOSENTADORIA POR TEMPO DE SERVIÇO. ATIVIDADES CONCOMITANTES. EMPREGADO E AUTÔNOMO. NÃO PREENCHIMENTO DOS REQUISITOS. ATIVIDADE PRINCIPAL. CRITÉRIO MAIS VANTAJOSO AO SEGURADO. ART. 32 DA LEI N. 8.213/91. Na aplicação da regra contida no art. 32 da Lei n. 8.213/91, quando o segurado não preenche os requisitos para o deferimento do benefício em relação a nenhuma das atividades concomitantemente desenvolvidas, deve ser considerada como principal aquela que acarretará a maior renda mensal inicial, por ser o critério mais vantajoso ao segurado." (Apelação Cível n. 200204010132669, do Rio Grande do Sul, Relator Juiz Paulo Afonso Brum Vaz, publicada no DJU de 19.6.2002, p. 1.163).

É importante esclarecer que o numerador a ocupar o lugar na fração será definido pelo número de contribuições ou tempo de serviço, dependendo do benefício requerido, expresso em meses, correspondente ao total encontrado em todo período de filiação.

Para não haver injustiças, o ideal é considerar como atividade principal aquela cujo resultado acarreta o benefício mais vantajoso ao segurado.

No cálculo da renda mensal inicial levando em consideração estas regras, também terão que ser observadas as normas que impõem as limitações ao valor para o salário de benefício.

Isso decorre do próprio sistema contributivo brasileiro, o Plano de Custeio da Previdência Social, quando determina que a forma de recolhimento adequada ao segurado duplamente contribuinte é proceder a redução do salário para adequação ao teto, quando ultrapassado, aplicando-se as alíquotas correspondentes a cada atividade, se diversas as filiações, ou uma só, neste caso quando ocorrente hipótese de unicidade de filiação.

A redação primitiva do art. 29 da Lei n. 8.212/91, ou seja, antes da modificação operada pela Lei n. 9.876/99, dispunha a respeito da redução do salário de contribuição para adequação ao teto, zelando pelas contribuições do segurado.

Eis a redação do art. 29, *verbis*:

"§ 4º O segurado que exercer atividades simultâneas sujeitas a salário base contribuirá com relação apenas uma delas.

§ 5º Os segurados empregado, inclusive o doméstico, e trabalhador avulso que passarem a exercer, simultaneamente, atividade sujeita a salário base, serão enquadrados na classe inicial, podendo ser fracionado o valor do respectivo salário base, de forma que a soma de seus salários de contribuição obedeça ao limite fixado no § 5º do art. 28.

§ 6º Os segurados empregado, inclusive o doméstico, e trabalhador avulso, que exercem, simultaneamente, atividade sujeita a salário base, ficarão isentos ficarão isentos de contribuições sobre a escala, no caso de o seu salário atingir o limite máximo do salário de contribuição fixado no § 5º do art. 28.

§ 7º O segurado que exercer atividade sujeita a salário base e, simultaneamente, for empregado, inclusive doméstico, ou trabalhador avulso, poderá, se perder o vínculo empregatício, rever seu enquadramento na escala de salário base, desde que não ultrapasse a classe equivalente ou a mais próxima da media aritmética simples dos seus seis últimos salários de contribuição de todas as atividades, atualizados monetariamente".

Ocorrendo redução do salário, é de ressaltar-se, o cálculo do salário de benefício deve resultar da soma dos salários, inteligência que se extrai da aplicação conjunta do Plano de Benefícios com o Plano de Custeio.

Ao esclarecimento da matéria, valioso o excerto doutrinário do aclamado Wladimir Novaes Martinez, em sua clássica obra *Comentários à Lei Básica da Previdência Social*. 5. ed. São Paulo: LTr, p. 235 e 236, o qual aduz, *verbis*:

"Finalmente, diz o §2º: 'Não se aplica o disposto neste artigo ao segurado que tenha sofrido redução do salário de contribuição das atividades concomitantes em respeito ao limite máximo de salário'.

(...)

Primeiro, é preciso recordar a regra do recolhimento, não mais constante do PCSS. Quando segurado exerce duas ou mais atividades e a soma dos salários não atinge o limite, é como se exercesse uma só auferindo o total das remunerações. Entretanto, se a adição das bases de cálculo ultrapassa o teto, convencionalmente, em cada uma das empresas, a medida do fato gerador deve, proporcionalmente às remunerações, ser diminuído de modo a atingir o mencionado limite do salário de contribuição. Caso, por força de convenção entre as empresas (máxime no grupo econômico), preferir descontar apenas numa delas, as coisas se complicam para o segurado e terá de esperar o INSS fazer a proporcionalidade.

(...)

Inaplicando-se o dispositivo, como manda o parágrafo, **somam-se os salários de contribuição sem observância da proporcionalidade.**" (grifado).

A jurisprudência não destoa deste entendimento, sendo oportuno colacionar ementa de recente aresto do TRF4:

"PREVIDENCIÁRIO. APOSENTADORIA POR TEMPO DE SERVIÇO. REVISÃO DE RMI. ATIVIDADES CONCOMITANTES. EMPRESÁRIO E EMPREGADO. SALÁRIO-BASE. ESCALA DE CONTRIBUIÇÕES. ISENÇÃO. RECOLHIMENTO SOBRE O TETO. CONSECTÁRIOS LEGAIS.

1. Comprovado que houve redução nos valores recolhidos pelo autor sobre a escala de sua atividade sujeita a salário-base (empresário) em razão dos recolhimentos efetuados na qualidade de empregado, a fim de evitar a transposição do teto legalmente previsto, aplica-se o disposto no § 2º do art. 32 da Lei n. 8.213/91.

2. Afastada a aplicação dos incisos II, *b*, e III, do art. 32 da Lei de Benefícios, deve ser revista a RMI do autor, calculando-se o salário de benefício nos termos do art. 29 do mesmo diploma legal, na redação da época do requerimento administrativo.

3. A atualização monetária, a partir de maio de 1996, deve-se dar pelo IGP-DI, de acordo com o art. 10 da Lei n. 9.711/98, combinado com o art. 20, §§ 5º e 6º, da Lei n. 8.880/94. Omissão da sentença suprida de ofício.

4. Os juros de mora devem ser fixados à taxa de 1% ao mês, com base no art. 3º do Decreto-Lei n. 2.322/87, aplicável analogicamente aos benefícios pagos com atraso, tendo em vista o seu caráter eminentemente alimentar. Precedentes do STJ.

5. Honorários advocatícios mantidos no patamar estabelecido na sentença, ante a ausência de recurso da parte autora." (Apelação Cível n. 2003.70.05.001466-6, do Paraná, Relator Juiz Federal Eduardo Vandré Oliveira Lema Garcia, DJU de 16.8.2006).

Esta hipótese, conforme se verifica pela frase por mim grifada, se amolda perfeitamente ao caso dos autos, porquanto não há cumprimento dos requisitos para o benefício em ambas as atividades. E do corpo do acórdão extrai excerto assim redigido:

"Compulsando os autos, verifico que o INSS, no cálculo da renda mensal inicial, considerou a existência de recolhimentos em atividades concomitantes, e, **não tendo o autor satisfeito os requisitos necessários para a aposentação em cada uma das atividades (empregado e empresário)**, aplicou o disposto nos incisos II, *b*, e III, do art. 32 (fls. 33/35). Ainda, considerou como atividade principal a de empresário (fl. 60), pois corresponde ao maior número de contribuições efetuadas pelo autor (de 09/72 a 11/86, exclusivamente, e de 12/86 a 12/98, concomitantemente com a atividade de empregado, conforme informado pelo autor na petição inicial).

Ocorre que, no meu sentir, tal cálculo está equivocado, porquanto o caso do autor enquadra-se no que dispõe o § 2º daquele dispositivo, o qual disciplina que ele não será aplicado ao segurado que tenha sofrido redução do salário de contribuição das atividades concomitantes em respeito ao limite máximo desse salário.

De acordo com as informações prestadas pelo INSS (fls. 59/60), para que seja possível a verificação da ocorrência de isenção de contribuições do autor sobre a escala de sua atividade sujeita a salário-base (empresário) em razão dos recolhimentos efetuados na qualidade de empregado acarretarem a transposição do limite (teto) legalmente previsto, deve-se somar o salário-base com o salário de contribuição como empregado, não podendo o valor encontrado ultrapassar o teto máximo em vigor para o período em apreço. Se o salário-base lançado for menor do que o devido em conformidade com a escala em vigor na época, tem-se que houve a redução prevista pelo § 2º do art. 32 da Lei n. 8.213/91.

E, consoante se depreende dos documentos de fls. 14/20, e vem reconhecido pelo INSS a fls. 59/60, foi justamente o que ocorreu no caso do demandante, que, a partir da competência 01/97, reduziu o valor dos recolhimentos relativos à atividade de empresário, a fim de obedecer ao limite legal.

Assim, como as contribuições vertidas entre 01/97 e 12/98 (vinte e quatro contribuições) representam 2/3 do período básico de cálculo, incide o § 2º do art. 32, devendo, pois, o benefício ser revisado nos termos do art. 29 da Lei de Benefícios, com a redação vigente à época do requerimento administrativo." (grifei).

Outro julgado:

"PREVIDENCIÁRIO. REVISÃO DA RENDA MENSAL INICIAL. ATIVIDADES CONCOMITANTES. INAPLICABILIDADE DO ART. 32, INCISOS II E III DA LEI 8.213/91. O salário de benefício de segurado que contribuiu em razão de atividades concomitantes, ocorrendo a hipótese do § 2º do art. 32 da Lei n. 8.213/91, será calculado somando-se os salários de contribuição de ambas as atividades em uma só etapa de cálculo." (Apelação Cível n. 2001.04.01.035140-5, de Santa Catarina, Relator Juiz Tadaaqui Hirose, sem data de publicação disponível).

Reproduz-se trechos do venerando acórdão, *verbis*:

"Desta forma, havendo redução do salário de contribuição em decorrência da observância ao limite máximo desse mesmo salário, incide o disposto no § 2º do art. 32 da Lei n. 8.213/91, acima transcrito. Ou seja, deve o benefício do autor ser calculado de acordo com o previsto no 29 da Lei n. 8.213/91, somando-se os salários de contribuição das duas atividades concomitantes, em uma só etapa de cálculo. Nesse sentido, já decidiu a Turma Especial desta Corte na sessão de 11.7.2001, em acórdão assim ementado: "EMBARGOS DE DECLARAÇÃO. OMISSÃO. REVISÃO RENDA MENSAL INICIAL. ATIVIDADES CONCOMITANTES. INAPLICABILIDADE DO ART. 32, INCISOS II E III DA LEI 8.213/91. 1. Providos os embargos de declaração para suprir omissão. 2. O salário-debenefício de segurado que contribuiu em razão de atividades concomitantes, ocorrendo a hipótese do § 2º do art. 32 da Lei n. 8.213/91, será calculado somando-se os salários de contribuição de ambas as atividades em uma só etapa de cálculo." (Embargos de Declaração na AC n. 2001.04.01.002592-7/RS, TRF-4ª Região, Turma, Rel. Juiz Tadaaqui Hirose, decisão unânime, DJU 25.7.2001) No mesmo sentido já decidiu a 5ª Turma desta Corte e o Superior Tribunal de Justiça como se vê das ementas a seguir transcritas: "PREVIDENCIÁRIO. ATIVIDADES CONCOMITANTES. SOMA DOS SALÁRIOS DE CONTRIBUIÇÃO ACIMA DO LIMITE MÁXIMO DESSE SALÁRIO. INAPLICABILIDADE DO ART. 32 DA LEI N.

8.213/91. SÚMULA N. 40 DESTA CORTE. 1.(...) 2. Ocorrendo a hipótese do § 2º do art. 32 da Lei n. 8.213/91 o cálculo do salário de benefício se realiza conforme as regras gerais, previstas no art. 29 da mesma lei, somando-se os salários de contribuição de ambas as atividades concomitantes em uma só etapa de cálculo; (...)" (AC n. 95.04.13110-7, TRF-4ª Região, 5ª Turma, Rel. Juíza Claudia Cristina Cristofani, DJU 3.3.1999) "PREVIDENCIÁRIO. APOSENTADORIA POR TEMPO DE SERVIÇO. ATIVIDADES CONCOMITANTES. SALÁRIOS DE CONTRIBUIÇÃO. INAPLICABILIDADE DO ART. 32, INC. II E III, DA LEI N. 8.213/91. 1. O cálculo do salário de benefício se realiza conforme as regras gerais, previstas no art. 29 da Lei n. 8.213/91, somando-se os salários de contribuição de ambas as atividades concomitantes, em uma só etapa de cálculo, desde que ocorra a hipótese contida no § 2º, do art. 32, da mesma lei. 2. Recurso especial não conhecido." (RECURSO ESPECIAL N. 233.739 — SC, STJ, 6ª Turma, Rel. Min Fernando Gonçalves, DJU 10.4.2000).

E por fim:

"PREVIDENCIÁRIO. ATIVIDADES CONCOMITANTES. SOMA DOS SALÁRIOS DE CONTRIBUIÇÃO ACIMA DO LIMITE MÁXIMO DESSE SALÁRIO. INAPLICABILIDADE DO ART. 32 DA LEI N. 8.213/91.

1. Ocorrendo a hipótese do § 2º do art. 32 da Lei n. 8213/91, o cálculo do salário de benefício se realiza conforme as regras gerais, previstas no art. 29 da mesma lei, somando-se os salários de contribuição de ambas as **atividades concomitantes** em uma só etapa de cálculo.

2. Apelo do INSS improvido." (Apelação Cível n. Processo: 95.04.46823-3, do Rio Grande do Sul, Relatora Juíza Claudia Cristina Cristofani, DJU de 7.10.1998, p. 528).

O procedimento costumeiro da autarquia previdenciária, ao calcular o salário de benefício em que existentes atividades concomitantes, quando o direito ao benefício é alcançado pela soma das atividades, está em que no cálculo do SB da atividade principal os salários de contribuição foram utilizados na sua forma reduzida.

A correção necessária, em homenagem ao princípio da legalidade, deve ser a soma dos salários de contribuição de ambas as atividades, calculando um só salário de benefício com estes valores, na forma do que preceitua o § 2º, do art. 32, em conjugação com o art. 29, ambos da Lei n. 8.213/91.

A interpretação no sentido de que a aplicação do § 2º do art. 32 somente seria para o caso de cumprimento dos requisitos para o benefício em cada uma das atividades também não encontra sustentação jurisprudencial, tanto que o Superior Tribunal de Justiça já teve oportunidade de decidir:

"PREVIDENCIÁRIO. APOSENTADORIA POR TEMPO DE SERVIÇO. ATIVIDADES CONCOMITANTES. SALÁRIO DE CONTRIBUIÇÃO. INAPLICABILIDADE DO ART. 32, INC. II E III, DA LEI N. 8.213/91. 1. O cálculo do salário de benefício se realiza conforme as regras gerais, previstas no art. 29 da Lei n. 8.213/91, somando-se os salários de contribuição de ambas as atividades concomitantes, em uma só etapa de cálculo, desde que ocorra a hipótese contida no § 2º, do art. 32, da mesma lei. 2. Recurso especial não conhecido." (Recurso Especial 233739, de Santa Catarina, Relator Ministro Fernando Gonçalves, DJU 10.4.2000, p. 141).

Assim, apesar da concomitância, se o segurado tiver contribuído por apenas uma das atividades porque o salário de contribuição desta já atingir o limite, em obediência ao teto máximo, não haverá necessidade da utilização destas regras, calculando-se o salário de benefício pela norma geral dos arts. 28 e 29 desta lei. A mesma solução deverá ser adotada quando o salário de contribuição do conjunto de atividades tiver sido reduzido até o limite máximo contributivo.

Se houve excesso no recolhimento a maior do teto, não aproveitável na elaboração da renda mensal inicial pela aplicação destas regras, cabe direito à repetição de indébito em favor do segurado. Se este verteu contribuições cuja soma extrapolou o limite máximo do salário de contribuição na época do recolhimento e atendeu todos os requisitos de forma individual, os valores serão somados no momento do cálculo do salário de benefício, mas respeitando as limitações. Em sentido contrário, ou seja, se houve a isenção da contribuição excessiva, não há que se aplicarem estas regras, uma vez que já estará sendo adotado o limite máximo do salário de contribuição no cálculo do benefício.

> **Art. 33.** A renda mensal do benefício de prestação continuada que substituir o salário de contribuição ou o rendimento do trabalho do segurado não terá valor inferior ao do salário mínimo, nem superior ao do limite máximo do salário de contribuição, ressalvado o disposto no art. 45 desta Lei.

33.1. Limites mínimo e máximo para a renda mensal inicial

Antes do advento da Constituição Federal de 1988, os benefícios previdenciários poderiam ser pagos em valor 5% abaixo do salário mínimo para o segurado citadino e em 50% para o campesino. Com a vinda da nova ordem constitucional de 1988, a previdência ainda continuou sendo refratária em aceitar o novo patamar mínimo, até que veio a Lei n. 8.213/91 para suprir a ausência de regulamentação infraconstitucional.

A limitação mínima para o pagamento da renda mensal inicial do benefício de prestação continuada encontra sustentação constitucional no § 2º, do art. 201, da Carta Republicana, reafirmado pela EC n. 20, ao dispor que "Nenhum benefício que substitua o salário de contribuição ou o rendimento do trabalho do segurado terá valor mensal inferior ao salário mínimo". O pagamento mensal da prestação previdenciária, ainda que o regime tenha por objetivo manter um mínimo de condições indispensáveis e não o mesmo padrão, não pode ser avilitado em nível aquém do salário mínimo.

De sua parte, o patamar máximo da verba de que se cuida tem por teto o salário de contribuição vigente em cada competência, à luz do disposto no art. 33 do Plano de Benefícios. Para as rendas mensais subsequentes, existe o limitador também quando do reajustamento, por força de incidência do § 3º, do art. 41 do mesmo diploma, as quais devem acompanhar também o limite do salário de contribuição.

As únicas exceções legais encontradiças são o acréscimo de 25% para aposentadoria por invalidez quando há necessidade de assistência permanente de outra pessoa (art. 45) e o salário-maternidade para as seguradas empregada e trabalhadora avulsa, *ex vi* do art. 72.

Não está reservado pela espécie de segurado, sendo garantia isonomicamente ampliada a todo elenco da filiação previdenciária. Mesmo para os segurados que não exercem atividade remunerada, como os facultativos, a proteção mínima, como o próprio texto já diz, provê, para este, substituição de seu salário de contribuição.

A regra em aferição não se aplica aos benefícios complementares, aqueles cuja prospecção é apenas complementar o rendimento do segurado, exemplificando-se com o auxílio-acidente, o extinto abono de permanência em serviço e o salário-família. Sua aplicação está reservada às prestações previdenciárias substitutivas, caracterizadas pela intenção de contornar materialmente o risco social verificado, substituindo os ingressos salariais do trabalhador ou de seu dependente. Por tal motivo é que o auxílio-acidente, dado o caráter indenizatório de que se reveste, simplesmente recupera, materialmente e em tese, a parcela de capacidade laborativa perdida com o infortúnio, nada impedindo valor aquém do salário mínimo.

Todos os componentes inseparáveis da primeira renda do segurado (salário de contribuição, salário de benefício e a própria renda mensal inicial) sofrem limitação, embora odiosas em certos casos, quanto aos limites mínimo e máximo. Conquanto o salário de contribuição esteja submetido ao nível máximo tanto no momento do recolhimento quanto no cálculo do salário de benefício, não há que se aceitar a limitação nesta parcela, por ocasião da correção monetária de seus valores, por entrevermos, na hipótese, vulneração ao disposto no § 3º, do art. 201, da Carta Magna, que determina a atualização dos salários de contribuição no período básico de cálculo, muito embora na prática as limitações nas etapas subsequentes, em relação do salário de benefício e à renda mensal inicial, acabam pulverizando o resultado benéfico do postulado. Porém, pode acontecer que um benefício em cujo cálculo incida o fator previdenciário ou o coeficiente a ser aplicado seja inferior a 100%, cujos salários de contribuição e o salário de benefício tenham sofrido limitação ao teto, venha resultar numa renda mensal inicial inferior ao patamar máximo. Neste caso, não há que se falar em constitucionalidade das limitações dos salários de contribuição e nem do salário de benefício resultantes, havendo perda do poder aquisitivo do benefício na etapa final, ou seja, na renda mensal inicial.

Já houve época em que o legislador, sensibilizado com a odiosa limitação legal do salário de benefício imposta no § 2º, do art. 29, reconheceu o grande potencial de injustiças que poderia gerar, em alguns casos, na renda mensal inicial. Exemplo disso foi a edição das Leis ns. 8.870/94 e 8.880/94, que, em síntese, minimizaram em parte os prejuízos, limitadamente ao período de 5.4.1991 a 31.12.1993 para o primeiro diploma, ou a partir de 1º.3.1994 para o segundo, mas sem revogar expressamente o dispositivo contido naquele parágrafo segundo do art. 29. Mediante estas leis, o prejuízo decorrente da limitação do salário de benefício na média resultante dos salários de contribuição seria recomposto com a aplicação de percentual correspondente à diferença entre a referida média o valor adotado como limite ao salário de benefício. De outra parte, a segunda lei impôs a aplicação do percentual mediante incorporação conjuntamente com o próximo reajuste após a concessão.

A injustiça está solucionada, em nível normativo, pelo menos a partir do Decreto n. 3.048/99, que, em seu art. 35, § 3º, resolveu dar a favor do segurado o percentual resultante da diferença entre a média a maior dos salários de contribuição e a limitação considerada ao salário de benefício, impondo a incorporação ao benefício no primeiro reajuste, limitando, porém, a renda mensal inicial ao teto do salário de contribuição.

Sobre a limitação para a renda mensal inicial dos benefícios, temos a inferir que as leis editadas cuja aplicação, em um determinado caso concreto, resulte corrompida a renda mensal inicial pelo fenômeno inflacionário, devem ser reservadas para situações cuja aplicabilidade resulte imaculada por tal injustiça, já que não são em todos os casos que a incidência do dispositivo revela seu poder, em potencial, de prejudicar o valor real da renda mensal. Em abono da preservação do dispositivo limitador, é possível afirmar, por certo, que a própria Constituição Federal autorizou a composição da mecânica de cálculo e todos os seus pormenores quantitativos ao legislador ordinário, fixando tal tarefa, em suas linhas mestras, no dispositivo atual do art. 201, da Constituição da República, deixando claro que "A previdência social será organizada sob a forma de regime geral, de caráter contributivo e de filiação obrigatória, observados critérios que preservem o equilíbrio financeiro e atuarial, e atenderá, nos termos da lei, a: (...)".

Respeitando-se a aplicabilidade restrita aqui defendida dos dispositivos legais infraconstitucionais limitadores das etapas compositivas da RMI aos casos em que não aviltado o resultado final da evolução matemática, à guisa de conclusão, tem-se que há que se preservar a primeira prestação recebida pelo segurado da mácula do sistema limitativo somente quando valor superior alcançado não chegasse a atingir o teto. A média dos salários de contribuição utilizados no cálculo não pode ser aviltada em beneplácito ao princípio da preservação da atualidade reclamada para tais valores. O salário de benefício também não pode apresentar a mesma morbidez, havendo, como reproduzido acima, dispositivo normativo previamente preparado para combater eventual prejuízo.

Embora não seja possível extrair um consenso pretoriano acerca do tema, decisões existem que sustentam a inaplicabilidade do preceito limitador do teto no salário de benefício. O TRF1 vem decidindo que a limitação incidente sobre o salário de benefício é inconstitucional. A respeito confira os seguintes julgados: AC 2003.33.00.028529-6, da Bahia, Relatora Juíza Federal Mônica Neves Aguiar da Silva, DJU de 13.7.2006, p. 37. Cf. outros julgados da mesma corte: AC 1997.38.00.015023-6, de Minas Gerais, Relator Miguel Ângelo Alvarenga Lopes, DJ de 10.7.2006, p. 3; AC 2003.38.03.009325-0, MG, Relatora Juíza Federal Mônica Neves Aguiar da Silva, DJ 31.8.2006, p. 39; AC 1999.38.00.038889, Minas Gerais, Relator Antonio Cláudio Macedo da Silva, DJ 4.9.2006, p. 45; AC 2003.38.03.008907-1, de Minas Gerais, Relator Aloísio Palmeira, DJ 27.7.2006, p. 40; AR 2004.01.00.040679-1, de Minas Gerais, Relator Antonio Sávio de Oliveira Chaves, DJU 17.8.2006, p. 5; AC 1999.32.00.005499-7, AM,

Relator Luiz Gonzaga Barbosa Moreira, DJ 28.8.2006, p. 6.

Já o Tribunal Regional Federal da 4ª Região, a seu turno, na esteira de precedentes do STJ, não perfilha do mesmo entendimento, bastando citar, a título exemplificativo as seguintes ementas:

"'PREVIDENCIÁRIO — BENEFÍCIO — RECURSO ESPECIAL — CÁLCULO — SALÁRIOS DE CONTRIBUIÇÃO — SALÁRIOS DE BENEFÍCIO — INPC — RMI — VALOR TETO " ARTS. 29, § 2º, 33 E 136, DA LEI N. 8.213/91. — Não há infringência ao art. 535, II, do CPC, quando o Tribunal *a quo*, embora rejeitando os embargos de declaração opostos ao acórdão, pronunciou-se sobre as matérias a ele submetidas. Precedentes. — No cálculo do salário de benefício deve ser observado o limite máximo do salário de contribuição, na data inicial do benefício. Inteligência do art. 29, § 2º, da Lei n. 8.213/91. Precedentes. — As disposições contidas nos arts. 29, § 2º e 33 e 136, todos da Lei n. 8.213/91, não são incompatíveis e visam a preservar o valor real dos benefícios. Precedentes. — Recurso conhecido e parcialmente provido.' (RESP n. 524503-SP, QUINTA TURMA, Rel. Min. JORGE SCARTEZZINI, DJ 24.5.2004) 'AGRAVO REGIMENTAL EM RECURSO ESPECIAL. PREVIDENCIÁRIO. CÁLCULO DO SALÁRIO DE CONTRIBUIÇÃO. TETO-LIMITE. LEGALIDADE. ART. 29, § 2º, DA LEI N. 8.213/91. 1. A norma inscrita no art. 202 da Constituição da República (redação anterior à Emenda Constitucional n. 20/98) constitui' (...) disposição dirigida ao legislador ordinário, a quem cabe definir os critérios necessários ao seu cumprimento — o que foi levado a efeito pelas Leis ns. 8.212 e 8.213, ambas de 1991. Tem-se, portanto, que o benefício deve ser calculado de acordo com a legislação previdenciária editada.' (EDclAgRgAg 279.377/RJ, Relatora Ministra Ellen Gracie, in DJ 22.6.2001). 2. A lei previdenciária, dando cumprimento ao art. 202, *caput*, da Constituição Federal, determinou que o valor de qualquer benefício previdenciário de prestação continuada, à exceção do salário-família e salário-maternidade, será calculado com base no salário de benefício, que consiste na média aritmética dos últimos trinta e seis salários de contribuição, atualizados mês a mês, de acordo com a variação integral do INPC, sendo certo, ainda, que este não poderá ser inferior a um salário mínimo e nem superior ao do limite máximo do salário de contribuição na data do início do benefício (arts. 28, 29 e 31 da Lei n. 8.213/91). 3. De acordo com a lei previdenciária, a média aritmética dos últimos 36 salários de contribuição atualizados pelo INPC tem como produto o salário de benefício, que deverá ser restringido pelo teto máximo previsto no § 2º do art. 29 da Lei n. 8.213/91, para só depois ser calculada a renda mensal inicial do benefício previdenciário. 4. Inexiste incompatibilidade entre as regras dos arts. 136 e 29, § 2º, da Lei n. 8.213/91, que visa, sim, preservar íntegro o valor da relação salário de contribuição/salário de benefício, não havendo falar, pois, em eliminação dos respectivos tetos. Precedentes. 5. Agravo regimental improvido.' (AgRg no RESP n. 531409-SP, SEXTA TURMA, Rel. Min. HAMILTON CARVALHIDO, DJ 15.12.2003) 'PROCESSUAL E PREVIDENCIÁRIO. SALÁRIO DE CONTRIBUIÇÃO. ATUALIZAÇÃO MONETÁRIA. IRSM 39,67% REFERENTE A FEVEREIRO DE 1994. Na atualização do salário de contribuição para fins de cálculos da renda mensal inicial do benefício, deve-se levar em consideração o IRSM de fevereiro de 1994 (39,67%) antes da conversão em URV, tomando-se esta pelo valor de Cr$ 637,64 de 28 de fevereiro de 1994 (§ 5º do art. 20 da Lei n. 8.880/94). Segundo precedentes, 'o art. 136 da Lei n. 8.213/91 não interfere em qualquer determinação do art. 29 da mesma lei, por versarem sobre questões diferentes. Enquanto aquele ordena a exclusão do valor teto do salário de contribuição para um determinado cálculo, este estipula limite máximo para o próprio salário de benefício.' Recurso parcialmente provido para que, após o somatório e a apuração da média, seja observado o valor limite do salário de benefício, conforme estipulado pelo art. 29, § 2º. Recurso conhecido e parcialmente provido.' (RESP n. 497057-SP, QUINTA TURMA, Rel. Min. JOSÉ ARNALDO DA FONSECA, DJ 2.6.2003)".[95]

33.2. Incidência do novo teto. Julgamento da controvérsia revisional através do Recurso Extraordinário n. 564.354

Os problemas em torno da aplicação de limitadores nas etapas de cálculo da renda mensal do benefício de prestação continuada da Previdência Social, especialmente aqueles que dizem respeito à fixação dos novos tetos vindos com as Emendas Constitucionais n. 20/98 e 41/03, ganham especial relevo ao se discutir se os pagamentos das rendas mensais atuais devem ou não obedecer aos novos limitadores trazidos por estes diplomas constitucionais supervenientes.

A questão que se coloca à baila é saber se os novos limitadores vindos com as Emendas Constitucionais acima referenciadas se aplicam ou não aos benefícios que já estavam sendo pagos, ou seja, na linguagem previdenciária corrente, *em manutenção*, no momento de início de vigência destes diplomas legais.

Quantos aos novos benefícios, dúvida não há, pois a concessão destes se deve a ato jurídico administrativo operacionalizado depois do advento ou do início de vigência destas normas, já sob o império das mesmas.

De outra via, há que se entender também que estas Emendas também não se aplicam como forma de reajustamento periódico para manutenção do valor real dos benefícios. Dizendo isso de outra forma, os benefícios já concedidos anteriormente não sofrerão o mesmo reajuste, em termos percentuais, que foi aplicado para rea-

---

(95) Apelação Cível n. 2003.70.01.011671-3, do Paraná, Relator Des. Federal Celso Kipper, DJU de 26.7.2006, p. 888.

justar (elevar) os valores dos tetos antigos para os tetos novos. De forma ainda mais simplista, o percentual que serviu de base para elevar o teto para R$ 1.200,00 e para R$ 2.400,00, respectivamente por força da EC ns. 20 e 41, não deve ser aplicado para reajustar *todos* os benefícios em manutenção na data em que elas entraram no ordenamento jurídico previdenciário.

Entretanto, soa como lógica, agora, depois destas premissas iniciais restritivas, a afirmação de que os novos tetos se aplicam para os benefícios em manutenção na ocasião em que elas entraram em vigor. E somente deverão ser aplicados para os benefícios que vinham sendo pagos obedecendo aos tetos limitadores antigos, existentes antes das Emendas Constitucionais sobreditas. Assim, em conclusão, os benefícios que sofreram limitação no pagamento atual, por força dos tetos limitadores antigos, deverão ser reajustados de forma a terem como limitadores os novos tetos.

Foi decidido no RE 564.354, originário de Sergipe, que a forma de reajustamento que implica na fixação dos novos tetos não consequencia que o aumento se dê para todos os benefícios, como forma de reajustamento geral. Implica dizer, isto sim, que os salários de benefício das prestações que sofreram limitações nos pagamentos mensais terão que obedecer aos novos limitadores nas rendas atuais.

Em consonância com o que se percebe da decisão do Colendo STF, no apelo extraordinário retromencionado, os salários de benefício das prestações que tiveram as suas Rendas Mensais Iniciais limitadas no momento do cálculo e que, em razão disso, também continuaram a obedecer os limitadores no momento posterior, ou seja, dos respectivos pagamentos mensais, estes sim fruirão do direito de rever as rendas mensais atuais, em obediências aos novos comandos contidos nas Emendas Constitucionais ns. 20 e 41.

> **Art. 34.** No cálculo do valor da renda mensal do benefício, inclusive o decorrente de acidente do trabalho, serão computados: *(Redação dada pela Lei n. 9.032, de 28.4.95)*
>
> I — para o segurado empregado e trabalhador avulso, os salários de contribuição referentes aos meses de contribuições devidas, ainda que não recolhidas pela empresa, sem prejuízo da respectiva cobrança e da aplicação das penalidades cabíveis; *(Inciso acrescentado pela Lei n. 9.032, de 28.4.95)*
>
> II — para o segurado empregado, o trabalhador avulso e o segurado especial, o valor mensal do auxílio-acidente, considerado como salário de contribuição para fins de concessão de qualquer aposentadoria, nos termos do art. 31; *(Inciso acrescentado pela Lei n. 9.528, de 10.12.97)*
>
> III — para os demais segurados, os salários de contribuição referentes aos meses de contribuições efetivamente recolhidas. *(Inciso renumerado pela Lei n. 9.528, de 10.12.97)*
>
> **Redações anteriores**
>
> No cálculo do valor da renda mensal do benefício do segurado empregado e trabalhador avulso, serão contados os salários de contribuição referentes aos meses de contribuições devidas, ainda que não recolhidas pela empresa, sem prejuízo da respectiva cobrança e da aplicação das penalidades cabíveis.
>
> Parágrafo único. Para os demais segurados, somente serão computados os salários de contribuição referentes aos meses de contribuição efetivamente recolhidas.

34.1. Comprovação de recolhimento das contribuições previdenciárias

Respeitando a pluralidade de categorias de segurados, em consideração à existência de dependência ou não de outros possíveis intermediários envolvidos na relação jurídica de custeio, a lei houve por bem traçar regras diferenciadas de recolhimento, objetivando preservar, o quanto possível, a essência operacional da atividade desenvolvida para cada espécie e, com isso, tornar efetivo o ideal constitucional do regime de custeio da Previdência Social (art. 195, *caput*, da CF/88).

À compreensão exata do preceito em comento milita a noção da diferença entre sujeito passivo da obrigação tributária, em âmbito previdenciário, daqueles que, embora não ostentem tal atributo, são considerados devedores de obrigações administrativas acessórias aos regimes de recolhimento das obrigações principais. Neste envolvimento há uma simbiose de sujeitos passivos, ativos e devedores de obrigações não titulares de direitos às prestações.

O segurado é o sujeito ativo de direitos aos benefícios e passivo no pagamento de contribuições sociais, na forma do art. 195, da Carta Magna, desde que sua atividade se subsuma ao ordenamento legal como filiação previdenciária. A Lei de Custeio confere posição jurídica de submissão ao segurado e aos envolvidos na rotina operacional de sua atividade, assim tomados como terceiros titulares do empreendimento laborativo.

A submissão como sujeito passivo, porém, não dá ao Estado o desfrute de exigir dele, de forma direta e em alguns casos, as contribuições que lhe são de direito.

Em obediência ao postulado no art. 30 da Lei de Custeio da Previdência Social, a empresa é obrigada a arrecadar as contribuições devidas pelo segurado empregado e trabalhador avulso, além das contribuições de seu encargo incidentes sobre a remuneração paga a segurados que lhe prestam serviço, nestes incluindo o contribuinte individual, e recolher o produto arrecadado até determinado prazo. Se não proceder escorreitamente da forma imposta, subsistem as cominações legais.

Tratando-se de empregado e trabalhador avulso, como estes não são, por lei, obrigados pessoalmente ao recolhimento das contribuições, restando tal encargo à empresa, são beneficiados pela isenção de comprovação dos efetivos recolhimentos, restando alcançado pelo albergue legal no momento do cálculo da renda mensal inicial. Seus salários de contribuição serão computados no cálculo ainda que a empresa tenha deixado de cumprir com sua obrigação de proceder ao recolhimento, restando, porém, ao empregado e trabalhador avulso, a incumbência de provar os valores dos seus salários. Os trabalhadores avulsos terão o sindicato de sua classe como figura intermediária obrigada ao recolhimento das contribuições.

A carência, como se sabe, é demarcada pelo número de contribuições que o segurado tenha vertido à Previdência Social. Como consectário da operação que subsume o recolhimento à mecânica da presunção relativa de veracidade, também a contagem da carência para estes segurados foi beneficiada com esta isenção probatória. Nos termos do art. 27 desta lei, já comentado anteriormente, serão consideradas as contribuições pagas ou devidas pelos segurados empregado e trabalhador avulso a partir da filiação, significando que o primeiro dia de trabalho destes segurados marca o momento pelo qual inicia o cômputo do número de meses necessários para cada espécie de benefício. As alíquotas contributivas dos segurados empregado, empregado doméstico e trabalhador avulso, de forma não cumulativa, variam de 8, 9 e 11%, conforme a faixa salarial de seus efetivos rendimentos salariais. A forma e os prazos estão previstos na Lei n. 8.212/91.

A empresa também ocupa posição de sujeito passivo de obrigações tributárias, na forma da Lei de Custeio, assim entendidas as entidades tomadoras dos serviços prestados pelos segurados devedores. Não havendo recolhimento efetivo da contribuição dos segurados prestadores de serviços, a empresa será responsabilizada pelas contribuições que deixou de recolher aos cofres do INSS, contra a qual pesará ação de cobrança ou execução, sem prejuízo da aplicação das penalidades cabíveis. A Lei n. 8.212/91, art. 33, § 5º, estatuí que "O desconto de contribuição e de consignações legalmente autorizadas sempre se presume feito oportuna e regularmente pela empresa a isso obrigada, não lhe sendo lícito alegar omissão para se eximir do recolhimento, ficando diretamente responsável pela importância que deixou de receber ou arrecadou em desacordo com o disposto nesta Lei".

Os segurados de filiação diversa da de empregado e trabalhador avulso incidem no comando normativo do inciso III do art. 34 da Lei de Benefícios, antes pertencente ao inciso II e com nova redação dada pela Lei n. 9.528/97, somente sendo computados como salários de contribuição, na forma deste dispositivo, os valores referentes às contribuições efetivamente recolhidas. Isto se justifica na medida em que tais segurados, diferentemente, possuem atividade de natureza e procedimentos de recolhimentos diversos quanto às remunerações por eles auferidas. O contribuinte individual e o facultativo são obrigados pela Lei de Custeio a recolherem suas contribuições por iniciativa própria (art. 30, inciso II), por isso não contam com intermediários no processo de recolhimento, o qual não é prestigiado pela presunção probatória para os valores dos salários de contribuição. Em caso de descumprimento do encargo contributivo ou cumprimento extemporâneo, as consequências punitivas e indenizatórias incidem diretamente sob a pessoa destes segurados. A Lei n. 9.876/99 inovou ao eliminar o esquema de contribuição sobre escala de salário-base, pela qual os antigos segurados autônomo, equiparada a autônomo e empresário, integrantes da categoria hoje denominada contribuinte individual, contribuíam mensalmente obedecendo à limitações temporais e quantitativas, em total discrepância com os seus efetivos rendimentos. A partir daquele diploma normativo, ao revogar o art. 29 da Lei de Custeio, o legislador aboliu a mecânica de contribuição fictícia de recolhimento, passando a prescrever a obrigação de recolhimento com base nos efetivos ganhos mensais para os segurados contribuinte individual e facultativo. Assim, o inciso III, do art. 28 da Lei de Custeio determina que o salário de contribuição do contribuinte individual é a remuneração auferida em uma ou mais empresas ou pelo exercício de atividade por conta própria. No entanto, o art. 4º, da Lei n. 9.876/99, preservou o mesmo regime jurídico de recolhimento do contribuinte individual e facultativo para os segurados já filiados por ocasião da data de sua publicação, mandando observar a redação do art. 29 da Lei n. 8.212/91 vigente naquele momento.[96]

---

(96) "Considera-se salário de contribuição, para os segurados contribuinte individual e facultativo filiados ao Regime Geral da Previdência Social até o dia anterior à data de publicação desta Lei, o salário-base, determinado conforme o art. 29 da Lei n. 8.212, de 1991, com a redação vigente naquela data".

O segurado facultativo, em vista de ausência de exercício de atividade, não tem como escapar de declarar o valor de forma aleatória, respeitando-se o limite mínimo e máximo.

O produtor rural pessoa física (alínea a, V, art. 12, da Lei n. 8.212/91) e o segurado especial (art. 12, VII, da Lei n. 8.212/91) recolhem na forma do art. 25 do mesmo diploma, ou seja, mediante a alíquota incidente sobre o resultado da comercialização de sua produção, o que pode não ocorrer mensalmente, em face do que pode contribuir, também, facultativamente, na forma do art. 21, acompanhando o contribuinte individual e facultativo (art. 195, § 8º, da CF/88). Quando sujeitos à exação obrigatória, a contribuição destes segurados deve ser recolhida pela empresa adquirente, consumidora ou consignatária ou cooperativa, que tem o encargo legal de, como consumidores dos produtos agrícolas comercializados por produtor rural e segurado especial, assumem a responsabilidade de reterem a contribuição e, ato contínuo, desembolsarem o numerário em favor da autarquia previdenciária (incisos III e IV, do art. 30, da LC). A obrigação é imposta diretamente ao produtor e ao segurado especial, passando a terem que efetuar o recolhimento sem a participação daqueles intermediários, quando a comercialização dos produtos é feita: a) no exterior; b) diretamente, no varejo, ao consumidor pessoa física; c) à pessoa física contribuinte individual que explora atividade agropecuária ou pesqueira ou garimpeiro; d) ao segurado especial. A retenção contributiva é espécie diferente do recolhimento contributivo. A retenção é encargo do responsável tributário, que, na forma da lei, desconta o valor da contribuição da importância a desembolsar na compra de um produto ou pela aquisição de um serviço. O recolhimento, por outro lado, é também colocado como obrigação ao sujeito passivo ou responsável tributário, consistente no ato de repassar o valor arrecadado aos cofres do INSS.

Quanto ao empregado doméstico, a sua contribuição é calculada mediante a aplicação de uma alíquota idêntica da dos segurados empregados e trabalhadores avulsos, o mesmo se podendo dizer a respeito das faixas salariais e variações quanto ao percentual (art. 20, da Lei n. 8.212/91). Seu empregador doméstico também é sujeito passivo de recolhimento previdenciário, estando sujeito ao pagamento da contribuição que lhe é exigida, na forma do art. 24, cuja base de cálculo é a remuneração do segurado empregado doméstico a seu serviço. A prova dos salários de contribuição dos empregados domésticos é, basicamente, a Carteira de Trabalho e Previdência Social (art. 28, inciso II, da Lei de Custeio) e, embora em tudo se assemelhem ao segurado empregado quanto ao pagamento dos salários, sua contribuição também é recolhida não por iniciativa própria, mas através do empregador, que assim tem a obrigação de recolher as contribuições e repassá-las ao INSS (inciso V, do art. 30, da LC). Dessa forma, julgamos ser de grande injustiça os dispositivos que tratam desigualmente os segurados empregados domésticos, em especial quanto à ausência de presunção de recolhimento para fins de comprovação de salários de contribuição e para carência (art. 27, inciso II, e 34, inciso III, ambos da Lei n. 8.213/91). Se o segurado empregado não dispor de carteira assinada, seu direito de comprovação do vínculo e salários, para fins previdenciários, deve estar assegurado em toda plenitude na forma de presunção de recolhimento, se dispor, é claro, de prova documental idônea dos rendimentos recebidos. O mesmo devendo acontecer com a contagem da carência, baseada em número de meses de contribuição devida, ainda que não recolhida pelo empregador.

De acordo com o que foi dito no art. 31, a Lei n. 9.528/97 inovou este dispositivo, impondo que o valor mensal do auxílio-acidente é parcela que compõe o salário de contribuição para fins de cálculo do benefício de qualquer aposentadoria. Em contrapartida, a fim de eliminar *bis in idem*, evitando enriquecimento ilícito por parte de segurado, reformulou também o termo final do pagamento do auxílio-acidente, o qual deixou de ser vitalício, cessando com a concessão de qualquer aposentadoria. A incidência do auxílio-acidente no salário de contribuição exclusivamente para fins de cálculo do salário de benefício e não, inclusive, como parcela contributiva, advém de norma expressa a respeito da vedação da taxação de inativos, sobrevivendo ao tempo como dogma constitucional (inciso II, do art. 195), reforçado com a EC n. 20/98. Da mesma maneira, o art. 34 repete a mesma regra, apenas tendo o cuidado de mencionar os segurados com direito a auxílio-acidente, sendo forçoso concluir, por isso, por sua desnecessidade, posto que nada mais acrescenta além disso.

Art. 35. Ao segurado empregado e ao trabalhador avulso que tenham cumprido todas as condições para a concessão do benefício pleiteado mas não possam comprovar o valor dos seus salários de contribuição no período básico de cálculo, será concedido o benefício de valor mínimo, devendo esta renda ser recalculada, quando da apresentação de prova dos salários de contribuição.

35.1. Não comprovação dos salários de contribuição dos segurados empregado e trabalhador avulso com direito adquirido ao benefício

Já se disse que os segurados empregado e trabalhador avulso são beneficiados pela presunção legal de recolhimento por parte do empregador e do sindicato da categoria, alçados à condição de responsáveis pela arrecadação e posterior recolhimento das contribuições devidas por aqueles segurados. Em efetivando este princípio, há a autorização do cálculo da renda mensal inicial com base nos efetivos rendimentos não obstante não se consiga provar a realização dos efetivos recolhimentos. No entanto, é necessário, para tal desiderato, que o segurado empregado e trabalhador avulso consigam provar, de preferência através de prova documental idônea, os valores dos seus salários de contribuição. Não logrando obter tal prova por ocasião do cálculo da renda mensal inicial, apesar de terem direito ao benefício postulado, este será concedido no valor de um salário mínimo, condicionado seu recálculo posterior mediante a apresentação de prova daquelas importâncias.

O período básico de cálculo varia conforme eventual direito adquirido a benefício mais vantajoso de acordo com a sistemática de cálculo em legislação contemporaneamente vigente. Nestas situações excepcionais em que o Cadastro Nacional de Informações Sociais — CNIS não traz os salários de contribuição, nem o segurado consegue comprovar prontamente estas verbas, a prova da qual o segurado tem que se desincumbir fica restrita ao período compreendido no cálculo do salário de benefício, exatamente para o período básico de cálculo. As contribuições não pertencentes aos marcos inicial e final do período básico de cálculo vão servir também para utilização na contagem da carência e no tempo de contribuição/serviço. Para carência há dispensa do recolhimento, bastando a filiação (art. 27, inciso I). Para o tempo de contribuição/serviço, ao contrário, não há como computá-las sem que tenha havido o efetivo exercício da atividade cujo reconhecimento se requer, entendimento reforçado pela nova EC n. 20, que aboliu a possibilidade de contagem de tempos fictícios. Isto vale para os segurados que pagam a previdência mediante intervenção obrigatória de seus empregadores e do sindicato, responsáveis pelo pagamento da remuneração e pelo repasse das contribuições devidas por estes segurados.

Art. 36. Para o segurado empregado doméstico que, tendo satisfeito as condições exigidas para a concessão do benefício requerido, não comprovar o efetivo recolhimento das contribuições devidas, será concedido o benefício de valor mínimo, devendo sua renda ser recalculada quando da apresentação da prova do recolhimento das contribuições.

36.1. Não comprovação do recolhimento das contribuições do segurado empregado doméstico

Mutatis mutandis, o mesmo que foi afirmado acerca do segurado empregado e trabalhador avulso no artigo anterior se pode dizer para o empregado doméstico. A única diferença está em que o doméstico terá de comprovar os requisitos para obtenção do benefício, inclusive os valores dos salários de contribuição, apenas estando dispensado da prova do recolhimento das contribuições.

Fará jus, no valor mínimo, ao benefício requerido, ciente de que poderá requerer o recálculo do valor da renda mensal inicial mediante comprovação dos recolhimentos devidos de suas contribuições.

Volta-se a inferir que a prova dos salários de contribuição dos empregados domésticos é, basicamente, a Carteira de Trabalho e Previdência Social (art. 28, inciso II, da Lei de Custeio) e, conquanto não haja situação fática que permita tratamento desigual, é certo que, em função do recolhimento por interposta pessoa, tal categoria está sendo gravemente injustiçada pelos dispositivos que os tratam de forma desigual em relação ao empregado e avulso, em especial pela não contemplação com a ausência de presunção de recolhimento para fins de comprovação de salários de contribuição e para carência (art. 27, inciso II, e 34, inciso III, ambos da Lei n. 8.213/91).

Ressalte-se que, diferentemente do artigo anterior, para o recálculo da RMI, terá o empregado doméstico que fornecer prova do efetivo recolhimento das contribuições e não apenas dos seus salários, importâncias estas que, por imposição legal (inciso V, do art. 30, da Lei de Custeio), estava o seu empregador obrigado a recolhê-las e, quiçá, não o fez. Se as contribuições foram, na realidade, a tempo e modo, efetivamente recolhidas pelo empregador doméstico, apenas não se conseguindo obter o acesso a elas por defeitos no sistema informatizado do INSS, a tarefa não parece tão complicada para o empregado. Neste caso, terá ele que valer-se de prova da quitação dos débitos com seu empregador, apresentando-as ao INSS. Empreitada assaz dificultosa, quiçá impossível, afigura-se, porém, na hipótese de o empregador não ter se desincumbido do recolhimento junto à previdência, se é ele quem, por lei, responde pessoalmente pelos débitos não recolhidos em época própria (§ 5º, do art. 33, da Lei n. 8.212/91). Se o empregador, espontaneamente, ainda que a destempo, não efetuar os pagamentos devidos, inclusive com acréscimos legais, não há como o empregado ou o próprio INSS obrigá-lo a tal, senão, quando muito, coagi-lo através dos meios adequados de cobrança da dívida. Em havendo isso, o empregado terá de esperar pela solução litigiosa ou eventual parcelamento do débito de suas próprias contribuições. Um deslinde que, a meu ver, parece adequado para a perfeita composição de lide instaurada a este respeito, judicialmente, é a recomposição do salário de benefício mediante a simples apresentação dos valores dos efetivos salários de contribuição, tarefa que incumbe ao empregado doméstico, preferencialmente através de prova documental idônea, nos moldes adotados quanto aos empregados e avulsos referidos no artigo anterior.

Tanto quanto em relação aos segurados empregado e trabalhador avulso, não se trata, aqui, em absoluto, de não admitir a concessão do benefício pela não comprovação do pagamento das contribuições dos empregadores, sendo certo tratar-se de dispensa probatória acerca das próprias contribuições destes segurados.

> **Art. 37.** A renda mensal inicial, recalculada de acordo com o disposto nos arts. 35 e 36, deve ser reajustada como a dos benefícios correspondentes com igual data de início e substituirá, a partir da data do requerimento de revisão do valor do benefício, a renda mensal que prevalecia até então.

37.1. Efeitos financeiros das revisões dos arts. 35 e 36

A regra em contemplação é reflexo das hipóteses anteriores.

Em sendo recalculada a RMI do benefício através de prova dos salários de contribuição ou dos recolhimentos, seu valor será reajustado da data de início do benefício até o requerimento de revisão, sendo substituída pelo novo valor. Os índices de reajustamento acompanham os mesmos adotados para as prestações previdenciárias em geral.

Como não pode haver na lei palavras ociosas, a única exegese possível de ser extraída, com relação à sua substituição a partir da data do requerimento de revisão, não pode ser outra senão a de compensar as perdas sofridas apenas e tão somente a partir daquele marco, restando eliminada pretensão indenizatória relativamente ao período pretérito corrido a partir do início do benefício.

Volta-se a repisar as mesmas críticas tecidas aos artigos anteriores, no mesmo tom e sem vacilo, na medida em que tais regras encerram grave injustiça com os segurados empregados domésticos, em tudo que diz respeito ao desigual tratamento dispensado pela não aplicação da presunção do recolhimento. O mesmo se pode afirmar, por certo, com as consequências de tais aplicações, limitando financeiramente a reparação de situações com as quais tais segurados não concorreram com parcela mínima de culpa.

Já estando garantido o benefício, resta a permissão para revisão da renda mensal inicial mediante simples demonstração dos efetivos salários de contribuição, independentemente de haver prova dos recolhimentos contributivos, e pagar as diferenças de valores desde a data do requerimento administrativo, ressalvando a cobrança oficiosa de importâncias devidas à previdência por fraudadores e sonegadores.

> **Art. 38.** Sem prejuízo do disposto nos arts. 35 e 36, cabe à Previdência Social manter cadastro dos segurados com todos os informes necessários para o cálculo da renda mensal dos benefícios.

38.1. Cadastro de informações previdenciárias

Como visto no art. 17, que trata da filiação e inscrição, a pessoa física potencializada a adquirir direitos subjetivos previdenciários está submetida a este estado, obrigatória ou voluntariamente, em função da necessidade de, por via de prestação material substitutiva, subverter os efeitos da escassez de recursos financeiros provocada pelo risco social.

A realidade empírica revela um sem-número de situações fáticas em cuja essência está o cerne da proteção securitária social: a prestação de atividade remunerada.

No entanto, a individualização de cada espécie de segurado perante a Previdência Social, na forma de inscrição, para efeito de controle contra sonegação e concessão das prestações, entre outros motivos, nos dias de hoje, ainda não atingiu o nível desejado. Sente-se a necessidade de aprimoramento do sistema informatizado da previdência, ainda sujeito a falhas de acesso, premiando o acobertamento de fraudes de todo tipo e o quantitativo do benefício em valores irreais, além de outras irregularidades.

A intenção do legislador, com os arts. 35 e 36 desta lei, era transcender as mazelas do sistema, obrigando o próprio segurado a trazer os documentos necessários para confirmação de sua filiação ou, quando ainda não existente inscrição, permitir a sua feitura no ato da concessão do benefício. No arcabouço material de que o segurado tinha que estar munido, estava a relação de salários de contribuição para comprovação dos seus rendimentos. Confirmação disso é a não abrangência, por estes dispositivos, dos segurados que contribuem por iniciativa própria (contribuinte individual, facultativo e segurado especial), cuja comprovação dos pagamentos pode ser feita com os próprios carnês de contribuição de que são possuidores. Por isso que foi ressalvada a obrigatoriedade de o próprio segurado apresentar os dados necessários para o benefício reclamado, sem excluir a possibilidade de evolução do sistema a níveis que permitam dispensá-los de tal encargo. Esta tendenciosa preocupação da previdência está confirmada, hoje, com o art. 29-A da Lei de Benefícios, acrescentado pela Lei n. 10.403, de 8.1.2002, substanciado pelo art. 19, *caput*, do Decreto n. 3.048/99, na redação do Decreto n. 4.079, de 9.1.2002, o qual preceitua que a partir de julho de 1994, os dados constantes do CNIS — Cadastro Nacional de Informações Sociais valem para todos os efeitos como prova de filiação, relação de emprego, tempo de serviço ou de contribuição e salários de contribuição, estando a autoridade administrativa autorizada, se for o caso, a exigir a apresentação dos documentos que serviram de base às anotações, porém, não pode negar o benefício em subserviência àquele cadastro.[97]

---

(97) "PREVIDENCIÁRIO. INDEFERIMENTO DE REQUERIMENTO PARA CONCESSÃO DE BENEFÍCIO. ALEGAÇÃO DE FALTA DE COMPROVAÇÃO DE TEMPO APÓS CONSULTA AO CNIS. IMPOSSIBILIDADE DE VERIFICAÇÃO. EXTRAVIO DO PROCEDIMENTO ADMINSTRATIVO E DOS DOCUMENTOS COMPROBATÓRIOS. A AUTARQUIA NÃO PODE PREJUDICAR NENHUM SEGURADO EM VIRTUDE DA SUA DESORGANIZAÇÃO. NÃO EXISTE DECADÊNCIA DA VIA MANDAMENTAL. A parte impetrante observou de forma correta as exigências legais, dando entrada no pedido de aposentadoria, no dia 10 de maio de 1991, sendo este indeferido por falta de tempo de serviço atestado por consulta ao Cadastro Nacional de Informações Sociais — CNIS. O Instituto Nacional do Seguro Social não pode promover a suspensão, cancelamento ou indeferimento de requerimento de benefício com base unicamente na consulta realizada no CNIS, posto que tal cadastro está sujeito a erro, tendo, inclusive, demonstrado inúmeras falhas. Se a autarquia não se vale de tal cadastro para concessão, pois é obrigação da parte juntar prova dos vínculos empregatícios passados, não pode utilizar para cassar ou indeferir o pedido de benefício. O Instituto Nacional do Seguro Social afirmou que, após buscas incessantes, não pôde localizar o procedimento de concessão de benefício e, consequentemente, os documentos originais que a parte impetrante, de boa fé, juntou, a fim de obter a verba alimentar — Não há dúvidas que a

De acordo com o § 2º, do art. 29-A, presentes informações irreais, o segurado poderá pedir a retificação dos dados cadastrados, apresentando documentos comprobatórios que espelhem a realidade. É importante asseverar que a redação do art. 19 do Decreto n. 3.048/99 foi modificada recentemente pelo Decreto n. 6.722, de 30.12.2008, tendo o legislador retirado a presunção *juris tantum* de veracidade das anotações da Carteira de Trabalho e Previdência Social até então existente. A partir da modificação referida, tal redação faz crer que a partir de agora o INSS, quando da análise dos pedidos de benefícios de segurados empregados, poderá não aceitar como verdade absoluta as anotações constantes da Carteira de Trabalho e Previdência Social, exigindo do segurado outras provas confirmatórias.

Portanto, de um modo geral, os dados constantes do CNIS servem para confrontação entre informações inseridas no sistema com aquelas trazidas pelo segurado quando do requerimento do benefício.

A partir do advento da Lei n. 10.403/02, o reconhecimento do direito aos benefícios requeridos a partir de 9 de janeiro de 2002 deverá fundamentar-se na ideia de que, a partir de 1º de julho de 1994, as informações válidas são as provenientes do CNIS, ressalvada ao segurado a possibilidade de provar o contrário.

Note-se que, para efeito de manutenção da qualidade de segurado, a informação colhida no Cadastro Nacional de Informações Sociais pode servir para aquele desiderato, mesmo que não haja remuneração no período, o mesmo se podendo dizer quanto ao cômputo da carência.

> **Art. 38-A.** O Ministério da Previdência Social desenvolverá programa de cadastramento dos segurados especiais, observado o disposto nos §§ 4º e 5º do art. 17 desta Lei, podendo para tanto firmar convênio com órgãos federais, estaduais ou do Distrito Federal e dos Municípios, bem como com entidades de classe, em especial as respectivas confederações ou federações. *(Incluído pela Lei n. 11.718, de 20.6.2008)*
>
> § 1º O programa de que trata o *caput* deste artigo deverá prever a manutenção e a atualização anual do cadastro, e as informações nele contidas não dispensam a apresentação dos documentos previstos no art. 106 desta Lei. *(Incluído pela Lei n. 11.718, de 20.6.2008)*
>
> § 2º Da aplicação do disposto neste artigo não poderá resultar nenhum ônus para os segurados, sejam eles filiados ou não às entidades conveniadas. *(Incluído pela Lei n. 11.718, de 20.6.2008)*

O cadastramento a que se refere o *caput* do artigo em exame serve para fins de formalização da inscrição do segurado especial e do grupo familiar a que ele se insere, em atenção ao preconizado pelo art. 17, §§ 4º e 5º, desta lei. De observar-se que não há obrigatoriedade para o segurado inscrever-se na Previdência Social para obter os benefícios previdenciários. Tal ato administrativo serve apenas para fins de prova e de recolhimento das contribuições previdenciárias, quando devidas, sendo condição imprescindível ao gozo dos direitos às prestações somente o exercício da atividade, via de regra, tanto que a parte final do § 1º deste artigo deixa bem claro que a inscrição do segurado especial junto ao INSS não é sucedânea da comprovação do exercício da atividade através de outros meios probatórios, especialmente os elencados no art. 106 da Lei n. 8.213/91. Isto é assim porque mesmo que o segurado tenha efetuado regularmente a sua inscrição no INSS, mas não exercer atividade campesina, resta fora de dúvida a conclusão de que não haverá direito aos benefícios, ainda que induvidoso o suporte fático deflagrador da prestação.

---

autarquia não pode se valer da sua própria desorganização para prejudicar seus segurados. Não há a decadência para a utilização da via mandamental, uma vez que o não pagamento de benefício previdenciário, constitui, ao meu ver, o não cumprimento de uma prestação de trato sucessivo, renovada a cada mês do descumprimento. Recurso provido para determinar a manutenção da aposentadoria concedida e o pagamento das parcelas vencidas desde a data da impetração". (APELAÇÃO EM MANDADO DE SEGURANÇA – 37165, Relator Juiz Ricardo Regueira, publicado no DJU de 4.12.2002, p. 110).

> **Art. 39.** Para os segurados especiais, referidos no inciso VII do art. 11 desta Lei, fica garantida a concessão:
>
> I — de aposentadoria por idade ou por invalidez, de auxílio-doença, de auxílio-reclusão ou de pensão, no valor de 1 (um) salário mínimo, desde que comprove o exercício de atividade rural, ainda que de forma descontínua, no período, imediatamente anterior ao requerimento do benefício, igual ao número de meses correspondentes à carência do benefício requerido; ou
>
> II — dos benefícios especificados nesta Lei, observados os critérios e a forma de cálculo estabelecidos, desde que contribuam facultativamente para a Previdência Social, na forma estipulada no Plano de Custeio da Seguridade Social.
>
> Parágrafo único. Para a segurada especial fica garantida a concessão do salário-maternidade no valor de 1 (um) salário mínimo, desde que comprove o exercício de atividade rural, ainda que de forma descontínua, nos 12 (doze) meses imediatamente anteriores ao do início do benefício. (*Parágrafo acrescentado pela Lei n. 8.861, de 25.3.94*)
>
> **Redações anteriores**
>
> Para os segurados especiais, referidos no inciso VII do art. 11 desta Lei, fica garantida a concessão:
>
> I — de aposentadoria por idade ou por invalidez, de auxílio-doença, de auxílio-reclusão ou de pensão, no valor de 1 (um) salário-mínimo, desde que comprove o exercício de atividade rural, ainda que de forma descontínua, no período imediatamente anterior ao requerimento do benefício, igual ao número de meses correspondentes à carência do benefício requerido;
>
> II — dos benefícios especificados nesta Lei, observados os critérios e a forma de cálculo estabelecidos, desde que contribuam facultativamente para a Previdência Social, na forma estipulada no Plano de Custeio da Seguridade Social.

39.1. Regime permanente de benefícios para segurados especiais

Reportando-se ao inciso VII, do art. 11 desta lei, de onde vem a figura do segurado especial, a Lei n. 11.718, de 20 de junho de 2008, provocou uma verdadeira modificação na caracterização da figura desta categoria de segurado.

Possuem isenção de carência, como visto no art. 26, inciso III, os benefícios concedidos em conformidade com o inciso I, do art. 39.

Além desta regra, inserida no corpo permanente, também emana do ordenamento previdenciário outra de caráter transitório (art. 143) destinada aos trabalhadores rurais que especifica,[98] ambas interagindo na composição do regime jurídico dos trabalhadores campesinos. O art. 39 volta-se ao segurado especial, exclusivamente, e o rol de prestações da norma perene é mais amplo do que aquele trazido pela norma de transição. O obséquio legal diferenciado em atenção aos segurados especiais, constante deste art. 39, dispensando-os do aporte financeiro sem solução de continuidade,[99] jaz na condição personalíssima da atividade desenvolvida por estes segurados, tornando despicienda a contribuição e o cálculo dos benefícios nos mesmos moldes dos demais segurados. Mesmo assim, volta-se a lembrar, também podem ter acesso ao mesmo elenco de benefícios a que fazem jus os demais segurados, contanto que contribuam facultativamente, na forma do inciso II do mesmo artigo.

---

(98) Empregado rural e segurado especial, apenas, porquanto os incisos III e IV do art. 11 da mesma lei foram revogados pela Lei n. 9.876/99.
(99) O segurado especial recolhe contribuições apenas sobre a comercialização de sua produção, nos termos do art. 25 da Lei n. 8.212/91.

Terão direito aos benefícios aposentadoria por idade ou por invalidez, auxílio-doença, auxílio-reclusão ou pensão, cada qual no valor de um salário mínimo, estando sujeitos, como contrapartida da dispensa do recolhimento, a comprovar o exercício de atividade rural, ainda que de forma descontínua, no período imediatamente anterior ao requerimento do benefício, igual ao número de meses necessários para a carência do benefício requerido.

Por outro lado, se desejarem ter acesso ao mesmo plano de benefícios dos demais segurados, incluindo rol de prestações e respectivos cálculos, na perspectiva de receberem valor acima do mínimo, sujeitam-se aos mesmos ônus contributivos do segurado facultativo. Note-se que a contribuição na forma facultativa pelos segurados especiais não lhes desnatura a filiação, remanescendo hígida a figura do trabalhador campesino, apenas acrescido de um *plus* dado pela lei respeitando a universalidade de participação no plano previdenciário como princípio informativo da Previdência Social (art. 2º, I, Lei n. 8.213/91).

Ainda a respeito da pluralidade da forma de contribuir do segurado especial, observa-se que este é obrigado a destinar 2% da receita bruta proveniente da comercialização de sua produção mais 0,1% desta mesma base de cálculo para financiamento das prestações por acidente de trabalho (art. 25, da Lei n. 8.212/91). Caso contribuam facultativamente, os salários de contribuição existentes permitirão a formação do salário de benefício e, consequentemente, de uma renda mensal inicial no mesmo padrão dos outros segurados. Já foi dito em oportunidades anteriores que a entrada dos §§ 6º a 9º no art. 29 promovida pela Lei n. 9.876/99, estabelecendo período básico de cálculo para a categoria, quando não acompanhada de uma modificação conjuntural na Lei de Custeio, o quantitativo das prestações para estes segurados pode não sair do campo de conjeturas. Assim, a par dos benefícios de valor mínimo passíveis de concessão sem contribuição (inciso I, do art. 39) e aqueles disponíveis como contrapartida de contribuições facultativas (inciso II), existe a viabilidade jurídica de benefícios arrolados nos incisos I e II do art. 29 mediante contribuição anual proveniente da comercialização de sua produção, formando uma nova espécie de salário de contribuição e salário de benefício. Contribui para a formação deste raciocínio a diferença de denominação aos valores utilizados para o cálculo: para os segurados especiais foram mencionadas as expressões *maiores valores*, enquanto que para os outros segurados foi usada a menção a *maiores salários de contribuição*. É dessa forma que podemos afirmar a possibilidade jurídica de aposentadoria por tempo de contribuição e por idade calculadas em conformidade com o salário de benefício (art. 29), possibilitando benefícios acima do mínimo, sem a necessidade de recorrermos às contribuições facultativas. Assim, o salário de benefício será 1/13 avos da média aritmética simples (soma e divide pelo número de meses encontrados, depois divide o resultado por 13), dos maiores valores sobre os quais incidiu a sua contribuição anual, correspondentes a 80% de todo o período contributivo, cujo resultado terá a incidência do fator previdenciário (inciso I, do art. 26).

Destaque-se que o segurado especial filiado anteriormente ao advento da Lei n. 8.213/91 não mais terá direito à aposentadoria por idade após o término do prazo[100] estabelecido no art. 143, pois o regime permanente tem aplicação restrita aos campesinos filados a partir daquele diploma. Não obstante isso, ainda é possível computar tempo de atividade, a despeito daquele marco final, socorrendo-se da aplicação do direito adquirido ao cômputo do tempo laborativo já prestado, cujo exercício não pode sofrer restrições em função de tempo estabelecido para a exigência do direito subjetivo.

O Poder Executivo editou a Medida Provisória n. 312, de 19 de julho de 2006, prorrogando o prazo por mais dois anos para o segurado empregado rural. Conquanto tenha sido deixado à margem da contemplação do governo, o segurado especial, por força do princípio da isonomia, também está abrangido pela disposição transitória, porquanto não há razão jurídica ou fática que justifique a disparidade de tratamento. A aludida Medida Provisória foi convertida na Lei n. 11.368, de 9 de novembro de 2006. De ver-se que o parágrafo único da lei referida foi incluído pela Medida Provisória n. 385, de 22 de agosto de 2007, a qual estendeu a prorrogação do prazo ao segurado contribuinte indivi-

---

(100) O prazo terminou em 24.7.2006.

dual em caráter eventual que presta serviços para empresa. Entretanto, tal Medida Provisória foi rejeitada por Ato Declaratório do Senado de n. 3, de 2008. Atualmente, através da MP n. 410, de 28.12.2007, convertida na Lei n. 11.718, de 20 de junho de 2008, art. 2º e respectivo parágrafo único, o prazo, para os segurados em referência, foi novamente prorrogado para até 31 de dezembro de 2010.

A finalística do sistema diferenciado descortinado aos segurados especiais pela Lei n. 8.213/91 é de abrandar o rigor contributivo que nele pesaria se dele fossem exigidas contribuições nos mesmos moldes dos outros segurados, não os surpreendendo com exação inexistente no FUNRURAL, regime de onde migraram.[101] Este é o motivo pelo qual o prazo de 15 anos eleito pelo legislador é igual ao da carência geral (art. 25) para estes benefícios. Na contagem da carência deve-se levar em consideração a filiação anterior ou posterior a 24.7.91, sendo necessário observar, no primeiro caso, a carência transitória do art. 142 da Lei n. 8.213/91.

De notar-se que o período que se exige comprovado deve ter como marco inicial sempre imediatamente anterior ao requerimento administrativo ou à data em que completado o requisito etário,[102] lembrando que a simultaneidade dos requisitos para este benefício é condição *sine qua non*.[103]

O direito ao salário-maternidade estendido à segurada especial atendeu aos anseios de revogar as regras mais restritivas e limitativas desta prestação, culminando com a entrada da Lei n. 9.876/99 ampliando a todas as seguradas o direito a esta prestação. À segurada especial também será devido o benefício, condicionado, porém, à comprovação do exercício de atividade rural nos últimos dez meses imediatamente anteriores à data do parto ou do requerimento do benefício, quando requerido antes do parto, mesmo que de forma descontínua.

---

(101) Razão pela qual a norma do art. 55, § 2º, da Lei n. 8.213/91: "O tempo de serviço do segurado trabalhador rural, anterior à data de início de vigência desta Lei, será computado independentemente do recolhimento das contribuições a ele correspondentes, exceto para efeito de carência, conforme dispuser o regulamento". Quer dizer que o exercício campesino será computado para computo de tempo de serviço, mas não como carência.
(102) Confira julgado da Turma Recursal dos Juizados Especiais Federais de Santa Catarina: "PREVIDENCIÁRIO. APOSENTADORIA POR IDADE RURAL. IMPOSSIBILIDADE DE APLICAÇÃO DA SUM 02 DA TURMA DE UNIFORMIZAÇÃO DA 4ª REGIÃO. Contagem da carência retroativamente à DER ou implemento do requisito etário, sempre na vigência da Lei n. 8.213/91". (Processo n. 2004.72.95.001723-1, Relatora Juíza Eliana Paggiarin Marinho, Sessão de 17.6.2004).
(103) "PREVIDENCIÁRIO. APOSENTADORIA POR IDADE RURAL. NECESSIDADE DE PREENCHIMENTO SIMULTÂNEO DOS REQUISITOS DA IDADE MÍNIMA E DA CARÊNCIA. O direito à concessão da aposentadoria por idade rural pressupõe o preenchimento dos requisitos da idade mínima e da carência antes de o postulante haver deixado a atividade agrícola. Precedente desta Turma Recursal no Processo n. 2004.72.95.001723-1, Relatora Juíza Eliana Paggianrin Marinho. Sessão de 17.6.2004". (Processo n. 2004.72.95.007682-0, Relator Juiz João Batista Lazzari, Sessão de 17.2.2005).

Art. 40. É devido abono anual ao segurado e ao dependente da Previdência Social que, durante o ano, recebeu auxílio-doença, auxílio-acidente ou aposentadoria, pensão por morte ou auxílio-reclusão.

Parágrafo único. O abono anual será calculado, no que couber, da mesma forma que a Gratificação de Natal dos trabalhadores, tendo por base o valor da renda mensal do benefício do mês de dezembro de cada ano.

40.1. Abono anual

O art. 40 veio substituir o art. 5º, da Lei n. 8.114/90, a qual tinha vindo regulamentar o inciso VIII do art. 7º, e § 6º, do art. 201, da Constituição Federal de 1988, os quais dispunham a respeito da gratificação natalina aos aposentados e pensionistas. As celeumas geradas no lapso temporal que medeia entre a Carta Magna e a sua regulamentação pela Lei n. 8.213/91, pretendendo a autoaplicabilidade dos dispositivos constitucionais, foram, na época, dirimidas pelo Tribunal Regional Federal da 4ª Região através da Súmula n. 24, consagrando aquele atributo aos §§ 5º e 6º do art. 201 da Constituição.

Trata-se de benefício não previsto no rol do art. 18 da Lei n. 8.213/91, podendo ser pago, como se vê, em valor inferior ao salário mínimo.

Apenas têm direito ao abono anual os segurados e dependentes que receberam, durante o ano, auxílio-doença, auxílio-acidente, qualquer espécie de aposentadoria, pensão por morte, auxílio-reclusão e salário-maternidade, este de acordo com a dicção do art. 120, do Regulamento, alterado pelo Decreto n. 4.032/2001. O valor do abono anual correspondente ao período de duração do salário-maternidade será pago, em cada exercício, juntamente com a última parcela do benefício nele devido.

O pagamento deverá obedecer à mesma forma estabelecida para os trabalhadores em relação à gratificação de natal (décimo terceiro). Assim, o pagamento será integral, ou seja, no mesmo valor da mensalidade do mês de dezembro, se o beneficiário recebeu o benefício durante todo o ano, sendo proporcional ao número de meses caso a DIB (data de início do benefício) seja após o dia 1º de janeiro. Não perde o direito beneficiário que em dezembro não esteja mais recebendo o benefício, sendo devido mesmo que ele tenha sido cancelado em mês anterior. Referindo a Lei n. 4.090, de 13 de julho de 1962, que a gratificação natalina corresponderá à fração 1/12 avos por mês de serviço, o abono anual devido em função do auxílio-doença serve para compensar a perda salarial sofrida nos meses de recebimento do benefício por incapacidade.

O décimo-terceiro salário integra o salário de contribuição, exceto para o cálculo do salário de benefício (§ 7º, do art. 28, da Lei n. 8.212/91). Dessa forma, do valor recebido a título de décimo-terceiro salário é descontada contribuição previdenciária, mas seu valor não será computado, para qualquer fim, no cálculo do salário de benefício. Por outro lado, da mesma forma que os benefícios previdenciários, o abono anual não será taxado como contribuição previdenciária, seja qual for o benefício recebido pelo segurado.

O período igual ou superior a quinze dias, dentro do mês, será considerado como mês integral para efeito de cálculo do abono anual.

A contribuição sobre o 13º salário, também denominado *abono anual* ou *gratificação natalina*, prevista no § 7º do art. 28 da Lei de Custeio (Lei n. 8.212/91) foi objeto de pretensão de inconstitucionalidade (ADIn n. 1.049), tendo o Supremo Tribunal Federal julgado a lide e editado a Súmula n. 688, assim redigida: "É legítima a incidência da contribuição previdenciária sobre o 13º salário".

Há autores que apregoam que a incidência da contribuição sobre a gratificação de natal foi instituída para atender à necessidade de contrapartida para o pagamento da referida verba anual, à vista do disposto no art. 195, § 5º, da Regra Maior.

Com relação ao recolhimento da contribuição sobre a verba natalina em separado do salário do segurado, a jurisprudência anda vacilante sobre o tema, apesar de o Superior Tribunal de Justiça ter proclamado decisão definitiva a respeito, em Recurso Especial representativo de controvérsia para recursos repetitivos (REsp n. 1066.682), *ex vi* do art. 543-C do Cânone Processual Civil. Neste apelo nobre endereçado ao Colendo STJ foi decidido ser legítima a incidência em separado da referida verba pecuniária sobre o 13º salário, a partir do início de vigência da Lei n. 8.620/93.[104]

---

(104) "TRIBUTÁRIO. AGRAVO REGIMENTAL NO RECURSO ESPECIAL. CONTRIBUIÇÃO PREVIDENCIÁRIA. GRATIFICAÇÃO NATALINA. CÁLCULO EM SEPARADO. LEGALIDADE. MATÉRIA PACIFICADA EM RECURSO ESPECIAL REPRESENTATIVO DE CONTROVÉRSIA (Resp 1.066.682/SP). VALE-TRANSPORTE. VALOR PAGO EM PECÚNIA. NÃO INCIDÊNCIA. PRECEDENTES DO STJ E DO STF. AGRAVO REGIMENTAL PARCIALMENTE PROVIDO. 1. A Primeira Seção, em recurso especial representativo de controvérsia, processado e julgado sob o regime do art. 543-C do CPC, proclamou o entendimento no sentido de ser legítimo o cálculo, em separado, da contribuição previdenciária sobre o 13º salário, a partir do início da vigência da Lei n. 8.620/93 (REsp 1.066.682/SP, Rel. Min. LUIZ FUX, Primeira Seção, DJe 1º.2.10) 2. O Superior Tribunal de Justiça reviu seu entendimento para, alinhando-se ao adotado pelo Supremo Tribunal Federal, firmar compreensão segundo a qual não incide contribuição previdenciária sobre o vale-transporte devido ao trabalhador, ainda que pago em pecúnia, tendo em vista sua natureza indenizatória. 3. Agravo regimental parcialmente provido." (Agravo Regimental no Recurso Especial n. 898932, do Paraná, Relator Ministro Arnaldo Esteves Lima, Primeira Turma, DJ de 14.9.2011, <www.stj.jus.br>).

Art. 41. *Revogado pela Medida Provisória n. 316 — de 11 de agosto de 2006. A aludida Medida Provisória foi convertida na Lei n. 11.430, de 26.12.2006.*

Art. 41-A. O valor dos benefícios em manutenção será reajustado, anualmente, na mesma data do reajuste do salário mínimo, pro rata, de acordo com suas respectivas datas de início ou do último reajustamento, com base no Índice Nacional de Preços ao Consumidor — INPC, apurado pela Fundação Instituto Brasileiro de Geografia e Estatística — IBGE. (*Incluído pela Lei n. 11.430, de 2006*)

§ 1º Nenhum benefício reajustado poderá exceder o limite máximo do salário de benefício na data do reajustamento, respeitados os direitos adquiridos. (*Incluído pela Lei n. 11.430, de 2006*)

§ 2º Os benefícios com renda mensal superior a um salário mínimo serão pagos do primeiro ao quinto dia útil do mês subsequente ao de sua competência, observada a distribuição proporcional do número de beneficiários por dia de pagamento. (*Redação dada pela Lei n. 11.665, de 2008*).

§ 3º Os benefícios com renda mensal no valor de até um salário mínimo serão pagos no período compreendido entre o quinto dia útil que anteceder o final do mês de sua competência e o quinto dia útil do mês subsequente, observada a distribuição proporcional dos beneficiários por dia de pagamento. (*Redação dada pela Lei n. 11.665, de 2008*).

§ 4º Para os efeitos dos §§ 2º e 3º deste artigo, considera-se dia útil aquele de expediente bancário com horário normal de atendimento. (*Redação dada pela Lei n. 11.665, de 2008*).

§ 5º O primeiro pagamento do benefício será efetuado até quarenta e cinco dias após a data da apresentação, pelo segurado, da documentação necessária a sua concessão. (*Incluído pela Lei n. 11.665, de 2008*).

§ 6º Para os benefícios que tenham sido majorados devido à elevação do salário mínimo, o referido aumento deverá ser compensado no momento da aplicação do disposto no *caput* deste artigo, de acordo com normas a serem baixadas pelo Ministério da Previdência Social. (*Incluído pela Lei n. 11.665, de 2008*).

Redações anteriores

Redação anterior à alteração pela Lei n. 11.665, de 29.4.2008

O valor dos benefícios em manutenção será reajustado, anualmente, na mesma data do reajuste do salário mínimo, pro rata, de acordo com suas respectivas datas de início ou do último reajustamento, com base no Índice Nacional de Preços ao Consumidor — INPC, apurado pela Fundação Instituto Brasileiro de Geografia e Estatística — IBGE. (*Incluído pela Medida Provisória n. 316 — de 11 de agosto de 2006*)

§ 1º Nenhum benefício reajustado poderá exceder o limite máximo do salário de benefício na data do reajustamento, respeitados os direitos adquiridos. (*Incluído pela Medida Provisória n. 316 — de 11 de agosto de 2006, até então revogado pela MP 2.022-17, depois convertida na MP 2.187-13*).

§ 2º Os benefícios serão pagos do primeiro ao quinto dia útil do mês seguinte ao de sua competência, observada a distribuição proporcional do número de beneficiários por dia de pagamento. (*Incluído pela Medida provisória n. 316 — de 11 de agosto de 2006*)

§ 3º O primeiro pagamento de renda mensal do benefício será efetuado até quarenta e cinco dias após a data da apresentação, pelo segurado, da documentação necessária a sua concessão. (*Incluído pela Medida Provisória n. 316, de 11 de agosto de 2006*)

§ 4º Para os benefícios que tenham sido majorados devido à elevação do salário mínimo, o referido aumento deverá ser compensado quando da aplicação do disposto no *caput*, de acordo com normas a serem baixadas pelo Ministério da Previdência Social. (*Incluído pela Medida Provisória n. 316 — de 11 de agosto de 2006*)

Forma originária

O reajustamento dos valores de benefícios obedecerá às seguintes normas:

I — é assegurado o reajustamento dos benefícios para preservar-lhes, em caráter permanente, o valor real da data de sua concessão;

II — Os valores dos benefícios em manutenção serão reajustados, de acordo com as respectivas datas de início, com base na variação integral no INPC, calculado pelo IBGE, nas mesmas épocas em que o salário mínimo for alterado, pelo índice da cesta básica ou substituto eventual.

§ 1º O disposto no inciso II poderá ser alterado por ocasião da revisão da política salarial.

§ 2º Na hipótese de se constatar perda de poder aquisitivo com a aplicação do disposto neste artigo, o Conselho Nacional de Seguridade Social poderá propor um reajuste extraordinário para recompor esse valor, sendo feita igual recomposição das faixas e limites fixados para os salários de contribuição.

§ 3º Nenhum benefício reajustado poderá exceder o limite máximo do salário de benefício na data do reajustamento, respeitados os direitos adquiridos.

§ 4º Os benefícios devem ser pagos até o 10º (décimo) dia útil do mês seguinte ao de sua competência, podendo o CNPS reduzir o prazo.

§ 5º O primeiro pagamento de renda mensal do benefício será efetuado até 45 (quarenta e cinco) dias após a data da apresentação, pelo segurado, da documentação necessária à sua concessão.

§ 6º O pagamento de parcelas relativas a benefícios, efetuado com atraso por responsabilidade da Previdência Social, será atualizado de acordo com a variação do Índice Nacional de Preços ao Consumidor — INPC, verificando no período compreendido entre o mês em que deveria ter sido pago e o mês do efetivo pagamento.

Redação dada pela Lei n. 10.699, de 9.7.2003

Os valores dos benefícios em manutenção serão reajustados a partir de 2004, na mesma data de reajuste do salário mínimo, *pro rata*, de acordo com suas respectivas datas de início ou do seu último reajustamento, com base em percentual definido em regulamento, observados os seguintes critérios:

(...)

§ 4º A partir de abril de 2004, os benefícios devem ser pagos do primeiro ao quinto dia útil do mês seguinte ao de sua competência, observada a distribuição proporcional do número de beneficiários por dia de pagamento.

Redação dada pela Medida Provisória n. 2.187-13, de 27.6.2001

Os valores dos benefícios em manutenção serão reajustados, a partir de 1º de junho de 2001, *pro rata*, de acordo com suas respectivas datas de início ou do seu último reajustamento, com base em percentual definido em regulamento, observados os seguintes critérios:

I — preservação do valor real do benefício;

II — (Revogado pela Lei n. 8.542, de 23.12.1992)

III — atualização anual;

(...)

IV — variação de preços de produtos necessários e relevantes para a aferição da manutenção do valor de compra dos benefícios.

(...)

§ 8º Para os benefícios que tenham sofrido majoração devido à elevação do salário mínimo, o referido aumento deverá ser descontado quando da aplicação do disposto no *caput*, de acordo com normas a serem baixadas pelo Ministério da Previdência e Assistência Social.

§ 9º Quando da apuração para fixação do percentual do reajuste do benefício, poderão ser utilizados índices que representem a variação de que trata o inciso IV deste artigo, divulgados pela Fundação Instituto Brasileiro de Geografia e Estatística — IBGE ou de instituição congênere de reconhecida notoriedade, na forma do regulamento.

> **Redação dada pela Lei n. 8.444, de 20.7.92**
>
> **Alteração**
>
> (...) § 4º Os benefícios devem ser pagos do primeiro ao décimo dia útil do mês seguinte ao de sua competência, observada a distribuição proporcional do número de beneficiários por dia de pagamento.
>
> **Acréscimo do § 5º e renumeração dos atuais §§ 5º e 6º para §§ 6º e 7º, respectivamente**
>
> § 5º Em caso de comprovada inviabilidade operacional e financeira do Instituto Nacional de Seguro Social, o Conselho Nacional de Previdência Social poderá autorizar, em caráter excepcional, que o pagamento dos benefícios de prestação continuada concedidos a partir de 1º de agosto de 1992 seja efetuado do décimo primeiro ao décimo segundo dia útil do mês seguinte ao de sua competência, retornando-se à regra geral, disposta no § 4º deste artigo, tão logo superadas as dificuldades.
>
> **Redação dada pela Medida Provisória n. 2.022-17, de 23.5.2000, convertida na MP 2.187**
>
> Os valores dos benefícios em manutenção serão reajustados, a partir de 1º de junho de 2001, *pro rata*, de acordo com suas respectivas datas de início ou do seu último reajustamento, com base em percentual definido em regulamento, observados os seguintes critérios:
>
> I — preservação do valor real do benefício;
>
> (...)
>
> III — atualização anual;
>
> IV — variação de preços de produtos necessários e relevantes para a aferição da manutenção do valor de compra dos benefícios.
>
> (...)
>
> § 8º Para os benefícios que tenham sofrido majoração devido à elevação do salário mínimo, o referido aumento deverá ser descontado quando da aplicação do disposto no *caput*, de acordo com normas a serem baixadas pelo Ministério da Previdência e Assistência Social.
>
> § 9º Quando da apuração para fixação do percentual do reajuste do benefício, poderão ser utilizados índices que representem a variação de que trata o inciso IV deste artigo, divulgados pela Fundação Instituto Brasileiro de Geografia e Estatística — IBGE ou de instituição congênere de reconhecida notoriedade, na forma do regulamento.
>
> **Revogação do § 7º promovida pelo art. 43 da Lei n. 8.880, de 27.5.1994**
>
> Observado o disposto nos §§ 3º e 4º do art. 17, no § 5º do art. 20, no § 1º do art. 21 e nos §§ 3º, 4º e 5º do art. 27 desta Lei, ficam revogados *o art. 31 e o § 7º do art. 41 da Lei n. 8.213, de 24 de julho de 1991, os arts. 2º, 3º, 4º, 5º, 7º e 9º da Lei n. 8.542, de 23 de dezembro de 1992, a Lei n. 8.700, de 27 de agosto de 1993, os arts. 1º e 2º da Lei n. 8.676, de 13 de julho de 1993*, e demais disposições em contrário.
>
> **Revogação do inciso II promovida pelo art. 12 da Lei n. 8.542, de 23.12.1992**
>
> Revogam-se as disposições em contrário, especialmente a *Lei n. 8.419, de 7 de maio de 1992, e o inciso II do art. 41 da Lei n. 8.213, de 24 de julho de 1991*, mantidos os efeitos financeiros quanto ao reajuste dos benefícios em janeiro.

41-A.1. Revisão/reajuste dos benefícios de prestação continuada da Previdência Social

Como se disse em páginas anteriores, as prestações pagas pela Previdência Social são consideradas dívidas de valor, assim entendidas aquelas cujo cumprimento pode ser efetuado através de moeda corrente nacional no valor correspondente aos bens materiais necessários à sobrevivência do ser humano. Quer isso significar que, em vez de entregar ao segurado os próprios bens *in natura* que a prestação visa cobrir, é efetuada a entrega em dinheiro, motivo pelo qual é sinônimo de substituição dos rendimentos auferidos pelo segurado antes do benefício. Na perspectiva previdenciária hodierna, a mensalidade gerada há de equacionar critérios que preservem o equilíbrio financeiro e atuarial e a justiça na aplicação dos preceitos que guardam a atualização de todos os valores compositivos do cálculo do salário de benefício (salários de contribuição) e, ao longo do tempo, na manutenção do mesmo poder aquisitivo inicial.

O princípio constitucional do art. 194, parágrafo único, inciso IV, da Carta Magna, garante ao segurado da Previdência Social a irredutibilidade de seu benefício previdenciário. Conjugado a isso está o § 4º, do art. 201,[105] também constitucional, estatuindo o reajustamento periódico dos benefícios para preservar-lhes a manutenção do valor real, desiderato a ser atingido apenas com a implementação normativa que enfrente a corrosão da inflação.[106] Uma vez concedido, além da manutenção de seu valor real, seu valor nominal não pode ser diminuído, implicando a conservação do pagamento sem descontos não autorizados em lei, paradigmaticamente aos salários dos trabalhadores (CF/88, art. 7º, inciso VI). A regra do reajustamento periódico tem por fim manter, o máximo possível, o mesmo padrão qualitativo da época da concessão. A realidade brasileira, notoriamente percebida pela população, é que o quantitativo do benefício, conquanto aumente em face dos reajustamentos periódicos, não faz frente ao mesmo padrão qualitativo inicial e, comparativamente aos benefícios de valor mínimo, também não acompanham o mesmo padrão real destes. Desde o marco final da eficácia do art. 58 do ADCT (09/12/1991, quando publicado o Decreto n. 357/91, regulamentador da Lei n. 8.213/91), os benefícios previdenciários acima do mínimo não vêm mantendo o mesmo nível aquisitivo inicial.

A evolução legislativa do reajustamento dos benefícios previdenciários não obedeceu, ao longo dos tempos, desde a origem, a um modelo de norma previamente definido para este fim, sendo constantemente modificado o art. 41 por meio de medidas provisórias editadas à luz de conveniências e oportunismos ínsitos à delegação excepcional conferida ao Executivo para normatizar matérias que, ao seu exclusivo talante, são merecedoras de regulamentação iminente. Se é certo que a Constituição delegou à legislação ordinária a regulamentação do reajustamento, não menos correto é afirmar que este não pode ser obra de puro arbítrio do legislador, não se olvidando critérios que preservem o valor real dos benefícios em face da inflação. Infelizmente, toma corpo, hoje, com o aval inclusive do Judiciário, a política subjetiva do governo na fixação dos índices de reajustamento dos benefícios previdenciários. Não existe, nos dias que correm, um critério legal objetivo, um mínimo que seja, a nortear a atuação do Executivo no momento da fixação do percentual de aumento, senão a autorização, deixada aos domínios de conjeturas administrativas, para que ele se dê por critérios definidos em lei e sem desgastar o valor real.

A forma primitiva do inciso II do art. 41 trouxe o primeiro índice de reajustamento (INPC) e estabeleceu a data-base dos aumentos na mesma data fixada ao salário mínimo. A Lei

---

(105) Subproduto do princípio da preservação do valor real, está conjugado o princípio da correção monetária de todos os salários de contribuição compositivos da RMI, assegurando a formação de uma renda mensal que encerre justiça e equidade já no momento da concessão do benefício. Neste compasso, o art. 202, da Constituição da República, expresso na forma original, já assegurava, *verbis*: "Art. 202. É assegurada aposentadoria, nos termos da lei, calculando"se o benefício sobre a média dos trinta e seis últimos salários de contribuição, corrigidos monetariamente mês a mês, e comprovada a regularidade dos reajustes dos salários de contribuição de modo a preservar seus valores reais e obedecidas as seguintes condições(...)". Após uma releitura previdenciária, o mesmo princípio constitucional restou assim redigido pela EC n. 20/98: "§ 3º Todos os salários de contribuição considerados para o cálculo de benefício serão devidamente atualizados, na forma da lei".

(106) O Supremo Tribunal Federal, por diversas ocasiões, já proclamou a carência em autoaplicabilidade que encerra o preceito inserto na Constituição Federal de 1988, tanto quando de sua gênese (art. 202), quanto após modificação normativa operada pela EC n. 20/98 (que incluiu § 1º ao art. 201), asseverando necessidade de comando legislativo complementador do princípio da preservação do valor real dos benefícios. Confira RE n. 193.456, Relator Ministro Maurício Correa, assim disponível em Apelação Cível n. 2005.70.08.001046-5, TRF4, da Paraná, Relator Juiz Federal Eduardo Vandré Oliveira Lema Garcia, DJU de 9.8.2006, p. 964: "EMENTA: CONSTITUCIONAL. PREVIDENCIÁRIO. AUTOAPLICABILIDADE DO ART. 202 DA CONSTITUIÇÃO FEDERAL. ALEGAÇÃO IMPROCEDENTE. SUPERVENIÊNCIA DAS LEIS NS. 8.212/91 E 8.213/91. INTEGRAÇÃO LEGISLATIVA. RECURSO EXTRAORDINÁRIO NÃO CONHECIDO. 1 O preceito do art. 202, *caput*, da Constituição Federal não é autoaplicável, por necessitar de integração legislativa, para complementar e conferir eficácia ao preceito. 2 Superveniência das Leis ns. 8.212/91 e 8.213/91, normas sem as quais a vontade da Lei Maior não se cumpria. Recurso extraordinário não conhecido".

n. 8.542, de 23 de dezembro de 1992, revogou o inciso II, deixando ao talante do legislador tanto a fixação do índice quanto a da data-base. Por força da Medida Provisória 2.022-17, de 23.5.2000, posteriormente convertida na de n. 2.187-13, de 24.8.2001, a qual foi mantida em vigor pelo art. 2º, da Emenda Constitucional n. 32, de 11. 9.2001,[107] deixou de fixar os índices de reajustamento para reajustes a partir de 10 de junho de 2001, repassando ao Poder Executivo, através de Decreto, o encargo de definir o índice respectivo, porém mantendo, como não poderia deixar de ser, o dispositivo de preservação do valor real do benefício. A teor do disposto no art. 32, da Lei n. 10.741, de 1º.10.2003, Estatuto do Idoso, o dia 1º de maio, condecorado como Dia Mundial do Trabalho, passou a ser data-base para aposentados e pensionistas. A partir de 2004, conforme estatuído na Lei n. 10.699, de 9.7.2003, os reajustes voltaram a ser na mesma data do aumento do salário mínimo, mantendo-se a definição dos índices por meio de Regulamento (Decreto).

O art. 41 foi revogado pela Lei n. 11.430, de 26.12.2008. A MP que antecedeu referida lei tinha restabelecido o § 1º, que já tinha sido revogado pela Medida Provisória n. 2.187-13/2001, já tacitamente revogado anteriormente pela Lei n. 8.542/1992, em razão da exclusão, mercê desta mesma norma, do inciso II, dando-lhe redação no sentido de que "Nenhum benefício reajustado poderá exceder o limite máximo do salário de benefício na data do reajustamento, respeitados os direitos adquiridos". Ainda por obra da mesma MP, o Presidente Lula resolveu dar aumento real aos benefícios do RGPS.[108]

Através da MP 316, já convertida em lei, o § 2º, antes revogado pela Medida Provisória n. 2.187-13/2001, vige na intenção do governo de pagar os benefícios em diferentes dias do mês, mandando que os pagamentos, do primeiro ao quinto dia útil do mês seguinte ao de sua competência, observassem critérios que preservassem a distribuição proporcional do número de beneficiários por dia de pagamento. Com isso, a pretensão é conferir maior comodidade aos beneficiários e aos bancos pagadores, eliminando ou, ao menos, minimizando o movimento bancário nestes dias com a distribuição proporcional para cada dia, levando-se em conta o número de segurados. A redação anterior autorizava a recomposição extraordinária do valor dos benefícios e das faixas e limites dos salários de contribuição em face da insuficiência de eventual reajuste.

Os §§ 3º e 4º, revogados pela Lei n. 10.699, de 9.7.2003, foram restabelecidos também pela Medida Provisória n. 316/2006. O primeiro estabelecia o limite máximo do salário de benefício para o valor da renda mensal reajustada, enquanto o segundo parágrafo estabelecia o que hoje está disciplinado pelo § 2º, já comentado no parágrafo anterior, o qual tinha sido modificado pela Lei n. 8.444, de 20.7.1992. Aos §§ 3º e 5º restou a redação que regulamenta o primeiro pagamento da renda mensal do segurado, a qual deve ser efetuada em até quarenta e cinco dias após a apresentação, pelo segurado, da documentação necessária para perquirição do direito ao benefício, exigida pela Previdência Social no ato do requerimento do benefício ou dado ciência através de comunicação escrita. O prazo fixado pelo legislador atende ao período de tempo razoável para análise das provas materiais

---

(107) "As medidas provisórias editadas em data anterior à da publicação desta emenda continuam em vigor até que medida provisória ulterior as revogue explicitamente ou até deliberação definitiva do Congresso Nacional".
(108) "Art. 4º Em 1º de agosto de 2006, os benefícios mantidos pela previdência social em 31 de março de 2006, com data de início igual ou anterior a 30 de abril de 2005, terão aumento de cinco inteiros e um centésimo por cento, incidente sobre as respectivas rendas mensais no mês de março de 2006, sendo: I — três inteiros e duzentos e treze milésimos por cento, a título de reajustamento, para fins do § 4º do art. 201 da Constituição; e II — um inteiro, setecentos e quarenta e dois milésimos por cento, a título de aumento real, incidente sobre as respectivas rendas mensais no mês de março de 2006, após a aplicação do reajuste de que trata o inciso I. § 1º Aos benefícios concedidos de 1º de maio de 2005 a 31 de março de 2006 aplica-se o disposto no inciso I, *pro rata*, de acordo com as respectivas datas de início, e o valor integral estabelecido no inciso II. § 2º O disposto no *caput* e no § 1º aplica-se aos valores expressos em unidade monetária na legislação previdenciária. § 3º Para os benefícios que tenham sido majorados em razão do reajuste do salário mínimo em 1º de abril de 2006, o referido aumento deverá ser compensado quando da aplicação do disposto no *caput*, de acordo com normas a serem estabelecidas pelo Ministério da Previdência Social. § 4º O aumento de que trata este artigo substitui, para todos os fins, o referido no § 4º do art. 201 da Constituição, relativamente ao ano de 2006, e, a partir de 1º de agosto de 2006, o referido na Medida Provisória no 291, de 13 de abril de 2006. § 5º O Poder Executivo regulamentará o disposto neste artigo. Art. 5º Para fins do reajuste no ano de 2007, com fundamento no art. 41-A da Lei n. 8.213, de 1991, considerar-se-á o dia 1º de abril de 2006 como data do último reajuste dos benefícios referidos no *caput* do art. 4º".

e virtuais, estas mediante acesso ao sistema, das condições do benefício requerido. A extrapolação deste lapso sem que o benefício tenha sido concedido, independentemente da culpa, não sendo, portanto, penalidade, não impede o pagamento da correção monetária das parcelas vencidas antes ou depois deste prazo. De acordo com o que dispõe o art. 175 do Decreto n. 3.048/99, na redação dada pelo Decreto n. 6.722, editado no ano de 2008, os pagamentos efetuados pela Previdência Social com atraso, independentemente de quem é a culpa pela mora, devem ser corrigidos monetariamente, incidindo-se os mesmos reajustes repassados aos benefícios em manutenção. Nos pretórios, todavia, é pacífico o tema, em favor do segurado, independentemente da apreciação da existência de culpa. O Tribunal Regional Federal da 4ª Região editou a Súmula n. 9, no sentido de que "Incide correção monetária sobre os valores pagos com atraso na via administrativa, a título de vencimento, remuneração, provento, soldo, pensão ou benefício previdenciário, face à natureza alimentar".

O § 6º dispõe que, para os benefícios que tenham sido majorados devido à elevação do salário mínimo, o referido aumento deverá ser compensado quando da aplicação do disposto no *caput*, de acordo com normas a serem baixadas pelo Ministério da Previdência Social.

A regra da não diminuição do valor nominal tem exceção, embora juridicamente permitida, na aplicação do preceito do art. 115 da Lei n. 8.213/91, seja pela vontade do próprio segurado, seja por imposição legal. Na hipótese de o segurado ajuizar uma ação de revisão/reajuste do benefício e o resultado lhe for desfavorável, é corrente na prática forense, a exemplo do resultado administrativo mais benéfico do que a Súmula 02 do Tribunal Regional Federal da 4ª Região, que o resultado negativo destas ações não lhe pode ser imputado. Neste caso, o autor é tido como carecedor da ação e seu benefício permanece com o mesmo valor, não sofrendo diminuição no *quantum* mensal.

Atualmente, o reajuste dos benefícios previdenciários, de valor superior ou inferior ao salário mínimo, ocorre na data do reajuste anual do salário mínimo e *pro rata*, assim entendida aquele reajuste proporcional, dependendo da data do último reajuste ou da data de início do benefício. O reajuste eleito pelo legislador, na forma do que dispõe o art. 41-A, é o INPC — Índice Nacional de Preços ao Consumidor, apurado pelo IBGE.

Outro ponto que também deve ser esclarecido é a respeito dos expurgos inflacionários, assim consideradas aquelas parcelas da inflação suprimidas de alguns índices oficiais, as quais devem ser utilizadas apenas para correção monetária dos débitos e não como forma de reajustamento dos benefícios.

O reajuste dos benefícios previdenciários não guarda qualquer relação, como mecânica de reajustamento permanente, com o teto do valor do salário de contribuição vigente na data de concessão do benefício.

Neste sentido:

"REVISÃO DE BENEFÍCIO CONCEDIDO APÓS A CF/88. VINCULAÇÃO DO BENEFÍCIO AO TETO DO SALÁRIO DE CONTRIBUIÇÃO COMO CRITÉRIO DE REAJUSTE PERMANENTE. IMPOSSIBILIDADE. O reajuste dos benefícios concedidos após a CF/88 segue a sistemática estabelecida pela Lei n. 8.213/91 e alterações posteriores, que não autorizaram a vinculação do benefício ao teto do salário de contribuição vigente na data do pagamento. Não obstante o disposto no § 1º do art. 29, da Lei n. 8.212/91 (redação original), a aplicação de índice proporcional à data de início do benefício no primeiro reajuste pode influenciar na equivalência entre o valor da renda mensal inicial concedida e o valor pago nas competências posteriores" (Apelação Cível n. 2003.01.99.008607-5, de Minas Gerais, Relator Des. Federal Luiz Gonzaga Barbosa Moreira, Boletim Informativo de Jurisprudência da 1ª Turma do Tribunal Regional Federal da Primeira Região. Disponível em: <http://www.trf1.gov.br>. Acesso em: 19.10.2006).

É oportuno tecer, neste momento, após fundamentados os princípios e regras basilares dos reajustamentos, as ações judiciais utilizadas em larga escala com o objetivo de recompor as perdas de valor sentidas pelos benefícios previdenciários com valor acima do salário mínimo. Volta-se a lembrar que, exceto no período de vigência do art. 58 do ADCT (abril de 1989 a dezembro de 1991), os benefícios acima do valor mínimo não são reajustados pelos mesmos índices do salário mínimo, daí a razão pela qual têm fundamento as reclamações dos segurados acerca das defasagens anuais em seus benefícios. Por outro lado, pode também ocorrer a situação em que o valor do benefício era acima do valor mínimo na sua renda mensal inicial, porém, as perdas ao longo dos anos foram deixando-o tão reduzido a ponto de chegar ao patamar mínimo. Neste caso, embora o direito à revisão permanece hígido, o resultado de tais ações pode não trazer benefício pecuniário nem na renda mensal atual nem nas diferenças imprescritas. Pode haver, entretanto, diferenças a serem recuperadas no quinquênio sem que o benefício altere o valor da renda mensal atual.

41-A.2. Reajustes aos benefícios a partir da Lei n. 8.213/91

De tempos em tempos, os benefícios previdenciários foram sendo reajustados como forma de manutenção de seu valor real. A sequência cronológica a seguir revela as épocas e os reajustes dados aos benefícios, indicando os meses em que foram aplicados, os índices e a legislação respectiva:

Setembro/1991	abono	147,06	Vide art. 146 desta lei. A Portaria n. 302, de 20 de julho de 1992, fixou percentual de 147,06%, a partir de 1º de setembro de 1991, para benefícios iguais ou superiores a Cr$ 17.000,00, no valor de março de 1991, correspondente ao reajuste dado ao salário mínimo de março a agosto de 1991, deduzindo 79,96% objeto da Portaria n. 10, de 27 de abril de 1992, reajustamento que incidirá sobre os benefícios a partir de agosto de 1992
Janeiro/1992	INPC	119,82	Portarias MPS ns. 3.037/92 e 3.038/92
Abril/1992	INPC	16,40	Portaria do MPS n. 10, de 27 de abril de 1992, estipulou percentual de 79,96%, para benefícios com valor igual ou superior a Cr$ 17.000,00, na prestação do mês de março de 1991, correspondente à variação do INPC de março a agosto de 1991, deduzindo-se o percentual de 54,60% já aplicado pela Portaria n. 3.485/1991
Maio/1992	INPC	130,36	Portaria MPS n. 57, de 13 de maio de 1992
Junho/1992	INPC	Reajuste aos benefícios do art. 144 desta lei[109]	Lei n. 8.419, de 7 de maio de 1992 e Portaria MPS n. 447, de 16 de setembro de 1992
Setembro/1992	INPC	124,78	Lei n. 8.419/1992
Janeiro/1993	IRSM	141,2128	Lei n. 8.542, de 23 de dezembro de 1992 e Portaria MPS n. 8/1993
Março/1993	IRSM	36,67	Lei n. 8.542/1993
Maio/1993	IRSM	91,70	Lei n. 8.542/1993
Julho/1993	IRSM	40,46	Lei n. 8.542/1992 e Portaria MPS n. 342, de 6 de julho de 1993
Agosto/1993	IRSM	19,26	Lei n. 8.542/1992 e Portaria MPS n. 422, de 10 de agosto de 1993.
Setembro/1993	IRSM	70,73	Lei n. 8.542/1992 e Portaria MPS n. 495/1993.
Outubro/1993	IRSM	25,17	Lei n. 8.542/1992 e Portaria MPS n. 522, de 1 de outubro de 1993.
Novembro/1993	IRSM	24,92	Lei n. 8.542/1992 e Portaria MPS n. 600, de 29 de outubro de 1993.
Dezembro/1993	IRSM	24,89	Lei n. 8.542/1992 e Portaria MPS n. 691/1993.
Janeiro/1994	IRSM	75,28	Lei n. 8.542/1992 e Portaria MPS n. 782, de 5 de janeiro de 1994.
Fevereiro/1994	IRSM	30,25	Lei n. 8.542/1992 e Portaria MPS n. 845, de 1 de fevereiro de 1994.
Janeiro/1995	Abono	R$ 15,00	Medida Provisória n. 809, de 30 de dezembro de 1994.
Maio/1995	IPC-r	42,85 (29,5471 de reajuste e 10,2743 de aumento real)	Lei n. 8.880, de 27 de maio de 1994, Medida Provisória MPS n. 2.005, de 8 de maio de 1995, Lei n. 9.032/95 e Ordem de Serviço n. 489/95, que deu aumento real de 10,2743%.
Maio/1996	IGP-DI	15,00 (11,2508 de reajuste e 3,3700 de aumento real)	Medida Provisória n. 1.415, de 29 de abril de 1996, a qual também concedeu 3,37% a título de aumento real.
Junho/1997	Desindexado a índice oficial	7,76	Medida Provisória n. 1.572-1, de 28 de maio de 1997, convertida na Lei n. 9.711/1998.
Junho/1998	Desindexado a índice oficial	4,81	Medidas Provisórias 1.663/98, 10/98, 1656-1/98 e Ordem de Serviço n. 601/98.
Junho/1999	Desindexado a índice oficial	4,61	Medida Provisória n. 1.824, de 30 de abril de 1999 e Lei n. 9.971, de 18 de maio de 2000.
Junho/2000	Desindexado a índice oficial	5,81	Medida Provisória n. 2.187-13, de 24 de agosto de 2001
Junho/2001	Desindexado a índice oficial	7,66	Decreto n. 3.826, de 31 de maio de 2001
Junho/2002	Desindexado a índice oficial	9,20	Decreto n. 4.249, de 24 de maio de 2002
Junho/2003	Desindexado a índice oficial	19,71	Decreto n. 4.709, de 29 de maio de 2003
Maio/2004	Desindexado a índice oficial	4,53	Decreto n. 5.061, de 30 de abril de 2004
Maio/2005	Desindexado a índice oficial	6,355	Decreto n. 5.443, de 9 de maio de 2005
Agosto/2006	INPC	3,213 a título de reajuste e 1.742 de aumento real	Medida Provisória n. 316, de 11.8.2006

---

(109) Reajuste concedido aos benefícios com DIB no buraco negro (entre 5.10.1988 a 4.4.1991), aplicados sobre a nova RMI, calculada mediante média aritmética dos trinta e seis últimos salários de contribuição reajustados mês a mês, para fins de apuração do valor devido em junho de 1992.

Pelo que se vê do quadro acima, a legislação procurou dar amparo normativo aos benefícios previdenciários com reajustes periódicos, em maior ou menor grau referentemente à política econômica brasileira, conforme a necessidade de atualização que eles foram tendo para não sucumbirem aos efeitos inflacionários. Nos primeiros anos antes da criação do real, a inflação corrompia os rendimentos dos segurados e dos trabalhadores, os quais mereciam amparo urgente contra a depreciação, muitas vezes até diário ou mensal, ao contrário do que ocorre hoje. Atualmente, a periodicidade é anual, sendo reajustados os benefícios no mesmo mês do aumento do salário mínimo.

Outro ponto que merece ser informado é a respeito dos indexadores utilizados. A política de reajustamento governamental não obedeceu a uma metodologia mais bem aplicada, tanto em relação aos índices eleitos quanto à espécie de norma utilizada, e nem poderia ser o contrário, dadas as contingências econômicas por que ainda passa nosso país, responsáveis pela informação dos índices a serem utilizados e do período que se tem por necessidade de recuperar. A adoção de medidas normativas alheias ao processo legislativo ordinário, em geral mais moroso, justifica-se na medida de uma maior necessidade de urgência na recomposição das perdas sofridas, remediada pelo crivo exclusivamente subjetivo das medidas provisórias.

Do reajustamento de 1997 a 2005, contrariando uma tradição no sistema de reajustamento dos benefícios previdenciários, não foram utilizados índices que tivessem por origem algum indexador oficialmente estabelecido na economia brasileira. De forma relativamente aleatória, o governo valeu-se de percentuais de atualização criados por obra de puro arbítrio e, o que é pior, menores do que os percentuais retirados de indexadores oficiais, sendo com isso taxados, por parcela de comunidade jurídica, de insuficientes para manutenção do valor real, desgastando o princípio da preservação do princípio constitucional. O Poder Judiciário já deu seu entendimento a respeito quando do julgamento das ações envolvendo pedidos de substituição de índices administrativos aleatórios para os anos de 1997, 1999, 2000 e 2001 pelo IGP-DI, sendo a decisão definitiva do Supremo Tribunal Federal a favor do INSS, motivo pelo qual, afora argumentos outros que não os mesmos utilizados nestas ações (que não sejam meramente baseados na ausência de oficialidade dos índices), novas ações pedindo a substituição dos índices aplicados administrativamente para os anos posteriores não vão ter fundamento capaz de ensejar decisões em sentido diverso.

41-A.3. Ações judiciais revisionais

41-A.3.1. Salário mínimo de referência

A celeuma acabou fazendo com que o Tribunal Regional Federal da 4ª Região editasse a Súmula n. 15, vazada nos seguintes termos: "O reajuste dos benefícios de natureza previdenciária, na vigência do Decreto-Lei n. 2.351, de 07 de agosto de 1987, vinculava-se ao salário mínimo de referência e não ao piso nacional de salários".

Isso porque na vigência do referido decreto e até o período imediatamente anterior à aplicação do art. 58 do ACDT, ou seja, até março de 1989, existiam no ordenamento jurídico duas políticas salariais do governo, quais sejam, o piso nacional de salários e o salário mínimo de referência.

A partir do abril de 1989 começou a aplicação prática do reajuste determinado pelo art. 58 do ADCT. Os benefícios previdenciários, mesmo os de valor mínimo, tinham que ser reajustados pelo salário mínimo de referência e não pelo piso nacional de salários.

41-A.3.2. Súmula n. 260 do Tribunal Federal de Recursos

Referido verbete está assim redigido: "No primeiro reajuste do benefício previdenciário, deve-se aplicar o índice integral do aumento verificado, independentemente do mês da concessão, considerado, nos reajustes subsequentes, o salário mínimo então atualizado".

Tal enunciado, como decorre do seu próprio texto, trata da hipótese de reajuste, e não de revisão da RMI. A primeira parte do enunciado tem implicação no primeiro reajuste do benefício e não na renda mensal inicial, motivo pelo qual o prejuízo foi sentido apenas até o mês de março de 1989, quando começou a vigorar o reajuste pela equivalência com o número de salários mínimos da RMI.

Tanto que o Tribunal Regional Federal da 4ª Região, pacificando a questão, tornou assente, através da Súmula n. 51, que "Não se aplicam os critérios da Súmula n. 260 do extinto Tribunal Federal de Recursos aos benefícios previdenciários concedidos após a Constituição Federal de 1988". Particularmente a este aspecto, configurou-se a prescrição se ajuizada a ação judicial ou feito pedido administrativo cinco anos após o mês de março de 1989, ressalvadas as hipóteses de interrupção ou suspensão da prescrição legalmente previstas.

Esta foi uma forma de minimizar a perda decorrente da defasagem já refletida na RMI com a não atualização dos últimos 12 salários de contribuição. Quer dizer, a RMI já era defasada e o primeiro reajuste também ficaria se entre o mês da concessão e o do reajuste não fosse dado o índice integral do período. Trata-se, a bem da verdade, de uma prática compensatória para fazer frente à perda ocorrida em face da ausência de correção naqueles salários de contribuição.

A segunda parte do verbete diz respeito ao enquadramento nas faixas salariais, no período que vai da vigência da Lei n. 6.708/79 até o Decreto-Lei n. 2.171/84, época em que era utilizado o salário mínimo antigo como divisor para o reajuste.

A autarquia dividia o valor do benefício pelo salário mínimo anterior ao reajuste, resultando num valor maior do que se fosse utilizado o salário mínimo atual, recebendo o benefício um reajuste inferior ao correspondente à faixa salarial resultante da divisão pelo salário mínimo atual. Os benefícios somente vieram a receber o enquadramento pelo novo salário mínimo a partir de novembro de 1984, ocorrendo, porém, a compensação das perdas anteriores em maio de 1987, através de Lei n. 7.604, de 26.5.1987, sem o pagamento, entretanto, das diferenças mensais, mas apenas o somatório dos índices.

Não houve pagamento administrativo do prejuízo ocorrido no período em que perdurou esta sistemática, ou seja, de novembro de 1979 (Lei n. 6.708, de 30.10.1979) a maio de 1987 (Lei n. 7.604, de 26.5.1987). A prescrição quinquenal fulminou as parcelas em maio de 1992.

A controvérsia acabou com a edição do art. 2º, § 1º, do Decreto-Lei n. 2.171/1984, ao dispor que "Para fins de enquadramento do valor do benefício nas faixas adotadas pela política salarial será considerado, a partir da vigência ao presente Decreto-Lei, o novo salário mínimo".

Também é necessário ressaltar que nesta época os benefícios ainda eram reajustados pelos índices de política salarial, e não pelo salário mínimo e no mesmo momento que este.

A Súmula em comento, não restam dúvidas, não se aplica aos benefícios concedidos após a Constituição Federal de 1988. Isto porque, na nova sistemática de cálculo introduzida no ordenamento pela Lei n. 8.213/91 e pelo comando constitucional, todos os salários de contribuição do período básico de cálculo são devidamente atualizados até a DIB, devendo, por tal motivo, o primeiro reajuste ser integral ou proporcional, dependendo do lapso percorrido entre a DIB e o mês do reajuste.

A única hipótese em que a primeira parte da Súmula ainda pode ser aplicada é o caso da aposentadoria por invalidez quando precedida de auxílio-doença. Neste caso, a aposentadoria por invalidez era concedida mediante a aplicação do coeficiente legal sobre o salário de benefício do auxílio-doença com primeiro reajuste ainda proporcional e, na revisão do art. 58 do ADCT, a autarquia utilizava-se da RMI da aposentadoria por invalidez com essa incorreção. Então, a parcela ainda a ser aplicada seria no reajuste sobre o auxílio-doença que reflete sobre a RMI da aposentadoria por invalidez.

41-A.3.3. Correção de todos os salários de contribuição do período básico de cálculo para os benefícios com DIB antes da Constituição de 1988

Conquanto a ausência de atualização monetária de qualquer salário de contribuição componente do período básico de cálculo possa parecer injusta, em vista de perda ocorrente na RMI, na sistemática de cálculo precedente à ordem constitucional atual tal inequidade perdurou por longo período e só foi merecer correção, via constitucional, a partir de 5.10.1988.

A redação primitiva do *caput* do art. 202 da Carta Magna estabelecia passou a estabelecer, então, a correção de todos os salários de contribuição na forma do que dispuser a legislação ordinária. Atualmente, o regramento constitucional abriga tal preceito no § 2º do art. 201.

Nas lides forenses, a insensibilidade da jurisprudência acabou impossibilitando a correção de tal injustiça pela via jurisdicional, que sustentava a inaplicabilidade do preceito reparador na forma retroativa de eficácia legislativa, i. é, reconheciam que o já dito art. 202 não poderia ser aplicado retroativamente, apesar da injustiça estampada.

41-A.3.4. Autoaplicabilidade do art. 202, caput, da Constituição Federal de 1988 como exegese aplicativa do art. 144 da LB

Mercê da política constitucional de combate à depreciação da RMI dos benefícios, traduzida na redação primitiva do art. 202, *caput*, da Constituição Federal, o legislador ordinário introduziu no ordenamento jurídico a regra do art. 144 da Lei n. 8.213/91, estabelecendo o recálculo e reajuste das rendas mensais iniciais dos benefícios concedidos da Constituição Federal de 1988 até a normatização infraconstitucional da legislação previdenciária, dentro do período de 5.10.1988 a 4.4.1991, doutrinariamente conhecido como buraco negro.[110]

Isto porque, como dito anteriormente, os benefícios anteriores ao marco inicial constitucional foram concedidos pela CLPS e reajustados por força da incidência do art. 58 do ADCT da CF/88, com ordem de recálculo administrativo, até 1º.6.1992, para correção de todos os trinta e seis salários que compõem o período de cálculo e substituição por novos coeficientes de RMI.

Neste particular, é oportuno registrar que a declaração, pelo STF, de constitucionalidade do art. 144 da Lei n. 8.213/91, dada à carência de autoaplicabilidade do preceito constitucional do *caput* do art. 202 da CF/88, na sua redação primitiva, acabou elidindo o pagamento das diferenças decorrentes do recálculo, restando hígida a redação do art. 144 da norma legal.

Apesar da data de publicação da Lei n. 8.213/91 ser no mês de julho de 1991, o marco final da aplicação do art. 144 deste mesmo diploma, 4.4.1991, é a véspera da data de início de vigência da Lei n. 8.213/91. Nesse ponto, o somatório de seis meses para elaboração do projeto de lei com outro prazo também de seis meses para apreciação pelo Congresso Nacional e, por último, adicionando o período de dezoito meses para implantação progressiva de tal legislação, resulta num total de exatos trinta meses determinados pelo legislador constituinte, no art. 59 do ADCT. Tal prazo não foi cumprido, todavia, a legislação ordinária garantiu os efeitos decorrentes da mora.

41-A.3.5. Pagamento de valores atrasados por conta da revisão administrativa do art. 145 da LB

Já os benefícios concedidos a partir da data em que retroagiram os efeitos da Lei n. 8.213/91 (5.4.1991), na forma do seu art. 145,[111] em face da demora na efetiva implantação das novas regras, também continuaram sendo concedidos pela CLPS, porém, administrativamente, tiveram suas rendas mensais iniciais substituídas e garantida a compensação.[112] A única diferença em relação ao art. 144 está na circunstância de que a eficácia parcial da retroatividade deste e a carência de aplicabilidade do art. 202 da CF/88 não conferiam o direito às diferenças. Em face disso, embora o período tenha sido marcado pela equidade na implantação das novas regras (com correção de todos os 36 salários do cálculo), a demora na regulamentação do art. 202, *caput*, da constituição, provocada pelo legislador ordinário, acabou cometendo a injustiça, embora ao amparo da lei, de deixar sem ressarcimento das diferenças acarretadas nos benefícios naquele período.

Por último, os benefícios concedidos a partir da publicação da Lei n. 8.213/91 (24.7.1991),

---

(110) "Até 1º de junho de 1992, todos os benefícios de prestação continuada concedidos pela Previdência Social, entre 5 de outubro de 1988 e 5 de abril de 1991, devem ter sua renda mensal inicial recalculada e reajustada, de acordo com as regras estabelecidas nesta Lei".
(111) "Os efeitos desta Lei retroagirão a 5 de abril de 1991, devendo os benefícios de prestação continuada concedidos pela Previdência Social a partir de então, terem, no prazo máximo de 30 (trinta) dias, suas rendas mensais iniciais recalculadas e atualizadas de acordo com as regras estabelecidas nesta Lei".
(112) "As rendas mensais resultantes da aplicação do disposto neste artigo substituirão, para todos os efeitos as que prevaleciam até então, devendo as diferenças de valor apuradas serem pagas, a partir do dia seguinte ao término do prazo estipulado no *caput* deste artigo, em até 24 (vinte e quatro) parcelas mensais consecutivas reajustadas nas mesmas épocas e na mesma proporção em que forem reajustados os benefícios de prestação continuada da Previdência Social".

não precisaram de revisão, tendo em vista que a DIB ocorreu na data de vigência daquele diploma normativo e com aplicabilidade direta de seus preceitos.[113]

41-A.3.6. Expurgos inflacionários

A jurisprudência do Supremo Tribunal Federal e do Superior Tribunal de Justiça não agasalhou a tese do direito adquirido ao reajuste dos benefícios pelos índices expurgados dos meses de janeiro/1989, março/abril/maio/1990 e fevereiro/1991.

41-A.3.7. Conversão dos benefícios em URV

A Medida Provisória n. 434, de 27.2.1994, convertida na Lei n. 8.880/94, estabeleceu em seu art. 20 que "Os benefícios mantidos pela Previdência Social são convertidos em URV em 1º de março de 1994, observado seguinte: I — dividindo-se o valor nominal, vigente nos meses de novembro e dezembro de 1993 e janeiro e fevereiro de 1994, pelo valor em cruzeiros reais do equivalente em URV do último dia desses meses, respectivamente, de acordo com o Anexo I desta Lei; e II — extraindo-se a média aritmética dos valores resultantes do inciso anterior".

O Supremo Tribunal Federal decidiu pela constitucionalidade da palavra nominal do inciso I do art. 20 da mencionada lei e a Turma de Uniformização de Jurisprudência dos Juizados Especiais Federais editou a Súmula n. 01, com a seguinte redação: "A conversão dos benefícios previdenciários em URV, em março/94, obedece às disposições do art. 20, incisos I e II da Lei n. 8.880/94 (MP n. 434/94)".

41-A.3.8. IRSM de fevereiro de 1994

O INSS provocou a celeuma ao converter o valor dos benefícios previdenciários sem aplicar o índice de correção do mês de fevereiro de 1994, no percentual de 39,67%, correspondente ao período integral daquele mês, desrespeitando a regra do art. 9º, § 2º da Lei n. 8.880/94. É importante relevar, neste particular, que a aplicação do índice correspondente ao mês de fevereiro de 1994 é devida ainda que inexista, neste mês, alguma contribuição dentro do período-básico--de-cálculo. Isso se explica, matematicamente, pela razão de que a correção do período correspondente àquele mês é utilizada também para recomposição monetária dos meses anteriores, sendo uma expressão numérica parte de um todo responsável pela atualização no mês integral.

A aplicação do índice correspondente ao IRSM de fevereiro de 1994 nos salários de contribuição que compõem o período-básico-de--cálculo dos benefícios iniciados a partir de 1º.3.1994 é questão incontroversa tanto no Poder Judiciário quanto administrativamente, sendo até alvo de acordos administrativos com a autarquia.

No âmbito legislativo, a Lei n. 10.999, de 15 de dezembro de 2004, autorizou a revisão administrativa dos benefícios incluídos no alcance da revisão em questão (com DIB a posterior a fevereiro de 1994) mediante a revisão *ex oficio* por parte da autarquia ou por meio de transação judicial em caso de ação judicial em curso pelo segurado.

Restou normatizado, inclusive, o pagamento parcelado das diferenças em atraso no período de cinco anos anteriores a agosto de 2004, incluindo as parcelas derivadas do décimo terceiro salário, na forma que especifica o art. 6º e seus incisos.

A fim de equacionar a questão, o Tribunal Regional Federal da 4ª Região editou a Súmula n. 77: "O cálculo da renda mensal inicial de benefício previdenciário concedido a partir de março de 1994 inclui a variação integral do IRSM de fevereiro de 1994 (39,67%)".

41-A.3.9. Aposentadoria por invalidez precedida de auxílio-doença

A questão tomou foros judiciais a partir do momento em que o INSS, na conversão de auxílio-doença em aposentadoria por invalidez, justifica a mera elevação de 91 para 100% do coeficiente da RMI na preponderância do art. 36,

---

(113) Atualmente, os arts. 144 a 147 da Lei n. 8.213/91, foram revogados pela Medida Provisória n. 2.187-13, de 24.8.2001, posteriormente convertida na Lei n. 10.887, de 18 de junho de 2004.

§ 7º, do Decreto n. 3.048/99[114] sobre o art. 29, § 5º, da Lei n. 8.213/91.[115] A inconsistência interpretativa é sustentada na generalidade daquele último dispositivo. Entretanto, não há nada que juridicamente possa amparar a preponderância do ato normativo regulamentar sobre a Lei de Benefícios, o que levou a Turma Recursal da Seção Judiciária de Santa Catarina editar a Súmula n. 09.[116]

Portanto, no cálculo da RMI de aposentadoria por invalidez resultante da conversão de auxílio-doença deve-se utilizar o valor do salário de benefício do auxílio-doença originário reajustado como salário de contribuição em todo período-básico-de-cálculo, calculando novo salário de benefício especificamente para a aposentadoria por invalidez.

Nos tempos atuais, tal controvérsia já não tem razão de ser em face de inúmeros acordos judiciais nas ações judiciais propostas pelos segurados com direito a esta correção.

Apesar disso, a fim de solucionar a questão a seu favor, o INSS tem recorrido para instâncias nobres, existindo vários Recursos Extraordinários pendentes de julgamento no STF. Enquanto a matéria não tem solução no pretório excelso, os tribunais de todo o país têm decidido favoravelmente à pretensão dos segurados.

41-A.3.10. Reajuste pelos índices do IGP-DI nos anos de 1997, 1999, 2000 e 2001

A discussão em torno do direito ao reajustamento dos benefícios pelos índices integrais do IGP-DI nos anos de 1997, 1999, 2000 e 2001 foi o tema responsável pela edição da Súmula n. 03 da Turma de Uniformização de Jurisprudência dos Juizados Especiais Federais, que, a princípio, no âmbito dos Juizados, pacificou o tema da seguinte forma: "Os benefícios da prestação continuada, no regime geral da Previdência Social, devem ser reajustados com base no IGP-DI nos anos de 1997, 1999, 2000 e 2001".

Após algum tempo de discussões judiciais, o Supremo Tribunal Federal deu provimento a Recursos Extraordinários interpostos pela autarquia previdenciária e a Turma de Uniformização de Jurisprudência dos Juizados Especiais Federais acabou revogando a Súmula n. 03, sendo substituída pela de n. 08, no seguinte teor: "Os benefícios de prestação continuada, no regime geral da Previdência Social, não serão reajustados com base no IGP-DI nos anos de 1997, 1999, 2000 e 2001".

A discussão em torno do tema, atualmente, não tem mais razão de ser em face da definição, a favor do INSS, dada pelo Supremo Tribunal Federal na matéria.

A vinculação dos benefícios previdenciários, concedidos anteriormente à CF/88, ao número de salários mínimos vigorou entre abril de 1989 até o advento das Leis ns. 8.212 e 8.213, ambas de 1991. A MP 1.415/96 alterando o art. 8º da MP 1.398/96 substituiu o INPC pelo IGP-DI, em maio de 1996, o que torna inviável o reajuste por outro índice que não o IGP-DI naquele período. A mesma MP 1.415 determinou que os benefícios seriam reajustados, a partir de 1997, em junho de cada ano, afastando a utilização de indexadores previamente estabelecidos. Assim, não há amparo legal para a adoção do IGP-DI nos anos de 1997 a 2001.

41-A.3.11. Equivalência com o salário mínimo

Causa perplexidade nos profissionais da advocacia ter como única explicação jurídica para queixas de defasagem a ausência de direito adquirido. Os segurados, em geral aposentados, adentram o escritório de advocacia buscando o fundamento num pretenso equivalente em salários mínimos do início da aposentadoria que há

---

(114) "A renda mensal inicial da aposentadoria por invalidez concedida por transformação de auxílio-doença será de 100% (cem por cento) do salário de benefício que serviu de base para o cálculo da renda mensal inicial do auxílio-doença, reajustada pelos mesmos índices de correção dos benefícios em geral".
(115) "Se, no período básico de cálculo, o segurado tiver recebido benefícios por incapacidade, sua duração será contada, considerando-se como salário de contribuição, no período, o salário de benefício que serviu de base para o cálculo da renda mensal, reajustado nas mesmas épocas e bases dos benefícios em geral, não podendo ser inferior ao valor de 1 (um) salário mínimo".
(116) Cujo teor é o seguinte: "Na fixação da renda mensal inicial da aposentadoria por invalidez precedida de auxílio-doença deve-se apurar o salário de benefício na forma do art. 29, § 5º, da Lei n. 8.213/91".

muito já deixou de existir. Um esclarecimento detalhado na evolução da legislação não é, muitas das vezes, suficientemente convincente a ponto de suprir as dúvidas do segurado e a perda de tempo na procura por outros profissionais, conquanto desmotivada, torna-se, na visão do segurado, imperiosa.

Num tempo em que totalmente despropositado defender direito adquirido ao regime jurídico do art. 58 do ADCT, mecanismo de reajustamento paradigmaticamente inserido no meio social, surge a necessidade de fazer apologia a crítica ao sistema jurídico-positivo de reajustamento dos benefícios previdenciários relacionados ao RGPS (Regime Geral da Previdência Social), por intermédio das revisionais atualmente existentes nas lides forenses.

O art. 58 do ADCT estabeleceu regra transitória de reajustamento para os benefícios em manutenção do RGPS, o qual tem a seguinte redação:

> "Os benefícios de prestação continuada, mantidos pela previdência social na data da promulgação da Constituição, terão seus valores revistos, a fim de que seja restabelecido o poder aquisitivo, expresso em número de salários mínimos, que tinham na data de sua concessão, obedecendo-se a esse critério de atualização até a implantação do plano de custeio e benefícios referidos no artigo seguinte.
>
> Parágrafo único. As prestações mensais dos benefícios atualizados de acordo com este artigo serão devidas e pagas a partir do sétimo mês a contar da promulgação da Constituição".

Primeiramente deve-se atentar para a ideia de que o art. 58, aqui reproduzido, refere-se a reajustamento de benefícios, ou seja, recomposição de seus valores, e não de revisão nos critérios da renda mensal inicial. Esta fica por conta de outras ações revisionais, adiante explanadas, que tencionam lograr obter acesso a corrigendas no cálculo da RMI, seja por pretensão a critérios diversos de correção dos salários de contribuição, seja por aplicação de coeficientes no salário de benefício majorados por leis posteriores, entre outros fundamentos.

A primeira condição para aplicação do preceito é a sua eficácia para situações constituídas até a data da promulgação da Constituição, querendo referir às prestações de pagamento continuado que estavam sendo pagas quando do advento da nova ordem constitucional, ou seja, aos benefícios com data de início até 5.10.1988. O reajuste pela equivalência com o salário mínimo se deu, de acordo com o texto constitucional, até a implantação do plano de custeio e de benefícios implantados. A controvérsia, quanto a este termo final, estava na eleição entre duas alternativas juridicamente possíveis, a saber, a primeira aceitando como marco final o mês de julho de 1991, momento em que vieram as leis ordinárias com os planos de custeio e de benefício (Leis ns. 8.213 e 8.212), enquanto a segunda fundamentava-se na regulamentação daquelas leis ordinárias, marcando o fim da eficácia do artigo com a expedição dos decretos que as regulamentaram. Por outro lado, seu início esteve demarcado a partir do sétimo mês a contar a promulgação da Constituição, ou seja, abril de 1989.

O certo é que o campo de atuação do art. 58 do ADCT restringia-se apenas àqueles marcos, abarcando situações consolidadas (benefícios deferidos) até a data da promulgação da Constituição. O Supremo Tribunal Federal, espancando as divergências, chegou a editar a Súmula n. 687, assim redigida: "A revisão de que trata o art. 58 do ADCT não se aplica aos benefícios previdenciários concedidos após a promulgação da Constituição de 1988".

Para os benefícios concedidos a partir de 6.10.1988, embora ainda não subsumissem ao plano de benefícios, o qual só veio em julho de 1991, retroagindo para abril do mesmo ano, continuaram sendo concedidos com espeque na CLPS contemporaneamente vigente (Decreto n. 89.312/84), sob perspectiva de atualização, embora sem eficácia autossuficiente o § 4º, do art. 201, da CF/88, e, com a eficácia do art. 41 do Plano de Benefícios, de acordo com exegese conjugada ao art. 146 da mesma lei, a partir de setembro de 1991 começou o INPC (art. 41); até aquele mês, seria pela incorporação do abono mencionado no art. 146, o qual refere-se ao período de março a setembro de 1991. A fim de eliminar a injustiça criada no regime anterior à Constituição, pertinentemente à não atualização de todos os salários de contribuição do período básico de cálculo, emanada da CLPS, incidiram sobre estes benefícios os arts. 144 e 145 da LB, só que, nestas situações, não se trata de reajustamento, e sim de revisão de RMI.

41-A.3.12. Reajustamento pelos tetos dos salários de contribuição vindo com Emendas Constitucionais ns. 20/98 e 41/2003

Em várias oportunidades nesta obra, especialmente por ocasião do art. 29, vai-se poder observar que o princípio da preservação do valor real dos benefícios não guarda nenhuma correspondência com a manutenção dos benefícios ao teto do salário de benefício como forma de reajustamento periódico.

O art. 29 da Lei de Benefícios estabelece que o salário de benefício não poderá ser inferior ao salário mínimo e nem superior ao limite máximo do salário de contribuição na data de início do benefício. O Supremo Tribunal Federal, por diversas oportunidades, já declarou a constitucionalidade dos dispositivos que encerram limitações às prestações de cunho continuado da Previdência Social, a exemplo do que ocorreu no julgamento do AI n. 279.377 — AgR — ED, Relatora Ministra Ellen Gracie, DJ 22.5.2001.[117]

Com o objetivo de aumentar o orçamento da Previdência Social,[118] o art. 14 da EC n. 20 fixou novo teto máximo aos benefícios previdenciários, passando de R$ 1.081,50 para 1.200,00. A EC n. 41/2003, a seu turno, também aumentou referido limite para R$ 2.400,00.

A questão é saber se tais limites alcançam os benefícios com data de início anterior à vigência de tais normas constitucionais, servindo como limitador para a renda mensal reajustada naquelas datas em lugar dos limites até então existentes. Isto porque os benefícios que eram pagos sobre o teto máximo, embora a renda mensal, reajustada, naquela ocasião, ultrapassava o limitador, teve seu valor minimizado pela aplicação do teto.

O Tribunal Regional Federal da 4ª Região não compartilha do entendimento de tratar-se, por efeito das normas constitucionais inovadoras, de reajustamento geral para os benefícios previdenciários como um todo, vale dizer, aplicando-se também aos benefícios concedidos anteriormente à sua vigência. A eficácia das normas constitucionais retromencionadas dirige-se ao futuro, não havendo previsão para aplicação relativamente ao passado, disso se extraindo, conforme excerto do corpo do acórdão,[119] que:

"(...) (i) o aumento do teto não implica reajuste automático de todos os benefícios (AC 2005.70.00.001922-7, LAUS); (ii) o fato de ter contribuído no limite máximo dos salários de contribuição, ou receber o benefício no limite do teto, não implica direito subjetivo a ter o seu benefício reajustado até o valor do novo teto (AC 2004.70.00.027210"0, LAUS); (iii) naquelas hipóteses em que o salário de benefício foi superior ao teto, deve ser limitado por esse, e, *'uma vez apurada a RMI o valor mensal deve observar os reajustes determinados na legislação de regência não havendo previsão legal para que seja mantido ou equiparado sempre ao valor máximo'* (AG 2004.04.01.040740-0, JOÃO BATISTA); (iv) não havendo expressa previsão no título executivo, não é possível efetuar os cálculos tomando-se em consideração o novo teto imposto pelas emendas constitucionais referidas (AG 2004.04.01.040740-0, JOÃO BATISTA).

Em conformidade com o decisório, as normas não traduzem reajustamento periódico para todos os benefícios; aqueles benefícios cujos salários de contribuição sempre foram pagos pelo teto máximo ou cuja renda mensal sempre esteve limitada àquele patamar não são reajustados de forma a acompanharem os novos tetos; se a sentença não aplicar, no cálculo dos valores devidos, os novos tetos trazidos pelas emendas, não há como determinar a implantação daqueles limitadores aos pagamentos a partir daquelas normas.

O mesmo entendimento tem a Turma Recursal dos Juizados Especiais Federais Catarinense, tendo pacificado a questão por meio da Súmula n. 8, a qual está nestes termos: "Não há direito ao reajustamento dos benefícios previdenciários com base nas Portarias MPAS n. 4.883/98 e MPS n. 12/2004, que trataram do escalonamento das alíquotas incidentes sobre os novos valores máximos contributivos estipulados pelas EC ns. 20/98 e 41/2003".

Diferentemente é a hipótese de não aplicação do limitador correspondente ao teto quando do segundo reajustamento da renda mensal inicial, como foi decidido pela Turma de Uniformização de Jurisprudência dos Juizados Especiais Federais.

Apesar de o Supremo Tribunal Federal já haver decidido pela constitucionalidade dos limitadores na renda mensal inicial, o segundo

---

(117) Veja-se Apelação Cível n. 2005.70.08.001046-5, do Paraná, DJU 9.8.2006, Relator Eduardo Vandré O. L. Garcia.
(118) A medida governamental de inserir novos limites máximos para o teto da Previdência Social, a exemplo dos fixados pelas Emendas Constitucionais ns. 20 de 1998 e 41 de 2003, somente trouxe maior arrecadação para o caixa do INSS por pouco tempo, porquanto já eram de ser esperadas as concessões de benefícios calculados por este novo limitador, o que aumentou a renda mensal.
(119) *Idem, Ibidem*.

reajuste dado ao benefício há de ser aplicado sobre o resultado do salário de benefício sem o limitador. Não se quer com isso fazer valer a pretensão, totalmente desarrazoada, diga-se de passagem, de percepção de benefício acima do limite máximo do teto, absolutamente. O que se pretende é estabelecer quantitativo em nível acima do teto do salário de benefício como base de cálculo para futuro reajustamento, compensando um mínimo do prejuízo sofrido pelo segurado com a aplicação dos limitadores. O equilíbrio financeiro e atuarial, como frizado no corpo do acórdão, mantém-se preservado à guisa das contribuições já efetuadas pelo segurado.[120]

41-A.3.13. Súmula n. 02 do Tribunal Regional Federal da Quarta Região

Nos termos em que restou vazada a Súmula n. 02 do Tribunal Regional Federal da Quarta Região, "para cálculo da aposentadoria por idade ou por tempo de serviço, no regime precedente à Lei n. 8.213 de 24 de julho de 1991, corrigem-se os salários de contribuição, anteriores aos doze últimos meses, pela variação nominal da ORTN /OTN". Isso porquanto os benefícios que foram concedidos num período que conferia o direito à aplicação deste enunciado sumular (aposentadorias por idade, tempo de serviço e especial concedidas da Lei n. 6.423, de 17.6.77, e antes da Lei n. 8.213/91) não tinham todos os seus salários de contribuição, do período-básico-de-cálculo, corrigidos para atender o que hoje o comando constitucional (§ 3º do art. 201) determina a todos os benefícios com cálculo de salário de benefício, ou seja, a correção monetária de todos os salários utilizados para o cálculo da Renda Mensal Inicial. Além disso, administrativamente não eram aplicados os índices corretos de correção monetária, restando as prestações previdenciárias defasadas nos momentos de reajustamento. A correção desta injustiça somente veio posteriormente com a Constituição Federal de 1988, quando, segundo este Diploma Maior, houve a necessidade de que *todos* os salários de contribuição do período de apuração recebessem aqueles índices de reajustamento para atualização monetária.

Assim, visando corrigir a distorção acima explicada, os tribunais do país, inclusive o TRF4, decidiram que os índices a serem aplicados sobre as rendas mensais, para efeito de reajustamento posterior à concessão, não deveriam ser aqueles aplicados pela autarquia previdenciária, e sim a ORTN/OTN.

Atualmente, praticamente todos os benefícios previdenciários, calculados em moldes permissivos de aplicação deste reajustamento (que tenham, no cálculo da Renda Mensal Inicial, salários de contribuição para serem corrigidos monetariamente), devem obedecer aos comandos insertos na jurisprudência e, no âmbito jurisdicional da Quarta Região, o teor da Súmula n. 02 do TRF4. O INSS já efetuou esta revisão administrativamente em praticamente quase todos os benefícios previdenciários, de forma que ainda resultam poucos os casos em que a aplicação deste enunciado sumular tem validade.

Previdenciário. Revisão de benefício previdenciário. Direito Adquirido ao teto de 20 salários mínimos previsto na Lei n. 6.950/81. Benefício anterior à Lei n. 7.787/89.

---

(120) "PREVIDENCIÁRIO. PEDIDO DE UNIFORMIZAÇÃO DE INTERPRETAÇÃO DE LEI FEDERAL. SALÁRIO DE CONTRIBUIÇÃO. CORREÇÃO. SALÁRIO DE BENEFÍCIO. LIMITAÇÃO AO TETO. PRIMEIRO REAJUSTE APÓS A CONCESSÃO DO BENEFÍCIO. I — A estipulação de valor como teto para o salário de benefício já foi considerada como constitucional pelo Supremo Tribunal Federal. II — Contudo, revela-se razoável que, por ocasião do primeiro reajuste a ser aplicado ao benefício após a sua concessão, a sua base de cálculo seja o valor do salário de benefício sem a estipulação do teto, uma vez que, do contrário, a renda do segurado seria duplamente sacrificada — na estipulação da RMI e na proporcionalidade do primeiro reajuste com base inferior ao que efetivamente contribuiu. III — Improvimento do Recurso" (BRASIL. Turma de Uniformização de Jurisprudência dos Juizados Especiais Federais. *Incidente de Uniformização de Jurisprudência n. 2003.33.00.712505-9, Seção Judiciária da Bahia*. Instituto Nacional do Seguro Social — INSS e Lauro Alves de Lima, Relator Juiz Ricardo César Mandarino Barreto, Disponível em: <htttp://www.justicafederal.gov.br>. Acesso em: 19.11.2006).

> **Art. 42.** A aposentadoria por invalidez, uma vez cumprida, quando for o caso, a carência exigida, será devida ao segurado que, estando ou não em gozo de auxílio-doença, for considerado incapaz e insusceptível de reabilitação para o exercício de atividade que lhe garanta a subsistência, e ser-lhe-á paga enquanto permanecer nesta condição.
>
> § 1º A concessão de aposentadoria por invalidez dependerá da verificação da condição de incapacidade mediante exame médico-pericial a cargo da Previdência Social, podendo o segurado, às suas expensas, fazer-se acompanhar de médico de sua confiança.
>
> § 2º A doença ou lesão de que o segurado já era portador ao filiar-se ao Regime Geral de Previdência Social não lhe conferirá direito à aposentadoria por invalidez, salvo quando a incapacidade sobrevier por motivo de progressão ou agravamento dessa doença ou lesão.

42.1. Benefícios do Regime Geral de Previdência Social

O princípio da legalidade se constitui óbice à concessão de benefícios arbitrários, estando a autarquia jungida aos domínios do normativo. O ato administrativo de concessão do benefício não é um ato discricionário, nunca deixado à luz de conveniências administrativas, sendo vinculado à necessidade do preenchimento dos requisitos definidos pela legislação. Isso se aplica tanto para a concessão quanto para o cancelamento do benefício, sempre dando margem ao contraditório e à ampla defesa.

A normatização jurídica do plano previdenciário social para os trabalhadores da iniciativa privada (RGPS), e parcela do setor público, está hierarquicamente disposta no texto maior a partir do art. 201 da CF/88, que trata especificamente da Previdência Social. De forma complementar ao seguro estatal, trata também de algumas regras a respeito da previdência complementar.

Mediante contribuição e obrigatoriedade de filiação, dispõe que a previdência social atenderá, na forma da lei, aos eventos previsíveis e imprevisíveis assim relacionados: doença, invalidez, morte e idade avançada, proteção à maternidade, desempregado involuntário, salário-família, auxílio-reclusão e pensão por morte.

A definição dos participantes do plano de benefícios, potencializados a adquirir direitos subjetivos, e a maior cobertura possível de riscos sociais correntes, é o ideal constitucional da Universalidade da Cobertura e do Atendimento (inciso I, parágrafo único, do art. 194 da CF/88). Compartilhando do mesmo princípio, o Plano de Previdência Social, concretizado pela Lei n. 8.213/91, o consagrou no plano infraconstitucional (art. 2º).

A universalidade de participação nos planos previdenciários idealiza o acesso à cobertura estatal previdenciária, mediante filiação obrigatória, com máxima amplitude de infortúnios ou eventos previsíveis, bem como o rol dos protegidos, sujeitos ativos de direitos subjetivos à prestação previdenciária correspondente.

42.1.1. Aposentadoria por invalidez

42.1.1.1. Requisitos

Enquanto o auxílio-doença reclama para sua concessão uma incapacidade temporária para atividades laborativas, a aposentadoria por invalidez requer que a incapacidade seja definitiva. Vale dizer, neste caso o segurado não mais poderá exercer qualquer atividade laboral, por mais simples, menos desgastante ou até mesmo mais intelectual que seja, caso contrário o benefício será cancelado.

A incapacidade tem que ser total e permanente, i. é, para qualquer atividade que possa garantir a subsistência do segurado e definitiva, advinda de uma doença insuscetível de cura ou reabilitação para outra atividade.

Não se deve deixar de observar, na aferição do grau de incapacidade no caso concreto, outros fatores diversos dos previstos na lei e que eventualmente possam ser determinantes para definição do benefício por incapacidade a ser concedido.

Sabe-se que os requisitos dos benefícios por incapacidade laborativa possuem variantes quanto ao grau de incapacidade, daí a existência das espécies de benefícios como auxílio-doença, aposentadoria por invalidez e auxílio-acidente.

Para aposentadoria por invalidez em particular, por se tratar de benefício em tese definitivo, os fatores extralegais que podem levar a uma definição mais segura acerca da incapacidade são a idade do segurado e seu grau de instrução. Uma incapacidade que à primeira vista possa parecer característica de auxílio-doença, a incidência de fatores extralegais permite a ilação de que, conquanto persistente o exercício de outra atividade menos rentável do que aquela que o segurado está capacitado, não há como deixar de conceder aposentadoria por invalidez.

A aposentadoria por invalidez, em tese, tem caráter definitivo, porém, a redação da parte final do caput do art. 42[121] dá a entender que ela pode ser cancelada se houver mudança nas condições de saúde do segurado a ponto de poder obter atividade que lhe garanta a subsistência em lugar do benefício.

42.1.1.2. Cancelamento do benefício

A dita mudança nas condições físicas ou psicológicas do aposentado por invalidez não podem decorrer de irregularidade na concessão do benefício, por exemplo, falsidade de exames e atestados médicos sobre os quais se lastrearam a decisão ou anotação falsa em carteira de trabalho.

Este caso específico, a meu ver, é motivo para o cancelamento do benefício, mas mediante a anulação do ato administrativo originário, com a garantia do contraditório e ampla defesa, porque as condições de concessão do benefício não existiram na realidade naquela época. Diferentemente é quando os requisitos foram cumpridos na época da concessão do benefício, todavia, as condições deixaram de existir após aquele momento inicial, aí sendo de aplicar-se a parte final deste artigo.

A teor do § 1º, a concessão de aposentadoria por invalidez dependerá da verificação da condição de incapacidade mediante exame médico-pericial a carga da Previdência Social, podendo o segurado, a seu cargo, fazer-se acompanhar de médico de sua confiança.

Após sucessivas mudanças legislativas, vige atualmente, por força da Lei n. 9.032/95, que excluiu qualquer limitação de tempo, a obrigação de o segurado ter que se submeter constantemente às perícias médicas agendadas pelo INSS para verificação da permanência de seu estado incapacitante.

42.1.1.3. Doença preexistente

É comum ocorrer casos em que o segurado ingressa com pedido administrativo de benefício sendo portador da doença antes mesmo de ser filiado ao RGPS. A respeito, pode-se citar como exemplo a pessoa que está sem qualidade de segurado há muitos anos, contrai a doença e após o pagamento da quarta contribuição como contribuinte individual, louvando-se da possibilidade do parágrafo único do art. 24 da LB, o pedido administrativo é indeferido com apoio na preexistência da doença.

Isto porque "... a necessidade de ser futuro e incerto o risco faz com que se exclua da proteção o segurado que, ao tempo da vinculação, já era portador da moléstia ou da lesão que venha a ser invocada como suporte material do direito à prestação".[122]

O que é importante deixar ressaltado é que mesmo que o pedido administrativo venha a ocorrer em momento muito distante da última contribuição e as circunstâncias, à primeira vista, possam induzir à conclusão de que houve perda da qualidade de segurado, pode ocorrer que a incapacidade remonte à época do período de graça, i. é, o segurado já esteja incapaz naquela época. Se houver prova material neste sentido e a perícia médica ter esta conclusão, o

---

(121) "..., e ser-lhe-á paga enquanto permanecer nesta condição".
(122) CASTRO, Carlos Alberto Pereira de; LAZZARI, João Batista. *Manual de direito previdenciário*, p. 493.

benefício é devido. Porém, de acordo da data de início do benefício do art. 43 da Lei n. 8.213/91, as parcelas serão devidas a partir da data do requerimento e não desde aquela época, ressalvando a hipótese de interrupção ou suspensão da prescrição, caso em que terão que ser pagas desde a época em que o segurado adquiriu o direito ao benefício.

A ressalva da parte final do artigo em análise é de meridiana clareza ao dispor que a doença ou lesão de que o segurado já era portador pode conferir-lhe o direito ao benefício se a incapacidade decorrer de agravamento ou progressão da doença. O que importa, nesta hipótese, é o momento do início da incapacidade. Se ela é posterior à filiação do segurado e ao cumprimento da carência, os requisitos foram todos cumpridos e em momento em que o interessado detinha a qualidade de segurado, nada havendo que se colocar em questão.

Outra questão interessante, recentemente julgada pela Turma Regional de Uniformização de Jurisprudência dos Juizados Especiais Federais do TRF da 4ª Região, restou descortinada pela conjugação dos arts. 26, II, e 42, § 2º, ambos da Lei n. 8.213/91. O primeiro dispositivo, aqui analisado, favorece o segurado com isenção de carência, entre outros casos, pela superveniência de doença elencada e sobrevinda após a filiação. O art. 42, § 2º, a seu turno, ressalta que o fator determinante para o direito à aposentadoria por invalidez não é a doença em si, mas sim a incapacidade para o exercício de atividade laborativa.

A Turma Regional de Uniformização, no Incidente de Uniformização de n. 2006.72.95.004093-6, onde atuamos no patrocínio do segurado, decidiu, por maioria, entender que a isenção de carência da hipótese do art. 26, II, somente se aplica aos casos em que o segurado ingressa no RGPS sem mesmo ter conhecimento de sua doença. Assim, ainda que a incapacidade sobrevenha por motivo de agravamento da doença, sendo, portanto, caso de incapacidade superveniente, ou seja, após a filiação e após, inclusive, se for o caso, o pagamento de ¼ da carência, se a doença que originou a incapacidade não lhe era desconhecida, não é o caso de aplicar-se a isenção de carência do art. 26, II.

É oportuno trazer à colação a ementa daquele julgado, que restou assim transcrita, *verbis*: "A preexistência de enfermidade à filiação ao RGPS não impede a concessão da aposentadoria por invalidez, caso a incapacidade decorrente do agravamento da doença seja posterior à filiação. Provimento negado. Falta de demonstração da carência do art. 25, I, da Lei n. 8.213/91" (publicado no Diário Eletrônico de 22.10.2007, <www.trf4.gov.br>).

Acerca do tema, é interessante destacar as seguintes considerações: a) o art. 26, II, dispensa de carência apenas os casos em que o segurado contrai a doença após ter-se filiado; b) o art. 42, § 2º, deixa claro como requisito imprescindível para aposentadoria por invalidez a incapacidade superveniente e não a doença; c) o art. 42, § 2º, não desautoriza a concessão do benefício em caso de conhecimento pelo segurado de que é portador de doença antes do ingresso no RGPS, porém não será agraciado com a isenção de carência do art. 26, II.

42.1.1.4. Fungibilidade do pedido judicial de benefício por incapacidade

Em face do abrandamento das normas processuais nas causas previdenciárias que envolvam direito a benefício por incapacidade, o exame da casuística revela decisões que prestigiam o direito material do segurado. Por exemplo, já foi decidido que não se constitui impeditivo à concessão do benefício doença diversa revelada pela perícia médica ou que não é extra petita decisão que concede aposentadoria por invalidez no lugar de auxílio-doença ou vice-versa.[123]

A decisão do juiz deve estar fundamentada, entre outros elementos, principalmente no laudo médico do juízo, o qual deve prevalecer em relação ao assistente técnico eventualmente nomeado pelas partes.

---

(123) Daniel Machado da Rocha e José Paulo Baltazar Júnior trazem, a propósito, os seguintes julgados: "AC n. 92.04.273357-7/RS, TRF da 4ª Região, Rel. Juiz Vladimir Freitas, j. 26.11.92; AC n. 96.04.01183-9/RS, TRF da 4ª Região, Rel. Juiz Nylson Paim de Abreu, DJU 26.3.97, p. 18.380; AC n. 96.0412510-9/SC, TRF 4ª Região, Rel. Juiz Nylson Paim de Abreu, DJU 14.5.97, p. 33.470" (*Comentários à Lei de Benefícios da Previdência Social*, p. 172).

Mesmo que o benefício por incapacidade esteja sendo pago em face de decisão judicial em ação promovida pelo segurado, a meu ver, a autarquia pode promover a cessação do benefício sem violação ao princípio da coisa julgada, assegurando o contraditório e ampla defesa, após comprovada pela perícia médica administrativa a cessação das condições que ensejaram o decisório judicial. Isto porquanto, mesmo em se tratando de relação jurídica continuativa, a sentença foi cumprida pela autarquia no momento oportuno e houve cessação das condições inicialmente existentes no momento do cumprimento e que permitiram o cancelamento.

42.1.1.5. Carência

A carência é de 12 contribuições mensais (LB, art. 25, I), sendo dispensada em caso de acidente de qualquer natureza ou causa, doença profissional ou do trabalho ou de algumas enfermidades cujos fatores específicos de gravidade estão genericamente catalogados no inciso II do art. 26 e exemplificativamente enumerados no art. 151.

A carência exigida dos segurados especiais não é em forma de contribuições mensais, como de um modo geral são tratados os demais segurados. O que se exige do trabalhador rural especificado no inciso VII do art. 11 da Lei n. 8.213/91 é a sua filiação como tal e um período mínimo de exercício de atividade rural anterior ao requerimento administrativo igual à carência do benefício, entendimento extraído da conjugação dos arts. 26, inciso III e 39, inciso I. Se contribuírem facultativamente, como já mencionado anteriormente, estão sujeitos aos mesmos critérios exigidos aos demais segurados, inclusive, as carências geralmente exigidas.

Art. 43. A aposentadoria por invalidez será devida a partir do dia imediato ao da cessação do auxílio-doença, ressalvado o disposto nos §§ 1º, 2º e 3º deste artigo.

§ 1º Concluindo a perícia médica inicial pela existência de incapacidade total e definitiva para o trabalho, a aposentadoria por invalidez será devida: (*Redação dada pela Lei n. 9.032, de 28.4.95*)

a) ao segurado empregado, a contar do décimo sexto dia do afastamento da atividade ou a partir da entrada do requerimento, se entre o afastamento e a entrada do requerimento decorrerem mais de trinta dias; (*Redação dada pela Lei n. 9.876, de 26.11.99*)

b) ao segurado empregado doméstico, trabalhador avulso, contribuinte individual, especial e facultativo, a contar da data do início da incapacidade ou da data da entrada do requerimento, se entre essas datas decorrerem mais de trinta dias. (*Redação dada pela Lei n. 9.876, de 26.11.99*)

§ 2º Durante os primeiros quinze dias de afastamento da atividade por motivo de invalidez, caberá à empresa pagar ao segurado empregado o salário. (*Redação dada pela Lei n. 9.876, de 26.11.99*)

§ 3º (*Revogado pela Lei n. 9.032, de 28.4.95*)

Redações anteriores

A aposentadoria por invalidez será devida a partir do dia imediato ao da cessação do auxílio-doença, ressalvado o disposto nos §§ 1º, 2º e 3º deste artigo.

§ 1º Concluindo a perícia médica inicial pela existência de incapacidade total e definitiva para o trabalho, a aposentadoria por invalidez, quando decorrente de acidente do trabalho, será concedida a partir da data em que o auxílio-doença deveria ter início, e, nos demais casos, será devida;

a) ao segurado empregado ou empresário, definidos no art. 11 desta Lei, a contar do 16º (décimo sexto) dia do afastamento da atividade ou a partir da data da entrada do requerimento se, entre o afastamento e a entrada do requerimento, decorrerem mais de 30 (trinta) dias;

b) ao segurado empregado doméstico, autônomo e equiparado, trabalhador avulso, segurado especial ou facultativo, definidos nos arts. 11 e 13 desta Lei, a contar da data do início da incapacidade ou da data da entrada do requerimento se, entre essas datas, decorrerem mais de 30 (trinta) dias.

§ 2º Durante os primeiros 15 (quinze) dias de afastamento da atividade por motivo de invalidez, caberá à empresa pagar ao segurado empregado o salário ou, ao segurado empresário, a remuneração.

§ 3º Em caso de doença de segregação compulsória, a aposentadoria por invalidez independerá de auxílio-doença prévio e de exame médico-pericial pela Previdência Social, sendo devida a partir da data da segregação.

43.1. Data de início do benefício da aposentadoria por invalidez

A aposentadoria por invalidez será devida a partir do dia imediato ao da cessação do auxílio-doença que lhe deu origem.

Se não houve concessão de auxílio-doença, o benefício é devido: a) ao segurado empregado, a partir do 16º (décimo sexto) dia do afastamento da atividade ou a partir da entrada do requerimento se pedido após o 30º dia do afastamento da atividade, porquanto os primeiros quinze dias de afastamento da atividade são de responsabilidade da empresa (inciso I do art. 43 da LB); b) ao empregado doméstico, trabalhador avulso, contribuinte individual, especial e facultativo, a contar da data do início da incapacidade ou da data do requerimento, se feito o pedido administrativo após o 30º dia da incapacidade.

43.2. Isenção de Imposto de Renda para o benefício de aposentadoria por invalidez

Já se viu em momentos anteriores que dos benefícios do Regime Geral de Previdência Social, na grande maioria trabalhadores da iniciativa privada, não se retira qualquer parcela de contribuição para o custeio da Seguridade Social (art. 195, inciso II, da CF/88), não assim quando se fala em benefícios de aposentadoria e pensão dos Regimes Próprios de Previdência, sobre os quais o titular tem o dever constitucional de pagar a exação (art. 40, *caput*, com a redação da EC n. 41/03). Mas sobre o pagamento dos benefícios do RGPS deve incidir o Imposto de Renda na fonte, quando o seu valor estiver acima do limite de isenção da exação, não incidindo sobre os benefícios de aposentadoria por invalidez, na forma do que dispõe a Lei n. 7.713/88, com a redação da Lei n. 11.052/04. Eis a redação do artigo mencionado: "XIV — os proventos de aposentadoria ou reforma motivada por acidente em serviço e os percebidos pelos portadores de moléstia profissional, tuberculose ativa, alienação mental, esclerose múltipla, neoplasia maligna, cegueira, hanseníase, paralisia irreversível e incapacitante, cardiopatia grave, doença de Parkinson, espondiloartrose anquilosante, nefropatia grave, hepatopatia grave, estados avançados da doença de Paget (osteíte deformante), contaminação por radiação, síndrome da imunodeficiência adquirida, com base em conclusão da medicina especializada, mesmo que a doença tenha sido contraída depois da aposentadoria ou reforma;". Portanto, os beneficiários de aposentadoria por invalidez por acidente em serviço e aqueles portadores das doenças listadas acima são beneficiados com a norma isentiva.

> **Art. 44.** A aposentadoria por invalidez, inclusive a decorrente de acidente do trabalho, consistirá numa renda mensal correspondente a 100% (cem por cento) do salário de benefício, observado o disposto na Seção III, especialmente no Art. 33 desta Lei. (*Redação dada pela Lei n. 9.032, de 28.4.95*)
>
> § 1º (*Revogado pela Lei n. 9.528, de 10.12.97*)
>
> § 2º Quando o acidentado do trabalho estiver em gozo de auxílio-doença, o valor da aposentadoria por invalidez será igual ao do auxílio-doença se este, por força de reajustamento, for superior ao previsto neste artigo.
>
> **Redações anteriores**
>
> A aposentadoria por invalidez, observando o disposto na Seção III deste Capítulo, especialmente no art. 33, consistirá numa renda mensal correspondente a:
>
> a) 80% (oitenta por cento) do salário de benefício, mais 1% (um por cento) deste, por grupo de 12 (doze) contribuições, não podendo ultrapassar 100% (cem por cento) do salário de benefício; ou
>
> b) 100% (cem por cento) do salário de benefício ou do salário de contribuição vigente no dia do acidente, o que for mais vantajoso, caso o benefício seja decorrente de acidente de trabalho.
>
> § 1º No cálculo do acréscimo previsto na alínea "a" deste artigo, será considerado como período de contribuição o tempo em que o segurado recebeu auxílio-doença ou outra aposentadoria por invalidez.
>
> § 2º Quando o acidentado do trabalho estiver em gozo de auxílio-doença, o valor da aposentadoria por invalidez será igual ao do auxílio-doença se este, por força de reajustamento, for superior ao previsto neste artigo.

44.1. Renda mensal inicial da aposentadoria por invalidez

Após sucessivas modificações, atualmente a aposentadoria por invalidez, inclusive a decorrente de acidente de trabalho, será concedida com uma renda mensal de 100% do salário de benefício, diferentemente do que ocorre com o auxílio-doença, que é de 91%.

Em caso de aposentadoria por invalidez decorrente de acidente de trabalho, ela será igual ao valor do auxílio-doença se este, reajustado, superar a importância do benefício de aposentadoria.

Não se aplica à aposentadoria por invalidez e nem ao auxílio-doença o fator previdenciário em razão da grande carga de imprevisibilidade que marca estes benefícios, na forma do § 6º do art. 29 da Lei n. 8.213/91.

O benefício é devido ao segurado especial no valor mínimo, exceto para aqueles que contribuem facultativamente.

Art. 45. O valor da aposentadoria por invalidez do segurado que necessitar da assistência permanente de outra pessoa será acrescido de 25% (vinte e cinco por cento).

Parágrafo único. O acréscimo de que trata este artigo:

a) será devido ainda que o valor da aposentadoria atinja o limite máximo legal;

b) será recalculado quando o benefício que lhe deu origem for reajustado;

c) cessará com a morte do aposentado, não sendo incorporável ao valor da pensão.

45.1. Acréscimo de 25% devido ao aposentado por invalidez que necessita de assistência permanente de outra pessoa

Será acrescida de um percentual de 25% (vinte e cinco por cento) quando o segurado necessitar da assistência permanente de outra pessoa, na forma do art. 45, em razão das situações elencadas no anexo I do Regulamento, não se estendendo tal benesse à pensão por morte em face de sua vitaliciedade e será devido ainda que ultrapasse o limite máximo legal. Acompanha o reajustamento dos benefícios.

Art. 46. O aposentado por invalidez que retornar voluntariamente à atividade terá sua aposentadoria automaticamente cancelada, a partir da data do retorno.

46.1. Retorno voluntário à atividade do aposentado por invalidez

A interpretação da *mens legis* do art. 46 da Lei n. 8.213/91 não pode ser feita literalmente.

Tal preceito deve se adequar ao comando legislativo contextual extraído da legislação previdenciária para que a eficácia da expressão "automaticamente" tenha sua aplicabilidade suspensa até decisão final, após contraditório e ampla defesa, de procedimento administrativo para apuração do alegado retorno à atividade pelo segurado. O benefício somente deve se cancelado após constatada em processo administrativo que o segurado aposentado por invalidez efetivamente retornou à atividade. Este cancelamento deve-se operar com efeitos *ex tunc* a partir da data do retorno.

Sabe-se que a aposentadoria por invalidez é causa de suspensão do contrato de trabalho, nos termos do que dispõe o art. 475 da CLT. Nesta esteira, o enunciado sumular n. 160 do TST assim dispõe: "Cancelada a aposentadoria por invalidez, mesmo que após 5 anos, o trabalhador terá direito de retornar ao emprego, facultado, porém, ao empregador indenizá-lo na forma da lei".

> **Art. 47.** Verificada a recuperação da capacidade de trabalho do aposentado por invalidez, será observado o seguinte procedimento:
>
> I — quando a recuperação ocorrer dentro de 5 (cinco) anos, contados da data do início da aposentadoria por invalidez ou do auxílio-doença que a antecedeu sem interrupção, o benefício cessará:
>
> a) de imediato, para o segurado empregado que tiver direito a retornar à função que desempenhava na empresa quando se aposentou, na forma da legislação trabalhista, valendo como documento, para tal fim, o certificado de capacidade fornecido pela Previdência Social; ou
>
> b) após tantos meses quantos forem os anos de duração do auxílio-doença ou da aposentadoria por invalidez, para os demais segurados;
>
> II — quando a recuperação for parcial, ou ocorrer após o período do inciso I, ou ainda quando o segurado for declarado apto para o exercício de trabalho diverso do qual habitualmente exercia, a aposentadoria será mantida, sem prejuízo da volta à atividade:
>
> a) no seu valor integral, durante 6 (seis) meses contados da data em que for verificada a recuperação da capacidade;
>
> b) com redução de 50% (cinquenta por cento), no período seguinte de 6 (seis) meses;
>
> c) com redução de 75% (setenta e cinco por cento), também por igual período de 6 (seis) meses, ao término do qual cessará definitivamente.

47.1. Recuperação da capacidade para o trabalho e redução progressiva da renda mensal da aposentadoria por invalidez

As regras do art. 47 tratam justamente da recuperação da capacidade laborativa.

De um modo geral e assegurado contraditório e ampla defesa em processo administrativo antes do cancelamento do benefício, podem ser extraídas as regras a seguir sumariadas.

Em primeiro lugar, convêm distinguir: a) se a recuperação ocorrer em 5 (cinco) anos da data de início da aposentadoria por invalidez ou do auxílio-doença; b) se for considerado recuperado após 5 (cinco) anos; c) se a recuperação for parcial; d) se o segurado for declarado apto ao exercício de atividade diversa da qual exercia.

Na hipótese da letra a, o benefício cessará: a) de imediato, quando o segurado empregado tiver direito ao retorno à função que desempenhava na empresa; b) no caso dos demais segurados, após tantos meses quantos forem os anos de duração do auxílio-doença ou da aposentadoria por invalidez.

Nas situações das letras b, c e d, a aposentadoria continuará sendo paga ainda num período de 18 (dezoito) meses, integralmente nos primeiros 6 (seis) meses da data da recuperação da capacidade laborativa, reduzida em 50% no semestre seguinte e 75% no último, cessando definitivamente ao fim destes prazos.

Art. 48. A aposentadoria por idade será devida ao segurado que, cumprida a carência exigida nesta Lei, completar 65 (sessenta e cinco) anos de idade, se homem, e 60 (sessenta), se mulher. (*Redação dada pela Lei n. 9.032, de 1995*)

§ 1º Os limites fixados no *caput* são reduzidos para sessenta e cinquenta e cinco anos no caso de trabalhadores rurais, respectivamente homens e mulheres, referidos na alínea a do inciso I, na alínea g do inciso V e nos incisos VI e VII do art. 11. (*Redação dada pela Lei n. 9.876, de 1999*)

§ 2º Para os efeitos do disposto no § 1º deste artigo, o trabalhador rural deve comprovar o efetivo exercício de atividade rural, ainda que de forma descontínua, no período imediatamente anterior ao requerimento do benefício, por tempo igual ao número de meses de contribuição correspondente à carência do benefício pretendido, computado o período a que se referem os incisos III a VIII do § 9º do art. 11 desta Lei. (*Alterado pela Lei n. 11.718, de 20 de junho de 2008*)

§ 3º Os trabalhadores rurais de que trata o § 1º deste artigo que não atendam ao disposto no § 2º deste artigo, mas que satisfaçam essa condição, se forem considerados períodos de contribuição sob outras categorias do segurado, farão jus ao benefício ao completarem 65 (sessenta e cinco) anos de idade, se homem, e 60 (sessenta) anos, se mulher. (*Incluído pela Lei n. 11.718, de 20 de junho de 2008*)

§ 4º Para efeito do § 3º deste artigo, o cálculo da renda mensal do benefício será apurado de acordo com o disposto no inciso II do *caput* do art. 29 desta Lei, considerando-se como salário de contribuição mensal do período como segurado especial o limite mínimo de salário de contribuição da Previdência Social. (*Incluído pela Lei n. 11.718, de 20 de junho de 2008*)

Redações anteriores

Texto anterior à Lei n. 11.718/08

A aposentadoria por idade será devida ao segurado que, cumprida a carência exigida nesta Lei, completar 65 (sessenta e cinco) anos de idade, se homem, e 60 (sessenta), se mulher. (*Redação dada pela Lei n. 9.032, de 28.4.95*)

§ 1º Os limites fixados no *caput* são reduzidos para sessenta e cinquenta e cinco anos no caso de trabalhadores rurais, respectivamente homens e mulheres, referidos na alínea a do inciso I, na alínea g do inciso V e nos incisos VI e VII do art. 11. (*Parágrafo incluído pela Lei n. 9.032, de 28.4.95 e alterado pela Lei n. 9.876, de 26.11.99*)

§ 2º Para os efeitos do disposto no parágrafo anterior, o trabalhador rural deve comprovar o efetivo exercício de atividade rural, ainda que de forma descontínua, no período imediatamente anterior ao requerimento do benefício, por tempo igual ao número de meses de contribuição correspondente à carência do benefício pretendido. (*Parágrafo acrescentado pela Lei n. 9.032, de 28.4.95*)

Forma original

A aposentadoria por idade será devida ao segurado que, cumprida a carência exigida nesta Lei, completar 65 (sessenta e cinco) anos de idade, se homem, ou 60 (sessenta), se mulher, reduzidos esses limites para 60 e 55 anos de idade para os trabalhadores rurais, respectivamente homens e mulheres, referidos na alínea "a" do inciso I nos incisos VII e II do art. 11.

Parágrafo único. A comprovação de efetivo exercício de atividade rural será feita com relação aos meses imediatamente anteriores ao requerimento do benefício, mesmo que de forma descontínua, durante período igual ao da carência do benefício, ressalvado o disposto no inciso II do art. 143.

Texto de 29.4.1995 a 13.10.1996

A aposentadoria por idade será devida ao segurado que, cumprida a carência exigida nesta Lei, completar 65 (sessenta e cinco) anos de idade, se homem, ou 60 (sessenta), se mulher. (*Redação dada pela Lei n. 9.032/95*)

> **Texto de 14.10.1996 a 10.12.1997**
>
> A aposentadoria por idade será devida ao segurado que completar 65 anos de idade, se homem, e sessenta, se mulher, desde que tenha cumprida a carência exigida nesta Lei e não receba benefício de aposentadoria de qualquer outro regime previdenciário (Redação dada pela Medida Provisória n. 1.523/96)

48.1. Aposentadoria por idade

Nos termos vazados pelo art. 48 da LBPS, a aposentadoria por idade reclama o requisito etário de 65 anos para o homem e 60 para a mulher, mediante o pagamento de uma carência geral de 180 contribuições mensais ou, se for o caso, reduzida em observância ao que prescreve o art. 142 para os segurados filiados ao sistema anteriormente à LBPS.

Vindo ao mundo jurídico pela Lei n. 3.807/60 (antiga LOPS), atualmente a norma constitucional que prevê tal benefício é o art. 201, inciso II, alterado pela Emenda Constitucional n. 20/98. A regulamentação da Lei de Benefícios se dá com os arts. 51 a 55 do Decreto n. 3.048/99.

A diferença de idade reduzida para a mulher encontra sustentação na necessidade mais precoce do descanso na velhice, sobretudo em relação àquela com família constituída, dona de casa responsável pela manutenção do lar. Costuma-se, em nível doutrinário, criticar com brandura esta diferença de idade, contrapondo o argumento de que a jornada dupla ou, muitas das vezes, tripla, para a mulher, não justifica o tratamento diferenciado em face da comprovada maior sobrevida que o sexo feminino desfruta em relação ao masculino.

Os limites de idade são reduzidos, por força de norma constitucional (art. 201, § 7º, inciso II, redação da EC n. 20) para os trabalhadores rurais de ambos os sexos e para os que exercem suas atividades em regime de economia familiar, nestes incluídos o produtor rural, o garimpeiro e o pescador artesanal.

A diminuição para o requisito etário para estes segurados veio somente a partir da Constituição Federal de 1988. Em face do não reconhecimento da autoaplicabilidade deste dispositivo da Lei Maior pelo Supremo Tribunal Federal, apenas com a entrada em vigor da Lei n. 8.213/91, suprimindo a ausência de regulamentação constitucional, é que os benefícios puderam ser concedidos aos destinatários do preceito. Em face da legislação anterior[124] ter previsto tal espécie de benefício apenas ao membro do grupo familiar considerado chefe ou arrimo da família, apenas o homem era o favorecido, exceto se a mulher assumisse aquele encargo. Com a Lei n. 8.213/91, aumentou-se o rol de beneficiados, passando também a ter direito os cônjuges, companheiros, filhos maiores de 14 anos ou a ele equiparados, suprimindo a lacuna até então existente, especialmente para a mulher.

Os rurícolas abrangidos com a benesse são os elencados no art. 48, § 1º, da Lei n. 8.213/91,[125] quais sejam, o empregado rural, o trabalhador eventual, o trabalhador avulso rural e o segurado especial.

De um modo geral, para que se tenham as regras específicas de aposentadoria por idade aos trabalhadores rurais a partir da Lei n. 8.213/91, deve-se ter um entendimento conjugado dos arts. 39, 48, § 1º, e 143.

O ultimo dispositivo é norma transitória e foi aplicado, segundo seu próprio texto, até 24.7.2006, tendo como destinatários o empregado rural e o segurado especial e favorecia-os apenas com a aposentadoria por idade. Sobre dilatação de prazo para mais dois anos em favor do segurado empregado rural, bem como ampliação para o segurado especial por força do princípio da isonomia, veja-se comentários a respeito no art. 143.

O art. 39 destina-se apenas aos segurados especiais e é norma permanente no contexto legal, beneficiando-os, ao contrário da norma de transição, com aposentadoria por idade ou por invalidez, auxílio-doença, auxílio-reclusão e pen-

---

(124) Art. 297 do Decreto n. 83.080/79.
(125) Na redação da Lei n. 9.876/99.

são por morte, sem restrição de natureza temporal. Este dispositivo encontra-se na subseção III, reservada apenas à disciplina da renda mensal do benefício.

Já o art. 48 é norma específica que trata da aposentadoria por idade a trabalhadores urbanos e rurais, sendo direcionada, no caso dos rurícolas, ao empregado rural, eventual rural, o avulso e o segurado especial. Particularmente ao segurado especial, o art. 26, inciso III, da LBPS, isenta-o de carência para o benefício de valor mínimo do art. 39.

Em qualquer caso, o trabalhador rural deve comprovar o exercício campesino imediatamente anterior ao requerimento do benefício em número de meses igual ao da carência exigida em conformidade ou com a regra geral de 180 meses ou com a norma de transição do art. 142, conforme se trate de segurado filiado ou não anteriormente à Lei n. 8.213/91.

48.1.1. Carência

A carência requerida é, como regra, 180 (cento e oitenta) contribuições mensais. A exceção é a hipótese aplicada aos segurados que até 24.7.1991, data de publicação da Lei n. 8.213/91, já tinham se filiado anteriormente ao sistema do RGPS. Nestes casos, o número de contribuições, conforme explicado no capítulo apropriado, varia de acordo com o momento em que o segurado implementou todas as condições para obtenção do benefício.

A carência para os trabalhadores rurais beneficiados com esta aposentadoria não é em contribuições pecuniárias. O que se exige para aposentação dos rurícolas é em exercício de atividade rural, ainda que de forma descontínua, no período imediatamente anterior ao requerimento, igual ao número de meses exigido para a carência.

Exemplificativamente, o rurícola, filiado como tal no momento do requerimento administrativo, completa 60 anos em 13.10.1998 e no dia seguinte formula o pedido. Deve demonstrar ter exercido, no mínimo, 102 meses na lavoura no período imediatamente anterior ao requerimento do benefício.

Importante alteração veio, agora, com a Lei n. 11.718/08. Os §§ 2º a 4º do art. 48, introduzidos pela lei referida, trouxeram modificações benéficas aos segurados de que trata este artigo. A partir da data de vigência da Lei n. 11.718/08, os trabalhadores rurais das categorias de empregado, contribuinte individual, avulso e segurado especial, poderão computar como carência períodos diversos daqueles laborados na lide campesina. Em outras palavras, caso não seja suficiente para obtenção do benefício de aposentadoria por idade a carência em forma de atividade rural sem contribuições, poderão somar, à dita atividade, períodos de atividade exercidos em filiações diversas, como empregado urbano, por exemplo. Porém, nestes casos, não terão o benefício da idade reduzida para 60 e 55 anos, exigindo-se, à semelhança do que ocorre com o urbano, 65 anos para o homem e 60 anos para a mulher. Entretanto, se puderem computar os períodos a que alude o § 2º, do art. 48 (relativamente os incisos III a VIII do § 9º do art. 11), continuarão merecendo a diminuição do requisito etário. Caso o segurado venha computar na carência períodos de filiações diversas da atividade rural, na forma autorizada pelo § 3º, do art. 48, o cálculo do benefício será à luz das regras gerais do cálculo do salário de benefício, ou seja, será calculado como se calcula qualquer benefício pago pela Previdência Social, considerando-se, neste caso, como salário de contribuição, do período em que laborou em atividade rural, o valor do salário-mínimo, a teor do que dispõe o § 4º do mesmo dispositivo.

Na abrangência jurisdicional dos Juizados Especiais Federais, a Turma de Uniformização de Jurisprudência, ancorada em precedentes firmados pelo STJ, pacificou celeuma de há muito existente no meio jurídico a respeito do momento em que se devem ter como cumpridos os requisitos etário e carência. Neste sentido, a Súmula n. 02, nos seguintes termos: *"Para a concessão da aposentadoria por idade, não é necessário que os requisitos da idade e da carência sejam preenchidos simultaneamente"*.

Tal entendimento tem reflexos, praticamente, em uma série de questões jurídicas de relevante interesse na análise deste benefício. Assim, por exemplo, não é necessário que o segurado esteja filiado no momento do requerimento administrativo, bastando, apenas, que já tenha cumprido os requisitos da idade e da carência. Por outro lado, ainda que a carência ainda não tenha sido satisfeita quando completa a idade necessária, o número de contribuições exigidas continua sendo pelo ano em que o segurado tenha completado o requisito etário. A carência cumprida ao tempo da legislação pretérita e a idade na vigência de legislação diversa, resulta na exigência da carência segundo a nova legislação.

Ao contrário, para o trabalhador rural exige-se que os requisitos da idade e carência, esta em efetivo exercício de atividade agrícola, sejam cumpridos simultaneamente, porquanto a condição de segurado rural deve ser comprovada no momento do requerimento administrativo ou ao tempo em que completado o requisito etário.[126]

Por derradeiro, está ultrapassada a antiga exigência do recolhimento de mais 1/3 da carência do benefício para somatório de todas as contribuições anteriores à perda da qualidade de segurado, em conformidade com a regra do parágrafo único do art. 24 da Lei n. 8.213/91. Os pretórios já vinham decidindo neste sentido antes mesmo que a edição da Lei n. 10.666, de 08 de maio de 2003, espancasse de vez com a divergência ao dispor que a perda da qualidade de segurado não será considerada nas aposentadorias por tempo de contribuição, especial e por idade.[127]

48.2. Concessão de aposentadoria por idade ao trabalhador rural mediante acréscimo de períodos de filiação diversos

A nova ordem constitucional hoje vigente, no tocante aos trabalhadores rurais, veio para espancar a antiga diferenciação discriminatória que existia para ele em comparação com o trabalhador urbano. É que o regime anterior à Carta de 1988 preconcebia o trabalhador rural merecedor de amparo previdenciário (na verdade assistencialismo disfarçado) apenas na figura do chefe ou arrimo de família.

Com a Lei Fundamental de 1988 instituindo um regime previdenciário autêntico para o trabalhador rural, em situação de igualdade com o exercente de labor citadino, mercê da aplicação do princípio da uniformidade e equivalência dos benefícios e serviços entre ambos os trabalhadores, os campesinos viram-se beneficiados com a possibilidade de migração, em aposentadoria por tempo de contribuição ou de serviço, de seu tempo de trabalho rural anteriormente prestado em épocas remotas. Com a vinda do homem do campo para a cidade, era o mínimo que a Constituição poderia ter feito, realmente, em prol da proteção destes trabalhadores.

O que o tema agora em destaque quer trazer à colação é a possibilidade de, com a vinda da Lei n. 11.718/08, poder contar seu tempo de filiação em outras categorias para sua aposentadoria por idade rural. Os §§ 3º e 4º da Lei n. 11.718/08 conferiram esta viabilidade aos trabalhadores rurais, possibilitando-os acrescentarem períodos de outras filiações nos pedidos de aposentadoria rural por idade. Contanto que tenham a idade de 65 anos para o homem ou 60 para a mulher, é preciso que estejam exercendo atividade laboral no campo, ou seja, é necessário que sejam filiados na qualidade de trabalhadores rurais no momento do pedido. É o que se infere do teor do texto dos parágrafos acima mencionados. O benefício será calculado considerando-se todas as filiações dentro do período-básico-de-cálculo, que deve ser também de julho de 1994 até a DIB, tendo como salário mínimo o valor mensal onde não existir contribuição na filiação campesina.

---

(126) "O entendimento consolidado de que para concessão de aposentadoria por idade não é necessário que os requisitos exigidos pela lei sejam preenchidos simultaneamente, não se aplica ao trabalhador rural, pois este deve, nos termos do art. 143 da Lei n. 8.213/91, comprovar o exercício da atividade, ainda que descontínua, no período imediatamente anterior ao implemento dos requisitos para a obtenção do benefício (Processo n. 2002.72.02.0050711-5, Relator Juiz Ricardo Teixeira do Valle Pereira, Sessão de 11.11.2002)". Boletim de Jurisprudência n. 01/2005 da Turma Recursal da Seção Judiciária de Santa Catarina, extraído do *site* da internet <www.jfsc.gov.br>.

(127) O § 1º do art. 3º da Lei n. 10.666/03, ao condicionar o preenchimento da carência correspondente na data do requerimento administrativo para a não consideração da perda da qualidade de segurado na aposentadoria por idade não muda o sentido do art. 142 da Lei n. 8.213/91 de exigir a carência segundo o ano em que o segurado implementa o requisito etário. Aquela norma apenas exige que o preenchimento dos requisitos já tenha acontecido até o momento do requerimento administrativo.

> **Art. 49.** A aposentadoria por idade será devida:
>
> I — ao segurado empregado, inclusive o doméstico, a partir:
>
> a) da data do desligamento do emprego, quando requerida até essa data ou até 90 (noventa) dias depois dela; ou
>
> b) da data do requerimento, quando não houver desligamento do emprego ou quando for requerida após o prazo previsto na alínea "a";
>
> II — para os demais segurados, da data da entrada do requerimento.

49.1. Data de início do benefício da aposentadoria por idade

A aposentadoria por idade será devida ao empregado, inclusive ao doméstico, a partir da data do desligamento do emprego, quando requerida até essa data ou até 90 (noventa dias) depois dela, ou data do requerimento quando não houver desligamento do emprego ou quando requerida após 90 (noventa) dias do desligamento.

Para os demais segurados, a partir do requerimento.

> **Art. 50.** A aposentadoria por idade, observado o disposto na Seção III deste Capítulo, especialmente no art. 33, consistirá numa renda mensal de 70% (setenta por cento) do salário de benefício, mais 1% (um por cento) deste, por grupo de 12 (doze) contribuições, não podendo ultrapassar 100% (cem por cento) do salário de benefício.

50.1. Renda mensal inicial da aposentadoria por idade

A renda mensal proveniente da aposentadoria por idade será de 70% do salário de benefício mais 1% por grupo de doze contribuições mensais, até o máximo de 100%, na forma do art. 50 da Lei n. 8.213/91. Se existirem 10 anos e 7 meses, o coeficiente a ser aplicado deverá ser de 80%.

Podem fazer parte do grupo de contribuições o período de fruição de auxílio-doença ou aposentadoria por invalidez.[128]

Como consectário deste entendimento, pode haver requerimento para transformação de benefício por incapacidade usufruído pelo segurado em aposentadoria por idade, aplicando a mesma regra para aposentadoria aos trabalhadores rurais com idade reduzida desde que, neste caso, seja cumprido o pressuposto do exercício de atividade rural já comentado.

Remissivamente, o cálculo deve ser feito segundo a regra comum aos benefícios do RGPS, a grosso modo. Pela incidência inovadora do art. 7º da Lei n. 9.876/99 é garantida a opção pela não aplicação do fator previdenciário, claro que se mais vantajoso ao segurado.

---

[128] "Computa-se para efeito de carência o período em que o segurado usufruiu benefício previdenciário por incapacidade", nos termos da Súmula n. 07 da Turma Regional de Uniformização de Jurisprudência dos Juizados Especiais Federais, na quarta região do país.

> **Art. 51.** A aposentadoria por idade pode ser requerida pela empresa, desde que o segurado empregado tenha cumprido o período de carência e completado 70 (setenta) anos de idade, se do sexo masculino, ou 65 (sessenta e cinco) anos, se do sexo feminino, sendo compulsória, caso em que será garantida ao empregado a indenização prevista na legislação trabalhista, considerada como data da rescisão do contrato de trabalho a imediatamente anterior à do início da aposentadoria.

51.1. Aposentadoria compulsória

A aposentadoria por idade também pode ser requerida pela empresa, em caso de segurado que esteja na ativa. É a chamada aposentadoria compulsória, prevista no art. 51 da Lei n. 8.213/91, sendo devida ao homem aos 70 (setenta) anos de idade e à mulher aos 65 (sessenta e cinco), indenizando-se o empregado.

As antigas exigências legais que condicionavam o início da aposentadoria ao afastamento do trabalho pelo segurado empregado atualmente não mais vigoram.

A controvérsia existente nos dias atuais cinge-se à configuração ou não da aposentadoria como causa de extinção do contrato de trabalho. O art. 453, § 2º da CLT, alterado pela Lei n. 9.528/97, passou a constituir a aposentadoria com menos de trinta e cinco ou trinta anos de contribuição, para o homem ou mulher, respectivamente, causa de extinção do vínculo empregatício. Todavia, a eficácia destes dispositivos encontram-se, atualmente, suspensos em face da decisão liminar do STF em Ações Diretas de Inconstitucionalidade 1.721-3 e 1.770-4.

> **Art. 52.** A aposentadoria por tempo de serviço será devida, cumprida a carência exigida nesta Lei, ao segurado que completar 25 (vinte e cinco) anos de serviço, se do sexo feminino, ou 30 (trinta) anos, se do sexo masculino.

52.1. Aposentadoria por tempo de serviço/contribuição

A aposentadoria por tempo de serviço, ou, a partir da reforma previdenciária em 1998, aposentadoria por tempo de contribuição, é concedida ao segurado após um desgaste físico a partir do qual a lei presume incapacidade laboral, embora na prática isso não ocorra e a lei também não proíba a manutenção do vínculo empregatício, diferentemente do que ocorre, ainda hoje, na aposentadoria especial.

Trata-se de benefício que, segundo o professor Miguel Horvath Júnior, só continua existindo nos seguintes países: Brasil, Irã, Iraque e Equador.[129]

Em razão de sua excepcionalidade de benefício existente em apenas poucos países, muitos professam a sua exclusão do ordenamento jurídico brasileiro.

A diferença de tempo de contribuição, reduzido para a mulher, encontra sustentação no maior desgaste físico ou mental gerado pelo trabalho feminino em dupla ou tripla jornada, geralmente da mulher com família constituída, sendo ela responsável pela manutenção do lar. A diminuição legal do lustro contributivo quinquenal para o segurado do sexo feminino é criticada, em nível doutrinário, com arrimo na comprovada maior sobrevida que desfruta a mulher em relação ao homem. A título de ilustração, vale registrar que no regime legal vigente por ocasião do Decreto n. 89.312/84, art. 33, não existia a diferenciação de tempo de serviço mínimo em função do sexo, sendo, para ambos, exigido um mínimo de 30 anos. Ou seja, a mulher não desfrutava do benefício do tempo mínimo reduzido para 25 anos, somente obtendo o direito à aposentadoria aos 30 anos, não existindo aposentadoria proporcional, sendo a renda mensal inicial única limitada a 95% do salário de benefício. Já o homem poderia obter aposentadoria com um tempo mínimo de 30 anos, cuja renda mensal inicial poderia flutuar entre um coeficiente mínimo até o máximo de 95% do salário de benefício, dependendo do tempo de serviço possuído a partir das primeiras três décadas mínimas.[130]

52.1.1. Regime atual para filiados a partir de 16.12.1998

A partir da reforma da Previdência Social, operada pela Emenda Constitucional n. 20/98, a concessão desta espécie de benefício pressupõe três alternativas diferenciadas, a saber: 1) aposentadoria por tempo de serviço para aqueles que até 15.12.1998 [131] já tinham direito adquirido pelas regras até então vigentes;[132] 2) apo-

---

(129) *Lei Previdenciária Comentada*, p. 141.
(130) "A aposentadoria por tempo de serviço é devida, após 60 (sessenta) contribuições mensais, aos 30 (trinta) anos de serviço, observado o disposto no capítulo VII: I — quando o salário de benefício é igual ou inferior ao menor valor-teto, em valor igual a: a) 80% (oitenta por cento) do salário de benefício, para o segurado; b) 95% (noventa e cinco por cento) do salário de benefício, para a segurada; II — quando o salário de benefício é superior ao menor valor-teto, é aplicado à parcela correspondente ao valor excedente o coeficiente da letra "b" do item II do art. 23; III — na hipótese do item II o valor da renda mensal do benefício é a soma das parcelas calculadas na forma dos itens I e II, não podendo ultrapassar 90% (noventa por cento) do maior valor-teto. § 1º A aposentadoria do segurado do sexo masculino que a requer com mais de 30 (trinta) anos de serviço tem o valor da letra "a" do item I acrescido de 3% (três por cento) do salário de benefício para cada novo ano completo de atividade abrangida pela previdência social urbana, até 95% (noventa e cinco por cento) desse salário aos 35 (trinta e cinco) anos de serviço, observado o disposto no art. 116".
(131) Data da publicação da Emenda Constitucional n. 20/98.
(132) Direito assegurado pelo art. 3º da Emenda Constitucional n. 20/98.

sentadoria por tempo de contribuição, quando, até 15.12.1998, não foram cumpridos os requisitos exigidos pela legislação vigente (Lei n. 8.213/91), sendo disciplinada pelo art. 9º da EC n. 20/98 e direcionada para os segurados filiados ao RGPS antes de 15.12.1998, não importando a existência de filiação exatamente nesta data; 3) aposentadoria por tempo de contribuição, integral, positivada no § 7º do art. 201, integrada ao corpo das regras permanentes da Constituição da República.

De qualquer modo, a incidência do fator previdenciário sob o benefício de aposentadoria por tempo de contribuição não impede a concessão da espécie de aposentadoria mais vantajosa ao segurado caso ele venha preencher os requisitos para obtenção individualizada de acordo com as regras vigentes ao tempo da aquisição do direito. Esta regra é decorrência prática da cláusula de condição mais beneficia aludida por José Antonio Savaris, em seu artigo "Benefícios Programáveis do Regime Geral da Previdência Social — Aposentadoria por Tempo de Contribuição e Aposentadoria por Idade".[133] Em conformidade com a doutrina do ilustre magistrado

> "A condição mais benéfica, como decorrência do direito adquirido, traz obrigatoriamente duas consequências: a) impede a aplicação retroativa de uma nova lei menos benéfica; b) proporciona ao segurado a garantia de receber a prestação previdenciária mais vantajosa dentre aquelas cujos requisitos cumpre; e c) de acordo com o cálculo que lhe proporcione a maior renda mensal, comparando-se as possibilidades existentes desde o tempo em que preencheu os requisitos ao benefício até quando da efetiva concessão do benefício".

A prática revela que na quase totalidade dos benefícios com direito adquirido até a EC n. 20/98, ainda que o total do tempo de serviço não venha ser o máximo de 35 anos até a data da emenda, a não incidência do fator previdenciário faz a renda mensal inicial da aposentadoria por tempo de serviço ser ainda mais vantajosa. Neste caso, como não poderia deixar de ser, não são devidas as prestações da data da aquisição do direito até a data de entrada do requerimento, por faltar, na hipótese, a configuração da necessária negativa da autarquia em conceder um benefício que, não obstante passível de concessão desde aquele tempo, não foi pedido na via administrativa de forma contemporânea.

Da aposentadoria por tempo de contribuição, criada pela Emenda Constitucional n. 20/98 em substituição à aposentadoria por tempo de serviço, versa, especificamente, o § 7º, nos seguintes termos:

> "Art. 201
>
> (...)
>
> § 7º É assegurada aposentadoria no regime geral de previdência social, nos termos da lei, obedecidas as seguintes condições:
>
> I — trinta e cinco anos de contribuição, se homem, e trinta anos de contribuição, se mulher;
>
> II — sessenta e cinco anos de idade, se homem, e sessenta anos de idade, se mulher, reduzido em cinco anos o limite para os trablhadores rurais de ambos os sexos e para os que exerçam suas atividades em regime de economia familiar, nestes incluídos o produtor rural, o garimpeiro e o pescador artesanal.
>
> § 8º Os requisitos a que se refere o inciso I do parágrafo anterior serão reduzidos em cinco anos, para o professor que comprove exclusivamente tempo de efetivo exercício das funções de magistério na educação infantil e no ensino fundamental e médio".

A disciplina normativa infraconstitucional encontra-se ordenada pela Lei n. 8.213/91 e sua regulamentação, atualmente o Decreto n. 3.048/99[134] com alterações posteriores à sua publicação.

As regras do art. 201 da CF/88 para aposentadoria por tempo de contribuição, antes reproduzidas, foram estabelecidas pela Emenda Constitucional n. 20/98. Pelas novas regras, se o segurado quiser se aposentar antes de completar a idade exigida pelas regras transitórias do art. 9º da EC n. 20 vai ter que cumprir o tempo de 35 e 30 anos de contribuição ou 65 e 60 anos de idade, se homem ou mulher respectivamente. A exigência de concomitância dos requisitos tempo de contribuição e idade foi eliminada nas regras principais. Assim, pode-se optar pela apo-

---

(133) ROCHA, Daniel Machado da; SAVARIS, José Antonio. (Coord.). *Curso de especialização em direito previdenciário*, Curitiba: Juruá, 2006. p. 118.
(134) "A aposentadoria por tempo de contribuição, uma vez cumprida a carência exigida, será devida nos termos do § 7º do art. 201 da Constituição".

sentadoria por tempo de contribuição, não tendo que cumprir a idade de 65 ou 60 anos.

A eliminação da aposentadoria proporcional[135] para aqueles que ingressarem no mercado de trabalho após as novas regras (EC n. 20/98) revela-se tendenciosa na medida em que busca atender às intenções governamentais para aumento de saldo de caixa. Isso porque pela disciplina antiga, o segurado não esperava para se aposentar aos 35 anos de contribuição com receio, justificado, de mudança na legislação que prejudicasse sua expectativa de direito.

Os períodos que legalmente podem ser considerados tempo de contribuição, além daqueles com efetivo pagamento, estão previstos no art. 60 do Decreto n. 3.048/99.

A redução da idade em cinco anos para os trabalhadores rurais diz respeito especificamente à aposentadoria por idade, motivo pelo qual tratamos desta matéria no momento apropriado à aposentadoria por idade.

O que a nova ordem constitucional inovou, além do *nomen juris* do benefício, foi apenas o requisito de tempo de contribuição, permanecendo hígidas as outras exigências como carência, comprovação de tempo de atividade, filiação etc., que continuaram com a mesma previsão na legislação infraconstitucional. Como a Emenda Constitucional n. 20/98 não trouxe nenhuma regra a respeito das atividades ou períodos laborativos que o legislador vai passar a considerar tempo de contribuição, de acordo com o art. 4º, o tempo de serviço aceito pela legislação em vigor no momento desta emenda é de ser considerado tempo de contribuição até que lei venha disciplinar a matéria. No momento em que veio ao mundo jurídico a Emenda Constitucional n. 20, estava em pleno vigor o art. 55, que relacionava as espécies de atividades laboradas que devem ser aceitas a compor o tempo de contribuição para aposentadoria. Até que o legislador ordinário venha definir o que pretendia o constituinte com a mudança de tempo de serviço para tempo de contribuição, continuam válidas as atividades relacionadas naquele preceito. Ainda que o legislador venha dispor em contrário, a nova lei regulamentadora da matéria não pode conter disposições que venham infringir direito adquirido à contagem do tempo de atividade laborado de acordo com permissivo legal vigente ao tempo da prestação, somente sendo permitida a eficácia da norma sobre os fatos jurídicos a se consolidar no futuro, a não ser que seja expressamente retroativa.[136]

O número mínimo de contribuições exigidas (carência), apesar do novo regramento, continua sendo o mesmo de 180 meses para aqueles que ingressarem no RGPS após a Lei n. 8.213/91 (24.7.1991), caso contrário incide a tabela progressiva do art. 142 do mesmo diploma normativo, levando-se em conta o ano em que implementados todos os requisitos exigidos.

Pertinente ao tema, registre-se que a qualidade de segurado, exigida no regime originário e abolida na jurisprudência, tornou-se expressamente despicienda a partir da modificação operada no Decreto n. 3.048/99 pelo Decreto n. 4.729, de 9.6.2003.[137]

---

(135) Ao se questionar sobre a constitucionalidade dos critérios de proporcionalidade estabelecidos pela legislação ordinária para aposentadoria por tempo de serviço, o Tribunal Regional Federal da 4ª Região teve que dirimir a questão pela Súmula n. 49, pela qual "O critério de cálculo da aposentadoria proporcional estabelecido no art. 53 da Lei n. 8.213/91 não ofende o texto constitucional".
(136) "PREVIDENCIÁRIO. MANDADO DE SEGURANÇA. CONTAGEM DE TEMPO DE SERVIÇO. CERTIDÃO. TRABALHO RURAL EM REGIME DE ECONOMIA FAMILIAR. TEMPO DE SERVIÇO RURAL ANTERIOR AOS 14 ANOS. RECONHECIMENTO. LEI VIGENTE À ÉPOCA DA PRESTAÇÃO DO SERVIÇO. COMPROVAÇÃO ATRAVÉS DE DOCUMENTO DO PAI. RECOLHIMENTO DE CONTRIBUIÇÕES. SENTENÇA CONDICIONAL. INADMISSIBILIDADE. DIFERENÇAS PRETÉRITAS AO AJUIZAMENTO. INAPLICABILIDADE DA VIA MANDAMENTAL. 1. É cabível o reconhecimento de tempo de serviço rural anterior aos 14 anos, pois a norma pertinente à idade mínima para o trabalho é norma constitucional protetiva do menor, não sendo possível uma interpretação em seu desfavor. 2. O tempo de serviço, para fins de aposentadoria, é disciplinado pela lei vigente à época em que efetivamente prestado. 3. As atividades desenvolvidas em regime de economia familiar podem ser comprovadas através de documentos em nome do pai de família, que conta com a colaboração da esposa e filhos. 4. A atividade rural exercida em período anterior à Lei n. 8.213/91 gera aproveitamento para fins de aposentadoria por tempo de serviço, independente do recolhimento de contribuições. 5. O ordenamento jurídico pátrio veda ao juiz proferir sentença condicional, nos termos do art. 460, parágrafo único do Código de Processo Civil. 6. A ação mandamental não produz efeitos patrimoniais pretéritos, tampouco é substitutiva da ação de cobrança (Súmulas n. 269 e n. 271, ambas do Supremo Tribunal Federal)". (Apelação Cível n. 2004.71.02.004652-0, do Rio Grande do Sul, Relator José Paulo Baltazar Júnior, DJU de 11.5.2005, p. 647).
(137) § 5º, do art. 13, do Decreto n. 3.048/99: "A perda da qualidade de segurado não será considerada para a concessão das aposentadorias por tempo de contribuição e especial".

A renda mensal inicial é de 100% do salário de benefício, não havendo possibilidade de ser inferior a este patamar em face da eliminação da aposentadoria proporcional. A data de início do benefício obedece as regras do art. 54 da Lei n. 8.213/91.

A Lei n. 9.876/99 inovou a legislação previdenciária em matéria de cálculo do salário de benefício, trazendo a incidência do fator previdenciário sobre os benefícios de aposentadoria por idade e por tempo de contribuição, aplicando-se na primeira apenas quando mais vantajosa a RMI. Cronologicamente, sucedeu a reforma operada pela EC n. 20, motivo pelo qual somente tem aplicação, nas regras de cálculo, para os benefícios concedidos pelas regras transitórias (art. 9º da EC 20) ou pelo regime permanente, não havendo que se falar em aplicação sobre o sistema anterior à reforma. Quando existente direito adquirido a vários sistemas de concessão, optar-se-á pelo mais vantajoso entre cada qual dos regimes jurídicos.

52.1.2. Regime transitório para aposentadoria por tempo de contribuição do RGPS pela EC n. 20/98

Partindo para as regras de transição, tem-se que, segundo a sistemática introduzida pela EC n. 20/98 para aposentadoria por tempo de contribuição, esta pode ser concedida mediante o cumprimento dos requisitos exigidos pelo art. 9º daquele diploma, assim redigido:

> "Observado o disposto no art. 4º desta Emenda e ressalvado o direito de opção à aposentadoria pelas normas por ela estabelecidas para o regime geral de previdência social, é assegurado o direito à aposentadoria ao segurado que se tenha filiado ao regime geral de previdência social, até a data de publicação desta Emenda, quando, cumulativamente, atender aos seguintes requisitos:
>
> I — contar com cinquenta e três anos de idade, se homem, e quarenta e oito anos de idade, se mulher, e
>
> II — contar tempo de contribuição igual, no mínimo, à soma de:
>
> a) trinta e cinco anos, se homem, e trinta anos, de mulher, e
>
> b) um período adicional de contribuição equivalente a vinte por cento do tempo que, na data da publicação desta Emenda, faltaria para atingir o limite de tempo constante da alínea anterior.
>
> § 1º O segurado de que trata este artigo, desde que atendido o disposto no inciso I do *caput*, e observado o disposto no art. 4º desta Emenda, pode aposentar-se com valores proporcionais ao tempo de contribuição, quando atendidas as seguintes condições:
>
> I — contar tempo de contribuição igual, no mínimo, à soma de:
>
> a) trinta anos, se homem, e vinte e cinco anos, se mulher; e
>
> b) um período adicional de contribuição equivalente a quarenta por cento do tempo que, na data da publicação desta Emenda, faltaria para atingir o limite de tempo constante da alínea anterior;
>
> II — o valor da aposentadoria proporcional será equivalente a setenta por cento do valor da aposentadoria a que se refere o *caput*, acrescido de cinco por cento por ano de contribuição que supere a soma a que se refere o inciso anterior, até o limite de cem por cento".

Os direitos relativos às prestações previdenciárias, como decorrência da proteção social e infortunística, emanam de fatos constitutivos que se protraem no tempo. O direito a uma prestação de aposentadoria por tempo de contribuição é conquistado pelo transcurso do tempo, ao qual se associa fatores como tempo de contribuição e idade mínima. Na relação jurídica futuramente conquistada, o sujeito de direito em potencial cria certa expectativa de que o direito postulado será, efetivamente, conquistado, empreendendo esforços em busca da transformação daquela expectativa em direito adquirido. O direito intertemporal está intimando associado às relações jurídicas que estão em curso de constituição, daí surgindo a noção de separação entre direito adquirido, expectativa de direito e, de acordo com o que modernamente se expõe a respeito da temática aqui em causa, a *confiança dos cidadãos no ordenamento jurídico*.

Ainda que assente no Supremo Tribunal Federal, num certo sentido, a inexistência de direito adquirido a regime jurídico a garantir a manutenção da lei de regência de certo direito em formação,[138] o certo é que tem conquistado espaço no meio jurídico a doutrina da *confiança dos indivíduos no ordenamento jurídico*,

---

(138) "AGRAVO REGIMENTAL EM RECURSO EXTRAORDINÁRIO. SERVIDOR PÚBLICO. MUDANÇA NO REGIME JURÍDICO. GARANTIA DA IRREDUTIBILIDADE VENCIMENTOS. Muito embora o servidor público não tenha direito adquirido a regime jurídico, o decréscimo no valor nominal da sua remuneração implica ofensa à garantia constitucional da irredutibilidade de vencimentos. Esta é a pacífica jurisprudência do Supremo Tribunal Federal. Agravo regimental desprovido". (Agravo Regimental no Recurso Extraordinário n. 375936, Ceará, Relator Ministro Carlos Britto, DJU de 25.8.2006, p. 23). "Servidores do CNPq: Gratificação Especial: inexistência de direito adquirido. Ao julgar o MS 22.094, Pleno, 2.2.2005, Ellen Gracie, DJ 25.2.2005, o

corolário do princípio da segurança jurídica, garantindo a conservação de certas condições legais existentes ao tempo de formação do direito cuja expectativa foi criada no meio social, preservando um mínimo de estabilidade às relações jurídicas inicialmente instaladas. Sente-se a necessidade premente de uma análise mais apurada sobre a teoria da conservação dos direitos em formação em vista das constantes e imediatas reformas que se fazem presente no nosso ordenamento, em maior grau para contrapesar a impopularidade que as mudanças acarretariam se fossem prontamente efetivadas nos benefícios programáveis, a exemplo da aposentadoria por tempo de contribuição, dada a simbiose entre o tempo a ser computado e, agora a partir da reforma de 1998, a idade mínima exigida, que se liga ao sujeito contribuinte como condicionantes legais para fruição do benefício postulado.

Conquanto tal dicção jurídica ainda não se sobreponha, na prática operacional do direito, como impeditivo normativo a arrostar uma metamorfose geral no direito inaugural do cidadão, atua como lenitivo a frustrações sociais geradas por transformações normativas impopulares, garantindo, quando menos, a estabilidade jurídica, ainda que momentânea, na aquisição do direito em formação mediante a aplicação de norma de transição entre a expectativa de direito e o próprio direito que se pretendia conquistado. Como afirma Claudia Toledo, dependendo de certa relevância social que assumem certas situações jurídicas, "para a manutenção de certa estabilidade social advinda da confiança dos indivíduos no ordenamento jurídico, deve o legislador estabelecer normas de transição, como aquelas existentes na Emenda Constitucional n. 20 de 1998 à Constituição Federal de 1988".[139] A bem da verdade, tal postulado busca contrabalançar as necessidades urgentes de reforma do sistema, em face de crise gerencial, garantindo um mínimo de expectativa ao cidadão na legislação vigente durante o período em formação do direito futuro, através da imposição de normas de transição, minimizando os efeitos traumatizantes das modificações legislativas. É preciso abraçar as diretrizes gerais das regras de direito intertemporal, extraindo-se de seus postulados a maior eficiência possível em nível abstrato, em especial o regramento transitório, porque:

"De todos os mecanismos de que dispõe o direito intertemporal para resolver o conflito de leis no tempo, nenhum deles é mais idôneo e apto a contrabalançar os dois princípios envolvidos 'segurança jurídica e dinamicidade' do que a utilização das leis de transição, que podem tornar a passagem de um sistema legal para o outro menos traumática, prestigiando não apenas os direitos adquiridos ou as situações jurídicas concretas, mas também a boa-fé e a justa expectativa de todos aqueles que se submeteram à regulação anterior na esperança de receberem a contraprestação prevista nas leis da época".[140]

Afora a deficiência técnica na redação deste artigo,[141] este dispositivo é direcionado ao segurado já filiado ao sistema do RGPS e não àquele que ingressar posteriormente. Em segundo lugar, os requisitos devem ser cumpridos simultaneamente, ou seja, devem ser comprovados pelo requerente no momento do pedido administrativo.

É exigido, além do tempo de contribuição, o requisito etário e um período adicional de contribuição equivalente a quarenta por cento, na aposentadoria proporcional, ou 20% na aposentadoria integral, chamado pedágio. Este *plus* de tempo de atividade deverá estar somado ao tempo mínimo de trinta anos de contribuição, para aposentadoria proporcional, ou trinta e cinco anos, na integral, e corresponde, em outras pa-

---

Supremo Tribunal decidiu que os servidores do Conselho Nacional de Desenvolvimento Científico e Tecnológico — CNPq, quando convertidos de celetistas para estatutários, não fazem jus à incorporação da Gratificação Especial, dada a inexistência de direito adquirido a regime jurídico". (Agravo Regimental no Recurso Extraordinário n. 435811, Rio de Janeiro, Relator Ministro Sepúlveda Pertence, DJU de 19.5.2006, p. 15).
(139) TOLEDO, Claudia. *Direito adquirido e Estado Democrático de Direito.* Belo Horizonte: Landy, 2003. p. 192-193, *apud* ROCHA, Daniel Machado da; SAVARIS, José Antonio. (Coord.). *Curso de especialização em direito previdenciário*, Curitiba: Juruá, 2006. p. 131.
(140) Excerto da ADIN 3291, proposta pela Associação Nacional dos Magistrados da Justiça do Trabalho, incorporado como razão de decidir em Remessa *ex officio* n. 2004.70.09.002238-1, Paraná, Relator Victor Luis dos Santos Laus, DJU de 11.10.2006, p. 1174.
(141) O inciso II deveria ser mais uma condição exigida pelo § 1º, como continuidade ao inciso I, e não a previsão legal de coeficiente para RMI.

lavras, a um percentual do tempo que faltava para completar o tempo de contribuição segundo a legislação anterior à Emenda. Exemplificando, se o segurado, em 15.12.1998, tiver vinte e cinco anos de contribuição e quiser se aposentar pelas regras de transição, terá que ter, além de cinquenta e três anos de idade, trinta e dois anos de contribuição, que equivalem aos trinta anos já exigidos mais dois anos correspondentes ao pedágio.

O mesmo raciocínio é aplicado para aposentadoria integral, apenas modificando-se o percentual para 40%.

Faculdade dada pelo legislador constituinte no *caput* deste artigo foi a opção de escolha pela aposentadoria por tempo de contribuição integral do art. 201 da Carta Magna introduzida pelo art. 1º da Emenda. Isso quer dizer que se o segurado não quiser se aposentar de forma proporcional ou integral segundo o regime de transição deste art. 9º, seja pela falta de idade mínima, seja porque almeja uma RMI mais vantajosa com mais tempo de contribuição na data de entrada do requerimento da aposentadoria, a opção deixada exige trinta e cinco anos de contribuição para o homem e trinta anos para a mulher, cujo cálculo incidirá o fator previdenciário.

A alternativa para aposentadoria integral caiu no desuso, obtendo até o próprio reconhecimento do INSS em instruções normativas que, na prática, ela não tem utilidade. Aliás, não poderia ser mesmo diferente, já que esta alternativa é extremamente desfavorável ao segurado, que terá que obter, além do requisito etário, trinta e cinco anos de contribuição ou trinta e mais o pedágio de 20%. Neste caso, é preferível optar pelas regras novas para aposentadoria integral prevista no art. 201 a ter que cumprir o pedágio e a idade mínima.

Por não servir como preparativo à uma regra permanente mais gravosa, já que o art. 201 da Carta Constitucional não exige idade mínima, o requisito etário exigido pela norma de transição da EC n. 20 é inconstitucionalmente taxado de agressor do princípio da isonomia.

A renda mensal obedece aos comandos do art. 9º, acima reproduzido, ou seja, será equivalente a setenta por cento, acrescido de cinco por cento por ano de contribuição que supere a soma correspondente ao pedágio, num limite de cem por cento. Com isso, o tempo de atividade correspondente aos 40% aqui referidos, chamado pedágio, não será contado para efeito de acréscimo no coeficiente da RMI, somente o período que lhe suceder e a partir dos primeiros doze meses seguintes.

A data de início do benefício também está submetida às regras do art. 54.

Como se disse no item anterior, o fator previdenciário somente incide sobre os regimes concessivos posteriores à reforma operada pela EC n. 20, já que a Lei n. 9.876/99, que o introduziu no ordenamento jurídico, sendo posterior a 15.12.1998, sucedeu-lhe no âmbito temporal de eficácia normativa. Assim, não há que se falar em aplicação de fator previdenciário, com seus matizes atuariais, no sistema de concessão anterior a 16.12.1998, sendo imperativamente aplicável apenas nas aposentadorias concedidas pelos sistemas transitório e permanente pós-reforma, e ainda assim, no primeiro caso, quando completado os requisitos posteriormente à data da publicação da Lei n. 9.876/99 (29.11.1999).

52.1.3. Direito adquirido até a Emenda Constitucional n. 20/98 (antiga aposentadoria por tempo de serviço)

A disciplina normativa infraconstitucional encontra-se ordenada pela Lei n. 8.213/91 e sua regulamentação, atualmente o Decreto n. 3.048/99 com alterações posteriores à sua publicação.

Da aposentadoria por tempo de serviço[142] dispõem os arts. 52 a 56 da Lei n. 8.213/91.

O art. 52 da já mencionado tem a seguinte redação: "A aposentadoria por tempo de serviço será devida, cumprida a carência exigida nesta Lei, ao segurado que completar 25 (vinte e cinco) anos de serviço, se do sexo feminino, ou 30 (trinta) anos, se do sexo masculino".

A proposta inicial de reforma da previdência tinha como principal objetivo a eliminação desta aposentadoria por tempo de serviço para,

---

(142) Denominação transformada em aposentadoria por tempo de contribuição pelo art. 4º da Emenda Constitucional n. 20/98, sem alteração, porém, do *nomen juris* na legislação ordinária.

em substituição, introduzir no ordenamento uma aposentadoria que proporcionasse uma renda mensal de 100% para segurados com 35 anos de contribuição e 60 anos de idade e seguradas com 55 anos de idade e 30 anos de contribuição.

Para garantia do princípio do direito adquirido, o art. 3º da Emenda Constitucional n. 20/98 assegurou a concessão de aposentadoria e pensão aos servidores públicos e aos segurados da previdência social que tenham cumprido todas as condições legais exigidas segundo a legislação vigente até a data da Emenda.

Como não poderia deixar de ser, as condições para aposentadoria por tempo de serviço ainda são as mesmas, quais sejam, a carência, o tempo de serviço e a filiação.[143] De há muito foi abolida[144] a exigência do cumprimento de 1/3 da carência, na forma do parágrafo único do art. 24 da Lei n. 8.213/91, para reaproveitamento do tempo de contribuição ou de serviço anteriores à perda da qualidade de segurado.

O tempo de serviço mínimo é de 30 anos para o homem e 25 anos para a mulher.

É necessário acrescentar, por oportuno, que em matéria de prova e legislação de regência de prestação de serviço, não é sem razão dizer que é jurídica a invocação de direito adquirido a certo regime legal. O segurado tem o direito adquirido, porque incorporado a seu patrimônio, à aplicação da legislação vigente no momento da prestação do serviço para disciplina de prova de tempo de serviço e demais condições para futura aquisição do direito ao benefício, tais como conversão de tempo de serviço, coeficiente aplicável, formulários para prova de atividade especial etc.

Pode ser cumprida pelo número de contribuições exigidas pela regra geral do art. 25, inciso II, da Lei de Benefícios, ou seja, 180 contribuições se for filiado ao RGPS posteriormente a 24.7.1991. Se já for antes desta data, pouco importando que não seja nesta data, poderá ser favorecida pela regra de transição do art. 142 do mesmo diploma legal.

O segurado obterá um benefício correspondente a 70% do salário de benefício aos trinta anos de serviço, se homem, ou vinte e cinco anos se mulher. Daí em diante e até os trinta e cinco anos ou trinta anos, será acrescido de um coeficiente de 6% para cada ano completo de atividade, num máximo de 100% do salário de benefício, a teor do art. 53 da LB, diferentemente do que ocorre com a aposentadoria por tempo de contribuição, que é de 5%.

O tempo de serviço será computado até a competência dezembro de 1998 e a renda mensal calculada pela média dos 36 últimos salários de contribuição no período de 48 meses também anteriores àquela data. Ressalte-se que ainda que atemporal o requerimento, ou seja, o pedido administrativo for efetivado muito tempo depois da aquisição do direito pelo segurado, o tempo de serviço será computado até a data da Emenda Constitucional n. 20, não sendo possível, em hipótese alguma, o aproveitamento do tempo posterior para qualquer efeito, muito menos para inativação pelas regras vigentes antes de 16.12.1998.[145] Por outro lado, não incide o fator previdenciário, uma vez que o sistema jurídico aqui explanado precedeu à Lei que o institui no ordenamento (Lei n. 9.876/99, data de publicação em 29.11.1999).

---

(143) Entendida como tal o exercício de atividade juridicamente protegida pela legislação previdenciária ou o pagamento de contribuições pelos segurados protegidos pelo sistema do RGPS e que não exerçam atividade, mas que merecem a proteção legal. A filiação ora comentada não é aquela exigida no momento do requerimento administrativo, uma vez que o segurado pode até perdido a condição de segurado do RGPS, porém, é necessário que ele já tenha se filiado ao sistema anteriormente e não esteja juridicamente vinculado, exclusivamente, a regime próprio de previdência no momento do pedido. Exclusivamente porque, a meu ver, nada impede que o interessado exerça duas ou mais atividades concomitantes e de sistemas previdenciários diversos. Se ele possuir filiação ao RGPS, exclusivamente ou não, e se não for segurado facultativo (§ 5º do art. 201 da CF/88), poderá obter todos os direitos legalmente assegurados pelo RGPS, sendo vedado, no entanto, a utilização de um mesmo período de contribuição em sistemas previdenciários diversos.
(144) O art. 3º da Lei n. 10.666, de 8 de maio de 2003, introduziu no ordenamento legal o entendimento que os nossos pretórios já vinham tendo com relação a esta questão. Referido dispositivo legal assim dispõe: "A perda da qualidade de segurado não será considerada para a concessão das aposentadorias por tempo de contribuição e especial".
(145) "'PROCESSUAL CIVIL E PREVIDENCIÁRIO. RECURSO ESPECIAL. APOSENTADORIA PROPORCIONAL. CÔMPUTO DO TEMPO DE SERVIÇO. REQUISITOS. RGPS. ART. 3º DA EC N. 20/98. CONCESSÃO ATÉ 16.12.1998. DIREITO ADQUIRIDO. REQUISITO TEMPORAL. INSUFICIENTE. ART. 9º DA EC N. 20/98. OBSERVÂNCIA OBRIGATÓRIA. REGRAS DE TRANSIÇÃO. IDADE E PEDÁGIO. PERÍODO ANTERIOR E POSTERIOR À EC N. 20/98. SOMATÓRIO. IMPOSSIBILIDADE. RECURSO CONHECIDO E PROVIDO. I a VII — *omissis*. VIII — Não contando a parte-autora com o período aquisitivo completo à data da publicação da EC n. 20/98, inviável o

Questão interessante é se poder-se-ia sustentar a possibilidade de aproveitamento dos salários de contribuição posteriores à competência dezembro de 1998 para o cálculo do salário de benefício, na hipótese de o requerimento passar da data da publicação da emenda (15.12.1998).

Se bem que é defeso mesclar regimes jurídicos distintos para obtenção de regra de cálculo mais vantajosa,[146] a resposta afirmativa se impõe, conquanto disposto de modo diverso pela legislação integradora dos comandos da EC n. 20.

É que a legislação de regência da concessão do benefício para o período anterior à EC n. 20 é a Lei n. 8.213/91, que determina em seu art. 29, sobre o cálculo do salário de benefício, a consideração como período básico de cálculo dos meses imediatamente anteriores ao afastamento da atividade ou *da data de entrada do requerimento*, até o máximo de trinta e seis (36) dentro de um período de apuração não superior a quarenta e oito (48) meses.

Com efeito, o art. 29 do diploma legal acima referido acha-se vazado no seguinte teor:

> "O salário de benefício consiste na média aritmética simples de todos os últimos salários de contribuição dos meses imediatamente anteriores ao do afastamento da atividade ou da data de entrada do requerimento, até o máximo de 36 (trinta e seis), apurados em período não superior a quarenta e oito (48) meses".

Por outro lado, a consideração dos salários de contribuição imediatamente anteriores à data de entrada do requerimento representa a medida mais justa para os segurados, sobretudo aos empregados, dado poderem aproveitar eventuais aumentos salariais, permitidos, auferidos nos últimos anos anteriores ao requerimento concessivo. Assim, o segurado teria uma renda mensal apurada em período mais próximo da aposentação e do nível salarial auferido na empresa quando na atividade.

Os Decretos ns. 83.080/79 e 89.312/84, vigentes durante o período anterior à Lei n. 8.213/91, como não poderia deixar de ser, também consideravam o período básico de cálculo pelos meses imediatamente anteriores a DER ou afastamento da atividade.

Demais disso, é da própria redação do art. 6º da Lei n. 9.876/99 que os segurados com direito adquirido na legislação vigente até o dia anterior à sua vigência teriam seus benefícios não só concedidos mas também calculados pelas regras antigas. A Legislação de regência para os benefícios com DIB anterior à Lei n. 9.876/99 é a Lei n. 8.213/91, que considera o período básico de cálculo pelos salários de contribuição até a DER ou afastamento da atividade.

O art. 6º da Lei n. 9.876/99 acha-se vazado no seguinte teor: "É garantido ao segurado que até o dia anterior à data de publicação desta Lei tenha cumprido os requisitos para a concessão de benefício o cálculo segundo as regras até então vigentes". Dessa forma, se a própria Lei n. 9.876/99 determina que o cálculo seja pela forma da legislação anterior, que considera no período básico de cálculo os salários de contribuição até a data de entrada do requerimento, considerar-se como período básico de cálculo o tempo percorrido somente até a aquisição do direito (dia anterior à EC n. 20/98) não encontra forma nem figura de juízo, em manifesto desrespeito ao princípio do direito adquirido. Argumento em contrário não encontra eco na decantada regra de que não há direito adquirido a regime jurídico, porquanto, no caso, não há que se atestar a existência de simples expectativa de direito, mas sim de hipótese fática, abstratamente considerada é bem verdade, de genuíno direito adquirido pelo cumprimento de todos os requisitos ao tempo da legislação revogada.

Encontra-se precedente favorável a esta tese no acervo eletrônico do TRF4, em cujo acórdão encontra-se vazado o seguinte trecho elucidativo:

---

somatório do tempo de serviço posterior com o anterior para o cômputo da aposentadoria proporcional sem observância das regras de transição. IX " recurso especial conhecido e provido.' (STJ, Resp 722455/MG, 5ª Turma, rel. Min. Gilson Dipp, DJU 14"11"2005)". (BRASIL. Tribunal Regional Federal da 4ª Região. *Remessa ex officio n. 2004.70.09.002238-1, Paraná*. Sebastião Lourival Correa e Instituto Nacional do Seguro Social — INSS, Relator Des. Federal Victor Luis dos Santos Laus. DJU de 11.10.2006, Disponível em <htttp://www.stf.gov.br>. Acesso em: 26.10.2006.

(146) "A fim de valer"se do tempo de serviço/contribuição ulterior, é mister a submissão à novel legislação (regras de transição ou permanentes, em sendo o caso de aposentadoria proporcional ou integral, respectivamente), porquanto, nos termos da jurisprudência do Supremo Tribunal Federal, não há direito adquirido a regime jurídico, tampouco é possível valer"se de um sistema híbrido, com aproveitamento das novas normas sem que cumpridos os requisitos para tanto (idade mínima e pedágio, para os casos de incidência das normas de transição), ou seja, buscando"se os pressupostos mais benéficos de um e de outro regramento". (Excerto da ADIN 3291, proposta pela Associação Nacional dos Magistrados da Justiça do Trabalho, incorporado como razão de decidir em Remessa *ex officio* n. 2004.70.09.002238-1, Paraná, Relator Victor Luis dos Santos Laus, DJU de 11.10.2006, p. 1174).

"Em síntese, com as recentes inovações legislativas, estabeleceram-se as seguintes situações para os segurados filiados ao sistema até o advento da aludida emenda, conforme o momento em que os requisitos para a aposentação forem preenchidos: A) até 16.12.1998: aplicam-se as regras previstas na Lei n. 8.213/91. Assim, a mulher poderá aposentar-se ao comprovar, além da carência necessária, 25 anos de serviço com RMI de 70% do salário de benefício, acrescendo-se 6% a cada novo ano de atividade completo, até o limite de 100% aos 30 anos, enquanto o homem terá o mesmo direito aos 30 anos de serviço, alcançando a RMI de 100% do salário de benefício aos 35 anos de atividade. Já o cálculo do salário de benefício consiste na média aritmética simples de todos os últimos salários de contribuição dos meses *imediatamente anteriores ao do afastamento da atividade ou da data do requerimento*, até o máximo de 36, apurados em período não superior a 48 meses, nos termos do art. 29 da referida Lei (redação original). B) de 17.12.1998 a 28.11.1999: durante este lapso deverão ser observadas as regras introduzidas ao sistema pela EC 20. Para obter a aposentadoria integral o segurado terá apenas que comprovar 35 anos de contribuição (se homem) e 30 anos de contribuição (se mulher), consoante disposto no art. 201, § 7º, da CF. Isto porque a regra de transição, ao prever idade mínima e pedágio para a concessão da integralidade do amparo, tornou-se menos benéfica que a permanente, estabelecida na Carta Magna. Para alcançar a aposentadoria proporcional com RMI a partir de 70% do salário de benefício, o filiado à Previdência deverá comprovar a carência legal e o cumprimento do requisito etário, anteriormente à entrada em vigor da Lei do Fator Previdenciário, em homenagem ao princípio *tempus regit actum*, de acordo com a regra de transição estabelecida no § 1º do art. 9º da emenda, perfectibilizando 53 anos de idade (homem) e 48 anos (mulher), 30 anos de contribuição (homem) e 25 (mulher) e pedágio de 40% de contribuição do tempo que, em 16.12.1998, restava para atingir o limite dos anos exigidos (30 anos se homem e 25 se mulher). A cada ano de contribuição que supere o lapso mínimo será acrescido 5% à RMI. O cômputo do salário de benefício continuará sendo regido da forma como referido supra. C) a partir de 29.11.1999: a aposentadoria será regulada pelas normas permanente ou de transição, conforme seja o caso de amparo integral ou proporcional, respectivamente". (grifei).[147]

A jurisprudência já assente sobre o tema, porém, avaliza a posição contrária,[148] encam-

---

(147) Remessa *ex officio* n. 2004.70.09.002238-1, Paraná, Relator Victor Luis dos Santos Laus, DJU de 11.10.2006, p. 1174), em acórdão cuja ementa está com a seguinte grafia: "PREVIDENCIÁRIO. DUPLO GRAU OBRIGATÓRIO. APOSENTADORIA POR TEMPO DE SERVIÇO. ATIVIDADE ESPECIAL. LEGISLAÇÃO APLICÁVEL. POEIRA MINERAL. FUMOS METÁLICOS. SÍLICA. AGENTES BIOLÓGICOS. COMPROVAÇÃO. VERBA HONORÁRIA. CUSTAS PROCESSUAIS. 1. A nova redação do art. 475, imprimida pela Lei n. 10.352, publicada em 27.12.2001, determina que o duplo grau obrigatório a que estão sujeitas as sentenças proferidas contra as autarquias federais somente não terá lugar quando se puder, de pronto, apurar que a condenação ou a controvérsia jurídica for de valor inferior a 60 (sessenta salários mínimos). 2. Uma vez exercida atividade enquadrável como especial, sob a égide da legislação que a ampara, o segurado adquire o direito ao reconhecimento como tal e ao acréscimo decorrente da sua conversão em comum. Constando dos autos a prova necessária a demonstrar o exercício de atividade sujeita a condições especiais, conforme a legislação vigente na data da prestação do trabalho, deve ser reconhecido o respectivo tempo de serviço. 4. Alcançando o segurado direito adquirido à jubilação proporcional, anterior e posteriormente à vigência da EC n. 20/98, aplica-se, respectivamente, a regra da Lei n. 8.213/91 e a de transição estabelecida no § 1º do art. 9º da emenda, observando-se o princípio *tempus regit actum*. 5. O salário de benefício será fixado de acordo com a situação mais favorável ao segurado, considerando os salários de contribuição do respectivo período básico de cálculo, após realizada a simulação de que trata o art. 9º da emenda. A base de cálculo da verba honorária abrange, tão somente, as parcelas devidas até a prolação da sentença de procedência ou do acórdão que reforme a sentença de improcedência. 7. O INSS está isento do pagamento de custas quando litiga na Justiça Federal".
(148) "APOSENTADORIA POR TEMPO DE SERVIÇO/CONTRIBUIÇÃO. EXISTÊNCIA DE PROVA SUFICIENTE PARA APRECIAÇÃO DO MÉRITO. ART. 515 F §§ 1º E 3º DO CPC. SUPRESSÃO DE INSTÂNCIA. NÃO CARACTERIZAÇÃO. INEXIGIBILIDADE DE CONTRIBUIÇÕES PREVIDENCIÁRIAS. TEMPO DE SERVIÇO RURAL. INÍCIO DE PROVA MATERIAL. EC N. 20/98. LEI N. 9.876/99. PBC. TERMO INICIAL DE CONCESSÃO DO BENEFÍCIO. DATA DA PROPOSITURA DA AÇÃO (...) Em tendo a parte autora implementado os requisitos para a aposentadoria por tempo de serviço proporcional pelas regras antigas (até a data da EC 20/98) (RMI de 70%, PBC sobre os últimos 36 salários de contribuição até dez/98, sem a incidência do fator previdenciário), para a aposentadoria por tempo de serviço/contribuição proporcional pelas regras de transição de que trata o art. 9º da EC n. 20/98 (RMI de 75%, PBC dos últimos 36 salários de contribuição computados até 28.11.99, sem a incidência do fator previdenciário) e, ainda, para a aposentadoria por tempo de serviço/contribuição proporcional pelas regras de transição de que trata o art. 9º da EC n. 20/98 (RMI de 80%, PBC de todo o período contributivo desde 07/94 até a data da véspera da propositura da ação em 3.1.01, mas já com a incidência do fator previdenciário), possui direito adquirido à aposentadoria na forma de cálculo que lhe for mais vantajosa, desde a data da propositura da ação (4.1.01) (...)" (Apelação Cível n. 2002.04.01.057.426-5, Rio Grande do Sul, Relator Eloy Bernest Justo, DJU de 29.3.2006, p. 994).

pando a legislação que preconiza a adoção dos salários de contribuição anteriores à competência dezembro de 1998, desprezando por completo as contribuições vertidas no período que sobrevém à Emenda Constitucional n. 20.

52.1.4. Aposentadoria por tempo de contribuição para os segurados especiais

Quanto aos segurados especiais, é necessário dizer que há o direito, mesmo sem contribuições, aos benefícios elencados no art. 39 da LB no valor mínimo, com a condição de comprovar o exercício de atividade campesina no período exigido. Tem também a opção de, mediante contribuição, a todas as espécies de benefícios, inclusive aposentadoria por tempo de contribuição, desde que contribuam facultativamente.[149]

52.1.5. Aposentado que permanece ou retorna à ativa

O aposentado que permanecer ou retornar à atividade terá direito apenas aos benefícios de salário-família e reabilitação profissional, na forma do que dispõe o art. 18, § 2º, da Lei n. 8.213/91, com a redação da Lei n. 9.528, de 10.12.1997. Além de continuar sujeito ao pagamento das contribuições previdenciárias, conforme determina o § 3º do art. 11 da Lei n. 8.213/91, acrescido pela Lei n. 9.032/95.

---

(149) "PREVIDENCIÁRIO. APOSENTADORIA POR TEMPO DE SERVIÇO. TRABALHADOR RURAL. No regime das Leis Complementares ns. 11/73 e 16/73, não havia previsão legal de concessão de aposentadoria por tempo de serviço para os trabalhadores rurais. Somente com o advento da Lei n. 8.213/91, instituiu-se o benefício. Contudo, sua concessão depende do efetivo recolhimento de contribuições à Previdência como segurado facultativo (art. 39, 11), sujeitando-se à carência prevista na lei. A regra que dispensa as contribuições dos trabalhadores rurais como segurado facultativo, exigindo apenas a comprovação do exercício da atividade rural, aplica-se apenas aos casos de aposentadoria por idade ou por invalidez, auxílio-doença, auxílio-reclusão e pensão (art. 39, I). Apelação desprovida" (TRF4, AC 1998.04.01.063094-9-RS, DJ2, 10.3.1999, p. 1051).

> **Art. 53.** A aposentadoria por tempo de serviço, observado o disposto na Seção III deste Capítulo, especialmente no art. 33, consistirá numa renda mensal de:
>
> I — para a mulher: 70% (setenta por cento) do salário de benefício aos 25 (vinte e cinco) anos de serviço, mais 6% (seis por cento) deste, para cada novo ano completo de atividade, até o máximo de 100% (cem por cento) do salário de benefício aos 30 (trinta) anos de serviço;
>
> II — para o homem: 70% (setenta por cento) do salário de benefício aos 30 (trinta) anos de serviço, mais 6% (seis por cento) deste, para cada novo ano completo de atividade, até o máximo de 100% (cem por cento) do salário de benefício aos 35 (trinta e cinco) anos de serviço.

53.1. Renda mensal inicial da aposentadoria por tempo de serviço/contribuição

Com a eliminação da aposentadoria proporcional pela EC n. 20, a regra em comento somente se aplica aos filados antes das novas regras implantadas a partir de 16.12.1998. O novo filiado submete-se a uma aposentadoria obrigatoriamente integral, não havendo possibilidade de variação de coeficiente. A opção pelo regime de transição garante uma variabilidade de renda já explanada anteriormente.

A variação do coeficiente será de 6% (seis por cento) para cada novo ano completo de atividade que supere o limite de 25 ou 30 anos de contribuição, obtendo-se acréscimos naquele percentual mediante soma no percentual básico de 70% (setenta por cento).

Nos termos do § 9º do art. 32 do Decreto n. 3.048/99, considera-se como período básico de cálculo os meses de contribuição imediatamente anteriores ao mês em que o segurado completou o tempo de contribuição de 30 ou 35 anos, se mulher ou homem respectivamente e, uma vez apurada a RMI nesta data, a mesma será reajustada até a data do requerimento se não forem coincidentes, não sendo levados em consideração os salários de contribuição percebidos daquele mês em diante na composição do período básico de cálculo, conforme jurisprudência remansosa sobre a questão, não se olvidando da possibilidade de computar os salários de contribuição para formação do PBC até a data do requerimento.

Aplica-se o cálculo do salário de benefício e não poderá ter valor inferior a um salário mínimo nem superar o limite máximo do salário de contribuição, marcando a natureza substitutiva da prestação, na forma induzida pelo art. 53.

Art. 54. A data do início da aposentadoria por tempo de serviço será fixada da mesma forma que a da aposentadoria por idade, conforme o disposto no art. 49.

54.1. Data de início do benefício da aposentadoria por tempo de serviço/contribuição

Como se disse nos parágrafos anteriores, em qualquer dos sistemas de aposentadoria hoje vigente no RGPS (transitório, permanente ou direito adquirido) esta regra tem aplicabilidade.

Dessa forma, a data de início de benefício é a data do desligamento do emprego, quando requerida até esta data ou até noventa dias após, ou é a data do requerimento administrativo do benefício, no caso de extrapolar o prazo prescricional antes mencionado ou quando não houver desligamento do emprego. Para os demais segurados será a data da entrada do requerimento.

Art. 55. O tempo de serviço será comprovado na forma estabelecida no Regulamento, compreendendo, além do correspondente às atividades de qualquer das categorias de segurados de que trata o art. 11 desta Lei, mesmo que anterior à perda da qualidade de segurado:

I — o tempo de serviço militar, inclusive o voluntário, e o previsto no § 1º do art. 143 da Constituição Federal, ainda que anterior à filiação ao Regime Geral de Previdência Social, desde que não tenha sido contado para inatividade remunerada nas Forças Armadas ou aposentadoria no serviço público;

II — o tempo intercalado em que esteve em gozo de auxílio-doença ou aposentadoria por invalidez;

III — o tempo de contribuição efetuada como segurado facultativo; (*Redação dada pela Lei n. 9.032, de 28.4.95*)

IV — o tempo de serviço referente ao exercício de mandato eletivo federal, estadual ou municipal, desde que não tenha sido contado para efeito de aposentadoria por outro regime de previdência social; (*Redação dada pela Lei n. 9.506, de 30.10.97*)

V — o tempo de contribuição efetuado por segurado depois de ter deixado de exercer atividade remunerada que o enquadrava no art. 11 desta Lei;

VI — o tempo de contribuição efetuado com base nos arts. 8º e 9º da Lei n. 8.162, de 8 de janeiro de 1991, pelo segurado definido no art. 11, inciso I, alínea "g", desta Lei, sendo tais contribuições computadas para efeito de carência. (*Inciso acrescentado pela Lei n. 8.647, de 13.4.93*)

§ 1º A averbação de tempo de serviço durante o qual o exercício da atividade não determinava filiação obrigatória ao anterior Regime de Previdência Social Urbana só será admitida mediante o recolhimento das contribuições correspondentes, conforme dispuser o Regulamento, observado o disposto no § 2º.

§ 2º O tempo de serviço do segurado trabalhador rural, anterior à data de início de vigência desta Lei, será computado independentemente do recolhimento das contribuições a ele correspondentes, exceto para efeito de carência, conforme dispuser o Regulamento.

§ 3º A comprovação do tempo de serviço para os efeitos desta Lei, inclusive mediante justificação administrativa ou judicial, conforme o disposto no art. 108, só produzirá efeito quando baseada em início de prova material, não sendo admitida prova exclusivamente testemunhal, salvo na ocorrência de motivo de força maior ou caso fortuito, conforme disposto no Regulamento.

Redações anteriores

Forma original

O tempo de serviço será comprovado na forma estabelecida no regulamento, compreendendo, além do correspondente às atividades de qualquer das categorias de segurados de que trata o art. 11 desta Lei, mesmo que anterior à perda da qualidade de segurado:

I — o tempo de serviço militar, inclusive o voluntário, e o previsto no § 1º do art. 143 da Constituição Federal, ainda que anterior à filiação ao Regime Geral de Previdência Social — RGPS, desde que não tenha sido contado para inatividade remunerada nas Forças Armadas ou aposentadoria no serviço público;

II — o tempo intercalado em que esteve em gozo de auxílio-doença ou aposentadoria por invalidez;

III — o tempo de contribuição efetuada como segurado facultativo, desde que antes da vigência desta Lei;

IV — o tempo de serviço referente ao exercício de mandato eletivo federal, estadual ou municipal, desde que não tenha sido contado para a inatividade remunerada nas Forças Armadas ou aposentadoria no serviço público;

V — o tempo de contribuição efetuado por segurado depois de ter deixado de exercer atividade remunerada que o enquadrava no art. 11 desta Lei;

> § 1º A averbação de tempo de serviço durante o qual o exercício da atividade não determinava filiação obrigatória ao anterior Regime de Previdência Social Urbana só será admitida mediante o recolhimento das contribuições correspondentes, conforme dispuser o regulamento, observado o disposto no § 2º.
>
> § 2º O tempo de serviço do segurado trabalhador rural, anterior à data de início de vigência desta Lei, será computado independentemente do recolhimento das contribuições a ele correspondentes, exceto para efeito de carência, conforme dispuser o regulamento.
>
> § 3º A comprovação do tempo de serviço para os efeitos desta Lei, inclusive mediante justificação administrativa ou judicial, conforme o disposto no art. 108, só produzirá efeito quando baseada em início de prova material, não sendo admitida prova exclusivamente testemunhal, salvo na ocorrência de motivo de força maior ou caso fortuito, conforme disposto no regulamento.
>
> **Redação de 14.10.1996 a 10.12.1997**
>
> § 2º O tempo de atividade rural anterior a novembro de 1991, dos segurados de que tratam a alínea a do inciso I ou do inciso IV do art. 11, bem como o tempo de atividade rural do segurado a que se refere o inciso VII do art. 11, serão computados exclusivamente para fins de concessão do benefício previsto no art. 143 desta Lei e dos benefícios de valor mínimo, vedada sua utilização para efeito de carência, de contagem recíproca e de averbação de tempo de serviço de que tratam os arts. 94 a 99 desta Lei, salvo se o segurado comprovar recolhimento das contribuições relativas ao período, feito em época própria (Redação dada pela Medida Provisória n. 1.523/96).

55.1. Reconhecimento e prova de tempo de serviço

O art. 55 da Lei n. 8.213/91, regulamentado pelo Decreto n. 3.048/99 e suas alterações posteriores, constitui-se na legislação de regência de tempo de serviço/contribuição e da matéria concernente à sua prova.

Mesmo em face das novidades trazidas pela reforma da previdência operada a partir de 12 de dezembro de 1998 com a Emenda Constitucional n. 20, ainda permanece o mesmo interesse pelas mesmas regras pertinentes anteriores a tal modificação, mercê do que dispõe o art. 4º da referida Emenda, que determina a consideração como tempo de contribuição do tempo de serviço já normatizado pela legislação anterior até que lei ordinária discipline a matéria, ressalvando a hipótese de tempos fictícios.

O rol do art. 55 da Lei de Benefícios não é taxativo, mas sim, exemplificativo, sendo o seu regulamento, Decreto n. 3.048/99, como não poderia deixar de ser, mais abrangente por ser dotado, naturalmente, do poder regulamentador, estando previstos em seu art. 60 uma extensa gama de situações.

A lei deixa claro, por questão lógica, que mesmo com eventual perda da qualidade de segurado, o interessado no hoje tempo de contribuição não será prejudicado, garantindo o cômputo do tempo anterior à citada perda, por já ter sido incorporado definitivamente ao seu patrimônio, protegido, portanto, de investidas jurídicas, normativas, judiciais ou administrativas que atentem contra a possibilidade de seu aproveitamento.

O tempo de exercício de atividade rural anterior à Lei de Benefícios é juridicamente permitido mesmo que desprovido de contribuições, não valendo, no entanto, como carência. A este respeito, a equidade foi estabelecida no julgamento da Adin 1.664-0, pelo STF, ao suspender os efeitos que viria com a nova redação do art. 55, § 2º pretendida pela Medida Provisória n. 1.523/96, a qual exigia o recolhimento de contribuições em época própria para o reconhecimento da atividade campesina nos benefícios diversos daqueles de valor mínimo. A tempo, a Lei n. 9.528/97, que converteu a referida Medida Provisória, não convalidou a pretendida alteração.

No âmbito dos Juizados Especiais Federais da Seção Judiciária de Santa Catarina, o enunciado sumular da 1ª Turma Recursal Catarinense espancou qualquer resquício de divergência que ainda poderia persistir.[150]

---

(150) "O tempo de serviço do segurado trabalhador rural anterior a novembro de 1991, ainda que ausente o recolhimento das contribuições previdenciárias, pode ser considerado para a concessão dos benefícios do Regime Geral de Previdência Social (RGPS), exceto para efeito de carência."

O Superior Tribunal de Justiça já pacificou, através da Súmula n. 272, que "O trabalhador rural, na condição de segurado especial, sujeito à contribuição obrigatória sobre a produção rural comercializada, somente faz jus à aposentadoria por tempo de serviço, se recolher contribuições facultativas".

O preceito legal de aplicabilidade prática mais corrente em lides previdenciárias talvez seja o § 3º deste art. 55.

A maioria das lides contra a autarquia previdenciária tem como causa de pedir a negativa administrativa em reconhecer determinado período laborativo, muitas das vezes por falta de comprovação, na via administrativa, de algum contrato de trabalho como empregado ou, principalmente, atividade exercida como lavrador. Na grande maioria dos casos que vão ao judiciário, o processo administrativo já está completamente instruído com todos os documentos necessários a tal desiderato. Porém, o INSS reluta em negar o reconhecimento sob o pretexto da necessidade de mais documentos além daqueles que já foram colacionados ao processo administrativo. Em outros casos, a prova material necessária foi carreada ao pedido administrativo, estando, no entanto, com algum vício material que, no entendimento vinculado do servidor, chega ao ponto de colocar em xeque a própria veracidade do documento. Em muitas destas hipóteses, o mesmo documento não considerado administrativamente, para o Judiciário é totalmente idôneo e apto ao reconhecimento pretendido.

A regra brasileira de valoração dos meios de prova tem como norte o princípio de persuasão racional, insculpido no ar. 131 do cânone processual civil. Ao revés, o fundamento norteador da existência do preceito do § 3º está, por via de exceção, segundo a processualística civil, na prova tarifada.

A regra diferenciada dispensada neste dispositivo tem, entretanto, exceção no caso fortuito ou força maior, admitindo-se, por isso, a utilização exclusiva de depoimentos testemunhais na prova de tempo de contribuição/serviço somente numa excepcional ocorrência de um sinistro ou na força da natureza.

Afora tempos idos de isolados julgamentos pretorianos em que o rigor deste artigo era abrandado como forma de fazer frente a uma época de prevalecente informalidade nas relações laborais, o Superior Tribunal de Justiça acabou editando a Súmula n. 149, vazada no seguinte teor: "A prova exclusivamente testemunhal não basta à comprovação da atividade rurícola, para efeito de obtenção de benefício previdenciário".

A menção única ao trabalhador campesino não fundamenta pretendidas aplicações restritivas e a pretensa inconstitucionalidade já foi rechaçada pelo Supremo Tribunal Federal, valendo citar, a título ilustrativo, o seguinte aresto:[151]

"APOSENTADORIA. TEMPO DE (sic) SERVIÇO. PROVA EXCLUSIVAMENTE TESTEMUNHAL. INADMISSIBILIDADE COMO REGRA. A teor do disposto no § 3º do art. 55 da Lei n. 8.213/91, o tempo de serviço há de ser revelado mediante início de prova material, não sendo admitida, exceto ante motivo de força maior ou caso fortuito, a exclusivamente testemunhal. Decisão em tal sentido não vulnera os preceitos dos arts. 5º, incisos LV e LVI, 6º e 7º, inciso XXIV, da Constituição Federal (REXT n. 2226. 588-9/SP, Rel. Ministro Marco Aurélio, 2ª T, DJU 29.9.2000, p. 98)".

O § 2º do art. 62 do RPS traz um elenco exemplificativo de documentos que podem servir como prova na via administrativa. Podem ser aceitos outros não elencados em *numerus clausus*, porém o seu reconhecimento na via administrativa, em face da ausência de previsão legal ou normativa, entra no âmbito do exercício do poder discricionário do administrador em proceder a sua valoração, culminando com não reconhecimento.

Para fins de fazer valer direito ao reconhecimento de tempo de serviço, a prova plena é aquela considerada como suficiente, *per si*, para o cômputo do tempo laborado, porque é considerada como documento oficial e pode ser obtido diretamente na empresa onde o segurado prestou seus serviços ou na própria agência da Previdência Social (carteira profissional, carnês de contribuição, guias de recolhimento, ficha de registro de empregados, livro de registro de empregados etc.). Porém, quando apresenta algum vício capaz de macular sua idoneidade, já não mais ostenta aquela qualidade, passando a estar descredenciada para tal desiderato.

---

(151) ROCHA, Daniel Machado da; BALTAZAR JÚNIOR, José Paulo. *Comentários à Lei de Benefícios da Previdência Social*, p. 193.

É extreme de dúvidas que as anotações em carteira de trabalho são admitidas como meio relativo de comprovação das informações nela constantes. Porque gozam de presunção juris tantum de veracidade, podem ser infirmadas mediante prova, também material, em contrário. De um modo geral, a CTPS traz informações muito importantes a respeito de contratos de trabalho, salários de contribuição e todo o universo da relação laboral, e, o mais importante, prova a filiação do segurado.

Geralmente, não se tem admitido o tempo de serviço derivado de uma CTPS anotada por força de reclamatória trabalhista não instruída com início de prova material ou em decorrência de transação judicial. Neste último caso, a jurisprudência tem flexibilizado este entendimento para admití-la quando a trabalhista não se constitui meramente um meio de, por via transversa, lograr obter exclusivamente direitos previdenciários. Dessa forma é que caberá analisar toda a relação processual trabalhista a fim de perquirir a intenção do segurado.

A propósito do tema, recentemente veio ao mundo jurídico a Súmula n. 31 da Turma Nacional de Jurisprudência dos Juizados Especiais Federais, cujo enunciado é o seguinte: "A anotação na CTPS decorrente de sentença trabalhista homologatória constitui início de prova material para fins previdenciários".

Pelo que se vê da redação em que restou o verbete acima, a mera anotação na CTPS a respeito do vínculo empregatício do trabalhador, informando o tempo de serviço respectivo, constitui-se em início razoável de prova material no âmbito previdenciário para fins obtenção de benefícios que dependam das informações nela contidas, tais como tempo de serviço, salários de contribuição, férias, funções exercidas na empresa etc. Destaque-se que mesmo sem uma base material como apoio tal decisório na lide trabalhista pode ser aproveitada. E ainda que a escrita do contrato de trabalho na CTPS tenha sido efetuada de forma retroativa, quando acompanhada de declaração escrita de ex-patrão e de prova testemunhal idônea, pode ser aceita como início de prova material.[152]

Em relação ao tempo de atividade campesina, o art. 106 da Lei n. 8.213/91 trata do assunto.

Nas redações anteriores, dadas pelas Leis ns. 8.870, de 15 de abril de 1994 e 8.861, de 25 de março de 1994, sempre constavam um rol exemplificativo. O que se pretende deixar claro é que, contendo ou não qualquer relação de documentos exigidos e sendo o rol exemplificativo ou taxativo, o princípio do livre convencimento motivado abalizador das decisões judiciais autoriza a livre apreciação das provas independentemente da quantidade de documentos, desde que se apresente um início razoável de prova material e, mesmo assim, não entre em contradição com o contexto documental e testemunhal trazidos aos autos.

A jurisprudência tem mitigado o rigorismo da exigência administrativa de um documento para cada ano de atividade, por força, como se disse, do princípio do livre convencimento motivado.

Trata-se de um pensamento que traz em si uma grande carga de bom senso e lógica, porque não é razoável supor que nos anos dos quais não se tem prova material o agricultor tenha deixado a vida no campo. O costume vivido pelo homem do campo e sentido pela experiência forense é que o marco final da atividade campesina, salvo raros casos em particular, é a véspera o início de algum contrato de trabalho no meio urbano. Normalmente, o agricultor deixa o campo já com família constituída, migrando para o meio urbano já contratado ou, quando menos, com alguma proposta de trabalho, em face da necessidade urgente de manutenção da própria sobrevivência ou de seus entes queridos mais próximos. Essa deve ser a justificativa para que a atividade rural se estenda até aquele período.

Inicialmente, pode-se citar a Súmula do STJ, cujo enunciado é o 149, nos seguintes termos: "A prova exclusivamente testemunhal não basta para comprovação da atividade rurícola, para efeito de obtenção de benefício previdenciário".

De um modo geral, podem ser aceitos como prova da atividade rural documentos nos quais

---

(152) "PREVIDENCIÁRIO, RECONHECIMENTO DE TEMPO DE SERVIÇO URBANO. ASSINATURA RETROATIVA NA CTPS. INÍCIO DE PROVA MATERIAL. A assinatura na carteira, ainda que referente a período posterior a sua emissão, quando corroborada por declaração do ex-patrão e por prova testemunhal idônea é início de prova material a ensejar o reconhecimento do tempo de serviço pleiteado". (TRF da 4ª Região, 5ª Turma, Relatora Maria Lúcia Lus Leiria, Apelação Cível n. 95.04.127142, do Rio Grande do Sul, DJU de 22.11.2000, p. 421).

se sabe constar a atividade do algum membro da família do interessado que, na época, exercia a chefia da produção agrícola e em seu nome eram expedidos os documentos. Neste sentido, quando exercida em regime de economia familiar e antes do casamento, a menção da profissão dos pais em documentos de registro civis ou particulares tais como certidão de casamento, nascimento dos irmãos, boletim e histórico escolar, Certidão de Registro do Imóvel Rural, comprovante de cadastro no INCRA, bloco de notas do produtor rural, certidão de órgãos e repartições públicas, contrato de arrendamento, parceria ou comodato rural, declaração do sindicato dos trabalhadores rurais,[153] homologado[154] ou não pelo Ministério Público,[155] Certificado de Isenção do Serviço Militar, Título Eleitoral etc., formam um conjunto harmônico e insofismável de início de prova material.

Por oportuno, vale a pena citar o entendimento consolidado pela Turma Nacional de Uniformização de Jurisprudência dos Juizados Especiais Federais através do verbete de n. 06, com a seguinte redação: "A certidão de casamento ou outro documento idôneo que evidencie a condição de trabalhador rural do cônjuge constitui início razoável de prova material da atividade rurícola".

Acompanhando este entendimento, a Súmula n. 73 do TRF da 4ª Região: "Admitem-se como início de prova material do efetivo exercício de atividade rural, em regime de economia familiar, documentos de terceiros, membros do grupo parental".

Dada à informalidade das atividades rurícolas, a jurisprudência mais sensível a esta realidade tem atenuado o rigor desta exigência, mormente em se tratando de boia-fria.[156]

Premissa lógica deste raciocínio, de toda valia mencionar o teor da Súmula n. 14 da Turma Nacional de Uniformização de Jurisprudência dos Juizados Especiais Federais acerca do tema: "Para a concessão de aposentadoria rural por idade, não se exige que o início de prova material corresponda a todo o período equivalente à carência do benefício."

É necessário esclarecer que o marco divisório para admissão da prova material em nome de terceiros, dependendo de quem reclama o direito ao reconhecimento do tempo, pode ser considerado o casamento do interessado. Assim, da infância até o casamento, o segurado pode utilizar toda a prova em nome de seu pai ou de outros que eventualmente tenham assumido o encargo de responsável. Após a constituição da nova família, este mesmo segurado não mais poderá se valer do mesmo material, mas somente de toda a documentação que lograr obter em seu próprio nome após o casamento.

Ressalte-se que os documentos em comento somente deverão ser admitidos quando contemporâneos ao período que se quer comprovar.

As declarações escritas de ex-empregadores configuram prova testemunhal unilateral. O máximo de verdade que se pode extrair de tais documentos particulares é que, quando assinados, servem para prova do fato em relação ao signatário e não contra terceiros eventualmente envolvidos naquela declaração. E quando contiver declaração de ciência de determinado fato, não provam o fato em si, mas apenas a declaração, competindo ao interessado se desincumbir do ônus de provar tal fato.[157]

---

(153) Apoiada em um início de prova material como estes arrolados.
(154) "PREVIDENCIÁRIO. TEMPO DE SERVIÇO RURAL. RAZOÁVEL ÍNCIO DE PROVA MATERIAL. LEI N. 8.213/91, ART.106, III. DECLARAÇÃO DO SINDICATO. HOMOLOGAÇÃO PELO MINISTÉRIO PÚBLICO. LEI N. 9.063/95. I — "Não é admissível prova exclusivamente testemunhal para reconhecimento de tempo de exercício de atividade urbana e rural (Lei n. 8.213/91, art. 55, § 3º)" (Súmula n. 27 TRF 1ª Região). II — Declaração do sindicato homologação pelo Promotor Público, era considerada prova plena, antes da alteração da Lei n. 8.213/91, art. 106, III, pela Lei n. 9.063/95 que a excluiu e transformou pelo novo parágrafo único, os demais casos em razoável início de prova material. III — Homologada a declaração em 1993, aplica-se a regra do art. 106, III, da Lei n. 8.213/91 na sua redação originária. IV — Apelação provida, tempo de serviço reconhecido" (TRF1, AC 1997.01.00.020976-9-MG, DJ, 17.12.1998, p. 54).
(155) A nova redação do art. 106 da LB, na redação dada pela Lei n. 11.718, de 20.6.2008, exige que a Declaração do Sindicato dos Trabalhadores Rurais ou da Colônia de Pescadores seja homologada pelo INSS.
(156) "PREVIDENCIÁRIO. AÇÃO DECLARATÓRIA DE TEMPO DE SERVIÇO AGRÍCOLA. BOIA-FRIA. COMPROVAÇÃO DO EXERCÍCIO DE ATIVIDADES AGRÍCOLAS. 1. Dada a informalidade com que é exercida a profissão e a dificuldade da respectiva prova, a exigência de apresentação de início de prova material para o efeito de comprovação de tempo de serviço destinado à inativação do trabalhador rural boia-fria ou diarista deve ser interpretada com temperamento, sob pena de inviabilizar a tal categoria o direito à aposentadoria. 2. Precedentes jurisprudenciais" (TRF da 4ª Região, AC 96.04.12660-1, do Rio Grande do Sul, DJ2, 3.3.1999, p. 571).
(157) Arts. 368 e 131 do CPC.

Apesar disso, a jurisprudência andou bem ao passar aceitar como prova válida para fins de tempo de serviço previdenciário a declaração firmada por ex-empregador quando contemporânea aos fatos que se quer comprovar. É o que se retira da ilação do seguinte aresto, entendido em sentido contrário do texto:

> "PREVIDENCIÁRIO. TEMPO DE SERVIÇO. EMPREGADA DOMÉSTICA. COMPROVAÇÃO DE TEMPO MEDIANTE DECLARAÇÃO EXTEMPORÂNEA DE EX-EMPREGADOR. DESCABIMENTO. 1. A teor do disposto no art. 55, § 3º, da Lei n. 8.213/91, o início de prova material deve se basear em documentos contemporâneos à aludida época trabalhada. Precedente da Terceira Seção. 2. Agravo regimental improvido." (Agravo Regimental no Recurso Especial n. 1165729, do Paraná, Relator Ministro Jorge Mussi, Quinta Turma, DJ de 6.5.2011, <www.stj.jus.br>).

A finalística da segurada estatal é a prevenção legal de todo e qualquer infortúnio que possa surgir no meio social, bem como os destinatários da relação jurídica de custeio e os beneficiários das prestações pecuniárias correspondentes. Como ato administrativo vinculado, a concessão do benefício pressupõe a anterior previsão legal do benefício e do beneficiário. Fora destas hipóteses, o administrador não pode agir.

Pode acontecer, porém, que a legislação ainda não tivesse positivado como destinatário da garantia securitária certo tipo de atividade ao tempo de sua prestação.[158] Em outras palavras, o segurado pode ter prestado certa atividade num tempo em que a lei ainda não havia previsto a obrigatoriedade de sua filiação nem os sujeitos da relação jurídica advinda deste fator gerador. Neste caso, o § 1º deste art. 55 condiciona o seu reconhecimento ao pagamento, como indenização, das contribuições devidas e mediante a prova do efetivo exercício da atividade.

À guisa de conclusão, tem-se como certo que, salvante as situações excepcionais em que presentes a figura do caso fortuito ou de força maior, a regra é que se exige um início de prova documental para comprovação de qualquer tipo de labor, não sendo aceita prova unicamente testemunhal, sendo necessária também que a materialidade da atividade seja contemporânea aos fatos que se pretende comprovado.[159]

---

(158) Como consectário lógico do princípio *tempus regit actum*, i. é, a disciplina jurídica do tempo de serviço é regida pela legislação vigente no momento de sua prestação, o natural seria não admitir tal período de tempo.
(159) Este raciocínio aplicado às lides previdenciárias de comprovação do trabalho campesino, recente entendimento sumular da Turma Nacional de Uniformização de Jurisprudência dos Juizados Especiais Federais, assim vazada: "Para fins de comprovação do tempo de labor rural, o início de prova material deve ser contemporâneo à época dos fatos a provar".

> **Art. 56.** O professor, após 30 (trinta) anos, e a professora, após 25 (vinte e cinco) anos de efetivo exercício em funções de magistério poderão aposentar-se por tempo de serviço, com renda mensal correspondente a 100% (cem por cento) do salário de benefício, observado o disposto na Seção III deste Capítulo.

56.1. Aposentadoria do Professor

O primeiro diploma constitucional a amparar a aposentadoria do professor com a tutela da especialidade, reduzindo o tempo necessário, foi a Emenda Constitucional n. 18, de 1981. A Constituição Federal de 1988, art. 202, inciso III, a seu turno, não deixou solução de continuidade na proteção dispensada aos docentes, mantendo a redução do tempo mínimo necessário, 25 anos para a professora e 30 anos para o professor, vinculando tal benesse à condicionante do exercício do efetivo exercício das funções de magistério, dentro dos quadrantes da educação infantil, ensinos fundamental, médio e universitário.

Em nível infraconstitucional, a redação do art. 56 da Lei de benefícios, dispondo sobre aposentadoria do professor, é no sentido de que o professor e a professora poderão obter aposentadoria por tempo de serviço com trinta ou vinte e cinco anos de efetivo exercício nas funções de magistério, fazendo jus a uma renda mensal de 100% do salário de benefício, calculada da mesma forma que a aposentadoria por tempo de serviço de quem exerce outra atividade, conforme ressalva da parte final deste dispositivo.

Houve modificações de tal espécie de benefício na Emenda Constitucional n. 20/98, especialmente quanto à substituição do tempo de serviço por tempo de contribuição e, principalmente, quanto à prestação laboral, passando a condicioná-lo à comprovação de exclusivo tempo de efetivo exercício das funções de magistério na educação infantil e no ensino fundamental e médio, nos termos em que restou vazada a redação do § 8º do art. 201 dada pela EC n. 20, tendo tal regra como destinatários os novos filiados ao sistema do RGPS após 15.12.1998. O tempo de contribuição continuou com o benefício da redução em cinco anos para o professor que comprove exclusivamente tempo de efetivo exercício das funções de magistério na educação infantil e no ensino fundamental e médio.

Em razão da extinção da aposentadoria do professor universitário, esta categoria restou fadada a ter de cumprir os requisitos para aposentadoria pela regra geral, mínimo de 30 ou 35 anos. Entretanto, aqueles já vinculados ao sistema anteriormente à EC n. 20 e se enquadrarem na regra de transição com tempo de efetivo exercício nas funções de magistério terão a benesse do acréscimo de 17% (homem) e 20% (mulher) no tempo de serviço prestado até a data da Emenda, condicionados, porém, à exclusividade do efetivo tempo em funções de magistério. Entende-se que o professor não está sujeito ao cumprimento do requisito etário de 53 anos para o homem ou 48 para a mulher, exigido para aposentadoria comum, bastando o atendimento do critério temporal mínimo reduzido. Em sentido contrário, o TRF4 já proclamou em acórdão assim ementado:

> "PREVIDENCIÁRIO. APOSENTADORIA POR TEMPO DE SERVIÇO PROPORCIONAL. RESTABELECIMENTO. PROFESSORA. SECRETÁRIA DE ESCOLA. CONCESSÃO ANTES DA CONSTITUIÇÃO FEDERAL DE 1988 E DA LEI N. 8.213/91. IMPOSSIBILIDADE. LEI N. 10.666/2003. PERDA DA QUALIDADE DE SEGURADA. IRRELEVÂNCIA. NORMA MAIS BENÉFICA. APLICAÇÃO IMEDIATA. SUCUMBÊNCIA RECÍPROCA. (...) 8. Preenchidos os requisitos legais — carência e tempo de serviço mínimo de 25 anos —, e implementada a idade mínima de 48 anos exigida pela Emenda n. 20 de 1998, sendo certo que, por já contar 25 anos de tempo de serviço quando passou a viger a referida emenda, está dispensada do pedágio, é devido o restabelecimento da aposentadoria por tempo de serviço proporcional, a contar da data em que passou a vigorar a Lei n. 10.666/2003, em 8.5.2003. 9. Diante da sucumbência recíproca mas não equivalente, a verba honorária fixada na sentença deve ser suportada na proporção de 70% para o INSS e 30% para o autor." (Apelação Cível n. 2001.71.00.029486-7, Rio Grande do Sul, Relator Néfi Cordeiro, DJU de 8.6.2005, p. 1624).

Tempo de efetivo exercício em funções de magistério é aquela atividade docente exercida exclusivamente em sala de aula, em estabelecimento de educação infantil e de ensino fundamental e médio.[160]

Ademais, toda espécie de professor com efetivo exercício de magistério, inclusive universitários, que completaram pelo menos 25 ou 30 anos até a data da Emenda 20 têm direito adquirido à aposentadoria a qualquer tempo.

A atividade de professor está enquadrada como especial na relação de profissões especiais do anexo III do Decreto n. 53.837/64 e do art. 38 do Decreto n. 89.312/84. Nestes, o tempo de serviço exigido também era o mesmo que atualmente. Mesmo que a legislação ordinária não tivesse abrigado tal espécie de benefício, a legislação anterior foi totalmente recepcionada pela Constituição Federal de 1988.

A renda mensal e a data de início do benefício pertencem ao mesmo quadro legal da aposentadoria por tempo de serviço.

56.2. Conversão do tempo de serviço prestado na atividade docente

Questão que se ressente de controvérsias doutrinárias e jurisprudenciais é a possibilidade de conversão, em especial ou para comum, do tempo de serviço do professor.

A corrente que não admite se funda na excepcionalidade do benefício e a interpretação restritiva dada à expressão "por efetivo exercício da função de magistério" incorporada ao Texto Maior, significando que o direito a este tipo de benefício só se aperfeiçoa no momento em que cumprido todo o tempo de forma exclusiva na atividade de magistério, não podendo ter nenhuma parcela composta por outro tipo de atividade, mesmo insalubre, penosa ou perigosa elencada na Lei de Benefícios.[161]

Diametralmente oposto é o outro entendimento que admite tal possibilidade sustentando a existência de previsão na legislação anterior à atual Constituição Federal (Decreto n. 53.831/64, Consolidação das Leis da Previdência Social de 1976 e a CLPS de 1984) como sendo uma aposentadoria especial, bem como em face de sua anterioridade à EC 18, que a excluiu do rol das atividades especiais previstas no Decreto n. 53.831/64.[162]

Outro pensamento admite a conversão do tempo de atividade até a Lei n. 9.032/95, sujeitando a profissão de professor ao mesmo tratamento dispensado às atividades especiais da Lei n. 8.213/91.

Sobre esta doutrina, encampada inclusive pelo STJ, de grande valia o seguinte aresto:

"PREVIDENCIÁRIO. APOSENTADORIA POR TEMPO DE SERVIÇO. ATIVIDADES RURAIS EM REGIME DE ECONOMIA FAMILIAR. IDADE MÍNIMA. COMPROVAÇÃO DO EXERCÍCIO DE ATIVIDADES ESPECIAIS. ENQUADRAMENTO POR PROFISSÃO. PROFESSOR. CONVERSÃO. POSSIBILIDADE. 1. É possível a comprovação da atividade rural por meio de prova testemunhal, contanto que confortada por início de prova material. 2. É pacífico na jurisprudência que o tempo rural em regime de economia familiar somente pode ser contado a partir dos 14 anos. Precedentes da Terceira Seção do TRF da 4ª Região. 3. O tempo de exercício de atividade especial é definitivamente incorporado ao patrimônio do segurado com

---

(160) Súmula n. 726 do Supremo Tribunal Federal: "Para efeito de aposentadoria especial de professores, não se computa o tempo de serviço prestado fora da sala de aula".

(161) Neste ponto, vale consignar entendimento oposto: "ADMINISTRATIVO. CONSTITUCIONAL. SERVIDOR PÚBLICO FEDERAL. APOSENTADORIA ESPECIAL. ATIVIDADES MISTAS. FATOR DE CONVERSÃO. LEGALIDADE. 1. Plenamente aplicável a aposentadoria em tempo diferenciado para as atividades de magistério. 2. Se não houvesse a aplicação do fator de conversão, ao servidor que tivesse exercido parte de seu período aquisitivo em atividades do magistério e parte em outras atividades, nunca se utilizaria do tempo especial previsto no art. 40, inciso III, letra 'b', da Constituição Federal. 3. Negado provimento ao recurso e à remessa oficial." (AMS 97.04.07688-6, do Paraná, TRF da 4ª Região, Relatora Juíza Luíza Dias Cassales, DJ 27.5.98, p. 545).

(162) "APOSENTADORIA POR TEMPO DE SERVIÇO. LABOR RURAL. IDADE MÍNIMA. INÍCIO DE PROVA MATERIAL CORROBORADO POR TESTEMUNHAS. ATIVIDADE URBANA COMUM E ESPECIAL. PROFESSOR. HONORÁRIOS ADVOCATÍCIOS. 1. A parte autora faz jus à concessão de aposentadoria por tempo de serviço quando preenchidos os requisitos dos arts. 52 e seguintes da Lei Previdenciária. 2. É possível a contagem do tempo de serviço para fins previdenciários a partir dos 12 anos de idade. Precedentes da Terceira Seção do TRF/4ª Região e STJ. 3. O tempo de serviço rural, para fins previdenciários, pode ser demonstrado através de início de prova material, desde que complementado por prova testemunhal idônea. 4. Relativamente ao enquadramento da atividade como especial, uma vez prestado o serviço sob a égide de legislação que o ampara, o segurado adquire o direito à contagem como tal, bem como à comprovação das condições de trabalho na forma então exigida. 5. Viável a conversão do respectivo tempo de serviço laborado na função de professor, porquanto anterior a 29.6.81, data da promulgação da Emenda constitucional n. 18, que retirou a indigitada profissão do rol das atividades do Decreto n. 53.831/64. 6. Nas ações previdenciárias, os honorários advocatícios devem ser fixados no percentual de 10% (dez por cento) sobre o valor da condenação, assim consideradas as parcelas devidas até a prolação da sentença." (Apelação Cível n. 2000.70.01.008877-7, Paraná, Álvaro Eduardo Junqueira, DJU 3.12.2003, p. 876).

sua característica principal: diminuir o impacto da agressão física ou psicológica que ele sofre por meio da consequente diminuição do tempo de serviço. Hipótese em que se revela possível a conversão de tempo trabalhado nas funções de magistério para efeito de obtenção, pelo professor, de aposentadoria por tempo de serviço comum. 4. Até o advento da MP 1.523, em 13.10.96, é possível o reconhecimento de tempo de serviço pela atividade ou grupo profissional do trabalhador, constante do Decreto n. 53.831/64, cujo exercício presumia a sujeição a condições agressivas à saúde ou perigosas. Após esta data, exigível a comprovação técnica da efetiva exposição do segurado ao agente nocivo. 5. A profissão de professor está prevista como especial no Decreto n. 53.831/64, através do código 2.1.4, com previsão de aposentadoria aos 25 anos de tempo de serviço. 6. Possível a conversão de tempo de serviço especial em comum, nos termos da redação original do art. 57, § 5º, da Lei n. 8.213/91." (Apelação Cível n. 2000.04.01.070389-5, do Rio Grande do Sul, Relator Alexandre Rossato da Silva Ávila, DJU de 18.12.2002, p. 927).

E do corpo do acórdão, divergente, diga-se de passagem, extrai-se o seguinte excerto:

"O professor ou professora que tenha exercido *exclusivamente* função de magistério tem direito à aposentadoria aos trinta e vinte e cinco anos de serviço, respectivamente. Essa a primeira conclusão que se extrai da norma constitucional. Ocorre que a Carta Política não regulou as situações de exercício de atividades mistas, lacuna esta que não foi preenchida pela legislação infraconstitucional. A omissão legislativa tem trazido aos Tribunais a discussão sobre a possibilidade de converter, para fins de obtenção de aposentadoria por tempo de serviço comum, o tempo laborado em atividade especial, no presente caso representado pelo desempenho das funções de magistério. Tenho posição favorável à conversão do tempo trabalhado em atividade de magistério, *ainda que não exclusivamente*. Com efeito, caso não se permitisse a aplicação do fator de conversão, o tempo de serviço exercido como professor (a), quando insuficiente para a aposentadoria especial, seria contado apenas como tempo comum e nenhum benefício traria àquele que por determinado tempo tenha laborado sob regimes especiais. Não foi esse o objetivo do legislador. Quando o legislador regula como especial algum tipo de atividade profissional, o faz porque ele revela-se prejudicial à saúde (insalubre), à integridade física (perigosa) ou simplesmente danosa (caso dos professores) ao trabalhador. Os efeitos de tal atividade não se desfazem apenas pela circunstância de o trabalhador ter desenvolvido atividades mistas durante a sua vida laboral. Essa simples contingência não retira do trabalho desenvolvido sob regime especial a sua característica peculiar, que o distingue da atividade comum por ser mais prejudicial ao trabalhador. Em suma, tempo trabalhado em atividade especial é tempo definitivamente incorporado ao patrimônio do trabalhador com a sua característica principal: diminuir o impacto da agressão física ou psicológica que o empregado sofre por meio da consequente diminuição do tempo de serviço." (grifos no original).

A única diferença é que o fator de conversão terá de ser 1.17 e não aqueles já previstos para aposentadorias especiais aos 15, 20 ou 25 anos.[163]

Quanto à diferença do regime jurídico constitucional atual em relação ao anterior, oportuno citar o excerto doutrinário de Daniel Machado da Rocha e José Paulo Baltazar Júnior,[164] assim vazado:

"Não obstante a reforma previdenciária pretendesse eliminar a aposentadoria especial para os professores, esta restou mantida, porém agora no § 8º do art. 201. As diferenças quanto às disposições constitucionais anteriores são as seguintes: a) houve a exclusão do professor universitário (para os servidores públicos há regra idêntica no § 5º do art. 40); b) será devida apenas aos professores que exercerem exclusivamente funções de magistério na educação infantil e no ensino fundamental e médio, os quais farão jus à redução em cinco anos do tempo de contribuição exigido pelo inciso I do §7º do art. 201 (§ 8º do art. 201); c) mesmo para os que defendiam a segunda posição, em face da alteração constitucional, salvo para quem implementou os requisitos até a data da promulgação da Emenda 20/98, não é mais possível a realização da conversão. Neste sentido é o teor do § 2º do art. 61 do RPS".

A aposentadoria por tempo de serviço do professor nada mais é do que uma espécie de aposentadoria especial com foro normativo fora da legislação de regência das atividades tidas como especiais (Decreto n. 53.831/64, CLPS, Lei n. 8.213/91 e Decreto n. 3.048/99). Antes mesmo da atual ordem constitucional já havia previsão para o legislador ordinário disciplinar as atividades que poderiam ser tidas como insalubres, penosas ou perigosas. A atividade desenvolvida pelo professor é e sempre foi penosa, tanto que sempre mereceu tratamento diferen-

---

(163) "PREVIDENCIÁRIO. CONVERSÃO DO TEMPO DE SERVIÇO EXERCIDO NA FUNÇÃO DE PROFESSOR. ATIVIDADE PENOSA. APLICABILIDADE DAS NORMAS PERTINENTES À APOSENTADORIA ESPECIAL. MULTIPLICADOR 1, 17. LEI N. 8.213/91, ART. 57. DEC. N. 53.831/64. DEC. N. 611/92. 1. Embora regulada por regra específica, a aposentadoria de professor é historicamente oriunda da aposentadoria especial, visto que o Dec. n. 53.831/64 arrola a função como penosa. Enquanto não foi editado o Dec. n. 2.172/97, que revogou os regulamentos anteriores, permanecem aplicáveis as normas relativas à conversão de tempo de serviço laborado em condições especiais, no exercício de magistério, porquanto a natureza do benefício não foi transmutada. 2. Se a aposentadoria por tempo de serviço é devida ao professor somente aos 30 anos de exercício de magistério, é descabida a utilização de multiplicador previsto para a hipótese de 25 anos de serviço especial. Aplicação, por analogia, do fator de conversão 1,17, previsto no art. 64 do Dec. n. 611/92." (AMS 1999.04.01.005627-7, TRF da 4ª Região, Rel. Juiz Carlos Sobrinho, DJU 19.5.99).
(164) *Comentários à Lei de Benefícios da Previdência Social*, p. 203-204.

ciado quanto ao tempo mínimo diminuído. Este fato, por si só, é suficiente para ensejar o reconhecimento como uma aposentadoria especial e merecer regramento diverso.

O suporte fático ensejador do direito à contagem diferenciada está por si só consubstanciado na prestação do serviço. Se esta se concretizar em meio a agentes nocivos, previstos ou imprevisíveis, é o bastante para levar o reconhecimento da sua natureza especial.

Dada a subserviência exacerbada ao direito puramente como norma, fazendo prevalecer interpretações demasiadamente legalistas, desatensiosas do suporte fático que guarda só por si a razão jurídica para a discriminação, não há justiça nas correntes que apregoam a impossibilidade de conversão do tempo de serviço.

A aplicação do fator de conversão 1.17, em vez dos demais percentuais aplicáveis à aposentadoria especial concedida aos 15, 20 ou 25 anos de atividade, decorre da proporcionalidade resultante da diferença entre o tempo diminuído para os docentes em comparação com o tempo mínimo exigido para uma aposentadoria comum integral, incidindo 1.17 na diferença percentual entre 30 e 35 anos ou 25 e 30 anos, respectivamente para professor ou professora.

56.3. Fator previdenciário na aposentadoria do professor

Uma questão que não está tendo a sua definição em foros judiciais é a possibilidade de aplicação ou não do fator previdenciário na aposentadoria dos docentes.

Sabido que o fator previdenciário veio ao ordenamento previdenciário para fazer com que as aposentadorias programadas tenham no seu cálculo elementos atuariais, situações que consequenciam uma Renda Mensal pouco vantajosa para o segurado, mas com louváveis benefícios para a coletividade previdenciária, com o chamado equilíbrio financeiro e atuarial do sistema previdenciário, previsto constitucionalmente (art. 201, *caput*, da CF de 1988) e, por enquanto, ainda declarado constitucional pela jurisprudência.[165] A aposentadoria do professor nada mais é, substancialmente falando, voltando-se a repisar, do que uma aposentadoria com regras especiais de cálculo de renda mensal, mas também assim quanto aos seus requisitos para constituição. Visto desta forma, a aposentadoria do professor também deveria ser enquadrada como aposentadoria especial, como as outras previstas expressamente na Lei de Benefícios, por seus requisitos exigidos. A existência de regramento especial existente antes da Lei de Benefícios, que lhe conferia estado de aposentadoria que atualmente desmerece tratamento diferenciado, não tem razão de ser ou soa coma afirmativa ilógica, dentro do sistema normativo previdenciário.

Apesar disso, a aposentadoria do professor hoje, pelo que estão decidindo os tribunais, tem caráter diferenciado das demais aposentadorias especiais previstas na Lei de Benefícios, de maneira que seu tratamento legislativo não lhe confere isonomia a estes benefícios previsíveis. Logo, para a jurisprudência atual, não soa como materialmente injusto que se aplique o fator previdenciário à aposentadoria dos docentes.[166]

---

(165) "PREVIDENCIÁRIO. AÇÃO DECLARATÓRIA DA INCONSTITUCIONALIDADE DO FATOR PREVIDENCIÁRIO. IMPROCEDÊNCIA. Inexistindo afronta direta ou transversa a qualquer dispositivo da Carta Política, não há falar em inconstitucionalidade do fator previdenciário, mormente porquanto introduzido no ordenamento jurídico como instrumento de concretização do equilíbrio atuarial do sistema." (Apelação Cível n. 5007990-53.2011.404.7200, de Santa Catarina, Relator Luis Alberto D'azevedo Aurvalle, Sexta Turma, DJ de 19.12.2011, <www.trf4.jus.br>).

(166) "PREVIDENCIÁRIO. APOSENTADORIA POR TEMPO DE CONTRIBUIÇÃO PELO REGIME GERAL DEFERIDA APÓS O ADVENTO DA LEI N. 9.876/999. PROFESSOR QUE SEMPRE DESEMPENHOU ATIVIDADE DE MAGISTÉRIO NA EDUCAÇÃO INFANTIL E NO ENSINO FUNDAMENTAL E MÉDIO. INCIDÊNCIA DO FATOR PREVIDENCIÁRIO. 1. Não sendo a aposentadoria dos professores que tenham desempenhado exclusivamente funções de magistério na educação infantil e no ensino fundamental e médio uma aposentadoria especial nos termos do art. 57 da Lei n. 8.213/91, não incide a regra do inciso II do art. 29 do mesmo diploma, a qual afasta a utilização do fator previdenciário no cálculo do salário de benefício. 2. Tanto é aplicável o fator previdenciário no cálculo do salário de benefício do professor ou professora que se aposentar com cômputo de tempo posterior a 28.11.99, que a Lei n. 8.213/91 expressamente trata da matéria no § 9º de seu art. 29. 3. O professor ou professora que tenham desempenhado exclusivamente funções de magistério na educação infantil e no ensino fundamental e médio, portanto, fazem jus à aposentadoria por tempo de contribuição com redução quanto ao número de anos exigido (art. 201, § 7º, da CF — art. 56 da Lei n. 8.213/91), e bem assim tratamento diferenciado na aplicação do fator previdenciário, mediante majoração do tempo de contribuição (§ 9º do art. 29 da Lei n. 8.213/91). Não se cogita, contudo, de não-incidência do fator previdenciário na apuração do salário de benefício. 4. O fator previdenciário não constitui multiplicador a ser aplicado após a apuração do salário de benefício. Representa, para os benefícios referidos no inciso I do art. 29 da Lei n. 8.213/91, uma variável a ser utilizada para a própria definição do salário de benefício." (Apelação Cível n. 50011425420104047016, do Paraná, Relator Ricardo Teixeira do Valle Pereira, Quinta Turma, DE de 10.11.2011, <www.trf4.jus.br>)

Art. 57. A aposentadoria especial será devida, uma vez cumprida a carência exigida nesta Lei, ao segurado que tiver trabalhado sujeito a condições especiais que prejudiquem a saúde ou a integridade física, durante 15 (quinze), 20 (vinte) ou 25 (vinte e cinco) anos, conforme dispuser a lei. (*Redação dada pela Lei n. 9.032, de 28.4.95*)

§ 1º A aposentadoria especial, observado o disposto no art. 33 desta Lei, consistirá numa renda mensal equivalente a 100% (cem por cento) do salário de benefício. (*Redação dada pela Lei n. 9.032, de 28.4.95*)

§ 2º A data de início do benefício será fixada da mesma forma que a da aposentadoria por idade, conforme o disposto no art. 49.

§ 3º A concessão da aposentadoria especial dependerá de comprovação pelo segurado, perante o Instituto Nacional do Seguro Social — INSS, do tempo de trabalho permanente, não ocasional nem intermitente, em condições especiais que prejudiquem a saúde ou a integridade física, durante o período mínimo fixado. (*Redação dada pela Lei n. 9.032, de 28.4.95*)

§ 4º O segurado deverá comprovar, além do tempo de trabalho, exposição aos agentes nocivos químicos, físicos, biológicos ou associação de agentes prejudiciais à saúde ou à integridade física, pelo período equivalente ao exigido para a concessão do benefício. (*Redação dada pela Lei n. 9.032, de 28.4.95*)

§ 5º O tempo de trabalho exercido sob condições especiais que sejam ou venham a ser consideradas prejudiciais à saúde ou à integridade física será somado, após a respectiva conversão ao tempo de trabalho exercido em atividade comum, segundo critérios estabelecidos pelo Ministério da Previdência e Assistência Social, para efeito de concessão de qualquer benefício. (*Parágrafo acrescentado pela Lei n. 9.032, de 28.4.95*)

§ 6º O benefício previsto neste artigo será financiado com os recursos provenientes da contribuição de que trata o inciso II do art. 22 da Lei n. 8.212, de 24 de julho de 1991, cujas alíquotas serão acrescidas de doze, nove ou seis pontos percentuais, conforme a atividade exercida pelo segurado a serviço da empresa permita a concessão de aposentadoria especial após quinze, vinte ou vinte e cinco anos de contribuição, respectivamente. (*Redação dada pela Lei n. 9.732, de 11.12.98*)

§ 7º O acréscimo de que trata o parágrafo anterior incide exclusivamente sobre a remuneração do segurado sujeito às condições especiais referidas no caput. (*Parágrafo acrescentado pela Lei n. 9.732, de 11.12.98*)

§ 8º Aplica-se o disposto no art. 46 ao segurado aposentado nos termos deste artigo que continuar no exercício de atividade ou operação que o sujeite aos agentes nocivos constantes da relação referida no art. 58 desta Lei. (*Parágrafo acrescentado pela Lei n. 9.732, de 11.12.98*)

Redações anteriores

Forma original

A aposentadoria especial será devida, uma vez cumprida a carência exigida nesta Lei, ao segurado que tiver trabalhado durante 15 (quinze), 20 (vinte) ou 25 (vinte e cinco) anos, conforme a atividade profissional, sujeito a condições especiais que prejudiquem a saúde ou a integridade física.

§ 1º A aposentadoria especial, observado o disposto na Seção II deste Capítulo, especialmente no art. 33, consistirá numa renda mensal equivalente a 85% (oitenta e cinco por cento) do salário de benefício, mais 1% (um por cento) deste, por grupo de 12 (doze) contribuições, não podendo ultrapassar 100% (cem por cento) do salário de benefício.

§ 2º A data de início do benefício será fixada da mesma forma que a da aposentadoria por idade, conforme o disposto no art. 49.

§ 3º O tempo de serviço exercido alternadamente em atividade comum e em atividade profissional sob condições especiais que sejam ou venham a ser consideradas prejudiciais à saúde ou à integridade física será somado, após a respectiva conversão, segundo critérios de equivalência estabelecidos pelo Ministério do Trabalho e da Previdência Social, para efeito de qualquer benefício.

> § 4º O período em que o trabalhador integrante da categoria profissional enquadrada neste artigo permanecer licenciado do emprego, para exercer cargo de administração ou de representação sindical, será contado para aposentadoria especial.
>
> **Redação de 29.4.1995 a 27.6.1997**
>
> A aposentadoria especial será devida, uma vez cumprida a carência exigida nesta Lei, ao segurado que tiver trabalhado sujeito a condições especiais que prejudiquem a saúde ou a integridade física, durante 15 (quinze), 20 (vinte) ou 25 (vinte e cinco) anos, conforme dispuser a lei (Redação dada pela Lei n. 9.032/95).
>
> **Redação de 28.6.1997 a 10.12.1997**
>
> A aposentadoria especial será devida, uma vez cumprida a carência exigida nesta Lei, ao segurado que tiver trabalhado sujeito a condições especiais que prejudiquem a saúde ou a integridade física, durante quinze, vinte ou vinte e cinco anos, conforme dispuser o regulamento (*Redação dada pela Medida Provisória n. 1.523/96*).

57.1. Aposentadoria especial

57.1.1. Enquadramento por categoria profissional e mediante prova dos agentes nocivos

Tem direito a este benefício o segurado que tenha exercido atividade sujeita a condições especiais que prejudiquem a saúde ou a integridade física, durante quinze, vinte ou vinte e cinco anos, conforme a atividade.

O segurado deverá comprovar o tempo de trabalho e a exposição aos agentes nocivos previstos de forma permanente, não ocasional nem intermitente, durante o exercício em atividades que prejudiquem a saúde ou integridade física pelo período mínimo fixado.

Nesta espécie, o favor legal é justo na medida em que há presunção legal de prejudicialidade comparativamente a outras atividades. A princípio, todo trabalho, por mais simples ou menos desgastante que seja, naturalmente acarretará, além do desgaste, uma série de riscos à saúde. Em particular nas atividades sujeitas a condições especiais, o tempo de contribuição é reduzido pelas peculiares condições de trabalho, mais gravosas à saúde ou integridade física do trabalhador.

Tal norma vem ao encontro da Lei Maior, onde o legislador constituinte excepcionou a regra da vedação da adoção de critérios e requisitos diferenciados para aposentadoria ao RGPS às atividades exercidas sob condições especiais que prejudiquem a saúde ou integridade física do trabalhador.[167]

Tal benefício foi criado pela Lei n. 3.807/60[168] e a Lei n. 8.213/91 veio ao universo jurídico com a previsão no seu art. 57, estando claro que o reconhecimento do tempo especial somente pode ser feito a partir de 5.9.1960, data daquele diploma legal.

Por conta da norma transitória disposta no art. 152 da mesma lei,[169] que determinava a

---

(167) Art. 201, § 1º, na redação original. Atualmente o favor legal é estendido aos segurados portadores de deficiência, condicionando a normatização das hipóteses de incidência ao crivo mais rigoroso de Lei Complementar, de acordo com o que dispõe a EC n. 47, de 5.7.2005.
(168) Por tal razão é que o início do cômputo do tempo especial tem fluência a partir de 05.09.1960, data da Lei n. 3.807/60. A respeito, julgado assim ementado: "PREVIDENCIÁRIO. ATIVIDADE ESPECIAL. INÍCIO DO CÔMPUTO EM 5.9.1960. LEI N. 3.807/60. (Processo n. 2004.72.01.033889-8, Relator Juiz João Batista Lazzari, Sessão de 17.6.2004)" (Julgado extraído do Boletim de Jurisprudência n. 01/2005 da Turma Recursal dos Juizados Especiais Federais de Santa Catarina, elaborado pela equipe de gabinete do Juiz Federal João Batista Lazzari, então Presidente da Turma Recursal da Seção de Santa Catarina, disponível no *site* da Justiça Federal na internet (<www.jfsc.gov.br>), acessado em 5.11.2006, item 1.22.
(169) "A relação de atividades profissionais prejudiciais à saúde ou à integridade física deverá ser submetida à apreciação do Congresso Nacional, no prazo de 30 (trinta) dias a partir da data da publicação desta Lei, prevalecendo, até então, a lista constante da legislação atualmente em vigor para aposentadoria especial."

observância da legislação em vigor na época com relação às atividades que mereciam enquadramento como especial até apreciação pelo Congresso Nacional da nova lista de atividades no prazo de trinta dias, os Decretos ns. 53.831, de 25.3.1964 e 83.080, de 24.1.1979, vigentes à época, continuaram, em face da inércia legislativa, com a regulamentação da relação das atividades.

Por outro lado, em decorrência da omissão legislativa em não providenciar a Lei Complementar exigida pela Lei Magna, a EC n. 20/98 expressamente dilatou o prazo de vigência dos arts. 57 e 58 da Lei n. 8.213/91 no mesmo teor vigente na data da sua publicação.

Pode-se observar que nos já mencionados decretos que tratavam da aposentadoria especial, tal benefício era concedido mediante o reconhecimento, como especial, de determinadas categorias profissionais através do simples enquadramento nos seus anexos. Se a atividade estivesse prevista no elenco dos anexos, tal era especial e merecia o tratamento diferenciado.

A outra forma era pela previsão dos agentes nocivos. Se a atividade não estivesse prevista nos anexos, porém, se no desempenho das funções o trabalhador estivesse em contato com agentes nocivos previstos, também era possível o reconhecimento.[170]

Em outras palavras, o enquadramento por categoria profissional dispensava a prova da insalubridade, periculosidade ou penosidade, o que era feito por presunção relativa de veracidade. Já pelo sistema de prova dos agentes nocivos, não existe presunção legal da prejudicialidade, cabendo ao segurado se desincumbir de tal ônus probatório.

A idade de 50 anos exigida ao tempo da Lei n. 3.807/60 não mais é necessária.

Atividades insalubres, segundo o disposto no art. 189 da CLT, são aquelas que "..., por sua natureza, condições ou métodos de trabalho, exponham os empregados a agentes nocivos à saúde acima dos limites de tolerância fixados em razão da natureza e da intensidade do agente e do tempo de exposição aos seus efeitos".

A seu tempo, as atividades periculosas têm sua definição no art. 193 do mesmo diploma legislativo, a saber: "São consideradas atividades ou operações perigosas, na forma da regulamentação aprovada pelo Ministério do trabalho, aquelas que, por sua natureza ou métodos de trabalho, impliquem o contato permanente com inflamáveis ou explosivos em condições de risco acentuado".

Derradeiramente, atividade penosa, a seu turno, conquanto não tenha definição legal, não deixa de ter conceito muito bem elaborado por Wladimir Novaes Martinez, para quem "Pode ser considerada penosa a atividade produtora de desgaste no organismo, de ordem física ou psicológica, em razão da repetição de movimentos, condições agravantes, pensões e tensões próximas do indivíduo".[171]

Tal relação não é considerada exaustiva, mas sim, exemplificativa, mercê de um sem-número de atividades que, a despeito de falta de previsão legal, carregam em si algum fator nocivo que possa dar ensejo à sua classificação como insalubre, penosa ou perigosa. Corroborando tal entendimento, a Súmula n. 198 do extinto Tribunal Federal de Recursos, no sentido de "Atendidos os demais requisitos, é devida a aposentadoria especial, se perícia judicial constata que a atividade exercida pelo segurado é perigosa, insalubre ou penosa, mesmo não inscrita em regulamento".

Como exemplo de atividades tidas como penosas podem ser citadas as de professor, motorista de caminhão ou ônibus e cobrador de ônibus, vigia, vigilante e guarda etc.

A importância dos Decretos ns. 53.831/64 e 83.080/79 foi ainda mais reconhecida em face da inércia legislativa para a edição da propalada lei específica com o rol das atividades ensejadoras de aposentadoria especial,[172] conforme determinado pelo art. 58. A modificação operada pela Lei n. 9.528, de 10.12.1997, inovou ao passar a exigir, mediante complementação legisla-

---

(170) Nesta esteira a Súmula n. 198 do TRF da 4ª Região, dispondo que "Atendidos os demais requisitos, é devida a aposentadoria especial se perícia judicial constata que a atividade exercida pelo segurado é perigosa, insalubre ou penosa, mesmo não inscrita em regulamento".
(171) *Aposentadoria especial*, p. 30.
(172) "A relação de atividades profissionais prejudiciais à saúde ou à integridade física será objeto de lei específica".

tiva, a relação dos agentes nocivos ao invés das atividades e transferiu ao Poder Executivo tal responsabilidade legiferante.⁽¹⁷³⁾

A partir da Lei n. 9.032/95, não é mais permitido o enquadramento anos anexos dos Decretos ns. 53.831/64 e 83.080/79 para fins de concessão de aposentadoria especial. No entanto, a investigação acerca do reconhecimento da especialidade da atividade deve observar a legislação vigente à época da prestação do serviço, como salvaguarda do patrimônio jurídico do trabalhador. Assim, se o trabalho foi prestado em época em que a atividade mereça consideração como especial independentemente de prova da efetiva exposição ao agente, lei posterior não há como retirar o direito ao enquadramento. Desse modo, "(...) uma vez prestado o serviço sob a égide de legislação que o ampara, o segurado adquire o direito à contagem como tal, bem como à comprovação das condições de trabalho na forma então exigida, não se aplicando retroativamente uma lei nova que venha a estabelecer restrições à admissão do tempo de serviço especial". (Apelação Cível n. 2002.04.01.035335"2, do Rio Grande do Sul, Victor Luis dos Santos Laus, DJU 18.1.2006). Neste sentido, aliás, a Turma Recursal dos Juizados Especiais Federais, restritamente no âmbito de abrangência da Seção de Santa Catarina, acabou sumulando o entendimento de que "O enquadramento do tempo de atividade especial por categoria profissional prevalece somente até 28.4.1995 (Lei n. 9.032/95)" (Súmula n. 04).

Além disso, da nova redação dada ao § 3º do art. 57 pela mesma lei passou-se a exigir que o tempo de serviço exposto a algum agente nocivo tenha que ser habitual e permanente, ou seja, diariamente, prescindindo que seja integral. Nesta tarefa investigativa, a prova pericial revela-se de todo imprescindível, necessária à medição do grau e intensidade do agente agressivo. Já se decidiu: "(...) A prova pericial é indispensável para o reconhecimento de tempo de serviço especial, tratando-se de agentes nocivos que requerem a cuidadosa medição da quantidade e grau de penosidade e a habitualidade e a permanência da exposição". (TRF4, Apelação Cível n. 96.04.38586-0, Carlos Sobrinho, DJ 17.3.1999, p. 775).

Trabalho permanente, conforme redação dada ao art. 65 pelo Decreto n. 4.882, de 18.11.2003, aquele que é exercido de forma não ocasional nem intermitente, no qual a exposição do empregado, trabalhador avulso ou do cooperado ao agente nocivo seja indissociável da produção do bem ou da prestação do serviço. Para que se tenha como permanente não é imprescindível que a exposição abranja toda a jornada diária, sendo certo que, atingindo o limite de tolerância máximo fixado para exposição ao agente, ainda que antes do término da jornada, estará configurada a permanência; o importante, nesta perquirição, é a observação do grau de intensidade do agente e do tempo até atingir este nível, que, se no máximo, a partir de então estará o segurado sendo prejudicado em sua saúde ou integridade física caso não adotadas as medidas protetivas ou, quando sim, não forem suficientes a minimizar, a limites toleráveis, ou neutralizar a ação agressiva do agente. É preciso que a prestação do serviço, segundo orientação jurisprudência firmada, seja de forma diuturna, podendo até ser esporádica.⁽¹⁷⁴⁾

Colaciona-se o seguinte excerto pretoriano:

"Os requisitos da habitualidade e da permanência devem ser entendidos como não eventualidade e efetividade da função insalutífera, continuidade e não interrupção da exposição ao agente nocivo. A intermitência refere-se ao exercício da atividade em local insalubre de modo descontínuo, ou seja, somente em determinadas ocasiões. 4. Se o trabalhador desempenha diuturnamente suas funções em locais insalubres, mesmo que apenas em metade de sua jornada de trabalho, tem direito ao cômputo do tempo de serviço especial, porque estava exposto ao agente agressivo de modo constante, efetivo, habitual e permanente". (TRF4, AC 2000.04.01.073799-6, do Paraná, Luiz Carlos de Castro Lugon, DJU 9.5.2001).

Os períodos de descanso determinados pela legislação trabalhista, inclusive férias, os afasta-

---

(173) "A relação dos agentes nocivos químicos, físicos ou biológicos ou associação de agentes prejudiciais à saúde ou à integridade física considerados para fins de concessão de aposentadoria especial de que trata o artigo anterior será definida pelo Poder Executivo".
(174) "PREVIDENCIÁRIO. APOSENTADORIA ESPECIAL. ATIVIDADE DE RISCO. PERÍODO PARA CONVERSÃO. HABITUALIDADE E PERMANÊNCIA. 1. A atividade de engenheiro elétrico é considerada de risco. 2. O exercício esporádico de função não exposta a tensão de 250 Volts não desconfigura os requisitos de habitualidade e permanência, uma vez que em atividade de campo esta exposto a risco. 3. Remessa oficial improvida". (TRF da 4ª Região, Remessa Ex Officio n. 97.04.75096-0, Relator Des. Federal Edgard Antonio Lippmann Júnior, DJU de 28.4.1999, p. 1382).

mentos em função de percepção de auxílio-doença ou aposentadoria por invalidez acidentários, bem como de salário-maternidade, não suspendem a caracterização da exposição habitual e permanente se, no momento do afastamento, o segurado estava exercendo atividade considerada especial (parágrafo único do art. 65).

A nova lista substitutiva dos anexos dos Decretos ns. 53.831/64 e 83.080/79 somente veio ao ordenamento jurídico com o anexo IV do Regulamento dos Benefícios da Previdência Social, aprovado pelo Decreto n. 2.172, de 5 de março de 1997.

Atualmente, é o Decreto n. 3.048/99 que traz a classificação dos agentes nocivos químicos, físicos e biológicos que podem ensejar o reconhecimento da atividade como especial bem como o respectivo tempo mínimo exigido para inativação.

Como agentes físicos podem ser enquadradas "(...) diversas formas de energia a que possam estar expostos os trabalhadores, tais como os ruídos, as vibrações, as temperaturas anormais (frio ou calor), as pressões anormais, as radiações ionizantes, as não ionizantes, a umidade, e iluminação".[175]

Os ruídos variam de acordo com a frequência (exposição prolongada ou constante) e intensidade (forte ou fraco). Variando de acordo com a frequência, os ruídos podem ser: a) de impacto (explosões); b) intermitente (marreta); c) ou contínuo (motosserra). Acarretam efeitos diretos (redução da capacidade auditiva até evoluir para surdez permanente) e indiretos (percebidos a longo prazo, como alteração de humor, nervosismo, irritabilidade etc. Os ruídos contínuos ou intermitentes não podem ultrapassar os limites de tolerância fixados pela NR 15 do MTE.[176]

São considerados agentes químicos:

"(...) as substancias, compostos ou produtos que possam penetrar no organismo pela via respiratória, ou que, pela natureza da atividade de exposição, possam ter contato ou ser absorvidos pelo organismo através da pele ou por ingestão e que são manifestados por: névoas, neblinas, poeiras, fumos, gases, vapores de substâncias nocivas presentes no ambiente de trabalho, absorvidas pela via respiratória, bem como aqueles que forem passíveis de absorção por meio de outras vias; manifestados através de névoas, neblinas, poeiras, fumos, gases, vapores de substâncias nocivas no ambiente de trabalho, etc".[177]

Podem materializar-se de forma líquida, sólida ou gasosa.

Por fim, agentes biológicos podem ser assim considerados os "...micro-organismos como bacilos, bactérias, fungos, parasitas, etc.[178]

57.1.2. Carência

O período mínimo de contribuições mensais a que estão sujeitos os segurados que pretenderem obter aposentadoria especial obedece à regra geral do art. 25 da Lei n. 8.213/91, ou seja, cento e oitenta. Por outro lado, os segurados que já tiveram em algum momento antes de 24.7.1991 o vínculo de filiação ao RGPS, mesmo não filiados naquela data, são favorecidos com a norma transitória do art. 142 da mesma lei, tendo que cumprirem o requisito pecuniário de forma progressiva, ou seja, quanto mais além daquela data satisfizerem os requisitos necessários, maior o número de contribuições que terão que ter para fazerem jus ao benefício.

Tema que encerra estreita relação com a carência, mas divergente em sua essência, é a qualidade de segurado, despicienda a partir da modificação do Decreto n. 3.048/99 pelo Decreto n. 4.729, de 9.6.2003.[179]

57.1.3. Renda mensal inicial

Pelo teor do art. 57, § 1º da Lei n. 8.213/91, com a modificação introduzida pela Lei n.

---

(175) HORVATH JÚNIOR, Miguel. *Direito previdenciário*, p. 221.
(176) *Idem, Ibidem*, p. 222.
(177) *Idem, Ibidem*, p. 224.
(178) *Idem, Ibidem*, p. 225.
(179) § 5º, do art. 13, do Decreto n. 3.048/99: "A perda da qualidade de segurado não será considerada para a concessão das aposentadorias por tempo de contribuição e especial".

9.032/95, a renda mensal inicial da aposentadoria por invalidez será de 100% do salário de benefício, observadas as normas que servem de suporte ao cálculo dos demais benefícios previdenciários, em especial a que determina os limites mínimo e máximo do valor dos benefícios, segundo o disposto no art. 33.

Na forma original, a renda mensal inicial consistia numa parcela fixa de 85% do salário de benefício e outra variável na base de 1% deste para cada grupo de 12 contribuições mensais, limitado a 100% do salário de benefício. A componente variável de 1% para cada grupo de 12 contribuições só pode ser derivada do tempo de serviço especial. Com isso, as antigas aposentadorias especiais com conversão de tempo comum para especial tiveram seus coeficientes majorados apenas com os tempos das atividades especiais.

Outra não pode ser a exegese deste dispositivo, do contrário todas as aposentadorias especiais teriam sempre o coeficiente de 100% caso fosse composto, inclusive, pelo tempo da atividade comum. Se existir apenas período de atividade especial, não haverão maiores problemas na aplicação deste artigo, sendo sempre de 100% a RMI.

Não se deve esquecer que à aposentadoria especial não se aplica o fator previdenciário no cálculo do salário de benefício, mercê do que dispõe o art. 29, inciso II, da Lei n. 8.213/91.

57.1.4. Conversão do tempo de serviço

A Lei n. 8.213/91 entrou em vigor possibilitando, pelo § 3º do art. 57, a conversão de tempo de atividade alternadamente exercido em comum e especial e a respectiva soma para concessão de aposentadoria por tempo de serviço/contribuição ou especial. Até então, estava clara a possibilidade de concessão de aposentadoria por tempo de serviço/contribuição ou especial mediante a soma de períodos comuns ou especiais convertidos.

Entretanto, como mais adiante se verá, a partir da modificação operada naquele dispositivo pela Lei n. 9.032/95, somente é possível, a partir de então, a concessão de aposentadoria especial com tempo exercido exclusivamente em atividades especiais, iguais ou diferentes, sendo abolida a conversão de tempo de atividade comum em especial. Por outro lado, possuindo tempo exercido em atividade comum e especial, a única alternativa permitida juridicamente, segundo a legislação ainda hoje vigente, é a conversão do tempo especial em comum, porém, com certa limitação de ordem temporal.

Diga-se de passagem que esta modificação não se aplica ao tempo de serviço exercido anteriormente a 29.4.1995, data da publicação da Lei n. 9.032/95, em homenagem ao princípio *tempus regit actum*.

Nos dias atuais, as regras concernentes à única possibilidade de conversão de tempo de serviço (especial para comum) têm como suporte legal o art. 28 da Lei n. 9.711, de 20.11.1998, que convalidou a Medida Provisória n. 1663-14, a qual manteve a redação do art. 28 da Medida Provisória n. 1.663-10, de 28.5.1998,[180] responsável pela revogação expressa do § 5º do art. 57 da Lei n. 8.213/91, no texto da Lei n. 9.032/95.[181]

O Decreto n. 2.782, de 14 de setembro de 1998,[182] regulamentando a Lei n. 9.711/98, além de autorizar a conversão do tempo de serviço especial em comum até 28 de maio de 1998,

---

(180) "O Poder Executivo estabelecerá critérios para a conversão do tempo de trabalho exercido até 28 de maio de 1998, sob condições especiais que sejam prejudiciais à saúde ou à integridade física, nos termos dos arts. 57 e 58 da Lei n. 8.213/91, na redação dada pelas Leis ns. 9.032, de 28 de abril de 1995, e 9.528, de 10 de dezembro de 1997, e de seu regulamento, em tempo exercido em atividade comum, desde que o segurado tenha implementado percentual do tempo necessário para a obtenção da respectiva aposentadoria especial, conforme estabelecido em regulamento".
(181) A Turma Nacional de Uniformização de Jurisprudência dos Juizados Especiais Federais acabou acolhendo este entendimento, editando a Súmula n. 16, assim redigida: "A conversão em tempo de serviço comum, do período trabalhado em condições especiais, somente é possível relativamente à atividade exercida até 28 de maio de 1998 (art. 28 da lei n. 9.711/98)".
(182) "O tempo de trabalho exercido até 28 de maio de 1998, com efetiva exposição do segurado aos agentes nocivos químicos, físico, biológicos ou associação de agentes nos termos do Anexo IV do Regulamento dos Benefícios da Previdência Social — RBPS, aprovado pelo Decreto n. 2.172, de 5 de março de 1997, será somado, após a respectiva conversão, ao tempo de trabalho exercido em atividade comum, desde que o segurado tenha implementado, até aquela data, pelo menos, vinte por cento do tempo necessário para a obtenção da respectiva aposentadoria especial, observada a seguinte tabela: (...)".

trouxe os percentuais mínimos de tempo de atividade especial exercido até aquela data, exigidos pelo art. 28 da Lei n. 9.711/98, para que o segurado possa utilizar-se desta regra, sendo 3, 4 e 5 anos para as atividades com tempo mínimo, respectivamente de 15, 20 e 25 anos. Atualmente não mais é possível a conversão do tempo de serviço especial em comum para o período posterior a 28 de maio de 1998, mercê do que dispõe o art. 28 da Lei n. 9.711/98, que, conquanto inseriu no ordenamento jurídico fator de ordem temporal limitativo, não revogou expressamente o § 5º do art. 57 da Lei n. 9.032/95, apenas inserindo aquele marco final, embora o tenham feito as medidas provisórias que lhe deram origem.

Entretanto, na seara jurisprudencial, o TRF4 já teve oportunidade de decidir questão semelhante, encampando a dicção da higidez do § 5º, do aludido art. 57, a despeito da regulamentação do tema pela nova redação do art. 28 da Lei n. 9.711/98, que, se pretendia revogar a possibilidade de adoção do tempo diferenciado, perdeu a oportunidade de fazê-lo expressamente, com o que se deduz que revogação propriamente dita não houve.

Assim foi decidido na Apelação Cível n. 2002.04.01.024830-1, do Rio Grande do Sul, Relator Juiz Federal Ricardo Teixeira do Valle Pereira, DJU 9.7.2003, p. 452, cuja ementa restou dessa forma redigida, aqui reproduzida apenas na parte pertinente à matéria:

> "PREVIDENCIÁRIO. RECONHECIMENTO DE ATIVIDADES EXERCIDAS EM CONDIÇÕES ESPECIAIS. CONCESSÃO DO BENEFÍCIO DE ATS PROPORCIONAL HONORÁRIOS ADVOCATÍCIOS E CUSTAS. APRECIAÇÃO EM SEDE DE REEXAME NECESSÁRIO. INVIABILIDADE. 1.Como a Lei n. 9.711, de 20.11.98, resultante da conversão da MP 1.663-10, de 28.5.98, não contém dispositivo determinando a expressa revogação do § 5º do art. 57 da LB (as MPs que antecederam a lei tinham dispositivo neste sentido), em verdade revogação de tal dispositivo não houve. Assim, não há óbice à conversão de tempo de atividade especial em tempo comum (...)".

E foi consoante esta ressalva técnica de que não houve revogação expressa do aludido dispositivo que, mediante decisão antecipatória dos efeitos da tutela na Ação Civil Pública n. 200.71.00.030435-2, a autarquia previdenciária foi compelida a proceder a conversão dos períodos de atividades especiais em comum independentemente da data do requerimento do benefício ou do período em que o serviço foi prestado, mesmo para tempos anteriores ou posteriores a 28 de maio de 1998. A sentença acolheu a liminar anteriormente concedida e o Tribunal Regional Federal da 4ª Região manteve o decisório singular, apenas ressalvando com modificação no valor da multa imposta. Porém, o Superior Tribunal de Justiça deu provimento ao Recurso Especial (531.419-RS) interposto pelo INSS, baseado na ilegitimidade do *parquet* federal para promover ação civil pública objetivando defender direitos dos segurados da Previdência. Ao Recurso Extraordinário interposto pelo MP federal não se deu seguimento, tendo a decisão transitado em julgado.

Por outro lado, o Superior Tribunal de Justiça já firmou seu posicionamento de que, conquanto não de forma expressa, o § 5º do art. 57 restou tacitamente revogado pelo art. 28 da Lei n. 9.711/98 ao inserir o limitativo temporal nas regras permissivas da conversão, constituindo impeditivo à conversão.

Passando por cima dessa polêmica legislativa, o Regulamento da Previdência Social, com nova redação nos arts. 66 e 70, dada pelo Decreto n. 4.827, de 3 de setembro de 2003, inovou na matéria ao voltar a permitir a conversão de tempos de atividade especiais e períodos de atividade especial em comum.

Segundo art. 66, para o segurado que houver exercido sucessivamente duas ou mais atividades sujeitas a condições especiais prejudiciais à saúde ou à integridade física, sem completar em qualquer delas o prazo mínimo exigido para a aposentadoria especial, os respectivos períodos serão somados após conversão, conforme relação abaixo, considerada a atividade preponderante:

	Para 15	Para 20	Para 25
De 15 anos	-	1,33	1,67
De 20 anos	0,75	-	1,25
De 25 anos	0,60	0,80	-

Um exemplo pode facilitar a compreensão.

O sujeito exerceu 10 anos em atividade de vigilante, mais 15 anos em outra que permite aposentadoria com 20 anos de serviço. A aposentadoria como vigilante é concedida mediante 25 anos de contribuição. Individualmente consideradas, não há possibilidade de nenhuma aposentadoria especial, porém somando-se os tempos após a conversão da atividade de vigilante para a outra de 20 anos, que é preponderante (ou seja, tem o maior tempo), mediante multiplicação (10.0,80), o resultado é a diminuição do tempo da atividade de vigilante para 8 anos e uma concessão de aposentadoria especial com 28 anos de serviço no benefício especial preponderante.

O art. 70, por sua vez, permite a conversão de períodos prestados sob condições especiais em tempo comum, seguindo regras matemáticas de proporcionalidade que variam de acordo com a atividade prestada, observando os índices multiplicadores respectivos de acordo com a seguinte tabela:

	Mulher (para 30)	Homem (para 35)
De 15 anos	2,00	2,33
De 20 anos	1,50	1,75
De 25 anos	1,20	1,40

A referência exclusivamente à aposentadoria do homem *para 35* ou mulher *para 30* não significa, necessariamente, que só é permitida, convertendo-se o tempo, aposentadoria integral. Mesmo que o total do tempo perfaça um mínimo para aposentadoria proporcional, na época em que permitida tal prestação, a conversão é permitida e o direito à aposentadoria garantido.

Não obstante estar hoje praticamente hígida a conversão do tempo de serviço para atividade comum, seja por força do art. 28 da Lei n. 9.711/98 (neste caso até 28 de maio de 1998), ou mercê da Ação Civil Pública n. 2000.71.00.030435-2 (nesta hipótese independentemente de marco final), ou, por fim, através da normativa do INSS (Decreto n. 3.048/99, art. 70, na redação dada pelo Decreto n. 4.827, de 3 de setembro de 2003), cremos, particularmente, ser possível a dita conversão independentemente do tempo exercido. Isto porquanto a Emenda Constitucional n. 20/98, em seu art. 15, prolongou a vigência dos arts. 57 e 58 da Lei n. 8.213/91, mantendo a redação que eles possuíam na data de sua publicação (16.12.1998).

Dita diploma constitucional está com a seguinte redação:

"Art. 15. Até que a lei complementar a que se refere o art. 201, § 1º, da Constituição Federal, seja publicada, permanece em vigor o disposto nos arts. 57 e 58 da Lei n. 8.213, de 24 de julho de 1991, na redação vigente à data da publicação desta Emenda".

O texto em vigor do art. 57 da LB, no momento da publicação da EC n. 20, ainda que se possa argumentar o contrário (por força de interpretação que considera revogado aquele dispositivo em função do art. 28 da Lei n. 9.711/98), tinha a redação que lhe impunha a Lei n. 9.032/95, assim redigido:

"§ 5º O tempo de trabalho exercido sob condições especiais que sejam ou venham a ser consideradas prejudiciais à saúde ou à integridade física será somado, após a respectiva conversão ao tempo de trabalho exercido em atividade comum, segundo critérios estabelecidos pelo Ministério da Previdência e Assistência Social, para efeito de concessão de qualquer benefício" (*Parágrafo acrescentado pela Lei n. 9.032, de 28.4.95*).

Existiram outras ações judiciais tentando impugnar a validade da pretendida revogação do § 5º do art. 57.

Com efeito, o Partido dos Trabalhadores, o Partido Comunista do Brasil, e o Partido Democrático Trabalhista, promoveram ação direta de inconstitucionalidade perante o STF, a qual recebeu o n. 1.844, do Distrito Federal, buscando a declaração de inconstitucionalidade da revogação do § 5º do art. 57 pela Medida Provisória n. 1.663-10, de 28.5.1998. O Supremo Tribunal Federal não apreciou o mérito da questão por entrever que aquela MP já tinha sido revogada por suas reedições posteriores até culminar na Lei n. 9.711/98, sendo este o diploma normativo que deveria ser impugnado e não as Medidas Provisórias que lhe antecederam.

À guisa de conclusão, independentemente da incógnita jurídica em torno da exegese a partir do art. 28 da Lei n. 9.711/98, sobre se houve ou não revogação do § 5º, do art. 57, é certo que o Regulamento da Previdência Social passou a defender que, "Nos termos do Decreto n. 4.827, de 3 de setembro de 2003, é possível a conversão do tempo exercido em qualquer época".[183]

Mais recentemente, o Superior Tribunal de Justiça disponibilizou no site da internet julgado direcionado à possibilidade de conversão sem limitação temporal, valendo colacionar aresto assim ementado:

> "PREVIDENCIÁRIO E PROCESSUAL CIVIL. RECURSO ESPECIAL. JULGAMENTO EXTRA PETITA E REFORMATIO IN PEJUS. NÃO CONFIGURADOS. APOSENTADORIA PROPORCIONAL. SERVIÇO PRESTADO EM CONDIÇÕES ESPECIAIS. CONVERSÃO EM TEMPO COMUM. POSSIBILIDADE. 1. Os pleitos previdenciários possuem relevante valor social de proteção ao Trabalhador Segurado da Previdência Social, sendo, portanto, julgados sob tal orientação exegética. 2. Tratando-se de correção de mero erro material do autor e não tendo sido alterada a natureza do pedido, resta afastada a configuração do julgamento extra petita. 3. Tendo o Tribunal *a quo* apenas adequado os cálculos do tempo de serviço laborado pelo autor aos termos da sentença, não há que se falar em *reformatio in pejus*, a ensejar a nulidade do julgado. 4. O Trabalhador que tenha exercido atividades em condições especiais, mesmo que posteriores a maio de 1998, tem direito adquirido, protegido constitucionalmente, à conversão do tempo de serviço, de forma majorada, para fins de aposentadoria comum. 5. Recurso Especial improvido. Vistos, relatados e discutidos estes autos, acordam os Ministros da QUINTA TURMA do Superior Tribunal de Justiça, na conformidade dos votos e das notas taquigráficas a seguir, prosseguindo no julgamento, por unanimidade, conhecer do recurso, mas lhe negar provimento. Os Srs. Ministros Felix Fischer, Laurita Vaz e Arnaldo Esteves Lima votaram com o Sr. Ministro Relator. Não participou do julgamento a Sra. Ministra Jane Silva (Desembargadora convocada do TJ/MG) — Art. 162, § 2º do RISTJ. Brasília/DF, 29 de agosto de 2007 (Data do Julgamento)" (Recurso Especial n. 956110, de São Paulo, Relator Ministro Napoleão Nunes Maia Filho).

Extrai-se de excerto do acórdão referido que o direito do segurado da Previdência Social, a amparar a possibilidade do tempo diferenciado, está amparado constitucionalmente, *ex vi* do art. 201, § 1º, da Carta Magna de 1988, que prevê a eleição de critérios diferenciados para trabalhadores em situação de insalubridade, periculosidade ou penosidade.

Logo, qualquer violação à regra constitucional, partindo das regras de normatização hierarquicamente inferiores, inquinaria de inconstitucionalidade o preceito dela decorrente.

De notar-se que atualmente o Superior Tribunal de Justiça vem sufragando o seu entendimento a respeito da possibilidade de conversão do tempo de serviço especial em comum mesmo para períodos posteriores àquele marco final (28.5.1998). No âmbito jurisdicional de abrangência dos Juizados Especiais Federais a possibilidade vem sendo admitida sem qualquer restrição.

57.1.5. Proibição de retorno ao exercício de atividade especial

Antes do § 8º, acrescentado pela Lei n. 9.732, de 11.12.1998 ao art. 57 da LB, vigia o § 6º da mesma lei, no texto dado pela Lei n. 9.032/95, dispondo a respeito da vedação ao segurado titular de aposentadoria especial de continuar exercendo atividades especiais.

O § 8º da Lei n. 9.732/98 determina que seja aplicada a mesma sanção prevista para o aposentado por invalidez ao titular de aposentadoria especial que se manteve no exercício desta espécie de atividade, ou seja, o cancelamento automático.

Críticas ou elogios à parte, há de ser feita uma ressalva a este dispositivo no sentido de que o cancelamento não pode ser automático, como expresso, sendo dependente do crivo do contraditório e ampla defesa em processo administrativo definido em lei para esta finalidade.

Sendo a decisão administrativa final pelo cancelamento do benefício, aí sim é que o segurado estará sujeito a todos os seus efeitos. O que é importante mencionar também, neste particular, é que a aposentadoria somente será cancelada, permanecendo nesta condição, enquanto o segurado estiver trabalhando na atividade especial, porque, uma vez tendo ele deixado o exercício, voltará a usufruir do benefício de que era titular, em homenagem ao princípio do direito adquirido.

57.1.6. Custeio específico para aposentadoria especial

Entendeu o legislador que para fazer frente à redução de caixa decorrente do tempo diminuído da aposentadoria especial, a empresa que manter trabalhadores nestas condições será one-

---

(183) HORVATH JÚNIOR, Miguel. *Direito previdenciário*, p. 226.

rada com um acréscimo de doze, nove ou seis pontos percentuais para cada trabalhador, incidente sobre a contribuição já destinada para este fim prevista no art. 22, inciso II da Lei n. 8.212/91, respectivamente nas atividades cujo tempo de contribuição seja de 15, 20 ou 25 anos.

Este acréscimo na contribuição incide apenas sobre a remuneração do trabalhador que exerce a atividade tida como especial, excluindo-se de tal exação os demais empregados da mesma empresa ou de uma forma geral.

57.1.7. Data de início do benefício

Da mesma forma da aposentadoria por idade, ou seja, ao segurado empregado, a partir da data do desligamento do emprego quando requerida até esta data ou em até 90 dias depois dela, ou da data do requerimento quando não houver desligamento do emprego ou quando requerida após o prazo de 90 dias.

Em relação aos demais segurados, a partir da data do requerimento.

Art. 58. A relação dos agentes nocivos químicos, físicos e biológicos ou associação de agentes prejudiciais à saúde ou à integridade física considerados para fins de concessão da aposentadoria especial de que trata o artigo anterior será definida pelo Poder Executivo. (*Redação dada pela Lei n. 9.528, de 10.12.97*)

§ 1º A comprovação da efetiva exposição do segurado aos agentes nocivos será feita mediante formulário, na forma estabelecida pelo Instituto Nacional do Seguro Social — INSS, emitido pela empresa ou seu preposto, com base em laudo técnico de condições ambientais do trabalho expedido por médico do trabalho ou engenheiro de segurança do trabalho nos termos da legislação trabalhista. (*Redação dada pela Lei n. 9.732, de 11.12.98*)

§ 2º Do laudo técnico referido no parágrafo anterior deverão constar informação sobre a existência de tecnologia de proteção coletiva ou individual que diminua a intensidade do agente agressivo a limites de tolerância e recomendação sobre a sua adoção pelo estabelecimento respectivo. (*Redação dada pela Lei n. 9.732, de 11.12.98*)

§ 3º A empresa que não mantiver laudo técnico atualizado com referência aos agentes nocivos existentes no ambiente de trabalho de seus trabalhadores ou que emitir documento de comprovação de efetiva exposição em desacordo com o respectivo laudo estará sujeita à penalidade prevista no art. 133 desta Lei. (*Parágrafo acrescentado pela Lei n. 9.528, de 10.12.97*)

§ 4º A empresa deverá elaborar e manter atualizado perfil profissiográfico abrangendo as atividades desenvolvidas pelo trabalhador e fornecer a este, quando da rescisão do contrato de trabalho, cópia autêntica desse documento. (*Parágrafo acrescentado pela Lei n. 9.528, de 10.12.97*)

Redações anteriores

Redação do § 1º de 25.7.1991 a 13.12.1998

§ 1º A comprovação da efetiva exposição do segurado aos agentes nocivos será feita mediante formulário, na forma estabelecida pelo Instituto Nacional do Seguro Social — INSS, emitido pela empresa ou seu preposto, com base em laudo técnico de condições ambientais do trabalho expedido por médico do trabalho ou engenheiro de segurança do trabalho. (*Parágrafo acrescentado pela Lei n. 9.528/97*)

Redação do § 2º de 25.7.1991 a 2.12.1998

§ 2º Do laudo técnico referido no parágrafo anterior deverão constar informação sobre a existência de tecnologia de proteção coletiva que diminua a intensidade do agente agressivo a limites de tolerância e recomendação sobre a sua adoção pelo estabelecimento respectivo. (*Parágrafo acrescentado pela Lei n. 9.528/97*)

Forma original

A relação de atividades profissionais prejudiciais à saúde ou à integridade física será objeto de lei específica.

58.1. Comprovação dos agentes nocivos

Quanto à comprovação da especialidade, a partir da Lei n. 9.732, de 11.12.1998 "a comprovação da efetiva exposição do segurado aos agentes nocivos será feita mediante formulário, na forma estabelecida pelo Instituto Nacional do Seguro Social — INSS, emitido pela empresa ou seu preposto, com base em laudo técnico de condições ambientais do trabalho expedido por médico do trabalho ou engenheiro de segurança do trabalho nos termos da legislação trabalhista".

Com o decorrer do tempo e em virtude das modificações legislativas, os formulários para tal comprovação foram recebendo as denominações de SB 40 e DSS 8030 e DIRBEN-8030.

No entanto, com a nova redação dada ao § 2º do art. 68 do Decreto n. 3.048/99 pelo Decreto n. 4.032, de 26.11.2001, tal formulário recebeu a denominação de Perfil Profissiográfico Previdenciário, também emitido pela empresa conforme modelo previamente estabelecido por instruções normativas a cargo do INSS. Os antigos formulários já mencionados são necessários para o período anterior ao PPP.

No que concerne ao período em que o laudo passou a ser exigido, vale citar a Súmula n. 05 da Turma Recursal dos Juizados Especiais Federais Catarinense, no sentido de que "Exige-se laudo técnico para comprovação da efetiva sujeição do segurado a agentes agressivos somente em relação à atividade prestada a partir de 6.3.1997 (Decreto n. 2.172/97), exceto quanto ao ruído, para o qual é imprescindível aquela prova também no período anterior". Isto se deu porquanto nas alterações promovidas pela Lei n. 9.032/95 ao texto originariamente vindo ao ordenamento pela Lei n. 8.213/91, ainda não existia, segundo aquelas alterações, a exigência de laudo técnico para corroborar os formulários, o que aconteceu somente com o acréscimo do § 1º ao art. 58 operado pela Medida Provisória n. 1.523 de 14.10.96, posteriormente convalidada pela Medida Provisória de n. 1.596, de 11.11.97, definitivamente transformada na Lei n. 9.528, de 11.12.97, responsável pela alteração legislativa que passou a exigir o laudo.

A tabela a seguir pode contribuir a uma panorâmica do assunto, conjugando enquadramento legal com meio de comprovação dos agentes nocivos:

Até 28.4.1995	Anexos aos Decretos 83.080/79 e 53.831/64 Formulário SB 40 Laudo técnico somente para ruído
De 29.4.1995 a 5.3.1997	Anexos aos Decretos 83.080/79 e 53.831/64 Formulário SB 40 Laudo técnico somente para ruído
A partir de 6.3.1997	Anexo IV do Decreto n. 2.172/97 Laudo técnico

De mais a mais, os documentos que instruem o pedido de aposentadoria especial, especificamente os formulários necessários e o laudo técnico quando imprescindível, devem ser analisados pela perícia médica do INSS.

Todavia já se decidiu que a prova testemunhal também pode servir à demonstração da efetiva exposição aos agentes agressivos, corroborando a documentação exigida pela legislação.[184] Ao demais, vale comprovar tempo de atividade considerada especial quando anotação em carteira de trabalho atesta o exercício de função que pode ser enquadrada pela categoria profissional, sendo prescindíveis demais provas como laudo técnico ou formulários exigidos administrativamente.[185] No mesmo sen-

---

(184) "PREVIDÊNCIA SOCIAL — APOSENTADORIA ESPECIAL — TEMPO DE SERVIÇO EM ATIVIDADE INSALUBRE COM ESPEQUE EM PROVAS MATERIAL E TESTEMUNHAL — PEDIDO PROCEDENTE. 1 — Documentos que comprovam o exercício de atividade insalubre, não contestados pelo Réu e confirmados por testemunha em audiência, são hábeis à comprovação do tempo de serviço para concessão de aposentadoria especial (Lei n. 8.213/91, art. 55, § 3º). 2 — Apelação Provida. 3 — Sentença reformada" (TRF da 1ª Região, Apelação Cível n. 94.01.17204-8, de Minas Gerais, DJ de 14.12.1998, p. 66).
(185) "AGRAVO DE INSTRUMENTO. ANTECIPAÇÃO DE TUTELA. RESTABELECIMENTO DE APOSENTADORIA POR TEMPO DE SERVIÇO. VEROSSIMILHANÇA DEMONSTRADA NA DOCUMENTAÇÃO QUE INSTRUI O PRESENTE RECURSO. AUTOR ACOMETIDO DE PROBLEMAS DE SAÚDE. FUNDADO RECEIO DE DANO IRREPARÁVEL OU DE DIFÍCIL REPARAÇÃO VERIFICADO. 1. Considerando que a documentação que ora o Instituto agravado rechaça é a mesma aceita por ele quando da concessão do jubilamento cancelado e que a comprovação do exercício de atividade enquadrável como especial nos decretos regulamentadores e/ou na legislação especial pode se dar através de qualquer meio de prova, nada obsta a que a CTPS se preste a configurar que o labor desempenhado entre 1973 e 1979 ocorreu sob circunstâncias idôneas a dar azo à contagem diferenciada. Por outro lado, como o tempo de serviço na condição de mecânico ajustador e torneiro mecânico"mecânico líder, que teve lugar entre 1979 e 1989, sucedeu sob enquadramento profissional idêntico àquele demonstrado nos interregnos anteriores, além de que a especialidade da atividade restou comprovada em documentos carreados aos autos, dúvidas não há de que se mostra imprópria a atuação administrativa de excluir esse período. 2. Se remanesce intocada, portanto, a contagem do tempo de serviço, afigura"se verossímil o pleito autoral para reverter o encerramento do benefício, desiderato a que a propugnada retroação irregular da data de entrada do requerimento e a alegada majoração são incapazes de impedir. 3. Estando o autor acometido por sério problema

tido, confira julgado do Tribunal Regional Federal da 3ª Região.(186)

Mediante as informações contidas no laudo técnico, a empresa deve preencher e fornecer ao empregado o formulário correspondente, informando todos os dados necessários a fim de caracterização da atividade como especial, principalmente sobre a existência de tecnologia de proteção coletiva ou individual que diminua a intensidade do agente agressivo a limites de tolerância e recomendação sobre a sua adoção pelo estabelecimento respectivo.

A utilização de equipamentos de proteção individual somente desnatura a especialidade da atividade se eliminar a nocividade do agente agressivo.(187) É muito comum a menção nos formulários preenchidos pela empresa a entrega ao empregado de EPI. No entanto, deve-se ter como provado não apenas a entrega do referido equipamento, mas principalmente a sua efetiva utilização e eliminação dos agentes.

Particularmente com relação ao agente ruído, em contradição com este entendimento, a Turma Nacional de Uniformização de Jurisprudência dos Juizados Especiais de âmbito federal, através da Súmula n. 9, consolidou que "O uso de equipamento de proteção individual (EPI), ainda que elimine a insalubridade, no caso de exposição a ruído, não descaracteriza o tempo de serviço especial prestado".

58.2. Início do direito à conversão do tempo de serviço

Os procedimentos relativos à conversão de tempo de serviço obedecem à legislação vigente por ocasião do requerimento administrativo ou do momento em que implementados os requisitos, e não do momento em que prestado o serviço. Se, na ocasião em que requerido o benefício, houver na legislação previdenciária permissivo autorizando a conversão com relação ao tempo de serviço prestado, inexiste argumento administrativo em contrário que possa rechaçar o direito à conversão, somente exigindo-se aferição se ao tempo em que exercida a atividade existia enquadramento legal, nos anexos regu-

---

de saúde, que compromete sua capacidade laborativa e que lhe exige maiores cuidados e gastos com medicamentos, está evidenciado o fundado receio de dano irreparável ou de difícil reparação. 4. Presentes os requisitos do art. 273 do CPC, há que ser deferida a antecipação dos efeitos da tutela negada na decisão impugnada". (Agravo de Instrumento n. 2004.04.01.045532-7, de Santa Catarina, Relator Des. Federal João Batista Pinto Silveira, DJU de 1º.3.2006, p. 353). *Mutatis mutandis*, confira também: "PREVIDENCIÁRIO. APOSENTADORIA ESPECIAL. A atividade de mecânico ajustador desempenhada por mais de 25 anos em empresas do ramo com demonstração razoável dispensa a realização de perícia técnica judicial, sendo pertinente à conversão dos benefícios, as anotações na CTPS e provas testemunhais são suficientes. Apelação improvida". (Apelação Cível n. 97.04.46105-4, Rio Grande do Sul, Maria de Fátima Freitas Labarrere, DJU de 18.2.1998, p. 667).
(186) "PREVIDENCIÁRIO. APOSENTADORIA POR TEMPO DE SERVIÇO. ATIVIDADE ESPECIAL. RECONHECIMENTO DE SEU EXERCÍCIO. CONVERSÃO PARA TEMPO DE SERVIÇO COMUM. CONCESSÃO DO BENEFÍCIO, NA FORMA PROPORCIONAL. VIABILIDADE. TERMO INICIAL. RENDA MENSAL INICIAL. HONORÁRIOS PERICIAIS E ADVOCATÍCIOS. ANTECIPAÇÃO DE TUTELA (...) XII — A profissão exercida pelo apelado — soldador — está expressamente mencionada no código 2.5.3 do Anexo II do Decreto n. 83.080/79, que se refere aos segurados do grupo 'Operações Diversas' — 'Operadores de máquinas pneumáticas. Rebitadores com marteletes pneumáticos. Cortadores de chapa a oxiacetileno. Esmerilhadores. Soldadores (solda elétrica e a oxiacetileno). Operadores de jatos de areia com exposição direta à poeira. Pintores a pistola (com solventes hidrocarbonados e tintas tóxicas). Foguistas'.
XIII — No que diz respeito ao período de 30 de abril de 1970 a 27 de novembro de 1971, o procedimento administrativo veio instruído de SB-40, do qual extrai-se ter o apelado trabalhado para Olma S/A — Óleos Vegetais, quando, sob a designação genérica de operário, executava, na verdade, serviços de soldador no setor de oficina e na área industrial da empregadora, realizando manutenção preventiva e corretiva, além de auxiliar na produção, com o manuseio de solda elétrica e solda oxiacetileno.
XIV — Quanto aos demais períodos — 27 de agosto de 1984 a 31 de outubro de 1985, 1º de novembro de 1985 a 07 de novembro de 1986 e 15 de outubro de 1996 a 30 de abril de 1997 —, o trabalho de soldador veio atestado pelo próprio registro dos respectivos contratos de trabalho na CTPS do apelado, o que por si só bastaria para tornar induvidosa a condição ESPECIAL da atividade. XV — Além disso, a título de confirmação integral do fato, a inicial veio instruída por formulários SB-40, expedidos pelas empregadoras EQUIPAL Indústria de Equipamentos Agrícolas Ltda., U.S.A. — Usina Santo Angelo Ltda. e DZ S/A Engenharia, Equipamentos e Sistemas, nos quais consta a profissão de soldador então exercida, sempre de forma habitual e permanente". (Apelação Cível n. 1048509, de São Paulo, Relatora Juíza Marisa Santos, DJU de 17.8.2006, p. 1015).
(187) "PREVIDENCIÁRIO. APOSENTADORIA ESPECIAL. EQUIPAMENTO DE PROTEÇÃO INDIVIDUAL. Se a insalubridade eliminada pelo fornecimento de equipamento individual de proteção, inadmissível o enquadramento do trabalho como especial. A exposição a riscos à saúde que justifica a concessão de aposentadoria especial. Eliminada a insalubridade, o trabalho se torna comum, não havendo nenhuma justificativa para o reconhecimento do trabalho como atividade especial para fins de aposentadoria. Apelação provida em parte. Decisão Unânime" (AC n. 98.04079194, de Santa Catarina, Relator Juiz João Surreaux Chagas, DJU 9.10.98, p. 676).

lamentadores da matéria (Decretos ns. 53.831/64, 83.080/79, 2.172/97 e 3.048/99) para caracterização da especialidade.

58.3. Fator de conversão

Frequentemente, e agora com mais intensidade, o INSS vem se insurgindo, nas demandas judiciais, quanto ao fator de conversão utilizado para fins de transformação do tempo de serviço exercido em atividade especial para concessão de aposentadoria por tempo de serviço, ou seja, em tempo comum.

O argumento comumente utilizado se baseia em que na perquirição do fator adequado o momento a ser analisado é a época da prestação do serviço.

O judiciário considera que o conversor adequado para a conversão do tempo de serviço se dá pela proporcionalidade do tempo previsto para aposentadoria especial (15, 20 ou 25 anos), dependendo da atividade, em relação ao tempo mínimo exigido para aposentadoria por tempo de contribuição/serviço, segundo a legislação vigente na data de início do benefício.

A adoção da data do requerimento administrativo ou, quando muito, do momento da implementação dos requisitos para o benefício, revela-se a decisão mais plausível, uma vez que é nestes marcos que se vai investigar qual o tempo mínimo exigido legalmente para aposentadoria por tempo de serviço/contribuição e, aí sim, dependendo se for um mínimo de 30 anos, como no direito anterior, ou 35, pelo novel ordenamento vigente a partir de 1991, se aplicará o conversor de 1.20 ou 1.40, respectivamente.

O Tribunal Regional Federal da 4ª Região, em diversas oportunidades, já decidiu pela adoção da data do requerimento administrativo como marco de aferição do fator de conversão.

Neste sentido:

> "AÇÃO RESCISÓRIA. VIOLAÇÃO À LITERAL DISPOSIÇÃO DE LEI. FATOR DE CONVERSÃO DO TEMPO DE SERVIÇO ESPECIAL PARA COMUM. SEGURADA MULHER.
>
> 1. Não constitui óbice à admissibilidade da rescisória fulcrada no inciso V do art. 485 do CPC a falta de indicação do dispositivo violado, desde que possível identificar com segurança a norma que se entende malferida.
>
> 2. Descabe, em contestação, pretender alargar-se o exame da decisão rescindenda para trazer à apreciação questão relativa ao reconhecimento de tempo de serviço rural a partir dos 12 anos de idade, a qual, ademais, já foi decidida em outra rescisória ajuizada pela parte ora requerida.
>
> 3. Uma vez que, para fins de conversão do tempo de serviço especial em comum, deve ser utilizado o fator de conversão da época do requerimento do benefício, incide em violação ao art. 64 do Decreto n. 2.172/97 a decisão que, tendo sido requerido o benefício em abril/1998, determina a aplicação do fator de conversão 1,4 para segurada mulher quando aplicável o fator 1,2.
>
> 4. Em juízo rescisório, uma vez que a parte autora não totalizou os 25 anos de tempo de serviço necessários à concessão da aposentadoria proporcional, apenas se reconhece a seu favor tempo de serviço rural e plus obtido pela conversão do tempo de serviço especial para comum". (Apelação Cível n. 20020401012401-6, do Rio Grande do Sul, Relator Celso Kipper, DJU de 2.8.2006, p. 268).

E do corpo do acórdão extrai-se:

> "(...) O autor insurge-se contra a utilização do fator de conversão 1,4 à segurada do sexo feminino.
>
> Para fins de conversão do tempo de serviço especial em comum, deve-se utilizar o fator de conversão da época do requerimento do benefício, consoante já decidiu o STJ e esta Corte: REsp n. 518139-RS, STJ, Quinta Turma, Rel. Min. Jorge Scartezzini, DJ 2.8.2004; EIAC n. 2001.04.01.008295-9-RS, TRF/4ª Região, Terceira Seção, Rel. Des. Federal Luís Alberto D'Azevedo Aurvalle, DJU 10.5.2006; AC n. 2002.72.01.021814-5-SC, TRF/4ª Região, Sexta Turma, Rel. Juiz Federal Ricardo Teixeira do Valle Pereira, DJU 22.2.2006. O fator de conversão deve obedecer aos procedimentos oriundos da legislação vigente à data do requerimento administrativo porque ele completa o tempo de serviço necessário no âmbito da concessão do benefício, afastando-se das normas vigentes ao tempo do labor, que verificariam da existência ou não do enquadramento da atividade especial (...)".

58.4. Aposentadoria especial para os servidores públicos de Regimes Próprios de Previdência Social

Visto tratar-se de norma que, a grosso modo, se destina aos trabalhadores da iniciativa privada, a Lei n. 8.213, de 1991, a princípio não se aplicaria aos servidores ocupantes de cargo público em regime efetivo com os entes federativos ou administrativos das esferas de governo brasileiro. Como visto em comentários a artigos anteriores desta obra, a Lei de Benefícios do RGPS tem as suas regras aplicáveis aos trabalhadores particulares e, em casos especiais, aos servidores públicos de cargos não efetivos (temporários, emprego público e em comissão, na forma da dicção do art. 40, § 13, da CF de 1988 e art. 12 da Lei n. 8.213, de 1991). Assim compreendida a questão, torna-se até despropositada a afirmação de que as regras sobre aposentadoria especial da Lei n. 8.213, de 1991, somente ser aplicariam aos seus próprios segurados.

Entretanto, contrariando entendimento que já de há muito vinha adotando o Colendo STF, este sodalício decidiu que se aplicam as regras do Regime Geral da Previdência Social sobre as relações jurídicas permeadas nos Regimes Próprios de Previdência com os servidores públicos de cargos efetivos para efeito de concessão de aposentadoria especial para estes trabalhadores de entes estatais. É que o art. 40, § 4º, da CF de 1988, na redação dada pela EC n. 47, de 2005, deu tratamento específico ao tema da concessão de aposentadorias diferenciadas no serviço público, entre as quais aquelas para servidores que trabalham sujeitos à condições especiais (periculosidade, penosidade e insalubridade, genericamente abrangidas pela expresão "condições especiais que prejudiquem a saúde ou integridade física), *exigindo lei complementar para a regulação da matéria*. Assim, enquanto ainda não complementado o texto constitucional acima mencionado pela referida Lei Complementar, os trabalhadores do Regime Público de seguridade social, os servidores públicos, como se disse, ingressam com ações judiciais para terem o tratamento legislativo omitido pelo Poder Legislativo, através do ajuizamento de Mandados de Injunção, e a consequente aposentadoria especial, justamente pelo fato de já terem trabalhado por anos que completam o tempo mínimo para a concessão do benefício em tela. Exatamente no Mandado de Injunção n. 721-7, do Distrito Federal, em que foi relator o Ministro Marco Aurélio, decisão publicada no DJ de 30.11.07, o Egrégio STF deu o tratamento legislativo que achou adequado à questão, impondo a concessão de aposentadoria especial pelas regras do RGPS.

> **Art. 59.** O auxílio-doença será devido ao segurado que, havendo cumprido, quando for o caso, o período de carência exigido nesta Lei, ficar incapacitado para o seu trabalho ou para a sua atividade habitual por mais de 15 (quinze) dias consecutivos.
>
> Parágrafo único. Não será devido auxílio-doença ao segurado que se filiar ao Regime Geral de Previdência Social já portador da doença ou da lesão invocada como causa para o benefício, salvo quando a incapacidade sobrevier por motivo de progressão ou agravamento dessa doença ou lesão.
>
> **Redações anteriores**
>
> O auxílio-doença será devido ao segurado que, havendo cumprido, quando for o caso, o período de carência exigido nesta Lei, ficar incapacitado para o seu trabalho ou para a sua atividade habitual por mais de 15 (quinze) dias consecutivos.
>
> Parágrafo único. Não será devido auxílio-doença ao segurado que se filiar ao Regime Geral de Previdência Social — RGPS já portador da doença ou da lesão invocada como causa para o benefício, salvo quando a incapacidade sobrevier por motivo de progressão ou agravamento dessa doença ou lesão.

59.1. Auxílio-doença

Mediante a ocorrência do fato gerador previsto no art. 59 da Lei de Benefícios, ao segurado que requerer[188] será concedido auxílio-doença.

A Emenda Constitucional n. 20/98 em nada inovou a respeito deste benefício.

Exige-se que seja cumprida a carência em número de contribuições mensais e a ocorrência no mundo fático do evento determinante, imprevisível, consistente na incapacidade temporária para o exercício de seu trabalho ou de sua atividade profissional por mais de quinze dias consecutivos. A *contrario sensu*, uma incapacidade que perdure menos de quinze dias consecutivos não dá oportunidade para o auxílio-doença, nem tampouco se houver solução de continuidade entre a quinzena.

Enquanto para aposentadoria por invalidez há necessidade de a incapacidade ser permanente e total, i. é, definitiva e impeditiva do exercício de toda e qualquer atividade que garanta ao segurado a sua sobrevivência, o benefício em comento condiciona-se, como se disse, à uma incapacidade apenas temporária.

Vale dizer que o segurado plenamente convalescido de uma doença ensejadora de auxílio-doença poderá exercer a mesma atividade anterior ao gozo do benefício. Em outras palavras, pode-se dizer que, a *contrario sensu* do que se reclama para aposentadoria por invalidez, a incapacidade aqui é ao menos relativa à atividade e temporária. Apenas para ilustrar ainda mais o raciocínio, a incapacidade parcial e definitiva pode dar oportunidade ao auxílio-acidente.

Exemplo disso é o § 1º do art. 73 do Regulamento da Previdência Social, quando dispõe que se o segurado que exercer mais de uma atividade vinculada ao RGPS ficar incapacitado para o exercício de apenas uma delas, o auxílio-doença será concedido considerando esta atividade e as contribuições a ela relativas.

O mesmo raciocínio para a aposentadoria por invalidez aplica-se, *mutatis mutandis*, ao auxílio-doença com relação à preexistência da doença. A ressalva da parte final do parágrafo único do art. 59 é de meridiana clareza ao dispor que a doença ou lesão de que o segurado já era portador pode conferir-lhe o direito ao benefício se a incapacidade decorrer de agravamento ou progressão da doença. O que importa, nesta hipótese, é o momento do início da incapacidade. Se ela é posterior à filiação do segurado e ao cumprimento da carência, os requisitos foram todos cumpridos e em momento em que o interessado detinha a qualidade de segurado, nada havendo que se colocar em questão.

---

[188] Art. 76 do Decreto n. 3.048/99: "A previdência social deve processar de ofício o benefício, quando tiver ciência da incapacidade do segurado sem que este tenha requerido o benefício".

De todo o modo, é bom deixar claro que não há perda da qualidade de segurado após a aquisição do direito pelo cumprimento de todos os requisitos exigidos.

O segurado especial tem o direito a perceber o benefício no valor mínimo, ressalvando-se a hipótese de contribuições válidas para o sistema na condição de contribuinte individual.

O requisito de ordem pecuniária (carência) pode ser considerado cumprido quando existir, no mínimo, 12 contribuições mensais, a teor do art. 25, inciso I, da LB. Quando se trata de segurado obrigado ao pagamento de contribuição através de carnê, atual contribuinte individual, sucessor dos antigos empresário, autônomo e equiparado a autônomo, a regra geral é a de que a carência somente pode ser formada por contribuições pagas em dia, não sendo aceitos pagamentos efetuados com atraso, na forma do que dispõe o art. 27, inciso II, desta lei.[189] Entretanto, esta regra deve ser bem contrabalançada para não haver injustiças em face de sua aplicação literal em determinado caso concreto. Assim, se o segurado paga algumas contribuições em dia e outras não, mas houve pagamento de pelo menos doze contribuições (considerado moléstia não isenta de carência), algumas tendo sido pagas somente com alguns dias de atraso, não há vício algum capaz de macular os pagamentos e considerar de total inocuidade o desembolso contributivo para efeito de carência se antes da data fixada como início da incapacidade o número mínimo exigido foi cumprido. Isto pode ser assim compreendido em face da ausência de má-fé na postulação do benefício ou qualquer atitude por parte do requerente em tentar contornar o risco futuro da incapacidade através de pagamentos em atraso posteriores ao inicio da doença ou mesmo da data fixada como início da incapacidade.[190]

Hipótese corrente na prática é o caso de segurado que perdeu a qualidade de segurado sem estar incapaz após ter pago mais de 12 contribuições mensais.

Na forma do parágrafo único do art. 24 da mesma lei, a solução, em caso de incapacidade superveniente à perda da qualidade de segurado, é pagar mais quatro contribuições, número correspondente a 1/3 da carência exigida de 12, e formular o pedido administrativo.

---

(189) "Para cômputo do período de carência, serão consideradas as contribuições: I — referentes ao período a partir da data da filiação ao Regime Geral de Previdência Social, no caso dos segurados empregados e trabalhadores avulsos referidos nos incisos I e VI do art. 11; II — realizadas a contar da data do efetivo pagamento da primeira contribuição sem atraso, não sendo consideradas para este fim as contribuições recolhidas com atraso referentes a competências anteriores, no caso dos segurados empregado doméstico, contribuinte individual, especial e facultativo, referidos, respectivamente, nos incisos II, V e VII do Art. 11 e no art. 13". (Redação dada pela Lei n. 9.876, de 26.11.99).

(190) Traz-se à colação excerto de sentença do Juizado Especial Federal de Blumenau: "Verifico pela consulta CNIS acostada aos autos (evento: petição inicial, CONBAS8) que a autora contribuiu ao RGPS no período de 10/2004 a 11/2005, totalizando 12 contribuições. Consoante comprovantes de recolhimentos acostados aos autos (evento: petição inicial, OUT2 a 7), a autora recolheu também uma contribuição referente à competência 03/2005, paga em 3.5.2005, a qual não consta na mencionada relação CNIS, portanto, tem a autora um total de 13 contribuições no período em questão. Observo que os recolhimentos das contribuições referentes às competências 10/2004 a 07/2005, da forma como apresentadas nas guias, foram efetivamente efetuadas em atraso, com pagamento no início do mês subsequente a cada vencimento. Todavia, verifico que tal fato deveu-se possivelmente a um equívoco no preenchimento do mês de competência nas guias de recolhimento, visto não haver nos referidos documentos qualquer indício de burla à lei. O próprio INSS constatou o início da doença somente em 01/2005 e, nessa data, a autora já havia iniciado o recolhimento das contribuições, cujo primeiro pagamento ocorreu em 6.12.2004. Orientados pela busca de uma sociedade livre, justa e solidária (art. 3º, I, da Constituição da República — CR), os constituintes originários determinaram, no plano da Ordem Social, que fossem implantadas ações integradas nas áreas de previdência, saúde e assistência social (art. 194, CR). Nesta tríplice divisão figura a previdência social, que, embora organizada com caráter contributivo (art. 201, caput, CR), orienta-se, principalmente, para a cobertura de eventos de doença, invalidez, morte, idade avançada, proteção à maternidade, amparo ao trabalhador desempregado ou recluso (incisos I a V do art. 201 da CR). Assim, em atenção ao princípio da proteção, orientador de toda hermenêutica em matéria previdenciária, considero que as contribuições efetuadas de 12/2004 a 08/2005 referem-se às competências imediatamente anteriores ao mês do pagamento, ou seja, de 11/2004 a 07/2005. A competência 08/2005 foi paga corretamente no dia 12.9.2005, e as competências de 10/2005 e 11/2005 foram pagas antecipadamente, em 6.10.2005 e 10.11.2005. Descabido, portanto, o indeferimento do benefício se inocorrente qualquer ilegalidade ou má-fé por parte da segurada no recolhimento das contribuições, mas sim mero equívoco no preenchimento das guias. O presente caso não trata de recolhimento pretérito de contribuições para suprir tempo mínimo de serviço ou carência, conforme redação do art. 27, II, da Lei n. 8.213/91, posto que a autora já havia recolhido a primeira contribuição antes mesmo do início da doença. Tendo em conta o início da incapacidade fixado em 29.11.2005, oportunidade em que a autora encontrava-se filiada ao RGPS e já havia recolhido o mínimo de 12 contribuições, preenchia os requisitos da qualidade de segurado e carência, necessários à concessão do benefício. Ante o preenchimento de todos os requisitos necessários à concessão do benefício, determino a concessão do benefício de auxílio-doença desde o seu indevido indeferimento pelo réu, pois que a autora já não apresentava condições de continuar exercendo sua atividade laboral. Em se tratando de benefícios que tutelam a vida ou a saúde do segurado, a tutela imediata se faz necessária não só em virtude do caráter alimentar do benefício e sua presumida premência, mas também em homenagem ao princípio da efetividade da prestação jurisdicional". (grifos no original). (BRASIL. 1ª Vara do Juizado Especial Federal Cível e Previdenciário da Subseção Judiciária de Blumenau, Seção Judiciária de Santa Catarina. Ação de concessão de auxílio-doença, processo eletrônico n. 2006.72.55.003403-9 /SC. Nardina Néri de Brito e Instituto Nacional do Seguro Social — INSS. Disponível em: <htttp://www.jfsc.gov.br>. Acesso em: 26.10.2006.

Art. 60. O auxílio-doença será devido ao segurado empregado a contar do décimo sexto dia do afastamento da atividade, e, no caso dos demais segurados, a contar da data do início da incapacidade e enquanto ele permanecer incapaz. (*Redação dada pela Lei n. 9.876, de 26.11.99*)

§ 1º Quando requerido por segurado afastado da atividade por mais de 30 (trinta) dias, o auxílio-doença será devido a contar da data da entrada do requerimento.

§ 2º (*Revogado pela Lei n. 9.032, de 28.4.95*)

§ 3º Durante os primeiros quinze dias consecutivos ao do afastamento da atividade por motivo de doença, incumbirá à empresa pagar ao segurado empregado o seu salário integral. (*Redação dada pela Lei n. 9.876, de 26.11.99*)

§ 4º A empresa que dispuser de serviço médico, próprio ou em convênio, terá a seu cargo o exame médico e o abono das faltas correspondentes ao período referido no § 3º, somente devendo encaminhar o segurado à perícia médica da Previdência Social quando a incapacidade ultrapassar 15 (quinze) dias.

Redações anteriores

O auxílio-doença será devido ao segurado empregado e empresário a contar do 16º (décimo sexto) dia do afastamento da atividade e, no caso dos demais segurados, a contar da data do início da incapacidade e enquanto ele permanecer incapaz.

§ 1º Quando requerido por segurado afastado da atividade por mais de 30 (trinta) dias, o auxílio-doença será devido a contar da data da entrada do requerimento.

§ 2º O disposto no § 1º não se aplica quando o auxílio-doença for decorrente de acidente de trabalho.

§ 3º Durante os primeiros 15 (quinze) dias consecutivos ao do afastamento da atividade por motivo de doença, incumbirá à empresa pagar ao segurado empregado o seu salário integral ou ao segurado empresário, a sua remuneração.

§ 4º A empresa que dispuser de serviço médico, próprio ou em convênio, terá a seu cargo o exame médico e o abono das faltas correspondentes ao período referido no § 3º, somente devendo encaminhar o segurado à perícia médica da Previdência Social quando a incapacidade ultrapassar 15 (quinze) dias.

60.1. Data de início do benefício do auxílio-doença

Deverá ser pago ao segurado empregado a partir do 16º dia do afastamento da atividade, isto quando não requerido após o 30º dia do afastamento, caso em que será devido a partir do requerimento administrativo. Para os demais segurados, será devido a partir da data do início da incapacidade.

No caso de segurado empregado, os primeiros quinze dias de afastamento serão compensados mediante o salário integral do período correspondente aos dias inativos, arcando também a empresa com o ônus do serviço médico, próprio ou conveniado, bem como com o abono da ausência ao trabalho acarretada pela incapacidade nestes 15 dias. Se a incapacidade extrapolar a quinzena, aí sim o segurado deverá ser submetido à perícia médica do INSS.

Os primeiros quinze dias de afastamento devem ser consecutivos, porquanto, havendo solução de continuidade na primeira quinzena de afastamento, reabre-se novo prazo de igual período a partir de cada interrupção ou período de normalidade.

Se num período de 60 dias contados da cessação de um benefício houver concessão de novo benefício pela mesma doença que originou o primeiro, a empresa fica desincumbida do pagamento dos primeiros 15 dias de afastamento relativos ao segundo benefício, prorrogando-se o primeiro benefício e descontando-se os dias trabalhados.

Nesta hipótese, o data de início do segundo benefício retroagirá à data de cessação do primeiro, sendo pagos todos os créditos relativos a este intervalo abatendo-se os dias trabalhados.

Por outro lado, se houver, em razão de uma mesma enfermidade, um novo afastamento da atividade pelo segurado empregado num prazo de sessenta dias após um afastamento de quinze dias, a data de início do benefício será a data do novo afastamento.

60.2. Cessação de auxílio-doença concedido judicialmente

Indeferido o benefício na esfera administrativa, abre-se a possibilidade de ajuizamento de ação judicial com o fito de conceder ou restabelecer benefício auxílio-doença indeferido ou cessado injustamente.

E uma vez concedido judicialmente, torna-se de natureza controvertida a possibilidade de cessação do benefício administrativamente, sendo sustentado, por alguns, violação da coisa julgada material.

O INSS tem cancelado o benefício com fundamento no art. 71 da Lei n. 8.212/91.[191]

De um lado pode-se afirmar que foi a própria autarquia quem compeliu o segurado a ingressar em juízo a fim de lograr obter o benefício negado administrativamente, não podendo, a qualquer momento, simplesmente ignorar a decisão judicial positiva ao segurado. De outro vértice, porém, não pode o segurado, em homenagem cega ao princípio da coisa julgada, receber o benefício por tempo superior ao término da incapacidade laborativa, ainda mais porque o auxílio-doença é concedido em face de *incapacidade temporária* e não definitiva.

A jurisprudência tem decidido que pode a autarquia submeter o segurado a novo exame médico antes de proferir qualquer decisão contrária à realidade fática, podendo cessar o benefício se verificada a recuperação da capacidade para o trabalho ou, caso contrário, manter o pagamento da prestação até que sobrevenha motivo real para o cancelamento.

Valioso o seguinte julgado:

"PREVIDENCIÁRIO. AUXÍLIO-DOENÇA. BENEFÍCIO CONCEDIDO JUDICIALMENTE. CANCELAMENTO ADMINISTRATIVO. POSSIBILIDADE. É possível a administração previdenciária cancelar auxílio-doença concedido na esfera judicial, quando constatada por perícia médica a aptidão laborativa do beneficiário, porquanto benefício de caráter temporário." (Apelação Cível n. 1999.71.12.001399-0, Rio Grande do Sul, Relator Virgínia Scheibe, DJU de 18.7.2001, p. 679).

60.3. Alta programada

O benefício de auxílio-doença compreende-se devido desde o 16º dia do afastamento da atividade e enquanto o segurado permanecer incapaz para o exercício de atividade laborativa.

Constatada a existência do evento para o benefício (incapacidade temporária), o segurado submete-se à perícia médica administrativa, atestando o médico da autarquia a existência ou não de incapacidade.

Em caso de constatada a incapacidade, o segurado receberá o benefício até o fim do prazo estimado pelo perito como sendo o final da incapacidade laborativa, presumindo o *expert* a recuperação da capacidade laboral ao cabo daquele marco temporal. Antes do término daquele prazo de incapacidade fixado administrativamente, porém, deve o segurado ser novamente submetido a uma nova perícia médica, a fim de confirmar a inexistência da incapacidade presumida pelo médico anteriormente.

Tal prática está se tornando corrente na esfera administrativa e vem sendo amplamente combatida judicialmente, determinando que o segurado tem o direito de ser novamente examinado ao fim do prazo fixado, cessando ou mantendo o benefício dependendo do resultado aferido naquele término, e não segundo conjecturas médicas presentes quando do exame inicial.

É da jurisprudência:

"PREVIDENCIÁRIO. AUXÍLIO-DOENÇA. RENDA INICIAL. Tratando-se de auxílio-doença suspenso em razão de alta médica, imprescindível a realização de exame pericial a demonstrar ter sido imotivada a interrupção. Os proventos por incapacidade laborativa recebidos da Previdência Social devem ser considerados como salários de contribuição no cálculo do novo benefício." (Apelação Cível n. 93.04.31755-0, do Rio Grande do Sul, Relator Des. Federal Élsio Pinheiro de Castro, DJU 23.9.1998, p. 650).

---

(191) "O Instituto Nacional do Seguro Social — INSS deverá rever os benefícios, inclusive os concedidos por acidente do trabalho, ainda que concedidos judicialmente, para avaliar a persistência, atenuação ou agravamento da incapacidade para o trabalho alegada como causa para a sua concessão (...)".

> **Art. 61.** O auxílio-doença, inclusive o decorrente de acidente do trabalho, consistirá numa renda mensal correspondente a 91% (noventa e um por cento) do salário de benefício, observado o disposto na Seção III, especialmente no Art. 33 desta Lei. (*Redação dada pela Lei n. 9.032, de 28.4.95*)
>
> **Redações anteriores**
>
> O auxílio-doença, observado o disposto na Seção III deste Capítulo, especialmente no art. 33, consistirá numa renda mensal correspondente a:
>
> a) 80% (oitenta por cento) do salário de benefício, mais 1% (um por cento) deste, por grupo de 12 (doze) contribuições, não podendo ultrapassar 92% (noventa e dois por cento) do salário de benefício; ou
>
> b) 92% (noventa e dois por cento) do salário de benefício ou do salário de contribuição vigente no dia do acidente, o que for mais vantajoso, caso o benefício seja decorrente de acidente de trabalho.

61.1. Renda mensal inicial do auxílio-doença

O benefício que, na legislação anterior, era pago mediante uma RMI que podia variar de 80 até 92% do salário de benefício,[192] corresponde, atualmente, em um percentual unificado de 91%, mesmo em fatos imponíveis resultantes de acidente de trabalho, sendo calculado nos moldes do cálculo do salário de benefício em geral, com a única diferença de que a sua natureza imprevisível se constitui impeditivo à aplicação do fator previdenciário.

> **Art. 62.** O segurado em gozo de auxílio-doença, insusceptível de recuperação para sua atividade habitual, deverá submeter-se a processo de reabilitação profissional para o exercício de outra atividade. Não cessará o benefício até que seja dado como habilitado para o desempenho de nova atividade que lhe garanta a subsistência ou, quando considerado não-recuperável, for aposentado por invalidez.

62.1. Reabilitação profissional

O segurado está obrigado a se submeter ao exame médico a carga da Previdência Social, processo de reabilitação profissional e tratamento dispensado gratuitamente, sob pena de suspensão do benefício, exceto o cirúrgico e a transfusão de sangue, que são facultativos.

Em virtude do seu caráter precário, o auxílio-doença pode ser cessado a qualquer momento, desde que se verifiquem os suportes fáticos ensejadores de tal ocorrência. Dessa forma, o segurado pode recuperar a sua capacidade laborativa e retornar ao trabalho, se concedido o benefício dentro do período de graça, pode passar a receber aposentadoria por invalidez ou auxílio-acidente, restar reabilitado para outra profissão após processo de reabilitação profissional.

---

(192) Mais uma modificação operada pela Lei n. 9.032/95.

> **Art. 63.** O segurado empregado em gozo de auxílio-doença será considerado pela empresa como licenciado.
>
> Parágrafo único. A empresa que garantir ao segurado licença remunerada ficará obrigada a pagar-lhe durante o período de auxílio-doença a eventual diferença entre o valor deste e a importância garantida pela licença.

63.1. Licença obrigatória de segurado incapaz para o exercício de atividade laboral

O art. 63 da Lei n. 8.213/91 deve ser interpretado em conjunto com os arts. 476 da CLT. Os primeiros quinze dias de afastamento configuram-se hipótese de interrupção do contrato de trabalho. O afastamento superior a 15 dias é causa de suspensão, ficando obrigada a empresa ao pagamento de eventual diferença de valores entre o auxílio-doença e a licença remunerada porventura garantida pelo empregador.

> **Art. 64.** (*Revogado pela Lei n. 9.032, de 28.4.95*)
>
> **Redações anteriores**
>
> Após a cessação do auxílio-doença acidentário e do retorno ao trabalho, havendo agravamento de sequela que resulte na reabertura do benefício, o novo salário de contribuição será considerado no cálculo.

64.1. Revogação do art. 64

Este artigo foi revogado pela Lei n. 9.032/95.

> **Art. 65.** O salário-família será devido, mensalmente, ao segurado empregado, exceto ao doméstico, e ao segurado trabalhador avulso, na proporção do respectivo número de filhos ou equiparados nos termos do § 2º do art. 16 desta Lei, observado o disposto no art. 66.
>
> Parágrafo único. O aposentado por invalidez ou por idade e os demais aposentados com 65 (sessenta e cinco) anos ou mais de idade, se do sexo masculino, ou 60 (sessenta) anos ou mais, se do feminino, terão direito ao salário-família, pago juntamente com a aposentadoria.

65.1. Salário-família

A teor do art. 65 da LB, será pago aos segurados empregados e o trabalhador avulso, bem como o aposentado com 65 anos ou mais de idade e a aposentada de 60 anos ou mais, o aposentado por invalidez ou por idade, não sendo titular do direito, por expressa vedação legal, o empregado doméstico e, por exclusão, o contribuinte individual.

Tem periodicidade mensal, não necessitando de carência, por expressa exclusão legal (inciso I do art. 26 da Lei n. 8.213/91).

Sua natureza jurídica é ainda fonte de controvérsias doutrinárias, pretendentes em situar tal encargo nos domínios ou do Direito do Trabalho ou do Direito Previdenciário. Sua finalidade é fazer frente aos encargos com os dependentes do segurado de baixa renda, nos termos do art. 201, inciso IV da CF/88, sendo este o titular do direito subjetivo e não aqueles. É custeado mediante contribuições previdenciárias, não sendo um benefício de caráter assistencial.

A Emenda Constitucional n. 20 alterou a redação do inciso XII do art. 7º da CF/88 para estabelecer que será pago em face do dependente do trabalhador de baixa renda, nos termos da lei.

No mesmo diploma ficou decidido que, enquanto não editada lei regulamentadora do acesso ao salário-família, os segurados do INSS que terão direito somente serão os que cumprirem o requisito de ordem econômica, qual seja, ter renda bruta mensal igual ou inferior a R$ 360,00 (trezentos e sessenta reais). Logicamente que tal pressuposto somente se aplica a partir de 16.12.1998.

A cessação do benefício ocorrerá com falecimento do filho ou equiparado, quando completarem 14 anos de idade ou quando cessar a invalidez, pelo desemprego do segurado empregado ou com a morte do segurado aposentado.

> **Art. 66.** O valor da cota do salário-família por filho ou equiparado de qualquer condição, até 14 (quatorze) anos de idade ou inválido de qualquer idade é de:
>
> I — Cr$ 1.360,00 (um mil trezentos e sessenta cruzeiros), para o segurado com remuneração mensal não superior a Cr$ 51.000,00 (cinquenta e um mil cruzeiros),
>
> II — Cr$ 170,00 (cento e setenta cruzeiros), para o segurado com remuneração mensal superior a Cr$ 51.000,00 (cinquenta e um mil cruzeiros).

66.1. Pagamento do salário-família em forma de cotas

Inicialmente, a Emenda Constitucional n. 20/98 permitiu a concessão do benefício em tela somente aos segurados considerados de baixa renda. Porém, nos termos que restou vazado o art. 83, do Decreto n. 3.048/88, a partir da redação dada pelo Decreto n. 5.545, de 22.9.2005, a partir de 1º de maio de 2004, o valor da cota é de R$ 20,00 para o segurado com remuneração mensal não superior a R$ 390,00 e de R$ 14,09 para aquele que ganha rendimento superior a R$ 390,00 e igual ou inferior a R$ 586,19.

É pago em número de cotas de acordo com o número de filhos ou equiparados na forma do § 2º do art. 16 desta Lei, com idade de até quatorze anos ou inválidos de qualquer idade, na forma do *caput* do art. 66. Serão pagas tantas cotas quantas forem os filhos.

> **Art. 67.** O pagamento do salário-família é condicionado à apresentação da certidão de nascimento do filho ou da documentação relativa ao equiparado ou ao inválido, e à apresentação anual de atestado de vacinação obrigatória e de comprovação de frequência à escola do filho ou equiparado, nos termos do regulamento. (*Redação dada pela Lei n. 9.876, de 26.11.99*)
>
> **Redações anteriores**
>
> O pagamento do salário-família é condicionado à apresentação da certidão de nascimento do filho ou da documentação relativa ao equiparado ou ao inválido, e à apresentação anual de atestado de vacinação obrigatória do filho.

67.1. Documentos necessários para pedido administrativo de salário-família

O pretendente a este benefício tem que apresentar a certidão de nascimento do filho ou da documentação relativa ao equiparado ou ao inválido, e a apresentação anual de atestado de vacinação obrigatória e de comprovação de frequência à escola do filho ou equiparado, nos termos do regulamento. Nos termos do § 2º do art. 84, do Decreto n. 3.048/99, se não for apresentado o atestado de vacinação e a comprovação de frequência escolar o benefício será suspenso até que seja regularizado. Não será devido o pagamento do benefício durante o período em que não houve recebimento por falta de apresentação dos documentos mencionados.

> **Art. 68.** As cotas do salário-família serão pagas pela empresa, mensalmente, junto com o salário, efetivando-se a compensação quando do recolhimento das contribuições, conforme dispuser o Regulamento.
>
> § 1º A empresa conservará durante 10 (dez) anos os comprovantes dos pagamentos e as cópias das certidões correspondentes, para exame pela fiscalização da Previdência Social.
>
> § 2º Quando o pagamento do salário não for mensal, o salário-família será pago juntamente com o último pagamento relativo ao mês.

68.1. Forma de pagamento do salário-família

A responsabilidade do pagamento é da empresa, embora ela não seja o próprio sujeito passivo da relação jurídica. Este é, na verdade, a Previdência Social, que compensa a empresa quando do recolhimento das contribuições a cargo desta.

Se o segurado for aposentado ou estiver recebendo auxílio-doença, o benefício será pago juntamente com estes benefícios.

Quando o pagamento do salário não for mensal, o salário-família será pago juntamente com o último pagamento relativo ao mês.

> **Art. 69.** O salário-família devido ao trabalhador avulso poderá ser recebido pelo sindicato de classe respectivo, que se incumbirá de elaborar as folhas correspondentes e de distribuí-lo.

69.1. Forma de pagamento do salário-família para o trabalhador avulso

Para o trabalhador avulso, poderá este receber diretamente do sindicato de classe respectivo, que se incumbirá de elaborar as folhas correspondentes e de distribuí-lo.

> **Art. 70.** A cota do salário-família não será incorporada, para qualquer efeito, ao salário ou ao benefício.

70.1. Não incorporação do salário-família ao salário ou ao benefício

O salário-família não será incorporado ao salário nem ao benefício já percebido pelo segurado, bem como não integra o salário de contribuição.

> **Art. 71.** O salário-maternidade é devido à segurada da Previdência Social, durante 120 (cento e vinte) dias, com início no período entre 28 (vinte e oito) dias antes do parto e a data de ocorrência deste, observadas as situações e condições previstas na legislação no que concerne à proteção à maternidade. (*Texto alterado pela Lei n. 10.710, de 5.8.2003*)
>
> Parágrafo único. (*Revogado pela Lei n. 9.528, de 10.12.97*)
>
> **Redações anteriores**
>
> O salário-maternidade é devido à segurada empregada, à trabalhadora avulsa, à empregada doméstica durante 28 (vinte e oito) dias antes e 92 (noventa e dois) dias depois do parto, observando as situações e condições previstas na legislação no que concerne à proteção à maternidade.

71.1. Salário-maternidade

Como regra previdenciária inserta no corpo constitucional, a Carta Magna garantiu proteção à maternidade no art. 201, inciso II, e dilatou o período de entrega do direito a cento e vinte dias, sem prejuízo do salário e do emprego, consoante disposição do art. 7º, inciso XVIII.

Revogadas regras mais restritivas e limitativas quanto às espécies de seguradas, a Lei n. 9.876/99 deu o direito a este tipo de benefício a todas as seguradas da Previdência Social, consistente em prestação de trato sucessivo paga por um período de 120 (cento e vinte) dias, podendo iniciar entre o dia do parto e o vigésimo oitavo dia anterior a ele.

Evidencia-se como proteção integrativa dos direitos da trabalhadora com foros no Direito do Trabalho.

O fato gerador do benefício não é parto em si, e sim a debilidade da gestante até sua recuperação para o trabalho. É um benefício *sui generis* em face da possibilidade de formulação do pedido mesmo antes da ocorrência, no mundo fático, do fato gerador.

Sua natureza jurídica é bem definida como sendo benefício previdenciário, posto que pago pela Previdência Social, via de regra. Característica que marca o benefício é a possibilidade de formular o pedido antes da ocorrência no mundo fático de seu evento determinante.

À segurada especial também será devido o benefício, condicionado, porém, à comprovação do exercício de atividade rural nos últimos dez meses imediatamente anteriores à data do parto ou do requerimento do benefício, quando requerido antes do parto, mesmo que de forma descontínua. Deve-se ressaltar que a segurada especial aqui referida trata-se da trabalhadora rural que se propõe a pagar as contribuições como contribuinte individual para ter direito ao cálculo do salário de benefício sobre suas contribuições. Enquanto que para a segurada especial não contribuinte fica garantido o benefício no valor mínimo, na forma do art. 39, parágrafo único, da LB, tendo que comprovar o exercício de atividade rural nos doze meses anteriores ao início do benefício.

Em casos excepcionais, os períodos de repouso anterior ou posterior ao parto podem ser aumentados de mais duas semanas, mediante atestado médico específico. Mesmo que o parto seja antecipado, o direito aos centos e vinte dias de benefício está garantido. Em caso de aborto não criminoso, comprovado mediante atestado médico, o direito ao benefício se reduz para duas semanas (§ 3º a 5º do art. 93 do RPS).

Independe de carência a concessão deste benefício para a segurada empregada, trabalhadora avulsa e empregada doméstica (art. 26, inciso VI, da LB), exigindo-se da segurada contribuinte individual, especial e facultativa um total de dez contribuições mensais, na forma do art. 25 da Lei n. 8.213/91.

A data de início do benefício, via de regra, é fixada em atestado médico fornecido pelo Sistema Único de Saúde — SUS ou pela perícia médica do INSS.

Tal benefício não poderá ser acumulado com benefício por incapacidade, devendo o mesmo ser suspenso enquanto perdurar o pagamento.

Em função da redação do art. 97 do Decreto n. 3.048/99,[193] que determina o pagamento do salário-maternidade para a segurada empregada somente enquanto existir a relação de emprego, coloca-se em discussão a possibilidade ou não de se conceder o benefício após a cessação do vínculo empregatício mas ainda dentro do período de graça. Voltando-se a lembrar que durante o período de graça, embora não mais existente a filiação em face do não exercício da atividade remunerada, a qualidade de segurado remanesce hígida pelo tempo além da última contribuição paga, variando conforme as hipóteses traçadas pelo art. 15 desta lei.

De um modo geral, a jurisprudência tem admitido a percepção do benefício quando o nascimento do filho ocorreu dentro do período de graça e independentemente da espécie de segurada.[194]

Para nós, incide, na espécie, o princípio constitucional da isonomia (art. 5º, *caput*), dada a inexistência de pressuposto fático razoável a justificar o tratamento diferenciado entre as seguradas com ou sem vínculo empregatício, até mesmo porque o benefício tem como proteção a cobertura da necessidade material decorrente do nascimento do filho, e não uma incapacidade para o exercício de atividade laborativa.

Art. 71-A. À segurada da Previdência Social que adotar ou obtiver guarda judicial para fins de adoção de criança é devido salário-maternidade pelo período de 120 (cento e vinte) dias, se a criança tiver até 1(um) ano de idade, de 60 (sessenta) dias, se a criança tiver entre 1 (um) e 4 (quatro) anos de idade, e de 30 (trinta) dias, se a criança tiver de 4 (quatro) a 8 (oito) anos de idade. (*Artigo acrescentado pelo art. 3º da Lei n. 10.421, de 15.04.2002*)

Parágrafo único. O salário-maternidade de que trata este artigo será pago diretamente pela Previdência Social. (*Parágrafo único incluído pela Lei n. 10.710, de 5.8.2003*)

71-A.1. Pagamento à mãe adotiva ou que detém guarda judicial

Conquanto a contingência protegida, para o benefício em tela, seja o período necessário de repouso antes e após o parto, teleologicamente, não há divisar esquemas fáticos diferenciados entre a mãe natural, adotiva ou que detém guarda judicial, todas merecendo o mesmo tratamento legal dispensado ao benefício salário-maternidade. Forte neste escopo, a Lei n. 10.421, de 15.4.2002, acrescentou art. 71-A ao ordenamento positivo, ensejando-lhe pagamento da prestação por período limitado e variável conforme a idade da criança. Assim, será de 120 dias se tiver até um ano de idade, 60 dias se tiver entre um e quatro anos de idade, e de 30 dias se de quatro a oito anos de idade.

O parágrafo único estatui dever o pagamento ser efetuado diretamente pela Previdência Social, mercê de inovação legal inserida pela Lei n. 10.710, de 5.8.2003.

---

(193) "O salário-maternidade da empregada será devido pela previdência social enquanto existir a relação de emprego".
(194) "PREVIDENCIÁRIO. SALÁRIO-MATERNIDADE. EMPREGADA DOMÉSTICA. CORREÇÃO MONETÁRIA. JUROS MORATÓRIOS. HONORÁRIOS ADVOCATÍCIOS. 1. Demonstrada a maternidade e a qualidade de segurada, faz jus a segurada empregada doméstica ao salário-maternidade, independentemente de carência. 2. Mesmo que não mais existente a relação de emprego, se a segurada se achava no período de graça à época do nascimento de seu filho, é devido o benefício. 3. A correção monetária deve ser calculada conforme os índices oficiais, incidindo a partir da data do vencimento de cada parcela, nos termos dos Enunciados das Súmulas ns. 43 e 148 do STJ. Os juros moratórios são devidos à taxa de 1% ao mês, a contar da citação, na forma dos Enunciados das Súmulas ns. 204 do STJ e 03 do TRF da 4ª Região e precedentes do Superior Tribunal de Justiça. 5. Os honorários advocatícios, a cargo do INSS, são devidos no patamar de 10% sobre o valor da condenação, conforme entendimento pacificado na Seção Previdenciária deste TRF e no E. STJ". (Apelação Cível n. 2002.71.10.000974-9, do Rio Grande do Sul, Relator Otávio Roberto Pamplona, DJU de 4.5.2005).

Partindo para a concretude, a jurisprudência já decidiu:

"PREVIDENCIÁRIO. SALÁRIO-MATERNIDADE. SEGURADA ESPECIAL. ADOÇÃO. 1. A partir da Lei n. 8.861, de 25.3.1994, a segurada especial faz jus ao salário-maternidade, bastando comprovação do exercício de atividade agrícola, em regime de economia familiar, nos doze meses que antecedem o benefício. 2. Embora a legislação previdenciária estabeleça o salário-maternidade como devido apenas à parturiente, a mãe adotante também faz jus ao benefício. Aplicação de princípios constitucionais (...)".[195]

Por outro lado, questão que se ressente de controvérsias é a impossibilidade de concessão do benefício às adoções efetivas anteriormente ao advento da lei que institui o direito às mães adotivas. Neste sentido:

"PREVIDENCIÁRIO. SALÁRIO-MATERNIDADE. MÃE ADOTIVA. AÇÃO PROPOSTA ANTES DAS ALTERAÇÕES INTRODUZIDAS PELA LEI N. 10.421 DE 15 DE ABRIL DE 2002. APELAÇÃO E REMESSA OFICIAL PROVIDAS. 1. A Lei n. 10.421 de 15 de abril de 2002 acrescentou nova disposição ao art. 71 da Lei n. 8.213/91 estendendo às mães adotivas o direito ao salário-maternidade. 2. A impetrante não faz jus ao referido benefício, uma vez que recebeu o menor Eliel Coelho Ferreira, para fins de adoção aos 3.10.2000, em data anterior às alterações introduzidas pela Lei n. 10.421/2002. 3. Ademais, a impetrante não fez prova da adoção, limitando-se em alegar que o processo de adoção encontra-se em curso na Vara de Infância, Juventude e precatórios da Comarca de Governador Valadares/MG. 4. Apelação e remessa oficial a que se dá provimento." (Apelação em Mandado de Segurança n. 2000.38.00.042931-2, de Minas Gerais, Relator Desembargador Federal Antonio Saves de Oliveira Chaves, DJU de 13.6.2005, p. 4).

71-A.2. Prazo do salário-maternidade ampliado pela Lei n. 11.770/08

Em face da Lei n. 11.770, de 2008, que criou o Programa Empresa Cidadã, as empresas privadas que aderirem à possibilidade de prorrogação do prazo de 120 (cento e vinte) para 180 (cento e oitenta) dias de salário-maternidade serão beneficiadas com incentivo fiscal. Referido diploma legal também prevê que as empresas estatais possam criar programas prevendo extensão do período do benefício de salário-maternidade para as servidoras.

---

(195) DEMO, Roberto Luis Luchi. *Jurisprudência previdenciária*, p. 175.

> **Art. 72.** O salário-maternidade para a segurada empregada ou trabalhadora avulsa consistirá numa renda mensal igual a sua remuneração integral. (*Redação dada pela Lei n. 9.876, de 26.11.99*)
>
> § 1º Cabe à empresa pagar o salário-maternidade devido à respectiva empregada gestante, efetivando-se a compensação, observado o disposto no art. 248 da Constituição Federal, quando do recolhimento das contribuições incidentes sobre a folha de salários e demais rendimentos pagos ou creditados, a qualquer título, à pessoa física que lhe preste serviço. (*Parágrafo único pela Lei n. 10.710, de 5.8.2003*)
>
> § 2º A empresa deverá conservar durante 10 (dez) anos os comprovantes dos pagamentos e os atestados correspondentes para exame pela fiscalização da Previdência Social. (*Parágrafo único pela Lei n. 10.710, de 5.8.2003*)
>
> § 3º O salário-maternidade devido à trabalhadora avulsa será pago diretamente pela Previdência Social (*Parágrafo único incluído pela Lei n. 10.710, de 5.8.2003*)
>
> Parágrafo único. (*Revogado pela Lei n. 9.876, de 26.11.99*)
>
> **Redações anteriores**
>
> O salário-maternidade para a segurada empregada ou trabalhadora avulsa consistirá numa renda mensal igual à sua remuneração integral e será pago pela empresa, efetivando-se a compensação quando do recolhimento das contribuições, sobre a folha de salários.
>
> Parágrafo único. A empresa deverá conservar durante 10 (dez) anos os comprovantes dos pagamentos e os atestados correspondentes para exame pela fiscalização da Previdência Social.

72.1. Salário-maternidade para trabalhadora avulsa e empregada

Na forma dada pela Lei n. 9.876/99, a segurada empregada e trabalhadora avulsa terão direito a receber o benefício no valor igual à sua remuneração mensal, cabendo à empresa, no caso de segurada empregada, o desembolso do valor e o direito à sua compensação quando do recolhimento das contribuições a seu cargo. A Previdência Social caberá pagar o benefício à segurada trabalhadora avulsa, na forma do que dispõe o art. 72, § 3º, da Lei n. 8.213/91, na forma que lhe foi emprestada pela Lei n. 10.710, de 5.8.2003.

Apesar de a Emenda Constitucional n. 20/98, através de seu art. 14, ter fixado o teto para pagamento dos benefícios da Previdência Social em R$ 1.200,00, o Supremo Tribunal Federal, em ADIn n. 1.946, entendeu que a limitação não alcança o salário-maternidade, devendo ser pago independentemente do valor do salário da segurada, em proteção máxima do postulado constitucional que garante à gestante licença-maternidade sem prejuízo do salário e do emprego (art. 7º, inciso XVIII).

A ementa do referido julgado está assim redigida:

"EMENTA: — DIREITO CONSTITUCIONAL, PREVIDENCIÁRIO E PROCESSUAL CIVIL. LICENÇA--GESTANTE. SALÁRIO. LIMITAÇÃO. AÇÃO DIRETA DE INCONSTITUCIONALIDADE DO ART. 14 DA EMENDA CONSTITUCIONAL N. 20, DE 15.12.1998. ALEGAÇÃO DE VIOLAÇÃO AO DISPOSTO NOS ARTS. 3º, IV, 5º, I, 7º, XVIII, E 60, § 4º, IV, DA CONSTITUIÇÃO FEDERAL. 1. O legislador brasileiro, a partir de 1932 e mais claramente desde 1974, vem tratando o problema da proteção à gestante, cada vez menos como um encargo trabalhista (do empregador) e cada vez mais como de natureza previdenciária. Essa orientação foi mantida mesmo após a Constituição de 5.10.1988, cujo art. 6º determina: a proteção à maternidade deve ser realizada "na forma desta Constituição", ou seja, nos termos previstos em seu art. 7º, XVIII: "licença à gestante, sem prejuízo do emprego e do salário, com a duração de cento e vinte dias". 2. Diante desse quadro histórico, não é de se presumir que o legislador constituinte derivado, na Emenda n. 20/98, mais precisamente em seu art. 14, haja pretendido a revogação, ainda que implícita, do art. 7º, XVIII, da Constituição Federal originária. Se esse tivesse sido o objetivo da norma constitucional derivada, por certo a EC n. 20/98 conteria referência expressa a respeito. E, à falta de norma constitucional derivada, revogadora do art. 7º, XVIII, a pura e simples aplicação do art. 14 da EC n. 20/98, de modo a torná-la insubsistente, implicará um retrocesso histórico, em matéria social-previdenciária, que não se pode presumir desejado. 3. Na verdade, se se entender que a Previdência

Social, doravante, responderá apenas por R$1.200,00 (hum mil e duzentos reais) por mês, durante a licença da gestante, e que o empregador responderá, sozinho, pelo restante, ficará sobremaneira, facilitada e estimulada a opção deste pelo trabalhador masculino, ao invés da mulher trabalhadora. Estará, então, propiciada a discriminação que a Constituição buscou combater, quando proibiu diferença de salários, de exercício de funções e de critérios de admissão, por motivo de sexo (art. 7º, inc. XXX, da C.F./88), proibição, que, em substância, é um desdobramento do princípio da igualdade de direitos, entre homens e mulheres, previsto no inciso I do art. 5º da Constituição Federal. Estará, ainda, conclamado o empregador a oferecer à mulher trabalhadora, quaisquer que sejam suas aptidões, salário nunca superior a R$1.200,00, para não ter de responder pela diferença. Não é crível que o constituinte derivado, de 1998, tenha chegado a esse ponto, na chamada Reforma da Previdência Social, desatento a tais consequências. Ao menos não é de se presumir que o tenha feito, sem o dizer expressamente, assumindo a grave responsabilidade. 4. A convicção firmada, por ocasião do deferimento da Medida Cautelar, com adesão de todos os demais Ministros, ficou agora, ao ensejo deste julgamento de mérito, reforçada substancialmente no parecer da Procuradoria Geral da República. 5. Reiteradas as considerações feitas nos votos, então proferidos, e nessa manifestação do Ministério Público federal, a Ação Direta de Inconstitucionalidade é julgada procedente, em parte, para se dar, ao art. 14 da Emenda Constitucional n. 20, de 15.12.1998, interpretação conforme à Constituição, excluindo-se sua aplicação ao salário da licença gestante, a que se refere o art. 7º, inciso XVIII, da Constituição Federal. 6. Plenário. Decisão unânime." (Relator Ministro Sydney Sanches, do Distrito Federal, DJ de 16.5.2003, p. 90).

A empregada doméstica receberá quantia igual ao valor de seu último salário de contribuição, limitado ao teto máximo da Previdência Social.

O pagamento do benefício pode ser efetuado diretamente pela Previdência Social ou mediante convênio pela empresa, sindicato ou entidade de aposentados devidamente legalizada.

A empresa tem a obrigação de guardar durante o prazo decadencial para constituição do crédito relativo às contribuições sociais, na forma do art. 72, § 2º, da Lei n. 8.213/91, os comprovantes de pagamentos e os atestados para eventual exame pelo setor de fiscalização da Previdência Social.

> **Art. 73.** Assegurado o valor de um salário-mínimo, o salário-maternidade para as demais seguradas, pago diretamente pela Previdência Social, consistirá: (*Texto alterado pela Lei n. 10.710, de 5.8.2003*)
>
> I — em um valor correspondente ao do seu último salário de contribuição, para a segurada empregada doméstica; (*Inciso acrescentado pela Lei n. 9.876, de 26.11.99*)
>
> II — em um doze avos do valor sobre o qual incidiu sua última contribuição anual, para a segurada especial; (*Inciso acrescentado pela Lei n. 9.876, de 26.11.99*)
>
> III — em um doze avos da soma dos doze últimos salários de contribuição, apurados em um período não superior a quinze meses, para as demais seguradas. (*Inciso acrescentado pela Lei n. 9.876, de 26.11.99*)
>
> **Redações anteriores**
>
> **Forma original**
>
> O salário-maternidade será pago diretamente pela Previdência Social à empregada doméstico, em valor correspondente ao do seu último salário de contribuição.
>
> **Redação de 28.3.1994 a 28.11.1999**
>
> O salário-maternidade será pago diretamente pela Previdência Social à empregada doméstica, em valor correspondente ao do seu último salário de contribuição, e à segurada especial, no valor de 1 (um) salário-mínimo, observado o disposto no regulamento desta Lei (*Redação dada pela Lei n. 8.861, de 25.3.1994*).

73.1. Salário-maternidade para as demais seguradas

Nos moldes definidos pela Lei n. 9.876/99, receberá 1/12 (um doze avos) do valor sobre o qual incidiu sua última contribuição anual, a segurada especial, e, no mesmo valor, os demais segurados, só que incidentes sobre a soma dos doze últimos salários de contribuição, apurados num período não superior a quinze meses, também limitados ao teto máximo do RGPS. Em todos estes casos, o benefício será pago diretamente pela Previdência Social e está garantido o valor mínimo para cada qual em caso de ser inferior a este patamar.

A segurada especial não contribuinte individual terá direito a um salário mínimo como valor do benefício.

> **Art. 74.** A pensão por morte será devida ao conjunto dos dependentes do segurado que falecer, aposentado ou não, a contar da data: (*Redação dada pela Lei n. 9.528, de 10.12.97*)
>
> I – do óbito, quando requerida até trinta dias depois deste; (*Inciso acrescentado pela Lei n. 9.528, de 10.12.97*)
>
> II – do requerimento, quando requerida após o prazo previsto no inciso anterior; (*Inciso acrescentado pela Lei n. 9.528, de 10.12.97*)
>
> III – da decisão judicial, no caso de morte presumida. (*Inciso acrescentado pela Lei n. 9.528, de 10.12.97*)
>
> **Redações anteriores**
>
> A pensão por morte será devida ao conjunto dos dependentes do segurado que falecer, aposentado ou não, a contar da data do óbito ou da decisão judicial, no caso de morte presumida.

74.1. Pensão por morte

Benefício disciplinado nos arts. 74 a 79 da Lei n. 8.213/91, é pago aos dependentes do segurado que falecer em gozo ou não de aposentadoria. As pessoas que podem ser consideradas dependentes do segurado estão no art. 16 e detêm dependência de ordem financeira.

O segurado pode estar ou não exercendo alguma atividade enquadrada como de filiação obrigatória do RGPS, porém, em caso negativo, a qualidade de segurado é condição *sine qua non*,[196] segundo as hipóteses previstas na legislação, incluindo-se, por óbvio, a percepção de auxílio-doença ou aposentadoria de qualquer espécie ou, quando menos, direito subjetivo em razão de direito adquirido a algum benefício desta espécie.

Tem caráter substitutivo do mantenedor do sustento dos dependentes.

A condição de invalidez reclamada para concessão de pensão ao dependente do sexo masculino antes da atual Constituição Federal hoje não mais existe, passando a ser devida para o cônjuge e o companheiro a partir da data de sua publicação (5.10.88).

74.2. Possibilidade de concessão ao cônjuge varão ou companheiro no período entre a CF/88 até o advento do Plano de Benefícios

Oportunamente, necessário registrar que, acerca da possibilidade de pensão por morte ao cônjuge ou companheiro em decorrência de óbitos após à CF/88 e antes de sua regulamentação pelo Plano de Benefícios da Previdência Social, conquanto não pacíficos os entendimentos diametralmente opostos da doutrina e jurisprudência, vale a pena citar aresto militando em favor da autoaplicabilidade da norma inserta do inciso V do art. 201 da Carta Política, nos seguintes termos:

"PREVIDENCIÁRIO. PENSÃO POR MORTE DA ESPOSA. ÓBITO OCORRIDO APÓS À CF/88. AUTOAPLICABILIDADE DO INCISO V DO ART. 201 DA CARTA MAGNA. 1. O contexto segundo o qual deve ser examinada e dirimida a questão, se por um lado uma mera interpretação literal do dispositivo que contempla tal benefício possa levar a indevida conclusão pela não autoaplicabilidade do mesmo, haja vista que o texto constitucional faz alusão a eventual dependência de previsão legal (art. 201, *caput*), na verdade a matéria deve ser interpretada sistematicamente, conforme inicialmente proposto, sob pena de se fazer tábula rasa das inovações nela contidas. 2. O benefício previdenciário ao ex-cônjuge varão tem eficácia imediata na medida em que entender-se em sentido contrário seria não apenas ferir-se de morte a garantia da igualdade entre homens e mulheres, como também malferir-

---

(196) Art. 102, § 1º, da Lei n. 8.213/91: "A perda da qualidade de segurado não prejudica o direito à aposentadoria para cuja concessão tenham sido preenchidos todos os requisitos, segundo a legislação em vigor à época em que estes requisitos foram atendidos".

-se o tratamento dado à mulher trabalhadora, que contribui aos cofres da previdência, no mesmo percentual e da mesma forma e condição do homem. Logo, presente a necessária fonte de custeio para o benefício de pensão ao marido da trabalhadora falecida. 3. O benefício previdenciário contido no art. 201, inciso V, da atual Carta Magna é autoaplicável (TRF4, IUJ 95.04.00828-3, do Rio Grande do Sul, DJ2, 18.11.1998, p. 324)".

Ainda acerca do assunto, julgados há em favor da concessão do benefício com fato gerador naquele interregno, no entanto, limitando os pagamentos a partir da Lei n. 8.213/91.

Em decisão recente, a Turma Regional de Uniformização de Jurisprudência, no âmbito da 4ª Região, através da Súmula n. 11, acabou pacificando entendimento no sentido de que "O marido ou companheiro de segurada falecida, não inválido, não faz jus à pensão por morte, caso o óbito tenha ocorrido antes de 5.4.1991, data do início dos efeitos da Lei n. 8.213/91".

74.3. Estudante universitário e maioridade civil

A pensão por morte é benefício previdenciário extensivo aos dependentes enumerados no art. 16 desta lei. Guardadas raras hipóteses de situações merecedoras de amparo isonômico, o rol das pessoas mencionadas como dependentes previdenciários não pode ser ampliado ou restringido, em abono ao princípio da legalidade que informa a administração (art. 37, da CF/88).

Passa pelo crivo judicial, vez em quando, a possibilidade de pensão por morte ao estudante universitário, a despeito de sua não inserção no quadro dos dependentes. No âmbito do Tribunal Regional Federal da 4ª Região, antes da edição da Súmula n. 74,[197] a questão era prenhe de controvérsias, ora militando-se em favor da extensão, ora voltando-se para a negativa, podendo-se registrar, por oportuno, dois arestos contraditórios entre si, embora de Turma diversas, o primeiro a favor e o segundo contra a concessão do benefício:

"PREVIDENCIÁRIO. MANDADO DE SEGURANÇA. PENSÃO POR MORTE. ESTUDANTE MAIOR DE 21 ANOS. PRORROGAÇÃO ATÉ 24 ANOS. IMPOSSIBILIDADE.

1. A questão do estudante de curso de nível superior não instou o legislador a regrá-lo especificamente ao fim da dependência, presumindo-se a compatibilidade de atividade laborativa com os estudos. Na falta de disposição expressa na lei de regência, não pode o magistrado criar hipótese para prorrogação da vigência da prestação previdenciária, sob pena de usurpação da função legiferante e assunção pelo magistrado da posição de legislador positivo, o que se é vedado em nosso sistema jurídico.

2. O legislador infraconstitucional previdenciário estabeleceu como causa objetiva para o fim da dependência, no caso de pensão por morte, se pessoa sem limitações físicas ou psíquicas, a idade de 21 anos, momento em que se pressupôs pudesse o indivíduo se sustentar sozinho e, consequentemente, não necessitar de amparo previdenciário, em consonância com o antigo Código Civil, então vigente, que considerava o referido marco etário como término da menoridade, ficando habilitado o indivíduo para todos os atos da vida civil (art. 9º, CC/1916).

3. Com o advento do novo Código Civil, considerando a maioridade a partir de 18 anos completos (art. 5º), a legislação previdenciária, mais benéfica, confere ao filho não emancipado, menor de 21 anos, dependente de segurado falecido, amparo previdenciário por um período suplementar de 3 anos após a aquisição da capacidade para os atos da vida independente (inclusive para o trabalho, considerando-se as restrições constitucionais protetivas — art. 5º, inciso XXXIII, da CF). Considerando-se a duração média de um curso superior em 5 anos, verifica-se que a legislação previdenciária beneficia, em especial, o estudante universitário, pressupondo-se um provável ingresso aos 17 anos e uma formatura ao 21 anos, tendo em vista às expectativas da sociedade em relação a um estudante que não trabalhe, apenas estude. 4. A prorrogação do benefício até os 24 anos no caso de estudante universitário terminaria por privilegiar apenas a parcela da população brasileira constituída por jovens que não são obrigados a ingressar no mercado de trabalho em idade precoce, em detrimento dos beneficiários em situações mais desvantajosas.

5. O custeio da Previdência Social provém de segurados com condições efetivas de trabalho, filiados ao sistema nos termos da lei, destinando-se tais contribuições para cobertura de infortúnios eventuais, como os eventos de 'doença, invalidez, morte e idade avançada' (art. 201, I, da Constituição Federal), sendo que, por uma questão de justiça social, não seria razoável uma interpretação extensiva da lei de modo a postergar à entrada no sistema de pessoas em condições físicas e mentais adequadas ao ingresso no mercado de trabalho, em detrimento de grande parcela da população brasileira que realmente necessita de amparo da Seguridade Social.

6. Remessa *ex officio* provida." (Remessa ex ofício n. 2004.72.00.000924-6, Relator Otávio Roberto Pamplona, DJU 15.6.2005, p. 861).

"PREVIDENCIÁRIO. AGRAVO DE INSTRUMENTO. PENSÃO POR MORTE. DEPENDENTE MAIOR DE 21 ANOS. ESTUDANTE UNIVERSITÁRIO. PRORROGAÇÃO DO BENEFÍCIO ATÉ OS 24 ANOS DE IDADE. 1. É cabí-

---

(197) "Extingue-se o direito à pensão previdenciária por morte do dependente que atinge 21 anos, ainda que estudante de curso superior".

vel a prorrogação do benefício previdenciário de pensão por morte até que o dependente complete 24 anos de idade, na hipótese de ser estudante de curso universitário. Precedente.

2. Estando regularmente instruído o agravo de instrumento, é possível o seu julgamento imediato, restando prejudicado o agravo regimental. 3. Agravo de instrumento improvido." (Agravo Regimental no Agravo de Instrumento n. 2003.04.01.024512-2, Relator Nylson Paim de Abreu, DJU 22.10.2003, p. 592).

Conquanto a maioridade civil tenha diminuído com o advento do novo Código Civil (Lei n. 10.406, de 10 de janeiro de 2002), passando dos 21 para os 18 anos a presunção da aquisição da capacidade plena para os atos da vida civil, em termos previdenciários a questão não tomou o mesmo norte, mantendo-se na idade de 21 anos o termo final para o recebimento da pensão por morte, momento em que o legislador ainda presume a existência de dependência econômica na relação parental ascendente de 1º grau.

74.4. Data de início do benefício

O texto positivo original da Lei n. 8.213/91 estabelecia que "A pensão por morte será devida ao conjunto de dependentes do segurado que falecer, aposentado ou não, a contar da data do óbito ou da decisão judicial, no caso de morte presumida".

Dada a alteração promovida pela Lei n. 9.528/97, este art. 74 passou a disciplinar a data de início da pensão de forma diferente, dispondo que será a partir do óbito quando requerida em até 30 dias ou da data do requerimento se o protocolo do pedido ultrapassar aquele prazo, e, da mesma forma originária, desde a decisão judicial em caso de morte presumida.[198]

A regra anterior a esta alteração ainda vige para os óbitos anteriores a 10 de novembro de 1997, data da Medida Provisória n. 1.596-14, convertida na Lei n. 9.528/97, em homenagem ao princípio *tempus regit actum*. Em qualquer caso, porém, seja na data do óbito ou na do requerimento, são indevidas as parcelas anteriores ao quinquênio que antecede o ajuizamento da ação, resguardadas as hipóteses legais que forçam o reconhecimento da interrupção da prescrição, na forma da lei civil aplicada subsidiariamente ao direito previdenciário, como no caso, por exemplo, da parte final do parágrafo único do art. 103 da Lei n. 8.213/91.

Ainda a respeito deste assunto, as ressalvas do parágrafo único do art. 103, mais bem explicitados no capítulo adequado, como prescindem de um ato do titular reclamando seu direito subjetivo ao benefício ou às parcelas decorrentes de diferenças resultantes de revisão ou reajuste de benefícios em momento limitado na lei, podem iniciar no momento do fato gerador do benefício (evento determinante) ou na data de vigência da lei que conferiu o direito objetivo ao benefício.

O menor de 16 anos ainda dispõe dos trinta dias após seu décimo sexto aniversário para reclamar a pensão desde a data do óbito, o mesmo acontecendo com o absolutamente incapaz diverso do menor impúbere.

Outra exceção legal é hipótese do art. 76 da LB, já vista, da habilitação ou inscrição posterior que importa na exclusão ou inclusão de dependente e que produz efeito a partir daquele ato. Entretanto, ainda nesta hipótese, as situações nela previstas continuam interagindo com aquelas da parte final do parágrafo único do art. 103, cedendo lugar à aplicação deste preceito.

Diferentemente do que ocorre com a legislação que precedeu a Lei n. 8.213/91, a carência deixou de ser requisito exigido, bastando apenas ao beneficiário comprovar o pressuposto da qualidade de segurado do falecido no momento do óbito e a sua condição de dependente. O teor do inciso I do art. 26 da Lei de Benefícios é neste sentido.

Embora em número bem reduzido, já houve julgados no sentido de não se exigir a qualidade de segurado no momento do falecimento.[199]

---

(198) Diversamente, o Decreto n. 3.048/99, alterado pelo Decreto n. 5.545, de 22.9.2005, passou a dispor que, no caso do inciso II, ou seja, quando requerida após o prazo de trinta dias do óbito, a data de início do benefício será a data do óbito, reajustada a RMI até o início do pagamento, indevido qualquer pagamento relativamente a valores anteriores ao requerimento.
(199) "A pensão por morte, benefício cuja concessão independe de carência, e que pode ser concedido mesmo após a perda da qualidade de segurado, não exige prova do exercício de atividade laborativa nos últimos três anos." (*Revista Síntese Trabalhista*, n. 86, agosto de 1996, p. 96).

74.5. Casuística processual

Em caso de ajuizamento de ação de concessão de pensão por morte, devem ser citados para a lide todos os interessados no feito, como, por exemplo, os demais dependentes que já recebem o benefício, pena de nulidade absoluta, na forma do art. 47 do Código de Processo Civil, devendo o juiz, de ofício, determinar ao autor que promova a citação dos demais litisconsortes passivos necessários.

Os interesses divergentes na disputa pela pensão, entre mãe e filha absolutamente incapaz, por exemplo, acarretam a obrigatoriedade da nomeação de curador especial, em obediência ao que prescreve o art. 9º, inciso I, do CPC.

Havendo mais de um pensionista, somente serão beneficiados com prestação jurisdicional positiva em favor da revisão do benefício os titulares que ajuizaram a demanda, em face de que é defeso postular em juízo direito de outrem em nome próprio, salvo quando autorizado por lei.

Fora dos casos ali mencionados (acidente, catástrofe ou desastre), o interessado em obter a pensão por morte terá que se valer de uma ação ordinária para declarar a ausência do instituidor do benefício para que faça jus ao mesmo. Esta ação judicial tramitará sob o rito ordinário previsto no Código de Processo Civil, nada justificando que se adote rito específico e próprio para ações de declaração de ausência com pretensões não previdenciárias, como partilha e bens do ausente, para não deixá-los em abandono, na forma da lei civil. Esta ação civil não previdenciária (para destinação de bens deixado pelo falecido) para obtenção de declaração de morte presumida por ausência, tem seu fundamento teleológico na obrigação do cumprimento do dever constitucional da função social da propriedade. Esta, como se sabe, tem seu suporte ético na repugnância que causa à sociedade a existência de bens abandonados ou inservíveis. O abandono destes bens nada tem a ver com a função específica que a Constituição Federal de 1988, em seu art. 5º, inciso XXIII, lhes outorga.

Assim, a ação judicial para recebimento de pensão por morte presumida em razão de ausência tem o seu procedimento subordinado às regras do rito ordinário, cujo réu é o próprio INSS, podendo o autor cumular, numa só ação judicial, pedidos de declaração de ausência e morte presumida com concessão de pensão por morte.

O Superior Tribunal de Justiça também já deu o seu entendimento à matéria, valendo citar o seguinte precedente:

> "PREVIDENCIÁRIO — PROCESSUAL CIVIL — RECURSO ESPECIAL — PENSÃO POR MORTE PRESUMIDA DO SEGURADO — DECLARAÇÃO DE AUSÊNCIA ART. 78, DA LEI N. 8.213/91. O reconhecimento da morte presumida, com o fito de concessão de pensão previdenciária, não se confunde com a declaração de ausência regida pelos diplomas cível e processual. *In casu*, obedece-se ao disposto no art. 78, da Lei n. 8.213/91. Precedentes. Recurso conhecido, mas desprovido." (Recurso Especial n. 1999/0088085-4, Relator Ministro Jorge Scartezzini, do Paraná, publicado em 7.8.2000).

Por outro lado, como já se disse, em se tratando de morte presumida por acidente, desastre ou catástrofe, despicienda a espera do semestre aludido no artigo para a obtenção de declaração de ausência de forma autônoma, em ação ordinária específica. Porém, mesmo fora dos casos de acidente, desastre ou catástrofe, volta-se a frizar que independe de ação ordinária autônoma em relação àquela cumulada com pedido de pensão previdenciária. Como se disse, atualmente a jurisprudência admite a declaração de ausência e morte presumida e pedido de pensão por morte num mesmo processo, ainda que não se trate de caso de catástrofe, desastre ou acidente.

Para esta ação previdenciária de declaração de ausência cumulada com pedido de pensão por morte mostra-se necessária a juntada de, pelo menos, boletim de ocorrência, sem desprezar outros meios de prova também admissíveis em direito. As testemunhas serão de grande valia para o pleito declaratório referido, corroborando os documentos também carreados aos autos.

A data de início da pensão por morte, em caso de declaração de morte presumida, é a data da decisão judicial, nos termos precisos e claros do art. 74, inciso III da Lei n. 8.213/91. Esta decisão judicial que declara a morte presumida, em vista da impossibilidade de se fixar momento preciso em que isto possa ter ocorrido, e em não havendo na Lei de Benefícios dispositivo que fixe por presunção tal acontecimento, é constitutiva de direito, passando a partir de então a valer para todos os efeitos previdenciários, ou seja, para efeito de fixação da DIB do benefício e todos os seus consectários, como data de início do pagamento. Se o último momento em que o segurado foi visto remonta à época em que imediatamente deixou de exercer atividade remunerada ou cessou pagamento de contribuições, não haverá perda da qualidade de segurado. O prazo de seis meses referido no art. 78, *caput*, da Lei n. 8.213/91, somente tem o efeito de fixar um momento imediato a partir do qual se deverá pagar o benefício, em claro manifesto de se preservar interesses imediatos dos dependentes.

> **Art. 75.** O valor mensal da pensão por morte será de cem por cento do valor da aposentadoria que o segurado recebia ou daquela a que teria direito se estivesse aposentado por invalidez na data de seu falecimento, observado o disposto no art. 33 desta lei. (*Redação dada pela Lei n. 9.528, de 10.12.97*)
>
> **Redações anteriores**
>
> **Forma original**
>
> O valor mensal da pensão por morte será:
>
> a) constituído de uma parcela, relativa à família, de 80% (oitenta por cento) do valor da aposentadoria que o segurado recebia ou à que teria direito, se estivesse aposentado na data do seu falecimento, mais tantas parcelas de 10% (dez por cento) do valor da mesma aposentadoria quantos forem os seus dependentes, até o máximo de 2 (duas);
>
> b) 100% (cem por cento) do salário de benefício ou do salário de contribuição vigente no dia do acidente, o que for mais vantajoso, caso o falecimento seja consequência de acidente de trabalho.
>
> **Redação de 29.4.1995 a 27.6.1997**
>
> O valor mensal da pensão por morte, inclusive a decorrente de acidente de trabalho, consistirá numa renda mensal correspondente a 100% (cem por cento) do salário de benefício, observado o disposto na Seção III, especialmente no art. 33 desta Lei. (*Redação dada pela Lei n. 9.032/95*)

75.1. Renda mensal inicial da pensão por morte

A pensão por morte é por natureza um benefício autônomo, vale dizer, independe de qualquer outro já concedido ao segurado falecido. No entanto, seu cálculo pode ter que observar formas diferenciadas, dependendo se o segurado já recebia ou não aposentadoria ou auxílio-doença.

A pensão por morte acidentária é devida ao conjunto de dependentes do segurado que falecer em razão de acidente de trabalho. O cálculo tem o mesmo sistema dos benefícios do RGPS, incluindo-se o percentual de 100%. A única diferença reside no foro competente para apreciação da causa, que é a Justiça Estadual, absolutamente, por preceito de norma constitucional (art. 109, inciso I), conjugado com o art. 129, inciso II da Lei n. 8.213/91.

Precedentemente à questão que ora se coloca em exame, necessário dizer que muito questiona-se, hoje, a aplicação retroativa do novo coeficiente de cálculo mais vantajoso trazido pelas leis que modificaram o quantitativo da RMI no cálculo do salário de benefício da pensão por morte.

Neste particular, é importante fazer uma incursão comparativa entre a legislação passada e a contemporânea, traçando a linha evolutiva por que passou a RMI do benefício em comento.

Levando-se em consideração sempre a data de início do benefício como parâmetro para aferição da legislação aplicável, tem-se que a partir da Lei n. 3.807/60, sem alteração posterior substancial com o Decreto n. 89.312/84, a renda mensal da pensão por morte era resultante, como primeira etapa do cálculo, numa quota familiar de 50% do salário de benefício e outra de 10% para cada dependente válido.

Veio a Lei n. 8.213/91 modificando o quantitativo da parcela familiar para 80% do valor da aposentadoria recebida pelo falecido ou daquela que teria direito se estivesse aposentado na data do falecimento, mantendo a mesma regra quanto aos acréscimos relativos à quantidade de dependentes. A estas acrescentou outra regra concernente à pensão derivada de acidente de trabalho, oportunizando ao dependente eleger entre o quantitativo mais benéfico resultante dos cálculos de 100% do salário de benefício em cotejo com o mesmo percentual aplicado sobre o salário de contribuição.

Além de proporcionar uma verdadeira "mini-reforma" no ordenamento previdenciário, a primeira modificação introduzida no texto primitivo da Lei n. 8.213/91 foi com a Lei n. 9.032/95. Esta trouxe ao texto positivado uma unificação dos coeficientes de cálculo da pensão decorrente de infortunística acidentária e comum em 100% do salário de benefício, abolindo aquela chamada "parcela familiar" existente até então.

Hodiernamente, vige, por força da Lei n. 9.528/97, o texto normativo que rege a concessão das pensões por morte com DIB após 10.12.1997. Mercê daquele diploma, tal benefício é de 100% do valor da aposentadoria que o segurado recebia ou daquela a que teria direito se estivesse aposentado por invalidez no momento de seu falecimento. Pelo que se vê, em linhas gerais, manteve o mesmo coeficiente trazido pela lei anterior.[200]

A questão que se coloca em xeque é se a eficácia retroativa das modificações quantitativas legislativamente introduzidas que aumentam a RMI (coeficientes) podem excepcionar a regra do princípio *tempus regit actum* em matéria de cálculo da pensão. E o que era discutido apenas em sede de benefício acidentário (auxílio-acidente) nos foros estaduais, agora merece atenção dos operadores do direito em âmbito federal, tendo inúmeras ações de segurados sido ajuizadas pretendendo a aplicação retroativa dos preceitos que aumentaram o coeficiente da RMI para 100%.

Pelo menos na corte responsável pela pacificação das lides jurisprudenciais no âmbito dos Juizados Especiais Federais a controvérsia já passa a ter certa direção, tendo a Súmula n. 15 uniformizado que "O valor mensal da pensão por morte concedida antes da Lei n. 9.032, de 28 de abril de 1995, deve ser revisado de acordo com a nova redação dada ao art. 75 da Lei n. 8.213, de 24 de julho de 1991".

Até a pacificação da matéria no âmbito do Supremo Tribunal Federal, o Superior Tribunal de Justiça tinha decidido favoravelmente à pretensão revisional, no sentido de que as alterações legislativas que aumentaram o coeficiente da RMI têm aplicação sobre os benefícios concedidos anteriormente à edição da lei. Esta corte superior, em decisões monocráticas, tem reiteradamente negado seguimento a Recursos Extraordinários interpostos pelo INSS, valendo citar, a título exemplificativo, recente decisão, cuja íntegra tem o seguinte teor:

"Cuida-se de agravo de instrumento desafiando decisão que não admitiu recurso especial, este calcado nas alíneas 'a' e 'c' do permissivo constitucional, contra acórdão do Tribunal Federal da 5ª Região assim ementado: 'PREVIDENCIÁRIO. REVISÃO DE PENSÃO. ART. 75 DA LEI N. 8.213/91 E ALTERAÇÕES. LEI N. 9.032/95. APLICAÇÃO DESSE DISPOSITIVO ÀS REALIDADES PRÉ-EXISTENTES. HONORÁRIOS ADVOCATÍCIOS. SÚMULA N. 111 DO STJ. — A disposição contida no art. 75 da Lei n. 8.213/91, com a redação alterada pela Lei n. 9.032/95, deve ser estendida às pensões implantadas à época da vigência do mencionado diploma legal, em respeito ao princípio constitucional da isonomia. — Assegurar-se-á o direito à equiparação da cota familiar a 100%, sem acréscimo de qualquer percentual por dependente, nos termos do art. 75 da Lei n. 8.213/91, alterado pela Lei n. 9.032, a partir de abril de 1995, quando entrou em vigor esta lei.

— Adequação dos honorários advocatícios aos termos da Súmula n. 111 do e. STJ. Apelação e remessa oficial parcialmente providas.' (fl. 223) Aponta o agravante, no especial, além de divergência jurisprudencial, violação do art. 75 da Lei n. 8.213/91, sustentando que as alterações no percentual de benefício da pensão por morte, trazidas pelas Leis ns. 8.213/91 e 9.032/95, não se aplicam aos benefícios concedidos anteriormente à sua vigência. O inconformismo não merece acolhimento. A controvérsia cinge-se à aplicação do critério estatuído no art. 75 da Lei n. 8.213/91, com a redação dada pela Lei n. 9.032/95, ao benefício de pensão por morte concedido anteriormente à vigência deste diploma. Esta Corte firmou a compreensão de que a nova redação do art. 75 da Lei n. 8.213/91, conferida pela Lei n. 9.032/95, que elevou a pensão por morte previdenciária a 100% (cem por cento) do salário de benefício, tem incidência imediata, independentemente da lei vigente na data do fato gerador. Confiram-se: A — 'PREVIDENCIÁRIO. PENSÃO POR MORTE. RETROATIVIDADE DA LEI NOVA MAIS BENÉFICA. LEIS NS. 8.213/91 E 9.032/95. POSSIBILIDADE. — Em tema de concessão de benefício previdenciário decorrente de pensão por morte, admite-se a retroação da lei instituidora, em face da relevância da questão social que envolve o assunto. — O art. 75 da Lei n. 8.213/91, com a nova redação conferida pela Lei n. 9.032/95, é aplicável às pensões concedidas antes de sua edição, porque imediata a sua incidência. — Embargos de divergência conhecidos e acolhidos'. (EREsp n. 311.302/AL, Relator o Ministro VICENTE LEAL, DJU de 16.9.2002). B — 'PREVIDENCIÁRIO. ALTERAÇÃO. PERCENTUAL. COTA FAMILIAR. PENSÃO POR MORTE. ART. 75 DA LEI N. 8.213/91. LEI N. 9.032/95. APLICAÇÃO IMEDIATA. 1. Em tema de benefício previdenciário, a Terceira Seção tem entendimento no sentido da incidência imediata da lei nova, vedada a ofensa ao ato jurídico perfeito, ao direito adquirido e à coisa julgada, *ut* arts. 5º, XXXVI, e 6º

---

(200) "O valor mensal da pensão por morte será de 100% (cem por cento) do valor da aposentadoria que o segurado recebia ou daquela a que teria direito se estivesse aposentado por invalidez na data de seu falecimento, observado o disposto no art. 33 desta lei".

da Lei de Introdução ao Código Civil, alcançando as relações jurídicas anteriores nos efeitos a serem produzidas em decorrência da própria continuidade da relação, a partir de sua vigência. 2. Nesse contexto, o dispositivo legal que majora o percentual concernente às cotas de pensão por morte deve ser aplicado a todos os benefícios previdenciários, independentemente da norma vigente quando de seu fato gerador, não havendo falar em retroatividade da lei, mas em incidência imediata. 3. Recurso não conhecido'. (REsp. n. 345.678/AL, Relator o Ministro FERNANDO GONÇALVES, DJU de 2.9.2002). Do exposto, nego provimento ao presente agravo. Publique-se. Brasília (DF), 1º de fevereiro de 2006. MINISTRO PAULO GALLOTTI, Relator." (Agravo de Instrumento n. 731.573, de Alagoas, Relator Ministro Paulo Gallotti, DJ 7.3.2006).

Atualmente, porém, a questão já foi decidida pelo STF contra a aplicação da lei nova aos benefícios anteriormente concedidos, tendo a matéria o seu deslinde definitivo.

Se o falecido ainda não era titular de aposentadoria por tempo de contribuição/serviço ou não estava em gozo de auxílio-doença, enfim, não recebida benefício algum do RGPS, o art. 75 da LB manda que se deve, numa primeira etapa, calcular o salário de benefício de uma aposentadoria por invalidez fictícia, observando o art. 29, e, sobre o quantitativo resultante desta operação, aplicar o coeficiente correspondente ao da pensão.

De forma contrária, se o falecido era titular de aposentadoria de qualquer espécie do RGPS, a RMI da pensão será resultante da aplicação do coeficiente respectivo sobre aquele valor.

Não se incorpora no valor da pensão o acréscimo de 25% que o falecido aposentado por invalidez recebia em razão da assistência permanente de outra pessoa, em consonância com o que dispõe a alínea c do parágrafo único do art. 45 da Lei n. 8.213/91.

O benefício para o segurado especial tem o valor de um salário mínimo, assegurado o cálculo da prestação pela forma do salário de benefício se contribuir como facultativo.

Ainda que a aplicação do coeficiente resulte em quantia inferior a um salário mínimo, este deve ser o patamar mínimo à composição da RMI, por contar tal postulado com a regra contida no art. 2º, inciso VII, da Lei n. 8.213/91. A propósito, coleciona-se o seguinte precedente jurisprudencial:

"PREVIDENCIÁRIO. PENSÃO POR MORTE. CONDIÇÃO DE DEPENDENTE DA EX-MULHER. COMPROVAÇÃO. DATA DE INÍCIO DO BENEFÍCIO. COEFICIENTE DE CÁLCULO. HONORÁRIOS ADVOCATÍCIOS. APELAÇÃO DO INSS NÃO PROVIDA. 1.A qualidade de segurado do ex-marido da apelada foi comprovada, assim como a dependência econômica de sua ex-mulher, pois o segurado a auxiliava financeiramente enquanto era vivo. 2.O benefício é devido desde a data do óbito, nos termos do art. 74 da Lei n. 8.213/91, em sua redação original, que estava em vigor na data do óbito. 3. A pensão por morte será calculada na base de 90% do valor da aposentadoria que o segurado recebia, não podendo ser INFERIOR a um salário mínimo, considerando que a apelada era a única dependente do segurado (Lei n. 8.213/91, art. 75, II, também redação original). 4.Honorários advocatícios fixados em 15% do valor da condenação, conforme precedentes da Turma, excluídas, porém, as parcelas vincendas (Súmula n. 111 do Superior Tribunal de Justiça). 5.Apelação do INSS não provida". (Apelação Cível n. 331.781, de São Paulo, Relator Juiz Nino Toldo, DJU de 18.11.2002, p. 633).

O que não se deve ter como assente quando houver desdobramento da pensão por divisão entre dois ou mais dependentes habilitados. Neste caso, força reconhecer que o benefício pode ser pago, mediante divisão equânime, em valor inferior a um salário mínimo para cada qual. A respeito, confira ementa do julgado extraído do Tribunal Regional Federal da 3ª Região, Apelação Cível n. 510978, de São Paulo, Relator Juiz Roberto Haddad, DJU de 18.4.2000, p. 542, *verbis*: "PREVIDENCIÁRIO — REVISÃO DE BENEFÍCIO — PENSÃO POR MORTE 'COMPARTILHADA' — BENEFÍCIO MENOR QUE SALÁRIO MÍNIMO. I) Havendo pensão por morte 'compartilhada' não há que se falar em vedação de benefício menor que o salário mínimo. II) Recurso (s) aos (s) qual(is) se nega provimento".

> **Art. 76.** A concessão da pensão por morte não será protelada pela falta de habilitação de outro possível dependente, e qualquer inscrição ou habilitação posterior que importe em exclusão ou inclusão de dependente só produzirá efeito a contar da data da inscrição ou habilitação.
>
> § 1º O cônjuge ausente não exclui do direito à pensão por morte o companheiro ou a companheira, que somente fará jus ao benefício a partir da data de sua habilitação e mediante prova de dependência econômica.
>
> § 2º O cônjuge divorciado ou separado judicialmente ou de fato que recebia pensão de alimentos concorrerá em igualdade de condições com os dependentes referidos no inciso I do art. 16 desta Lei.

76.1. Concessão imediata da pensão por morte

Uma hipótese muito comum de ocorrer é a existência de conflito de interesses entre possíveis dependentes do segurado falecido. Conferindo maior celeridade ao processo de habilitação dos beneficiários e concessão do benefício sem prejuízo da continuidade do sustento, dispõe a norma do art. 76, *caput*, que a falta de habilitação de outros eventuais dependentes já existentes não protela a concessão da pensão aos beneficiários que já tenham sua condição comprovada. Nesta hipótese, havendo mais de um dependente, o benefício será concedido aos que já tenham comprovado a sua qualidade e, em momento oportuno, quando houver concessão aos outros dependentes, a pensão será rateada em partes iguais entre todos os titulares.

76.2. Inscrição ou habilitação posterior de dependente

Qualquer inscrição ou habilitação posterior ao momento do requerimento do primeiro dependente que importe em exclusão ou inclusão de outros dependentes opera *ex nunc*, ou seja, não tem efeitos financeiros retroativos além da data da inscrição ou habilitação, forte, ainda, no *caput* daquele artigo. Dessa maneira, se as habilitações iniciais ou posteriores forem de classes diferentes a ponto de ensejarem o cancelamento de alguns titulares, este efeito somente terá lugar a partir da data das novas inscrições ou habilitações.

Os valores recebidos de boa-fé por titulares já habilitados durante o curso de ação judicial promovida por outro possível dependente, apesar de ocorrer enriquecimento por parte do beneficiário, não terão que ser devolvidos ao Instituto Nacional do Seguro Social. Em caso contrário, havendo má-fé por parte do beneficiário, os valores que ultrapassarem a sua cota-parte terão que ser devolvidos *in totum* ao INSS.

76.3. Cônjuge ausente, divorciado ou separado judicialmente

O cônjuge ausente referido no § 1º do art. 76 é o cônjuge separado de fato que não recebe pensão de alimentos (o que recebe está mencionado no parágrafo seguinte) e somente terá direito a partir de sua habilitação e mediante prova de sua dependência econômica, não excluindo deste mesmo direito o companheiro ou a companheira.

Em face de sua separação de fato do falecido, a presunção *juris tantum* de veracidade da dependência econômica que milita em favor dos dependentes da classe I do art. 16 deixa de existir, tendo este beneficiário que se desincumbir de tal fato.

Ainda quanto a este aspecto, uma prova relativa que milita em favor da dependência econômica do beneficiário separado de fato, judicialmente ou divorciado, contemplada na própria lei é a titularidade de pensão de alimentos. Além disso, a norma positiva erige estes beneficiários à condição igualitária dos dependentes da classe I do art. 16, que são os preferenciais (§ 2º do art. 76 da LB).

Porém, na ausência de recebimento de pensão de alimentos pelos beneficiários referidos acima, o deslinde da controvérsia reclama maiores digressões em torno da seara jurisprudencial e doutrinária acerca do assunto. Por outro lado, a questão ganha ainda mais requintes interessantes quando o pretendente a dependente dispensou o recebimento da pensão no momento da separação ou divórcio.

Conquanto poucos possam ser os argumentos em contrário, ainda carentes da desmistificação da presunção relativa que usufrui o titular de pensão alimentícia, diametralmente oposto é o entendimento quando há o seu efetivo recebimento.

É certo que a titularidade de percepção de alimentos goza de presunção, por lei, relativa de veracidade. Porém, esta benesse legal cede em favor de prova contrária ao prestígio desfrutado por este instituto. Por outro lado, embora a lei não prestigie qualquer outro fator com a mesma força probante, ele não é o único no mundo dos fatos que possa ser jurisdicizado pelo direito e merecer tratamento igualitário.

Assim é que mesmo não percebendo pensão de alimentos do falecido, se fatores fáticos outros permitirem a conclusão de que mesmo assim existe, no caso concreto, a reclamada dependência econômica entre os envolvidos, a despeito da separação ou divórcio e mesmo em havendo renúncia de alimentos, nos termos da Súmula n. 379 do STF, o direito surge em toda sua plenitude para o pretendente.

Tanto é assim que a Súmula n. 64 do extinto Tribunal Federal de Recursos,[201] erigindo a necessidade de alimentos posterior ao evento que levou à bancarrota o casamento à condição de evento determinante do benefício, acabou levando a controvérsia a ter o seu deslinde. Avalizando este entendimento, o Superior Tribunal de Justiça já teve por diversas vezes oportunidade de dirimir a controvérsia concreta que chegava à sua presença.[202] Outros casos também não faltaram nos tribunais.[203]

À guisa de conclusão temos que, havendo ou não recebimento de alimentos pelo cônjuge divorciado, separado judicialmente ou de fato, se houver prova concreta do efetivo vínculo de necessidade financeira a merecer a qualidade de dependência econômica entre os envolvidos, a concessão do benefício é medida imperativa.

Por outro lado, se o cônjuge divorciado, separado judicialmente ou de fato recebia pensão alimentícia, seu direito à pensão por morte será calculado mediante a legislação previdenciária, não tendo direito adquirido ao mesmo percentual ajustado no acordo do divórcio, separação ou mesmo verbal quando separados de fato, como acontecia na legislação revogada (Decreto n. 83.080/79, arts. 69 e 127).

---

(201) "A mulher que dispensou, no acordo de desquite, a prestação de alimentos, conserva, não obstante, o direito à pensão decorrente do óbito do marido, desde que comprovada a necessidade do benefício".
(202) "PREVIDENCIÁRIO. PENSÃO POR MORTE. CÔNJUGE SEPARADO JUDICIALMENTE SEM ALIMENTOS. PROVA DA NECESSIDADE. SÚMULAS NS. 64 — TFR E 379 — STF. O cônjuge separado judicialmente sem alimentos, uma vez comprovada a necessidade, faz jus à pensão por morte do ex-marido." (REsp. n. 195.919, de São Paulo, Relator Ministro Gilson Dipp, DJU n. 36-E, de 21.2.2000, p. 155).
(203) "PREVIDENCIÁRIO. PENSÃO POR MORTE. ESPOSA E COMPANHEIRA. CONCORRÊNCIA. APELAÇÃO DA AUTORA NÃO PROVIDA. 1. O art. 76, § 2º, d Lei n. 8.213/91 dispõe que o cônjuge divorciado, separado judicialmente ou de fato que recebe pensão de alimentos concorrerá em igualdade de condições com os dependentes referidos no inciso I do art. 16 dessa lei. A contrario sensu, entende-se que o cônjuge nessas condições que não receba pensão alimentícia não concorre com os outros dependentes para fins de pensão por morte. 2. Considerando a realidade social do país, tal situação poderia ser contornada se a apelante comprovasse que, não obstante separada de fato e sem pensão alimentícia fixada em juízo, dependia economicamente de seu marido para sobreviver. Isso, porém, não foi demonstrado. 3. Apelação da autora não provida." (Apelação Cível n. 375598, de São Paulo, Relator Juiz Nino Toldo, DJU de 18.11.2002).

> **Art. 77.** A pensão por morte, havendo mais de um pensionista, será rateada entre todos em parte iguais. (*Artigo, parágrafos e incisos com a redação dada pela Lei n. 9.032, de 28.4.95*)
>
> § 1º Reverterá em favor dos demais a parte daquele cujo direito à pensão cessar.
>
> § 2º A parte individual da pensão extingue-se:
>
> I — pela morte do pensionista;
>
> II — para o filho, a pessoa a ele equiparada ou o irmão, de ambos os sexos, pela emancipação ou ao completar 21 (vinte e um) anos de idade, salvo se for inválido;
>
> III — para o pensionista inválido, pela cessação da invalidez.
>
> § 3º Com a extinção da parte do último pensionista a pensão extinguir-se-á.

77.1. Repartição das cotas de pensão por morte entre os dependentes

O valor da pensão será rateado em partes iguais para todos os pensionistas, podendo cada qual ser inferior ao salário mínimo, não se aplicando, nesta hipótese, a garantia do art. 33 da mesma lei.

A interação entre este artigo e o art. 16 da mesma lei, onde estão previstos os beneficiários e as classes respectivas, produz o resultado desejado pelo legislador.

Com efeito, pois, como explicitado no capítulo adequado, cada inciso do art. 16 corresponde a uma classe de dependentes obedecendo a uma ordem de hierarquia previamente estabelecida.

Desta forma, os dependentes da classe I têm direito de preferência no recebimento da pensão, excluindo-se os demais das outras classes dos outros incisos, e assim por diante. Se todos os dependentes forem da mesma classe, não importando se da primeira, segunda ou terceira, todos irão receber o benefício em parte iguais.

Na existência de dependentes de classes diferentes, receberão aqueles cuja classe está em primeiro lugar na ordem pré-estabelecida. Assim, todos podem ser considerados dependentes, num caso concreto, em relação a um determinado segurado falecido, mas nem todos receberão a pensão. Suponha-se que o falecido mantinha esposa e uma mãe viúva que não recebida pensão do marido. Neste caso, embora ambas possam ser consideradas dependentes, somente a esposa terá direito à pensão, obedecendo à hierarquia das classes, e o direito daquela mãe não se restabelece com a cessação da cota-parte da esposa.

O dependente preterido em seu direito à observância da hierarquia das classes, tem o direito subjetivo para fazer valer administrativamente ou em juízo o recebimento da pensão, excluindo-se o dependente anterior, nos moldes já explicados quando dos comentários ao art. 76, *caput*, da mesma lei.

Pois bem, feita esta necessária digressão sobre o art. 16 e em conformidade com o preceito do art. 77, *caput*, conclui-se que este se aplica somente para os dependentes de classes iguais, exatamente aqueles beneficiários que podem ser considerados dependentes preferenciais.

77.2. Extinção de cotas

Prescreve o § 2º do art. 77 da LB que a parte individual da pensão se extinguirá: a) com a morte do pensionista; b) para o filho, a pessoa a ele equiparada ou o irmão, de ambos os sexos, pela emancipação ou ao completar vinte e um anos de idade, salvo se for inválido; c) para o pensionista inválido, pela cessação da invalidez.

Com a extinção da cota do último pensionista, a pensão cessará (art. 77 § 3º), não restabelecendo direito ao dependente de outra classe existente ao tempo do falecimento. Como se disse, o direito do dependente de outra classe somente se restabelece se houve preterição no seu direito de observância da hierarquia das classes.

O novo casamento não é mais causa de extinção da pensão, como prescrevia a legislação pretérita. Contemporânea a este preceito legal, a Súmula n. 170 do TFR, dirimindo questão correlata, passou a estabelecer que "Não se extingue a pensão previdenciária se do novo casamento não resulta melhoria na situação econômico-financeira da viúva, de modo a tornar dispensável o benefício". Contrariamente ao que se disse com relação à legislação de regência da regra da reversão de cotas, aqui o preceito incide levando-se em consideração a data da pensão. Se esta origina-se no direito anterior que prescrevia a extinção pelo novo casamento, resguardada a ressalva vinda com a Súmula n. 170 do TFR, a pensão cessará para este pensionista.

O Tribunal Regional Federal da 4ª Região já sumulou, pelo verbete de n. 74, que o direito à pensão previdenciária de dependente que atinge 21 anos extingue-se ainda que estudante de curso superior.

77.3. Reversão de cotas

O direito anterior estabelecia a cessação da cota-parte daquele cujo direito cessar, procedendo-se a um novo cálculo antes de se fazer novo rateio, novamente dividindo-se o valor total pelo número restante dos dependentes remanescentes (Art. 125 da CLPS).

Hodiernamente, com a redação da Lei n. 9.32/95, o § 1º do art. 77 da Lei n. 8.213/91 passou a prescrever a reversão da cota do titular cujo direito cessar em favor dos dependentes remanescentes, desimportando a data de início da pensão, ou seja, aplicando-se inclusive às pensões anteriores à modificação. Isto porquanto, o que importa, nesta situação, é a verificação da data de ocorrência, no mundo fático, do evento determinante da cessação da cota-parte e não a DIB da pensão. Se ocorrido após a vigência da Lei n. 8.213/91, aplicar-se-á este artigo; caso a cessação da cota ocorra antes daquela lei, impera a legislação anterior que determinava a cessação e não a reversão das cotas.

> **Art. 78.** Por morte presumida do segurado, declarada pela autoridade judicial competente, depois de 6 (seis) meses de ausência, será concedida pensão provisória, na forma desta Subseção.
>
> § 1º Mediante prova do desaparecimento do segurado em consequência de acidente, desastre ou catástrofe, seus dependentes farão jus à pensão provisória independentemente da declaração e do prazo deste artigo.
>
> § 2º Verificado o reaparecimento do segurado, o pagamento da pensão cessará imediatamente, desobrigados os dependentes da reposição dos valores recebidos, salvo má-fé.

78.1. Concessão de pensão por morte em caso de morte presumida

Rende ensejo à pensão provisória a declaração de morte presumida do segurado pelo Poder Judiciário após seis meses da ausência, dispensada a ação judicial e o prazo assinado havendo prova do desaparecimento por envolvimento em acidente, desastre ou catástrofe (art. 78, § 1º, da LB). Pelo sim, pelo não, a pensão é imediatamente cessada quando e se o segurado reaparecer, sendo desobrigados os titulares do benefício da devolução dos pagamentos, exceto se houve má-fé na obtenção do mesmo, na forma do § 2º deste mesmo artigo.

Neste particular, é necessário frisar, como já fizemos em outras oportunidades, que o pagamento da pensão não pode ser suspenso ou cessado imediatamente, ao contrário do que quer fazer crer esta regra, dependendo de decisão definitiva em processo administrativo submetido ao crivo do contraditório e ampla defesa.

> **Art. 79.** Não se aplica o disposto no art. 103 desta Lei ao pensionista menor, incapaz ou ausente, na forma da lei.

79.1. Regras específicas de prescrição e decadência para dependentes incapazes, menores ou ausentes

Este artigo nada mais é do que uma confirmação das regras do art. 103, que tratam a respeito da prescrição e decadência para incapazes, menores e ausentes, na forma contemplada pelo Código Civil.

Na realidade, nem precisaria vir expressamente em outro artigo diferente, bastando que tivesse concentrado na regra geral do art. 103.

> **Art. 80.** O auxílio-reclusão será devido, nas mesmas condições da pensão por morte, aos dependentes do segurado recolhido à prisão, que não receber remuneração da empresa nem estiver em gozo de auxílio-doença, de aposentadoria ou de abono de permanência em serviço.
>
> Parágrafo único. O requerimento do auxílio-reclusão deverá ser instruído com certidão do efetivo recolhimento à prisão, sendo obrigatória, para a manutenção do benefício, a apresentação de declaração de permanência na condição de presidiário.

80.1. Auxílio-reclusão

O art. 80 da Lei n. 8.213/91 dispõe que o auxílio-reclusão será devido, nas mesmas condições da pensão por morte, aos dependentes do segurado recolhido à prisão, que não receber remuneração da empresa nem estiver em gozo de auxílio-doença, de aposentadoria ou de abono de permanência em serviço.

É um benefício de natureza previdenciária e não assistencial, que reclama para sua concessão os mesmos requisitos exigidos para a pensão por morte, quais sejam, a qualidade de segurado do recluso no momento do encarceramento,[204] a prisão e a condição de dependente de quem requer o benefício.

Nos termos do art. 287, da Instrução Normativa INSS/PR n. 11, de 20 de setembro de 2006, equipara-se à condição de recolhido à prisão, a situação do maior de dezesseis e menor de dezoito anos de idade que se encontre internado em estabelecimento educacional ou congênere, sob custódia do Juizado da Infância e da Juventude.

Na concretude após o delineamento da Constituição Federal de 1988, no referente à extensão do benefício ao companheiro ou companheira homossexual, o art. 292, da IN INSS/PR n. 11/2006, prediz que por força de decisão judicial (Ação Civil Pública n. 2000.71.00.009347-0), fica garantido o direito ao auxílio-reclusão àqueles beneficiários para recolhimento à prisão ocorrido a partir de 5 de abril de 1991, desde que atendidas todas as condições exigidas para o reconhecimento do direito a esse benefício. A teor do que dispõe o § 2º do art. 293, o filho nascido durante o recolhimento do segurado à prisão terá direito ao benefício de auxílio-reclusão a partir da data do seu nascimento.

Prescinde da carência, como a pensão por morte.

Além da condição de segurado e a qualidade de dependente, restou positivado pelo inciso IV do art. 201, pela redação conferida pela EC n. 20/98, a restrição desta prestação previdenciária, acompanhado pelo salário-família, a dependentes do segurado de baixa renda, requisito que deve ser considerado como atendido, até que sobrevenha regulamentação legal, aqueles que tenham renda bruta mensal igual ou inferior a R$ 360,00 (trezentos e sessenta reais), reajustando-se dito valor, no período de inércia legislativa, à base dos mesmos índices incidentes aos benefícios do Regime Geral de Previdência Social.

De uma forma mais simplista, diga-se que o requisito financeiro acima referenciado somente pode ser exigido para a contingência social "prisão" ocorrida a partir da data de vigência da EC n. 20/98 (16.12.1998). Contrariamente, res-

---

(204) "PREVIDENCIÁRIO. PROCESSUAL CIVIL. CONCESSÃO DE AUXÍLIO-RECLUSÃO. PERDA DE QUALIDADE DE SEGURADO. AUSÊNCIA DE COMPROVAÇÃO. O benefício de auxílio-reclusão deve ser concedido ao segurado, desde que até 12 meses após a cessação das contribuições, que deixar o exercício de atividade ou estiver suspenso ou licenciado sem remuneração, 'ex vi' do art. 15, II, da Lei n. 8.213/91. Na hipótese em que as instâncias ordinárias reconhecerem a existência dos requisitos necessários à concessão do auxílio-reclusão, a análise da pretensão deduzida no apelo nobre importaria na reapreciação do quadro fático-probatório, incidindo o óbice da Súmula n. 7, do STJ. Recurso Especial não conhecido." (REsp 192172, de Santa Catarina, DJ 22.2.1999, p. 159).

peitou-se o direito adquirido aos pressupostos legais exigidos para as prisões antes da Emenda.

Conquanto não tenha havido modificação na Lei n. 8.213/91 que compartilhe da mesma exigência pecuniária constitucional, o art. 116 do Decreto n. 3.048/99 passou a prescrever a exigência econômica referida, para prisões a partir de 1º.4.2006, conforme art. 291 da Instrução Normativa n. INSS/PR n. 11, de 20 de setembro de 2006. O artigo seguinte da normativa administrativa prescreve ser devido o benefício ainda que a RMI resulte em valor superior ao teto exigido, devendo ser entendido, diante desta situação, que a condição sem a qual não há direito, administrativamente, é ser o valor do salário de contribuição superior a R$ 654,61, pouco importando o valor da renda mensal inicial, o que ressoa um pouco estranho a princípio se não analisado o benefício em suas duas vertentes de possibilidades de cálculo da renda mensal inicial. Realmente, parece-nos, à primeira vista, sem sentido algum condicionar o pagamento do benefício de auxílio-reclusão para dependentes de segurados de baixa renda, cujo limite do salário de contribuição esteja dentro de um teto máximo contributivo, se a renda mensal inicial resultar em valor superior.

Sabe-se que a renda mensal inicial do auxílio-reclusão é calculada nos mesmos termos da pensão por morte, por força de preceito inserto no art. 80 da Lei de Benefícios, podendo ser, seguindo os termos do preceituado, em 100% do valor da aposentadoria que o segurado recebia ou daquela a que teria direito se estivesse aposentado por invalidez na data do encarceramento, observando-se os limites mínimo e máximo para o salário de contribuição, na forma do que dispõe o art. 33. A renda mensal inicial calculada na primeira hipótese, ou seja, na base de 100% *da aposentadoria* que o segurado recebia está impossibilitada diante da previsão normativa que exclui do direito ao benefício quando o segurado, no momento da prisão, estiver recebendo benefício previdenciário de aposentadoria. A alternativa que sobeja da incidência do comando normativo acima evidencia que o cálculo do auxílio-reclusão terá por fundamento o art. 29 da Lei n. 8.213, que prescreve o cálculo do salário de benefício, com todos os pormenores, da mesma forma com que, em geral, são calculados os demais benefícios da Previdência Social, montando-se uma aposentadoria por invalidez fictícia calculada por incidência do comando do art. 29 (salário de benefício), retirando uma renda mensal inicial de 100% do salário de benefício. Então, somente nesta última hipótese é que a limitação constitucional tem razão de ser, ao exigir que o salário de contribuição do segurado recluso não seja superior a R$ 654,61, tendo incidência normativa destinada a dependentes destes segurados que recebem renda mensal inicial proveniente de cálculo de salário de benefício, já que excluída está a hipótese de se conceder o benefício mediante uma RMI proveniente de conversão de outro benefício.

Desta forma, o sentido do artigo em comento deve ser este, ao se permitir um direito ao benefício proveniente de uma renda mensal inicial superior ao limite quando, de forma simultânea a este valor, o salário de contribuição do segurado recluso necessite estar dentro da expressão monetária alçada a limite máximo para fruição do direito.

Agora, analisando o requisito econômico à luz de critério subjetivo, doutrina e jurisprudência são unânimes em taxar o critério econômico de injusto e discriminatório, já se apresentando nos pretórios a tendência de destiná-lo ao dependente e não ao segurado, já que a prestação estatal aqui solicitada direciona-se ao suprimento da carência material dos dependentes em face do encarceramento.[205]

---

(205) "PREVIDENCIÁRIO. AUXÍLIO-RECLUSÃO. BAIXA RENDA DOS DEPENDENTES. HERMENÊUTICA DO ART. 13 DA EC N. 20/98. LIMITE REGULAMENTADOR EXTRAPOLADO. HONORÁRIOS ADVOCATÍCIOS. 1. O auxílio-reclusão objetiva proteger os dependentes do segurado que, ante a ausência dos rendimentos desse, restariam desamparados. 2. A correta hermenêutica que se deve fazer do art. 13 da EC n. 20/98 é no sentido de que o mesmo se refere à renda bruta dos dependentes do segurado e não da renda do próprio segurado. 3. Nas ações previdenciárias, os honorários advocatícios, conforme entendimento pacificado por esse Tribunal, devem ser fixados no percentual de 10% (dez por cento) sobre o valor das parcelas devidas até a prolação da sentença, excluídas as parcelas vincendas (Súmula n. 111 do STJ). 4. Remessa oficial e apelação do INSS parcialmente providas." (Apelação Cível n. 2006.72.99.000428-1, Santa Catarina, Eloy Bernest Justo, DJU de 4.10.2006, p. 1013). "PREVIDENCIÁRIO. AUXÍLIO-RECLUSÃO. ART. 13 DA EC 20/98. BAIXA RENDA DOS DEPENDENTES. ART. 116 DO DECRETO N. 3.048/99. LIMITE REGULAMENTADOR EXTRAPOLADO. VALOR DO BENEFÍCIO. HONORÁRIOS ADVOCATÍCIOS. 1. O auxílio"reclusão visa a proteger os dependentes do segurado, sendo que a renda a ser considerada na época da prisão é a dos seus dependentes e não a do

O Tribunal Regional Federal da 1ª Região tem o mesmo entendimento.[206]

Esta direção já tomou a Turma Regional de Uniformização de Jurisprudência dos Juizados Especiais Federais ao editar a Súmula n. 5, assim vazada: "Para fins de concessão do auxílio-reclusão, o conceito de renda bruta mensal se refere à renda auferida pelos dependentes e não ao segurado recluso".

Por outro lado, decisão do Tribunal Regional Federal da 3ª Região confirmou antecipação de tutela concedida nos autos de Ação Civil Pública n. 2004.61.83.005626-4, proposta pelo Ministério Público Federal contra o INSS, com validade para todo o Brasil, para determinar à autarquia que proceda ao pagamento de benefícios de auxílio-reclusão independentemente de a renda do segurado ser superior ao limite estabelecido, porquanto o art. 116 do Decreto n. 3.048/99, na parte em que exige a limitação pecuniária do segurado recluso e não dos dependentes, ultrapassou o seu poder de regulamentar a lei ou a Constituição, afrontando princípio da legalidade. De acordo com consulta ao *site* do TRF da 3ª Região, o agravo regimental interposto contra decisão que manteve a tutela foi negado pelo tribunal, porém, o Supremo Tribunal Federal deferiu medida liminar para suspender os efeitos da decisão proferida no agravo de instrumento referido, em Reclamação em Medida Cautelar n. 3.237-0, de São Paulo.[207] Auferindo a família do preso renda mensal inferior ao limite estabelecido, é imperativa a concessão do benefício, conforme se extrai de acórdão do TRF4. Definindo de uma vez por todas a questão, com repercussão geral, o STF decidiu que a renda mensal a ser tomada como parâmetro para o pagamento do benefício de auxílio-reclusão deve ser a do segurado recluso e não de seus dependentes (RE n. 486413 e RE n. 587365, data do julgamento 25.3.2009).[208] Demais disso,

---

segurado. Essa é a interpretação que se extrai do disposto no art. 13 da EC n. 20/98 quando refere que esses benefícios serão concedidos apenas àqueles que tenham renda bruta mensal igual ou inferior a R$ 360,00. 2. Assim, o art. 116 do Decreto n. 3.048/99 extrapolou a sua função regulamentadora ao estabelecer que o auxílio-reclusão só seria devido quando o salário de contribuição do segurado fosse inferior ou igual ao R$ 360,00, pois o benefício de auxílio-reclusão, como é sabido, é concedido aos dependentes do segurado e não a este. 3. Considerando-se que, na época da prisão do segurado, os seus dependentes não trabalhavam, não possuindo qualquer renda, é de ser-lhes concedido o benefício em valor a ser calculado nos termos dos arts. 28, 29, 33 e 75, desde a data do requerimento administrativo. 4. Nas ações previdenciárias, os honorários advocatícios devem ser fixados no percentual de 10% (dez por cento) sobre o valor da condenação, assim consideradas as parcelas devidas até a prolação da sentença, excluídas as parcelas vincendas, na forma da Súmula n. 111 do STJ. (TRF4, AC 2003.04.01.016397-0, Sexta Turma, Relator João Batista Pinto Silveira, un., DJU 16.11.2005)."
(206) "DIREITO CONSTITUCIONAL. DIREITO PREVIDENCIÁRIO. AUXÍLIO-RECLUSÃO. ART. 19 DA EMENDA CONSTITUCIONAL N. 20 DE 1998. INTERPRETAÇÃO CONSTITUCIONAL. REQUISITO ECONÔMICO DOS DEPENDENTES BENEFICIÁRIOS. 1 — O requisito econômico para o acesso ao benefício do auxílio-reclusão, instituído pelo art. 13 da Emenda Constitucional n. 20/1998, refere-se à renda dos beneficiários da proteção previdenciária, vale dizer, dos dependentes do segurado recluso. 2 — Interpretação da norma constitucional derivada por meio dos princípios constitucionais hermenêuticos da unidade e da força normativa da Constituição, tendo presente, além da letra do art. 13 e da finalidade do benefício em questão, sua conexão com o direito fundamental social à previdência social. 3 — Pedido conhecido e improvido". (INCIDENTE DE UNIFORMIZAÇÃO DE JURISPRUDÊNCIA n. 200372040049391, de Santa Catarina, Relator Juiz Federal Roger Raupp Rios, 1ª Turma Recursal). "AGRAVO DE INSTRUMENTO. PREVIDENCIÁRIO. ART. 13 DA EMENDA CONSTITUCIONAL N. 20/98. 1. Por imperativo de lógica, o limite de ganhos para haver jus ao auxílio-reclusão deve levar em conta os recursos de subsistência dos dependentes; e, não, os do segurado recluso. 2. Não prevendo tal norma constitucional transitória regra acerca dos ganhos regulares do segurado detento ou recluso, o regulamento é nulo naquilo que ultrapassa o texto regulamentado". (TRF 4º, Agravo Regimental n. 200004010777544, Relator Des. Federal Luiz Carlos de Castro Lugon, do Rio Grande do Sul, DJU de 19.6.2001)". "CONSTITUCIONAL E PREVIDENCIÁRIO. AUXÍLIO-RECLUSÃO. CONCESSÃO DO BENEFÍCIO AOS DEPENDENTES DE SEGURADO COM RENDA SUPERIOR AO LIMITE ESTABELECIDO PELO ART. 13 DA EMENDA CONSTITUCIONAL N. 20/98. INCOMPATIBILIDADE COM O PRINCÍPIO DA ISONOMIA E DA PROTEÇÃO À FAMÍLIA. 1. A tese de que a renda bruta mensal do preso, superior a R$ 360,00 (trezentos e sessenta reais), inviabilizaria o deferimento do auxílio-reclusão aqui postulado, em conformidade ao que dispõe o art. 13 da Emenda Constitucional n. 20/98, não prospera, por afigurar-se ofensiva ao princípio da isonomia e da proteção à família. 2. Ademais, o requisito econômico para o acesso ao benefício do auxílio-reclusão refere-se à renda mensal dos dependentes do segurado recluso. 4. Remessa oficial não provida". (Remessa ex officio em Mandado de Segurança n. 2000.01.00.005351-5/MA, Relator Juiz Federal César Augusto Bearsi, DJU de 8.9.2005 DJ p. 39).
(207) BRASIL. Tribunal Regional Federal da 3ª Região. Décima Turma — Agravo de Instrumento n. 2005.03.00.002473-5, de São Paulo. Instituto Nacional do Seguro Social e Ministério Público Federal. Relatora Des. Federal Anna Maria Pimentel. Disponível em <htttp://www.stf.gov.br>. Acesso em: 5.11.2006.
(208) BRASIL. Tribunal Regional Federal da 4ª Região. 5ª Turma. *Apelação Cível n. 2001.72.02.002409-4/MG*. Instituto Nacional do Seguro Social e Leila Silvia Riviera Valdameri. Relator Juiz Luiz Antonio Bonat. DJU de 16.8.2006, p. 594. Disponível em: <htttp://www.trf4.gov.br>. Acesso em: 5.11.2006.

estando o segurado desempregado ao tempo do encarceramento, análise investigativa do rendimento contributivo do segurado que retroage ao tempo do encarceramento não pode se constituir empecilho legal à concessão do direito ao benefício se extrapolado o limite daquela época.[209]

Nas mesmas condições da pensão por morte significa nos mesmos moldes quanto à forma de cálculo, data de início do benefício, beneficiários, cessação do benefício, reversão, extinção de cotas etc., ou seja, tem lugar o mesmo tratamento em tudo que for compatível entre os dois benefícios.

Independe da qualidade da prisão, se sumária ou decorrente de condenação com trânsito em julgado. Desta forma, tem direito em casos de prisão em flagrante, preventiva, cautelar, prisão por dívida de pensão alimentícia ou depositário infiel.

A Medida Provisória n. 83, de 12.12.2002, convertida na Lei n. 10.666, de 8.5.2003, assegurou em seu art. 2º que o direito dos dependentes ao benefício em exame não será afetado se o segurado recluso exercer atividade remunerada e contribuir como facultativo ou contribuinte individual. Já o § 1º do art. 2º da mesma Medida Provisória faculta aos dependentes eleger para recebimento o benefício mais vantajoso entre auxílio-doença, aposentadoria e auxílio-reclusão, derivados de contribuição pelo preso na qualidade de facultativo ou contribuinte individual, não sendo permitida a acumulação.

80.2. Data de início do benefício

O mesmo raciocínio aplicado sobre a pensão cabe ser tomado no auxílio-reclusão. Será devido a partir da data da prisão quando requerido até 30 dias depois desta ou da data do requerimento se o pedido extrapolar aquele prazo prescricional. Por questão de lógica, mas mesmo assim não deixou a legislação de antever a hipótese, o benefício será mantido enquanto o segurado permanecer recolhido (art 117, *caput*, do Decreto n. 3.048/99), o que será provado através de declaração de permanência na condição de presidiário, na forma do parágrafo único do art. 80 da Lei n. 8.213/91.

Prevendo mais amiúde os detalhes a respeito do benefício, o RPS estabelece que a fuga é causa de suspensão (§ 2º do art. 117), devendo-se, porém, computar a atividade exercida durante a evasão carcerária para efeito de manutenção ou não da qualidade de segurado (§ 3º do mesmo artigo).

80.3. Renda mensal inicial

É igual a 100% do valor da aposentadoria que o segurado recebia ou daquela a que teria direito se estivesse aposentado por invalidez na data da detenção, nos mesmos termos da pensão por morte.

O benefício para o segurado especial tem o valor de um salário mínimo, assegurado o cálculo da prestação pela forma do salário de benefício se contribuir como facultativo.

A cessação do benefício ocorre nas mesmas situações da pensão por morte e também quando houver a soltura do segurado.

Na forma do art. 291 da Instrucao Normativa INSS/PR n. 11/2006, quando o efetivo recolhimento à prisão tiver ocorrido a partir de 16 de dezembro de 1998, data da publicação da EC n. 20, o benefício de auxílio-reclusão será devido desde que o último salário de contribuição do segurado, tomado no seu valor mensal, seja igual ou inferior a R$ 360,00 (trezentos e sessenta reais). Os valores foram atualizados de acordo com Portaria Ministerial, conforme relação a seguir:

---

(209) "PREVIDENCIÁRIO. AUXÍLIO-RECLUSÃO. É devido o auxílio-reclusão aos dependentes do segurado que não tiver salário de contribuição na data do recolhimento à prisão por estar desempregado, sendo irrelevante circunstância anterior do último salário percebido pelo segurado ultrapassar o teto previsto no art. 116 do Decreto n. 3.048/99. Apelação e remessa oficial providas em parte". (Apelação Cível n. 2000.04.01.138670-8, Rio Grande do Sul, João Surreaux Chagas, DJU de 22.8.2001, p. 1.119).

Período	Salário de contribuição mensal
De 16.12.1998 a 31.5.1999	R$ 360,00
De 1º.6.1999 a 31.5.2000	R$ 376,60
De 1º.6.2000 a 31.5.2001	R$ 398,48
De 1º.6.2001 a 31.5.2002	R$ 429,00
De 1º.6.2002 a 31.5.2003	R$ 468,47
De 1º.6.2003 a 31.5.2004	R$ 560,81
De 1º.6.2004 a 30.4.2005	R$ 586,19
De 1º.5.2005 a 31.3.2006	R$ 623,44
De 1º.4.2006 a 31.3.2007	R$ 654,61
De 1º.4.2007 a 28.2.2008	R$ 676,27
De 1º.3.2008 a 31.1.2009	R$ 710,08
A partir de 1º.2.2009	R$ 752,12
De 1º.2.2009 a 31.12.2009	R$ 752,12
A partir de 1º.1.2010	R$ 798,30
A partir de 1º.1.2010	R$ 810,18
A partir de 1º.1.2011	R$ 862,11
A partir de 15.7.2011	R$ 862,60
A partir de 1º.1.2012	R$ 915,05

Art. 81. *Revogado pela Lei n. 9.129, de 20.11.95.*

Redações anteriores

Serão devidos pecúlios:

I — ao segurado que se incapacitar para o trabalho antes de ter completado o período de carência;

II — ao segurado aposentado por idade ou por tempo de serviço pelo Regime Geral de Previdência Social que voltar a exercer atividade abrangida pelo mesmo, quando dela se afastar;

III — ao segurado ou a seus dependentes, em caso de invalidez ou morte decorrente de acidente de trabalho.

Art. 82. *Revogado pela Lei n. 9.032, de 28.4.95.*

Redações anteriores

No caso dos incisos I e II do art. 81, o pecúlio consistirá em pagamento único de valor correspondente à soma das importâncias relativas às contribuições do segurado, remuneradas de acordo com o índice de remuneração básica dos depósitos de poupança com data de aniversário no dia primeiro.

Art. 83. *Revogado pela Lei n. 9.032, de 28.4.95.*

Redações anteriores

No caso do inciso III do art. 81, o pecúlio consistirá em um pagamento único de 75% (setenta e cinco por cento) do limite máximo do salário de contribuição, no caso de invalidez, e de 50% (cinquenta por cento) desse mesmo limite, no caso de morte.

Art. 84. *Revogado pela Lei n. 8.870, de 15.4.94.*

Redações anteriores

O segurado aposentado que receber pecúlio, na forma do art. 82, e voltar a exercer atividade abrangida pelo Regime Geral de Previdência Social somente poderá levantar o novo pecúlio após 36 (trinta e seis) meses contados da nova filiação.

> **Art. 85.** *Revogado pela Lei n. 9.032, de 28.4.95.*
>
> **Redações anteriores**
>
> O disposto no art. 82 aplica-se a contar da data de entrada em vigor desta Lei, observada, com relação às contribuições anteriores, a legislação vigente à época de seu recolhimento.

85.1. Pecúlios

Os arts. 81 a 85, que tratavam sobre o pecúlio, foram revogados pelas Leis ns. 9.129, de 20.11.1995, 9.032, de 28.4.1995 e 8.870, de 15.4.1994. No direito anterior, o pecúlio consistia em benefício previdenciário *sui generis* de pagamento único e contemplava três modalidades em que seriam devolvidas as contribuições ao segurado, todas no art. 81 da LB, a saber: a) ao segurado que se incapacitar para o trabalho sem ter cumprido a carência para o benefício (inciso I); b) ao aposentado por idade ou por tempo de serviço pelo RGPS que voltar a exercer atividade de filiação obrigatória ao regime (inciso II);[210] c) ao segurado ou a seus dependentes, em caso de invalidez ou morte decorrente de acidente do trabalho (inciso III).

Não fosse o modelo de repartição simples adotado pela Previdência Social brasileira, poderia se dizer que nos dois primeiros casos contemplados o legislador quis deixar hígido o princípio da vedação do enriquecimento sem causa. Isso se justifica na medida em que o segurado não mais poderá utilizar para si próprio aquelas contribuições, mormente no primeiro caso (incapacidade anterior à carência). No último caso mencionado, trata-se, a bem da verdade, de uma espécie de indenização securitária desvinculada aos aportes financeiros do segurado contribuinte. Tal espécie de prestação, quando ainda vigente no ordenamento previdenciário, não se confundia com a pretensão à devolução de contribuições sedimentada em possível indenização pelo atraso na concessão do benefício de aposentadoria com ou sem culpa da autarquia.[211]

Tecendo seus comentários, Wladimir Martinez traz excerto doutrinário valioso ao dizer que "Verdadeiramente, porém, apenas os dois primeiros podiam ser considerados sob essa designação, com o sentido de contribuições poupadas pelo segurado. O terceiro é benefício de pagamento único sem nenhuma relação com os aportes do trabalhador".[212]

Diversamente do que ocorria na legislação pretérita, em especial a hipótese positivada no inciso II do dispositivo já mencionado, hodiernamente o aposentado que volta ou continua exercendo atividade de filiação obrigatória ao RGPS continua sendo sujeito passivo da relação tributária, sendo obrigado a pagar as contribuições a seu cargo.[213] A aceitação da pretensão à

---

(210) "PREVIDENCIARIO. PECULIO. CORREÇÃO MONETARIA. VALOR A SER PAGO. 1. O APOSENTADO QUE PERMANECER TRABALHANDO, OU QUE VOLTAR A EXERCER ATIVIDADE ABRANGIDA PELA PREVIDENCIA SOCIAL, TEM DIREITO A RECEBER, CORRIGIDAS, AS SUAS PROPRIAS CONTRIBUIÇÕES. 2. O 'QUANTUM' A SER PAGO DEVERA SER DETERMINADO EM LIQUIDAÇÃO DE SENTENÇA. 3. APELO PROVIDO EM PARTE". (Apelação Cível n. 92.04.15300-8, Relator Paim Falcão, DJU de 15.6.1994, p. 31.434).
(211) "TRIBUTÁRIO. CONTRIBUIÇÕES PREVIDENCIÁRIAS. DEVOLUÇÃO. PERÍODO ENTRE O PROTOCOLO DO PEDIDO DE APOSENTADORIA E SUA CONCESSÃO. A despeito de ter decorrido largo lapso temporal entre o protocolo do requerimento de concessão de aposentadoria e o deferimento — espera compensada pelo pagamento dos respectivos proventos, é infundada a pretensão do autor de reaver as contribuições recolhidas no período. Conquanto não integrem a base de cálculo da renda mensal inicial do benefício, tais valores não constituem indébito passível de restituição, por corresponderem a efetiva prestação de serviços. As contribuições atinentes ao exercício de atividade abrangida pelo Regime Geral de Previdência Social não se tornam indevidas apenas por terem sido recolhidas no período de processamento do pedido de aposentadoria do trabalhador. Em se tratando de exação de natureza tributária, a norma legal incide sobre os fatos geradores concretamente ocorridos, dando ensejo à imposição fiscal, por força de expresso mandamento constitucional (art. 195 da CF)". (Apelação Cível n. 2002.04.01.005150-5, do Rio Grande do Sul, Relator Vivian Josete Pantaleão Caminha, DJU de 26.10.2005, p. 411).
(212) Ob. cit., p. 472.
(213) "PREVIDENCIÁRIO. PECÚLIO. ART. 81, II, DA LEI N. 8.213/91, REVOGADO PELA LEI N. 8.870/94. TRABALHADOR EMPREGADO. DIREITO ADQUIRIDO ATÉ A LEI N. 9.032/95. 1. O pecúlio é devido ao aposentado por idade ou tempo de serviço

devolução das contribuições depende dos fundamentos em que se embasa a demanda, sendo possível sobrepujar a revogação normativa do direito ao pecúlio quando os fundamentos de fato e de direito emanam do direito à repetição de indébito, por não serem devidos os desembolsos na situação de recolhimento a maior ou indevidos.[214] De mais a mais, remanesce hígido o direito adquirido ao resgate dos valores devidos e não recebidos em vida pelo falecido. Neste sentido, o seguinte julgado do TRF4:

> "PREVIDENCIÁRIO. PECÚLIO DA DEVOLUÇÃO DAS CONTRIBUIÇÕES PREVIDENCIÁRIAS. LEGITIMIDADE. 1. O pecúlio previsto no ART-81 INC-2 da LEI-8213/91, não recebido em vida pelo segurado, é devido aos dependentes ou sucessores, na forma do ART-112 da referida Lei. 2. Apelo improvido". (Apelação Cível n. 95.04.27138-3, Rio Grande do Sul, Relator Altair Antonio Gregório, DJU de 3.3.1999, p. 617).

Embora tenham sido abolidos do sistema previdenciário estatal, ainda resta como alternativa para resgate das contribuições pelo segurado a hipótese de direito adquirido. Pelo preenchimento dos requisitos antes da legislação revogada, se ainda não configurada a prescrição quinquenal da data em que poderiam ser exigidos, remanesce hígido a qualquer tempo o direito ao seu pagamento.

A propósito do tema, vale a pena citar o seguinte precedente jurisprudencial:

> "PREVIDENCIÁRIO. PECÚLIO. DIREITO ADQUIRIDO. PRESCRIÇÃO QUINQUENAL. DECRETO N. 89.312/84. 1. A superveniência da Lei n. 8.870/94, que isenta de contribuição previdenciária o aposentado que está exercendo ou volta a exercer atividade, não afeta o direito ao recebimento de pecúlio formado sob a égide da legislação anterior, pois o direito incorporou-se definitivamente ao patrimônio do segurado. 2. O pedido administrativo do pecúlio interrompe a prescrição." (TRF da 4ª Região, Apelação Cível n. 95.04.44869-0, do Rio Grande do Sul, DJ2, de 10.3.1999, p. 1.053).

Especificamente a respeito da configuração do suporte fático ao tempo de legislação de regência, pode-se considerar atendidos os fatos constitutivos do direito para a espécie do inciso II, por exemplo, (aposentado que volta a contribuir) quando antes da legislação revogadora (Lei n. 8.870, de 15.4.1994) o segurado já se aposentou, existe tempo de serviço efetivamente exercido posteriormente à inativação e antes daquele diploma e houve o afastamento da atividade também antes da lei supressora do direito.

Nos casos dos incisos I e II do art. 81, o pecúlio consistirá em pagamento único de valor correspondente à soma das importâncias relativas às contribuições do segurado, remuneradas de acordo com o índice de remuneração básica dos depósitos de poupança com data de aniversário no dia primeiro (art. 82 da Lei n. 8.213/91).

No caso do inciso III do art. 81, o pecúlio consistirá em um pagamento único de 75% (setenta e cinco por cento) do limite máximo do salário de contribuição, no caso de invalidez e de 150% (cento e cinquenta por cento) desse mesmo limite, no caso de morte (art. 83).

Na forma do art. 84, "o segurado aposentado que receber pecúlio, na forma do art. 82, e voltar a exercer atividade abrangida pelo Regime Geral de Previdência Social somente poderá levantar o novo pecúlio após 36 (trinta e seis) meses contados da nova filiação".

E, por fim, dispõe o art. 85 que "o disposto no art. 82 aplica-se a contar da data de entrada em vigor desta Lei, observada, com relação às contribuições anteriores, a legislação vigente à época de seu recolhimento".

---

que voltar a exercer atividade abrangida pelo Regime Geral da Previdência Social, quando dela se afastar. 2. A devolução das contribuições em forma de pecúlio não tem mais amparo legal desde a extinção deste benefício pela Lei n. 8.870/94, exceto para os trabalhadores avulsos ou empregados que tiveram isenção das contribuições até a edição da Lei n. 9.032/95. 3. O aposentado pelo Regime Geral de Previdência Social — RGPS que estiver exercendo ou voltar a exercer atividade abrangida por este Regime é segurado obrigatório, ficando sujeito às contribuições previdenciárias, na forma das Leis ns. 8.212/91 e 9.032/95". (Apelação Cível n. 2003.71.10.001827-5, do Rio Grande do Sul, Relator João Batista Pinto Silveira, DJU de 25.5.2005, p. 851).
(214) "QUESTÃO DE ORDEM. RESTITUIÇÃO DE CONTRIBUIÇÕES PREVIDENCIÁRIAS. REPETIÇÃO DE INDÉBITO. MATÉRIA TRIBUTÁRIA. COMPETÊNCIA. 1. O pedido de devolução de valores regularmente recolhidos a título de contribuição previdenciária constitui repetição de indébito, matéria cuja competência está afeta às Turmas integrantes da Colenda 1ª Seção desta Corte, nos termos do art. 2º, § 2º, I, do seu Regimento Interno. 2. Questão de ordem acolhida no sentido de declinar da competência para uma das Turmas integrantes da 1ª Seção do TRF/4ª Região". (Questão de ordem em apelação cível n. 2002.71.14.001553-0, Rio Grande do Sul, Relator Nylson Paim de Abreu, DJU de 12.1.2005, p. 903).

Art. 86. O auxílio-acidente será concedido, como indenização, ao segurado quando, após consolidação das lesões decorrentes de acidente de qualquer natureza, resultarem sequelas que impliquem redução da capacidade para o trabalho que habitualmente exercia. (*Redação dada pela Lei n. 9.528, de 10.12.97*)

§ 1º O auxílio-acidente mensal corresponderá a cinquenta por cento do salário de benefício e será devido, observado o disposto no § 5º, até a véspera do início de qualquer aposentadoria ou até a data do óbito do segurado. (*Redação dada pela Lei n. 9.528, de 10.12.97*)

§ 2º O auxílio-acidente será devido a partir do dia seguinte ao da cessação do auxílio-doença, independentemente de qualquer remuneração ou rendimento auferido pelo acidentado, vedada sua acumulação com qualquer aposentadoria. (*Redação dada pela Lei n. 9.528, de 10.12.97*)

§ 3º O recebimento de salário ou concessão de outro benefício, exceto de aposentadoria, observado o disposto no § 5º, não prejudicará a continuidade do recebimento do auxílio-acidente. (*Redação dada pela Lei n. 9.528, de 10.12.97*)

§ 4º A perda da audição, em qualquer grau, somente proporcionará a concessão do auxílio-acidente, quando, além do reconhecimento de causalidade entre o trabalho e a doença, resultar, comprovadamente, na redução ou perda da capacidade para o trabalho que habitualmente exercia. (*Parágrafo restabelecido, com nova redação, pela Lei n. 9.528, de 10.12.97*)

§ 5º (*Vetado pela Lei n. 9.528, de 10.12.97*).

Redações anteriores

Redação original

O auxílio-acidente será concedido ao segurado quando, após a consolidação das lesões decorrentes de acidente de trabalho, resultar sequela que implique:

I — redução da capacidade laborativa que exija maior esforço ou necessidade de adaptação para exercer a mesma atividade, independentemente de reabilitação profissional;

II — redução da capacidade laborativa que impeça, por si só, o desempenho da atividade que exercia à época do acidente, porém não o de outra, do mesmo nível de complexidade, após reabilitação profissional; ou

III — redução da capacidade laborativa que impeça, por si só, o desempenho da atividade que exercia à época do acidente, porém não o de outra, de nível inferior de complexidade, após reabilitação profissional.

§ 1º O auxílio-acidente, mensal e vitalício corresponderá respectivamente, às situações previstas nos incisos I, II e III deste artigo, a 30% (trinta por cento), 40% (quarenta por cento) ou 60% (sessenta por cento) do salário de contribuição do segurado vigente no dia do acidente, não podendo ser inferior a esse percentual do seu salário de benefício.

§ 2º O auxílio-acidente será devido a partir do dia seguinte ao da cessação do auxílio-doença, independentemente de qualquer remuneração ou rendimento auferido pelo acidentado.

§ 3º O recebimento de salário ou concessão de outro benefício não prejudicará a continuidade do recebimento do auxílio-acidente.

§ 4º Quando o segurado falecer em gozo do auxílio-acidente, a metade do valor deste será incorporada ao valor da pensão se a morte não resultar do acidente do trabalho.

§ 5º Se o acidentado em gozo do auxílio-acidente falecer em consequência de outro acidente, o valor do auxílio-acidente será somado ao da pensão, não podendo a soma ultrapassar o limite máximo previsto no § 2º do art. 29 desta Lei.

Redação dada pela Lei n. 9.129/95

O auxílio-acidente será concedido, como indenização, ao segurado quando, após a consolidação das lesões decorrentes de acidente de qualquer natureza, resultarem sequelas que impliquem redução da capacidade funcional.

> **Redação dada pela Lei n. 9.032/95**
>
> O auxílio-acidente será concedido, como indenização, ao segurado quando, após a consolidação das lesões decorrentes de acidente de qualquer natureza que impliquem em redução da capacidade funcional.
>
> 1º O auxílio-acidente mensal e vitalício corresponderá a 50% (cinquenta por cento) do salário de benefício do segurado.
>
> **Redação dada pela Medida Provisória n. 1.596-14/97**
>
> § 1º O auxílio-acidente mensal corresponderá a cinquenta por cento do salário de benefício e será devido até véspera do início de qualquer aposentadoria ou até a data do óbito do segurado.

86.1. Auxílio-acidente

Como o auxílio-acidente é benefício de natureza indenizatória, como decorre, aliás, do próprio texto legal (art. 86, *caput*), do que se fazendo desnecessária a carência (art. 26, inciso I), a sua concessão é um ato de liberalidade da lei, motivo pelo qual a interpretação das normas que o contemplam é restritiva, não cabendo ampliação do texto visando alargar o alcance do direito.

Antes da atual redação, o art. 86 da Lei de Benefícios passou por três modificações em seu texto, respectivamente pelas Leis ns. 9.129, de 21.11.1995, 9.032, de 28.4.1995 e a redação primitiva que veio a partir de 24.7.1991 com a Lei n. 8.213/91.

Atualmente, com a redação dada pela Lei n. 9.528, de 10.12.1997, o auxílio-acidente será concedido, como indenização, ao segurado quando, após a consolidação das lesões decorrentes de acidente de qualquer natureza, resultarem sequelas que impliquem redução da capacidade funcional.

86.2. Natureza jurídica

Primeiramente é preciso deixar claro que, por ter natureza indenizatória, esta espécie de prestação previdenciária excepciona a regra do caráter securitário das demais do RGPS, motivo pelo qual é pago ao segurado como forma de minimizar a perda financeira decorrente da redução da capacidade para o trabalho, não devendo ser, por esta razão, considerado substitutivo dos seus rendimentos. Por isso, pode ser pago mesmo em valor inferior ao salário mínimo, excepcionando a regra geral da qual se infere que o benefício previdenciário não pode ser inferior ao mínimo (art. 33 da Lei n. 8.213/91 e § 2º do art. 201 da Constituição Federal. Mesmo que volte a exercer atividade laborativa diversa da habitual, ainda assim tem direito de continuar recebendo a verba.

86.3. Hipóteses de incidência

Alteração substancial na hipótese de incidência do benefício foi a ampliação das situações ensejadoras favorecendo todo acidente de qualquer natureza, contrariamente em relação à antiga restrição até então existente que abarcava as hipóteses apenas de acidente de trabalho. A generalidade dos casos agora contemplados pela hipótese de incidência legal da norma permite a inclusão de um sem-número de acidentes em que possa se envolver o segurado, estando restrita apenas a todo acontecimento fático que possa ser chamado de acidente.

O campo de previsibilidade da norma, agora, é aberto com a inclusão de outra espécie de acidente: de qualquer natureza. Por conseguinte, na falta de conceito legal, credita-se à doutrina e jurisprudência a delimitação material da hipótese de incidência do preceito. A legislação infortunística acoberta apenas os dois tipos de acidentes previstos como acidente de trabalho e de qualquer natureza, motivo pelo qual resta, como ponto de partida para um conceito, a delimitação de seu campo por exclusão, i. e., é de qualquer natureza todo acidente que não for decorrente de exercício do trabalho. Em face disso, podem ser assim considerados infortúnios de ordem automobilística, doméstico, esportivo, lazer etc.

Seguindo este raciocínio, apesar disso, tem-se que o anexo III do Regulamento de Benefícios da Previdência Social elenca, em *numerus apertus*, como não poderia deixar de ser, várias situações que dão ensejo ao auxílio-acidente. As descrições são validas na medida em que não restrinjam o direito do segurado em caso de desemprego. A Lei de Benefício também não traz conceito, demarcando apenas as consequências do infortúnio, exigindo que, após consolidação das lesões, resultem sequelas que impliquem redução da capacidade para o trabalho que habitualmente exercia.

O texto legal é expresso ao exigir que as sequelas limitativas do exercício de atividade laboral tenham resultado da consolidação das lesões decorrentes de acidente de qualquer natureza, sendo necessário, a partir de uma interpretação literal da norma, que a redução da capacidade laborativa tenha sua origem no próprio acidente. Em outras palavras, é necessária a comprovação a contento do nexo de causalidade entre a diminuição da capacidade laborativa e o infortúnio.

Conquanto pareça plausível supor que a perda da audição acarrete um prejuízo inestimável ao trabalhador para o desempenho de qualquer atividade, a Lei n. 9.528/97, que deu nova redação ao § 4º da Lei n. 8.213/91, restringe a concessão do benefício em exame apenas quando resultar perda ou redução da capacidade apenas em relação ao trabalho habitualmente exercido pelo segurado.

De acordo com o § 10º do art. 201 da Constituição Federal, acrescentado pela EC n. 20/98, na intenção de transferir os encargos indenizatórios e securitários advindos de acidente de trabalho, o legislador ordinário terá a tarefa de disciplinar o transpasse de parcela da gestão dos atuais benefícios por incapacidade mantidos pela Previdência Social ao setor privado.

86.4. Renda mensal inicial

Na forma atualmente em vigor conferida pela Lei n. 9.32/95, corresponde a uma parcela mensal no valor de 50% (cinquenta por cento) do salário de benefício, diversamente das variantes até então existentes de 30, 40 ou 60% do salário de contribuição do segurado vigente no dia do acidente, de acordo com os graus de redução da incapacidade, limitados, porém, ao mesmo percentual do salário de benefício.

Via de regra, na aplicação dos coeficientes dos benefícios previdenciários em geral e do auxílio-acidente em particular, deve-se observar a legislação vigente no momento do acidente, não sendo a lei, por falta de previsão expressa neste sentido, extra-ativa.

Embora em tempos outros a jurisprudência decidia que os novos coeficientes mais benéficos trazidos pela Lei n. 9.032/95 têm aplicação apenas aos acidentes ocorridos a partir de sua entrada em vigor, atualmente a situação se inverteu em benefício do segurado que pleiteia o percentual unificado de 50% previsto naquele diploma legal.[215]

A Lei n. 9.528/97 inovou ao dispor de forma diversa que o auxílio-acidente passará a ser mensal, excluindo a expressão vitalício (§ 1º do art. 86). Com isso, tal verba somente será devida, além de até a morte, como previsto no texto abolido, também até a aposentadoria do segurado. Dessa maneira, o segurado que se aposentar verá o cancelamento automático de seu benefício acidentário ainda que retorne ao exercício de atividade diversa. Porém, se sofrer novo acidente e análise médica concluir pela existência de nova redução para capacidade laborativa, terá direto a um novo auxílio-acidente, agora em decorrência desta nova lesão. Os acidentes ocorridos antes da modificação não cessarão com a aposentadoria, sendo pagos, então, até a morte do segurado.

Todavia, também neste particular, existe a Súmula n. 159 do STJ no sentido de que "O benefício acidentário, no caso de contribuinte que perceba remuneração variável, deve ser calculado com base na média aritmética dos últimos doze meses de contribuição".

Dada sua natureza de benefício por incapacidade, naturalmente provido de grande carga de imprevisibilidade, a este benefício não

---

(215) "PREVIDENCIÁRIO. ACIDENTE DO TRABALHO. LEI MAIS BENÉFICA AO OBREIRO. CONSTITUCIONAL. VALOR INICIAL. BENEFÍCIO. TETO LIMITE. HONORÁRIOS. 1 — Deve ser aplicada, na espécie, a lei mais benéfica ao obreito, art. 86 da Lei n. 8.213/91, com a redação dada pela Lei n. 9.032/95, em homenagem ao princípio da proteção infortunística (...)" (REsp. n. 181329, de São Paulo, DJU de 26.10.1998, p. 190).

se aplica o fator previdenciário e seu cálculo leva em conta as mesmas regras do cálculo do salário de benefício para os demais benefícios, regra prevista no inciso II do art. 29 da Lei n. 8.213/91.

Guardada a hipótese rara de sua autonomia, ou seja, ser concedido sem ser precedido do auxílio-doença, no cálculo de seu salário de benefício deve-se observar a regra do § 5º do mesmo artigo supra, quando determina que se o período básico de cálculo for composto por períodos de recebimento de benefícios por incapacidade, estes lapsos deverão ser considerados, no cálculo, como salário de contribuição. Discordamos das atuais regras do cálculo dos benefícios por incapacidade derivados de auxílio-doença (aposentadoria por invalidez ou auxílio-acidente) que fazem incidir o percentual do benefício que se pretende sobre o salário de benefício do auxílio-doença originário atualizado, na forma do regulamento (art. 36, § 7º, do Decreto n. 3.048/99). A mesma solução dever migrar desta regra especificamente adotada à aposentadoria por invalidez para o auxílio-acidente, pois, conquanto diferentes os benefícios, visa atender à mesma finalística.

Nos termos em que restou vazado o texto do art. 31 da LB, dado pela Lei n. 9.528/97, o valor mensal do auxílio-acidente integra o salário de contribuição, para fins de cálculo do salário de benefício de qualquer aposentadoria. Isso se justifica na medida em que, como já falamos nos parágrafos anteriores, o recebimento do auxílio-acidente precede a aposentadoria e é um benefício por incapacidade, embora de natureza indenizatória e não substitutiva, motivo pelo qual impera, na espécie, a observância do § 5º, do art. 29, da Lei n. 8.213/91. Outro argumento que milita em favor desta tese é o fato de não ser mais possível o recebimento conjunto do auxílio-acidente com aposentadoria no regime atual, o qual cessará no momento da concessão desta.

86.5. Titulares do direito subjetivo

A norma determinante dos beneficiários que têm o direito subjetivo de exigir o auxílio-acidente, atendidos os requisitos legais objetivos já explicitados, está positivada no § 1º do art. 18 da Lei de Benefícios, na redação da Lei n. 9.032/95, prescrevendo que somente são os segurados incluídos nos incisos I, VI e VII do art. 11 da Lei n. 8.213/91, quais sejam, o empregado, o trabalhador avulso e o segurado especial.

Os segurados especiais que não contribuem facultativamente terão direito de receber o benefício na base de 50% do salário mínimo, para acidentes ocorridos após a Lei n. 9.032/95, ou pode variar de 30, 40 ou 60% do salário mínimo se ocorrido antes.

86.6. Carência

Esta espécie de benefício encontra-se amparada sob o pálio da isenção de contribuição previdenciária prevista no art. 26, inciso I, da LB.

86.7. Data de início do benefício

Dispõe o § 2º do art. 86 que "o auxílio-acidente será devido a partir do dia seguinte ao da cessação do auxílio-doença, independentemente de qualquer remuneração ou rendimento auferido pelo acidentado, vedada sua cumulação com qualquer aposentadoria".

Pelo que se vê do dispositivo legal acima reproduzido, terá como início a data de cessação de eventual auxílio-doença que lhe precedeu. Cessado o benefício por incapacidade temporário, o auxílio-acidente terá início automaticamente, após perícia médica administrativa, e independentemente de pedido expresso do segurado. Esta é a mais quotidiana rotina administrativa. Porém, pode acontecer de o segurado discordar da perícia médica do INSS que decidiu pela manutenção do auxílio-doença e solicitar o benefício. Isso, todavia, é muito raro ocorrer devido à renda mensal deste ser inferior em 50% daquele.

Regras que merecem atenção redobrada do operador do direito são aquelas contidas em um texto regulamentador de lei ou em atos normativos expedidos pela administração visando detalhar amiúde a legislação, porquanto não raro guardam estreitos laços com o extralegal.

Desta espécie carrega esta natureza o Decreto n. 3.048/99, que, hoje, constitui-se no Regulamento da Previdência Social. Em particular ao que diz respeito ao desditoso art. 129, na redação do Decreto n. 4.729, de 9.6.2003, no sentido de que "o segurado em gozo de auxílio-acidente, auxílio-suplementar ou abono de permanência em serviço terá o benefício encerrado na data da emissão da certidão de tempo de contribuição", encerra enorme ilegalidade pelo simples motivo de que se o segurado solicita expedição de Certidão de Tempo de Contribuição para contagem recíproca entres regimes previdenciários diversos, não quer dizer que já está desvinculado ao sistema do RGPS. Somente deverá haver cessação daqueles benefícios, em especial do auxílio-acidente, a partir do momento em que cessar a relação jurídica entre o segurado e a seguradora estatal. Demais disso, ainda que não venha ele por fim ao elo securitário com a autarquia, mesmo que desempenhe atividade filiada a outro sistema, o benefício também não deve ser cessado.

A norma do art. 40 da LB garante-lhes o pagamento do abono anual, sendo condição *sine qua non* que tenha havido recebimento, durante o ano, de auxílio-doença, auxílio-acidente, aposentadoria, pensão por morte ou auxílio-reclusão. Assim, é assegurado aos percipientes do auxílio-acidente o abono anual.

86.8. Diferença entre auxílio-acidente e auxílio-suplementar

O benefício que, no regime atual da Previdência Social, é concedido ao segurado em razão de redução da capacidade laborativa, como se viu em linhas anteriores, é o auxílio-acidente. No regime passado, antes da vinda da Lei n. 8.213/91, o benefício que precedeu o auxílio-acidente em previsão normativa e que tratava quase que dos mesmos fatos geradores era o auxílio-suplementar.

O auxílio-suplementar era também denominado de auxílio-mensal, sendo devido ao segurado quando este não ficava impossibilitado de exercer a mesma profissão ou mesmas tarefas profissionais, porém dependia de maior esforço para realizá-las.

Após a Lei n. 8.213/91, o auxílio-suplementar até então existente no ordenamento jurídico previdenciário, grosso modo, passou a ser absorvido pelo auxílio-acidente.

86.9. Diferença entre aposentadoria por invalidez, auxílio-doença e auxílio-acidente

Como as espécies de benefícios previdenciários mencionados na rubrica deste tópico são prestações devidas em razão de algum evento que tem a ver com acidente ou doença, infortúnio que marca o segurado com grande carga de imprevisibilidade, há algumas semelhanças e diferenças entre elas que fazem merecer destaque digno de nota.

A aposentadoria por invalidez é benefício que é devido em razão de uma incapacidade definitiva e total para o exercício de atividades laborativas. Assim, a princípio o sujeito não mais poderá exercer qualquer outra atividade, qualquer que seja ela, embora a mais leve possível. Estará, então, totalmente incapacitado e definitivamente inválido para o trabalho. Se voltar a exercer atividade laborativa poderá perder o direito de continuar recebendo o benefício, como se sabe. Já o auxílio-doença é benefício que é concedido ao segurado que sofreu incapacidade parcial e temporária para o exercício de sua atividade habitual por mais de quinze dias. Em decorrência de se constituir uma incapacidade temporária e parcial, poderá ainda voltar a exercer a sua atividade laborativa normalmente depois de cessado período de incapacidade. Vale ainda dizer que a incapacidade é temporária porque o segurado poderá ainda voltar a exercer atividades laborativas; e a incapacidade é parcial porque poderá ainda retornar ao seu próprio trabalho, àquele que estava exercendo quando do infortúnio. Quando a incapacidade é total, o segurado não mais poderá exercer qualquer atividade laborativa, e parcial quando poderá ainda trabalhar em alguma atividade. Ainda, se a incapacidade for parcial e definitiva, ou seja, se o segurado não mais poderá voltar a exercer sua atividade habitual, deverá ser-lhe concedida reabilitação profissional. Por fim, para o direito ao auxílio-acidente, não é preciso que o segurado esteja incapacitado para trabalhar, bastando que das sequelas que lhe acometeram resulte redução de capacidade laborativa para o trabalho que habitualmente exerce. Assim, poderá voltar a exercer a mesma profissão, mas terá reduzida a sua capacidade laboral para esta atividade.

86.10. Justiça competente para as ações de acidente de trabalho

No estudo a respeito do art. 129 o leitor terá maiores informações acerca da competência para as ações previdenciárias, entre as quais aquelas resultantes de acidente de trabalho. Por ora, vale lembrar que, como o texto constitucional contido no art. 109, inciso I, da CF/88 dispõe no sentido de que não é da Justiça Federal a competência para as demandas decorrentes de acidente de trabalho, resta induvidosa a competência, então, da Justiça Estadual. Esta competência da Justiça Estadual abrange inclusive aquelas de cunho revisional de Renda Mensal Inicial de benefícios acidentários. Entretanto, quando se trata de revisão ou concessão de benefício acidentário que não decorra de acidente de trabalho, mas comum, outra hipótese possível agora com a nova redação dada ao art. 86 pela Lei n. 9.528/97, a competência daí resultante não será da Justiça Estadual, mesmo que o benefício seja acidentário, porque a causa não envolve discussão acerca de benefício por acidente de trabalho. Por fim, resta mencionar que a competência em razão de acidente de trabalho, que a Constituição Federal expressamente delega para a Justiça Estadual, não se confunde com aquela resultante de regra de delegação de competência da matéria da Justiça Federal para a Justiça Estadual quando no domicílio do segurado não houver foro de Justiça Estadual local para a sua demanda. Esta última hipótese é tratada pela Constituição Federal em seu art. 109, § 3º.

> **Art. 87.** *Revogado pela Lei n. 8.870, de 15.4.94.*
>
> **Redações anteriores**
>
> O segurado que, tendo direito à aposentadoria por tempo de serviço, optar pelo prosseguimento na atividade, fará jus ao abono de permanência em serviço, mensal, correspondendo a 25% (vinte e cinco por cento) dessa aposentadoria para o segurado com 35 (trinta e cinco) anos ou mais de serviço e para a segurada com 30 (trinta) anos ou mais de serviço.
>
> Parágrafo único. O abono de permanência em serviço será devido a contar da data de entrada do requerimento, não variará de acordo com a evolução do salário de contribuição do segurado, será reajustado na forma dos demais benefícios e não se incorporará, para qualquer efeito, à aposentadoria ou à pensão.

87.1. Abono de Permanência em Serviço

Assim estava redigido o *caput* do art. 87 da Lei n. 8.213/91 quando veio ao mundo jurídico: "O segurado que, tendo direito à aposentadoria por tempo de serviço, optar pelo prosseguimento na atividade, fará jus ao abono de permanência em serviço, mensal, correspondendo a 25% (vinte e cinco por cento) dessa aposentadoria para o segurado com 35 (trinta e cinco) anos ou mais de serviço e para a segurada com 30 (trinta) anos ou mais de serviço".[216]

Era, portanto, antes de ser abolido do ordenamento pela Lei n. 8.870, de 15 de abril de 1994, uma prestação mensal paga ao segurado de ambos os sexos que já tinha preenchido os requisitos para aposentadoria por tempo de serviço, porém optaram por permanecer na ativa. Correspondia a 25% do valor da aposentadoria cujo direito havia sido adquirido.

Pressuposto para sua concessão a continuação do exercício da atividade, eventual desemprego após obtido o benefício não gerava o seu cancelamento.

É de todo imperioso notar que, conquanto eliminado do ordenamento, mantinha-se hígido o direito adquirido daqueles que antes de 15 de abril de 1994 (Lei n. 8.870/94) já tinham preconcebidos os pressupostos para sua implementação pelo direito anterior. Deixando a abstração jurídica e adentrando no campo da concretude, podem alçar-se à condição de titulares do direito em comento aqueles com, no mínimo, 30 ou 35 anos de serviço, homem ou mulher, nesta ordem, e com, pelo menos, um dia de trabalho a mais de atividade laboral.

---

[216] Existia o parágrafo único, nos seguintes termos: "O abono de permanência em serviço será devido a contar da data de entrada do requerimento, não variará de acordo com a evolução do salário de contribuição do segurado, será reajustado na forma dos demais benefícios e não se incorporará, para qualquer efeito, à aposentadoria ou pensão".

> **Art. 88.** Compete ao Serviço Social esclarecer junto aos beneficiários seus direitos sociais e os meios de exercê-los e estabelecer conjuntamente com eles o processo de solução dos problemas que emergirem da sua relação com a Previdência Social, tanto no âmbito interno da instituição como na dinâmica da sociedade.
>
> § 1º Será dada prioridade aos segurados em benefício por incapacidade temporária e atenção especial aos aposentados e pensionistas.
>
> § 2º Para assegurar o efetivo atendimento dos usuários serão utilizadas intervenção técnica, assistência de natureza jurídica, ajuda material, recursos sociais, intercâmbio com empresas e pesquisa social, inclusive mediante celebração de convênios, acordos ou contratos.
>
> § 3º O Serviço Social terá como diretriz a participação do beneficiário na implementação e no fortalecimento da política previdenciária, em articulação com as associações e entidades de classe.
>
> § 4º O Serviço Social, considerando a universalização da Previdência Social, prestará assessoramento técnico aos Estados e Municípios na elaboração e implantação de suas propostas de trabalho.

88.1. Serviços

Serviços são espécies do gênero prestações do Regime Geral de Previdência Social, erigidos a esta condição no art. 18, inciso III, alínea *b*, da Lei n. 8.213/91. Somados à Habilitação e Reabilitação Profissional, configuram encargos governamentais de ordem administrativa devidos como contraprestação contributiva. Não tem cunho pecuniário, sendo prestações em serviços materiais ou intelectuais.

São contraprestações pelo caráter contributivo da Previdência Social, todavia, tem nitidamente natureza assistencialista, sobretudo revelada na prestação de orientação e apoio às relações do segurado com a Previdência, familiares, pessoais ou comunitárias.

Devidos aos beneficiários e não apenas aos segurados, externam-se através de políticas ou projetos para soluções de problemas envolvendo os segurados e a Previdência e procedimentos administrativos de caráter educativo e orientador. Busca-se encontrar o intercambio necessário entre o segurado e a Previdência, efetivando-se mediante os meios físicos mais eficazes na divulgação dos seus direitos. Concretamente, pode ser citado como exemplo a distribuição de folhetos ensinando e orientando a prática dos requerimentos dos benefícios, eventuais direitos à revisão de rendas mensais etc., além de disponibilizar meios eficazes para reclamações e sugestões a bem da melhoria do serviço prestado, materializando-se, neste caso, nas conhecidas ouvidorias.

O elenco do art. 88 da LB compõe-se a intervenção técnica, assistência de natureza jurídica, ajuda material, recursos sociais, intercambio com empresas e pesquisa social, inclusive mediante convênios, acordos ou contratos.

O § 3º tenciona a busca da participação do beneficiário a bem da implementação e do fortalecimento da política previdenciária. O resultado esperado é a interação do beneficiário, mediante opinião, na política previdenciária, individual ou coletivamente, através de associações ou entidades de classe.

> **Art. 89.** A habilitação e a reabilitação profissional e social deverão proporcionar ao beneficiário incapacitado parcial ou totalmente para o trabalho, e às pessoas portadoras de deficiência, os meios para a (re)educação e de (re)adaptação profissional e social indicados para participar do mercado de trabalho e do contexto em que vive.
>
> Parágrafo único. A reabilitação profissional compreende:
>
> a) o fornecimento de aparelho de prótese, órtese e instrumentos de auxílio para locomoção quando a perda ou redução da capacidade funcional puder ser atenuada por seu uso e dos equipamentos necessários à habilitação e reabilitação social e profissional;
>
> b) a reparação ou a substituição dos aparelhos mencionados no inciso anterior, desgastados pelo uso normal ou por ocorrência estranha à vontade do beneficiário;
>
> c) o transporte do acidentado do trabalho, quando necessário.

89.1. Habilitação e Reabilitação Profissional

No contexto das prestações a cargo da Previdência Social devidas aos beneficiários, configuram-se, em ordem cronológica, nas duas últimas espécies a serem tratadas.

Pelo que se vê da leitura do art. 89 da LB, trata-se de dois institutos previdenciários, devidos mediante contribuição, direcionados aos beneficiários não habilitados e àqueles que necessitam de reabilitação.

Conquanto haja previsão legal para prestação do serviço pela Previdência Social, nada impede a concessão de aposentadoria por invalidez automaticamente derivada de conversão de auxílio-doença em vez de ter que se submeter a processo de reabilitação.

Tratam-se de normas que tencionam proporcionar aos beneficiários os meios físicos e abstratos necessários à habilitação e reabilitação profissional e social. No campo profissional, estão direcionadas à recuperação do exercício de atividade remunerada do beneficiário incapaz total ou parcialmente para o trabalho, bem como às pessoas portadoras de deficiência, enquanto que nos domínios do social reclama que o segurado consiga uma participação social em níveis dignos, deixando a marginalidade do mercado de trabalho e, por consequência, da vida em sociedade.

A toda evidência que, em se tratando de recuperação profissional, a entrega desta prestação ao segurado ou dependente, no caso concreto, dependerá de um mínimo de expectativa de efetiva reabilitação do beneficiário, ou seja, terá que existir uma expectativa real e concreta de resultados positivos, caso contrário caberá aposentadoria por invalidez e não este tipo de prestação.

Cumprindo sua função de tratar mais amiúde os planos traçados pela lei, explicita o art. 137 do Decreto n. 3.048/99 as várias facetas em que a habilitação e a reabilitação profissional devem se distribuir, compreendendo: I) avaliação do potencial laborativo (redação dada pelo Decreto n. 3.668, de 22.11.2000); II) orientação e acompanhamento da programação profissional; III) articulação com a comunidade, inclusive mediante a celebração de convênio para reabilitação física restrita a segurados que cumpriram os pressupostos de elegibilidade ao programa de reabilitação profissional, com vistas ao reingresso no mercado de trabalho (com a redação dada pelo Decreto n. 4.729, de 9.6.2003); e IV) acompanhamento e pesquisa da fixação do mercado de trabalho.

A execução destas funções dar-se-á, preferencialmente, mediante o trabalho de equipe multiprofissional especializada em medicina, serviço social, psicologia, sociologia, fisioterapia, terapia ocupacional e outras afins ao processo, sempre que possível na localidade do domicílio do beneficiário, ressalvadas as situações excepcionais em que este terá direito à reabilitação profissional fora dela (§ 1º do art. 137).

> **Art. 90.** A prestação de que trata o artigo anterior é devida em caráter obrigatório aos segurados, inclusive aposentados e, na medida das possibilidades do órgão da Previdência Social, aos seus dependentes.

90.1. Obrigatoriedade da prestação dos Serviços

Restringindo um pouco a regra geral, o Congresso Nacional, através do art. 90 da Lei n. 8.213/91, deixou assente que a habilitação e a reabilitação profissional são devidas em caráter obrigatório, inclusive aos aposentados, autorizada a prestação ao dependente tão somente quando houver disponibilidade de recursos.

Estão incluídos nos programas de reabilitação profissional, quando indispensáveis ao seu desenvolvimento, o fornecimento de prótese, órtese, seu reparo ou substituição, instrumentos de auxílio para locomoção, bem como equipamentos necessários à habilitação e à reabilitação profissional, transporte urbano e alimentação e, na medida das possibilidades da autarquia, aos seus dependentes (§ 2º do art. 137).

Já se decidiu que a obrigatoriedade mencionada no texto legal é destinada à prestação do serviço pela Previdência Social e não à efetiva submissão do segurado a prestação.[217] Conquanto o parágrafo único mencione apenas a reabilitação profissional, o *caput* deixa claro que abrange também a social.

> **Art. 91.** Será concedido, no caso de habilitação e reabilitação profissional, auxílio para tratamento ou exame fora do domicílio do beneficiário, conforme dispuser o Regulamento.

91.1. Custeio de despesas para processo de reabilitação ou exame médico fora do domicílio

Embora não muito visto no quotidiano administrativo, mas garantida pelo art. 171 do Decreto n. 3.048/99, o custeio de despesas relativas a diárias de hospedagem e transporte para fazer frente a exame médico ou processo de reabilitação profissional em localidade diversa da do domicílio do beneficiário, permitindo ao INSS a promoção de hospedagem em vez do desembolso do numerário correspondente mediante contrato com hotel, pensão ou similar, ficando autorizada a presença de acompanhante em caso de necessidade do beneficiário, ex vi do § 1º do mesmo artigo.

A hospedagem do beneficiário em hotel, pensão ou similar dispensa o desembolso do numerário correspondente, na forma do § 2º do mesmo artigo.

---

(217) "ACIDENTE DO TRABALHO — REABILITAÇÃO PROFISSIONAL — OBRIGATORIEDADE DO INSS — FRUIÇÃO DISPENSÁVEL PELO INTERESSADO. A reabilitação profissional não é benefício de caráter reparatório, constituindo somente serviço de natureza obrigatória devido ao segurado portador de incapacidade com o objetivo de assegurar-lhe meios de sobrevivência, cuja fruição poderá ser dispensada pelo interessado." (2º TACSP, Ap. s/Ver. 428.732, Relator Juiz Demóstenes Braga, j. 4.4.1995).

> **Art. 92.** Concluído o processo de habilitação ou reabilitação social e profissional, a Previdência Social emitirá certificado individual, indicando as atividades que poderão ser exercidas pelo beneficiário, nada impedindo que este exerça outra atividade para a qual se capacitar.

92.1. Certificado de conclusão de processo de reabilitação

Tendo resultado positivo o processo de habilitação ou reabilitação profissional ou social, eventual auxílio-doença que estiver usufruindo o segurado deverá cessar quando da emissão do certificado individual, no qual estarão as atividades que poderão ser exercidas, nada impedindo, porém, que haja o desempenho de atividade que não constar do rol daquele documento, na forma do prescrito pelo art. 92 da LB. Em não havendo recuperação para o exercício de nenhuma atividade, é de todo imperiosa a concessão de aposentadoria por invalidez.

> **Art. 93.** A empresa com 100 (cem) ou mais empregados está obrigada a preencher de 2% (dois por cento) a 5% (cinco por cento) dos seus cargos com beneficiários reabilitados ou pessoas portadoras de deficiência, habilitadas, na seguinte proporção:
>
> I — até 200 empregados....................2%;
>
> II — de 201 a 500..............................3%;
>
> III — de 501 a 1.000..........................4%;
>
> IV — de 1.001 em diante. ....5%.
>
> § 1º A dispensa de trabalhador reabilitado ou de deficiente habilitado ao final de contrato por prazo determinado de mais de 90 (noventa) dias, e a imotivada, no contrato por prazo indeterminado, só poderá ocorrer após a contratação de substituto de condição semelhante.
>
> § 2º O Ministério do Trabalho e da Previdência Social deverá gerar estatísticas sobre o total de empregados e as vagas preenchidas por reabilitados e deficientes habilitados, fornecendo-as, quando solicitadas, aos sindicatos ou entidades representativas dos empregados.

93.1. Obrigação de reservas para deficientes e reabilitados

Efetivando seu papel de garantidor da responsabilidade social e cuidando da inserção e reinserção ao mercado de trabalho, o Estado-Legislador erige à condição de norma objetiva o preceito do art. 93 da LB, pelo qual as empresas com cem ou mais empregados terão que admitir de 2 a 5% dos seus cargos com beneficiários reabilitados ou pessoas portadoras de deficiência, segundo a proporção descrita. Além disso, a dispensa de tais empregados somente será válida após a prévia contratação de substituto que assuma o cargo e, ressalte-se, este terá que ser também pessoa reabilitada ou portadora de deficiência (§ 1º do art. 93 da Lei de Benefícios).

> **Art. 94.** Para efeito dos benefícios previstos no Regime Geral de Previdência Social ou no serviço público é assegurada a contagem recíproca do tempo de contribuição na atividade privada, rural e urbana, e do tempo de contribuição ou de serviço na administração pública, hipótese em que os diferentes sistemas de previdência social se compensarão financeiramente. (*Redação dada pela Lei n. 9.711, de 20.11.98*)
>
> § 1º A compensação financeira será feita ao sistema a que o interessado estiver vinculado ao requerer o benefício pelos demais sistemas, em relação aos respectivos tempos de contribuição ou de serviço, conforme dispuser o Regulamento. (*Renumerado pela Lei Complementar n. 123, de 2006*)
>
> § 2º Não será computado como tempo de contribuição, para efeito dos benefícios previstos em regimes próprios de previdência social, o período em que o segurado contribuinte individual ou facultativo tiver contribuído na forma do § 2º do art. 21 da Lei n. 8.212, de 24 de julho de 1991, salvo se complementadas as contribuições na forma do § 3º do mesmo artigo. (*Incluído pela Lei Complementar n. 123, de 2006*)
>
> **Redações anteriores**
>
> **Redação dada pela Lei n. 9.711/98**
>
> Para efeito dos benefícios previstos no Regime Geral de Previdência Social ou no serviço público é assegurada a contagem recíproca do tempo de contribuição na atividade privada, rural e urbana, e do tempo de contribuição ou de serviço na administração pública, hipótese em que os diferentes sistemas de previdência social se compensarão financeiramente. (*Redação dada pela Lei n. 9.711, de 20.11.98*)
>
> Parágrafo único. A compensação financeira será feita ao sistema a que o interessado estiver vinculado ao requerer o benefício pelos demais sistemas, em relação aos respectivos tempos de contribuição ou de serviço, conforme dispuser o Regulamento.
>
> **Forma original**
>
> Para efeito dos benefícios previstos no Regime Geral de Previdência Social — RGPS, é assegurada a contagem recíproca do tempo de contribuição ou de serviço na administração pública e na atividade privada, rural e urbana, hipótese em que os diferentes sistemas de previdência social se compensarão financeiramente.
>
> Parágrafo único. A compensação financeira será feita ao sistema a que o interessado estiver vinculado ao requerer o benefício pelos demais sistemas, em relação aos respectivos tempos de contribuição ou de serviço, conforme dispuser o Regulamento.
>
> **Redação dada pela Medida Provisória n. 1.596-14/97**
>
> Para efeito dos benefícios previstos no Regime Geral de Previdência Social, é assegurada a contagem recíproca do tempo de contribuição na atividade privada, rural e urbana, e na administração pública, hipótese em que os diferentes sistemas de previdência social se compensarão financeiramente.
>
> **Redação dada pela Lei n. 9.528/97**
>
> Para efeito dos benefícios previstos no Regime Geral de Previdência Social, é assegurada a contagem recíproca do tempo de contribuição na atividade privada, rural e urbana, e do tempo de contribuição ou de serviço na administração pública, hipótese em que os diferentes sistemas de previdência social se compensarão financeiramente.

94.1. Contagem recíproca de tempo de serviço/contribuição

A Lei n. 6.226/75 foi a primeira a prever o direito à contagem recíproca do tempo de serviço.

Tendo recebido nova roupagem com a edição da Lei n. 9.711, de 20.11.1998, este art. 94 conta com o instituto da contagem recíproca de tempo de serviço ou contribuição.[218] A Constituição Federal, em seu art. 201, § 9º, assegura para efeito de aposentadoria a contagem

---

[218] A Constituição de 1988, originariamente, assegurava tal direito no § 2º do art. 202.

recíproca do tempo de contribuição na administração pública e na atividade privada, rural ou urbana, hipótese em que os diversos regimes de previdência social se compensarão financeiramente, segundo critérios estabelecidos em lei.

Hipótese não muito rara de acontecer, pode vir à tona quando o segurado contar no seu currículo filiações ou contratos de trabalho exercidos em atividades sujeitas ao regime privado, rural ou urbano, e períodos laborativos em setor público. Mediante o instituto de que ora se cuida, é possível a obtenção de benefícios previdenciários por um regime contando com atividades exercidas em vínculos com regimes diversos.

A redação não prima pela técnica quando menciona à obtenção de benefícios no regime próprio de previdência dos servidores públicos civis e militares, deixando de mencionar simplesmente no serviço público, uma vez que, da maneira como restou expresso o texto, dá a entender que a diferença reside na espécie de segurados acobertados e não nos regimes, circunstancia que não abrange servidores ainda vinculados ao Regime Geral de Previdência Social. Por outro lado, a soma do tempo prestado em atividade rural no cômputo de aposentadoria urbana no RGPS não se trata de contagem recíproca, eis que o labor campesino está dentro do campo normativo da Previdência Social.

A finalidade do instituto é possibilitar a contagem como tempo de serviço na aposentadoria, quando então serão aproveitadas também as contribuições como salário de contribuição se dentro do período básico de cálculo, bem como na soma de tempo de contribuição para incremento do valor dos benefícios do RGPS na composição da RMI, como na aposentadoria por idade, por tempo de contribuição/serviço, e especial, por invalidez e auxílio-doença antes da Lei n. 9.032/95.

Efetuou uma dupla garantia para sujeitos de direito diversos. Primeiro, o segurado da previdência ou de regime próprio pode obter benefícios previdenciários sem ver desprezados períodos de atividades já prestados em regimes diversos. Segundo, para os cofres públicos, federais, estaduais ou municipais, consistente no desembolso do pagamento do benefício mediante a contraprestação financeira compensatória, não havendo concessão de benefícios sem a respectiva e necessária contraprestação em contribuições. O então parágrafo único, hoje renumerado para § 1º, reflete esta assertiva ao prescrever que o sistema que pagará o benefício será compensado pelos sistemas nos quais o segurado esteve filiado.

O § 2º do art. 94 deixa claro que o período contributivo dos segurados contribuinte individual e facultativo, quando a contribuição for paga na forma do § 2º do art. 21 da Lei n. 8.212/91, ou seja, por um percentual de 11% em vez de 20%, além de não terem direito à aposentadoria por tempo de contribuição, somente poderá ser computado no regime próprio de Previdência Social se houver complementação das contribuições, pagando a diferença relativa aos percentuais, em conformidade com o que dispõe o § 3º do art. 21 da Lei n. 8.212/91, se acordo com a ressalva expressa da parte final do § 2º do art. 94 da Lei n. 8.213/91.

Atualmente, a lei reclamada na Constituição, que regula a contagem recíproca, é a de n. 9.796, de 5.5.99, sendo regulamentada pelo Decreto n. 3.112, de 6.7.99.

Segundo art. 2º daquele diploma legal, considera-se: I — regime de origem: o regime previdenciário ao qual o segurado ou servidor público esteve vinculado sem que dele receba aposentadoria ou tenha gerado pensão para seus dependentes; II — regime instituidor: o regime previdenciário responsável pela concessão e pagamento de benefício de aposentadoria ou pensão dela decorrente a segurado ou servidor público ou a seus dependentes com cômputo de tempo de contribuição no âmbito do regime de origem.

Os regimes próprios de previdência de servidores da União, dos Estados, do Distrito Federal e dos Municípios só serão considerados regimes de origem quando o Regime Geral de Previdência Social for o regime instituidor (§ 1º).

Na hipótese de o regime próprio de previdência de servidor público não possuir personalidade jurídica própria, atribuem-se ao respectivo ente federado as obrigações e direitos previstos nesta Lei (§ 2º).

Querendo permitir o recebimento do numerário resultante da compensação financeira desde a sua gênese, em 1988, o art. 5º da Lei n. 9.796/99 determina a apresentação aos regimes de origem, no prazo máximo de trinta e seis meses a contar da data da entrada em vigor desta Lei, os dados relativos aos benefícios em manutenção nessa data, concedidos a partir da promulgação da Constituição Federal, na forma alterada pela Medida Provisória n. 2.129-8, de 27.4.2001.

Na forma do parágrafo único do art. 8º, na hipótese de o regime previdenciário próprio dos servidores da União, dos Estados, do Distrito Federal e dos Municípios possuir personalidade jurídica própria, os respectivos entes federados respondem solidariamente pelas obrigações previstas nesta Lei.

É preciso ter sempre em mente que os sistemas de previdência são mantidos através de contribuições dos segurados filiados, não sendo insólita a sustentação de que não pode haver pagamento de benefícios sem a respectiva fonte de custeio. Entretanto, no Regime Geral de Previdência Social, dada à universalidade do atendimento como princípio basilar da extensão à previdência social rural, é lícito acobertar segurados que, observada a realidade vivida, podem exercer atividades desprovidas de um mínimo de suporte financeiro capaz de ensejar a contraprestação contributiva. Mesmo assim, não deixam de serem acobertadas pelo sistema.

94.2. Aproveitamento da atividade rural para fins de contagem recíproca

Neste aspecto do tema, é de todo imperioso reconhecer que o tempo de serviço prestado por trabalhadores rurais anterior ao advento da Lei n. 8.213/91 somente pode ser considerado para obtenção dos benefícios de valor mínimo garantidos pelos arts. 143 ou 39, inciso I, daquele diploma, ou na composição do tempo para aposentadoria por tempo de contribuição, sendo autorizado valer-se deste interregno para fins de carência ou contagem recíproca somente na existência do respectivo aporte financeiro contributivo.

Forçoso colacionar, opor oportuno, a Súmula n. 15 da Turma Recursal dos Juizados Especiais Federais de Santa Catarina, que, a respeito, decidiu: "O tempo de serviço do segurado trabalhador rural anterior a novembro de 1991, ainda que ausente o recolhimento das contribuições previdenciárias, pode ser considerado para a concessão dos benefícios do Regime Geral de Previdência Social (RGPS), exceto para efeito de carência".

Ainda a este respeito, traz-se o seguinte precedente jurisprudencial:

"PREVIDENCIÁRIO E PROCESSUAL CIVIL. REMESSA OFICIAL. PROVIMENTO JUDICIAL SEM OBRIGAÇÃO PECUNIÁRIA. VALOR DA CAUSA INFERIOR A 60 SALÁRIOS MÍNIMOS. NÃO CONHECIMENTO. APELAÇÃO. CONHECIMENTO EM PARTE. FALTA DE INTERESSE RECURSAL. PRELIMINARES. PRESCRIÇÃO DO FUNDO DE DIREITO. INADMISSIBILIDADE DA AÇÃO DECLARATÓRIA. FALTA DE INTERESSE DE AGIR. OFENSA AOS ARTS. 458 E SEGUINTES DO CPC. AFASTAMENTO. AVERBAÇÃO DE TEMPO DE SERVIÇO. LABOR RURAL. INÍCIO DE PROVA MATERIAL CORROBORADO POR PROVA TESTEMUNHAL. RECONHECIMENTO. INEXIGÊNCIA DE CONTRIBUIÇÕES PREVIDENCIÁRIAS. EXPEDIÇÃO DE CERTIDÃO PARA FINS DO RGPS. 1. Não havendo obrigação de conteúdo pecuniário no provimento judicial, o valor controvertido é o valor atribuído à causa. Sendo esse montante inferior a 60 salários mínimos, não se submete o feito ao duplo grau obrigatório de jurisdição, por força do § 2º do art. 475 do CPC, acrescido pela Lei n. 10.352/2001, vigente à época da publicação da sentença. 2. Ausente o interesse recursal quanto a uma parte da matéria impugnada, não merece conhecimento a apelação no particular. 3. Nos benefícios de prestação continuada, só prescrevem as parcelas vencidas antes do quinquênio anterior à propositura da ação, não prescrevendo o fundo de direito Súmula n. 85 do STJ. Não havendo concessão de benefício na decisão singular e nem apelação que devolva essa matéria para apreciação por esta Corte, não há parcelas a serem satisfeitas, sendo inaplicável este instituto processual ao caso concreto. 4. É cabível ação declaratória para o reconhecimento de tempo de serviço para fins previdenciários Súmula n. 242 do STJ. 5. Não caracteriza a falta de interesse de agir da parte autora a ausência de prévio requerimento administrativo e de negativa do pedido por parte do INSS, quando houver a contestação do mérito em Juízo, configurando a pretensão resistida, autorizadora do prosseguimento do feito. 6. A fundamentação razoável a embasar a decisão judicial e o convencimento do Magistrado, ainda que concisa, é bastante para atender as disposições dos arts. 458 e seguintes do CPC. 7. A atividade rural, na condição de segurado especial, é comprovada mediante início de prova material, que não precisa abarcar todo o período (ano a ano) nem estar exclusivamente em nome próprio, contanto que seja corroborado por prova testemunhal idônea. 8. O tempo de serviço rural anterior à Lei n. 8.213/91 pode averbado para todos os fins do Regime Geral, sem o recolhimento das contribuições previdenciárias correspondentes, por força do § 2º do seu art. 55, salvo para efeito de carência, e, em se tratando de regime de economia familiar, aproveita tanto ao chefe ou arrimo de família como aos demais dependentes do grupo familiar que com ele laboram. Precedentes. 9. *Reconhecido o labor rural anterior à Lei de Benefícios, é devida a averbação do tempo de serviço respectivo e a expedição da certidão correlata, para todos os fins do RGPS, exceto carência, sem a exigência da indenização das contribuições previdenciárias correspondentes, sendo esta exigível apenas para efeito de eventual contagem recíproca perante o serviço público.*" (sem grifos no original). (TRF4, Apelação Cível n. 2004.04.01.015904-0, de Santa Catarina, Relator Des. Federal Otávio Roberto Pamplona, DJU de 14.6.2006, p. 535).

Isso se explica devido a uma relação contributiva entre os diversos regimes de previdência, entre si, e entre eles e seus segurados. A relação que os une com seus segurados é eminentemente contributiva e, na medida em que exige o recolhimento das contribuições para somatório como tempo de serviço em regime diverso, nada mais efetiva senão o princípio da contributividade ou contraprestação contributiva, que justificará o pagamento dos benefícios no regime por onde se requererá a aposentadoria. Por outro lado, a exigência de contribuição dentro do próprio regime de onde emana a atividade filiada é forma de garantir a futura compensação financeira com o regime próprio que pagará o benefício.

Os segurados com prestação de tempo de atividade rural já incorporado ao seu patrimônio poderão contar com tal direito adquirido, no RGPS, somente na hipótese dos benefícios de valor mínimo (arts. 39 e 143[219]) ou mediante soma de tal lapso em aposentadoria por tempo de serviço/contribuição. Se contribuírem facultativamente, o encargo financeiro já terá sido cumprido, proporcionando direitos às prestações, em valor e rol de benefícios, idênticos aos demais segurados.

94.3. Atividade especial na administração pública

Tudo o que foi visto até agora, em referência à expedição de CTC para fins de contagem recíproca e obtenção de aposentadoria no regime próprio, diz com a hipótese de servidor público que reclama averbação de tempo por ele prestado à ocasião em que laborava sob auspícios do regime celetista.

A situação inversa, ou seja, daquele que primeiramente trabalhou na administração pública e, já vinculado ao Regime Geral da Previdência Social ou outro regime próprio, pretende inativação nestes regimes resgatando aquele tempo de atividade no setor público, encontra solução, pelo menos em linha de princípio, no art. 40, § 4º, inciso III, da Constituição Federal de 1988.

O dispositivo constitucional acima referenciado, cuja redação sofreu modificação recentemente com a Emenda Constitucional n. 47/2005, é expresso em predizer que "É vedada a adoção de requisitos e critérios diferenciados para a concessão de aposentadoria aos abrangidos pelo regime de que trata este artigo, ressalvados, nos termos definidos em leis complementares, os casos de servidores: (...) III cujas atividades sejam exercidas sob condições especiais que prejudiquem a saúde ou a integridade física"

O Supremo Tribunal Federal já teve oportunidade de julgar Questão de Ordem no Mandado de Injunção n. 444,[220] Minas Gerais, em que se pleiteava com o remédio processual suprir a omissão de regulamentação do dispositivo constitucional a fim de viabilizar o exercício do direito ao reconhecimento do tempo especial prestado. O acórdão restou assim ementado:

"Direito Constitucional e Processual Civil. Mandado de Injunção. Servidores autárquicos. Escola Superior de Agricultura de Lavras — ESAL (autarquia federal sediada em Lavras, Minas Gerais). Aposentadoria especial. Atividades insalubres. Arts. 5., inc. LXXI, e 40, § 1º, da Constituição Federal. 1. O § 1º do art. 40 da C.F. apenas faculta ao legislador, mediante lei complementar, estabelecer exceções ao disposto no inciso III, 'a' e 'c', ou seja, instituir outras hipóteses de aposentadoria especial, no caso de exercício de atividades consideradas penosas, insalubres ou perigosas. 2. Tratando-se de mera faculdade conferida ao legislador, que ainda não a exercitou, não há direito constitucional já criado, e cujo exercício esteja dependendo de norma regulamentadora. 3. Descabimento do Mandado de Injunção, por falta de possibilidade jurídica do pedido, em face do disposto no inc. LXXI do art. 5º da C.F., segundo o qual somente e de ser concedido mandado de injunção, quando a falta de norma regulamentadora torne inviável o exercício de direitos e liberdades constitucionais e das

---

(219) Veja-se, a propósito, comentários ao art. 143, quando referencia que o não exercício do direito dentro do prazo de 15 anos assinado pelo artigo não se constitui empecilho para aquisição do benefício se já incorporado definitivamente ao patrimônio do titular. Não obstante isso, está em vigor Medida Provisória que prorrogou o prazo para mais dois anos.
(220) BRASIL. Supremo Tribunal Federal. Tribunal Pleno — *Questão de Ordem no Mandado de Injunção n. 444/MG*. José Abílio Pato Guimarães e outros e Presidente da República. Relator Min. Sydney Sanches. DJU de 4.11.1994, p. 29.827. Disponível em: <htttp://www.stf.gov.br>. Acesso em: 24.10.2006.

prerrogativas inerentes a nacionalidade, a soberania e a cidadania. 4. Mandado de Injunção não conhecido. Votação unânime".

Apesar da impetração, o STF não analisou o mérito da questão, extinguindo o processo por impossibilidade jurídica do pedido.

A questão, então, ainda não tem seus contornos definidos por lei complementar, o que impede o acesso de um sem-número de servidores públicos que exercem atividade especial de contarem tal tempo com acréscimo decorrente da especialidade. Em consequência disso, o tempo de contribuição será contado como tempo comum, prejudicando tais trabalhadores.

Em outra oportunidade, porém, o STF decidiu no MI n. 721, do Distrito Federal, caber à servidora pública impetrante o direito à contagem diferenciada do tempo de serviço insalubre, mandando que o Poder Judiciário assegure, em termos efetivos, a implementação, mediante o paradigma do Regime Geral da Previdência Social, o exercício do direito à aposentadoria especial. No MI n. 758, também do Distrito Federal, o pretório excelso, seguindo a tendência manifestada na decisão anterior, determinou, em caráter mandamental, que o Poder Legislativo suprisse a omissão legislativa em relação à necessária complementação normativa do § 4º do art. 40 da Constituição Federal.

94.4. Contagem recíproca para o segurado de baixa renda

Como se denotou em comentários a artigos anteriores desta obra, a Lei Complementar n. 123/06 trouxe ao universo previdenciário os segurados de baixa renda, aqueles que poderão usufruir de parte dos benefícios do RGPS com pagamento de contribuições reduzidas. Como o regime contributivo do RGPS é eminentemente de repartição e com feição atuarial, afeiçoa-se com a lógica permitir a emissão de Certidão de Tempo de Contribuição para este segurado somente se ele complementar as contribuições de 11% que tinha aportado ao sistema, de forma a completá-las até o valor mínimo necessário para o exercício de seu direito de contagem recíproca. É o que dispõe o enunciado contido no art. 21, § 3º, da Lei de Custeio da Seguridade Social (Lei n. 8.212/91).

> **Art. 95.** Revogado pela Medida Provisória n. 2.187-13, de 24.8.2001.
>
> Parágrafo único revogado pela Medida Provisória n. 2.187-13, de 24.8.2001.
>
> **Redações anteriores**
>
> Observada a carência de 36 (trinta e seis) contribuições mensais, o segurado poderá contar, para fins de obtenção dos benefícios do Regime Geral de Previdência Social — RGPS, o tempo de serviço prestado à Administração Pública federal direta, autárquica e fundacional.
>
> Parágrafo único. Poderá ser contado o tempo de serviço prestado à administração pública direta, autárquica e fundacional dos Estados, do Distrito Federal e dos Municípios, desde que estes assegurem aos seus servidores a contagem de tempo do serviço em atividade vinculada ao Regime Geral de Previdência Social — RGPS.

95.1. Carência mínima para aproveitamento do tempo a ser contado no RGPS

Já não era sem tempo para que a odiosa regra do art. 95 fosse revogada,[221] a qual exigia uma carência de trinta e seis contribuições mensais para que o segurado da Previdência Social pudesse contar com o tempo de serviço prestado em regime próprio federal, estadual ou municipal. Quer dizer que o tempo nestes regimes somente poderiam ser contados para obtenção de aposentadoria no RGPS após um período contributivo, neste regime, de no mínimo três anos. O parágrafo único, em desnecessário reforço à regra da reciprocidade, condicionava a implantação do instituto no RGPS à permissão da contagem pela administração pública direta ou indireta das três esferas de governo.

95.2. Certidão de Tempo de Contribuição

O tempo de contribuição objeto de averbação sob forma de contagem recíproca em outro regime, próprio ou no RGPS, será provado mediante certidão fornecida em observância ao que prescreve o art. 130 do Decreto n. 3.048/99. No Regime Geral de Previdência Social os tempos de contribuição que deverão constar na aludida certidão poderão ser apanhados de CTPS do segurado, averbação já concluída por força de ação judicial ou outros meios de prova em direito admitidas.

Por encerrar direito autônomo e distinto da aposentadoria cujo direito já tenha sido adquirido, o tempo de serviço já prestado é direito definitivamente incorporado ao patrimônio do titular que pode ser aproveitado para fins de contagem recíproca após renúncia do beneficiário de aposentadoria já concedida.[222]

95.3. Certidão de Tempo de Contribuição com tempo laborado em condições especiais

É conferido o direito à contagem recíproca do tempo prestado em atividade sujeita ao sistema previdenciário social e aquele desempenhado em regime próprio de previdência. A Constituição Federal garante o direito à aposentadoria especial em condições insalubres, penosas ou perigosas, tanto aos servidores públicos quanto aos segurados do Regime Geral de Pre-

---

(221) Pela Medida Provisória n. 2.187-13, de 24.8.2001, que foi convertida na Lei n. 10.887, de 18 de junho de 2004.
(222) "PREVIDENCIÁRIO. RENÚNCIA À APOSENTADORIA. CONTAGEM DO MESMO TEMPO DE SERVIÇO PARA FINS DE CONTAGEM RECÍPROCA. DIREITO INCORPORADO AO PATRIMÔNIO DO TRABALHADOR. CERTIDÃO DE TEMPO DE SERVIÇO. 1. A renúncia à aposentadoria — fato inequívoco, vinculado e circunscrito à manifestação unilateral do detentor do direito — não implica renúncia ao próprio tempo de serviço que serviu de base para a concessão do benefício, pois se trata de direito incorporado ao patrimônio do trabalhador, que dele pode usufruir dentro dos limites legais. 2. Admitida a renúncia à aposentadoria, o Instituto deve fornecer ao renunciante a certidão de tempo de serviço, que pode ser utilizada para outra finalidade, inclusive para concessão de aposentadoria em outro sistema, mais vantajosa ao titular do tempo de serviço." (TRF da 4ª Região, Apelação em Mandado de Segurança 99.0401003180, do Rio Grande do Sul, Relator Juiz Carlos Sobrinho, DJ 26.5.1999, p. 748).

vidência Social.[223] Por outro lado, não há óbice legal, especialmente no art. 96 da LB, que não permita a emissão de certidão de tempo de contribuição em sistema da Previdência Social para contagem em outro regime. Todavia, apenas está autorizada a emissão de certidão de tempo de contribuição com contagem diferenciada de tempo de especial quando atendidos os requisitos para tal reconhecimento (prova da exposição habitual e permanente aos agentes nocivos, nos termos dos arts. 57 e seguintes), não havendo obrigação jurídica que impeça o órgão no qual se requer a contagem de se abster de reconhecer aquele tempo especial se legislação própria não autoriza tal benefício.

Uma vez acertado o reconhecimento da atividade especial laborado no regime celetista, de servidor público vinculado a este regime que depois passa a ser estatutário, é assente no direito pretoriano a corrente que sustenta a possibilidade de aceitação desta contagem diferenciada no regime público.

É assim em todas as instâncias judiciais pátrias, inclusive nos pretórios excelsos.

Com efeito, o Tribunal Regional Federal da 4ª Região já deixou assentado:

"PREVIDENCIÁRIO. SERVIDOR PÚBLICO. TEMPO DE SERVIÇO ESPECIAL. REGIME CELETISTA. CONVERSÃO EM TEMPO COMUM. EXPEDIÇÃO DE CERTIDÃO DE TEMPO DE SERVIÇO. DIREITO ADQUIRIDO. O servidor público, que, sob o regime celetista, desempenhou atividade considerada especial pela legislação vigente à época da prestação laboral, tem direito à obtenção de Certidão de Tempo de Serviço/Contribuição, com a devida conversão em tempo comum, para fins de contagem recíproca no regime estatutário." (Apelação em Mandado de Segurança n. 2003.70.00.051800-4, do Paraná, Otávio Roberto Pamplona, DJU 28.9.2005, p. 971).

Normalmente, o ex-segurado do INSS ingressa com ação judicial contra a autarquia visando espancar ato administrativo que negou a expedição da certidão sob fundamento na impossibilidade de aproveitamento do tempo especial no regime próprio. Nestes casos, o que pretende a ação judicial com tal desiderato é apenar cessar a abstinência administrativa em expedir a certidão com tempo diferenciado, não contando com eventual negativa do órgão perante o qual se requer o benefício em aceitar ou não o tempo acrescido. Diante desta situação, é assente que a natureza da ação, pelo menos no âmbito do TRF4, é definida tendo em conta o pedido, pelo qual se define também a competência, pouco importando a matéria a ser discutida, se pertencente a ramos do direito não afetos a área jurídica federal.[224] Não há necessidade de litisconsórcio passivo entre o INSS e o ente estatal.[225] Quando o órgão estatal participa da relação processual como litisconsorte passivo necessário, sofre os efeitos da sentença procedente, sendo obrigado proceder a averbação do tempo.[226]

---

(223) Dispositivos constitucionais que garantem aposentadoria em condições especiais e seus consectários, na nova redação dada pela EC n. 47, de 5.7.2005: § 4º do art. 40: "É vedada a adoção de requisitos e critérios diferenciados para a concessão de aposentadoria aos abrangidos pelo regime de que trata este artigo, ressalvados, nos termos definidos em leis complementares, os casos de servidores: (...) II — que exerçam atividades de risco; III — cujas atividades sejam exercidas sob condições especiais que prejudiquem a saúde ou integridade física." De outro vértice, o § 1º do art. 201: "É vedada a adoção de requisitos e critérios diferenciados para a concessão de aposentadoria aos beneficiários do regime geral de previdência social, ressalvados os casos de atividades exercidas sob condições especiais que prejudiquem a saúde ou integridade física e quando se tratar de segurados portadores de deficiência, nos termos definidos em lei complementar".
(224) "COMPETÊNCIA. TRF 4ª REGIÃO. SEÇÕES. NATUREZA DA AÇÃO. OBJETO DO PEDIDO. 1. O art. 2º do Regimento Interno do Tribunal regional Federal da 4ª Região fixa a competência das Seções de acordo com a natureza da ação. 2. O que determina a natureza de uma ação é o objeto de seu pedido, pouco importando se a discussão sobre a matéria envolve outros ramos do direito." (Conflito de Competência n. 93.04.28228"4, Pleno, Relator Juiz Teori Albino Zavascki, DJU 5.4.2000, apud Questão de Ordem em Apelação Cível n. 2002.71.04.007601-6, Relator Des. Federal Victor Luis dos Santos Laus, DJU de 5.4.2006, p. 743).
(225) "PREVIDENCIÁRIO. EMBARGOS INFRINGENTES. CERTIDÃO DE TEMPO DE SERVIÇO ESPECIAL. PERÍODO CELETISTA. CONVERSÃO. CONTAGEM RECÍPROCA. SERVIDOR PÚBLICO. LITISCONSÓRCIO PASSIVO NECESSÁRIO ENTRE O INSS E O ENTE PÚBLICO. DESNECESSIDADE. 1 — Incabível o litisconsórcio passivo necessário entre o INSS e o ente público ao qual está vinculado o servidor que postula a expedição de certidão de tempo de serviço em condições especiais, com acréscimo decorrente da respectiva conversão, relativamente ao período em que esteve vinculado ao Regime Geral da Previdência Social, para fins de contagem recíproca perante o regime estatutário. 2 — Embargos infringentes providos." (Embargos infringentes na Apelação Cível n. 2002.04.01.052476-6, do Rio Grande do Sul, Relator Des. Federal Nylson Paim de Abreu, DJU de 12.4.2006, p. 88).
(226) "PREVIDENCIÁRIO. ATIVIDADE ESPECIAL. LEGISLAÇÃO APLICÁVEL. CONVERSÃO DE TEMPO ESPECIAL. LEI N. 9.032/95. DECRETO N. 2.172/97 CONVERTIDO NA LEI N. 9.528/97. REQUISITOS. CERTIDÃO DE TEMPO DE SERVIÇO. LITISCONSÓRCIO PASSIVO ENTRE O INSS E ÓRGÃO PÚBLICO A QUEM CABE A APOSENTAÇÃO. AVERBAÇÃO. (...) Não há óbice legal quanto à contagem recíproca do tempo especial laborado no Regime Geral de Previdência Social para tempo comum exercido no regime estatutário. Ao órgão público que interveio no processo como litisconsorte passivo necessário deve ser determinada a averbação do tempo de serviço convertido certificado pelo INSS." (Apelação em mandado de segurança n. 2004.04.01.020258-9, Paraná, Luiz Antonio Bonat, DJU 6.9.2005, p. 406).

> **Art. 96.** O tempo de contribuição ou de serviço de que trata esta Seção será contado de acordo com a legislação pertinente, observadas as normas seguintes:
>
> I — não será admitida a contagem em dobro ou em outras condições especiais;
>
> II — é vedada a contagem de tempo de serviço público com o de atividade privada, quando concomitantes;
>
> III — não será contado por um sistema o tempo de serviço utilizado para concessão de aposentadoria pelo outro;
>
> IV — O tempo de serviço anterior ou posterior à obrigatoriedade de filiação à Previdência Social só será contado mediante indenização da contribuição correspondente ao período respectivo, com acréscimo de juros moratórios de um por cento ao mês e multa de dez por cento. (*Redação dada pela Medida Provisória n. 2.187-13, de 24.8.2001*)
>
> V — (*Inciso excluído pela Lei n. 9.528, de 10.12.97*)
>
> **Redações anteriores**
>
> O tempo de contribuição ou de serviço de que trata esta seção será contado de acordo com a legislação pertinente, observadas as normas seguintes:
>
> I — não será admitida a contagem em dobro ou em outras condições especiais;
>
> II — é vedada a contagem de tempo de serviço público com o de atividade privada, quando concomitantes;
>
> III — não será contado por um sistema o tempo de serviço utilizado para concessão de aposentadoria pelo outro;
>
> IV — o tempo de serviço anterior ou posterior à obrigatoriedade de filiação à Previdência Social só será contado mediante indenização da contribuição correspondente ao período respectivo, com os acréscimos legais;
>
> V — o tempo de serviço do segurado trabalhador rural, anterior à data de início de vigência desta Lei, será computado sem que seja necessário o pagamento das contribuições a ele correspondentes, desde que cumprido o período de carência.

96.1. Restrições no cômputo do tempo de serviço a ser aproveitado

Nos termos do *caput* do art. 96, o tempo migrado à obtenção de outro regime será contado de acordo com a respectiva legislação do regime no qual se requer o seu cômputo. Dessa forma, o tempo de contribuição de atividade cuja filiação é o RGPS será aproveitado no regime próprio federal, estadual ou municipal, de acordo com as regras existentes nestes regimes.

Contudo, os incisos do mesmo artigo trazem algumas ressalvas importantes que devem ser observadas pelo regime a que se está solicitando mesmo se a legislação pertinente for contrária.

Assim, é defeso contagem em dobro ou em outras condições especiais, como, exemplificativamente, ocorria na Lei n. 8.112/90, concernente à contagem em dobro de licença prêmio não usufruída. Ainda neste particular não está incluída a possibilidade de contagem diferenciada em razão do desempenho de atividades insalubres, penosas ou perigosas.

O segundo inciso estatui que não pode haver contagem individual de períodos concomitantes, porém, quando estiverem cumpridos os requisitos para cada benefício individualmente considerados e sejam utilizadas somente as contribuições próprias de cada regime, o preceito deixa de ter aplicação. Baseado na ideia de previdência contributiva, não há autorização para o aproveitamento de tempo de serviço por um sistema quando já contado para aposentadoria por outro. Neste sentido:

"PREVIDENCIÁRIO. TEMPO DE SERVIÇO CONCOMITANTE NA ATIVIDADE PÚBLICA E NA ÁREA PRIVADA. ART. 96 DA LEI N. 8.213/91 O art. 96, II, da Lei n. 8.213/91 veda que seja contado duas vezes o mesmo período em virtude do exercício de atividades concomitantes na área privada e outra sujeita a um Regime próprio de previdência. Não é o caso da autora, que implementou os requisitos necessários à concessão da aposentadoria em cada qual dos regimes previdenciários, fazendo jus ao benefício de aposentadoria por tempo de serviço também no Regime Geral de Previdência. A correção monetária deve observar os critérios da Lei n. 8.213/91 e alterações, desde o vencimento de cada parcela. Apelação e remessa oficial parcialmente providas." (AC n. 1999.04.01.093070"6, do Rio Grande do Sul, TRF da 4ª Região, Relator Juiz Sérgio Renato Tejada Garcia, DJU 10.1.2001).

Neste último caso, é forçoso reconhecer que o sistema de previdência contributiva constitui óbice para que um mesmo tempo de contribuição seja aproveitado para fins de concessão de benefícios em sistemas diversos. Em outro sentido, as contribuições vertidas para um sistema podem ser utilizadas em outro desde que ainda não tenham sido aproveitadas para concessão de benefício. Nada impede, porém, que o tempo excedente não utilizado possa servir para benefício em outro sistema.[227]

O tempo de serviço anterior ou posterior à obrigatoriedade de filiação à Previdência Social só será contado mediante indenização da contribuição correspondente ao período respectivo, com acréscimo de juros moratórios de zero vírgula cinco por cento ao mês, capitalizados anualmente, e multa de dez por cento. Esta nova redação é proveniente da Medida Provisória n. 2.187-13, de 24.8.2001, que foi convertida na Lei n. 10.887, de 18 de junho de 2004, a qual revogou expressamente apenas excerto do art. 8º daquele diploma excepcional, mantendo, no mais, as inovações por ele introduzidas. A Lei de Custeio tem os mesmos quantitativos.

Abrandando o decantado princípio *tempus regit actum* em matéria previdenciária, se a pretensão for contar tempo de serviço/contribuição prestado em momento anterior ao advento de norma que enquadrava tal atividade como de filiação obrigatória e, como tal, fato gerador de obrigação tributária das contribuições sociais previdenciárias, a regra preponderante é a de que tal lapso só pode ser confeccionado em certidão de tempo de contribuição para contagem recíproca mediante pagamento das contribuições devidas, acrescidas de juros e multa. Por outro lado, o tempo prestado de atividade já constante do elenco previdenciário tem o mesmo tratamento, tendo o setor responsável do INSS o poder-dever de fazer ser reconhecido o crédito tributário e exigi-lo dos sujeitos passivos da obrigação tributária.

O inciso V acabou sendo revogado pela Lei n. 9.528/97, o qual dispunha que o tempo de atividade rural anterior à Lei n. 8.213/91 poderia ser computado independentemente de contribuições, exceto para efeito de carência. No entanto, continua prevalecendo, nos tempos que correm, o mesmo tratamento da regra jurídica acima, com o respaldo das mais altas cortes de justiça do país.

Art. 97. A aposentadoria por tempo de serviço, com contagem de tempo na forma desta Seção, será concedida ao segurado do sexo feminino a partir de 25 (vinte e cinco) anos completos de serviço, e, ao segurado do sexo masculino, a partir de 30 (trinta) anos completos de serviço, ressalvadas as hipóteses de redução previstas em lei.

97.1. Aposentadoria proporcional com tempo migrado de regime diverso

Ao contrário do estabelecido no sistema anterior, a aposentadoria concedida com tempo migrado de um sistema diverso pode ser concedida de forma proporcional para ambos os sexos, homem a partir dos 30 anos de contribuição e mulher a partir dos 25.

---

(227) "PREVIDENCIÁRIO. APOSENTADORIA ESPECIAL E ESTATUTÁRIA. CONTAGEM RECÍPROCA DE TEMPO DE SERVICO. POSSIBILIDADE DE CONSIDERAÇÃO DO TEMPO EXCEDENTE, PARA BENEFÍCIO EM AMBOS OS REGIMES PREVIDENCIÁRIOS. 1. Não pode o INSS negar-se a conceder aposentadoria especial ao segurado, sob o argumento de que outro período de serviço particular foi averbado pelo Estado do Rio Grande do Sul em contagem recíproca, também para fins de aposentadoria. Não subsiste a proibição de consideração do tempo excedente, prevista pelo art. 98 da Lei n. 8.213/91, se o segurado preencheu todos os requisitos para ambos os benefícios, de forma autônoma e independente, com o que foi adquirido o direito. 2. Decorre do princípio da positividade das normas constitucionais a impossibilidade de suprimir direito a benefício do Regime de Previdência Social, sob o argumento de que o autor é titular de aposentadoria de outro sistema, se cumpriu individualmente as exigências legais para obter cada uma delas. 3. Apelo do INSS improvido". (TRF da 4ª Região, Apelação Cível 96.04.14324-7, DJ2, 7.10.98, p. 506).

Art. 98. Quando a soma dos tempos de serviço ultrapassar 30 (trinta) anos, se do sexo feminino, e 35 (trinta e cinco) anos, se do sexo masculino, o excesso não será considerado para qualquer efeito.

98.1. Não aproveitamento do tempo excedente para aposentadoria proporcional

Se o soma dos tempos de atividade próprios do regime ou migrados ultrapassar o tempo mínimo exigido para aposentadoria integral (30 ou 35 anos de tempo de contribuição, para homem ou para mulher), o excesso do tempo não será considerado, diz a norma, para nenhum efeito.

Contradições doutrinárias e interpretações díspares à parte, o certo é que, a nosso ver, a norma tem lugar exclusivamente para efeito de não consideração do excesso no mesmo benefício concedido. Como se disse em considerações anteriores (art. 96), tratando-se de sistemas de previdência que encerram feição contributiva, afigura-se juridicamente impossível valer-se de um mesmo tempo de contribuição para mais de um benefício, em sistemas iguais ou diversos.

A contrario sensu, nada impede que o tempo não aproveitado para concessão de um benefício o seja em outro. Justifica a tese o argumento já referido em linhas anteriores, de que o tempo de serviço já prestado se constitui direito autônomo do benefício usufruído, nada impedindo que o titular exerça seu direito legítimo ao cômputo do tempo em outras oportunidades, advertindo-se do cuidado de, no RGPS, observar a regra disciplinadora da proibição da cumulação de benefícios (art. 124 da LB).

Segundo corrente jurisprudencial mais acertada, não há proibição da contagem de um tempo de atividade prestado no RGPS para concessão de benefício em regime próprio, vindicando-se dupla aposentadoria, se não aproveitado aquele tempo para obtenção de aposentadoria no RGPS.

É da jurisprudência:

"PREVIDENCIÁRIO. APOSENTADORIA POR TEMPO DE SERVIÇO. DUPLA APOSENTADORIA. PREENCHIMENTO DAS CONDIÇÕES. POSSIBILIDADE. 1. Não há vedação à concessão da dupla aposentadoria, tendo o autor exercido simultaneamente atividade privada compatível com o serviço público, e não sendo esta atividade computada para fins da concessão da aposentadoria estatutária. 2. Preenchidos os requisitos do tempo de serviço laborado em condições especiais e a carência, para a obtenção da aposentadoria por tempo de serviço especial. 3. Embargos infringentes providos." (Embargos infringentes em Apelação Cível n. 2001.04.01.005676-6, do Rio Grande do Sul, Relator Des. Federal Luis Alberto d'Azevedo Aurvalle, DJU 8.3.2006, p. 466).

No processo acima referenciado estava-se discutindo a possibilidade de aproveitamento do tempo excedente. Os embargos infringentes foram opostos devido à disparidade de decisão proferida pela 5ª Turma do mesmo tribunal, cuja ementa pode ser assim reproduzida:

"PREVIDENCIÁRIO. APOSENTADORIA POR TEMPO DE SERVIÇO. CONTAGEM RECÍPROCA. PERÍODO DE TRABALHO REPARTIDO PARA APOSENTADORIAS DE DIVERSOS SISTEMAS PREVIDENCIÁRIOS. IMPOSSIBILIDADE. 1. A contagem recíproca constitui"se em benefício instituído em favor do segurado, com o intuito de possibilitar a concessão de uma prestação previdenciária de natureza substitutiva, não sendo permitida a utilização do tempo excedente para nenhum efeito. 2. Impossibilidade de repartir"se o período de trabalho para aposentadorias por diferentes regimes previdenciários, ressalvada a opção pelo mais benéfico benefício."

No corpo do acórdão, extrai-se argumento a favor da tese, baseada em precedente do STJ, nos seguintes termos:

"ADMINISTRATIVO. SERVIDOR PÚBLICO. REGIME ÚNICO. APOSENTADORIA. PREVIDENCIÁRIA. CESSAÇÃO DO VÍNCULO. APOSENTANDO-SE O CELETISTA AO ENSEJO DO APROVEITAMENTO NO QUADRO ESTATUTÁRIO, PERDE DIREITO A PERMANECER NO CARGO OU NELE SE APOSENTAR CUMULATIVAMENTE. STJ, 5ª Turma, AC. 9600653712/97-PR, unânime, Relator: Min. José Dantas, DJ: 24.3.1997, p. 09041".

Dos anais eletrônicos daquela Colenda Corte colhe-se o seguinte precedente:

"PREVIDENCIÁRIO. AGRAVO REGIMENTAL. RECURSO ESPECIAL. FERROVIÁRIO. RFSA. CONDIÇÃO DE SERVIDOR CEDIDO. DUPLA APOSENTADORIA. POSSIBILIDADE. PREENCHIMENTO DOS REQUISITOS LEGAIS. SÚMULA N. 7/STJ. Cumpre registrar que não há ofensa ao art. 557 do Código de Processo Civil pela decisão monocrática arrimada em posição consolidada no próprio Tribunal. É devida a dupla aposentadoria, uma da Previdência Social e outra pelo Tesouro Nacional, aos ferroviários cedidos à RFSA. Uma vez reconhecido pelo Tribunal de origem o direito à dupla aposentadoria, tendo em vista o preenchimento dos requisitos legais, não cabe a esta Corte Superior o seu reexame (Súmula n. 7/STJ). Agravo regimental desprovido." (AgRg no Recurso Especial n. 727.025, do Ceará, (2005/0028946-0), Relator Ministro José Arnaldo da Fonseca, DJU de 5.12.2005).

> **Art. 99.** O benefício resultante de contagem de tempo de serviço na forma desta Seção será concedido e pago pelo sistema a que o interessado estiver vinculado ao requerê-lo, e calculado na forma da respectiva legislação.

99.1. Regime instituidor do benefício concedido mediante contagem recíproca

Uma interpretação literal do artigo em exame leva à conclusão de que o benefício deve ser requerido no sistema no qual o segurado estava filiado no momento do requerimento. Será pago e mantido no sistema em que estiver vinculado ao requerê-lo, desimportando eventuais excessos no tempo de serviço posteriores ao mínimo exigido para definição do sistema vinculatório. O que importa, ressalte-se, é o sistema com o qual o segurado mantiver relação jurídica no momento do requerimento. Outra abstração possível em abono desta norma existe se o segurado vincular-se a um sistema diverso após o preenchimento dos requisitos necessários ao benefício. Ainda assim continuará tendo que observar o preceito.

> **Art. 100.** *(VETADO)*
>
> **Redações anteriores**
>
> *(VETADO)*

100.1. Salário-família e salário-maternidade para o segurado especial

Na época, o então Presidente da República decidiu vetar o texto do art. 100 da Lei de Benefícios, que conferia o direito ao salário-família e ao salário-maternidade aos segurados especiais referidos no art. 11, inciso VII. A razão para isso assentava-se na premissa de violação ao principio da contrapartida (§ 5º, do art. 195, da CF/88).

A teor do art. 65 da LB, será pago aos segurados empregados e ao trabalhador avulso, bem como o aposentado com 65 anos ou mais de idade e a aposentada de 60 anos ou mais, o aposentado por invalidez ou por idade, não sendo titular do direito, por expressa vedação legal, o empregado doméstico e, por exclusão, o contribuinte individual.

A Lei n. 8.861/94 estendeu o direito à segurada especial, condicionado à comprovação do exercício de atividade rural nos últimos dez meses imediatamente anteriores à data do parto ou do requerimento do benefício, quando requerido antes do parto, mesmo que de forma descontínua.

> **Art. 101.** O segurado em gozo de auxílio-doença, aposentadoria por invalidez e o pensionista inválido estão obrigados, sob pena de suspensão do benefício, a submeter-se a exame médico a cargo da Previdência Social, processo de reabilitação profissional por ela prescrito e custeado, e tratamento dispensado gratuitamente, exceto o cirúrgico e a transfusão de sangue, que são facultativos. (*Redação dada pela Lei n. 9.032, de 28.4.95*)
>
> **Redações anteriores**
>
> O segurado em gozo de aposentadoria por invalidez ou de auxílio-doença e o pensionista inválido, enquanto não completarem 55 (cinquenta e cinco) anos de idade, estão obrigados, sob pena de suspensão do benefício, a submeter-se a exame médico a cargo da Previdência Social, processo de reabilitação profissional por ela prescrito e custeado, e tratamento dispensado gratuitamente, exceto o cirúrgico e a transfusão de sangue, que são facultativos.

101.1. Obrigação de segurado incapaz ou dependente inválido de submissão a exame médico

Com a redação dada pela Lei n. 9.032/95, os titulares de benefícios por incapacidade e os pensionistas inválidos estão obrigados a se submeterem a exame médico a cargo da Previdência Social, processo de reabilitação profissional por ela determinado e custeado, bem como tratamento dispensado gratuitamente, com exceção do cirúrgico e a transfusão de sangue, que são facultativos.[228] A redação original do dispositivo legal agora comentado presumia a incapacidade definitiva para o aposentado por invalidez ou percipiente de auxílio-doença, bem como dependente inválido, que completasse cinquenta e cinco anos, tornando despicienda a partir de então a submissão a novas perícias médicas. Do contrário, estes segurados que ainda não atingiram aquela idade, estavam onerados àquelas obrigações. Aqueles que completaram a idade antes da modificação ficaram desonerados daquelas obrigações a partir de então, como manifestação de respeito ao direito adquirido.

O dispositivo marca a presença da possibilidade de recuperação da capacidade laborativa dos benefícios que menciona, ainda que, por definição legal, a aposentadoria por invalidez tenha como pressuposto básico uma incapacidade perene. Aliás, a parte final do art. 42 é extreme de dúvidas a respeito da manutenção do benefício enquanto o segurado "permanecer nesta condição". Estão abrangidos por este artigo todos os benefícios da previdência social que reclamarem para sua concessão requisito de ordem incapacitante, temporário ou definitivo, como aposentadoria por invalidez e auxílio-doença, bem como o titular de pensão por morte inválido, ficando de fora do alcance da norma o auxílio-acidente em face da substituição da incapacidade temporária que marca geralmente o auxílio-doença precedente pela consolidação das lesões. O processo de reabilitação profissional, como se disse em comentários alusivos ao auxílio-doença (art. 59 e seguintes), é direcionado ao titular deste benefício a fim de possibilitar a recuperação para o exercício de atividade diversa ou, quando não, deverá ser concedida aposentadoria por invalidez. O desaparecimento da invalidez do pensionista é causa de extinção da pensão, na forma do que dispõe o inciso III, do art. 77, da LB.

A redação deixa claro que em caso de negativa do segurado em submeter-se a estas obrigações administrativas, o benefício será suspenso. Antes do ato administrativo que decidir pela suspensão, deverá ser oportunizado ao segurado a apresentação de defesa em procedi-

---

[228] "ACIDENTE DO TRABALHO. REABILITAÇÃO PROFISSIONAL. OBRIGATORIEDADE DO INSS. FRUIÇÃO DISPENSÁVEL PELO INTERESSADO. A reabilitação profissional não é benefício de caráter reparatório, constituindo somente serviço de natureza obrigatória devido ao segurado portador de incapacidade com o objetivo de assegurar-lhe meios de sobrevivência, cuja fruição poderá ser dispensada pelo interessado." (2º TACSP, Ap. s/Rer. 428.732, Relator Juiz Demóstenes Braga, j. 4.4.1995).

mento administrativo sujeito ao crivo do contraditório. Por outro lado, o segurado não pode ser compelido a qualquer tratamento imposto pela autarquia se não for gratuito, bem como ao cirúrgico e à transfusão de sangue.

Tornou-se corrente no quotidiano diário a prévia demarcação de limite de tempo da incapacidade do segurado. Sem propósito de colocar em xeque a idoneidade ou competência dos peritos da autarquia, se o segurado obter a concessão de um benefício, por exemplo, de auxílio-doença cuja incapacidade for reconhecida pela autarquia com data de término em 1 ano, a partir do qual estará recuperado para o trabalho, mesmo assim, no nosso entender, a cessação da incapacidade deve ser confirmada em nova perícia marcada quando o prazo estiver em vias de escoar-se.

Em caso de constatada a incapacidade, o segurado receberá o benefício até o fim do prazo estimado pelo perito como sendo o final da incapacidade laborativa, presumindo o *expert* a recuperação da capacidade laboral ao cabo daquele marco temporal. Antes do término daquele prazo de incapacidade, porém, deve o segurado ser novamente submetido a uma nova perícia médica, a fim de confirmar a inexistência da incapacidade presumida pelo médico anteriormente.

Tal prática está se tornando corrente na esfera administrativa e vem sendo amplamente combatida na judicial, determinando que o segurado tem o direito de ser novamente examinado ao fim do prazo fixado, cessando ou mantendo o benefício dependendo do resultado aferido naquele término, e não segundo conjecturas médicas presentes quando do exame inicial.

É da jurisprudência:

"PREVIDENCIÁRIO. AUXÍLIO-DOENÇA. RENDA INICIAL. Tratando-se de auxílio-doença suspenso em razão de alta médica, imprescindível a realização de exame pericial a demonstrar ter sido imotivada a interrupção. Os proventos por incapacidade laborativa recebidos da Previdência Social devem ser considerados como salários de contribuição no cálculo do novo benefício." (Apelação Cível n. 93.04.31755-0, do Rio Grande do Sul, Relator Des. Federal Élsio Pinheiro de Castro, DJU 23.9.1998, p. 650).

> **Art. 102.** A perda da qualidade de segurado importa em caducidade dos direitos inerentes a essa qualidade. (*Redação dada pela Lei n. 9.528, de 10.12.97*)
>
> § 1º A perda da qualidade de segurado não prejudica o direito à aposentadoria para cuja concessão tenham sido preenchidos todos os requisitos, segundo a legislação em vigor à época em que estes requisitos foram atendidos. (*Parágrafo acrescentado pela Lei n. 9.528, de 10.12.97*)
>
> § 2º Não será concedida pensão por morte aos dependentes do segurado que falecer após a perda desta qualidade, nos termos do Art. 15 desta Lei, salvo se preenchidos os requisitos para obtenção da aposentadoria na forma do parágrafo anterior. (*Parágrafo acrescentado pela Lei n. 9.528, de 10.12.97*)
>
> **Redações anteriores**
>
> A perda da qualidade de segurado após preenchimento de todos os requisitos exigíveis para a concessão de aposentadoria ou pensão não importa em extinção do direito a esses benefícios.

102.1. Perda da qualidade de segurado

Sofreu modificação pela Lei n. 9.528/97.

Para que o aspirante a um determinado benefício venha ter direito ao mesmo é preciso que ele ostente, via de regra, a qualidade de segurado no momento da ocorrência da contingência social juridicamente protegida. Um sistema contributivo, como o RGPS, a manutenção da qualidade de segurado faz-se necessária para aquisição do direito. No entanto, a aposentadoria por tempo de serviço, idade e especial, já não mais reclamam este pressuposto em face da edição da Lei n. 10.666/03. O Decreto n. 3.048/99 também passou o favor legal à aposentadoria por tempo de contribuição e especial.[229] Para o auxílio-doença, aposentadoria por invalidez, pensão por morte e auxílio-reclusão, é condição exigida.

Uma vez extinta a qualidade de segurado por inocorrência de uma das situações previstas no art. 15 da Lei n. 8.213/91, a relação jurídica até então mantida pelo segurado com a Previdência Social desaparece, somente podendo o segurado readquirir seus direitos aos benefícios se previamente observar a regra do parágrafo único do art. 24, que exige o pagamento de, pelo menos, 1/3 da carência do benefício postulado.

Observando, no entanto, o atendimento de todos os pressupostos exigidos para aposentadoria (e para qualquer benefício, diga-se de passagem) segundo a legislação contemporaneamente vigente, o passar do tempo não tem força para macular a higidez do direito ao benefício pretendido, apenas atingindo as parcelas não cobradas em inobservância ao velho brocardo jurídico *dormientibus non succurrit jus*.

A pensão por morte é benefício devido aos dependentes do segurado que falecer exercendo atividade cuja filiação é obrigatória, sendo segurado facultativo (em caso negativo), estando no período de graça (art. 15) ou se já tiver direito adquirido à aposentadoria ou auxílio-doença.

Conquanto regra geral a exigência da qualidade de segurado no momento do passamento, a Turma Recursal dos Juizados Especiais Federais de Santa Catarina já decidiu conceder pensão por morte a favor de viúva de empresário que provou ter exercido atividade sem pagar as contribuições devidas, efetuando-se a compensação do débito do *de cujus* mediante desconto no benefício.[230]

Presente longo espaço de tempo entre a aquisição do direito e o requerimento administrativo, o benefício deve ser calculado em observância à lei contemporânea à aquisição do direito e reajustar a RMI até a data da solicitação do pedido.

---

(229) § 5º, do art. 13, do Decreto n. 3.048/99: "A perda da qualidade de segurado não será considerada para a concessão das aposentadorias por tempo de contribuição e especial".
(230) "PREVIDENCIÁRIO. JEF. CONCESSÃO DE PENSÃO POR MORTE. CONTRIBUINTE INDIVIDUAL. REGULARIZAÇÃO DAS CONTRIBUIÇÕES. I. Cabe concessão de pensão por morte, a ser paga aos dependentes do segurado que, na data do óbito, exercia atividade de contribuinte individual, desde que devidamente comprovada. II. A regularização dos débitos deverá observar as regras previstas no art. 282 da Instrução Normativa INSS/DC n. 118, de 14.4.2005." (Recurso Contra Sentença n. 2005.72.95.006938-7, Relator João Batista Lazzari, Retirado do *site* da Justiça Federal na internet: (<www.jfsc.gov.br>).

> **Art. 103.** É de dez anos o prazo de decadência de todo e qualquer direito ou ação do segurado ou beneficiário para a revisão do ato de concessão de benefício, a contar do dia primeiro do mês seguinte ao do recebimento da primeira prestação ou, quando for o caso, do dia em que tomar conhecimento da decisão indeferitória definitiva no âmbito administrativo. (*Redação dada pela Lei n 10.839, de 5.2.2004*)
>
> Parágrafo único. Prescreve em cinco anos, a contar da data em que deveriam ter sido pagas, toda e qualquer ação para haver prestações vencidas ou quaisquer restituições ou diferenças devidas pela Previdência Social, salvo o direito dos menores, incapazes e ausentes, na forma do Código Civil. (*Parágrafo acrescentado pela Lei n. 9.528, de 10.12.97*)
>
> **Redações anteriores**
>
> **Forma original**
>
> Sem prejuízo do direito ao benefício, prescreve em 5 (cinco) anos o direito às prestações não pagas nem reclamadas na época própria, resguardados os direitos dos menores dependentes, dos incapazes ou dos ausentes.
>
> **Redação dada pela Lei n. 9.528/97**
>
> É de dez anos o prazo de decadência de todo e qualquer direito ou ação do segurado ou beneficiário para a revisão do ato de concessão de benefício, a contar do dia primeiro do mês seguinte ao do recebimento da primeira prestação ou, quando for o caso, do dia em que tomar conhecimento da decisão indeferitória definitiva no âmbito administrativo.
>
> Parágrafo único. Prescreve em cinco anos, a contar da data em que deveriam ter sido pagas, toda e qualquer ação para haver prestações vencidas ou quaisquer restituições ou diferenças devidas pela Previdência Social, salvo o direito dos menores, incapazes e ausentes, na forma do Código Civil.
>
> **Redação dada pela Lei n. 9.711/98**
>
> É de cinco anos o prazo de decadência de todo e qualquer direito ou ação do segurado ou beneficiário para revisão do ato de concessão de benefício, a contar do dia primeiro do mês seguinte ao do recebimento da primeira prestação ou, quando for o caso, do dia em que tomar conhecimento da decisão indeferitória definitiva no âmbito administrativo.

103.1. Prescrição e decadência no direito previdenciário

Uma regra jurídica que fixe certo lapso temporal gravando o exercício de um direito subjetivo desafia o operador do direito a reconhecer ocorrência da prescrição ou decadência. Migrados da abstração civil, tais institutos desafiam a técnica jurídica que agrega tempo, exercício de direito ou inércia do titular de um direito subjetivo violado. É certo que um fator discriminatório comumente citado é o desaparecimento do direito quando quedar inerte o titular deixando escoar o prazo decadencial assinado. Do contrário, a prescrição fulmina em primeira instância a ação e, por via transversa, o próprio direito violado.

Premiando a natureza alimentar das prestações previdenciárias, a regra da imprescritibilidade do direito aos benefícios e limitação ao crédito do quinquênio nunca deixou de existir no direito previdenciário. A disciplina tomou diferentes contornos a partir das modificações operadas recentemente na legislação infortunística.

À parte considerações técnicas, há que se fazer a separação de situações distintas disciplinadas por este art. 103 e seu parágrafo único.

Primeiramente, pela simples leitura do texto do *caput* do artigo compreende-se que o prazo decadencial ali previsto ataca de morte os direitos de revisão do ato de concessão do benefício previdenciário, pressupondo, por certo, um benefício concedido, porém, quantitativamente irregular em cotejo com as normas vigentes. Não atinge, portanto, o próprio direito adquirido à concessão dos benefícios previdenciários, mas simplesmente ao direito revisional. Transcorrido mais de um decênio da aquisição do direito a uma prestação, o titular do direito subjetivo poderá reclamar a concessão a qualquer tempo. Porém, se já recebia o benefício irregularmente, ultrapassada a década, o cálculo torna-se imutável e o erro administrativo, salvante exceções legais, perpetua-se em salvaguarda do princípio da estabilidade das relações jurídicas.

Outra hipótese abarcada pelo preceito em comento diz com o prazo prescricional quinquenal para cobrança de qualquer crédito em desfavor da autarquia previdenciária. Uma vez concedido o benefício de forma irregular, tem os beneficiários do RGPS, como visto, dez anos para reclamarem a corrigenda legal no cálculo. Entretanto, salvante exceções de interrupção ou suspensão da prescrição legalmente estabelecidas, o pagamento das parcelas devidas retroagirá apenas cinco anos da data da reclamação. Tendo sido abolidos do sistema previdenciário, os benefícios de pagamento em cota única podiam ser concedidos a qualquer tempo, porém, o pagamento do crédito a ele correspondente sujeitava-se à prescrição quinquenal.

O marco inicial para fluência do prazo de dez anos é contado a partir do dia primeiro do mês seguinte ao recebimento da primeira prestação do benefício quantitativamente irregular. Da forma com que restou vazado o preceito, o espaço de tempo que medeia o conhecimento do valor do benefício ao dia do pagamento da primeira prestação é considerado pelo legislador como suficiente ao conhecimento da existência ou não de máculas no cálculo. De outro vértice, a outra hipótese tem relação estreita com situações de suspensão do curso do prazo prescricional em virtude de processos administrativos cujo objeto é o próprio direito à revisão. Neste caso, não tendo havido ainda decisão administrativa definitiva, não há que se falar em inércia do titular do direito. Em reconhecendo a administração previdenciária o direito voluntariamente ou posteriormente à cobrança do titular, há interrupção da prescrição eventualmente já iniciada por força do inciso VI, do art. 202, da lei substantiva civil (Lei n. 10.406/2002), o mesmo ocorrendo com a citação válida (art. 219 do CPC).[231]

Com relação à prescrição, não se deve esquecer que "Não corre a prescrição durante a demora que, no estudo, no reconhecimento ou no pagamento da dívida, considerada ilíquida, tiverem as repartições ou funcionários encarregados de estudar e apurá-la." (art. 4º, do Decreto n. 20.910, de 6.1.32). O termo inicial da prescrição quinquenal é contado retroativamente da data do pedido administrativo ou do ajuizamento da demanda, neste último caso conforme previsão constante do art. 219, § 1º do CPC, conferindo efeitos à interrupção da prescrição operada pela citação.

Como se disse prefacialmente, a instituição de um prazo decadencial para revisão do ato de concessão do benefício é uma inovação no ordenamento jurídico previdenciário. Até então, existia apenas o prazo prescricional quinquenal para cobrança de créditos devidos pela autarquia, merecendo o direito ao benefício e a eventuais erros de cálculo a tutela da imprescritibilidade, premiando a inércia.

A primeira alteração introduzida na Lei n. 8.213/91 a respeito da decadência, teve como protagonista a Medida Provisória n. 1.523, de 27 de junho de 1997, assinando o prazo de dez anos, que existiu até ser derrocado pela Lei n. 9.711, de 20 de novembro de 1998, que o diminui para cinco anos. A última modificação veio com a Medida Provisória n. 138, de 19 de novembro de 2003, convertida na Lei n. 10.839, de 5.2.2004, retornando com o decênio anterior. É importante anotar que os prazos estabelecidos em cada norma legal, por força do princípio *tempus regit actum*, têm incidência nas relações jurídicas constituídas (benefícios concedidos) a partir da vigência de cada qual, respeitando-se o direito adquirido ao tempo da legislação revogada. Assim, de 24.7.91 a 27.6.97, existia ape-

---

(231) "ACIDENTE DO TRABALHO. PRESCRIÇÃO. INTERRUPÇÃO. PAGAMENTO DE BENEFÍCIO. ATO INEQUÍVOCO QUE IMPORTA RECONHECIMENTO DO DIREITO PELO DEVEDOR. ART. 172, V, DO CÓDIGO CIVIL. O ato inequívoco de pagamento da pensão, por parte do INSS, interrompe a prescrição (art. 172, V, do Código Civil)." (2º TACSP, Apelação Cível n. 443. 143, Relator Juiz Artur Marques, j. 4.12.1995).

nas o prazo prescricional de cinco anos para cobrança dos créditos impagos, vigendo o prazo decadencial de 10 anos no período de 28.6.97 a 20.11.98. A Lei n. 9.711/98 expressamente convalidou os atos praticados pela Medida Provisória n. 1.663-14, de 24.9.98, não tendo sido convalidada a Medida Provisória n. 1.663-15, motivo pelo qual considera-se aquele prazo a partir da Lei n. 9.711/98. A última modificação, e a hoje vigente, vigora desde 19.11.2003.

Um outro problema de aplicação de direito a ser considerado é a aferição de qual norma legal que deverá ser aplicada diante de tantas modificações legislativas em tão pouco tempo no ordenamento jurídico previdenciário. Quanto a isso, surgiu a questão de se saber qual realmente o prazo decadencial para a revisão seu benefício. Trata-se de um conflito intertemporal de sucessão de leis no tempo, que poderá ser resolvido pelos princípios clássicos de hermenêutica e aplicação de lei (especialidade, hierarquia e cronológico). Mais especificamente nos domínios do direito previdenciário, o tema já foi enfrentado amplamente pelos tribunais do país e Turmas Recursais dos Juizados Especiais, havendo o entendimento, pelo menos no âmbito de jurisdição da Quarta Região, de que o prazo decadencial decenal para revisão do ato de concessão do benefício previdenciário é de ser aplicado somente para os benefícios concedidos depois da nona edição da MP n. 1.523/97. É o disposto, aliás, contido na Súmula n. 26 da Turma Recursal Catarinense, assim enunciada: "É de dez anos o prazo decadencial para revisão de todo e qualquer benefício previdenciário concedido a partir de 27.6.1997 — data da nona edição da Medida Provisória n. 1.523/97, transformada na Lei n. 9.528/97, a qual alterou o art. 103 da Lei n. 8.213/91". No Tribunal Regional Federal da Quarta Região há jurisprudência no mesmo sentido, deixando averbado o entendimento de que o prazo decadencial somente se aplica para os novos benefícios.[232] Já no STJ a questão também tem esta definição, tendo este colendo sodalício pacificado para definir que o prazo de de decadência, de dez anos, somente se aplica para os benefícios concedidos a partir da introdução do instituto no ordenamento previdenciário, ficando de fora do alcance do preceito os benefícios anteriores.[233] Esta decisão do Superior Tribunal de Justiça tem a sua razão de ser, segundo a jurisprudência desta corte, na natureza alimentar e, portanto, no regramento de direito material que a norma traz, somente podendo ser aplicado para os benefícios concedidos a partir da regra que instituiu o novo prazo. Já no Supremo Tribunal Federal, a controvérsia ainda pende de julgamento no RE n. 626.489, com repercussão geral.

É bem de notar, ainda a respeito da matéria de decadência ou prescricional para a revisão do ato de concessão do benefício previdenciário, que o prazo do art. 103 da Lei n. 8.213, de 1991, não se confunde, em seus efeitos, com aquele previsto também para a revisão do benefício por algum motivo de erro administrativo na sua concessão, contido no art. 103-A, do mesmo diploma

---

(232) "PREVIDENCIÁRIO. REVISÃO DE BENEFÍCIO. DECADÊNCIA. INOCORRÊNCIA. PRESCRIÇÃO. EQUIVALÊNCIA ENTRE OS REAJUSTES DOS SALÁRIOS DE CONTRIBUIÇÃO E BENEFÍCIOS. AUSÊNCIA DE BASE LEGAL. LIMITAÇÃO DO SALÁRIO DE BENEFÍCIO AO TETO DO SALÁRIO DE CONTRIBUIÇÃO. RECOMPOSIÇÃO DE DIFERENÇAS. POSSIBILIDADE. CONSECTÁRIOS LEGAIS. 1. Considerando-se a natureza material do prazo estabelecido no art. 103, *caput*, da Lei n. 8.213/91 pela MP n. 1.523-9, de 27.6.1997 (convertida na Lei n. 9.528, de 10.12.1997), os benefícios concedidos na via administrativa anteriormente a 27.6.1997 não se sujeitam à decadência, admitindo revisão judicial a qualquer tempo." (Apelação Cível n. 0011226-87.2009.404.7000, do Paraná, Relator Desembargador Federal Rogério Favreto, DJ de 10.2.2012, Quinta Turma, www.trf4.jus.br).
(233) "PREVIDENCIÁRIO. DESAPOSENTAÇÃO. RENÚNCIA À APOSENTADORIA. DEVOLUÇÃO DE VALORES. DESNECESSIDADE. PRESCRIÇÃO E DECADÊNCIA. PRAZO. TERMO INICIAL. ART. 103 DA LEI N. 8.213/91 E SUAS POSTERIORES ALTERAÇOES. SITUAÇÃO JURÍDICA CONSTITUÍDA ANTES DA SUA VIGÊNCIA. IMPOSSIBILIDADE DE RETROAÇÃO. RECONHECIMENTO DE REPERCUSSÃO GERAL PELO STF. SOBRESTAMENTO DO FEITO. IMPOSSIBILIDADE. EXAME DE MATÉRIA CONSTITUCIONAL EM SEDE DE RECURSO ESPECIAL. DESCABIMENTO. 1. O reconhecimento da repercussão geral pela Suprema Corte não enseja o sobrestamento do julgamento dos recursos especiais que tramitam neste Superior Tribunal de Justiça. Precedentes. 2. A renúncia à aposentadoria, para fins de concessão de novo benefício, seja no mesmo regime ou em regime diverso, não implica em devolução dos valores percebidos. 3. O prazo decadencial estabelecido no art. 103 da Lei n. 8.213/91, e suas posteriores alterações, não pode retroagir para alcançar situações pretéritas. 4. Não cabe ao Superior Tribunal de Justiça, em sede de recurso especial, o exame de eventual ofensa a dispositivo da Constituição Federal, ainda que para fim de prequestionamento, sob pena de usurpação da competência reservada ao Supremo Tribunal Federal. 5. Agravo regimental desprovido." (Agravo Regimental no Recurso Especial n. 1271248, de Santa Catarina, Relator Ministro Vasco Della Giustina, Sexta Turma, DJ de 9.11.2011, <www.stj.jus.br>).

legal. Neste caso específico, o Superior Tribunal de Justiça, em sede de Recursos Repetitivos (RE n. 1282073) decide que o prazo decadencial decenal, para a revisão dos benefícios com vantagem para os segurados concedidos antes da Lei n. 9.874/99, somente começa a ter início a partir deste diploma legal, exatamente na data de 1º.2.1999. Como esclarecido mais adiante, o prazo decadencial para a revisão do ato de concessão do benefício previdenciário, em prejuízo do segurado e em benefício da Administração, não se confunde com aquele de previsão contida no art. 103-A da Lei de Benefícios. Este versa sobre fixação de prazo para que a própria Administração Previdenciária empreenda atividade administrativa se quiser obter ato revisional de algum outro ato que beneficiou o segurado.

O prazo decadencial fulmina apenas os direitos decorrentes de ações que busquem a correção na renda mensal inicial, estando de fora do preceito restritivo direitos decorrentes dos reajustamentos periódicos aplicados irregularmente. Assim, se o segurado se achar no direito de reclamar determinado reajuste em seu benefício em substituição ao administrativo concedido em qualquer época, somente terá que suportar os efeitos que sua inércia tenha provocado com relação à cobrança das prestações devidas anteriormente ao quinquênio.

Mantendo estreita relação com os conceitos da lei substantiva civil, a ressalva do parágrafo único deste art. 103 é de meridiana clareza em resguardar dos efeitos destrutivos da prescrição os direitos daqueles que dependem de representação ou por algum motivo especial não podem reclamar seus direitos a tempo e modo, militando em seu favor a suspensão do prazo prescricional. Assim, não corre a prescrição, enquanto nestas condições, contra os menores, incapazes ou ausentes, na forma do Código Civil, arts. 3º e 198 (Lei n. 10.406/02). Aliás, especificamente para pensão por morte, há expressa disposição legal (Art. 79).

Dada à essência de disponibilidade que encerram parte dos direitos tutelados pela prescrição, controvérsia jurídica ainda impera a respeito da possibilidade de o juiz reconhecer, de ofício, a prescrição. Neste viés, convêm asseverar que os direitos de titularidade da fazenda pública guardam em si natureza indisponível, daí a razão pela qual pode o magistrado decretar a prescrição deste direito público.[234]

Quanto a este aspecto, porém, parece que tal matéria deixou de ter a celeuma até então existente, quando veio a Lei n. 11.280, de 2006 a revogar o art. 194 do Novo Código Civil, por obra da nova redação ao art. 219, § 5º, do CPC, com a seguinte disposição normativa: "O juiz pronunciará de ofício a prescrição".

Art. 103-A. O direito da Previdência Social de anular os atos administrativos de que decorram efeitos favoráveis para os seus beneficiários decai em dez anos, contados da data em que foram praticados, salvo comprovada má-fé. (*Redação dada pela Lei n. 10.839, de 5/2/2004*)

103-A.1. Decadência para anulação do ato administrativo favorável ao segurado

O monopólio da administração da justiça à pacificação dos conflitos sociais pertence ao Poder Judiciário. No entanto, casos há que impõem a relegação da apreciação das lides após a predominância de uma das partes envolvidas no litígio. Efetivando-se tal pensamento, a bem da existência da própria sociedade, o direito atribui como apanágio do Poder Público o princípio da autotutela administrativa, fazendo sucumbir a legitimidade dos atos administrativos apenas quanto à prova contrária do administrado. Neste

---

(234) "PROCESSUAL CIVIL. EMBARGOS DE DECLARAÇÃO. PRESCRIÇÃO. DECRETAÇÃO DE OFÍCIO EM FAVOR DO INSS. 1. O juiz pode decretar de ofício a prescrição em favor do INSS, visto tratar-se de direitos indisponíveis, relativamente aos quais só pode haver disposição pelo representante judicial existindo previsão em lei, caso em que a renúncia tácita configurada pela omissão na invocação da exceptio prescricional, não produz efeitos. 2. Embargos de declaração acolhidos para declarar prescritas as parcelas anteriores a 01-12-88 (TRF da 4ª Região, EDAg. 970419186, de Santa Catarina, Relator Juiz Nylson Paim de Abreu, DJ 28.4.99, p. 1308).

sentido, a Súmula n. 473, do Supremo Tribunal Federal, vazada nos seguintes termos: "A administração pode anular seus próprios atos, quando eivados de vícios que os tornam ilegais, porque deles não se originam direitos; ou revogá-los, por motivo de conveniência ou oportunidade, respeitados os direitos adquiridos, e ressalvada, em todos os casos, a apreciação judicial".

Nos domínios da ciência do direito previdenciário, em particular, a administração previdenciária pode fazer valer seu poder de autotutela para o cancelamento dos atos administrativos concessivos de benefício quando maculados de vícios de ilegalidade. Entretanto, mitigando o prestígio desfrutado pela autotutela, o princípio da segurança jurídica impõe limites temporais à prática de tal exercício.

No regime anterior ao advento da Lei n. 8.213/91, o art. 207 do Decreto n. 89.312/84 (anterior CLPS) estabelecia que a administração previdenciária não poderia revisar processos administrativos de interesse de beneficiário ou empresa após cinco anos da data da decisão definitiva em procedimento administrativo, ao término dos quais poderia ser dispensada a conservação dos documentos. Tratava-se de norma de cunho material que versava sobre o prazo decadencial para anulação dos atos administrativos pela administração, aplicada exclusivamente aos benefícios concedidos sob à égide de sua vigência (24.1.84) e nas hipóteses dos arts. 205 e 206, somente nas situações de ilegalidade na concessão do benefício. Se o benefício foi concedido sem que tenha havido recurso à Junta de Recursos da Previdência Social, ao segurado deveria ser dado oportunidade para a sua interposição àquele colegiado. Quando à concessão precedeu análise daquele órgão, caberia interposição de recurso diretamente ao Conselho de Recursos da Previdência Social.

Farid Salomão José teceu comentários a respeito deste artigo, que vale a pena reproduzir:

"Os processos de benefício, restituição de contribuições e outros só poderão ser revistos dentro de 5 anos contados da decisão final. Decorrido o prazo, a guarda da documentação correspondente é dispensada. Assim, as revisões previstas nos arts. 205 e 206 só podem ser feitas dentro do prazo acima referido. (...) "No tocante ao segurado, as dúvidas foram desfeitas: em consonância com o disposto no art. 98, já se decidiu, na esfera jurisdicional previdenciária que a regra estabelecida no artigo comentado é destinada às entidades do SINPAS, não alcançando o segurado. Desse modo, ele pode, a qualquer tempo, pleitear a revisão de benefício já concedido, desde que junte novas razões e ou novos documentos (Acórdão n. 20.238/78 — 2ª Turma, ratificado pelo Acórdão n. 949/79 do 1º Grupo de Turmas, dentre outros)".[235]

A Lei n. 8.213/91 entrou em vigor sem ter inserido qualquer dispositivo legal a respeito da decadência do direito de anular os atos administrativos praticados em favor do segurado da Previdência Social.

Embora não especificamente tratando-se de atos favoráveis aos beneficiários da Previdência Social, mas direcionada à administração pública como um todo, em 29 de janeiro de 1999, porém, entrou em vigor a Lei n. 9.784, que regula o processo administrativo no âmbito da Administração Pública Federal, retomando o instituto da decadência dos atos maculados praticados pela administração pública em favor dos administrados, estabelecendo um prazo de cinco anos para deflagração do processo administrativo de revisão e anulação. O art. 54 deste diploma legal assim estatui: "O direito da Administração de anular os atos administrativos de que decorram efeitos favoráveis para os destinatários decai em cinco anos, contados da data em que foram praticados, salvo comprovada má-fé".

Apreciando hipótese concreta, a Tribunal Regional Federal da 4ª Região já teve oportunidade de decidir, ancorado em entendimento do Superior Tribunal de Justiça, que o termo *a quo* do prazo quinquenal para anulação do ato ilegal praticado anteriormente à Lei n. 9.784/99 é contado a partir da data de publicação desta (1º.2.1999), restando como marco inicial para os atos posteriores a data de sua prática.

Por fim, este art. 103-A foi acrescentado à legislação previdenciária por força da Medida Provisória n. 138, de 19 de novembro de 2003, convertida na Lei n. 10.839, de 5.2.2004, esta-

---

(235) JOSÉ, Farid Salomão. *Comentários práticos à nova CLPS*. 3. ed. São Paulo: LTr, p. 158.

tuindo o prazo decadencial para o direito da Previdência Social iniciar processo administrativo de anulação dos atos inquinados de toda sorte de ilegalidade favoráveis aos beneficiários, tendo como termo inicial a data em que foram praticados.

Evoluindo na inteligência da matéria, o Superior Tribunal de Justiça tem dado mostras de que o prazo decadencial para a anulação dos atos administrativos que decorrem efeitos favoráveis para os segurados, no caso específico para os benefícios da Previdência Social, em atenção sobretudo depois da vinda da Lei n. 9.874/99, somente se aplica, quanto aos benefícios concedidos antes dela, a partir de 1º.2.1999, momento de sua entrada em vigor. Assim, mesmo que a concessão do benefício tenha sido praticada antes da Lei n. 9.874/99, é dela que se começa a contar o prazo decadencial decenal, se quiser a Administração Previdenciária empreender anulação do ato que ela mesma praticou em seu prejuízo.

Expressamente retira do decênio legal os atos praticados na obtenção dos benefícios em que tenha havido má-fé, recriminando a malícia na obtenção de benefícios, deixando claro que a fraude em nenhuma hipótese merecer ser premiada pelo direito. É preciso esclarecer que a má-fé existente no processo administrativo que espanca o prazo decadencial pode ser aquela levada a efeito por qualquer envolvido diretamente na concessão do benefício, como o segurado e até mesmo o próprio servidor da autarquia. Nestes casos, vale citar que é notória em fraudes contra o INSS a participação direta de servidores da autarquia sem o envolvimento do segurado ou até mesmo a concessão de benefícios para segurados fictícios.

O marco inicial para contagem do prazo de dez anos tem início a partir da percepção do primeiro pagamento em se tratando de benefícios de pagamento continuado. O início do prazo para benefícios de pagamento único ou qualquer crédito cujo pagamento tenha sido efetuado de uma única vez é na data da percepção do numerário pelo beneficiário. Por questão de lógica, vale lembrar que não se trata de circunstância elisiva da fraude a ausência de recebimento da vantagem financeira pelo beneficiário, podendo ainda assim ser instaurado processo de anulação, sem prejuízo da pena criminal correspondente. Neste último caso, conta-se o prazo a partir do momento do conhecimento da existência da fraude pela administração.

Poderia ser argumentado que o texto legal estaria premiando a torpeza ao fixar como termo *a quo* do prazo a data da percepção da vantagem econômica pelo beneficiário e não a ciência do ato maculado por parte da autoridade administrativa. Porém, é preciso ponderar que a administração previdenciária não esteve alheia à concessão do benefício, sendo a mesma dotada de órgãos de fiscalização especialmente criados para este fim. Dessa maneira, quanto aos atos praticados antes da vigência da lei que institui o prazo decadencial, começa a ter início a partir da data de sua vigência. Para os atos praticados após este marco, incide a norma do art. 103-A.

Qualquer ato da autoridade administrativa que importe na impugnação à validade do ato pode ser considerado idôneo a marcar a contagem do prazo. Assim, são válidas medidas administrativas até mesmo anteriores à instauração formal de qualquer processo administrativo visando anular o ato, tais como pedido de juntada de documentos pelo segurado para confrontação com depoimentos de testemunhas ou outros documentos. É preciso, no entanto, que tais medidas sejam com o desiderato de apurar suposta ilegalidade.

Por fim, não se deve esquecer que "Nas relações jurídicas de trato sucessivo em que a fazenda pública figure como devedora, quando não tiver sido negado o próprio direito reclamado, a prescrição atinge apenas as prestações vencidas antes do quinquenio anterior a propositura da ação." (Súmula n. 85 do Superior Tribunal de Justiça).

> **Art. 104.** As ações referentes à prestação por acidente do trabalho prescrevem em 5 (cinco) anos, observado o disposto no Art. 103 desta Lei, contados da data:
>
> I — do acidente, quando dele resultar a morte ou a incapacidade temporária, verificada esta em perícia médica a cargo da Previdência Social; ou
>
> II — em que for reconhecida pela Previdência Social, a incapacidade permanente ou o agravamento das sequelas do acidente.

104.1. Prescrição para cobrança de crédito decorrente de infortúnio acidentário

Norma específica acerca da prescrição das ações referentes às prestações por acidente de trabalho, expressamente determina a observância do art. 103 da Lei n. 8.213/91, querendo significar que a mesma disciplina dos institutos da prescrição e decadência já explicitados em comentários àquele artigo ganha guarida também nas ações decorrentes de infortúnios acidentários. Assim, não há óbice legal decadencial para a concessão de qualquer benefício acidentário, sendo devidas, quando reclamadas extemporaneamente, apenas as parcelas de revisão ou reajuste impagas nos cincos anos anteriores ao pedido administrativo ou judicial e, por último, a pretensão à correção de irregularidades na renda mensal inicial está condicionada ao marco temporal decenal, após o que opera-se a decadência.

Se não se reportasse ao art. 103, não haveria prazo decadencial para a revisão do ato de concessão dos benefícios acidentários.

O início de fluência do prazo começa do acidente, quando dele resultar morte ou incapacidade temporária, e a partir do reconhecimento pela Previdência Social da incapacidade permanente ou o agravamento das sequelas. Via de rega, No primeiro caso, tem relação íntima com os benefícios de pensão por morte e auxílio-doença e, na ultima hipótese, deve ser aplicado à aposentadoria por invalidez e auxílio-acidente.

Art. 105. A apresentação de documentação incompleta não constitui motivo para recusa do requerimento de benefício.

105.1. Direito de petição e requerimento de benefício previdenciário

É garantia constitucional o direito gratuito de petição aos Poderes Públicos em defesa de direitos ou contra ilegalidade ou abuso de poder (alínea *a* do inciso XXXIV, da CF/88). Ainda que o segurado não esteja munido de todos os documentos necessários exigidos para comprovação das condições do benefício, o servidor da autarquia tem a obrigação de formalizar o pedido e entregar o protocolo do requerimento do benefício, diferentemente do que ocorria no direito anterior.[236] Uma vez formalizado o pedido administrativo, é obrigação apreciá-lo e comunicar a resposta ao segurado, independentemente da decisão. Para aferição da regularidade da concessão, especialmente do cálculo, nos termos do art. 172 do Regulamento da Previdência Social, fica o INSS obrigado a emitir e a enviar aos beneficiários aviso de concessão dos benefícios, além da memória de cálculo do valor dos benefícios concedidos. Se a documentação não estiver completa no momento do pedido administrativo, deve ser emitida exigência ao segurado solicitando os documentos faltantes, os quais entregues marcarão o início do prazo de 45 dias para o primeiro pagamento (art. 174, parágrafo único do Decreto n. 3.048/99).

A data de entrada do requerimento, via de regra, pode ser tida como a data de início do benefício (DIB), sendo mister a definição deste marco para pagamento dos valores atrasados ainda na via administrativa ou judicial. A inércia do segurado em providenciar a documentação exigida, no entanto, desagrava a autoridade administrativa do pagamento dos valores em atraso. Como consectário desta garantia, não se deve esquecer que o segurado também tem assegurado o direito de requerer cópias dos processos administrativos seus ou de outrem, neste caso desde que ausente qualquer situação em que deva ser mantido sigilo das informações ali constantes.

105.2. Demandas previdenciárias: concessão, restabelecimento de benefícios e revisão das prestações

É sabido que as condições de toda ação judicial concentram-se no trinômio possibilidade jurídica do pedido, legitimidade de parte e interesse de agir. A lide ou litígio somente passa a existir e ter importância para o mundo jurídico e processual quando existe um interesse qualificado por uma pretensão resistida. No caso específico dos interesses dos segurados da Previdência Social, a negativa de concessão, revisão de benefício ou averbação de tempo de serviço configura o necessário interesse de agir, materializado pela carta de concessão ou indeferimento confeccionada pelo INSS, ou até mesmo a recusa do protocolo, tendo o segurado, neste último caso, o ônus de provar por testemunhas a negativa. Grande maioria da jurisprudência entende ser necessária a prévia postulação administrativa do interesse perseguido. Razões de ordem prática convertem para esta direção, as quais muitas vezes o Judiciário não tem como suprir (consulta de dados no sistema da Previdência, recolhimentos de contribuições etc.). Além do mais, pode tumultuar o andamento processual, atrasando a entrega da prestação jurisdicional, o que é contrário aos interesses de todos os envolvidos direta ou indiretamente no litígio (segurado, INSS, juiz e a própria sociedade).

A necessidade de exaurimento da via administrativa é despicienda desde o já extinto

---

(236) O art. 112 da CLPS anterior à Lei n. 8.213/91 dispunha que a previdência social urbana pode recusar a entrada de requerimento de benefício desacompanhado da documentação necessária, sendo obrigatória, nesse caso, o fornecimento de comprovante de recusa, para ressalva de direitos.

Tribunal Federal de Recursos (Súmula n. 213), bastando, quando menos, a prévia postulação administrativa e negativa do interesse em primeira instância administrativa ou ao menos a demora na apreciação do pedido.

Quando a pretensão deduzida na fase administrativa for meramente de direito, versando sobre aplicação correta da legislação, por exemplo, não há necessidade de provocação da autarquia. É o que comumente ocorre com as ações de revisão de renda mensal inicial ou a substituição de determinados reajustes aplicados administrativamente. Nestas hipóteses, por lógico, o interesse de agir configura-se a partir do recebimento do primeiro pagamento com valor a menor. Se o segurado obtém aposentadoria por tempo de contribuição mediante a soma de tempo rural e urbano e pretende acrescentar mais tempo rural para elevação da RMI, não há necessidade do prévio requerimento administrativo em relação ao tempo remanescente, porquanto a apreciação da atividade rural já foi feita administrativamente e o INSS reconhecer parte do período trabalhado. Ainda com relação a este aspecto, conquanto reconhecida na fase administrativa parte do tempo rural pedido, a juntada extemporânea em juízo de outras provas materiais não induz ao surgimento da falta de interesse de agir, no entanto, se tais provas materiais foram determinantes a acréscimo de tempo, a autarquia não pode ser penalizada com o pagamento dos valores atrasados anteriores à citação ocorrida no processo judicial. O essencial é que antes do ingresso em juízo os fatos considerados imprescindíveis à composição da causa de pedir tenham sido previamente levados ao conhecimento do órgão ancilar. A pretensão à revisão administrativa de RMI mediante averbação de tempo de atividade urbano ou rural ou prova dos efetivos rendimentos do segurado para modificação dos salários de contribuição do período básico de cálculo requerer a negativa prévia do órgão estatal.

A diversidade de opções do segurado com direito a mais de um benefício, como, por exemplo, aposentadoria por tempo de contribuição com período especial convertido ou aposentadoria especial, a nosso ver, obriga a autarquia a previamente indagar o segurado para sua escolha. Neste plano, é muito importante o prévio conhecimento pelo segurado de seus direitos, porquanto a eleição de um benefício com valor superior pode importar ao segurado uma situação muitas das vezes prejudicial, como, naquele exemplo, se for concedida aposentadoria especial, mas o segurado é obrigado a continuar trabalhando em face da insuficiência dos rendimentos.

Quanto aos benefícios por incapacidade cancelados, forçoso é reconhecer a desnecessidade do prévio ingresso na via administrativa visando o restabelecimento, estando configurado o interesse de agir a partir do cancelamento ou da data em que fixada como término da incapacidade. Nesta hipótese já tivemos oportunidade de citar nos comentários ao art. 101 que quando fixado término da incapacidade do segurado para data futura, é necessário novo exame médico quando o prazo estiver em vias de escoar-se.

A pretensão à declaração de relação jurídica prescinde do prévio pedido administrativo, uma vez que, na esteira da processualística civil pátria (art. 4º, parágrafo único, do CPC) uma interpretação *a contrario sensu* da mensagem deste dispositivo leva a conclusão de que a violação do direito não é requisito para ação declaratória, deduzida exclusivamente para prova e reconhecimento de direitos.

A prévia postulação administrativa, por ser requisito tão importante em termos processuais (já que não afeta a matéria de mérito do direito do segurado), chegou a tomar vez no julgamento do Recurso Extraordinário n. 631.240, que o Supremo Tribunal Federal acabou reconhecendo a existência de repercussão geral sobre o tema. Agora, a matéria ainda pende de julgamento neste egrégio sodalício.

Art. 106. A comprovação do exercício de atividade rural será feita, alternativamente, por meio de: (*Alterado pela Lei n. 11.718, de 20 de junho de 2008*)

I — contrato individual de trabalho ou Carteira de Trabalho e Previdência Social; (*Incluído pela Lei n. 11.718 de 20 de junho de 2008*)

II — contrato de arrendamento, parceria ou comodato rural; (*Incluído pela Lei n. 11.718, de 20 de junho de 2008*)

III — declaração fundamentada de sindicato que represente o trabalhador rural ou, quando for o caso, de sindicato ou colônia de pescadores, desde que homologada pelo Instituto Nacional do Seguro Social — INSS; (*Incluído pela Lei n. 11.718, de 20 de junho de 2008*)

IV — comprovante de cadastro do Instituto Nacional de Colonização e Reforma Agrária — INCRA, no caso de produtores em regime de economia familiar;

V — bloco de notas do produtor rural; (*Incluído pela Lei n. 11.718, de 20 de junho de 2008*)

VI — notas fiscais de entrada de mercadorias, de que trata o § 7º do art. 30 da Lei n. 8.212, de 24 de julho de 1991, emitidas pela empresa adquirente da produção, com indicação do nome do segurado como vendedor;

VII — documentos fiscais relativos a entrega de produção rural à cooperativa agrícola, entreposto de pescado ou outros, com indicação do segurado como vendedor ou consignante; (*Incluído pela Lei n. 11.718, de 20 de junho de 2008*)

VIII — comprovantes de recolhimento de contribuição à Previdência Social decorrentes da comercialização da produção; (*Incluído pela Lei n. 11.718, de 20 de junho de 2008*)

IX — cópia da declaração de imposto de renda, com indicação de renda proveniente da comercialização de produção rural; ou (*Incluído pela Lei n. 11.718, de 20 de junho de 2008*)

X — licença de ocupação ou permissão outorgada pelo Incra. (*Incluído pela Lei n. 11.718, de 20 de junho de 2008*)

Redações anteriores

Redação dada pela Lei n. 9.063/95

Para comprovação do exercício de atividade rural será obrigatória, a partir 16 de abril de 1994, a apresentação da Carteira de Identificação e Contribuição — CIC referida no § 3º do art. 12 da Lei n. 8.212, de 24 de julho de 1991. (*Redação dada pela Lei n. 9.063, de 14.6.95*)

Parágrafo único. A comprovação do exercício de atividade rural referente a período anterior a 16 de abril de 1994, observado o disposto no § 3º do art. 55 desta Lei, far-se-á alternativamente através de: (*Redação dada pela Lei n. 9.063, de 14.6.95*)

I — contrato individual de trabalho ou Carteira de Trabalho e Previdência Social;

II — contrato de arrendamento, parceria ou comodato rural;

III — declaração do sindicato de trabalhadores rurais, desde que homologada pelo INSS; (*Redação dada pela Lei n. 9.063, de 14.6.95*)

IV — comprovante de cadastro do INCRA, no caso de produtores em regime de economia familiar; (*Redação dada pela Lei n. 9.063, de 14.6.95*)

V — bloco de notas do produtor rural. (*Redação dada pela Lei n. 9.063, de 14.6.95*)

> **Forma original**
>
> A comprovação do exercício de atividade rural, far-se-á, alternativamente, através de:
>
> I — contrato individual de trabalho ou Carteira de Trabalho e Previdência Social — CTPS;
>
> II — contrato de arrendamento, parceria ou comodato rural;
>
> III — declaração do sindicato de trabalhadores rurais, desde que homologada pelo Ministério Público ou por outras autoridades constituídas definidas pelo Conselho Nacional de Previdência Social — CNPS;
>
> IV — declaração do Ministério Público;
>
> V — comprovante de cadastro do INCRA, no caso de produtores em regime de economia familiar;
>
> VI — identificação específica emitida pela Previdência Social;
>
> VII — bloco de notas do produtor rural;
>
> VIII — outros meios definidos pelo Conselho Nacional de Previdência Social — CNPS.
>
> **Redação dada pela Lei n. 8.861/94**
>
> A comprovação do exercício da atividade rural far-se-á pela apresentação obrigatória da Carteira de Identificação e Contribuição referida nos §§ 3º e 4º do art. 12 da Lei n. 8.212, de 24 de julho de 1991, e, quando referentes a período anterior à vigência desta Lei, através de...
>
> **Redação dada pela Lei n. 8.870/94**
>
> Para comprovação do exercício de atividade rural, a partir da vigência desta Lei, será obrigatória a apresentação da Carteira de Identificação e Contribuição — CIC referida no § 3º do art. 12 da Lei n. 8.212, de 24 de julho de 1991.
>
> Parágrafo único. A comprovação do exercício de atividade rural referente a período anterior à vigência da Lei n. 8.861, de 25 de março de 1994, far-se-á alternativamente através de:
>
> I — contrato individual de trabalho ou Carteira de Trabalho e Previdência Social;
>
> II — contrato de arrendamento, parceria ou comodato rural;
>
> III — declaração do sindicato de trabalhadores rurais, desde que homologada pelo Ministério Público ou por outras autoridades constituídas definidas pelo CNPS;
>
> IV — declaração do Ministério Público;
>
> V — comprovante de cadastro do INCRA no caso de produtores em regime de economia familiar.
>
> VI — identificação específica emitida pela Previdência Social;
>
> VII — bloco de notas do produtor rural.
>
> VIII — outros meios definidos pelo CNPS.

106.1. Prova da atividade rural

De uma forma geral o art. 55 desta lei trata da comprovação do tempo de serviço. Em particular à atividade rural versa este art. 106.

A Lei n. 11.718/08 também alterou o art. 106, de modo a passar a exigir, a partir de então, de forma alternativa, os documentos elencados no dispositivo. Antes, era a obrigatória a apresentação da Carteira de Identificação e Contribuição — CIC, somente abrindo a possibilidade de apresentação dos documentos relacionados no dispositivo revogado, alternativamente, ou seja, qualquer dos documentos, na ausência da referida carteira.

Na esteira do que preceituava a redação da já revogada Lei n. 9.063, de 14.6.95, o tempo de atividade rural prestado a partir de 16 de abril de 1994 deveria ser comprovado mediante a apresentação da Carteira de Identificação e Contribuição — CIC mencionada no § 3º do art. 12 da Lei n. 8.212/91. O marco inicial temporal foi para aquela época definido levando em consideração a Lei n. 8.870, de 15.4.94, que alterou a redação daquele parágrafo antes mencionado.

Tal documento, sujeito à renovação anual, se prestava para o fim de prova da inscrição como segurado e habilitação aos benefícios para o segurado contribuinte individual pessoa física de que trata o inciso V, alínea a, do art. 12 da Lei n. 8.212/91,[237] e para inscrição, comprovação da qualidade de segurado e do exercício de atividade rural e habilitação aos benefícios previdenciários.

A exigência da apresentação da carteira de identificação referida para prova da filiação e contagem do tempo de atividade afigurava-se totalmente desarrazoada, despicienda por motivos de desigualdade em cotejo com o tratamento dos demais segurados, dos quais não se exige prova de inscrição e sim da filiação. Se o segurado especial prova a sua condição de rurícola sem ter formalizado sua inscrição, conservará seus direitos aos benefícios sem qualquer outra exigência formal.

A prova da atividade rural, independentemente do período pleiteado, pode ser feita através da apresentação dos documentos referidos nos incisos deste art. 106, os quais encerram um rol exemplificativo de provas materiais que devem ser aceitas pela autoridade administrativa em seu conjunto ou mesmo isoladamente. A limitação aos meios de prova para o exercício de atividade, sem distinção se do meio urbano ou rural, é prática recriminada e que deve ser abolida em nosso direito processual civil, sendo dogmaticamente aceito o princípio do livre convencimento motivado, que desaprova qualquer hierarquia preestabelecida para os meios probatórios.

A menção a alternativamente significa que não são exigidos todos os documentos elencados no dispositivo, bastando apenas um conjunto harmônico e idôneo hábil a comprovar o desiderato pretendido.

Partindo para a concretude, a casuística desvenda um sem-número de julgados tratando a respeito da prova da atividade rural.

O que se pretende deixar claro é que, contendo ou não qualquer relação de documentos exigidos e sendo o rol exemplificativo ou taxativo, o princípio do livre convencimento motivado abalizador das decisões judiciais autoriza a livre apreciação das provas independentemente da quantidade de documentos, desde que se apresente um início razoável de prova material e, mesmo assim, não entre em contradição com o contexto documental e testemunhal trazidos aos autos.

A jurisprudência tem mitigado o rigorismo da exigência administrativa de um documento para cada ano de atividade, por força, como se disse, do princípio do livre convencimento motivado.

Trata-se de um pensamento que traz em si uma grande carga de bom senso e lógica, porque não é razoável supor que nos anos dos quais não se tem prova material o agricultor tenha deixado a vida no campo. O costume vivido pelo homem do campo e sentido pela experiência forense é que o marco final da atividade campesina, salvo raros casos em particular, é a véspera o início de algum contrato de trabalho no meio urbano. Normalmente, o agricultor deixa o campo já com família constituída, migrando para o meio urbano já contratado ou, quando menos, com alguma proposta de trabalho, em face da necessidade urgente de sustentar a família. Essa deve ser a justificativa para que a atividade rural se estenda até aquele período.

Inicialmente, pode-se citar a Súmula do STJ, cujo enunciado é o 149, nos seguintes termos: "A prova exclusivamente testemunhal não basta para comprovação da atividade rurícola, para efeito de obtenção de benefício previdenciário".

De um modo geral, podem ser aceitos como prova da atividade rural documentos nos quais se sabe constar a atividade do algum membro da família do interessado que, na época, exercia a chefia da produção agrícola e em seu nome eram expedidos os documentos. Neste sentido, quando exercida em regime de economia familiar e antes do casamento, a menção da profissão dos pais em documentos de registro civis ou particulares tais como certidão de casamento, nascimento dos irmãos, boletim e histórico escolar, Certidão de Registro do Imóvel Rural,

---

(237) "A pessoa física, proprietária ou não, que explora atividade agropecuária ou pesqueira, em caráter permanente ou temporário, diretamente ou por intermédio de prepostos e com o auxílio de empregados, utilizados a qualquer título, ainda que de forma não contínua".

comprovante de cadastro no INCRA, bloco de notas do produtor rural, certidão de órgãos e repartições públicas, contrato de arrendamento, parceria ou comodato rural, declaração do sindicato dos trabalhadores rurais,[238] homologado[239] ou não pelo Ministério Público,[240] Certificado de Isenção do Serviço Militar, Título Eleitoral etc., formam um conjunto harmônico e insofismável de início de prova material.

Por oportuno, vale a pena citar o entendimento consolidado pela Turma Nacional de Uniformização de Jurisprudência dos Juizados Especiais Federais através do verbete de n. 06, com a seguinte redação: "A certidão de casamento ou outro documento idôneo que evidencie a condição de trabalhador rural do cônjuge constitui início razoável de prova material da atividade rurícola".

Acompanhando este entendimento, a Súmula n. 73 do TRF da 4ª Região: "Admitem-se como início de prova material do efetivo exercício de atividade rural, em regime de economia familiar, documentos de terceiros, membros do grupo parental".

Dada a informalidade das atividades rurícolas, a jurisprudência mais sensível a esta realidade tem atenuado o rigor desta exigência, mormente em se tratando de boia-fria.[241]

Premissa lógica deste raciocínio, de toda valia mencionar o teor da Súmula n. 14 da Turma Nacional de Uniformização de Jurisprudência dos Juizados Especiais Federais acerca do tema: "Para a concessão de aposentadoria rural por idade, não se exige que o início de prova material corresponda a todo o período equivalente à carência do benefício".

É necessário esclarecer que o marco divisório para admissão da prova material em nome de terceiros, dependendo de quem reclama o direito ao reconhecimento do tempo, pode ser considerado o casamento do interessado. Assim, da infância até o casamento, o segurado pode utilizar toda a prova em nome de seu pai ou de outros que eventualmente tenham assumido o encargo de responsável. Após a constituição da nova família, este mesmo segurado não mais poderá se valer do mesmo material, mas somente de toda a documentação que lograr obter em seu próprio nome após o casamento.

Ressalte-se que os documentos em comento somente deverão ser admitidos quando contemporâneos ao período que se quer comprovar.[242]

É de se notar que a Lei n. 11.718, de 2008, veio ao ordenamento jurídico para trazer disposição no sentido de ampliar o rol de documentos necessários para a comprovação da atividade rural, devendo ser entendido, também, que se trata de rol exemplificativo ou enunciativo, já que é permitido ao segurado juntar aos autos administrativos ou judiciais qualquer outro meio de prova em direito admitido, na esteira do que estabelece princípio de direito probatório amplamente conhecido no meio jurídico.

---

(238) Apoiada em um início de prova material como estes arrolados.
(239) "PREVIDENCIÁRIO. TEMPO DE SERVIÇO RURAL. RAZOÁVEL ÍNCIO DE PROVA MATERIAL. LEI N. 8.213/91, ART.106, III. DECLARAÇÃO DO SINDICATO. HOMOLOGAÇÃO PELO MINISTÉRIO PÚBLICO. LEI N. 9.063/95. I — "Não é admissível prova exclusivamente testemunhal para reconhecimento de tempo de exercício de atividade urbana e rural (Lei n. 8.213/91, art. 55, § 3º)" (Súmula n. 27 TRF 1 ª Região). II — Declaração do sindicato homologação pelo Promotor Público, era considerada prova plena, antes da alteração da Lei n. 8.213/91, art. 106, III, pela Lei n. 9.063/95 que a excluiu e transformou pelo novo parágrafo único, os demais casos em razoável início de prova material. III — Homologada a declaração em 1993, aplica-se a regra do art. 106, III, da Lei n. 8.213/91 na sua redação originária. IV — Apelação provida, tempo de serviço reconhecido." (TRF1, AC 1997.01.00.020976-9-MG, DJ, 17.12.1998, p. 54).
(240) A nova redação do art. 106 da LB não mais admite tal homologação sem base em prova material.
(241) "PREVIDENCIÁRIO. AÇÃO DECLARATÓRIA DE TEMPO DE SERVIÇO AGRÍCOLA. BOIA-FRIA. COMPROVAÇÃO DO EXERCÍCIO DE ATIVIDADES AGRÍCOLAS. 1. Dada a informalidade com que é exercida a profissão e a dificuldade da respectiva prova, a exigência de apresentação de início de prova material para o efeito de comprovação de tempo de serviço destinado à inativação do trabalhador rural boia-fria ou diarista deve ser interpretada com temperamento, sob pena de inviabilizar a tal categoria o direito à aposentadoria. 2. Precedentes jurisprudenciais" (TRF da 4ª Região, AC 96.04.12660-1, do Rio Grande do Sul, DJ2, 3.3.1999, p. 571).
(242) Configura o seguinte aresto do Tribunal Regional Federal da 4ª Região: "PREVIDENCIÁRIO. RECONHECIMENTO DO TEMPO DE SERVIÇO RURAL. INÍCIO DE PROVA MATERIAL. DOCUMENTOS NÃO CONTEMPORÂNEOS AO PERÍODO POSTULADO. 1. A prova documental produzida para efeito de comprovação do tempo de serviço rural deve se contemporânea ao período que se quer ver reconhecido como de efetiva atividade rurícola, de modo a permitir o cômputo de tal período para fins de aposentadoria por tempo de serviço. 2. Apelação do INSS provida para julgar improcedente a ação, prejudicado o recurso do autor." (Apelação Cível n. 95.04.37677-0, do Rio Grande do Sul, DJ2, de 29.7.1998, p. 554).

> **Art. 107.** O tempo de serviço de que trata o art. 55 desta Lei será considerado para cálculo do valor da renda mensal de qualquer benefício.

107.1. Aproveitamento do tempo de serviço no coeficiente da renda mensal inicial

Para o exato deslinde interpretativo deste dispositivo, contribui uma rápida passagem pelas nuanças textuais que, de tempos em tempos, sofreu o art. 55, § 2º, desde a sua gênese até os dias atuais.

A redação primitiva do art. 55, § 2º, da Lei n. 8.213/91, dispensava o recolhimento de contribuições sociais para o aproveitamento do tempo de serviço do segurado trabalhador rural anterior a 24.7.91, sendo defeso utilizá-lo apenas na contagem da carência para os benefícios do RGPS.

Antevendo um sem-número de benefícios previdenciários em potencial em função da migração do homem do campo, o governo resolveu editar a Medida Provisória n. 1.523, de 14.10.96, que estabelecia, entre outras providências, uma mudança radical no texto do indigitado parágrafo deste art. 55.

Com o referido diploma provisório, o tempo de atividade rural anterior ao advento da Lei de Benefícios ficou restrito aos benefícios do art. 143 e aos benefícios de valor mínimo, sendo vedada sua utilização para fins de carência, contagem recíproca e averbação de tempo de serviço de que tratam os arts. 94 a 99, permitido, no entanto, para estes fins, se houver recolhimento sem atraso das contribuições relativos ao período que se pretende comprovado. Ao mesmo tempo em que alterou a redação do § 2º do art. 55, modificou também o art. 107, passando a restringir a possibilidade de consideração para o cálculo da renda mensal dos tempos de serviço das hipóteses do art. 55, exceto aquelas previstas em seu § 2º, assim consideradas quando não houvesse o recolhimento das contribuições relativas ao período.

A Lei n. 9.528/97 convalidou a indigitada Medida Provisória sem abonar a modificação operada nos arts. 107 e no § 2º do art. 55, voltando estes dispositivos a terem a mesma redação primitiva.

Atualmente, em vista do retorno às redações primitivas, não é insólito afirmar que: a) os períodos de atividades especificamente catalogados no art. 55, inclusive quando no período campesino não existirem contribuições recolhidas, podem ser aproveitados para a composição do coeficiente de cálculo da RMI; b) O tempo de atividade rural prestado anteriormente a 24.7.91 sem o respectivo recolhimento de contribuições previdenciárias não será computado para efeito de carência para os benefícios da Previdência Social.

De todo o modo, as modificações operadas pela precitada Medida Provisória não teriam força para macular o direito ao cômputo do período de atividade rural prestado sem o correlativo aporte financeiro anteriormente à sua vigência, em homenagem ao decantado princípio do direito adquirido.

À parte esta digressão legislativa, em suma, a finalidade do artigo é de mensurar o valor da RMI de qualquer benefício que leve em consideração tempo de atividade na composição do coeficiente de cálculo. Após as modificações quantitativas operadas pela Lei n. 9.032/95, o único benefício que poderá ser atingido é a aposentadoria por tempo de contribuição/serviço, porquanto a aposentadoria por invalidez e especial, o auxílio-doença e a pensão por morte, tiveram seus coeficientes unificados, não tendo sido mantido o percentual variável em que poderia incidir. Já para a aposentadoria por idade, impera a regra geral que não autoriza a composição do coeficiente com atividade desprovida de contribuições.

Art. 108. Mediante justificação processada perante a Previdência Social, observado o disposto no § 3º do Art. 55 e na forma estabelecida no Regulamento, poderá ser suprida a falta de documento ou provado ato do interesse de beneficiário ou empresa, salvo no que se refere a registro público.

108.1. Justificação administrativa

A justificação administrativa é um procedimento administrativo que colima suprir a falta ou insuficiência de documentos ou provar determinado fato perante a administração pública. Em particular com relação aos interesses de beneficiários do INSS ou de empresas que possuem relação jurídica com a Previdência Social, o fim específico deste instituto está na circunstância de ser destinada à demonstração de fatos ou relações jurídicas mediante apresentação de provas materiais ou testemunhais hábeis a suprir a falta ou insuficiência de prova. Não serve apenas para comprovação de tempo de serviço para fins de obtenção dos benefícios, também valendo para prova de qualquer condição fática exigida pela lei como requisito ao benefício (relação de dependência econômica para pensão por morte, união estável etc.), afora situações outras de interesses de empresas.

Sua regulamentação está prevista nos arts. 142 a 151 do Decreto n. 3.048/99, sendo gratuito o seu processamento (art. 149), devendo sempre ser considerado acessório de um processo principal e antecedente (§ 2º, do art. 142), como concessão de benefício, averbação de tempo de serviço, expedição de certidão de tempo de contribuição.

O pedido formal da justificação deve ser elaborado com exposição clara e minuciosa do fato, circunstância ou relação jurídica que pretende comprovar, sendo facultado arrolar de três a seis testemunhas (art. 145).

Ainda que não se possa entrever hierarquia entre os meios probatórios na processualística civil, não há negar que a vulnerabilidade da prova testemunhal desprestigia a credibilidade absoluta que eventualmente possa ter um depoimento. Por outro lado, conquanto a credibilidade de um documento também possa ser tida como relativa, a sua ineficácia em um processo, quando menos, depende do reconhecimento de falsidade. Amparado neste dogma, quando destinada a provar tempo de serviço, dependência econômica, identidade ou relação de parentesco, somente será considerada eficaz se instruída com início de prova material, não sendo autorizada prova unicamente testemunhal, na esteira do estatuído no art. 143 do Regulamento. Entretanto, o rigorismo de tal exigência é mitigado em caso de ocorrência de caso fortuito ou força maior (§ 1º).

Assim, quando presentes eventos naturais e imprevisíveis alheios à vontade do homem, como terremoto, catástrofe, inundação, enchentes, além do tempo de atividade ao segurado é tributado o ônus de se desincumbir, quando não notório, da prova do evento natural causador do desastre, o mesmo podendo se afirmar quando da ocorrência de um sinistro. Neste sentido, o § 2º do art. 143 exige a comprovação de tais acontecimentos que tenham atingido a empresa na qual o segurado alegue ter trabalhado, sendo exigido o registro da ocorrência policial ou outros elementos materiais contemporâneos aos fatos, erigindo como indício de prova a correlação entre a atividade da empresa e a profissão alegada pelo segurado. A inatividade da empresa incumbe ao segurado à prova de sua existência no período que se pretende comprovado (§ 3º).

Ainda que o segurado contribuinte individual e o empregado doméstico não tenham recolhido as contribuições de que são devedores, em havendo homologação da decisão positiva da justificação, o processo deverá ser encaminhado ao setor competente de arrecadação para providências necessárias à declaração e cobrança dos créditos devidos (§ 4º).

Serão avaliados pela autoridade administrativa competente tanto aspectos relativos à forma quanto ao mérito da justificação, valendo exclusivamente para os fins visados pelo pretendente, caso considerada eficaz (art. 148).

Pressuposto antecedente ao processamento da justificação, assevera o art. 145 que somente caberá o processamento se ficar evidenciada a inexistência de outro meio probatório com o qual se possa ter como provado o fato ou se o início de prova material apresentado com o requerimento poder ser considerado hábil à sua convicção.

Por fim, cabe assinalar que a decisão do agente administrativo que considerar ou não eficaz a justificação é irrecorrível, nos termos do disposto no art. 147.

> **Art. 109.** O benefício será pago diretamente ao beneficiário, salvo em caso de ausência, moléstia contagiosa ou impossibilidade de locomoção, quando será pago a procurador, cujo mandato não terá prazo superior a doze meses, podendo ser renovado. (*Redação dada pela Lei n. 8.870, de 15.4.94*)
>
> Parágrafo único. A impressão digital do beneficiário incapaz de assinar, aposta na presença de servidor da Previdência Social, vale como assinatura para quitação de pagamento de benefício.
>
> **Redações anteriores**
>
> O benefício será pago diretamente ao beneficiário, salvo em caso de ausência, moléstia contagiosa ou impossibilidade de locomoção, quando será pago a procurador, cujo mandato não terá prazo superior a 6 (seis) meses, podendo ser renovado.
>
> Parágrafo único. A impressão digital do beneficiário incapaz de assinar, aposta na presença de servidor da Previdência Social, vale como assinatura para quitação de pagamento de benefício.

109.1. Pagamento do benefício previdenciário

O pagamento efetuado diretamente ao beneficiário constitui-se na regra geral. No entanto, o segurado pode constituir procurador para recebimento em seu lugar exclusivamente nos casos de ausência, moléstia contagiosa ou impossibilidade de locomoção, não podendo o mandato ser superior a doze meses, admitida renovação. Sabe-se que o mandato é um contrato e, por lógico, pressupõe o acordo de vontades, sendo lícito imaginar que o segurado pudesse se valer de tal ajuste incondicionalmente. No entanto, a natureza alimentar das prestações impõe que as restrições legais aos casos elencados se afigure necessária a fim de garantir que o pagamento seja feito efetivamente ao segurado. A Lei n. 8.870, de 15.4.94, elevou o prazo do mandato para recebimento do benefício previdenciário por outrem de seis para doze meses. De todo o modo, o intento da lei é evitar a continuidade do recebimento do benefício após a ocorrência de algum dos motivos ensejadores do seu cancelamento. Pelo mesmo motivo é que o art. 68 da Lei de Custeio determina aos Cartórios de Registro Civil de Pessoas Naturais a comunicação ao INSS dos óbitos registrados mensalmente, pena de multa. Ainda quanto ao aspecto do mandato, é defesa a constituição de poderes em causa própria ou irrevogáveis para o seu recebimento (art. 114). Somente será aceita a constituição de procurador com mais de uma procuração, ou procurações coletivas, nos casos de representantes credenciados de leprosários, sanatórios, asilos e outros estabelecimentos congêneres, nos casos de parentes de primeiro grau, ou, em outros casos, a critério do Instituto Nacional do Seguro Social (art. 159 do Decreto n. 3.048/99).

O mandato para ação judicial tendo como autores beneficiários absolutamente incapazes em razão de doença mental ou analfabetismo deve ser passado através de instrumento público e por representação de curador nomeado. Na forma da lei processual civil, os absolutamente incapazes serão representados em juízo por seus pais tutores ou curadores, sendo mister que o instrumento do mandato esteja assinado por estes representantes. Já em relação aos relativamente incapazes, a regularidade da representação requer a assinatura do representante e do representado.

A causa da impossibilidade de locomoção não pode se configurar incapacidade para os atos da vida civil, quando então será feito ao cônjuge, pai, mãe, tutor ou curador, admitindo-se, na sua falta e por período não superior a seis meses, o pagamento a herdeiro necessário, neste caso se fazendo necessário termo de compromisso firmado no ato do recebimento (art. 110).

> **Art. 110.** O benefício devido ao segurado ou dependente civilmente incapaz será feito ao cônjuge, pai, mãe, tutor ou curador, admitindo-se, na sua falta e por período não superior a 6 (seis) meses, o pagamento a herdeiro necessário, mediante termo de compromisso firmado no ato do recebimento.
>
> Parágrafo único. Para efeito de curatela, no caso de interdição do beneficiário, a autoridade judiciária pode louvar-se no laudo médico-pericial da Previdência Social.

110.1. Pagamento a beneficiário civilmente incapaz

O pagamento a segurado civilmente incapaz tem que ser efetuado ao cônjuge, pai, mãe, tutor ou curador e, na falta destas, aos herdeiros necessários (os descendentes, ascendentes e o cônjuge), de acordo com o novo código civil em seu art. 1.845. No entanto, o beneficiário menor de idade pode firmar recibo de pagamento de benefício mesmo sem a presença dos representantes, conforme faculta o art. 111 da Lei de Benefícios.

> **Art. 111.** O segurado menor poderá, conforme dispuser o Regulamento, firmar recibo de benefício, independentemente da presença dos pais ou do tutor.

111.1. Pagamento ao segurado menor de idade

Constitui-se como ressalva das hipóteses genéricas do art. 110, sendo este direcionado apenas aos incapazes por doença.

Apesar de pouca aplicabilidade prática por ser mais utilizado o pagamento via depósito ou autorização de pagamento, este artigo permite a quitação pelo menor titular do benefício independentemente da presença dos seus representantes.

O art. 7º, inciso XXXIII, da Constituição Federal, na redação da Emenda Constitucional n. 20/98, passou a permitir o exercício de atividade laborativa do menor de idade a partir dos 16 anos. Essa modificação atingiu diretamente o sistema previdenciário, tendo a legislação ordinária que se submeter ao novel comando constitucional para o limite etário mínimo. Assim, fica entendido que a idade a ser considerada é de 16 anos, a partir de 16 de dezembro de 1998, para filiação à previdência social em qualquer condição, inclusive ao segurado facultativo (art. 13 da LB), e a idade dos filhos menores do segurado especial (inciso VII, do art. 11, da LB).

A autorização constitucional para o trabalho do menor a partir dos 16 anos reflete diretamente nos seus direitos previdenciários e em relação à Previdência Social, porquanto se lhe é facultado um direito de maior extensão como o exercício de atividade laboral, não seria lícito vedar-lhe a prática de atos que podem ser tidos como de menor amplitude, como recebimento de seu benefício previdenciário e prática de atos processuais administrativos em defesa de seus direitos (requerer benefícios, solicitar cópias de processo, interpor recurso de decisão negativa etc.). Quem pode o mais, pode o menos.

Dessa forma, o segurado menor de idade referido neste art. 111 trata-se do menor com, no mínimo, 16 anos de idade, que se não mantém vínculo empregatício, pelo menos se inscreveu na Previdência Social como facultativo, sendo defeso o mesmo entendimento se na condição de titular de benefícios derivados, como, por exemplo, pensão por morte ou auxílio-reclusão.

> **Art. 112.** O valor não recebido em vida pelo segurado só será pago aos seus dependentes habilitados à pensão por morte ou, na falta deles, aos seus sucessores na forma da lei civil, independentemente de inventário ou arrolamento.

112.1. Direito ao crédito previdenciário com a abertura da sucessão

Na esteira do estatuído no art. 1.784 do novo código civil, a abertura da sucessão enseja desde logo a transmissão da herança aos herdeiros legítimos e testamentários. A figura jurídica em comento é criação do direito civil e, na prática, atribui ao momento do falecimento a definição dos titulares dos direitos deixados pelo *de cujus*.

Os créditos previdenciários cujos titulares eram os segurados falecidos, de acordo com o artigo em comento, com o passamento passam a ser os dependentes habilitados à pensão por morte ou, na falta destes, tal direito transfere-se aos sucessores legitimados na forma da lei civil, assim entendidos os herdeiros legítimos e testamentários. Os dependentes mencionados são as pessoas com quem o segurado mantinha relação de dependência econômica, conforme elenco do art. 16.

A norma examinada colima emprestar maior celeridade ao pagamento dos valores de titularidade do segurado, antevendo uma possibilidade de proteção aos beneficiários dependentes de pagamento de natureza alimentar.

À definição do que venha ser valor não recebido em vida pelo segurado, é extreme de dúvida que a parcela residual do benefício já disponível para recebimento pelo segurado no mês do falecimento e valores de benefícios em atraso acumulados na via administrativa podem ser assim considerados. O levantamento de tais numerários se dá através de alvará judicial, sendo despiciendo o inventário ou arrolamento, na forma do que dispõe o art. 1º, *caput*, da Lei n. 6.858, de 24 de novembro de 1980.

De longe controvérsias jurisprudenciais e doutrinárias sobre a extensão do dispositivo à ação judicial promovida pelo segurado,[243] se este vem a falecer no curso de ação judicial de conhecimento ou de execução, os dependentes previdenciários poderão habilitar-se ao recebimento do crédito judicial, para tanto sendo necessária a comprovação do óbito e a qualidade de dependente mediante certidão da autarquia previdenciária. Para evitar perda de tempo, o razoável é formular o pedido administrativo de pensão por morte no INSS e anexar a carta de concessão no processo judicial para prova da condição. Em caso de inexistência de dependentes, não há necessidade de habilitação de todos os herdeiros no processo.

---

[243] O Tribunal Regional Federal da 4ª Região assim já decidiu: "AGRAVO DE INSTRUMENTO. MORTE DE SEGURADO. HABILITAÇÃO. ART. 112 DA LEI N. 8.213/91. Consoante assegura o art. 112 da Lei n. 8.213/91, o valor não recebido em vida pelo segurado deve ser pago aos pensionistas sem maiores formalidades e só na falta deles é que serão chamados os sucessores nos moldes da lei civil." (AI n. 1998.04.01.012316-1, DJU de 3.2.1999, p. 647).

> **Art. 113.** O benefício poderá ser pago mediante depósito em conta corrente ou por autorização de pagamento, conforme se dispuser em regulamento.
>
> Parágrafo único. (*Revogado pela Lei n. 9.876, de 26.11.99*)
>
> **Redações anteriores**
>
> O benefício poderá ser pago mediante depósito em conta corrente ou por autorização de pagamento, conforme se dispuser em regulamento.

113.1. Pagamento através de depósito em conta corrente

Razões de ordem prática impõem a conveniência de serem efetuados os pagamentos através da rede bancária.

O parágrafo único revogado pela Lei n. 9.876/99, que autorizava o bloqueio do numerário depositado em conta do beneficiário não movimentada por mais de sessenta dias, tinha a finalidade de evitar saques indevidos por pessoas não autorizadas pelo segurado.

> **Art. 114.** Salvo quanto a valor devido à Previdência Social e a desconto autorizado por esta Lei, ou derivado da obrigação de prestar alimentos reconhecida em sentença judicial, o benefício não pode ser objeto de penhora, arresto ou sequestro, sendo nula de pleno direito a sua venda ou cessão, ou a constituição de qualquer ônus sobre ele, bem como a outorga de poderes irrevogáveis ou em causa própria para o seu recebimento.

114.1. Intangibilidade do benefício previdenciário

O princípio da intangibilidade das prestações previdenciárias é tão premiado neste art. 114 que impede alienações parciais ou totais do numerário, seja por força da própria lei, seja por vontade própria do segurado. Como se sabe, o benefício tem a função de substituir os rendimentos do segurado e, neste mister, não raro é inferior ao valor daqueles, sendo considerado, por este motivo, um mínimo que poderia auferir.

Afora as hipóteses autorizadas pelo art. 115, o benefício não pode ser penhorado, arrestado, sequestrado, maculando a lei de nulidade a sua venda, cessão ou qualquer gravame sobre ele, assim como a outorga de mandato com poderes irrrevogáveis ou em causa própria para seu recebimento.

Constituem atos de constrição judicial ou contratual por força dos quais o segurado poderia perder a disponibilidade do crédito para assegurar pagamento de credores.

É defeso ao segurado outorgar mandato dotado de poderes com prazo indeterminado para recebimento do benefício.

A figura do mandato em causa própria configura-se quando o mandante transfere ao mandatário o próprio objeto do mandato, constituindo descaminho à natureza do mandato e equivalendo à cessão de direitos ou venda.

> **Art. 115.** Podem ser descontados dos benefícios:
>
> I — contribuições devidas pelo segurado à Previdência Social;
>
> II — pagamento de benefício além do devido;
>
> III — Imposto de Renda retido na fonte;
>
> IV — pensão de alimentos decretada em sentença judicial;
>
> V — mensalidades de associações e demais entidades de aposentados legalmente reconhecidas, desde que autorizadas por seus filiados.
>
> Parágrafo único. Na hipótese do inciso II, o desconto será feito em parcelas, conforme dispuser o regulamento, salvo má-fé.
>
> VI — pagamento de empréstimos, financiamentos e operações de arrendamento mercantil concedidos por instituições financeiras e sociedades de arrendamento mercantil, públicas e privadas, quando expressamente autorizado pelo beneficiário, até o limite de trinta por cento do valor do benefício. (Incluído pela Lei n. 10.820, de 17.12.2003)
>
> § 1º Na hipótese do inciso II, o desconto será feito em parcelas, conforme dispuser o regulamento, salvo má-fé. (Incluído pela Lei n. 10.820, de 17.12.2003)
>
> § 2º Na hipótese dos incisos II e VI, haverá prevalência do desconto do inciso II. (Incluído pela Lei n. 10.820, de 17.12.2003)
>
> **Redações anteriores**
>
> Podem ser descontados dos benefícios:
>
> I — contribuições devidas pelo segurado à Previdência Social;
>
> II — pagamento de benefício além do devido;
>
> III — Imposto de Renda retido na fonte;
>
> IV — pensão de alimentos decretada em sentença judicial;
>
> V — mensalidades de associações e demais entidades de aposentados legalmente reconhecidas, desde que autorizadas por seus filiados.
>
> Parágrafo único. Na hipótese do inciso II, o desconto será feito em parcelas, conforme dispuser o regulamento, salvo má-fé.

115.1. Descontos autorizados no benefício previdenciário

Ainda premiando a natureza alimentar dos benefícios previdenciários, os abatimentos nos valores destes devem necessariamente passar pelo crivo deste art. 115, pena de constituir descaminho ao princípio da proteção à prestação previdenciária. Como se disse, ela é de natureza substitutiva dos rendimentos e a renda mensal já é tida como o mínimo indispensável à sobrevivência do segurado, do qual somente em hipóteses excepcionais pode-se deduzir alguma importância.

Conquanto seja autorizado falar-se que o financiamento da seguridade social é tributado por toda a sociedade e por recursos provenientes da União, dos Estados, do Distrito Federal e dos Municípios, bem como por contribuições sociais do trabalhador e dos demais segurados da previdência social,[244] ainda não é tempo de

---

(244) Art. 195, inciso II, da Constituição Federal de 1988, modificado pela EC n. 20/98.

afirmarmos que a hipótese do inciso I deste artigo tenha alguma relação com a decantada, por alguns, taxação de inativos. A vontade do constituinte, ainda manifestada no art. 195, inciso II, da Carta Magna, permanece relutando em não admitir a incidência de contribuição sobre aposentadoria e pensão pelo Regime Geral da Previdência Social.

A inserção abstratamente prevista do inciso I está a indicar que é totalmente fora de propósito o desconto de exação social sobre o benefício previdenciário. Com efeito, pois, segundo a Lei de Custeio (art. 33, § 5º), as contribuições não recolhidas em época própria dos segurados empregado, empregado doméstico e trabalhador avulso acabam podendo ser debitadas dos respectivos empregadores, cujos mecanismos de cobrança estão longe de atingir aqueles segurados. O empregado doméstico possui um tratamento particularizado a este respeito, sendo autorizada a concessão do benefício de valor mínimo e permitido o recálculo posterior se provados os efetivos rendimentos, na forma do que dispõe o art. 36 da Lei de Benefícios. Relativamente aos segurados contribuinte individual e facultativo, são obrigados ao recolhimento pessoalmente, não sendo permitida a concessão do benefício sem a contraprestação financeira.

Conquanto o aposentado pelo Regime Geral da Previdência Social que estiver exercendo ou voltar a exercer atividade juridicamente protegida pela obrigatoriedade de filiação mantenha sua taxação sem solução de continuidade, não nos parece crível que do benefício poderiam ser descontadas as contribuições devidas, pelos mesmos motivos acima expendidos.

Hipótese comumente encontrada na casuística previdenciária é o desconto no benefício do segurado de valores pagos incorretamente a maior pela autarquia, derivados, por exemplo, de erros de cálculo no somatório do tempo de serviço, divergência nos salários de contribuição, incorreta interpretação da lei para cálculo em caso de atividades concomitantes etc. Nestes casos, ainda que não se possa entrever má-fé do segurado,[245] a conduta culposa do servidor que elaborou o cálculo não pode ser causa de descaminho ao princípio da proibição do enriquecimento ilícito, sendo permitido o parcelamento do débito (se não houver má-fé), conforme disposição inserta no §1º, resultado da conversão do antigo parágrafo único pela Lei n. 10.820, de 17.12.2003. O Regulamento da Previdência Social tem o mesmo preceito no § 2º e 3º, do art. 154. O segurado está autorizado a discutir a existência da má-fé apontada pela autarquia, sendo ônus desta provar judicialmente o alegado.

Cabe o devido destaque, neste ponto, ainda quanto aos descontos de benefícios irregulares, de que somente é possível a devolução dos valores quando o segurado obrou de má-fé ou o cálculo errado foi elaborado, de uma forma ou de outra, por concorrência de uma conduta sua, não assim quando o erro foi empreendido por ato exclusivo dos servidores da autarquia previdenciária. Quando os valores são repetíveis por estes motivos, aí os descontos podem se dar no máximo no percentual de 30% das mensalidades do benefício, como já ressaltado em nota de rodapé desta obra. Caso os valores tenham sido descontados irregularmente, ou seja, sem causa jurídica para que possa propiciar a devolução, cabe, por parte de segurado ou dependente, ajuizamento de ação de repetição de indébito ou de cobrança contra o INSS, para poder reaver o que pagou desnecessariamente. Premiando a natureza alimentar das prestações previdenciárias, a pretensão à devolução das quantias recebidas por ele, derivadas de erro de cálculo ou outra causa apontada como irregular, há que se entrever, na proibição de devolução, a presença do princípio administrativo da proteção da confiança e da boa-fé dos beneficiários da Previdência Social, que devem confiar plenamente na competência dos servidores autárquicos e no Estado de uma forma geral.

Por outro lado, o procedimento constitucional e legal para que a autarquia possa proceder aos descontos no benefício do segurado deve

---

(245) Nestas hipóteses, a jurisprudência já começa rumar em certa direção, inclinando-se para a não devolução dos valores recebidos de boa-fé pelo segurado e em se tratando de benefícios de valor mínimo. Colaciona-se, a propósito, o seguinte aresto do TRF4, extraído do site na internet (<www.trf4.gov.br>): "PREVIDENCIÁRIO. DESCONTO EFETUADO PELO INSS EM BENEFÍCIO DE VALOR MÍNIMO. INCABIMENTO. Não restando comprovada má-fé na percepção de benefício previdenciário indevidamente concedido, o valor dos descontos deve obedecer a situação particular do segurado, sendo que, em se tratando de benefício de valor mínimo, incabível qualquer desconto, sob pena de acarretar prejuízos irreparáveis à parte autora." (Apelação Cível n. 2001.71.14.002426-5, do Rio Grande do Sul, Relator Des. Federal Tadaaqui Hirose).

ser implementado através da observância dos princípios do contraditório e da ampla defesa (art. 5º, inciso LV, da CF de 1988) sem o que haverá manifesto vício que deverá inquinar de nulidade ou ilegalidade o ato praticado. Em observância a isso, sabido que a Administração Público, no setor previdenciário, possui a prerrogativa de se autotutelar em relação aos seus próprios atos, inquinados de vícios que os tornem ilegais ou inconvenientes, podendo anulá-los ou revogá-los sem o intermédio de um título executivo previamente constituído através de ação judicial, já que desnecessária a participação do Poder Judiciário (pena de interferência nas funções estatais), na forma disposta na conhecida Súmula n. 473 do Supremo Tribunal Federal.

O desconto em face de pagamento do benefício a maior do devido prefere à possibilidade da dedução em face de débito relativo a contribuições e a pagamento de empréstimos, conforme estatuído no § 2º, acrescido pela mesma norma.

É sabido que o desconto do imposto de renda é legal quando acima do limite de isenção e observando o valor individual de cada prestação mensal, não sendo lícito taxar o montante globalmente considerado. A alínea *b*, do inciso III, do art. 390, da Instrução Normativa INSS/DC n. 118, de 14 de abril de 2005, dispõe no sentido de que "em cumprimento à decisão da Tutela Antecipada, decorrente da Ação Civil Pública n. 1999.61.00.003710-0, movida pelo Ministério Público Federal, o INSS deverá deixar de proceder ao desconto do IRRF, no caso de pagamentos acumulados ou atrasados, por responsabilidade da Previdência Social, oriundos de concessão, reativação ou revisão de benefícios previdenciários e assistenciais, ou seja, relativos a decisão administrativa ou pagamento administrativo decorrente de ações judiciais, cujas rendas mensais originárias sejam inferiores ao limite de isenção do tributo, sendo reconhecido por rubrica própria". A hipótese de incidência tributada, aqui, são os rendimentos e não constituem fontes para o financiamento da seguridade social, previsto no art. 195 da Constituição.

O imposto de renda sobre os rendimentos pagos mediante precatório ou requisição de pequeno valor em cumprimento de decisão da Justiça Federal será retido na fonte pela instituição financeira responsável pelo pagamento e incidirá à alíquota de 3% (três por cento) sobre o montante pago, sem quaisquer deduções, no momento do pagamento ao beneficiário ou seu representante legal (art. 27, da Lei n. 10.833, de 29 de dezembro de 2003). Nos termos do parágrafo primeiro, fica dispensada a retenção do imposto quando o beneficiário declarar à instituição financeira responsável pelo pagamento que os rendimentos recebidos são isentos ou não tributáveis. Por fim, dispõe o § 2º que o imposto retido na fonte de acordo com o *caput* será considerado antecipação do imposto apurado na declaração de ajuste anual das pessoas físicas ou deduzido do apurado no encerramento do período de apuração ou na data da extinção, no caso de beneficiário pessoa jurídica.

Embora o art. 17 da EC n. 20/98 tenha expressamente revogado o inciso II do § 2º do art. 153 da Constituição Federal, que dispunha sobre a não incidência do imposto de renda sobre rendimentos provenientes de aposentadoria e pensão, pagos pela Previdência Social da União, dos Estados, do Distrito Federal e dos Municípios a pessoa com idade superior a 65 anos, cuja renda total seja constituída, exclusivamente, de rendimentos do trabalho, o inciso XV do art. 6º, da Lei n. 7.713, de 22 de dezembro de 1988, na redação dada pela Lei n. 11.311, de 13 de junho de 2006, ainda continua conferindo esta benesse.[246]

Em vista da facilidade na obtenção de empréstimos a juros baixos, a Lei n. 10.820, de 17.12.2003, erigiu à panaceia a legalidade de desconto para fazer face a pagamentos de empréstimos, financiamentos e operações de arrendamento mercantil concedidos por instituições financeiras e sociedade de arrendamento mercantil. Para proteger, no entanto, a prestação previdenciária da inconsequente autonomia da vontade, muitas vezes resultante de angustia

---

(246) "Ficam isentos do imposto de renda os seguintes rendimentos percebidos por pessoas físicas: (...) "XV — os rendimentos provenientes de aposentadoria e pensão, transferência para a reserva remunerada ou reforma pagos pela Previdência Social da União, dos Estados, do Distrito Federal e dos Municípios, por qualquer pessoa jurídica de direito público interno ou por entidade de previdência complementar, até o valor de R$ 1.257,12 (mil, duzentos e cinquenta e sete reais e doze centavos), por mês, a partir do mês em que o contribuinte completar 65 (sessenta e cinco) anos de idade, sem prejuízo da parcela isenta prevista na tabela de incidência mensal do imposto".

gerada pela situação financeira minguada, é imposto o percentual máximo de 30% do valor do benefício.

Nos casos em que o segurado é chamado a devolver os valores pagos incorretamente e as contribuições sociais devidas (incisos I e II), é imperativa a deflagração de processo administrativo em que seja assegurado o contraditório e ampla defesa ao segurado, embora o exercício desregrado da autotutela seja apanágio do Poder Público. Culminando a decisão definitiva administrativa pelo reembolso do numerário, o deslinde da controvérsia não convalesce sem o crivo do Poder Judiciário, acaso acionado pelo segurado apontado como devedor. Não se deve esquecer que o percentual de 30% pode ser diminuído judicialmente.[247]

De outra parte, quando o segurado recebe valores que são devidos por força de liminar em ação judicial ou antecipação de tutela, geralmente a partir da sentença de procedência, em caso de posterior provimento de recurso do INSS, não poderá haver determinação de devolução ou repetição das importâncias recebidas no transcurso do processo, isso em homenagem ao postulado universal de que os valores recebidos por alimentos são irrepetíveis ou não suscetíveis de devolução quando já consumidos. Caso os valores mensalmente recebidos foram desviados para aplicação em outra finalidade que não o pagamento de despesas com alimentos (entendidos em sentido genérico e abrangente), eles devem ser devolvidos aos cofres do INSS, porquanto tais importâncias não serviram para a cobertura da sobrevivência do segurado. Ainda sobre isso, veja-se que os alimentos, aqui entendidos em forma de pecúnia, devem ser mantidos na posse do segurado, porquanto mensalmente recebidos e consumidos, não assim quando ele os deposita e os mantém em conta judicial para aplicações em futuros dispêndios de outra natureza. Neste caso, os alimentos, que inicialmente tinham a função de manter a sobrevivência do segurado, estarão tendo outra finalidade, por isso, na visão deste autor, as importâncias devem ser devolvidas aos cofres do INSS. Deve-se deixar assentado aqui que os valores recebidos de boa-fé pelo segurado não devem ser devolvidos também quando o foram percebidos administrativamente, ou seja, quando o INSS calculou um benefício erroneamente. Como já comentado em linhas anteriores, a proibição da pretensão de devolução dos valores se assenta em princípios administrativos, especialmente o da proteção da confiança e da boa-fé dos beneficiários da Previdência Social.[248]

---

(247) "PROCESSUAL CIVIL. EMBARGOS INFRINGENTES. PERCEPÇÃO DE BENEFÍCIOS INCOMPATÍVEIS. PENSÃO POR MORTE. RENDA MENSAL VITALÍCIA. DESCONTO DAS PARCELAS PAGAS INDEVIDAMENTE. ART. 115, II, DA LEI N. 8.213/91. 1. É vedada a cumulação do benefício de pensão por morte com a renda mensal vitalícia, consoante dispõe o § 4º do art. 139 da Lei n. 8.213/91, *verbis*: 'A Renda Mensal Vitalícia não pode ser acumulada com qualquer espécie de benefício do Regime Geral de Previdência Social, ou da antiga Previdência Social Urbana ou Rural, ou de outro regime.' 2. Uma vez constatada a percepção de benefícios incompatíveis, é plenamente viável a suspensão de um deles, bem assim o desconto das parcelas pagas indevidamente, a teor do art. 115, II, da Lei n. 8.213/91. 3. A estipulação do percentual a ser descontado deve levar em conta a situação particular do segurado, tendo em vista o caráter alimentar de que se revestem os benefícios previdenciários. 4. Hipótese em que, tratando-se de benefício de valor mínimo, deve-se ter em conta que qualquer desconto a ser autorizado acarretará sério gravame à segurada, que se privará de parte do benefício que recebe. 4. Embargos infringentes providos." (EREO n. 2000.04.01.031938-4, do Paraná, Rel. Des. Federal Nylson Paim de Abreu, DJU de 2.5.01)

(248) Vale colacionar a seguinte passagem doutrinária: "A boa-fé, em termos gerais, dicotomiza-se em dois sentidos básicos, um subjetivo e outro objetivo. No sentido subjetivo (*guter Glaube, no alemão*), *significa um verdadeiro estado anímico, residente no campo das intenções, qualificado pelo sentimento pessoal (daí a qualificação de subjetiva) de atuação conforme a ordem jurídica. No sentido objetivo (Treu und Glauben*), a boa-fé enseja imposições de natureza comportamental, sem agressão nem frustrações às expectativas legitimamente criadas, qualificando, pois, "uma norma de comportamento leal", da qual decorrem consequências hermenêuticas, bem como a imposição de deveres jurídicos ou limites à fruição de direitos subjetivos. No sentido objetivo ou comportamental, indutor de consequências jurídicas igualmente objetivas, a boa-fé aproxima-se — quase a ponto de identidade — do princípio da proteção da confiança. Talvez por tal razão já se tenha afirmado, embora em contexto pouco diverso, que a confiança representaria um subprincípio da boa-fé objetiva. (...) Entretanto, ao que parece, a identidade entre o princípio da proteção da confiança e da boa-fé objetiva não se afigura como a solução mais adequada, embora, desde já, sejam reconhecidas as suas óbvias conexões. Nessa senda, assume-se o risco de se transformar a preocupação com a precisão técnica em preciosismo estéril. A busca pelo conteúdo dogmático do princípio da proteção da confiança, todavia, justifica o risco assumido. Com efeito, tomando-se a noção de boa-fé objetiva como imposição de conduta leal, inegável é a sua proximidade com o princípio da proteção da confiança, o qual visa, ultima ratio, a estabelecer um estado de tutela jurídica — direta ou indireta, positiva ou negativa — das expectativas legitimamente depositadas pelos administrados em relação às condutas, procedimentos, promessas, atos perpetrados pelo Estado em sua atividade administrativa. Nesse sentido, tendo-se por foco a necessidade de lealdade de conduta, garantidora (ex post) da estabilidade das relações jurídicas, os conceitos dos princípios em tela muito se aproximam. Outrossim, a contribuir ainda mais para a proximidade de sentidos, deve-se considerar que a boa-fé objetiva se torna operativa com vistas à produção de

115.2. Impossibilidade de descontos de benefícios recebidos de má-fé

A regra geral, como se disse anteriormente, reside na impossibilidade de se devolver o que recebeu do INSS quando o segurado não tenha participado de má-fé na obtenção do benefício fraudulento ou inquinado de vício. Vige também a regra contrária, ou seja, é possível o desconto quando houve má-fé, isso porquanto o direito não pode premiar a torpeza, a malícia ou a desonestidade. Porém, nestes últimos casos parece estar evoluindo a jurisprudência no sentido de também impedir a pretensão de devolução por parte do INSS para não propiciar o desgaste do princípio da dignidade da pessoa humana, regra-matriz dos ordenamentos jurídicos hodiernos e viga-mestra de todos os outros princípios de direito em que se escoram as demais normas jurídicas. O sentimento humanitário que prepondera em casos tais, no sentido de prevalecer sobre a vontade da Administação, ainda que legítima sob o ponto de vista da proibição do enriquecimento sem causa, em querer ter de volta o que foi recebido indevidamente, é motivo para que a dureza das leis e dos outros princípios jurídicos, por mais importantes que sejam, ceda em favor de uma causa mais nobre e justa para a pessoa humana, qual seja a sua própria sobrevivência. Assim, não se deve condenar uma pessoa pelo fato de que ela simplesmente obrou desonestamente com a Administração Pública, com o fim único e exclusivo de manter a sua sobrevivência. Em sentido contrário, se houve uma conduta desonesta do segurado, que culminou com a obtenção fraudulenta de um benefício pecuniário em prejuízo do erário público, mas que não foi aplicado na sua própria sobrevivência, deve-se acreditar que a afirmação do postulado principiológico de que todos devem devolver o que não lhe pertencem deve ter aplicação prevalecente. Vige, como regra geral, o entendimento científico-jurídico de que a dignidade da pessoa humana deve ter lugar de destaque sobre a aplicação irrestrita dos demais princípios e normas jurídicas, não assim para prevalecer sobre finalidades especificamente destinadas a outros fins que não a proteção da própria pessoa humana, que é o seu núcleo essencial, a *ratio essendi* deste postulado maior de direito universal.

115.3. Observância do prazo decadencial para anulação do ato administrativo derivado de erro

Como já tantas vezes afirmado em várias passagens desta obra, a doutrina cega e irrestrita de que deve haver proteção maior do segurado em prejuízo da própria Administração Pública perde valor em face da aplicação do princípio da possibilidade de autotutela administrativa. Logo, está autorizado, e a Súmula n. 473 do STF confirma isso, que o Poder Público possa se valer de seu poder de rever administrativamente os seus próprios atos quando eivados de erros ou irregularidades que os tornem ilegais ou inconvenientes. No entanto, como todo princípio deve dar preponderância sobre outras causas jurídicas de maior valor, o princípio da segurança jurídica impede investidas abruptas e incondicionais no patrimônio jurídico do segurado, fazendo com que a mácula de que se reveste o ato administrativo, com o passar do tempo e aliado à inércia do titular do poder de rever o ato, venha se solidificar em favor da segurança que deve haver no tráfego das relações jurídicas e sociais. Resumidamente, após escoado o prazo para prática do direito de rever o ato administrativo maculado de vício, torna-se defeso à Administração Previdenciária poder reapreciá-lo para o fim de desconstituí-lo em desfavor do usuário dos serviços previdenciários.

---

um estado de confiança mútua. São, realmente, valores de uma mesma constelação. Há, contudo, empecilhos ao reconhecimento da identidade de tais princípios. (...) A interconexão entre a boa-fé objetiva e a proteção da confiança deve ser, segundo se entende correto, colocada de outro modo. Sendo a boa-fé objetiva um princípio que almeja um estado de coisas qualificado pela busca a condutas leais e, em relações bilaterais, pela busca de comportamentos reciprocamente leais, tal imposição se apresenta no Direito Administrativo numa via de duas mãos, tanto impondo um comportamento franco da Administração Pública para com o administrado, como impondo a reciprocidade de tal dever de lealdade, ou seja, uma conduta reta do administrado em relação à Administração Pública. A proteção da confiança, pro seu turno, afigura-se uma feição mais ampla, deduzida, imediatamente, da imposição de segurança jurídica e, mediatamente, do Estado de Direito, que visa à obtenção de um estado de estabilidade, previsibilidade e calculabilidade dos atos, procedimentos ou simples comportamentos das atividades estatais. Ocorre que nem sempre tal proteção estará diretamente condicionada à boa-fé do administrado." (Tribunal Regional Federal da Quarta Região, Apelação Cível n. 2007.71.04.001952-3, Relator Carlos Eduardo Thompson Florenz Lenz, Terceira Turma, DJ de 25.3.2010, <www.trf4.jus.br>).

> **Art. 116.** Será fornecido ao beneficiário demonstrativo minucioso das importâncias pagas, discriminando-se o valor da mensalidade, as diferenças eventualmente pagas com o período a que se referem e os descontos efetuados.

116.1. Demonstrativo de pagamento do benefício

A sociedade tem o direito de receber do Poder Público informações de interesse particular, coletivo ou geral, pena de responsabilidade do servidor que se absteve a fornecê-las (art. 5º, XXXIII, da CF/88).

Corolário do princípio do direito à informação, o segurado da Previdência Social também tem o direito de ter ciência da evolução do cálculo de seu benefício, aferindo a regularidade de valores pelos quais resultaram a RMI (salários de contribuição utilizados, variantes que compõem o fator previdenciário, tempo de serviço computado, coeficiente da RMI, pagamento de parcelas atrasadas etc.). Aliás, já se decidiu que não pode haver suspensão dos pagamentos dos benefícios por falta de cadastro dos vínculos no CNIS.[249]

Nos demonstrativos de pagamentos dos benefícios devem constar também o mês a que se referem os valores pagos, bem como eventuais descontos incidentes na fonte, tais como imposto de renda, CPMF e consignações de valores que a autarquia imputa como devido pelo segurado.

A carta de concessão do benefício traz pormenores importantes para instruir futuras ações judiciais de revisão da renda mensal inicial ou substituição de reajustes, contendo informações a respeito da espécie de benefício concedido, data de início do benefício, renda mensal inicial e outros fatores que podem levar à aferição da regularidade ou não da concessão. Caso o INSS não entregue ao segurado tal documento, faz-se necessário que apresente certidão requerida nos postos de atendimento de todo o Brasil ou extraída pelo *site* da Previdência Social na internet (<www.previdenciasocial.gov.br>).

Infelizmente, as cartas de indeferimento não primam pelo rigor na apresentação, sendo muitas vezes padronizadas, somente sendo descoberto o verdadeiro motivo da negativa após uma análise técnica mais pormenorizada. Os dispositivos legais colocados como fundamentos da decisão são importantes para apreciação da legislação aplicada, mas não espelham, às vezes, a realidade.

Por fim, o princípio da legitimidade dos atos administrativos que determinaram o pagamento de algum valor devido ou de alguma revisão administrativa efetuada sucumbe em face de prova em contrário apresentada pelo segurado na via judicial.

---

(249) "PREVIDENCIÁRIO. INDEFERIMENTO DE REQUERIMENTO PARA CONCESSÃO DE BENEFÍCIO. ALEGAÇÃO DE FALTA DE COMPROVAÇÃO DE TEMPO APÓS CONSULTA AO CNIS. IMPOSSIBILIDADE DE VERIFICAÇÃO. EXTRAVIO DO PROCEDIMENTO ADMINSTRATIVO E DOS DOCUMENTOS COMPROBATÓRIOS. A AUTARQUIA NÃO PODE PREJUDICAR NENHUM SEGURADO EM VIRTUDE DA SUA DESORGANIZAÇÃO. NÃO EXISTE DECADÊNCIA DA VIA MANDAMENTAL. "A parte impetrante observou de forma correta as exigências legais, dando entrada no pedido de aposentadoria, no dia 10 de maio de 1991, sendo este indeferido por falta de tempo de serviço atestado por consulta ao Cadastro Nacional de Informações Sociais — CNIS. O Instituto Nacional do Seguro Social não pode promover a suspensão, cancelamento ou indeferimento de requerimento de benefício com base unicamente na consulta realizada no CNIS, posto que tal cadastro está sujeito a erro, tendo, inclusive, demonstrado inúmeras falhas. Se a autarquia não se vale de tal cadastro para concessão, pois é obrigação da parte juntar prova dos vínculos empregatícios passados, não pode utilizar para cassar ou indeferir o pedido de benefício. O Instituto Nacional do Seguro Social afirmou que, após buscas incessantes, não pôde localizar o procedimento de concessão de benefício e, consequentemente, os documentos originais que a parte impetrante, de boa fé, juntou, a fim de obter a verba alimentar — Não há dúvidas que a autarquia não pode se valer da sua própria desorganização para prejudicar seus segurados. Não há a decadência para a utilização da via mandamental, uma vez que o não pagamento de benefício previdenciário, constitui, ao meu ver, o não cumprimento de uma prestação de trato sucessivo, renovada a cada mês do descumprimento. Recurso provido para determinar a manutenção da aposentadoria concedida e o pagamento das parcelas vencidas desde a data da impetração." (APELAÇÃO EM MANDADO DE SEGURANÇA — 37165, Relator Juiz Ricardo Regueira, publicado no DJU de 4.12.2002, p. 110)

> **Art. 117.** A empresa, o sindicato ou a entidade de aposentados devidamente legalizada poderá, mediante convênio com a Previdência Social, encarregar-se, relativamente a seu empregado ou associado e respectivos dependentes, de:
>
> I — processar requerimento de benefício, preparando-o e instruindo-o de maneira a ser despachado pela Previdência Social;
>
> II — submeter o requerente a exame médico, inclusive complementar, encaminhando à Previdência Social o respectivo laudo, para efeito de homologação e posterior concessão de benefício que depender de avaliação de incapacidade;
>
> III — pagar benefício.
>
> Parágrafo único. O convênio poderá dispor sobre o reembolso das despesas da empresa, do sindicato ou da entidade de aposentados devidamente legalizada, correspondente aos serviços previstos nos incisos II e III, ajustado por valor global conforme o número de empregados ou de associados, mediante dedução do valor das contribuições previdenciárias a serem recolhidas pela empresa.

117.1. Convênio com empresa, sindicato ou entidade de aposentados para pagamento do benefício

A empresa, o sindicato ou a entidade de aposentados devidamente legalizada poderão firmar convênios com a Previdência Social a fim de representar os interesses dos segurados junto ao instituto, tais como requerer benefícios, submetê-los a exame médico sujeito a homologação *posteriori* para concessão de benefício por incapacidade, bem como efetuar os pagamentos dos benefícios.

Tais medidas representam comodidade tanto para os segurados quanto para os postos da Previdência Social, reduzindo o tempo desperdiçado nas filas de atendimento e diminuindo o movimento nas agências, a bem da prestação do serviço público.

O parágrafo único faculta ao convênio dispor sobre reembolso de despesas tidas pela empresa, sindicato ou entidade de aposentados, mediante dedução do valor das contribuições devidas pelas empresas. A empresa que dispuser de serviço médico, próprio ou em convênio, terá a seu cargo o exame médico a o abono das faltas correspondentes ao período de 15 dias de afastamento da atividade pelo empregado, somente devendo encaminhá-lo à Previdência Social quando a incapacidade ultrapassar aquele período (§ 4º, do art. 60, da Lei de Benefícios). A toda evidência que o reembolso das despesas efetuadas pela empresa somente se aplica no momento em que o empregado for submetido à Previdência Social em razão de incapacidade superior a 15 dias.

> **Art. 118.** O segurado que sofreu acidente do trabalho tem garantida, pelo prazo mínimo de doze meses, a manutenção do seu contrato de trabalho na empresa, após a cessação do auxílio-doença acidentário, independentemente de percepção de auxílio-acidente.
>
> Parágrafo único. (*Revogado pela Lei n. 9.032, de 28.4.95*)
>
> **Redações anteriores**
>
> O segurado que sofre acidente do trabalho tem garantida, pelo prazo mínimo de doze meses, a manutenção do seu contrato de trabalho na empresa, após a cessação do auxílio-doença acidentário, independentemente de percepção de auxílio-acidente.
>
> Parágrafo único. O segurado reabilitado poderá ter remuneração menor do que a da época do acidente, desde que compensada pelo valor do auxílio-acidente, referido no § 1º do art. 86 desta Lei.

118.1. Estabilidade do segurado empregado que sofreu acidente de trabalho

Disciplinando o contrato de trabalho entre empregado e empregador, a regra disciplina cogentemente que, em caso de acidente de trabalho (arts. 19 a 21), o segurado empregado tem direito à manutenção de seu contrato de trabalho (estabilidade) pelo prazo mínimo de doze meses a contar da cessação do auxílio-doença acidentário, ainda que não haja concessão de auxílio-acidente.

Foi estabelecido um prazo mínimo considerando a possibilidade de prazos maiores estipulados em acordos coletivos de trabalho.

Ainda que a norma exija a concessão de auxílio-doença, o empregado conserva o direito por força de posterior concessão judicial do benefício de auxílio-doença negado administrativamente, retornando ao *statu quo ante*. O que se exige é apenas a ocorrência do acidente de trabalho e a consolidação das lesões que possam ensejar, em tese, a concessão de auxílio-acidente. Ainda que o segurado efetivamente receba o auxílio-acidente, ainda assim mantêm-se a estabilidade.

Em caso de incapacidade superior a 15 dias e requerimento negado pelo INSS, o empregado deverá se apresentar na empresa com prova da permanência da incapacidade e solicitar afastamento enquanto perdurar a ação judicial. Se o pedido for julgado procedente, o empregado receberá os valores em atraso e continuará recebendo o benefício até que nova perícia médica conclua pela recuperação da capacidade laborativa.

Além da estabilidade, o empregado tem direito à reparação civil quando configurados os pressupostos legais. Ainda que a empresa desembolse o numerário correspondente aos doze meses ou o período faltante em caso de despedida, a indenização continua sendo devida.

> **Art. 119.** Por intermédio dos estabelecimentos de ensino, sindicatos, associações de classe, Fundação Jorge Duprat Figueiredo de Segurança e Medicina do Trabalho-FUNDACENTRO, órgãos públicos e outros meios, serão promovidas regularmente instrução e formação com vistas a incrementar costumes e atitudes prevencionistas em matéria de acidente, especialmente do trabalho.

119.1. Prevenção de acidente de trabalho

A norma é de conteúdo programático sem sanção para seu descumprimento.

Traz-se à colação valioso comentário de Wladimir Novaes Martinez: "São instruções, treinamentos, formação de quadros de profissionais, colaboração na promoção das Comissões Internas de Prevenção de Acidentes do Trabalho — CIPA, enfim, tudo quanto possível para evitar o acidente. Exclui do rol a empresa, porque esta tem obrigação específica".[250]

Na sequência, conclui: "O Brasil desfruta o desprestigioso título de campeão mundial de acidentes do trabalho, e isso é classificação injustificável diante do parque industrial nacional. Todo e qualquer investimento na área da educação do obreiro e as medidas preventivas têm retorno para a sociedade inteira e em particular para os empresários. Não basta apenas criarem-se benefícios específicos para o acidentado, é muito mais importante tentar impedir que o evento ocorra, pois os seus malefícios são incontáveis".[251]

---

(250) *Comentários à Lei Básica da Previdência Social*, p. 562.
(251) *Idem, ibidem*, mesma página.

> **Art. 120.** Nos casos de negligência quanto às normas padrão de segurança e higiene do trabalho indicados para a proteção individual e coletiva, a Previdência Social proporá ação regressiva contra os responsáveis.

120.1. Ação regressiva do INSS contra empresa negligente no cumprimento das normas de proteção e segurança da saúde do trabalhador

Restringindo a autonomia da vontade no contrato de trabalho, o § 1º, do art. 19, desta lei prescreve que a empresa é responsável pela adoção e uso das medidas coletivas e individuais de proteção e segurança da saúde do trabalhador. Não deve somente adotar as medidas possíveis, tendo que fiscalizar e exigir o seu efetivo uso pelo trabalhador. Por outro lado, as medidas adotadas devem ser eficazes a ponto de atenuar ou eliminar os riscos de acidente de trabalho e a exposição ao contato com agentes que prejudiquem a saúde do trabalhador.

Embora para os benefícios auxílio-doença, aposentadoria por invalidez, auxílio-acidente e pensão por morte, por acidente do trabalho, dispensem o cumprimento da carência (art. 26, incisos I e II), está a cargo da empresa uma contribuição que pode variar de 1 a 3% sobre a remuneração paga ou creditada aos segurados empregados e trabalhadores avulsos que lhe prestam serviço, na forma do que dispõe o inciso II, do art. 22, da Lei n. 8.212/91.

Poder-se-ia alegar que a taxação da empresa em relação a estas contribuições seria circunstância elisiva do dever indenizatório regressivo a favor da autarquia previdenciária compelida ao pagamento destes benefícios. No entanto, a resposta negativa se impõe. Porém, a simples ocorrência do acidente não tem força para atrair a obrigação indenizatória, sendo preciso que a empresa tenha sido negligente nos procedimentos relativos à adoção e uso das medidas coletivas e individuais de proteção e segurança da saúde do trabalhador, dando causa sua conduta ao surgimento de um dos elementos que configuram o núcleo da culpa: negligência.

> **Art. 121.** O pagamento, pela Previdência Social, das prestações por acidente do trabalho não exclui a responsabilidade civil da empresa ou de outrem.

121.1. Responsabildade civil da empresa ou de outrem no acidente de trabalho

Na vigência do novo Código Civil (Lei n. 10.406/02) o dever indenizatório por ato ilícito tem a seguinte configuração: "Aquele que, por ação ou omissão voluntária, negligência, ou imprudência, violar direito e causar dano a outrem, ainda que exclusivamente moral, comete ato ilícito".

A Carta Magna, em seu art. 7º, inciso XXVIII, prevê como direito social aos trabalhadores urbanos e rurais, além de outros que visem à melhoria de sua condição social, seguro contra acidentes de trabalho, a cargo do empregador, sem excluir a indenização a que este está obrigado, quando incorrer em dolo ou culpa.

A Súmula n. 229 do STF orienta: "A indenização acidentária não exclui a do direito comum, em caso de dolo ou culpa grave do empregador".

Esta Súmula do Supremo Tribunal Federal prescreve, embora com outras palavras, o mesmo enunciado contido no art. 121 da Lei de Benefícios, vigorando, volta-se a repetir, no sentido de que o pagamento das prestações por acidente de trabalho não exime o empregador do seu dever indenizatório de reparar, compensar ou indenizar a vítima, seu empregado ou prestador de serviços, quanto aos danos materiais, morais ou estéticos que porventura venham advir do evento danoso. Entretanto, há que se fazer uma ressalva, que diz respeito à exigência, pelo enunciado sumular acima em referência, de que a indenização seja por efeito de responsabilidade civil por dolo ou *culpa grave* do empregador. A necessidade da presença de culpa grave por parte do empregador, ao contrário do que ainda consta no texto desta súmula, não mais se constitui fator decisivo para a imposição reparatória civil, bastando apenas culpa, ainda que leve. É este o entendimento do Superior Tribunal de Justiça, manifestado através da sua jurisprudência.

Sob outro aspecto, concernente à competência para o processamento das demandas de natureza civil e acidentária, é de se afirmar que, com o advento da Emenda Constitucional n. 45, que promoveu a reforma do Poder Judiciário no ordenamento jurídico constitucional brasileiro, ampliando a competência da Justiça Trabalhista, o Superior Tribunal de Justiça fez editar a sua Súmula n. 366, assim escrita: "A competência estabelecida pela EC n. 45/2004 não alcança os processos já sentenciados". Isso quer dizer que, para as demandas de natureza civil por acidente de trabalho que se fundamentam na culpa do empregador, será competente a Justiça do Trabalho. Resta competente, então, a Justiça Comum Estadual, para processar e julgar os processos com sentença de mérito já proferida em data anterior à Emenda Constitucional n. 45.

Finalizando as abstrações, de forma conjugada, o art. 121 da Lei de Benefícios fixa que o dever indenizatório da empresa ou de outrem não é excluído pela concessão dos benefícios previdenciários acidentários.

Em linha de princípio, toda indenização, regra geral, tem como elementos caracterizadores a conduta ilícita, comissiva ou omissiva, o dano e o nexo-causal entre o ato e o dano. Os dispositivos acima mencionados deixam claro que o dever reparatório da empresa em caso de acidente de trabalho somente tem lugar quando houver uma conduta culposa (dolo ou culpa) de sua parte, deixando assente que a responsabilidade objetiva nem de longe está por atingi-la.

O pagamento das prestações para cobertura securitária privada de responsabilidade da empresa é ônus desta e tem como beneficiário o empregado, sendo devido mesmo sem que a empresa tenha incorrido em dolo ou culpa para sua ocorrência. Em outras palavras, a cobertura securitária em comento deve ser paga ainda que o empregador tenha se desincumbido de seu ônus de adotar as normas padrão de segurança e higiene do trabalho indicados para proteção individual ou coletiva, bastando para a eclosão do dever indenizatório a ocorrência do evento danoso e o nexo de causalidade entre o evento e o dano. A cláusula contratual em sentido contrário é nula de pleno direito, por consequência.

A taxação da empresa referente à contribuição específica para o financiamento dos benefícios acidentários e a concessão de algum dos benefícios previstos (auxílio-doença, aposentadoria por invalidez, auxílio-acidente e pensão por morte) não excluem o dever indenizatório da empresa, desde que esta tenha incorrido, como se disse, em culpa ou dolo.

O auxílio-acidente, atualmente, é a única prestação acidentária indenizatória por excelência, sendo devido quando, após consolidação das lesões decorrentes de acidente resultarem sequelas que impliquem redução para capacidade do trabalho que habitualmente exercia (art. 86, da Lei n. 8.213/91), restando como benefícios securitários propriamente ditos o auxílio-doença, a aposentadoria por invalidez, e, por via reflexa, a pensão por morte.

Por fim, a concessão de alguma das prestações acidentárias ao empregado vítima de acidente de trabalho deflagrado por negligência da empresa quanto às normas de segurança e higiene do trabalho indicados para proteção individual ou coletiva acarreta o direito regressivo da Previdência Social compelida ao pagamento contra a empresa responsável (art. 120).

O conteúdo e alcance das normas legais e o quantitativo reparatório acidentário pertencem aos domínios da área cível, cabendo à construção pretoriana a responsabilidade de ditar este aspecto do direito.

> **Art. 122.** Se mais vantajoso, fica assegurado o direito à aposentadoria, nas condições legalmente previstas na data do cumprimento de todos os requisitos necessários à obtenção do benefício, ao segurado que, tendo completado 35 anos de serviço, se homem, ou trinta anos, se mulher, optou por permanecer em atividade. (*Artigo restabelecido, com nova redação, pela Lei n. 9.528, de 10.12.97*)
>
> **Redações anteriores**
>
> Ao segurado em gozo de aposentadoria especial, por idade ou por tempo de serviço, que voltar a exercer atividade abrangida pelo Regime Geral de Previdência Social, será facultado, em caso de acidente do trabalho que acarrete a invalidez, optar pela transformação da aposentadoria comum em aposentadoria acidentária.
>
> Parágrafo único. No caso de morte, será concedida a pensão acidentária quando mais vantajosa.

122.1. Direito adquirido aos benefícios com requisitos já cumpridos e opção pela transformação de aposentadoria por invalidez comum em acidentária de aposentado que volta à ativa

Além de se referir apenas à aposentadoria por tempo de serviço, o texto dado pela Lei n. 9.528/97 deixou à margem do dispositivo o direito aos outros benefícios previdenciários. No entanto, força é reconhecer o alcance do preceito às demais prestações, em homenagem ao princípio do direito adquirido constitucionalmente assegurado (art. 5º, inciso XXXVI).

O conteúdo normativo tem sua operacionalização prática no momento em que o segurado homem com 35 anos de serviço ou mulher com 30 optarem por permanecerem em atividade após estes lapsos. A concessão da aposentadoria por tempo de serviço, mercê do dispositivo, deve obedecer à sistemática legislativa contemporânea ao último dia do trigésimo quinto ano de trabalho do homem ou do trigésimo ano da mulher se proporcionar um benefício mais vantajoso àquele concedido em face da lei vigente no momento do requerimento administrativo.

Salvadas disposições em contrário, a lei é criada para reger as relações jurídicas surgidas de fatos ocorridos após o momento de sua vinda ao mundo jurídico, somente podendo possuir extra-atividade por força de disposição legal. Neste aspecto, é usual o emprego destas salvaguardas pelo legislador toda vez em que há modificações na legislação a respeito do cálculo das prestações, o que ocorreu, inclusive, após o advento da Lei n. 8.213/91, com a Emenda Constitucional n. 20/98 e com a Lei n. 9.876/99.

O texto original da Lei n. 8.213/91, até sua modificação pela Lei n. 9.032/95, facultava ao aposentado titular de aposentadoria por idade, tempo de serviço, especial ou de regimes especiais que permaneceu trabalhando em atividade sujeita a filiação obrigatória pelo RGPS e sofreu acidente de trabalho a conversão destes benefícios em aposentadoria por invalidez ou pensão por morte, acidentárias, quando mais vantajosos.

Antes da revogação da legislação primitiva o segurado que optou por permanecer na ativa também tinha direito ao levantamento do pecúlio, conforme disposições até então insertas nos arts. 81 a 85.

122.2. Diferença entre direito adquirido e direito subjetivo aos benefícios previdenciários

A matéria previdenciária é ciência do direito que comumente envolve a análise de normas jurídicas que vão além do seu conteúdo prescritivo ou mandamental. Isso significa que o bom entendimento do direito previdenciário, assim como qualquer tema envolvendo a ciência do direito como um todo, imprescinde, para a justa solução do caso em apreciação, a aplicação de princípios jurídicos com caráter de fundamentais.

Pode-se dizer que a análise do direito subjetivo pode surgir somente com o deflagrar, no mundo fenomênico, de todos os pressupostos para a aquisição de um direito, seja ele de que natureza for. Assim, nem com o advento da Constituição Federal, que marca um certo direito previdenciário com destino certo para os segurados, não assim também quando o legislador infraconstitucional elabora a lei que complementa o Texto Maior, é juridicamente correto falar em aquisição de um direito subjetivo. Ou seja, a simples previsão de um texto constitucional ou legal destinando certo direito a alguém não configura a aquisição de um direito subjetivo. Este estará definitivamente incorporado ao patrimônio do sujeito titular quando, no plano fático, houver a satisfação de todos os requisitos exigidos para a sua fruição. O direito subjetivo pode ser exercido dependendo apenas da vontade do seu titular em exercê-lo. É oponível ao direito objetivo, que se localiza no objeto, qual seja, a norma jurídica que manda, prescreve ou ordena que se faça, não faça ou deixe-se fazer alguma coisa (*norma agendi*). O direito subjetivo é assim considerado por residir justamente na vontade do sujeito titular, que não possui a obrigação de adotar certa conduta, somente tendo a prerrogativa de, se quiser, exercer seu direito quando lhe aprouver. O direito adquirido, a seu tempo, é aquele que pode ser exigido pelo seu proprietário por já tê-lo adquirido em seu patrimônio, mesmo sobrevindo lei nova que venha alterar os requisitos, os quais já foram cumpridos pelo titular. Fala-se em direito adquirido quando é analisado em fase de lei nova que venha alterar as condições para a aquisição do direito já alcançado.

> **Art. 123.** Revogado pela Lei n. 9.032, de 28.4.95.
>
> **Redações anteriores**
>
> O aposentado pelo Regime Geral de previdência Social que, tendo ou não retornado à atividade, apresentar doença profissional ou do trabalho relacionada com as condições em que antes exercia a sua atividade, terá direito à transformação da sua aposentadoria em aposentadoria por invalidez acidentária, bem como ao pecúlio, desde que atenda às condições desses benefícios.

123.1. Conversão em aposentadoria por invalidez acidentária de aposentado que permanece na ativa e sofre doença profissional ou do trabalho e direito ao pecúlio

Até ser revogado pela Lei n. 9.129, de 20.11.1995, o art. 81, inciso III, prescrevia o direito ao pecúlio do segurado ou seus dependentes, em caso de invalidez ou morte decorrente de acidente de trabalho. Como vimos nos comentários a estes dispositivos, fica mantido o direito adquirido e desde que não ocorrida a prescrição quinquenal aos titulares destes benefícios se preencherem os requisitos até a véspera de vigência da lei que os aboliu.

A aposentadoria por invalidez acidentária antes das modificações quantitativas inseridas nos benefícios pela Lei n. 9.032/95 tinha a vantagem de poder ser concedida mediante a opção entre uma RMI de 100% do salário de benefício ou do salário de contribuição vigente no momento do acidente.

O texto assegurava ao titular de qualquer aposentadoria do RGPS (por idade, tempo de serviço, especial ou de regimes especiais), o direito à transformação de seu benefício em aposentadoria por invalidez acidentária desde que apresentasse doença profissional ou do trabalho conexa à atividade antes exercida. Diferentemente do disposto no artigo anterior, não era exigida a manutenção do vínculo empregatício ou o retorno à ativa.

Abolidas as vantagens que poderiam advir das diferenças entre as aposentadorias por invalidez comum e acidentária pela Lei n. 9.032/95, a única alternativa que restou ao legislador ordinário foi também revogar este art. 123 em face do seu posterior desuso, respeitados, como sempre, o direito adquirido pelo atendimento de todos os pressupostos antes da sua revogação.

Conquanto revogado este art. 123 pela Lei n. 9.032/95, ressalva-se que o direito ao pecúlio restou mantido até a revogação do art. 81, inciso III, pela Lei n. 9.129, de 20.11.1995.

> **Art. 124.** Salvo no caso de direito adquirido, não é permitido o recebimento conjunto dos seguintes benefícios da Previdência Social:
>
> I — aposentadoria e auxílio-doença;
>
> II — mais de uma aposentadoria; (*Redação dada pela Lei n. 9.032, de 28.4.95*)
>
> III — aposentadoria e abono de permanência em serviço;
>
> IV — salário-maternidade e auxílio-doença; (*Inciso acrescentado pela Lei n. 9.032, de 28.4.95*)
>
> V — mais de um auxílio-acidente; (*Inciso acrescentado pela Lei n. 9.032, de 28.4.95*)
>
> VI — mais de uma pensão deixada por cônjuge ou companheiro, ressalvado o direito de opção pela mais vantajosa. (*Inciso acrescentado pela Lei n. 9.032, de 28.4.95*)
>
> Parágrafo único. É vedado o recebimento conjunto do seguro-desemprego com qualquer benefício de prestação continuada da Previdência Social, exceto pensão por morte ou auxílio-acidente. (*Parágrafo único acrescentado pela Lei n. 9.032, de 28.4.95*)
>
> **Redações anteriores**
>
> Salvo no caso de direito adquirido, não é permitido o recebimento conjunto dos seguintes benefícios da Previdência Social:
>
> I — aposentadoria e auxílio-doença;
>
> II — duas ou mais aposentadorias;
>
> III — aposentadoria e abono de permanência em serviço.

124.1. Acumulação de benefícios

Ao tecer seus comentários sobre referido dispositivo legal, Wladimir Novaes Martinez traz digressão assaz esclarecedora, traçando diretrizes sobre a acumulação, *in verbis*:

"As regras de acumulação acima aplicam-se ao RGPS. A matéria não está sistematizada no Direito Previdenciário. Sua fixação reclama o estabelecimento de distinções quanto à natureza e ao tipo das mensalidades. Sob esse ponto de vista, elas são: a) substituidoras dos ganhos do beneficiário; b) reparadoras de despesas eventuais; e c) atípicas.

O auxílio-doença e a aposentadoria por invalidez, a aposentadoria por tempo de serviço, por idade e especial, bem como a pensão por morte e o auxílio-reclusão, são exemplos de importâncias recebidas em substituição à remuneração do beneficiário. O salário maternidade é exemplo elucidativo de valor previdenciário situado no lugar da remuneração trabalhista.

O auxílio-natalidade e o auxílio-funeral, quando previdenciários, e também o abono anual, são pagamentos feitos em razão de eventuais especiais (nascimento, morte, Natal), quando o beneficiário tem aumentadas as despesas habituais com a subsistência.

O pecúlio e o abono de permanência em serviço eram benefícios não substituidores e não se referiam a despesas ocasionais; eram ditas prestações atípicas.

E por fim conclui:

Estabelecida a diferença, podem ser fixadas as seguintes diretrizes básicas:

a) são admitidas as acumulações consagradas por lei;

b) benefícios substituidores não são recebidos acumuladamente;

c) benefícios reparadores são acumuláveis uns com os outros;

d) benefícios reparadores podem ser simultaneamente recebidos com os substituidores;

e) os dependentes auferem dois ou mais benefícios próprios de sua situação, bem com podem acumula-los com os típicos da condição de segurados, se possuírem-na; (...)"[252]

A prestação previdenciária é obtida para fazer frente à manutenção da condição de sobrevivência do segurado ou seus dependentes, restando descartada a possibilidade da manutenção do mesmo padrão de vida usufruído antes da percepção do benefício. Confirma este pensamento a imposição de limites mínimo e máximo para os valores dos salários de contribuição e do salário de benefício, bem como da RMI.

Outra percepção da aplicação deste princípio, sem desconsiderar a conjugação com outros fatores, é a regra da possibilidade de acumulação dos benefícios como regra e a não permissão como exceção prevista no texto legal.

Primeiramente, aos segurados que já vinham percebendo mais de um benefício por força de permissão da legislação revogada, é garantida a manutenção do direito já incorporado ao patrimônio jurídico, ainda que não exercitado contemporaneamente.

O inciso II foi modificado, os incisos IV a VI e o parágrafo único foram acrescidos pela Lei n. 9.032/95.

O abono de permanência em serviço foi extinto pela Lei n. 8.870/94.

A finalidade da concessão de aposentadoria ou auxílio-doença é substituir os rendimentos do segurado, de forma vitalícia na aposentadoria ou até a convalescença do trabalhador incapacitado permanentemente. Confirmando o caráter de repartição simples do sistema previdenciário, pelo qual o montante arrecadado é para solvência dos benefícios em manutenção, é lícito dizer que ainda que o aposentado que se mantém na ativa esteja obrigado a continuar contribuindo, não fará jus a nenhum benefício mesmo considerando somente as contribuições vertidas após o jubilamento (§ 2º do art. 18). O prejuízo financeiro advindo da incapacidade temporária do aposentado que continua trabalhando é contornado pela percepção deste benefício.

A proibição de percepção de duas aposentadorias (inciso II) não é óbice à constituição do direito ao recebimento de aposentadorias de regimes diversos, uma pelo Regime da Previdência Social e outro de regime próprio, desde que não utilizadas as mesmas contribuições de forma recíproca. Isto porque os benefícios de regimes diversos não concorrem entre si no atendimento do caráter substitutivo dos rendimentos.

Conquanto a gravidez não seja uma doença, o fator determinante do salário-maternidade é a necessidade de repouso no período pré-natal e pós-parto. Em vista disso, mesmo que a segurada não esteja incapaz para o exercício de atividade, fará jus ao salário-maternidade. Assim, embora o risco social protegido seja diferente, também não é permitido recebimento de auxílio-doença e salário-maternidade. Porém, pode acontecer que a gravidez reclame afastamento anterior aos 28 dias antes do parto. Neste caso, impõe-se a concessão de auxílio-doença até o início do salário-maternidade.

A vedação da acumulação do auxílio-acidente com aposentadoria surgiu a partir do momento em que a Lei n. 9.528/97 expressamente passou a considerar o valor daquele como salário de contribuição para o cálculo da RMI de qualquer aposentadoria. Daí a expressa menção no texto do § 1º do art. 86 de que o auxílio-acidente será devido até a véspera do início de qualquer aposentadoria. Como o auxílio-acidente é benefício de natureza indenizatória, como decorre, aliás do próprio texto legal (art. 86, *caput*), do que se fazendo desnecessária a carência (art. 26, inciso I), a sua concessão é um ato de liberalidade da lei, descabendo interpretação ampliativa visando alargar o alcance do direito. Dessa forma, descabe a concessão de mais de um auxílio-acidente, ainda que derivados de fatos jurídicos diversos que poderiam ensejar mais de um direito. No entanto, para o regime anterior à inserção do inciso V, não havia a proibição de tal percepção, sendo juridicamente possível o direito.[253]

---

(252) *Comentários à Lei Básica da Previdência Social*, p. 488-489.
(253) "PREVIDENCIÁRIO. RECURSO ESPECIAL. CUMULAÇÃO DE MAIS DE UM AUXÍLIO-ACIDENTE. POSSIBILIDADE. 1. Consolidadas as sequelas decorrentes do acidente no período de vigência do texto original da Lei n. 8.213/91, 5.4.91 a 28.4.95, admite-se a cumulação de mais de um auxílio-acidente, desde que provenientes de causas distintas, face à ausência de vedação legal. 2. Recurso Provido." (REsp 120323, de Santa Catarina, DJ 1º.2.99, p. 224).

O art. 50, inciso II, do Decreto n. 89.312/84, antiga CLPS, expressamente trazia como causa da extinção da pensão por morte o posterior casamento do segurado do sexo feminino. Se a mulher viesse a se casar novamente, a pensão seria cancelada. Tal motivo de extinção não mais persiste no direito atual. Apesar disso, está proibida a acumulação de pensões deixadas por cônjuge ou companheiro, nada impedindo a possibilidade de acumulação de pensão de outros segurados cujo beneficiário pode ser considerado dependente, como de filho para mãe, por exemplo, e concomitantemente com do cônjuge.

Valioso trazer à colação excerto jurisprudencial do Tribunal Regional Federal da 4ª Região:

"PREVIDENCIÁRIO. RESTABELECIMENTO DE PENSÃO POR MORTE DE CÔNJUGE, CESSADA EM VIRTUDE DA CONCESSÃO DO MESMO BENEFÍCIO POR MORTE DE FILHO. POSSIBILIDADE DE ACUMULAÇÃO. TERMO INICIAL. VALOR DO BENEFÍCIO. JUROS MORATÓRIOS. CORREÇÃO MONETÁRIA. DESPESAS PROCESSUAIS. VERBA HONORÁRIA.

O Decreto 89.312/84, art. 18 e seguintes, ao dispor sobre a impossibilidade de acumulação de benefícios, não enumera a pensão por morte deixada por cônjuge e filho e, assim, faz jus a autora ao restabelecimento do benefício cessado, a partir daquela data (...)" (Apelação Cível n. 610524, de São Paulo, Relatora Juíza Suzana Camargo).

Ainda que inacumuláveis as pensões, é ressalvado o direito à opção pela mais vantajosa.

Por outro lado, sendo de fontes de custeio diversas, não existe óbice à cumulação de benefício rural com urbano.[254]

Segundo art. 201, inciso III, da Constituição Federal de 1988, a Previdência Social atenderá a cobertura da situação de desemprego involuntário do trabalhador. De outra banda, o art. 9º, da Lei n. 8.213/91, estabelece que a Previdência Social garante a cobertura dos riscos sociais contemplados no seu art. 1º, exceto o desemprego involuntário, deixando a sua disciplina ao encargo de lei específica, atualmente, a Lei n. 7.998, de 11 de janeiro de 1990. O trabalhador terá direito ao seguro-desemprego em caso de despedida sem justa causa e se não possuir renda própria de qualquer natureza suficiente à manutenção sua e de sua família. O parágrafo único deste art. 124 retira do rol das cumulações proibidas o recebimento conjunto de seguro-desemprego com pensão por morte ou auxílio-acidente.

O caráter assistencial do benefício previsto na Lei n. 8.742, de 7.12.1993, constitui óbice à sua cumulação com qualquer outro benefício de Regime Geral da Previdência Social ou de outro regime, sendo tal pressuposto considerado como requisito para sua concessão.[255]

Nos termos do § 3º do art. 167 do Decreto n. 3.048/99, é permitida a acumulação dos benefícios previstos neste regulamento com o benefício previsto na Lei n. 7.070, de 20 de dezembro de 1982 (Pensão Especial para Vítimas de Talidomida).

O caráter essencialmente assistencialista da pensão por morte rural tem servido de fundamento para a proibição de sua cumulação com aposentadoria do regime urbano, embora diametralmente oposta tese predominante.[256]

---

(254) "PREVIDENCIÁRIO. CUMULAÇÃO DE PENSÃO URBANA E RURAL POR MORTES DE SEGURADOS — FILHO E CÔNJUGE — DIFERENTES FONTES DE CUSTEIO — CANCELAMENTO INDEVIDO DE PENSÃO POR MORTE RURAL — DIREITO ADQUIRIDO — NÃO APLICÁVEL LEGISLAÇÃO POSTERIOR. "I — As pensões previdenciárias deixadas pelo filho e pelo cônjuge da autora possuem diferentes fontes de custeio, desse modo não há óbice legal à sua cumulação; II — As pensões havidas por morte são regidas pela legislação da época do óbito; III — O cancelamento por morte rural operado pelo INSS foi indevido, ferindo frontalmente o direito adquirido que já incorporado ao patrimônio da beneficiária, como ressaltado na peça exordial, ficando afastada, por consectário, a aplicação da legislação posterior, qual seja a Lei n. 8.213/91; IV — Sem máculas a sentença impugnada, o que impede a sua reforma; VI — Apelação Cível e remessa necessária improvidas." (Apelação cível n. 254754, do Rio de Janeiro, Relator Juiz Ney Fonseca, publicado no DJU de 12.5.2003, p. 171).
(255) "O benefício de que trata este artigo não pode ser acumulado pelo beneficiário com qualquer outro, no âmbito da seguridade social ou de outro regime, salvo o da assistência médica."
(256) Do Tribunal Regional Federal da 4ª Região: "PREVIDENCIÁRIO. ACUMULAÇÃO DE PENSÃO RURAL COM APOSENTADORIA URBANA. 1. A Lei n. 7.604/87 estendeu à viúva de trabalhador rural morto anteriormente à vigência das Leis Complementares ns. 11/71 e 16/73 o direito à pensão previdenciária, mas com efeitos financeiros exigíveis somente a partir de 1º.4.87, quando a referida lei entrou em vigor. 2. A Lei Complementar n. 16/73, art. 6º, vedou unicamente a cumulação de benefícios se um deles tem natureza urbana e outro rural. 3. Não há que se falar em prescrição quinquenal se o benefício é deferido a partir da data do requerimento administrativo e o ajuizamento da ação deu-se menos de cinco anos após." (Apelação Cível n. 96.04.03625-4, do Rio Grande do Sul, DJ2, de 24.3.99, p. 814).

O segurado recluso não terá direito a auxílio-doença e de aposentadoria por invalidez enquanto estiverem recebendo auxílio-reclusão os dependentes, ainda que contribua como contribuinte individual ou facultativo, sendo autorizada a percepção do benefício mais vantajoso, opção que dependerá da anuência dos dependentes (art. 2º, § 1º, da Medida Provisória n. 83, de 12 de dezembro de 2002, convertida na Lei n. 10.666, de 8 de maio de 2003).

Outro benefício que não pode cumulado com outra prestação, seja ela de natureza previdenciária ou mesmo assistencial, é o Amparo Asssistencial ao Deficiente ou Idoso. Aliás, tal prestação previdenciária somente pode ser concedida ao pretendente quando este não estiver fruindo de algum outro benefício previdenciário ou assistencial, constituindo-se então em um requisito para a sua concessão. É o disposto no art. 20, § 4º, da Lei n. 8.742, de 1993.

> **Art. 125.** Nenhum benefício ou serviço da Previdência Social poderá ser criado, majorado ou estendido, sem a correspondente fonte de custeio total.
>
> Art. 125-A. Compete ao Instituto Nacional do Seguro Social — INSS realizar, por meio dos seus próprios agentes, quando designados, todos os atos e procedimentos necessários à verificação do atendimento das obrigações não-tributárias impostas pela legislação previdenciária e à imposição da multa por seu eventual descumprimento. (*Incluído pela Medida Provisória n. 449, de 3 de dezembro de 2008*)
>
> § 1º A empresa disponibilizará a servidor designado por dirigente do INSS os documentos necessários à comprovação de vínculo empregatício, de prestação de serviços e de remuneração relativos a trabalhador previamente identificado. (Incluído pela Medida Provisória n. 449, de 3 de dezembro de 2008)
>
> § 2º Aplica-se ao disposto neste artigo, no que couber, o art. 126. (Incluído pela Medida Provisória n. 449, de 3 de dezembro de 2008)
>
> § 3º O disposto neste artigo não abrange as competências atribuídas em caráter privativo aos ocupantes do cargo de Auditor-Fiscal da Receita Federal do Brasil previstas no inciso I do art. 6º da Lei n. 10.593, de 6 de dezembro de 2002. (*Incluído pela Medida Provisória n. 449, de 3 de dezembro de 2008*)
>
> **Redações anteriores**
>
> **Redação original**
>
> Nenhum benefício ou serviço da Previdência Social poderá ser criado, majorado ou estendido, sem a correspondente fonte de custeio total.

125.1. Princípio da Contrapartida na Seguridade Social

A regra da contrapartida, fonte inspiradora do legislador ordinário, também encontrada na Constituição (art. 195, § 5º), matiza a relação jurídica previdenciária em um ponto comum entre custeio e benefício, na parte em que diz com aumento de despesa com prestações a serem criadas, majoradas ou estendidas. O fluxo de caixa da Previdência Social tem que manter o equilíbrio entre receitas e despesas a bem de suportar os pagamentos de benefícios em manutenção, estabilizando um superávit mesmo após a criação de novos benefícios, nova possibilidade de aumento de renda mensal (aumento do coeficiente) dos já existentes ou estendido os benefícios a outros segurados até então não titulares do direito. Entretanto, o passado legislativo revela tratar-se de empreitada assaz dificultosa, quiçá impossível de cumprimento pelo legislador.

Com larga vantagem sobre o tema, Uendel Domingues Ugatti, inaugurando laborioso capítulo sobre as origens do postulado em debate, ensina que "A questão do equilíbrio econômico e financeiro do sistema de proteção social — seja em um regime exclusivo de seguro social ou em um sistema de seguridade social — sempre foi pressuposto para a sua própria existência e premissa inafastável para atingir de forma efetiva os seus objetivos".[257]

Em que pese sempre ter sido previsto no direito positivo, face ausência normativa constitucional, nunca foi respeitado pelo legislador,

"(...) dando então ensejo ao seu total desrespeito pelo Congresso Nacional, que por simples lei ordinária — como também o era a Lei Orgânica da Previdência Social — poderia revogar o mencionado preceito, instituindo novos benefícios assistenciais ou previdenciários sem qualquer espécie de contrapartida da receita necessária para o seu custeio, bem como, à época, instituindo novas fontes de custeio sem qualquer espécie de contrapartida na criação de benefícios assistenciais ou previdenciários".[258]

---

(257) *O Princípio Constitucional da Contrapartida na Seguridade Social*, p. 71.
(258) *Idem, Ibidem*, p. 72.

A justificar um plano de benefícios e de custeio fincado sob critérios atuariais, avulta como imperativo que tais positivações não podem passar ao largo de profundas pesquisas atuarias prévias, "(...) seguindo os critérios estabelecidos pelo atuário na instituição das contribuições, bem como na fixação do valor dos benefícios e dos custos dos serviços".[259]

Após pinçar os fundamentos axiomáticos do postulado em questão, conclui:

"Desse modo, o princípio da contrapartida, em consonância com o planejamento constitucional da seguridade social de caráter obrigatório ao Poder Público — princípio da legalidade, art. 37, *caput*, da Constituição Federal —, obriga o legislador ordinário, quando do exercício da atividade legiferante, a indicar a respectiva fonte de custeio total da prestação protetiva instituída ou estendida, e a prescrever, expressamente, qual ou quais prestações de seguridade social serão custeadas pela contribuição criada ou majorada".[260]

É princípio constitucional que nenhuma verba do orçamento da União será repassada como receita para área da seguridade dos Estados, Distrito Federal ou dos Municípios, que para tal desiderato contará com orçamento próprio (art. 195, § 1º, da CF/88). Por outro lado, o prestígio que merece o sistema da Seguridade Social da União é tão decantado que possui orçamento próprio para financiamento das despesas que lhe são próprias, diverso das outras áreas de atuação governamental (art. 195, § 2º).

O regime de repartição simples adotado pelo Brasil caracteriza-se pela formação do aporte financeiro contributivo destinado ao pagamento dos benefícios pecuniários e serviços presentes e futuros. O equilíbrio financeiro e atuarial, como não poderia deixar de ser, sempre foi princípio constante na legislação previdenciária. No entanto, analisando a legislação previdenciária em retrospectiva, a sistemática legislativa do cálculo da renda mensal inicial teve uma evolução que passou por processos mais rudimentares até chegar ao patamar atuarial hoje existente com o fator previdenciário, associando dados intrinsecamente estáticos com a atuação de variáveis impopulares erigidas à condição de tábua de salvação do equilíbrio financeiro e atuarial. Basta observar a grandeza da diferença final de cálculos com e sem a aplicação do fator previdenciário. A desconstitucionalização do cálculo pela Emenda Constitucional n. 20/98 efetivou o intento modificativo menos burocrático das regras do sistema previdenciário, buscado no *caput* do art. 201 com a nova redação, dando possibilidade a inovações tendenciosas ao equilíbrio financeiro e atuarial de aprovação menos rigorosas, cujo receio é a inovação prejudicial ao segurado. A aposentadoria, neste contexto, é vista como uma última esperança minimizadora de um quadro de miséria e desemprego descortinado pelo sistema capitalista de exclusão dos processos de produção e de consumo. Em contrapartida, a expectativa para aposentadorias precoces associada ao aumento da expectativa de vida torna-se insalubre à harmonia do sistema previdenciário e a política econômica governamental harmonizadora é o afastamento desta realidade, numa aproximação do sistema de capitalização.

125.2. Fiscalização de obrigações não-tributárias e imposição de multa

A Lei n. 11.941, de 27 de maio de 2009, resultante da conversão da Medida Provisória n. 449, de 3 de dezembro de 2008, trouxe inovação no art. 125, inserindo o art. 125-A na Lei de Benefícios da Previdência Social.

O artigo em comento traz para as empresas e todos aqueles que, de uma forma ou de outra participam da relação jurídico-previdenciária, especialmente quanto às obrigações não-tributárias (já que as contribuições para a Seguridade Social são espécies de tributos e são objeto de regulação pela Lei de Custeio), imposições de condutas que visam fazer com que, em uma última análise, os direitos dos beneficiários da Previdência Social sejam respeitados e cumpridos por todos os sujeitos passivos a isso obrigados, inclusive as empresas e demais responsáveis pelo fiel cumprimento das leis e demais atos normativos alusivos ao Direito Previdenciário, compreendido de uma forma geral. Por que os beneficiários da Previdência Social são titulares

---

(259) *Idem, Ibidem*, p. 79.
(260) *Idem, Ibidem*, p. 88.

de direitos previdenciários que precisam de atendimento especializado, principalmente devido à sua condição de fragilidade ou hipossuficiência, os órgãos da Administração Previdenciária e os demais sujeitos passivos das obrigações previdenciárias se veêm com a responsabilidade legal de cumprir as leis e atos normativos instrumentais dos direitos sociais à Seguridade Social. Na relação de custeio, disciplinada para o RGPS pela Lei n. 8.212, de 1991, também se observam várias obrigações acessórias, ou seja, além daquelas existentes para o cumprimento do próprio encargo de arrecadação e recolhimento da exações tributárias.

Além da responsabilidade que têm os agentes da Previdência Social de fazer cumprir escorreitamente as obrigações previdenciárias, como decorre do texto do art. 125-A, o descumprimento destas obrigações enseja a possibilidade de imposição de multas administrativas. Em razão da necessidade de observância do devido processo legal, que tem base principiológica de cunho constitucional (art. 5º, incisos LIV e LV), os sujeitos que se verem na iminência ou já obrigados a pagar multa podem se valer de seu direito de exigir a deflagração de um procedimento apto a lhes oportunizar o contraditório e a ampla defesa. Em resumo, a imposição definitiva de multa somente pode se efetivar, na prática, depois de esgotadas todas as instâncias administrativas para a exigência e cobrança do crédito. Confirmação desta afirmação é o próprio preceituado no § 2º do art. 125-A, que determina a observância do disposto no art. 126, o qual alude à possibilidade de interposição de recuso na esfera administrativa das decisões do INSS.

Somente fica de fora do alcance do preceito normativo em questão o que o seu § 3º traz como ressalva, que são as competências atribuídas em caráter privativo aos ocupantes dos cargos de Auditor-Fiscal da Receita Federal do Brasil, as quais estão previstas, segundo o dispositivo, no inciso I do art. 6º da Lei n. 10.593, de 6 de dezembro de 2002. Assim, à primeira vista, o que o enunciado normativo quer deixar determinado é que as atribuições administrativas de fiscalização e demais atos administrativos de interesses da relação de custeio da Seguridade Social não se confundem com estas responsabilidades administrativas previstas no art. 125-A para as obrigações previdenciárias. Os agentes administrativos do setor de custeio não possuem a mesma competência daqueles designados especialmente para a área da previdência.

Exemplificativamente, pode-se deixar ilustrada a aplicação prática do preceito na hipótese de verificação de tempo de serviço ou de contribuição num processo administrativo de concessão de aposentadoria. Sabe-se que as anotações na CTPS do segurado se constituem prova com presunção relativa de veracidade quanto às informações ali contidas. Por isso que se houver discrepância ou divergência entre a realidade e algum registro feito naquele documento o segurado pode exercer o seu direito de revisão, inclusive servindo de denúncia para que os servidores do INSS empreendam diligências a bem de assegurar o cumprimento deste artigo.

As obrigações a que aludem o dispositivo são, a bem da verdade, uma similaridade com as obrigações acessórias que existem no direito tributário, embora não no intento de se fazer efetiva a arrecadação securitária, como acontece na Lei de Custeio. Estas obrigações acessórias desta Lei de Benefícios da Previdência Social são imposições de fazer, não fazer ou deixar que se faça, em prol da fiscalização e cumprimento das obrigações dos beneficiários do RGPS.

Art. 126. Das decisões do Instituto Nacional do Seguro Social-INSS nos processos de interesse dos beneficiários e dos contribuintes da Seguridade Social caberá recurso para o Conselho de Recursos da Previdência Social, conforme dispuser o Regulamento. (*Redação dada pela Lei n. 9.528, de 1997*)

§ 1º *Revogado pela Medida Provisória n. 413, de 3 de janeiro de 2008.*

§ 2º *Revogado pela Medida Provisória n. 413, de 3 de janeiro de 2008.*

I — devolvido ao depositante, se aquela lhe for favorável; (*Incluído pela Lei n. 9.639, de 25.5.98*)

II — convertido em pagamento, devidamente deduzido do valor da exigência, se a decisão for contrária ao sujeito passivo. (*Incluído pela Lei n. 9.639, de 25.5.98*)

§ 3º A propositura, pelo beneficiário ou contribuinte, de ação que tenha por objeto idêntico pedido sobre o qual versa o processo administrativo importa renúncia ao direito de recorrer na esfera administrativa e desistência do recurso interposto. (*Incluído pela Lei n. 9.711, de 20/11/98*)

Redações anteriores

Redação dada pelas Leis ns. 9.528/97, 10.684/03, 9.639/98 e 9.711/98

Das decisões do Instituto Nacional do Seguro Social-INSS nos processos de interesse dos beneficiários e dos contribuintes da Seguridade Social caberá recurso para o Conselho de Recursos da Previdência Social, conforme dispuser o Regulamento. (*Redação dada pela Lei n. 9.528, de 10.12.97*)

§ 1º Em se tratando de processo que tenha por objeto a discussão de crédito previdenciário, o recurso de que trata este artigo somente terá seguimento se o recorrente, pessoa jurídica ou sócio desta, instruí-lo com prova de depósito, em favor do Instituto Nacional do Seguro Social — INSS, de valor correspondente a trinta por cento da exigência fiscal definida na decisão. (*Redação dada pela Lei n. 10.684, de 30.5.2003*)

§ 2º Após a decisão final no processo administrativo fiscal, o valor depositado para fins de seguimento do recurso voluntário será: (*Parágrafo e incisos acrescentados pela Lei n. 9.639, de 25.5.98*)

I — devolvido ao depositante, se aquela lhe for favorável;

II — convertido em pagamento, devidamente deduzido do valor da exigência, se a decisão for contrária ao sujeito passivo.

§ 3º A propositura, pelo beneficiário ou contribuinte, de ação que tenha por objeto idêntico pedido sobre o qual versa o processo administrativo importa renúncia ao direito de recorrer na esfera administrativa e desistência do recurso interposto. (*Parágrafo acrescentado pela Lei n. 9.711, de 20.11.98*)

Redação original

Das decisões administrativas relativas à matéria tratada nesta Lei, caberá recurso para o Conselho de Recursos do Trabalho e da Previdência Social — CRTPS conforme dispuser o regulamento.

126.1. Processo administrativo previdenciário

Este dispositivo traça, em linhas gerais, as diretrizes do contencioso administrativo na área afeta ao sistema da Previdência Social, compreendendo todo e qualquer litígio envolvendo os sujeitos passivos a ativos da relação previdenciária. A disciplina de tal matéria é tratada com mais amiúde pelo Regulamento da Previdência Social, lembrando que, extensiva a todos os órgãos do Poder Público, a Lei n. 9.784, de 29.1.99 regula com pormenores o processo administrativo no âmbito da Administração Pública Federal.

Dando tratamento diferenciado em razão da prioridade aos benefícios acidentários, o inciso I do art. 129 beneficia os processos administrativos com prioridade para conclusão sobre os demais.

Além de atender a critérios especificamente processuais, no sentido de que a falibilidade humana impõe a existência de recursos das decisões administrativas e judiciais, tal norma veio ao encontro da Lei Maior, em seu art. 5º, inciso LV, acerca da obrigatoriedade da implantação e observância do contraditório e da ampla defesa tanto no âmbito administrativo quanto na esfera judicial.[261] Além disso, mediante o comando inserto no inciso LXXVIII, o constituinte derivado alçou como apanágio do contencioso administrativo e judicial o princípio da razoável duração do processo e os meios que garantem a celeridade na sua tramitação.[262]

Nos arts. 305 a 310 do Regulamento estão os artigos que tratam dos recursos administrativos. Subsidiariamente ao disciplinado no Regulamento, o art. 305, *caput*, do Decreto n. 3.048/99 remete ao Regimento do Conselho de Recursos a complementação da matéria afeta aos recursos.

O Conselho de Recursos da Previdência Social compreende vinte e nove Juntas de Recursos competentes para julgar, em primeira instância, os recursos interpostos contra as decisões dos postos do INSS, bem como quatro Câmaras de Julgamento com competência para julgar, em segundo grau, os recursos interpostos contra as decisões das Juntas de Recursos que infringirem lei, regulamento, enunciado ou ato normativo ministerial (inciso II com o texto do Decreto n. 6.722/08), e, por fim, o Conselho Pleno, com competência para uniformizar a jurisprudência previdenciária através de enunciados (inciso IV acrescido pelo Decreto n. 4.729, de 9.6.2003, com a redação modificada pelo Decreto n. 6.722/08).

Procurando dar efetividade ao preceito do art. 194, inciso VII, da CF/88,[263] com a obrigatoriedade de conferir o máximo possível de imparcialidade aos processos administrativos,[264] o § 4º do art. 303 do Regulamento dispõe que as Juntas e as Câmaras que compõem o Conselho de Recursos são presididas por representante do Governo e compostas por quatro membros, chamados conselheiros, sendo dois representantes do Governo, um das empresas e um dos trabalhadores.

É de trinta dias o prazo para interposição de qualquer recurso, bem como para o oferecimento das correspondentes contrarrazões, contados da ciência da decisão e da interposição do recurso, respectivamente (§ 1º, do art. 305, na redação dada pelo Decreto n. 4.729, de 9.6.2003).

O órgão do INSS pode reformar a sua decisão e, quando favorável ao interessado, deve deixar de remeter o recurso à instância superior (§ 4º do art. 305).

Antes da modificação operada pelo Decreto n. 5.699, de 13.2.2006, a regra geral era é o recebimento do recurso somente no efeito devolutivo, dependendo o deferimento do efeito suspensivo de requerimento do interessado e a autorização do Presidente da instância julgadora que seria competente para apreciar o recurso (art. 308). A partir de então, o recebimento dos efeitos passou a ser devolutivo e também suspensivo. No entanto, na prática, os órgãos do INSS primeiro suspendem o pagamento do benefício para só então oportunizar ao segurado a apresentação de defesa, sendo tal procedimento inconstitucional.[265]

---

(261) "Aos litigantes, em processo judicial ou administrativo, e aos acusados em geral são assegurados o contraditório e ampla defesa, com os meios e recursos a ela inerentes".
(262) "A todos, no âmbito judicial e administrativo, são assegurados a razoável duração do processo e os meios que garantem a celeridade na sua tramitação".
(263) Com a redação dada pela EC n. 20/98, que determina a obrigatoriedade do Poder Público observar, na implantação das normas relativas à seguridade social, o caráter democrático e descentralizado da administração, mediante gestão quadripartite, com participação dos trabalhadores, dos empregadores, dos aposentados e do Governo nos órgãos colegiados.
(264) Se bem que tais medidas administrativas jamais poderão se constituir a panaceia para as injustiças cometidas nos processos administrativos de interesses dos segurados, porquanto o princípio da legalidade impõe o poder-dever do Poder Público de agir de acordo com o que a lei permite e nos seus estreitos limites, tendo a obrigação de observar os atos normativos expedidos, que longe estão de cumprirem a legislação ordinária e os Decretos regulamentares que visam pormenorizar.
(265) "CONSTITUCIONAL. PREVIDENCIÁRIO E PROCESSUAL CIVIL — MANDADO DE SEGURANÇA — COMUNICAÇÃO DE CONCESSÃO DE APOSENTADORIA POR TEMPO DE SERVIÇO E POSTERIOR BLOQUEIO DO PAGAMENTO — ALEGAÇÃO DO INSS DE MODIFICAÇÃO DA SISTEMÁTICA DE ANÁLISE DO PERÍODO DE ATIVIDADE RURAL — EXIGÊNCIA DE APRESENTAÇÃO DE NOVOS DOCUMENTOS — NÃO-INSTRUÇÃO DA DEFESA COM DOCUMENTO COMPROBATÓRIO DA INSTAURAÇÃO DO DEVIDO PROCESSO LEGAL ADMINISTRATIVO — OPORTUNIDADE DE CONTRADITÓRIO E AMPLA DEFESA — NÃO OBSERVÂNCIA —

A respeito do prazo decadencial para revisão do ato de concessão do benefício, vide comentários ao art. 103, sendo oportuno registrar que a mudança de critérios legais ou na apreciação das provas produzidas em processo administrativo não tem força para macular o ato administrativo já consumado e perfeito segundo a legislação contemporânea, não podendo retroagir em prejuízo do direito adquirido.

Como pressuposto processual antecedente lógico da apreciação do mérito, a já revogada imposição da exigência do depósito prévio era direcionada apenas às pessoas jurídicas quando discutido crédito previdenciário (§ 1º com redação dada pela Lei n. 10.684, de 30.5.2003), que era devolvido ao depositante em caso de decisão favorável ou convertido em pagamento em caso contrário (§ 2º, incisos I e II). Em sede jurisprudencial, antes da revogação do sobredito depósito recursal, tinha-se reiteradamente decidido em favor da constitucionalidade da exigência pecuniária:

"ADMINISTRATIVO. MANDADO DE SEGURANÇA. DEPÓSITO PRÉVIO RECURSAL. ART. 126, § 1º. LEI N. 8.213/91. PESSOA JURÍDICA. CÂMARA MUNICIPAL. 1. A axigência do prévio depósito de 30% do crédito previdenciário, como condição para interpor recurso administrativo, prevista no § 1º do art. 126 da Lei n. 8.213/91 tem idêntica natureza da exigência que fazia o art. 93 da Lei n. 8.212/91, hoje revogado. Por isso, tem plena aplicação ao caso a Súmula 55 deste Tribunal, devendo-se considerar constitucional a exigência. 2. A circunstância de não possuir personalidade jurídica não exime a Câmara Municipal de cumprir a exigência do § 1º do art. 126 da Lei n. 8.213/91, ao argumento de que a norma ali posta tem como destinatário apenas as pessoas jurídicas, pois, nada obstante se apresente despersonalizada, tem ela capacidade para atuar como pessoa jurídica, e foi atuando dessa forma que deu origem à obrigação previdenciária. 3. Recurso e remessa oficial improvidos." (Apelação em Mandado de Segurança n. 1998.04.01.092865-3, Relator Zuudi Sakakihara, DJU 27.9.2000, p. 250).

E tal garantia não podia ser substituída pelo arrolamento de bens, face não previsibilidade pela norma previdenciária, em obséquio ao princípio da legalidade administrativa.

Neste sentido:

"TRIBUTÁRIO. ADMISSIBILIDADE DE RECURSO ADMINISTRATIVO. ARROLAMENTO DE BENS /OU DE DIREITOS. IMPOSSIBILIDADE NO ÂMBITO PREVIDENCIÁRIO. O art. 126 da Lei 8.213/91, aplicável aos créditos a cargo do INSS, não traz previsão sobre a substituição do depósito recursal de 30% pelo arrolamento de bens, e, no âmbito da Administração Pública, o que não é expressamente permitido, é proibido. Precedentes do STJ." (Agravo de Instrumento n. 2004.04.01.038903-3, Relator Dirceu de Almeida Soares, DJU 9.12.2004, p. 613).

Atualmente, o Superior Tribunal de Justiça editou a Súmula n. 373, que proclama a ilegitimidade da exigência do depósito prévio para interposição de recurso administrativo. Referido verbete tem o seguinte teor: "É ilegítima a exigência de depósito prévio para admissibilidade de recurso administrativo".

No âmbito do Supremo Tribunal Federal, a Súmula Vinculante n. 28, disciplinou a questão acerca da exigência do depósito prévio condicionante das interposições recursais administrativas, tendo decidido, definitivamente, e com amplitude e alcance geral (dado o caráter vinculante de que se reveste), da seguinte forma: "É inconstitucional a exigência de depósito ou arrolamento prévios de dinheiro ou bens para admissibilidade de recurso administrativo.".

Comumente, a autarquia previdenciária vem adotando um procedimento inconstitucional ao dar primazia aos seus interesses quando suspendem ou cassam o benefício previdenciário sem antes dar oportunidade para apresentação de defesa por parte do seu titular. Um proceder legal e constitucional acerca disso im-

---

SENTENÇA CONCESSIVA DA ORDEM DETERMINANDO O DESBLOQUEIO DAS PARCELAS VENCIDAS — IMPOSSIBILIDADE — SENTENÇA PARCIALMENTE REFORMADA. 1. Não comprovando a autoridade apontada como coatora a instauração do devido processo administrativo e a consequente concessão ao prejudicado da oportunidade de contraditório, em ampla defesa, revela-se patente a ilegalidade do ato de bloqueio, principalmente logo após a comunicação de concessão do benefício previdenciário, nos termos do art. 5.º, LIV e LV, da Constituição Federal. 2. A garantia constitucional do devido processo legal exige que a autoridade administrativa, no exercício de suas atividades, atue de maneira não abusiva e não arbitrária, para que seus atos tenham legitimidade ético-jurídica. 3. 'A suspeita de irregularidade na concessão de benefício previdenciário não enseja, de plano, a sua suspensão ou cancelamento, mas dependerá de apuração em procedimento administrativo.' (Súmula 160 do extinto Tribunal Federal de Recursos). 4. O Mandado de Segurança não é substitutivo de ação de cobrança (Súmula n. 269), bem como, a concessão de Mandado de Segurança não produz efeitos patrimoniais em relação a período pretérito, os quais devem ser reclamados administrativamente ou pela via judicial própria (Súmula n. 271). 5. Remessa Oficial a que se dá parcial provimento. 6. Apelação do INSS a que se nega provimento." (Apelação em Mandado de Segurança n. 1995.01.31514-2, de Minas Gerais, Relator Juiz Amilcar Machado, publicado no DJ de 9.1.2002, p. 20).

prescinde do esgotamento das vias administrativas em favor do segurado ou dependente, sem o que não se estará dando efetividade ao postulado constitucional do devido processo legal, na sua vertente administrativa. Somente após ultimadas as fases administrativas é que o beneficiário ou contribuinte da Seguridade Social poderá ter contra si os efeitos ou execução das decisões proferidas em sede administrativa. Via de regra, como se sabe, os recursos têm efeito devolutivo e suspensivo, impedindo a execução da decisão ou do julgado administrativo.

O § 3º deste art. 126 foi acrescido pela Lei n. 9.711, de 20.11.1998, e trata-se de desdobramento da regra segundo a qual não é necessário o exaurimento da via administrativa como condição de acesso à via judicial, sendo assim despicienda desde o já extinto Tribunal Federal de Recursos (Súmula n. 213), bastando, quando menos, a prévia postulação administrativa e negativa do interesse em primeira instância administrativa ou ao menos a demora na apreciação do pedido.

126.2. Mudança de interpretação ou de critério jurídico na aplicação da lei

É princípio geral de direito público que ao executor das leis e demais atos normativos de caráter genérico, emanados do Poder Legislativo, é vedado usar de sua supremacia de poder para impingir aos administrados, aqui beneficiário ou contribuinte do Regime de Previdência Social e de Custeio da Seguridade Social, retroatividade de atos administrativos que passam a tratar dissemelhantemente situações já consolidadas no passado sob o império de uma outra lei antiga e já revogada. Dizendo de outra forma, não pode o administrador querer interpretar diferentemente uma lei, sob a qual foi praticado ato administrativo que envolve beneficiário ou contribuinte, de forma diversa da que tinha aplicado anteriormente. É-lhe permitido buscar novas interpretações ou adaptações jurídicas, sempre buscando sentir o exato alcance da lei no seu tempo atual, tal como lhe permite, aliás, a Lei de Introdução ao Código Civil (art. 5º) sendo-lhe vedado, no entanto, querer retroagir esta nova aplicação ou mudar os critérios jurídicos sob os quais ela se embasa para a prática do ato administrativo. Ao beneficiário ou contribuinte da Seguridade Social sempre é assegurado poder exercitar o seu direito de acordo com o sentido e o alcance das leis do Poder Legislativo e da Constituição existentes ao tempo da prática do ato. Neste sentido, a vinda da Lei n. 9.784, de 1999, em seu art. 2º, inciso XIII, trouxe a determinação de que o administrador público deve sempre interpretar a norma da forma que melhor garanta o fim público a ser atingido, sendo vedada retroatividade da nova interpretação. Por outro lado, o Poder Público, pode, como já se viu em diversas passagens doutrinárias desta obra, revisar o ato administrativo praticado e que resultou em benefício ao segurado, segundo a Súmula n. 473 do STF, sendo-lhe vedado, também, exercer este direito fora do prazo estipulado legalmente para o instituto da decadência.

O § 3º deste art. 126 foi acrescido pela Lei n. 9.711, de 20.11.1998, e trata-se de desdobramento da regra segundo a qual não é necessário o exaurimento da via administrativa como condição de acesso à via judicial, sendo assim despicienda desde o já extinto Tribunal Federal de Recursos (Súmula n. 213), bastando, quando menos, a prévia postulação administrativa e negativa do interesse em primeira instância administrativa ou ao menos a demora na apreciação do pedido.

> **Art. 127.** *Revogado pela Lei n. 9.711, de 20.11.98.*
>
> **Redações anteriores**
>
> Sem prejuízo do disposto no artigo anterior, o Código de Processo Civil será aplicável subsidiariamente a esta Lei.

127.1. Aplicação subsidiária do Código de Processo Civil aos procedimentos relativos às ações previdenciárias

A aferição da natureza de uma norma independe do diploma normativo em que ela se encontra. Em vista disso, na Lei de Benefícios encontram-se normas de direito material, onde se acham os direitos dos segurados, como também algumas regras a serem aplicadas no âmbito processual.

Embora tenha sido revogado pela Lei n. 9.711/98, lembrava o aplicador do direito que a processualística civil deveria ser aplicada subsidiariamente aos casos concretos em que a lide versava sobre conflitos de matéria procedimental. Como exemplo de norma de caráter processual no texto da Lei de Benefícios cita-se o art. 129, que dispõe a respeito da competência para o processamento e julgamento das causa envolvendo as lides acidentárias, bem como o art. 130, estabelecendo o prazo para oposição de embargos pelo INSS nas execuções contra ele promovidas.

A revogação do dispositivo apenas tratou de retirar do ordenamento preceito de lei que, a despeito de sua inserção, poderia ser considerado ocioso diante do princípio implícito de que a processualística civil deve ser aplicada em tudo quanto não for regulado de maneira diversa por lei específica.

Acerca do procedimento a ser adotado para o processamento da causa, o próprio CPC deixa assente ser imperativa a adoção do procedimento ordinário quando não houver disposição diversa no próprio diploma processual ou em lei específica (art. 271). Porém, como adiante se verá, a criação dos Juizados Especiais Federais para causas no valor de até 60 salários mínimos tornou obrigatória, pena de nulidade, o ajuizamento das demandas de natureza previdenciária até aquele patamar, bem como tornou mais célere o andamento dos processos, tornando-se prestativo procedimento à obtenção da almejada prestação jurisdicional mais acelerada.

Sem a pretensão de esgotar o tema, já que incontáveis são as aplicações que o código de processo civil injeta na esfera previdenciária, pode-se citar, a título ilustrativo, que as ações previdenciárias ajuizadas por incapazes por menoridade ou doença mental titulares de benefícios deverão ser fiscalizadas pelo Ministério Público, sob pena de nulidade, na forma do que dispõe o art. 82, inciso I, do CPC. Obrigatoriedade de manifestação por parte do Ministério Público pode ser encontrada ainda na Lei n. 8.742, de 1993 (LOAS), a qual dispõe, em seu art. 31, que o Ministério Público atuará obrigatoriamente em defesa das pessoas incapazes por deficiência ou doença mental. O Estatuto do Idoso também prescreve ser obrigatória a intervenção ministerial nos casos de postulação de interesses de idosos (art. 75). Outra atenção deve ser dada, em termos processuais, ao tratamento a ser dispensado para os processos em que atuam os idosos, na forma do que estabelece o art. 71 do Estatuto do Idoso, dispondo ser obrigatório um procedimento mais acelerado em vista dos interesses destas pessoas com idade igual ou superior a 60 (sessenta) anos. Os interesses divergentes na disputa por pensão, total ou parcialmente, entre mãe e filha absolutamente incapaz, por exemplo, acarretam a obrigatoriedade da nomeação de curador especial, em obediência ao que prescreve o art. 9º, inciso I, do CPC.

Art. 128. As demandas judiciais que tiverem por objeto o reajuste ou a concessão de benefícios regulados nesta Lei cujos valores de execução não forem superiores a R$ 5.180,25 (cinco mil, cento e oitenta reais e vinte e cinco centavos) por autor poderão, por opção de cada um dos exequentes, ser quitadas no prazo de até sessenta dias após a intimação do trânsito em julgado da decisão, sem necessidade da expedição de precatório. (*Redação dada pela lei n. 10.099, de 19.12.2000*)

§ 1º É vedado o fracionamento, repartição ou quebra do valor da execução, de modo que o pagamento se faça, em parte, na forma estabelecida no caput e, em parte, mediante expedição do precatório. (*Parágrafo acrescentado pelo art. 1º da Lei n. 10.099, de 19.12.2000*)

§ 2º É vedada a expedição de precatório complementar ou suplementar do valor pago na forma do caput. (*Parágrafo acrescentado pelo art. 1º da Lei n. 10.099, de 19.12.2000*)

§ 3º Se o valor da execução ultrapassar o estabelecido no caput, o pagamento far-se-á sempre por meio de precatório. (*Parágrafo acrescentado pelo art. 1º da Lei n. 10.099, de 19.12.2000*)

§ 4º É facultada à parte exequente a renúncia ao crédito, no que exceder ao valor estabelecido no caput, para que possa optar pelo pagamento do saldo sem o precatório, na forma ali prevista. (*Parágrafo acrescentado pelo art. 1º da Lei n. 10.099, de 19.12.2000*)

§ 5º A opção exercida pela parte para receber os seus créditos na forma prevista no caput implica a renúncia do restante dos créditos porventura existentes e que sejam oriundos do mesmo processo. (*Parágrafo acrescentado pelo art. 1º da Lei n. 10.099, de 19.12.2000*)

§ 6º O pagamento sem precatório, na forma prevista neste artigo, implica quitação total do pedido constante da petição inicial e determina a extinção do processo. (*Parágrafo acrescentado pelo art. 1º da Lei n. 10.099, de 19.12.2000*)

§ 7º O disposto neste artigo não obsta a interposição de embargos à execução por parte do INSS. (*Parágrafo acrescentado pelo art. 1º da Lei n. 10.099, de 19.12.2000*)

Redações anteriores

Forma original

As demandas judiciais que tiverem por objeto as questões reguladas nesta Lei, de valor não superior a CR$ 1.000.000,00 (um milhão de cruzeiros) obedecerão ao rito sumaríssimo e serão isentas de pagamento de custas e liquidadas imediatamente, não se lhes aplicando o disposto nos arts. 730 e 731 do Código de Processo Civil.

Redação dada pela Lei n. 8.620/93

As demandas judiciais que tiverem por objeto as questões reguladas nesta Lei, de valor não superior a CR$ 1.000.000,00 (um milhão de cruzeiros) obedecerão ao rito sumaríssimo e serão isentas de pagamento de custas e liquidadas imediatamente, não se lhes aplicando o disposto nos arts. 730 e 731 do Código de Processo Civil.

Redação dada pela Lei n. 9.032/95

As demandas judiciais que tiverem por objeto as questões reguladas nesta Lei e cujo valor da execução, por autor, não for superior a R$ 4.988,57 (quatro mil, novecentos e oitenta e oito reais e cinquenta e sete centavos), serão isentas de pagamento de custas e quitadas imediatamente, não se lhes aplicando o disposto nos arts. 730 e 731 do Código de Processo Civil.

128.1. Rito processual para demandas previdenciárias

Negado administrativamente o pedido de benefício ou existentes diferenças de valores de rendas mensais de benefícios a serem pagas, o conflito de interesses qualificado por um direito subjetivo violado enseja ao segurado a possibilidade de acesso ao judiciário à busca da correspondente prestação jurisdicional.

Pelo texto original da Lei n. 8.213/91, as ações ajuizadas cujo objeto era a tutela de direitos previdenciários, exceto as acidentárias, tinham seu processamento cometido ao rito sumário dos arts. 275 a 281 do Código de Processo Civil. A Lei n. 8.619, de 6.1.1993, expressamente retirou do texto primitivo a determinação a respeito da observância do rito, voltando as causas de natureza previdenciária a serem processadas pelo rito ordinário do CPC. A Lei n. 9.032/95 restabeleceu a competência em razão do valor da causa para execução das demandas previdenciárias. Com a implantação dos Juizados Especiais Federais pela Lei n. 10.259, de 12 de julho de 2001, fica valendo a opção pelo segurado de renunciar ao limite de crédito que exceder a 60 salários mínimos se quiser ver sua demanda sendo processada rito especial daquele diploma. Então, se o interessado abrir mão do crédito que exceder àquele patamar, será favorecido por uma maior celeridade no andamento do processo.[266] Pertinentemente a isso e associada intimamente com a celeridade processual que norteia os Juizados Especiais Federais, a informática está contribuindo, em muito, pelo menos ainda em tempos de experimentação, para a efetivação dos princípios constitucionais do acesso a um Judiciário realmente comprometido com a celeridade e efetividade dos direitos materiais dos jurisdicionados, em especial do cidadão mais carente, o beneficiário da Assistência ou da Previdência Social, o que eliminou vários entraves burocráticos tidos como responsáveis pela morosidade da justiça. Diz-se isso dada a implantação, no Judiciário federal, do sistema de processamento eletrônico de causas judiciais.

Na região de abrangência do TRF4, o sistema eletrônico de processamento de demandas dos Juizados Especiais Federais foi implantado pela Resolução n. 13, de 11 de março de 2004, a qual estabelece procedimentos em caráter geral a serem observados a partir do efetivo funcionamento em cada unidade judiciária premiada pela novidade. A autorização inaugural foi para instalação em todo o complexo jurisdicional da quarta região, em nível de primeiro e segundo graus, implicando a possibilidade de adoção do sistema pelos Juizados Especiais, Turmas Recursais e Turma Regional de Uniformização, nos três Estados que compõem a área de jurisdição do Tribunal da 4ª Região.

A prática dos atos processuais nos sistemas eletrônicos é feita exclusivamente por meio virtual, eliminando a possibilidade da existência simultânea de qualquer peça processual por meio físico (papel). As intimações são feitas exclusivamente por meio de acesso ao *site* de funcionamento do processo eletrônico, ao qual estarão autorizados somente advogados previamente cadastrados e todos os envolvidos diretamente na atividade jurídica da lide (juízes e procuradores), sendo permitido pela parte somente através da consulta pública, também disponibilizada na página. As demandas a serem ajuizadas sem a assistência de advogado, tal como permitido nos Juizados Especiais, permitem à própria parte dispor de assistência de servidor preparado para o fim de efetuar o processamento.

O sistema virtual de demandas federais, no âmbito dos Juizados Especiais, é sobremodo inteligente quando garante uma maior celeridade na tramitação do processo e na busca do direito material da parte envolvida na lide.

Uma das principais conquistas com o meio eletrônico foi a eliminação da ociosidade inata aos autos físicos, que ficavam nos escaninhos das secretarias aguardando a prática de algum ato processual pela parte, juiz ou demais intervenientes processuais, acabando com tempos de espera além do necessário para a prática do referido ato. Agora, se não houver maiores contratempos na marcha processual, desencadeados exclusivamente pelos próprios usuários do sistema e não mais por questões burocráticas, as intimações e citações são todas virtuais e se dão automaticamente após o comando que atestou o término do prazo ou a prática do ato processual.

Outra vantagem já percebida em pouco tempo de experiência é a comodidade no acesso ao processo, traduzida pela facilidade de obtenção das informações processuais em qualquer lugar do mundo por simples acionamento da rede mundial. O juiz, os advogados e outros envolvidos na lide têm amplo e irrestrito acesso a todos os atos processuais sem a necessidade de locomoção até a sede da vara federal onde estão sendo processados eletronicamente. Isso facilita em muito o trabalho dos advogados, dos servidores e dos próprios magistrados, os quais poderão

---

(266) O que realmente vem sendo correspondido na prática forense.

ler cada peça processual a qualquer momento da fase em que se encontra o processo (mesmo estando em segunda instância), sendo sinônimo de superação de fronteiras espaciais e experienciando a justiça com o meio mais eficaz e contemporâneo de transmissão de informações hoje existente, o que também contribui na redução de custos.

Até a edição desta obra, o sistema virtual ainda não havia sido implantado em todos os juizados da 4ª região, sendo paulatinamente instalado, ao passar do tempo, em várias unidades judiciárias, a começar para as causas que versarem exclusivamente sobre questão de direito,[267] migrando, após curto lapso de experiência, para demandas que envolvam matéria de fato.

O projeto de lei n. 71/02 está em tramitação no Congresso Nacional e regulamenta a extensão do processo eletrônico para todos os processos da Justiça federal, trabalhista, civil e penal, em todos os graus de jurisdição.

Conferindo maior celeridade na tramitação das causas e proporcionando agilidade na busca do direito material invocado pela parte, o reflexo positivo da celeridade processual alcançada pela tramitação informatizada dos processos é a recuperação do prestígio do Poder Judiciário, satisfazendo positivamente as expectativas do titular do direito com a entrega da prestação jurisdicional em curto espaço de tempo.

Referentemente à atividade advocatícia atrelada à informatização da justiça, um primeiro contato com a experiência nos juizados especiais eletrônicos revela uma maior necessidade de o advogado ou escritório de advocacia acompanhar a evolução. Na medida em que os processos vão se avolumando nos anais eletrônicos judiciais, intimações e prazos processuais concomitantes vão surgindo, o que reclama atenção redobrada e diuturna às demandas, nem sempre sendo possível quando a prática do ato processual reclamado depende, muitas das vezes, do próprio cliente e não do causídico. Acredita-se, num primeiro contato com a experiência no sistema, que as representações judiciais da administração pública serão os que mais precisarão de reformas estruturais, a bem de corresponder à agilidade conferida aos juizados especiais, necessitando se desvencilharem dos entraves burocráticos inerentes ao setor público, a fim de contornarem as deficiências técnicas e humanas afetas à gestão pública dos interesses fazendários.

Todo sacrifício é possível quando se tem por princípio a busca do direito material da parte, ainda que à custa de eventuais garantias processuais geralmente invocadas no litígio, tendo-se sempre por assente que a paz social é o fim-último do processo, mediante a satisfação pessoal das partes envolvidas na lide, e não uma atuação processual subserviente à regras processuais emanadas de princípios de processualística de há muito já ultrapassados.

128.2. Precatório para pagamento das condenações judiciais impostas à Fazenda Pública

Na redação original do art. 100 do texto constitucional de 1988, as condenações judiciárias em pagar quantia em dinheiro impostas à Fazenda Federal, Estadual ou Municipal, deveriam ser pagas em obediência à ordem cronológica da apresentação dos precatórios e à conta dos referidos créditos. O legislador ordinário da Lei n. 8.213/91, em sua redação originária, favoreceu as demandas previdenciárias limitadas ao crédito previsto no texto com a dispensa do precatório exigido pela Carta Constitucional, além da maior celeridade imprimida pelo rito adotado e isenção de custas. Porém, o Supremo Tribunal Federal decretou a inconstitucionalidade da referida dispensa na ADIn n. 1.252-5, cuja decisão foi publicada no DJ de 24.10.97, p. 54.156.[268] Sucessivamente a isso, o art. 1º, da Emenda Constitucional n. 20, de 15 de dezembro de 1998, modificou o § 3º do art. 100 da Carta Magna ao dispor sobre a exceção ao pagamento por precatório das causas definidas em lei como de pequeno valor em que forem devedores as entidades públicas federais estaduais ou

---

(267) Portaria n. 01, de 18 de março de 2004, da Coordenadoria dos Juizados Especiais Federais da 4ª Região.
(268) Veja-se, a propósito, aresto do STJ pertinente ao tema: "RESP. PREVIDENCIÁRIO. LEI N. 8.213/91 (ART. 128). 1. Os débitos previdenciários, para efeitos de pagamento, estão sujeitos à expedição de precatório. O STF declarou a inconstitucionalidade do art. 128, da Lei n. 8.213/91 (ADIn 1252, Min. Maurício Corrêa). 2. Recurso Especial conhecido e provido." (STJ, REsp 183941, de São Paulo, DJ, 17.5.1999, p. 252).

municipais, vindo tal dispositivo a ser regulamentado posteriormente com a Lei n. 10.099, de 19 de dezembro de 2000, que modificou o art. 128 e seus parágrafos da Lei n. 8.213/91. Especificamente tratando-se de Juizados Especiais Federais, o § 1º do art. 17 da Lei n. 10.259/01, complementou a norma constitucional inserta no § 3º do art. 100 da CF/88, dispondo que as obrigações de pequeno valor, para os Juizados Federais, terão como limite o valor de sessenta salários mínimos. Em razão de que os Juizados Especiais Federais somente foram criados a partir de 2001 com a Lei n. 10.259, a novidade inserta neste dispositivo é destinada às causas previdenciárias até então processadas pelo rito ordinário. À parte ultrapassadas considerações concernentes à indisponibilidade do crédito de natureza previdenciária, com a implantação daquele rito especial, que possibilitou a faculdade para renúncia do crédito excedente, emerge cristalina a submissão da demanda ao rito dos Juizados Especiais ou o processamento de forma ordinária.[269]

Atualmente, as demandas previdenciárias cujo crédito esteja limitado ao patamar inferior a 60 salários mínimos devem ser processadas necessariamente pelos Juizados Especiais Federais, cuja competência é absoluta, sendo defesa a possibilidade de opção por outro procedimento. Aquelas de valor superior observam a processualística ordinária ou, se houver renúncia do beneficiário,[270] se submeterão ao rito especial dos Juizados.

Nos termos em que restou vazado o texto do § 1º, é defeso ao segurado pretender o fracionamento, repartição ou quebra do valor da execução, tencionando o recebimento do valor limitado por força do *caput* deste artigo (em sessenta dias a contar da intimação do trânsito em julgado da execução) e o saldo por precatório. Ficou expressamente vedada, também, a expedição de precatório complementar ou suplementar daquela quantia (§ 2º), sendo facultada à parte exequente abrir mão do direito ao crédito que exceder àquela importância, podendo com isso recebê-la sem o precatório (§ 3º).

Exterminando as celeumas até então surgidas com a redação originária, que dispunha pela inaplicabilidade dos arts. 730 e 731 do CPC, a renúncia da parte exequente não macula o direito de a fazenda devedora opor embargos à execução visando à discussão do *quantum* remanescente (§ 7º).

Afora comentários ao enfadonho caminho do precatório, as medidas alternativas inseridas no ordenamento previdenciário para liquidação do crédito (renúncia, possibilidade de transação judicial etc), conquanto possam encerrar normas de renúncia de direitos até então indisponíveis, atendem aos anseios de parcela da população que mais necessita de uma prestação jurisdicional célere e comprometida com a efetividade do direito material a uma prestação alimentar. Mesmo que não estejam na Lei n. 8.213/91, os benefícios assistenciais ao idoso e ao deficiente, previstos na Lei n. 8.742/93, com maior razão merecem o mesmo tratamento a respeito do pagamento por precatório.

128.3. Isenção de custas processuais

Os parágrafos seguintes dissertam a respeito dos encargos pecuniários pela utilização do aparelhamento judiciário, sendo certo sustentar, de pronto, como regra geral, que o acionamento da máquina judiciária impõe a contrapartida financeira pela utilização de serviço público específico e divisível, sob *nomem juris* de taxa. Por outro lado, fica aqui reservado o princípio lógico pelo qual a fazenda pública não pode ser dizimada por pessoa jurídica de direito público de mesmo escalão. Assim, há compensação de créditos e débitos quando a pessoa jurídica de direito público federal demandar na justiça federal, o mesmo silogismo aplicando-se com relação à fazenda estadual, observando-se as desigualdades de cada qual.

128.4. Assistência judiciária gratuita e gratuidade judiciária

Mercê da isenção de custas constante da redação original, cumpre uma rápida incursão

---

[269] A opção aqui referenciada é pela renúncia ao crédito excedente a 60 salários mínimos e não pelo rito, porquanto é inconteste hoje que a competência estabelecida nos Juizados Especiais Federais é absoluta e não relativa, não havendo possibilidade de opção pelo beneficiário de eleição de rito.
[270] O 2º Fórum Nacional dos Juizados Especiais Federais — FONAJEF, realizado no dia 21 de outubro de 2005, foram aprovados os seguintes enunciados: Enunciado 16: "Não há renúncia tácita nos Juizados Especiais Federais para fins de fixação de competência." (extraído da página da Justiça Federal na internet: <www.jfsc.gov.br>)

nos institutos da assistência judiciária gratuita, gratuidade judiciária e assistência jurídica integral, sendo certo que a abolição de tal benefício fez com que a gratuidade processual, para os atos processuais praticados a partir da vigência da Lei n. 10.099, de 19 de dezembro de 2000, ficasse reservada à assistência judiciária gratuita (Lei n. 1.060/50) e para as ações acidentárias, estas por força do art. 129 da Lei de Benefícios. No entanto, em nossa opinião, a lei não se compadece do litigante de má-fé, ainda que ao abrigo da assistência judiciária gratuita, a ele devendo ser tributado os mesmo ônus de autor mais abastado.

Garantia do princípio da inafastabilidade do Poder Judiciário, impõe-se a observação de que não pode existir no ordenamento jurídico pátrio nenhuma norma legal, entendida em sentido amplo, em cujo texto contenha a exclusão de apreciação pelo Poder Judiciário de direitos subjetivos legitimamente conferidos aos cidadãos (art. 5º, XXXV). Efetivando-se este princípio, o legislador ordinário, através da Lei n. 1.060/50, desincumbiu-se de seu encargo de garantir a prestação de assistência jurídica gratuita[271] aos carentes de recursos, viabilizando a isenção total dos encargos financeiros do processo mediante a simples declaração de não possuir condições econômicas para estar em juízo sem afetar a manutenção sua ou do grupo familiar.

O direito conferido pela Lei n. 1.060/50 compreende imunidade total com relação a gastos processuais (publicações em imprensa oficial, honorários advocatícios sucumbenciais periciais, e custas em geral), além da necessária representação processual por advogado legalmente habilitado e demais despesas tidas como pressupostos processuais recursais, tais como porte de remessa e de retorno. O art. 4º, da Lei n. 1.060/50 exige simples declaração firmada pela parte no sentido de não possuir condições financeiras de arcar com as custas do processo e honorários de advogado (sucumbência) sem prejuízo próprio ou de sua família.

A regra geral é da dispensa de comprovantes de rendimentos, bastando, como se disse, a simples declaração. Porém, a concessão não pode ser incondicional, como parecer estar revelado, tanto que o Tribunal Regional Federal da 4ª Região, no agravo de instrumento n. 20040401017975-0, já impôs o limitador máximo de rendimentos do requerente em dez salários mínimos:

> "AGRAVO DE INSTRUMENTO. ASSISTENCIA JUDICIÁRIA GRATUITA. No tocante à assistência judiciária gratuita, defere-se tal benefício à parte que receba, a título de vencimentos, valor até 10 (dez) salários mínimos. Precedentes".

Em caso de impugnação pela parte contrária, baseada no permissivo do art. 7º da referida lei, a presunção de veracidade conferida ao instituto deve ser rechaçada, sendo carreado ao impugnante o ônus de tal assertiva. Por outro lado, é preciso verificar se a decisão que concede o benefício foi proferida na própria peça pórtica ou se houve decisão de primeira instância em autos apartados, sendo o recurso adequado, no primeiro caso, o de agravo de instrumento, e a apelação no segundo.[272]

Tal benesse pode ser requerida a qualquer tempo e em qualquer grau de jurisdição, não tendo efeitos retroativos a decisão que a concede. Assim, se negada em primeiro grau e confirmada a decisão em grau de recurso, nada impede a renovação do pedido em outro momento do processo se situação financeira diversa permitir a concessão.

---

(271) "O Estado prestará assistência jurídica integral e gratuita aos que comprovarem insuficiência de recursos." Porém, para a concessão do benefício da Lei n. 1.060/50 não é imprescindível a comprovação da miserabilidade, ao contrário daquele postulado constitucional. O direito postulado correntemente em juízo na esfera previdenciária, pelo qual é pedida a *assistência judiciária gratuita*, mediante a declaração já referida, estaria sendo melhor representado pelo título de *gratuidade da justiça*.

(272) "PROCESSUAL CIVIL — ASSISTÊNCIA JUDICIÁRIA — INDEFERIMENTO, EM AUTOS APARTADOS, DE PEDIDO DE REVOGAÇÃO DO BENEFÍCIO DE JUSTIÇA GRATUITA — RECURSO CABÍVEL — APELAÇÃO — ARTS. 7º E 17 DA LEI N. 1.060/50 — PRECEDENTES DO STJ. I — Contra o indeferimento, em autos apartados, de pedido de revogação do benefício de assistência judiciária, cabível é o recurso de apelação, nos termos dos arts. 7º e 17 da Lei n. 1.060/50. II — 'Autuado em apartado o pedido de revogação da assistência judiciária deferida ao autor — Lei 1.060/50, art. 7º —, do veredicto de primeira instância o recurso cabível é o de apelação — art. 17 —. O recurso de agravo de instrumento somente será admitido, na sistemática geral dos recursos, de decisão proferida de plano no curso da própria ação — art. 5º, *caput* —' (REsp n. 7.641, de São Paulo, Relator Ministro Athos Carneiro). III — Agravo provido." (Agravo de Instrumento n. 01001295344, de Minas Gerais, Relatora Juíza Assusete Magalhães, publicada no DJU de 11.6.2001, p. 116).

De mais a mais, tendo a demanda valor inferior a 60 salários mínimos, as causas processadas nos Juizados Especiais Federais estão isentas, em primeiro grau, do pagamento de custas, taxas ou despesas processuais, *ex vi* do art. 54 da Lei n. 9.099, de 26 de setembro de 1995, aplicada subsidiariamente à Lei n. 10.259/01. O preparo do recurso compreenderá todas as despesas dispensadas em primeiro grau de jurisdição, (parágrafo único do art. 54). Todavia, a parte sucumbente em grau de recurso, nas causas afetas a este procedimento especial, somente se livrará dos encargos financeiros se estiver usufruindo do benefício da assistência judiciária gratuita deferido anteriormente ao julgamento do recurso ou no momento de sua prolação. Somente se a parte estiver litigando de má-fé é que a sentença de primeiro grau condenará em custas e honorários advocatícios (art. 55). Por outro lado, havendo sucumbência recíproca em segundo grau, o deferimento da assistência judiciária gratuita não impede a compensação dos honorários advocatícios devidos por cada parte sucumbente.

A revogada isenção de custas para as ações previdenciárias não se estendia ao INSS, sendo direcionada apenas aos segurados, na época, para este efeito, presumidamente carentes de recursos pela redação primitiva.

A discussão sobre se a autarquia previdenciária é isenta do pagamento de custas foi dirimida, em âmbito regional, pelo Tribunal Regional Federal da 4ª Região através da Súmula n. 20, nos seguintes termos: "O art. 8º, § 1º, da Lei n. 8.620/93 não isenta o INSS das custas judiciais, quando demandado na justiça estadual". Isto porque o INSS, como se sabe, sendo uma autarquia federal, só poderia usufruir da isenção de custas de que trata a Lei n. 8.620/93 restritamente no foro federal. A Súmula n. 178 do Superior Tribunal de Justiça deu à matéria o seguinte deslinde: "O INSS não goza de isenção do pagamento de custas e emolumentos, nas ações acidentárias e de benefícios propostas na Justiça Estadual".

Segundo o texto prescritivo do art. 51 do Estatuto do Idoso (Lei n. 10.741, de 2003), "As instituições filantrópicas ou sem fins lucrativos prestadores de serviços ao idoso terão direito à assistência judiciária gratuita".

> **Art. 129.** Os litígios e medidas cautelares relativos a acidentes do trabalho serão apreciados:
>
> I — na esfera administrativa, pelos órgãos da Previdência Social, segundo as regras e prazos aplicáveis às demais prestações, com prioridade para conclusão; e
>
> II — na via judicial, pela Justiça dos Estados e do Distrito Federal, segundo o rito sumaríssimo, inclusive durante as férias forenses, mediante petição instruída pela prova de efetiva notificação do evento à Previdência Social, através de Comunicação de Acidente do Trabalho — CAT.
>
> Parágrafo único. O procedimento judicial de que trata o inciso II deste artigo é isento do pagamento de quaisquer custas e de verbas relativas à sucumbência.

129.1. Competência para ações previdenciárias

Além da matéria especificamente tratada por este artigo, faz-se mister uma complementação mais pormenorizada a respeito de competência em matéria previdenciária e ações mais correntemente ajuizadas.

Em primeiro lugar, registre-se que o momento para aferição da seção judiciária ou comarca competente para a promoção da demanda previdenciária, regra geral territorial, é a data do ajuizamento. Basta a constatação do município onde reside o segurado, pelo qual se fará a busca da seção judiciária, no caso de foro federal, ou comarca competente, neste caso por delegação de competência (art. 109, § 3º, da CF/88). A questão da existência de foros concorrentes será tratada mais detalhadamente nos parágrafos seguintes.

Os benefícios previdenciários que podem ser derivados de acidente de trabalho, como se sabe, são prestações de cunho pecuniário ou em serviços, tendo como causas diretas incapacidades total, parcial, permanente ou definitiva, ou redução da capacidade laborativa. Administrativamente, é assente que o órgão responsável pela gestão destas prestações é o INSS, cuja apreciação terá preferência sob os demais.

A proteção à subsistência do segurado da Previdência Social distribui-se em regras de direito material e de cunho processual, sendo conferido ao litígio previdenciário um maior prestígio revelado em fatores essenciais como celeridade e efetividade da prestação jurisdicional.

Judicialmente, na forma do art. 109, inciso I, da CF/88, compete aos juízes federais processar e julgar as causas em que a União, entidade autárquica ou empresa pública federal forem interessadas na condição de parte, autora ou ré, ou, quando não, tenham alguma relação com o direito material envolvido no litígio.

Sendo o INSS uma autarquia federal, a Unidade Jurisdicional constitucionalmente competente para decidir suas lides é a justiça federal. Todavia, especificamente para as demandas previdenciárias, pode ocorrer o deslocamento da competência federal para a estadual se o foro do domicílio do segurado ou beneficiário não for sede de vara federal. Neste caso, é facultado o ajuizamento no foro estadual do domicílio do segurado se no seu município não existir vara federal, na forma do permissivo constitucional do § 3º. Não havendo motivo para o mesmo tratamento em segundo grau, o recurso é direcionado ao Tribunal Regional Federal competente (§ 4º). A condição essencial é que o município onde reside o segurado não tenha vara federal instalada, motivo pelo qual não é empecilho a tramitação da causa no foro estadual de segurados residentes em municípios fora da sede da comarca. A competência do juiz de direito não se estende, porém, às causas previdenciárias de segurados com domicílio fora da área de abrangência de sua comarca.[273]

---

(273) Neste ponto, vale citar a Súmula n. 8 do Tribunal Regional Federal da 4ª Região: "Subsiste no novo texto constitucional a opção do segurado para ajuizar ações contra a Previdência Social no foro estadual do seu domicílio ou no do Juízo Federal".

Ainda sobre a matéria, reina certa controvérsia jurídica a respeito da natureza da competência, se absoluta ou relativa, prevista para estas ações dos segurados contra a Previdência Social (art. 109, § 3º).

Há sustentação de que a opção conferida ao segurado para ajuizamento da ação no foro estadual da comarca de seu domicílio quando a mesma não for sede de vara federal induz à conclusão da existência de mais duas opções concorrentes: a vara federal que jurisdiciona a capital do Estado-Membro ou aquela com jurisdição sobre o lugar onde se situa o posto do INSS que indeferiu o benefício. A propósito, o Supremo Tribunal Federal acabou editando a Súmula n. 689, restando assim redigida: "O segurado pode ajuizar ação contra instituição previdenciária perante o juízo federal do seu domicílio ou nas varas federais da capital do Estado-Membro".

Parece-nos mais consentâneo com os fundamentos processuais o argumento de ser relativa a competência constitucional instituída no art. 109, § 3º, do ponto de vista de que o ajuizamento da ação no juízo estadual, quando não existir vara federal na comarca, não é imposto ao segurado, sendo instituído em seu favor. Por isso, fica exclusivamente na dependência de sua vontade a escolha entre os foros federal e estadual ainda que este venha lhe ser mais vantajoso em termos de comodidade. Por outro lado, em caso de ajuizamento na vara federal com jurisdição sobre o posto do INSS que indeferiu o benefício, a autarquia nunca poderá alegar prejuízo com esta escolha, já que terá a vantagem de estar mais perto do processo administrativo, evitando dispêndios de tempo com comunicação com outros postos.

Existindo vara de Juizado Especial Federal Cível, competente para processar, conciliar e julgar causas afetas à Justiça Federal (art. 109 da CF/88) no valor de até 60 salários mínimos, a competência é absoluta, por força de norma expressa no § 3º do art. 3º da Lei n. 10.251, de 12 de julho de 2001, descabendo opção pelo procedimento comum. Sabe-se que, em se tratando de ação de concessão ou revisão/reajuste de benefício previdenciário, muitas vezes o segurado não conta com condições técnicas para verificação do valor da RMI ou dos valores das prestações em atraso para efeito de fixação de competência nos Juizados Especiais ou no procedimento comum. Embora impreciso, dependendo do valor das contribuições do segurado, o critério por estimativa do valor da renda mensal parece ser o adequado nestes casos. Mas o valor atribuído à causa, por estimativa ou não, é que irá definir a competência ou não dos Juizados Especiais, levando-se em consideração sempre o montante atualizado das prestações em atraso até o ajuizamento da ação. Neste sentido, a Turma Recursal dos Juizados Especiais Federais Catarinense editou a Súmula n. 12, nos seguintes termos: "Nas demandas em que se postulam prestações vencidas e vincendas, fixa-se o valor da causa com base apenas no montante atualizado das parcelas vencidas até a data do ajuizamento da ação". Quanto às prestações vincendas, o mesmo órgão jurisdicional orienta que "As parcelas vencidas a partir da sentença constituem obrigação de fazer, sendo devido o pagamento diretamente pela administração, dispensada a requisição de pequeno valor ou precatório".

Onde não existir vara de Juizado Especial Federal, a causa poderá ser proposta no Juizado Especial Federal mais próximo de um dos foros definidos pelo art. 4º da Lei n. 9.099, de 26 de setembro de 1995, sendo vedada aplicação do procedimento especial no juízo estadual (art. 20 da Lei n. 10.259/01). Quer dizer que, em se cuidando de competência federal, se no município não existir Juizado Especial Federal instalado, restam as quatro opções conferidas pelo art. 4º, da Lei n. 9.099/95.

As ações de justificação judicial destinadas a comprovar fatos pertinentes aos pedidos administrativos em entidades com foro federal, tais como comprovação de tempo de serviço, reconhecimento de união estável, dependência econômica etc., também devem ser processadas e ajuizadas perante a Justiça Federal, nos termos da Súmula n. 32 do STJ.[274]

O foro competente para ações acidentárias, por expressa previsão constitucional (art. 109, inciso I) é, por exceção ao comando geral da norma, a justiça estadual. No entanto, a jus-

---

(274) "Compete à justiça federal processar e julgar justificações judiciais destinadas a instruir pedidos perante entidades que nela têm exclusividade de foro, ressalvada a aplicação do art. 15, II, da Lei n. 5.010/66".

tificativa na existência de um maior número de unidades da justiça estadual, o que poderia facilitar a vinda do segurado ao judiciário, atualmente não tem mais razão de ser, posto que a justiça federal, não se pode negar, dispõe de um aparato humano e técnico mais avançado, além de disponibilizar o acesso ao processamento eletrônico de causas, fatores que de longe podem ser considerados como determinantes para celeridade e comodidade do segurado. Demais disso, em vez de disponibilizar ao segurado um juízo privativo, tais demandas poderiam estar abrangidas pela competência delegada ao juiz estadual, o que também eliminaria a razão de ser do tratamento diferenciado.

As ações judiciais de concessão de benefícios cujos fatos geradores são gerados por acidente de trabalho, com espeque no inciso II do art. 129 da Lei n. 8.213/91, são isentas do pagamento de custas e estipêndio advocatício de sucumbência. Mediante estes favores legais, o segurado está dispensado do ônus financeiro do processo, estando livre, inclusive, das verbas relativas aos honorários quando vencedor o INSS, independentemente de estar albergado pela assistência judiciária gratuita. Se vencido o INSS, porém, a Súmula n. 110 do STJ deixa claro que "A isenção do pagamento de honorários advocatícios, nas ações acidentárias, é restrita ao segurado".

Os honorários advocatícios, nas ações previdenciárias e acidentárias, somente incidem sobre as prestações vencidas, ficando à margem da incidência as prestações vincendas, nos termos da Súmula n. 111 do Superior Tribunal de Justiça,[275] cujo percentual pode variar para menos ou mais dos limites mínimo e máximo estabelecido pelo § 3º do art. 20 do CPC, por força de incidência do § 4º.

O rito adequado às causas cujo objeto é benefício de natureza acidentária é o sumário, por expressa previsão legal constante do inciso II, cuja tramitação não ficará suspensa durante as férias forenses.

No que concerne aos honorários periciais, o § 1º do art. 12 da Lei n. 10.259/01, que trata do procedimento relativo aos Juizados Especiais Federais, fixa regra segundo a qual "Os honorários do técnico serão antecipados à conta de verba orçamentária do respectivo tribunal e, quando vencida na causa a entidade pública, seu valor será incluído na ordem de pagamento a ser feita em favor do Tribunal".

Pela leitura do inciso II do art. 129 seria de exigir quando do ingresso na esfera administrativa a anexação da prova da comunicação do acidente à Previdência Social através da CAT — Comunicação de Acidente de Trabalho. No entanto, a jurisprudência do Superior Tribunal de Justiça vem mitigando o rigor da norma para tornar despicienda a juntada em vista da obrigação ser do empregador e não do empregado.[276]

Em se tratando de ação de revisão de benefício acidentário, não há controvérsia jurisprudencial a respeito da competência da justiça estadual, valendo reproduzir os seguintes arestos:

"RECURSO EXTRAORDINÁRIO. CONSTITUCIONAL. PREVIDENCIÁRIO. BENEFÍCIO ACIDENTÁRIO. ART. 109, I, DA CONSTITUIÇÃO FEDERAL. COMPETÊNCIA. 1. As ações acidentárias têm como foro competente a Justiça comum, a teor do disposto no art. 109, I, da Constituição Federal, que as excluiu da competência da Justiça Federal. 2. Reajuste de benefício acidentário. Competência da Justiça estadual não elidida. Recurso extraordinário conhecido e provido." (RE n. 204204, de São Paulo, STF, Relator Min. MAURÍCIO CORRÊA, DJ 4-5-2001); "CONSTITUCIONAL. PREVIDENCIÁRIO. ACIDENTE DO TRABALHO. AÇÃO ACIDENTÁRIA. COMPETÊNCIA PARA SEU JULGAMENTO. CONSTITUIÇÃO, ART. 109, I.

I — Compete à Justiça comum dos Estados-membros processar e julgar as ações de acidente de trabalho. C.F., art. 109, I. II — Recurso Extraordinário conhecido e provido." (RE n. 127619, do Ceará, STF, Relator Min. CARLOS VELLOSO, DJ 8-2-91);

"CONFLITO DE COMPETÊNCIA. AÇÃO ACIDENTÁRIA. JUSTIÇA ESTADUAL. ART. 109, INCISO I, DA CONSTITUIÇÃO DA REPÚBLICA. SÚMULA N. 15/STJ. REVISÃO DE BENEFÍCIO ACIDENTÁRIO. 1. 'Compete à Justiça Estadual processar e julgar os litígios decorrentes de acidente do trabalho.' (Súmula do STJ, Enunciado n. 15). 2. O Supremo Tribunal Federal tem entendido que a exceção prevista no art. 109, inciso I, da Constituição da República deve ser interpretada de forma extensiva, cabendo à Justiça Estadual não só julgamento da ação relativa ao acidente de trabalho, mas, também, todas as consequências dessa decisão, tais como a fixação do benefício e seus

---

(275) "Os honorários advocatícios, nas ações previdenciárias, não incidem sobre prestações vincendas".
(276) "PREVIDENCIÁRIO. COMUNICAÇÃO DO ACIDENTE AO INSS. AUXÍLIO-ACIDENTE. TERMO INICIAL. LAUDO PERICIAL." I — O ajuizamento de ação acidentária prescinde da juntada da Comunicação de Acidente de Trabalho — CAT pelo segurado, tendo em vista que tal medida é obrigação do empregador (PRECEDENTES). II — O termo inicial do auxílio-acidente, se não houve requerimento na via administrativa, é a data da apresentação em juízo do laudo pericial em que se constatou a doença. III — Recurso parcialmente provido." (REsp 402.421, Relator Felix Fischer, 5ª T., DJU 8.4.2002).

reajustamentos futuros. Precedentes do STF e da 6ª Turma deste STJ. 3. Conflito conhecido para declarar competente o Juízo de Direito da 45ª Vara Cível do Rio de Janeiro/RJ, suscitante." (CC n. 31972, STJ, TERCEIRA SEÇÃO, Relator Min. HAMILTON CARVALHIDO, DJ 24.6.2002); "PROCESSUAL E PREVIDENCIÁRIO. LIDE DE ORIGEM ACIDENTÁRIA. CONFLITO DE COMPETÊNCIA. APLICAÇÃO DA SÚMULA 15-STJ. AGRAVO REGIMENTAL. I — Pleiteando o Autor o restabelecimento de auxílio-acidente ou a concessão de aposentadoria por invalidez, em razão de acidente típico ocorrido em serviço, a competência para o processo e julgamento é da Justiça Estadual comum. II — Agravo Regimental desprovido." (AGRCC n. 31353, de Santa Catarina, STJ, Relator Min. GILSON DIPP, DJ 17.6.2002).

A solução, em matéria de competência, para o ajuizamento de ação de concessão de benefício assistencial, quando alude a norma do § 3º, do art. 109, da CF/88, é pela competência da justiça federal:

"PREVIDENCIÁRIO. CONFLITO DE COMPETÊNCIA. ART. 109, § 3º, DA CF/88. BENEFÍCIO ASSISTENCIAL. COMPETÊNCIA DELEGADA. 1 — Em se tratando de benefício assistencial é aplicável a regra do § 3º do art. 109 da Constituição Federal, qual seja a competência delegada, porquanto à luz da finalidade precípua da norma é de se dar interpretação extensiva ao termo 'beneficiários' nela contida, para compreender também os relativos ao benefício assistencial. Precedente da 3ª Seção do e. STJ. Ademais, referido parágrafo não utiliza a expressão 'causas previdenciárias', mas sim as causas em que 'forem parte instituição de previdência social e segurado', hipótese do benefício assistencial, cuja atribuição de concessão e manutenção atualmente cabe ao INSS (RESP 337.321/MS, Rel. Min. Gilson Dipp, DJU 23.9.2002). 2 — Declarado competente o Juízo Suscitado." (Conflito de Competência n. 2006.04.00.002957-0, Relator Otávio Roberto Pamplona, DJU 10.5.2006, p. 507).

O mandado de segurança contra ato de servidor público federal, no caso do INSS, somente pode ser promovido perante a Justiça Federal, descabendo delegação de competência para o foro estadual, por aplicação direta do preceito do inciso VIII do art. 109 da Constituição da República.

Quando se trata de ação judicial a ser proposta por idoso, nos termos emanados do art. 81 do Estatuto que regulamenta o seu regime jurídico (Lei n. 10.741, de 2003), alcunhado de Estatuto do Idoso, a competência será absoluta e terá que ser acionada no seu domicílio, com exceção da competência da Justiça Federal e da competência originária dos Tribunais Superiores.

Questão que, ao longo do tempo, sofreu variação em seu tratamento foi aquela que diz com a definição do órgão jurisdicional que tem competência para definir o conflito de competência entre o Juizado Especial Federal e o Juízo Federal, ambos da mesma região federal. Antes da definitiva solução, mais adiante apresentada, o Colendo Superior Tribunal de Justiça dizia que os conflitos entre tais órgãos jurisdicionais devem ser solucionados pelo próprio STJ, nos termos predispostos pelo art. 105, inciso I, d, da Constituição Federal de 1988, já que entre eles não havia qualquer vínculo de natureza jurisdicional, apenas administrativa. Todavia, a Súmula n. 348 do colendo STJ foi cancelada em razão da decisão do Supremo Tribunal Federal, que decidiu de forma contrária no Recurso Extraordinário n. 590.409, do Rio Grande do Sul. Aí veio a Súmula n. 428 do STJ dizendo ser de competência do Tribunal Regional Federal da respectiva região federal o tribunal competente para definir o conflito de competência entre o Juizado Especial Federal e o Juízo Federal na mesma seção judiciária.

No que pertine ao cabimento ou não dos honorários advocatícios nas execuções propostas contra a Fazenda Pública, na qual se insere o INSS, a questão, atualmente, depois da entrada em vigor da Medida Provisória n. 2.180-35, de 2001, passou a ter deslinde diferente do que até então o Superior Tribunal de Justiça vinha decidindo, o qual proclamava que era devida a verba sucumbencial advocatícia nas execuções não embargadas. No entanto, a MP referida acima, que deu nova redação ao art. 1º-D da Lei n. 9.494, de 1997, disciplinou que não serão devidos honorários advocatícios pela Fazenda Pública nas execuções não embargadas. Aí criou-se a celeuma, que somente foi definida, em resumo, no sentido de que nas execuções, embargadas ou não, ajuizadas antes da Medida Provisória em referência, são devidos honorários advocatícios, não o sendo quando ajuizada depois daquela MP e não tenham sido embargadas.

> **Art. 130.** Na execução contra o Instituto Nacional do Seguro Social-INSS, o prazo a que se refere o art. 730 do Código de Processo Civil é de trinta dias. (*Redação dada pela Lei n. 9.528, de 10.12.97*)
>
> Parágrafo único. (*Parágrafo excluído pela Lei n. 9.528, de 10.12.97*)
>
> **Redações anteriores**
>
> Os recursos interpostos pela Previdência Social, em processos que envolvam prestações desta Lei, serão recebidos exclusivamente no efeito devolutivo, cumprido-se, desde logo, a decisão ou sentença, através de processo suplementar ou carta de sentença.
>
> Parágrafo único. Ocorrendo a reforma da decisão, será suspenso o benefício e exonerado o beneficiário de restituir os valores recebidos por força da liquidação condicionada.

130.1. Execução contra o INSS

A instituição de variantes atuariais impopulares para concessão de benefícios do Regime Geral da Previdência Social tem sido explorada com afinco pelo governo a fim de manter o equilíbrio entre receita e despesa. Exemplo disso é a implantação do fator previdenciário sobre alguns benefícios. Desdobramento desta atitude também pode ser sentido pela implantação de rigorismo legislativo na apreciação do pedido de benefício, bem como com a finalidade de diminuir o propalado *deficit* previdenciário, que, na realidade, diga-se de passagem, não existe.

Diante desta situação, a redação primitiva do art. 130 não tinha mais como prevalecer, motivo pelo qual a Lei n. 9.528/97 alterou o texto antigo, suprimindo a imposição do recebimento dos recursos interpostos pela autarquia previdenciária somente no efeito devolutivo, o que possibilitava ao segurado portador de uma sentença favorável executar provisoriamente a decisão. Atualmente, os recursos que desafiam decisão desfavorável ao órgão ancilar, via de regra, serão recebidos nos efeitos devolutivo e suspensivo.

Combatendo este clima favorável ao segurado, a Lei n. 9.528/97 estabeleceu prazo mais dilatado em favor do INSS para exercer o seu direito de opor embargos à execução. Então, as execuções iniciadas antes do advento daquela lei e que, na época, ainda não tinham chegado ao momento de oposição de embargos, o prazo de dez dias conferido pelo art. 730 do CPC para a fazenda pública deveria ser de trinta dias em favor do INSS.[277]

É certo que, sobrevindo o trânsito em julgado da sentença a favor do segurado que obteve a concessão do benefício ou o pagamento de diferenças na renda mensal, abre-se a possibilidade para a eventual discussão a respeito do quantitativo gerado pelo decisório, bem como, ao depois, para cobrança do crédito definitivamente formado.

Sobrevindo o inadimplemento da autarquia em pagar as quantias devidas no título executivo (sentença condenatória) ou implantar o benefício previdenciário, o segurado credor pode promover a execução da sentença, para tanto dispondo das normas prescritas nos arts. 730 e 731 do CPC. Tratando-se de pessoa jurídica de direito público, o procedimento para a cobrança do crédito não pode observar idênticos caminhos pelos quais passam os processos executivos de outra natureza.

O processo para cumprimento da sentença condenatória imposta ao INSS pelos Juizados Especiais Federais tem disciplina totalmente particularizada. No âmbito deste procedimento especializado, não há imposição de deflagração pelo credor do processo de execução, sendo a ordem para o cumprimento das obrigações de

---

[277] O prazo referido foi posteriormente modificado no CPC também para trinta dias em face do art. 1º-B acrescentado à Lei n. 9.494/97 pela Medida Provisória n. 2.180-35/2001.

fazer e de pagar quantia certa expedida de ofício pelo juiz de primeiro grau.

Se o processo de conhecimento transcorreu por conta dos Juizados Especiais Federais, há determinação legal de que a sentença deverá ser necessariamente líquida (parágrafo único do art. 38 da Lei n. 9.099/95). Assim, ao proferir a sentença condenatória, o magistrado singular concede o direito ao benefício ou à revisão do mesmo, impondo o pagamento pela autarquia da quantia expressa na sentença, vencidas desde a data do requerimento administrativo ou as parcelas imprescritas, bem como determina a implantação administrativa do complemento positivo, que são as parcelas devidas nas competências vencidas a partir da data do cálculo para frente. Na primeira hipótese, trata-se de obrigação de pagar quantia certa, que será efetuada no prazo de 60 (sessenta) dias, contados da entrega da requisição ordenada pelo juiz à autoridade citada para a demanda, pela agência da Caixa Econômica Federal ou do Banco do Brasil, independente de precatório (art. 17 da Lei n. 10.259/01). Neste particular cabem as considerações a respeito da renúncia e do pagamento pela via do precatório formuladas ao momento do art. 128 desta lei. A ordem de implantação do benefício e eventuais parcelas vencidas após o cálculo, bem como da nova RMI em caso de ação revisional, constituem-se obrigação de fazer e impõe-se mediante ofício do Juiz à autoridade citada para a demanda, com cópia da sentença ou do acordo, a teor do que dispõe o art. 16 da Lei n. 10.259/01. Tanto nos Juizados Especiais quanto no procedimento ordinário, o juiz tem o poder de constranger a autarquia ao cumprimento da obrigação de fazer imposta na sentença, à luz do art. 644 do CPC. Se o INSS for recalcitrante, o juiz determinará o sequestro do numerário suficiente ao cumprimento da decisão (§ 2º do art. 17).

Geralmente, as sentenças no Juizado Especial Federal são sempre líquidas em face da determinação do juiz da causa, no momento da citação, para apresentação de cálculos nos moldes do pedido inicial. Em outras subseções judiciárias, a própria estrutura montada nos Juizados dispõe de mecanismos para elaboração dos cálculos, como adoção do mesmo sistema operado pela autarquia. Por vezes, a qualidade do benefício pretendido ou a estimativa da sua renda mensal proporcionam uma liquidação mais simples, dispensando a perquirição dos salários de contribuição do segurado no sistema.

Quando a quantia imposta na sentença informa um valor acima de 60 salários mínimos, o procedimento para recebimento do crédito, salvo eventual renúncia do segurado credor, obedece às normas dos arts. 730 e 731 do CPC, devendo primeiramente observar a existência ou não de sentença líquida, já que no procedimento alheio ao Juizado Especial não há determinação de liquidez da sentença. Ocorrendo o trânsito em julgado da sentença, o credor é intimado para promover a execução, em conformidade com o prescrito no art. 604 do CPC, instruindo a inicial com a memória discriminada e atualizada do crédito. Muitas das vezes, em algumas subseções judiciárias, seja pela implantação do mesmo sistema de dados operado pelo INSS, seja pela natureza do benefício pretendido ou a estimativa da RMI, o juiz elabora a conta em conformidade com o pedido inicial ainda no processo de conhecimento e profere uma sentença líquida, informando todos os dados necessários à compreensão da evolução do crédito, bem como a determinação para a implantação observar os mesmos critérios quantitativos adotados. Diante deste procedimento, somos da opinião — e a prática confirma isso — de que mesmo em se tratando de procedimento ordinário, sucumbente a autarquia, é a apelação cível o momento oportuno para discussão das questões afetas ao cálculo, como combate aos juros aplicados, índices de correção monetária, irregularidade na composição da RMI, enfim, qualquer inconformismo com relação ao aspecto quantitativo do decisório que não seja mero erro material (inciso I do art. 463 do CPC), que pode ser corrigido de ofício ou a requerimento. O erro material configura-se pelo erro aritmético, consistindo no resultado equivocado involuntariamente acarretado pela composição numérica diversa em determinada operação matemática (soma, subtração, divisão, multiplicação). O erro material deve ser alegado e provado mediante a demonstração clara e detalhada do ponto equivocado, não bastando a simples apresentação de resultado diverso. Qualquer inconformismo manifestado posteriormente ao trânsito em julgado da sentença, visando atacar os cálculos, somente pode ser admitido em embargos à execução contra a sentença fundados em alguns dos motivos elencados no art. 741 do CPC e o excesso de execução (art. 743), em especial, terá sido fulminado pela preclusão se o fundamento for divergência nos critérios adotados pela sentença, os quais encontram-se acobertados pela coisa julgada. A autarquia devedora somente poderá questionar os cálculos formadores da memória discriminada e atualizada do crédito apresentado pelo segurado, e ainda assim se estiverem em desconformidade com o estatuído pela sentença, nunca a composição do cálculo elaborada no decisório monocrático.

Preclusas todas as vias impugnativas do procedimento executório, é expedido o precatório para pagamento da importância devida ao segurado até a data da elaboração do cálculo judicial integrante da sentença.[278]

A disciplina do precatório acha-se no art. 100, § § 1º a 6º, da Constituição Federal de 1988. Depois do advento da Emenda Constitucional n. 62, de 2009, o art. 100 da CF/88 passou a ter dezesseis parágrafos.

O apanágio ao princípio da impessoalidade, informador da administração, é sentido no art. 100, pelo qual os pagamentos devidos pela fazenda pública federal, estadual ou municipal em decorrência de sentença judicial far-se-ão exclusivamente na ordem cronológica de apresentação dos precatórios e à conta dos referidos créditos respectivos. Os precatórios apresentados até 1º de julho de um ano serão pagos até dezembro do ano seguinte, cujo valor deverá ser corrigido monetariamente (§ 1º, com redação dada pela EC n. 30, de 13.9.2000). Não são devidos juros relativos ao tempo de espera. As dotações orçamentárias e os créditos abertos serão consignados diretamente ao Poder Judiciário, cabendo ao Presidente do Tribunal de Justiça que proferir a decisão exequenda determinar o pagamento segundo as possibilidades do depósito, e, em caso de haver preterição no direito de precedência do credor ao seu pagamento, autorizar, mediante requerimento deste, o sequestro da quantia necessária à satisfação do crédito (§ 2º, na redação dada pela EC n. 30 de 13.9.2000). O § 4º do art. 100 foi acrescentado pela EC n. 37, de 12.6.2002, e dispõe no sentido de que são vedadas a expedição de precatório complementar ou suplementar de valor pago, bem como qualquer tentativa de fracionamento do crédito no intento de recebê-lo em parte por meio do precatório e em parte através de Requisição de Pequeno Valor — RPV.

Em defesa do princípio da proibição do enriquecimento ilícito, no caso, por parte da autarquia, o débito previdenciário oriundo tanto da fase administrativa quanto na esfera judicial tem que ser pago de forma atualizada. As prestações passadas e futuras devidas, seja da nova relação jurídica formada com a concessão do benefício, seja do reconhecimento do direito à revisão na renda mensal inicial, enfim, qualquer crédito tributado dos cofres da previdência, deve ser pago ao segurado com correção monetária. Afora épocas passadas nas quais a inflação dizimava os rendimentos, hoje crê-se numa economia estabilizada que permita um planejamento a longo prazo. Mesmo assim, a correção monetária é devida ainda que para o inadimplemento não haja concurso de conduta culposa do devedor, ao contrário dos juros legais, considerados penalidade. Superada a fase em que aplicada a interpretação literal do § 2º do art. 1º da Lei n. 6.889/91, a correção monetária é devida desde o vencimento de cada parcela até o seu efetivo pagamento, com respaldo na Súmula n. 43 do STJ.[279] Quanto aos pagamentos devidos administrativamente, até causa perplexidade que a administração pudesse negar a atualização monetária de suas dívidas, mas por incrível que pareça os Tribunais Regionais Federais de todo o país tiveram que equacionar a questão, tendo o Tribunal Regional Federal da 4ª Região que editar a Súmula n. 9.[280]

Vale a pena registrar, em forma de tabela, os índices comumente utilizados na correção dos débitos judiciais, acompanhados da respectiva legislação e períodos em que se aplicam:

---

(278) Isto porque o complemento positivo, entendido como tal as importâncias devidas nas competências que se vencerem após a última do cálculo da sentença, constitui-se obrigação de fazer pelo INSS e serão pagas administrativamente na própria conta do titular do benefício. Nos termos da Súmula n. 41 do Tribunal Regional Federal da 4ª Região, "É incabível o sequestro de valores ou bloqueio das contas bancárias do INSS para garantir a satisfação de débitos judiciais".
(279) A Súmula n. 148 do STJ recomenda que "Os débitos relativos a benefício previdenciário, vencidos e cobrados em juízo após a vigência da Lei n. 6.899/81, devem ser corrigidos monetariamente na forma prevista nesse diploma legal". A Súmula n. 43, por sua vez, tem o seguinte teor: "Incide correção monetária sobre dívida por ato ilícito a partir da data do efetivo prejuízo".
(280) "Incide correção monetária sobre os valores pagos com atraso na via administrativa, a título de vencimento, remuneração, provento, soldo, pensão ou benefício previdenciário, face à sua natureza alimentar".

PERÍODO	ÍNDICE	LEGISLAÇÃO
até 02/1986	ORTN	Lei n. 6.899/81
de 03/1986 a 01/1989	OTN	Lei n. 6.899/81
de 02/1989 a 02/1991	BTN	Lei n. 6.899/81
de 03/1991 a 12/1992	INPC	Lei n. 8.213/91, art. 41, II
de 01/1993 a 02/1994	IRSM	Lei n. 8.542/92, art. 9º, § 2º
de 03/1994 a 06/1994	URV	Lei n. 8.880/94, art. 20, § 5º
de 07/1994 a 06/1995	IPC-r	Lei n. 8.880/94, art. 20, § 6º
de 07/1995 a 04/1996	INPC	MP n. 1.053/95, art. 8º, § 3º
de 05/1996 em diante	IGP-DI	MP N. 1.415/96, art. 8º, suas reedições e Lei n. 9.711/98, art. 10

Quanto ao período devido a partir de 02/2004, há controvérsia jurisprudencial.

É que há defensores sustentando a aplicação do INPC a partir daquele marco em face da Lei n. 10.887, de 18.6.2004, resultante da conversão da MP n. 167/2004, que inseriu o art. 29-B na Lei n. 8.213/91, dispondo que a correção monetária dos salários de contribuição considerados no cálculo do salário de benefício receberia a atualização pelo INPC. Por isso que a Turma Recursal Catarinense editou a Súmula n. 7, no sentido de que "Em ações de concessão ou revisão de benefícios previdenciários o INPC substitui o IGP-DI na atualização das parcelas vencidas, desde 02-2004 (MP n. 167, convertida na Lei n. 10.887/2004, que acrescentou o art. 29B à Lei n. 8.213/91, combinada com o art. 31 da Lei 10741/2003)". Em sentido contrário, porém, o Tribunal Regional Federal da 4ª Região já proclamou:

"PREVIDENCIÁRIO. APOSENTADORIA POR IDADE RURAL. TRABALHADORA RURAL REGIME DE ECONOMIA FAMILIAR. REQUISITOS. PROVA MATERIAL CORROBORADA COM PROVA TESTEMUNHAL. COMPROVAÇÃO. PRESCRIÇÃO. CORREÇÃO MONETÁRIA. JUROS. HONORÁRIOS ADVOCATÍCIOS. (...) A atualização monetária das parcelas vencidas deverá ser feita com a aplicação do IGP"DI (MP 1415/96, art. 8º e suas reedições e Lei n. 9.711/98, art. 10) e do INPC a partir de 19 de fevereiro de 2004 (art. 29"B da Lei n. 8.213/91 acrescentado pela MP 167, convertida na Lei n. 10.887/04). 5. Apelação e remessa oficial improvidas." (Apelação Cível n. 2000.04.01.050646"9, do Rio Grande do Sul, Relator Des. Federal Luis Alberto D azevedo Aurvalle, DJU de 9.11.2005, p. 359).

Demais disso, há que se desvencilhar da ideia de que os expurgos inflacionários se aplicam ao reajustamento dos benefícios previdenciários, sendo certo que tais parcelas de correção monetária, suprimidas de alguns índices oficiais, somente são utilizadas na atualização de débitos judiciais devidos pela fazenda pública, não se aplicando aos reajustes dos benefícios. Abalizado neste entendimento é que o Tribunal Regional Federal da 4ª Região editou a Súmula n. 36, assim redigida: "Inexiste direito adquirido a reajuste de benefícios previdenciários com base na variação do IPC — Índice de Preços ao Consumidor — de março e abril de 1990". As parcelas expurgadas dos índices de correção monetária, geralmente admitidas na jurisprudência, são as seguintes: 01/1989, 42,72%, IPC, Súmula n. 32 do TRF4;[281] 02/1989, 6,31%, IPC, Súmula n. 41 do TRF1;[282] 03/1990, 30,46%, IPC, Súmula n. 37 do TRF4;[283] 04/1990, 44,80%, IPC, Súmula n. 37 do TRF4; 05/1990, 2,36%, IPC, Súmula n. 37 do TRF4; 02/1991, 1,38%, IPC, Súmula n. 37 do TRF4.

Os índices aceitos para atualização da conta do precatório, durante o prazo para o seu pagamento, ou seja, até 31 de dezembro do exer-

---

(281) "No cálculo de liquidação de débito judicial, inclui-se o índice de 42,72% relativo à correção monetária de janeiro de 1989".
(282) "Os índices integrais de correção monetária, incluídos os expurgos inflacionários, a serem aplicados na execução de sentença condenatória de pagamento de benefícios previdenciários, vencimentos, salários, proventos, soldos e pensões, ainda que não haja previsão expressa, são de 42,72% em janeiro de 1988, 10,14% em fevereiro de 1989, 84,32% em março de 1990, 44,80% em abril de 1990, 7,87% em maio de 1990 e 21,87% em fevereiro de 1991".
(283) "Na liquidação de débito resultante de decisão judicial, incluem-se os índices relativos ao IPC de março, abril e maio de 1990 e fevereiro de 1991".

cício seguinte, é o IPCA-E, divulgado pelo IBGE, conforme o disposto nas Leis de Diretrizes Orçamentárias, respectivamente, art. 23, § 6º, da Lei n. 10.266/2001, para 2002; art. 25, § 4º, da Lei n. 10.524/2002, para 2003; art. 23, § 4º da Lei n. 10.707/2003, para 2004; art. 25, § 4º, da Lei n. 10.934/2004, para 2005; e art. 26, § 4º, da Lei n. 11.178/2005, para 2006. Nos exercícios anteriores a 2002, como inexistente, no âmbito do TRF4, legislação especial que discipline de forma diversa da Lei n. 6.899/81, incidem os índices previstos neste diploma, e, a partir de maio de 1996, o IGP-DI, em consonância com o art. 10 da Lei n. 9.711, de 20 de novembro de 1998, excluindo-se a UFIR, porque preponderante, no caso, sob normativas internas do Conselho da Justiça Federal, as regras gerais aplicáveis aos débitos previdenciários. Neste sentido:

> "(...) 2. Antes da apresentação da requisição (*rectius*: expedição), ocorrida em 1º de julho (art. 100, § 1º, da CF/88), a regência dá-se pelo índice fixado na sentença, ou, sendo essa omissa, pela Lei n. 6.899/81, isto é, segundo os critérios aplicáveis para cada período (ORTN, de 10/64 a 02/86; OTN, de 03/86 a 01/89; BTN, de 02/89 a 02/91; INPC, de 03/91 a 12/92; IRSM, de 01/93 a 02/94; URV, de 03/94 a 06/94; IPC-r, de 07/94 a 06/95; INPC, de 07/95 a 04/96 e IGP-DI, a partir de 05/96), e, durante seu prazo de pagamento (até 31 de dezembro do exercício seguinte), pelo IPCA-E, divulgado pelo IBGE, conforme o disposto nas Leis de Diretrizes Orçamentárias, respectivamente, art. 23, § 6º, da Lei n. 10.266/2001, para 2002; art. 25, § 4º, da Lei n. 10.524/2002, para 2003; art. 23, § 4º da Lei n. 10.707/2003, para 2004; art. 25, § 4º, da Lei n. 10.934/2004, para 2005; e art. 26, § 4º, da Lei n. 11.178/2005, para 2006. 3. Para os exercícios anteriores a 2002, no tocante à discussão de qual indexador incidente entre o momento de atualização nesta Corte, em 1º de julho, e o prazo de pagamento dos precatórios no final do exercício seguinte, não havia legislação especial que tivesse revogado a aplicação dos índices oficiais de atualização monetária supramencionados, estabelecidos em conformidade com a Lei n. 6.899/81, e, mormente, o IGP-DI, a partir de maio de 1996, em consonância com o art. 10 da Lei n. 9.711, de 20 de novembro de 1998. 4. A utilização da UFIR, para os exercícios anteriores a 2002, tanto no intervalo entre a realização da conta exequenda e a atualização nesta Corte (1º de julho), bem como no prazo constitucional previsto no art. 100 do Estatuto Político de 1988 (de 1º de julho até o final do exercício seguinte), não está autorizada, mesmo neste último interregno, porquanto as Resoluções e outras determinações do Conselho da Justiça Federal não poderiam, validamente, dispor em sentido contrário às Leis que regravam à correção monetária dos débitos judiciais de natureza previdenciária (...)" (Apelação Cível n. 2002.04.01.047901-3, de Santa Catarina, Relator Des. Federal, Victor Luiz dos Santos Laus, DJU de 4.10.2006, p. 925).

Incidem juros legais de 1% ao mês a contar da citação, nos termos do que recentemente proclamou o Tribunal Regional Federal da 4ª Região através da Súmula n. 75 ("Os juros moratórios, nas ações previdenciárias, devem ser fixados em 12% ao ano, a contar da citação"). Os juros também incidem na conta do crédito do precatório, sendo devidos apenas a partir da data da feitura do cálculo até o dia marcado para apresentação do precatório (30 de junho), excluindo-se do cômputo o período previsto para a fazenda efetuar o pagamento (de 1º de julho até o efetivo pagamento, dentro do período demarcado constitucionalmente, ou seja, de 1º de julho a 31 de dezembro do exercício seguinte ao da apresentação), bem como incidindo a partir de 1º de janeiro do ano posterior ao exercício previsto como marco final para o pagamento. O TRF da 4ª Região, acerca do tema, já decidiu:

> "PREVIDENCIÁRIO. EMBARGOS À EXECUÇÃO. SALDO REMANESCENTE. PRECATÓRIO. JUROS DE MORA. CORREÇÃO MONETÁRIA. 1. Não há qualquer impossibilidade de cobrança de juros complementares, porquanto o STF (RE 298.616, Rel. Min. Gilmar Mendes, DJU de 8.11.2002) apenas excluiu o cômputo destes no período compreendido entre a data da expedição (1º de julho) e a do efetivo pagamento de precatório relativo ao crédito de natureza alimentar, no prazo constitucionalmente estabelecido, ou seja, de 1º de julho a 31 de dezembro do exercício seguinte, mantendo a incidência de juros entre a feitura do cálculo exequendo e 30 de junho do ano da apresentação do precatório, bem assim a partir de 1º de janeiro do ano posterior, após decorrido o prazo previsto para o seu pagamento (...)" (Apelação Cível n. 2002.04.01.047901-3, de Santa Catarina, Relator Des. Federal, Victor Luiz dos Santos Laus, DJU de 4.10.2006, p. 925).

A Lei n. 11.960, de 29 de junho de 2009, alterou o art. 1º-F da Lei n. 9.494, de 1997, e passou a disciplinar que "Nas condenações impostas à Fazenda Pública, independentemente de sua natureza e para fins de atualização monetária, remuneração do capital e compensação de mora, haverá a incidência uma única vez, até o efetivo pagamento, dos índices oficiais de remuneração básica e juros aplicados à caderneta de poupança.".

A decisão que julga os embargos à execução é a sentença e o recurso adequado a desafiá-la é a apelação cível, obtendo-se este silogismo pela leitura do parágrafo único do art. 740 em combinação com art. 513 do digesto processual civil. No pertinente às demandas no Juizado Especial Federal, o agravo de instrumento só é possível quando desafiar medida cautelar, nos termos vazados pelo art. 5º, da Lei n. 10.259/01, que propicia interposição de recurso somente da sentença definitiva. Outro recurso vindo com os Juizados, inédito até então na processualística, é o pedido de uniformização de interpretação de lei federal, disciplinado pelo art. 14 daquela lei. Em subserviência exacerbada ao princípio da celeridade, informador dos Juizados Especiais, a lei que o contempla não previu de forma expressa a possibilidade de interposição de Recurso Especial, razão pela qual o STJ, em conjugação com a previsão constitucional de tal inconformismo (art. 105, III), nega seguimento a apelos nobres com amparo na Súmula n. 203: "Não cabe recurso especial contra decisão proferida, nos limites de sua competência, por órgão de segundo grau dos Juizados Especiais".

Quanto ao reexame necessário, o Poder Público não foi contemplado com tal galardão nas sentenças proferidas pelos Juizados Especiais Federais, conforme estabelecido pelo art. 13 da Lei n. 10.259/01. Porém, no novo delineamento vindo com as Leis ns. 9.469, de 10.7.1997 e 10.352, de 26.12.2001, o art. 475 do Código de Processo Civil é categórico em predizer que as causas não submetidas ao rito especial daquele procedimento, envolvendo, é claro, entes de direito público interno, inclusive da administração indireta (autarquias e fundações), sujeitam as suas decisões ao reexame necessário. Disciplinando de forma idêntica aos Juizados Especiais, o § 2º diverge da regra geral ao estatuir que a condenação ou o direito controvertido não superior a 60 salários mínimos, é claro que no procedimento ordinário, não estão sujeitas ao apelo obrigatório. A questão, todavia, ganha contornos particularizados quando a sentença é de improcedência dos embargos opostos pelo INSS, não sendo, neste caso, possível a providência, interpretação extraída da dedução de que as leis que modificaram o regime do reexame necessário, já mencionadas, não fizeram a previsão de tal hipótese, sendo lógico pressupor-se que a omissão milita em favor da não extensão do mandamento.

O mesmo silogismo quanto aos honorários advocatícios nas demandas previdenciárias em geral é de aplicar-se à sentença que julga os embargos à execução promovida contra a autarquia. Ou seja, somente incidem sobre as prestações vencidas, ficando à margem da incidência as prestações vincendas, nos termos da Súmula n. 111 do Superior Tribunal de Justiça,[284] cujo percentual pode variar para menos ou mais dos limites mínimo e máximo estabelecido pelo § 3º do art. 20 do CPC, por força de incidência do § 4º. No âmbito do Tribunal Regional Federal da 4ª Região, existe a Súmula n. 76, recentemente editada por aquele pretório, nestes termos: "Os honorários advocatícios, nas ações previdenciárias, devem incidir somente sobre as parcelas vencidas até a data da sentença de procedência ou do acórdão que reforme a sentença de improcedência".

Celeuma existe quanto à imposição da honorária à fazenda pública nas execuções embargadas ou não. O Superior Tribunal de Justiça já proclamou em apelo nobre (EREsp 158.884, do Rio Grande do Sul) que no processo de execução são devidos honorários de sucumbência pelo ente estatal ainda que não tenha havido oposição por embargos à execução. A Lei n. 9.494, com a redação dada pela MP n. 2.180-35, de 24.8.2001, entretanto, dispôs em seu art. 1º-D que "não serão devidos honorários advocatícios pela Fazenda Pública nas execuções não embargadas". Sendo norma de cunho processual, sujeita à interpretação conforme regras de direito intertemporal, Daniel Machado da Rocha e José Paulo Baltazar Júnior dão a dimensão exata para a dicção do dispositivo. Com proficiência e tirocínio jurídico, professam que a) são devidos honorários nas execuções contra a Fazenda Pública, independentemente do valor e da interposição de embargos, quando ajuizadas antes da publicação da MP n. 2.180-35/2001, ou, se depois da publicação, for referente a valores inferiores a 60 salários mínimos; b) não são devidos honorários advocatícios, quando, não havendo interposição de embargos, o ajuizamento for posterior à publicação da referida MP e cujos pagamentos tiverem que ser feitos através de precatório, ou seja, cuja condenação importar em valor superior a 60 salários mínimos.[285]

---

(284) "Os honorários advocatícios, nas ações previdenciárias, não incidem sobre prestações vincendas".
(285) *Comentários à Lei de Benefícios da Previdência Social*, p. 426.

Art. 131. O Ministro da Previdência e Assistência Social poderá autorizar o INSS a formalizar a desistência ou abster-se de propor ações e recursos em processos judiciais sempre que a ação versar matéria sobre a qual haja declaração de inconstitucionalidade proferida pelo Supremo Tribunal Federal — STF, súmula ou jurisprudência consolidada do STF ou dos tribunais superiores. (*Redação dada pela Lei n. 9.528, de 10.12.97*)

Parágrafo único. O Ministro da Previdência e Assistência Social disciplinará as hipóteses em que a administração previdenciária federal, relativamente aos créditos previdenciários baseados em dispositivo declarado inconstitucional por decisão definitiva do Supremo Tribunal Federal, possa: (*Parágrafo único e alíneas com redação dada pela Lei n. 9.528, de 10.12.97*)

a) abster-se de constituí-los;

b) retificar o seu valor ou declará-los extintos, de ofício, quando houverem sido constituídos anteriormente, ainda que inscritos em dívida ativa;

c) formular desistência de ações de execução fiscal já ajuizadas, bem como deixar de interpor recursos de decisões judiciais.

Redações anteriores

Forma original

A autoridade previdenciária poderá formalizar desistência ou abster-se de recorrer nos processos judiciais sempre que a ação versar matéria sobre a qual Tribunal Federal houver expedido Súmula de Jurisprudência favorável aos beneficiários.

Redação dada pela Lei n. 9.528/97

O Ministro da Previdência e Assistência Social poderá autorizar o INSS a formalizar a desistência ou abster-se de propor ações e recursos em processos judiciais sempre que a ação versar matéria sobre a qual haja declaração de inconstitucionalidade proferida pelo Supremo Tribunal Federal — STF, súmula ou jurisprudência consolidada do STF ou dos tribunais superiores.

Parágrafo único. O Ministro da Previdência e Assistência Social disciplinará as hipóteses em que a administração previdenciária federal, relativamente aos créditos previdenciários baseados em dispositivo declarado inconstitucional por decisão definitiva do Supremo Tribunal Federal, possa:

a) abster-se de constituí-los;

b) retificar o seu valor ou declará-los extintos, de ofício, quando houverem sido constituídos anteriormente, ainda que inscritos em dívida ativa;

c) formular desistência de ações de execução fiscal já ajuizadas, bem como deixar de interpor recursos de decisões judiciais.

Parágrafo único. (VETADO)

131.1. Atos de disposição processual pela Previdência Social

É inegável que a administração pública de qualquer esfera ou de qualquer dos poderes, enquanto gestora de bens e serviços públicos, há de se pautar incondicionalmente por princípios basilares de atuação administrativa, pena de marginalização da própria importância da figura do Estado. O art. 37, *caput*, da Constituição Federal de 1988, traça como fundamentos do atuar administrativo os princípios da legalidade, impessoalidade, moralidade, publicidade e eficiência. A administração previdenciária, gestora dos serviços previdenciários, lida com dinheiro arrecadado ao orçamento securitário, não podendo ficar ao seu talante a concessão indiscriminada de benefícios sem que um mínimo de regramento de conduta tenha sido imposto.

A esfera de liberdade para a prática de atos de disposição processuais tem íntima relação com a qualidade do direito controvertido. Os direitos disponíveis de titulares providos de plena capacidade civil podem ser abdicados a qualquer momento e sem maiores formalidades, via de regra. A relação jurídica processual envolvendo pessoa jurídica de direito público é cercada por garantias de preservação do direito postulado em juízo, já que encerram grande carga de cunho indisponível, não podendo ser atingidos por deficiências no sistema de representação judicial ou por não aplicação do princípio da impessoalidade. Os representantes dos entes públicos não agem em nome próprio e a entidade representada tem a gestão de bens cuja titularidade é coletiva.

Ainda que flexibilizado nos procedimentos afetos ao Juizado Especial o rigor no tratamento dos direitos indisponíveis de que são titulares o Poder Público, não há autorização legal para o reconhecimento de efeito contrário para a revelia ou confissão. É que a informalidade inerente ao procedimento não desnatura o direito material disputado no processo. Em consequência, inexiste confissão nas demandas previdenciárias, acidentárias ou assistenciais (art. 351 do CPC). De sua parte, a revelia não produz o efeito de gerar a presunção de veracidade dos fatos alegados na inicial (art. 320, II), o mesmo podendo afirmar quanto à ausência injustificada de impugnação na contestação (art. 302, inciso I). A consequência direta e imediata da revelia na demanda previdenciária será a não intimação para os atos processuais. Retornando aos autos, a autarquia receberá o processo no estado em que se encontra (art. 322). Estão incluídos nesta categoria de ato processual o reconhecimento jurídico do pedido e a renúncia ao direito em que se fundamenta ação, ambos estando ligados diretamente à natureza do direito controvertido, sendo permitido à fazenda pública somente por exceção prevista em lei. O primeiro é a adesão do réu em todos os termos deduzidos pelo autor, preferindo o réu entregar ao autor o direito por este buscado em sua totalidade a não abrir mão de suas faculdades processuais (contraditório ou coisa julgada). Já a renúncia ao direito postulado é ato que parte do próprio autor, abrindo de seu direito material. A subserviência do Poder Público aos ditames da lei para a prática de atos dispositivos não é tão cega ou irrestrita ao ponto de agredir a ética e a lealdade processual. É esperado dos representantes da Previdência Social um comportamento que premie a lhaneza processual nos limites do direito reconhecidamente como sendo do autor. Muitas vezes é mais vantajosa para os envolvidos na relação processual uma postura ética do representante da Previdência, refletindo na economia de tempo e dinheiro. Entretanto, é preciso que se esclareça que a postura de reconhecer o pedido ou renunciar ao direito, em absoluto, não importa necessariamente a uma sentença de procedência. Antes de mais nada, o juiz perquirirá se o autor comprovou a contento o direito postulado e se a pretensão, malgrado a aceitação do réu, é juridicamente possível pelo direito.

Por outro lado, é de mediana sabença que os litígios envolvendo o Poder Público são os campeões em quantidade no Poder Judiciário, abarrotando os escaninhos das secretarias federais de todo o país. A consequência imediata deste fato é a morosidade da máquina judiciária e o agravamento do descrédito no poder dos juízes, bem como o desalento da população quanto à possibilidade do recebimento de um direito subjetivo. Força é convir que os entes estatais são fortes candidatos em potencial para demandas judiciais, em especial na área de benefícios previdenciários, tábua de salvação, luz no final do túnel para grande parcela da população à mingua de rendimentos.

Porém, o galardão desta notória fama que marca a Previdência Social, em seu próprio favor, poderia ser visto, com muito maior intensidade até pouco tempo atrás, na existência de conflitos de interesses, concretamente considerados, que não chegavam ao Poder Judiciário por total descrédito nos poderes constituídos, em especial no Judiciário. Este desalento com a realização da justiça era responsável pela inércia do titular de um direito subjetivo violado em buscar a prestação jurisdicional que lhe é devida (litigiosidade contida). Esta realidade não é exclusividade na sociedade brasileira.

Um alento, porém, pode ser sentido com a criação dos Juizados Especiais Federais. Pode-se dizer que agora é a vez desta justiça especializada ficar abarrotada pela chegada da grande massa de demandas concretas em potencial. Porém, a contrapartida deste estado de coisas, agora, é a pacificação dos conflitos de interesses dos jurisdicionados alheios ao processo de concretização da democratização da justiça.

Institutos como transação judicial, possibilidade de renúncia de créditos até então tidos como indisponíveis, que marcam a unidade de justiça especializada referida, são fatores diretamente determinantes ao sucesso da empreitada.

Mas indiretamente há outros que transcendem institutos de direito processual.

Felizmente, consegue-se sentir, mais do que isso, uma sensível mudança no tratamento dos direitos dos segurados da previdência e da assistência social. Causas que até então seriam proteladas às últimas instâncias através de recursos, estão tendo seu deslinde graças à sensibilidade dos procuradores autárquicos em transacionar direitos contra si equacionados nos níveis mais elevados do judiciário. A tendência já sentida, nestas demandas, é a absorção da consciência do reconhecimento do direito ao seu próprio titular independentemente de estar pacificada a matéria em nível superior. Renuncia-se uma expectativa de um direito a favor daquele que se sabe ser o seu titular, isso creditado não apenas aos institutos processuais já referidos, mas sobretudo à mudança de valores materializada na consciência de se reconhecer a superioridade do direito material da parte adversa sobre faculdades processuais dogmatizadas como contraditório ou coisa julgada. E o juiz desempenha um papel decisivo para esta concretização.

À parte maiores digressões, as mudanças legislativas encontradiças no dispositivo marcaram, em momentos distintos, um aumento na rigidez do tratamento da renúncia de direitos processuais de titularidade da fazenda previdenciária.

As redações dos dispositivos foram marcadas pela exigência, na redação primitiva, de passar pela autorização da autoridade previdenciária, transferindo-se tal atributivo, em segundo plano, ao INSS, e, por fim, delegar a uma autoridade superior do Executivo imediatamente abaixo do Presidente da República, o Ministro da Previdência e Assistência Social, a autorização para desistências ou abstenções de propositura de ações ou recursos nas causas cuja matéria já tiver sido declarada inconstitucional pelo STF, existir súmula de jurisprudência nesta corte ou dos tribunais superiores.

Este dispositivo abria a possibilidade de manifestações liberatórias de direitos pela previdência nas demandas em tramitação pelo procedimento comum. A alternativa que se seguiu a isso concretizou-se nos Juizados Especiais Federais, procedimento que abriga os litígios cujo valor não ultrapasse 60 salários mínimos.

O art. 2º da Lei n. 10.259/01 premia os critérios da oralidade, simplicidade, informalidade, economia processual e celeridade, na concretização do fim-último do procedimento, que é a pacificação dos conflitos sociais através da transação judicial. O art. 12 desta lei foi expresso em predizer a possibilidade de conciliação, transação ou desistência nas causas afetas ao rito especial.

> **Art. 132.** A formalização de desistência ou transigência judiciais, por parte de procurador da Previdência Social, será sempre precedida da anuência, por escrito, do Procurador-Geral do Instituto Nacional do Seguro Social — INSS, ou do presidente desse órgão, quando os valores em litígio ultrapassarem os limites definidos pelo Conselho Nacional de Previdência Social — CNPS.
>
> § 1º Os valores, a partir dos quais se exigirá a anuência do Procurador-Geral ou do presidente do INSS, serão definidos periodicamente pelo CNPS, através de resolução própria.
>
> § 2º Até que o CNPS defina os valores mencionados neste artigo, deverão ser submetidos à anuência prévia do Procurador-Geral ou do presidente do INSS a formalização de desistência ou transigência judiciais, quando os valores, referentes a cada segurado considerado separadamente, superarem, respectivamente, 10 (dez) ou 30 (trinta) vezes o teto do salário de benefício.

132.1. Formalização da desistência ou transação judicial

O segurado é totalmente livre para estabelecer acordos com a autarquia previdenciária, desistir de ações ou renunciar direitos, desde que esteja no gozo dos seus direitos civis. Se relativa ou absolutamente incapazes, terão que ser representados por seus pais, tutores ou curadores (art. 8º, do CPC). O instrumento de mandato outorgado ao advogado para a causa depende de poderes especiais (art. 38 do CPC). Já em relação à fazenda pública os seus procuradores não recebem poderes especiais para transacionarem ou desistirem nas ações judiciais, já que não são contratados nos mesmos moldes do direito privado. Dentre as atribuições funcionais dos representantes judiciais das pessoas jurídicas de direito público não se encontram tais atribuições. Estas decorrem de lei autorizadora para tanto.

A materialização da desistência ou transação judicial em demandas alheias ao Juizado Especial não podem se dar à revelia do assentimento escrito do Procurador-Mor do Instituto Nacional do Seguro Social ou do seu Presidente, sempre que estiverem em litígio valores superiores aos definidos pelo Conselho Nacional da Previdência Social.

Ficam dispensadas da referida anuência as transações de valores superiores a trinta vezes o valor do salário de benefício ou desistências na importância de dez vezes aquele patamar.

Nas causas afetas aos Juizados Especiais Federais, os procuradores judiciais da União, autarquias, fundações e empresas públicas federais, e aqueles indicados pelas partes na forma do *caput* do art. 10 da Lei n. 10.259/01, advogados ou não, ficam autorizados a conciliar, transigir ou desistir.

O art. 3º da Lei n. 9.469/97 autoriza a concordância com a desistência pelo autor da ação desde que haja renúncia do direito postulado na demanda.

> **Art. 133.** A infração a qualquer dispositivo desta Lei, para a qual não haja penalidade expressamente cominada, sujeita o responsável, conforme a gravidade da infração, à multa variável de Cr$ 100.000,00 (cem mil cruzeiros) a Cr$ 10.000.000,00 (dez milhões de cruzeiros).
>
> Parágrafo Único (*Revogado pela Medida Provisória n. 449, de 3 de dezembro de 2008*)
>
> **Redações anteriores**
>
> **Redação original**
>
> A infração a qualquer dispositivo desta Lei, para a qual não haja penalidade expressamente cominada, sujeita o responsável, conforme a gravidade da infração, à multa variável de Cr$ 100.000,00 (cem mil cruzeiros) a Cr$ 10.000.000,00 (dez milhões de cruzeiros).
>
> Parágrafo único. A autoridade que reduzir ou relevar multa já aplicada recorrerá de ofício para a autoridade hierarquicamente superior.

133.1. Multa por infrações administrativas

A medida provisória n. 449, de 3 de dezembro de 2008, revogou o parágrafo único deste artigo, eliminando a exigência dirigida à autoridade administrativa que reduzia ou relevava pena de multa, não mais subsistindo a obrigação de recurso de ofício para autoridade superior hierarquicamente.

Para que o preceito sancionador da lei não ficasse sem a cominação da correlata sanção, fomentando a consciência da impunidade, estão previstas multas pecuniárias pelas infrações administrativas catalogadas nos arts. 283 e seguintes do Decreto n. 3.048/99, aplicadas sempre que a norma impositiva não trazer a sanção correspondente. Na aplicação da penalidade, devem ser observados os arts. 290 a 292, que tratam das circunstâncias agravantes e atenuantes e da gradação da multas.

Em obediência ao contraditório, é claro que a imposição da penalidade não pode ser feita de forma sumária e ao arrepio do direito de defesa do apontado infrator. Deve-se sempre respeitar o princípio da reserva legal, apanágio do direito penal, de aplicação subserviente aos pormenores do fato imponível e da infração. Assim, o auto de infração deve discriminar clara e detalhadamente a infração e as circunstâncias em que foi praticada, o dispositivo legal infringido, a penalidade aplicada e os critérios de sua gradação, bem como outros detalhes de caráter temporal ou geográfico (art. 293, *caput*, do Regulamento).

Os valores previstos como sanção pecuniária serão sempre revistos a fim de manterem-se atualizados, conforme prescrito no artigo seguinte.

> **Art. 134.** Os valores expressos em cruzeiros nesta Lei serão reajustados, a partir de maio de 1991, nas mesmas épocas e com os mesmos índices utilizados para o reajustamento dos benefícios. (*Redação dada pela Medida Provisória n. 2.187-13, de 24.8.2001*)
>
> **Redações anteriores**
>
> Os valores expressos em cruzeiros nesta Lei serão reajustados, a partir de maio de 1991, nas mesmas épocas e com os mesmos índices utilizados para o reajustamento dos benefícios.

134.1. Periodicidade dos reajustes dos valores mencionados na Lei de Benefícios

A fim de manter a atualização, todos os valores expressos na lei em comento deverão ser reajustados nas mesmas épocas e com base nos mesmos percentuais aplicados aos reajustamentos dos benefícios da Previdência Social.

Esta nova redação foi dada pela Medida Provisória n. 2.187-13, de 24.8.2001, transformada na Lei n. 10.887, de 18 de junho de 2004.

> **Art. 135.** Os salários de contribuição utilizados no cálculo do valor de benefício serão considerados respeitando-se os limites mínimo e máximo vigentes nos meses a que se referirem.

135.1. Limites mínimo e máximo para os salários de contribuição

Visto mais amiúde nos comentários ao art. 29, necessário tratar novamente, a grosso modo, para melhor compreensão do tema, da evolução do cálculo compositivo da RMI.

Como o salário de contribuição é a base de cálculo de onde é extraída a importância contributiva a ser recolhida, tratando-se, por isso, de norma que regra a relação jurídica tributária, a previsão para limitação ao valor do salário de contribuição é encontradiça apenas na Lei n. 8.212/91, Plano de Custeio da Previdência Social. O § 5º do art. 28 da Lei n. 8.212 fixa como teto para a exação os mesmos valores para os benefícios do RGPS, os quais obedecem idêntico período e percentuais destes. O importante na interpretação deste art. 135 é observar que ele é direcionado para o elaborador do cálculo da RMI, no sentido de impedir que sejam adotados limitadores vigentes no momento da elaboração do cálculo em vez daqueles vigentes na competência de cada qual. Com isso, o resultado com o reajustamento pode ultrapassar tais níveis. De se lembrar também que a Lei n. 8.213/91 não tem força para reduzir o valor do teto relativo ao recolhimento previsto no momento do recolhimento, em incensurável prestígio ao princípio *tempus regit actum*.

A renda mensal inicial do benefício devido ao segurado é resultante de uma sistemática que leva em consideração, na sua composição, valores dos rendimentos do segurado (salários de contribuição) apanhados de um determinado período fixado em lei (período-básico-de-cálculo), em cuja média é aplicado um coeficiente variável de acordo com a espécie de benefício, culminando então com a RMI.

Sabe-se que os benefícios da Previdência Social visam manter um padrão mínimo de dignidade ao segurado, ficando excluída pretensão de manutenção do mesmo patamar auferido antes do benefício. Por isso são fixados determinados limites mínimo e máximo para o valor dos salários de contribuição do segurado, impedindo a contribuição acima do teto ainda que o nível de renda ultrapasse este patamar. A equivalência dos níveis mínimo e máximo do valor do salário de benefício também deve obedecer ao mesmo padrão para o salário de contribuição, respeitando-se um salário mínimo como piso (§ 2º, do art. 29 desta lei). O reajustamento periódico estabelecido no § 3º, do art. 41 da Lei de Benefícios também está limitado ao mesmo valor máximo imposto ao salário de benefício.

Como dito na abordagem feita ao art. 144 desta lei, os benefícios da Previdência Social concedidos a partir da Constituição Federal de 1988 (05.10.1988) deveriam ter sua renda mensal inicial recalculada e reajustada, em adequação ao novel postulado constitucional de atualização de todos os salários de contribuição.

A aferição dos valores do salário de benefício e da renda mensal inicial é feita no momento da concessão do benefício. Já para os valores dos salários de contribuição, por se tratarem de base de cálculo para imposição das contribuições, obedecem aos limitadores vigentes no momento do recolhimento das contribuições relativamente a cada competência. No momento do cálculo da RMI, o resultado do reajuste para atualização do salário de contribuição pode superar o limite máximo fixado para este no momento da concessão, uma vez que o limitador existe, em lei, somente o salário de benefício.

Por derradeiro, a limitação para o valor da RMI é o valor do salário de contribuição vigente, é claro, no momento da concessão do benefício, conforme postulado impositivo do art. 33 da Lei n. 8.213/91.

Percebe-se que todos os componentes para a evolução do cálculo da RMI, e esta inclusive, têm limitações quantitativas por ordem expressa do legislador ordinário.

> **Art. 136.** Ficam eliminados o menor e o maior valor-teto para cálculo do salário de benefício.

136.1. Eliminação do menor e maior valor-teto para o cálculo do salário de benefício

Da mesma forma como ocorre hoje na sistemática de cálculo dos benefícios pela Lei n. 8.213/91, respeitadas as devidas desigualdades em relação a cada qual, a Consolidação das Leis da Previdência Social revogada (Decreto n. 89.312/84) também previa a limitação dos valores utilizados na composição da RMI e do valor da contribuição.[286]

Para aplicação dos limitadores no direito anterior, intitulados de menor e maior valor-teto, segundo art. 212 da CLPS, o valor de 10 e 20 vezes o salário mínimo vigente em determinada época deveria ser reajustado pelo INPC.

Com o novel padrão de cálculo introduzido pela Lei n. 8.213/91, restaram eliminados os patamares correspondentes aos limitadores de menor e maior valor-teto, descabendo a pretensão de que seja acolhida a equivalência, a partir deste diploma, ao mesmo nível mínimo de 10 e máximo de 20 salários mínimos até então existente. O que era antigamente menor valor-teto hoje pode ser reconhecido como sendo o salário mínimo, enquanto o maior valor-teto são os limitadores máximos hoje existentes para o salário de contribuição.

Salvo imperativo legal de extra-atividade excepcional, para fixação do termo *a quo* de determinada norma legal, enquanto norma de conduta, impera a regra de que o domínio temporal de determinado ordenamento jurídico principia no momento de sua vigência, respeitadas as situações consolidadas ao tempo da norma revogada. Assim, os limitadores dos salários de contribuição se socorrem da legislação vigente no momento do recolhimento de cada contribuição. Já para o cálculo do benefício, é o momento da concessão ou a data da aquisição do direito que determinam a legislação aplicável.

Por força do já revogado art. 144, os benefícios de prestação continuada da Previdência Social concedidos entre a Constituição Federal de 1988 (5.10.1988) e o marco inicial fixado pelo art. 145 (5.4.1991) tiveram suas rendas mensais iniciais recalculadas e reajustadas de acordo com as novas regras. Então, cabe afirmar que os limitadores do maior e menor valor-teto tiveram sua operacionalização temporariamente demarcada no tempo, cessando a partir da Carta Magna.

---

(286) O menor valor-teto, ou seja, o teto mínimo contributivo previdenciário antes da Lei n. 8.213/91, era delineado sob referência à Unidade Salarial, que correspondia a 10 Unidades Salariais. Segundo art. 430, inciso I, do Decreto n. 83.080/79, sua definição pode ser compreendida como sendo "o valor-padrão resultante da aplicação ao salário mínimo vigente em 30 de abril de 1975 do fator de reajustamento salarial de que tratam os arts. 1º e 2º da Lei n. 6.147, de 29 de novembro de 1974". O teto máximo, por sua vez, equivalia a vinte vezes o valor da Unidade Salarial. Na forma do art. 23 do Decreto n. 89.312/84, o menor valor-teto, no regime anterior, servia de base para o adicional do cálculo do salário de benefício quando este ultrapassava o menor valor-teto. Se o salário de benefício não ultrapassasse o menor valor-teto, simplesmente eram aplicados os coeficientes previstos sobre esta base de cálculo. Na hipótese de ultrapassar o valor do menor valor-teto, o salário de benefício era dividido em duas parcelas, uma igual e a outra equivalente à parcela que ultrapasse o menor valor-teto.

Art. 137. Fica extinto o Programa de Previdência Social aos Estudantes, instituído pela Lei n. 7.004, de 24 de junho de 1982, mantendo-se o pagamento dos benefícios de prestação continuada com data de início até a entrada em vigor desta Lei.

137.1. Extinção do programa de previdência aos estudantes

Até o advento da Lei n. 8.213/91, existia um regime previdenciário facultativo para os estudantes instituído pela Lei n. 7.004/82. Estabelecia benefícios de auxílio-invalidez, pensão e pecúlio por morte, assistência médica e reabilitação profissional, mediante uma contribuição de oito e meio por cento sobre o salário mínimo.

Um sistema da previdência social informado pela universalidade de participação nos planos previdenciários não se contenta com a cobertura para riscos sociais a trabalhadores. O nível de abrangência do postulado chega ao ponto de emprestar a relação jurídica previdenciária, estabelecendo vínculo de filiação, às situações fáticas à margem do exercício de qualquer atividade remunerada, mediante mero concurso da vontade associado ao desembolso de contribuição. O art. 16 do Decreto n. 3.048/99 estabelece um amplo leque de situações ensejadoras da filiação facultativa, estando o estudante previsto no inciso III.

Logo, o estudante que não se enquadre em uma das situações previstas como de filiação obrigatória da Previdência Social tem seu sistema previdenciário regido pelo RGPS, ao lado dos segurados obrigatórios, ficando à margem do mundo jurídico, a partir da Lei n. 8.213/91, sistemas paralelos de previdência para a categoria em comento.

Como não poderia deixar de ser, ficam resguardadas as situações consolidadas ao tempo da legislação revogada, ainda que não exercitado o direito a tempo e modo.

> **Art. 138.** Ficam extintos os regimes de Previdência Social instituídos pela Lei Complementar n. 11, de 25 de maio de 1971, e pela Lei n. 6.260, de 6 de novembro de 1975, sendo mantidos, com valor não inferior ao do salário mínimo, os benefícios concedidos até a vigência desta Lei.
>
> Parágrafo único. Para os que vinham contribuindo regularmente para os regimes a que se refere este artigo, será contado o tempo de contribuição para fins do Regime Geral de Previdência Social, conforme disposto no Regulamento.

138.1. Extinção do regime da Lei Complementar n. 11/71 (FUNRURAL)

Com a Constituição Federal de 1988, erigiu-se à condição de princípio o postulado pelo qual ao Poder Público compete, nos termos da lei, organizar a seguridade social, estabelecendo condições de tratamento uniforme e equivalente para a concessão dos benefícios e serviços aos trabalhadores urbanos e rurais.

A regulamentação do dispositivo constitucional veio com a Lei n. 8.213/91, ao assistir os trabalhadores rurais com as prestações previdenciárias e serviços nela instituídos. Com isso, fica sem força jurídica qualquer regime de manutenção paralelo em favor dos campesinos, a não ser aqueles cujos benefícios já foram concedidos anteriormente, os quais não poderão ser inferiores a um salário mínimo.

A expectativa de direito para aqueles que ainda não tinham atendido os pressupostos para concessão de benefício fica mantida na forma de possibilidade do respectivo cômputo do tempo de contribuição para o RGPS. A finalística da norma previdenciária em comento, mais uma vez, foi de premiar a expectativa de direito do segurado empregado rural que, com o advento da Lei n. 8.213/91, migrou do regime assistencialista do FUNRURAL para o sistema contributivo previdenciário, não podendo, com isso, ver frustradas as expectativas de obtenção de benefícios que até então tinham incorporado em seu patrimônio jurídico. A respeito da possibilidade do cômputo de atividade rural para fins de contagem recíproca, soma em aposentadoria urbana ou concessão de benefício etário rural, tais garantias ficam protegidas pelo artigo em comento, em conjugação com os preceitos desta lei que encerram a garantia de tal direito já definitivamente de propriedade do cidadão.

> **Art. 139.** *Revogado pela Lei n. 9.528, de 10.12.97.*
>
> **Redações anteriores**
>
> A Renda Mensal Vitalícia continuará integrando o elenco de benefícios da Previdência Social, até que seja regulamentado o inciso V do art. 203 da Constituição Federal.
>
> § 1º A Renda Mensal Vitalícia será devida ao maior de 70 (setenta) anos de idade ou inválido que não exercer atividade remunerada, não auferir qualquer rendimento superior ao valor da sua renda mensal, não for mantido por pessoa de quem depende obrigatoriamente e não tiver outro meio de prover o próprio sustento, desde que:
>
> I — tenha sido filiado à Previdência Social, em qualquer época, no mínimo por 12 (doze) meses, consecutivos ou não;
>
> II — tenha exercido atividade remunerada, atualmente abrangida pelo Regime Geral de Previdência Social — RGPS, embora sem filiação a este ou à antiga Previdência Social Urbana ou Rural, no mínimo por 5 (cinco) anos, consecutivos ou não; ou
>
> III — se tenha filiado à antiga Previdência Social Urbana após completar 60 (sessenta) anos de idade, sem direito aos benefícios regulamentares.
>
> § 2º O valor da Renda Mensal Vitalícia, inclusive para as concedidas antes da entrada em vigor desta lei, será de 1 (um) salário mínimo.
>
> § 3º A Renda Mensal Vitalícia será devida a contar da data de apresentação do requerimento.
>
> § 4º A Renda Mensal Vitalícia não pode ser acumulada com qualquer espécie de benefício do Regime Geral de Previdência Social — RGPS, ou da antiga Previdência Social Urbana ou Rural, ou de outro regime.

139.1. Benefícios extintos pela Lei n. 8.213/91

Os comentários aos arts. 139 a 141 abordam, de forma sintética, os benefícios que existiam no regime anterior à Lei n. 8.213/91 e que foram extintos a partir da edição deste diploma normativo. De qualquer modo, fica garantida a prestação previdenciária correspondente ao segurado que haver atendido os requisitos pela legislação até então existente, em homenagem ao princípio do direito adquirido e do *tempus regit actum*.

Além do pecúlio e do abono de permanência em serviço, já abordados no artigo correspondente da Lei n. 8.213/91, remanescem como pendentes de explanação os benefícios auxílio-funeral, auxílio-natalidade, a renda mensal vitalícia e algumas espécies de aposentadorias de regime especial para algumas atividades profissionais.

139.2. Renda Mensal Vitalícia e Benefício Assistencial de Prestação Continuada

A Assistência Social, inexistente até o advento da atual Carta Constitucional, foi regulamentada pela Lei n. 8.742/93, que dispôs em seu art. 40, *caput*, que os benefícios de Renda Mensal Vitalícia, auxílio-natalidade e o auxílio-funeral serão extintos com a implantação do benefício de Prestação Continuada (atual Amparo Assistencial ao Idoso ou Deficiente), determinando, também, que o atendimento à população não sofra solução de continuidade com a transferência para a Assistência Social de tais prestações.[287]

---

[287] "Com a implantação dos benefícios previstos nos arts. 20 e 22 desta lei, extinguem-se a renda mensal vitalícia, o auxílio--natalidade e o auxílio-funeral existentes no âmbito da Previdência Social, conforme o disposto na Lei n. 8.213, de 24 de julho de 1991. § 1º A transferência dos beneficiários do sistema previdenciário para a assistência social deve ser estabelecida de forma que o atendimento à população não sofra solução de continuidade".

Faz-se mister uma rápida incursão legislativa a fim de melhor entender a origem do núcleo da hipótese de incidência do benefício em tela e compreendermos questões de cunho prático hodiernamente presentes no quotidiano.

A renda mensal vitalícia correspondia ao antigo benefício de amparo previdenciário instituído pela Lei n. 6.179/74, incorporado que foi pela CLPS imediatamente posterior a este diploma legal. As hipóteses que geravam o direito ao benefício, equivalente à metade do salário mínimo, exigiam a idade acima de 70 anos ou invalidez do segurado, contanto que: a) não auferissem rendimento superior ao benefício de que se cuida; b) não fossem mantidos por pessoa de quem dependessem economicamente; c) não tivessem outro meio de sobrevivência; d) tivessem sido filiados por no mínimo doze meses; e) contassem com, no mínimo, um período de 5 anos de exercício de atividade remunerada incluída no regime do INPS ou FUNRURAL; f) tivessem ingressado no regime do INPS após os 60 anos de idade sem direito aos benefícios regulares.

Tendo sido fecundada deste modo a assistência social no ordenamento jurídico anterior à atual Carta Magna, a nova ordem constitucional inovou ao implantar o sistema da Seguridade Social, composta, além do que concerne à Saúde, pela Previdência Social e pela Assistência Social, esta amparada sem um adminículo pecuniário como contraprestação pelo segurado, ao contrário daquela, estando a primeira prevista nos arts. 203 e 204 e o benefício de prestação continuada de que se cuida regulado, em linhas gerais, pelo inciso V, do art. 203.

Vindo ao universo legislativo e para dar continuidade ao tratamento desta prestação, a redação original do art. 139 da Lei n. 8.213/91 deixou assente que a Renda Mensal Vitalícia continuaria integrando o elenco dos benefícios até que viesse a lei regulamentadora do inciso V do art. 203 da CF/88.

O papel complementador do inciso V do art. 203 da CF/88, no entanto, só surgiu com a Lei n. 8.742/93, que implantou no sistema jurídico pátrio a assistência social e prescrevendo a abolição da Renda Mensal Vitalícia do sistema vigente quando fosse implantado o benefício de prestação continuada de que cuidava o art. 20 da lei supra citada, o que somente veio a ocorrer com o Decreto n. 1.744, de 8 de dezembro de 1995.

Assim, a Renda Mensal Vitalícia somente foi devida para aqueles que cumpriram os requisitos exigidos pelo art. 139 da Lei n. 8.213/91 ou da legislação pretérita até dezembro de 1995.

O art. 139 da LB foi expressamente revogado pela Lei n. 9.528/97, estando o benefício de prestação continuada atualmente sendo regido pela Lei n. 8.742/93.

O benefício que ora se comenta está previsto no art. 20 da precitada lei, pago pela União Federal, porém, processado pela Previdência Social, sendo devido à pessoa portadora de deficiência e ao idoso com mais de 65 anos de idade.

Eis a íntegra do artigo em comento:

"Art. 20. O benefício de prestação continuada é a garantia de 1 (um) salário mínimo mensal à pessoa portadora de deficiência e ao idoso com 70 (setenta) anos ou mais e que comprovem não possuir meios de prover a própria manutenção e nem de tê-la provida por sua família. § 1º Para os efeitos do disposto no *caput*, entende-se como família o conjunto de pessoas elencadas no art. 16 da Lei n. 8.213, de 24 de julho de 1991, desde que vivam sob o mesmo teto. (*Redação dada pela Lei n. 9.720, de 30.11.1998*). § 2º Para efeito de concessão deste benefício, a pessoa portadora de deficiência é aquela incapacitada para a vida independente e para o trabalho. § 3º Considera-se incapaz de prover a manutenção da pessoa portadora de deficiência ou idosa a família cuja renda mensal per capita seja inferior a 1/4 (um quarto) do salário mínimo. § 4º O benefício de que trata este artigo não pode ser acumulado pelo beneficiário com qualquer outro no âmbito da seguridade social ou de outro regime, salvo o da assistência média. § 5º A situação de internado não prejudica o direito do Idoso ou do portador de deficiência ao benefício. § 6º A concessão do benefício ficará sujeita a exame médico pericial e laudo realizados pelos serviços de perícia médica do Instituto Nacional do Seguro Social — INSS. (*Redação dada pela Lei n. 9.720, de 30.11.1998*). § 7º Na hipótese de não existirem serviços no município de residência do beneficiário, fica assegurado, na forma prevista em regulamento, o seu encaminhamento ao município mais próximo que contar com tal estrutura. (*Redação dada pela Lei n. 9.720, de 30.11.1998*). § 8º A renda familiar mensal a que se refere o § 3º deverá ser declarada pelo requerente ou seu representante legal, sujeitando-se aos demais procedimentos previstos no regulamento para o deferimento do pedido (*Redação dada pela Lei n. 9.720, de 30.11.1998*)".

O conceito de família que deve ser levado em consideração no cálculo pode ser definido pelo conjunto de pessoas elencadas no art. 16 da Lei n. 8.213/91, i. é, os dependentes relacionados naquele dispositivo e desde que vivam sob o mesmo teto. Assim, no momento da análise do grupo familiar consideram-se as pessoas existentes na mesma habitação do pretendente e que possuam, relativamente a ele, os vínculos de parentesco mencionados.

As pessoas portadoras de deficiência que fazem jus ao benefício, na forma exigida pela lei, somente são aquelas consideradas incapazes para o trabalho e para a vida independente. A pessoa portadora de moléstia congênita está enquadrada no conceito, fazendo jus ao benefício.[288] Contrariamente ao que já havia sido decidido anteriormente,[289] por outro lado, não há necessidade de que a incapacidade seja para todas as atividades da vida diária do indivíduo, podendo o mesmo, sem auxílio de outra pessoa, alimentar-se, vestir-se, higienizar-se, sem perder o direito ao benefício[290], podendo tal incapacidade ser parcial,[291] requisito a ser perquirido,

---

[288] "PREVIDENCIÁRIO. PROCESSUAL CIVIL. REMESSA OFICIAL. VALOR DA CONDENAÇÃO SUPERIOR A 60 SALÁRIOS MÍNIMOS. UNIÃO. ILEGITIMIDADE PASSIVA *AD CAUSAM*. BENEFÍCIO ASSISTENCIAL. PERCEPÇÃO POR MAIS DE UM MEMBRO DA FAMÍLIA. TERMO INICIAL DA CONCESSÃO DO BENEFÍCIO. CORREÇÃO MONETÁRIA. HONORÁRIOS DE ADVOGADO. 1. Sentença sujeita ao duplo grau de jurisdição, nos termos do art. 475, *caput*, e inciso I, do CPC com redação dada pela Lei n. 10.352, de 26 de dezembro de 2001, porquanto a condenação tem valor superior a 60 salários mínimos. 2. A União carece de legitimidade passiva nas ações em que se discute o direito ao benefício assistencial. 3. O art. 19, do Decreto n. 1.744/95 não veda a percepção do benefício por mais de uma pessoa da mesma família, apenas impõe a condição de que a renda familiar *per capta* continue sendo inferior a ¼ do salário mínimo. 4. Tendo restado comprovado na perícia médico"judicial que a autora é portadora de moléstia congênita, faz jus ao benefício desde o indeferimento administrativo, consoante requerido na inicial. 5. A correção monetária do crédito judicial previdenciário, a partir de maio/96, é contada pelo IGP"DI, de acordo com o art. 10 da Lei n. 9.711/98, afastando"se a aplicação do art. 31 da Lei n. 10.741/2003 e do art. 29"B da Lei n. 8.213/91, introduzido pela MP n. 167/2004, convertida na Lei n. 10.887/2004. 6. Nas ações previdenciárias, os honorários advocatícios devem ser fixados no percentual de 10% (dez por cento) sobre o valor das parcelas devidas até a prolação da sentença". (Apelação Cível n. 2001.72.06.000122-6, Santa Catarina, Relator João Batista Pinto Silveira, DJU 26.10.2005, p. 678).

[289] Confira excerto extraído de Pedido de Uniformização de Jurisprudência n. 2004.30.00.702129-0, proferida pela Turma de Uniformização de Jurisprudência dos Juizados Especiais Federais, publicação no DJU de 13.6.2005, Seção I, p.586): "'a incapacidade para a vida independente se caracteriza sempre que o postulante dependa do amparo, ou acompanhamento, ou vigilância, ou atenção de outrem, semelhantemente ao que ocorre com os idosos que, mesmo sadios, não devem ser deixados a sós (...)' (TRF 4ª Região, Agravo de Instrumento n. 88084, Processo n. 200104010684686/SC, Quinta Turma, decisão: 26.2.2002, Rel (a) Juiz. Ramos de Oliveira)".

[290] "PREVIDENCIÁRIO. BENEFÍCIO DE PRESTAÇÃO CONTINUADA. ART. 20, § 2º, DA LEI N. 8.742/93. PORTADOR DO VÍRUS HIV. INCAPACIDADE PARA O TRABALHO E PARA PROVER O PRÓPRIO SUSTENTO OU DE TÊ-LO PROVIDO PELA FAMÍLIA. LAUDO PERICIAL QUE ATESTA A CAPACIDADE PARA A VIDA INDEPENDENTE BASEADO APENAS NAS ATIVIDADES ROTINEIRAS DO SER HUMANO. IMPROPRIEDADE DO ÓBICE À PERCEPÇÃO DO BENEFÍCIO. RECURSO DESPROVIDO. I — A pessoa portadora do vírus HIV, que necessita de cuidados frequentes de médico e psicólogo e que se encontra incapacitada, tanto para o trabalho, quanto de prover o seu próprio sustento ou de tê-lo provido por sua família — tem direito à percepção do benefício de prestação continuada previsto no art. 20 da Lei n. 8.742/93, ainda que haja laudo médico-pericial atestando a capacidade para a vida independente. II — O laudo pericial que atesta a incapacidade para a vida laboral e a capacidade para a vida independente, pelo simples fato da pessoa não necessitar da ajuda de outros para se alimentar, fazer sua higiene ou se vestir, não pode obstar a percepção do benefício, pois, se esta fosse a conceituação de vida independente, o benefício de prestação continuada só seria devidos aos portadores de deficiência tal, que suprimisse a capacidade de locomoção do indivíduo — o que não parece ser o intuito do legislador". (REsp n. 360.202, relator Ministro Gilson Dipp, 4.6.2002, extraído de TRF4, Apelação Cível n. 2006.04.00.017523-9, Rio Grande do Sul, Otávio Roberto Pamplona, DJU 10.8.2006, p. 810/811).

[291] "CONSTITUCIONAL — PREVIDENCIÁRIO — ASSISTÊNCIA SOCIAL — CF/88, ART. 203, *CAPUT* E INC. IV — LEI N. 8.742/93 — COMPROVADA A INCAPACIDADE PARCIAL PARA A ATIVIDADE LABORATIVA E PARA OS ATOS DA VIDA INDEPENDENTE — COMPROMETIMENTO DE ATIVIDADES QUE EXIJAM APENAS DOTES FÍSICOS — LESÕES DECORRENTES DE PICADA DE COBRA VENENOSA — INTERPRETAÇÃO EM CONSONÂNCIA COM A DIGNIDADE HUMANA E OS FINS SOCIAIS DA LEI — ANÁLISE SOB A PERSPECTIVA DO CONTEXTO SOCIAL DA RECORRIDA. INAPTIDÃO PARA ATIVIDADES QUE GARANTAM A SUBSISTÊNCIA PRÓPRIA E DA PROLE NUMEROSA. SENTENÇA CONFIRMADA. MANUTENÇÃO DO BENEFÍCIO. RECURSO DESPROVIDO. HONORÁRIOS ADVOCATÍCIOS. 1. Garantido pela Constituição Federal um salário mínimo de benefício mensal à pessoa portadora de deficiência e ao idoso que comprovem não possuir meios de prover à própria manutenção ou de tê-la provida por sua família (CF, art. 203, *caput* e inc. IV). 2. Definida pela Lei n. 8.742, de 7.12.1993 — Lei Orgânica da Assistência Social — LOAS —, a pessoa portadora de deficiência como aquela incapacitada para a vida independente e para o trabalho (art. 20, § 2º) e a família incapaz de prover a manutenção da pessoa portadora de deficiência e ao idoso como aquela cuja renda mensal per capita seja inferior a ¼ do salário mínimo (§ 3º). 3. A interpretação dos requisitos legais para concessão do benefício assistencial deve estar em consonância com a dignidade da pessoa humana e os fins sociais da lei, devendo-se atribuir à incapacidade para o trabalho e para os atos da vida independente sentido mais amplo do que a total incapacidade para os atos da vida cotidiana. 4. Constatada pela perícia judicial a incapacidade parcial da autora-requerida para o trabalho e para atividades que garantam a subsistência a si e aos seis filhos que vivem em sua companhia, em consequência de lesões permanentes que provocaram artrodese (travamento) da flexão e extensão do tornozelo, dificultando as atividades laborais e habituais. 5. Evidenciada a impossibilidade da recorrida de garantir sua subsistência e de sua prole, em face de sua incapacidade física, ainda que parcial, somada às suas condições sociais, sem marido ou companheiro, com seis filhos menores sob sua dependência, sem formação ou aptidão técnica para atividades que não demandem apenas dotes físicos. 6. Confirmada a sentença concessiva do benefício. 7. Apelação e remessa oficial, tida por interposta, desprovidas. 8. Condenação do apelante em honorários advocatícios, fixados em 10% (dez por cento) sobre o valor das prestações vencidas até a prolação da sentença (Súmula n. 111/STJ)." (Apelação Cível n. 1999.43.00.001755-9/TO, Relator Juiz Federal Itelmar Raydan Evangelista (auxiliar), DJU 21.11.2005, p. 16).

por imperativo de lógica, através de perícia médica.⁽²⁹²⁾ A Turma de Uniformização de Jurisprudência dos Juizados Especiais Federais também compartilha do mesmo entendimento, construindo jurisprudência a favor da concessão do benefício àquele que, malgrado possuir algum tipo de capacidade para os atos da vida cotidiana, respondendo por si mesmo pela prática diária de vestir-se, higienizar-se, alimentar-se ou locomover-se, detém incapacidade física, psíquica, cultural ou etária, algum tipo de moléstia impeditiva de sua inserção no mercado de trabalho, mal que possa traduzir-se em comprometimento sério de sua capacidade produtiva, entendida esta em seu sentido amplo.⁽²⁹³⁾

O requisito etário originalmente exigido era de 70 anos, todavia, por força do art. 38 da já citada lei, a idade foi reduzida para 67 anos a partir de 1º de janeiro de 1998 e deveria ser novamente reduzida para 65, a partir de janeiro de 2000, não fosse a modificação do mesmo artigo pela Lei n. 9.720/98. Entretanto, a Lei n. 10.741, de 1º.10.2003, Estatuto do Idoso, reduziu a idade para 65 anos, nos termos do seu art. 34, *caput*.⁽²⁹⁴⁾ Dessa forma, quanto à idade a ser exigida, observando sucessivas modificações legislativas, pode ser assim compreendida: a) de 1º de janeiro de 1996 a 31 de dezembro de 1997, redação original do art. 38 da Lei n. 8.742, de 1993, setenta anos; b) a partir de 1º de janeiro de 1998, 67 (sessenta e sete) anos, conforme nova redação ao art. 38 (Lei n. 8.742, de 1993), dada pela MP n. 1.599-39, de 1997, e reedições, convertida na Lei n. 9.720/98; c) a partir de 1º de janeiro de 2004, 65 (sessenta e cinco) anos, conforme o art. 34 da Lei n. 10.741, de 1º de outubro de 2003. Como já se afirmou em várias oportunidades desta obra, a legislação revogada fica sempre na expectativa de se constituir fonte de direito para benefícios decorrentes de eventuais direitos adquiridos.

De observar-se que a pessoa portadora de deficiência que se enquadre no conceito de incapacidade exigido não necessariamente tem que ser idosa. A incapacidade para os atos da vida independente e para o trabalho decorrente do fator etário, reclamada pela expressão normativa, traduz cautela do legislador em amparar o idoso em condições de miserabilidade sem pretender exigir dele prova de sua incapacidade, de tal modo que esta se encontra relativamente presumida. A contraprova de tal presunção, se bem que totalmente infactível diante do contexto atual de mercado de trabalho, pode ser produzida mediante comprovação da inserção do idoso em atividade remunerada ou percepção de outra renda, por benefício da própria Previdência Social ou outro regime, bem como aquela proveniente de qualquer outra fonte.

Lançando mão de um critério objetivo, prescreve a referida lei, no seu § 3º, art. 20, que poderá ser considerada incapaz de prover o sustento da pessoa portadora de deficiência ou do

---

(292) "PROCESSO CIVIL — MANDADO DE SEGURANÇA — CONCESSÃO DE BENEFÍCIO DE AMPARO ASSISTENCIAL — AUSÊNCIA DE PROVA PRÉ-CONSTITUÍDA — NECESSIDADE DE DILAÇÃO PROBATÓRIA — PERÍCIA MÉDICA — IMPOSSIBILIDADE — APELAÇÃO IMPROVIDA. 1 — Direito líquido e certo, a ser amparado em sede de mandado de segurança, é aquele que vem demonstrado de plano, por meio de prova pré-constituída, que deve ser apresentada juntamente com a petição inicial, independentemente de qualquer exame técnico. 2 — Na espécie, a discussão diz respeito à incapacidade da impetrante, o que demonstra a necessidade de dilação probatória, mediante a realização de perícia médica para verificar o seu real o estado de saúde. 3 — Inadequação do mandado de segurança, ressalvado o exame da pretensão nas vias ordinárias. 4 — Sentença mantida. 5 — Apelação improvida." (Apelação em mandado de segurança n. 2001.38.00.019769-4, Minas Gerais, Des. Federal Luiz Gonzaga Barbosa Moreira, DJU de 20.11.2005, p. 23).
(293) "PREVIDENCIÁRIO. BENEFÍCIO ASSISTENCIAL. COMPROVAÇÃO DE INCAPACIDADE. CONCEITO DE VIDA INDEPENDENTE. LEI N. 8.742/93. 1. O conceito de vida independente da Lei n. 8.742/93 não se confunde com o de vida vegetativa, ou, ainda, com o de vida dependente do auxílio de terceiros para a realização de atos próprios do cotidiano. 2. O conceito de incapacidade para a vida independente, portanto, deve considerar todas as condições peculiares do indivíduo, sejam elas de natureza cultural, psíquica, etária — em face da reinserção no mercado do trabalho — e todas aquelas que venham a demonstrar, *in concreto*, que o pretendente ao benefício efetivamente tenha comprometida sua capacidade produtiva *lato sensu*. 3. A interpretação não pode ser restritiva a ponto de limitar o conceito dessa incapacidade à impossibilidade de desenvolvimento das atividades cotidianas. 4. Incidente de uniformização improvido". (BRASIL. Turma de Uniformização de Jurisprudência dos Juizados Especiais Federais — *Pedido de Uniformização de Jurisprudência n. 2004.30.00.702129-0, da Seção Judiciária do Acre,* Instituto Nacional do Seguro Social — INSS e Renildo Guedes de Assis. Relator Juiz Federal Wilson Zauhy Filho. DJU de 13.6.2005, p. 586. Disponível em: <htttp://www.justicafederal.gov.br>. Acesso em: 4.11.2006.
(294) "Aos idosos, a partir de sessenta e cinco anos, que não possuam meios para prover sua subsistência, nem de tê-la provida por sua família, é assegurado o benefício mensal de um salário mínimo, nos termos da Lei Orgânica da Assistência Social — LOAS".

idoso a família cuja renda *per capta* mensal for inferior a ¼ (um quarto) do salário mínimo.

A partir da análise exegética deste dispositivo, surgiram dois tipos possíveis de interpretação a respeito do critério econômico para perquirição da miserabilidade: a) a primeira, sobre se a necessidade de a renda *per capta* ser inferior a ¼ do salário mínimo seria a única vocacionada à comprovação da miserabilidade do postulante, abstraindo outras situações que, não obstante de extrema pobreza, restariam eliminadas da hipótese de incidência do preceito; b) uma segunda hipótese interpretativa traduz-se em corrente doutrinária diametralmente oposta à anterior, sustentando que a previsão legislativa do critério de ¼ do salário mínimo como requisito para a concessão do benefício não é a única que, empiricamente, pode ser encontrada como situação de miserabilidade. Por este entendimento, a percepção de renda familiar *per capta* superior àquele limite não impede a concessão do benefício, desde que provada a miserabilidade por outros meios que não a renda inferior a ¼ do salário mínimo, sendo este critério considerado como mínimo abaixo do qual se presume a condição econômica reclamada.

Porém, o Supremo Tribunal Federal julgou improcedente ação direta de inconstitucionalidade proposta pelo Ministério Público Federal tencionando impugnar a validade constitucional da hegemonia do critério econômico de ¼ do salário mínimo, vocacionado, pelo § 3º do art. 20 da Lei n. 8.742/93, como única forma de comprovar a miserabilidade do postulante.[295] As ações diretas de inconstitucionalidade e os recursos extraordinários que estão chegando ao Supremo Tribunal Federal, com o mesmo objeto, estão sendo julgados no sentido de considerar constitucional a limitação imposta pela norma do § 3º, do art. 20 da Lei 8.742/93, sendo certo que os julgamentos estão sendo fundamentados de acordo com a ADIn 1.232.[296] Já no Superior Tribunal de Justiça, pelo menos a 5ª e a 6ª Turmas estão sendo favoráveis à pretensão de alargamento do conceito de miserabilidade, autorizando a interpretação segundo a qual o preceito do § 3º do art. 20 da Lei n. 8.742/93 não é o único a permitir o delineamento econômico reclamado para o benefício.[297]

---

(295) Na ocasião restaram vencidos, em parte, os Srs. Ministros Ilmar Galvão (Relator) e Néri da Silveira, que emprestavam à norma objeto da causa interpretação conforme a Constituição, nos termos do voto do Sr. Ministro-Relator. Ausentes, justificadamente, os Srs. Ministros Marco Aurélio, Sydney Sanches e Celso de Mello, Presidente. Presidiu o julgamento o Sr. Ministro Carlos Velloso, Vice-Presidente. A ementa restou vazada nos seguintes termos: "CONSTITUCIONAL. IMPUGNA DISPOSITIVO DE LEI FEDERAL QUE ESTABELECE O CRITÉRIO PARA RECEBER O BENEFÍCIO DO INCISO V DO ART. 203, DA CF. INEXISTE A RESTRIÇÃO ALEGADA EM FACE AO PRÓPRIO DISPOSITIVO CONSTITUCIONAL QUE REPORTA À LEI PARA FIXAR OS CRITÉRIOS DE GARANTIA DO BENEFÍCIO DE SALÁRIO MÍNIMO À PESSOA PORTADORA DE DEFICIÊNCIA FÍSICA E AO IDOSO. ESTA LEI TRAZ HIPÓTESE OBJETIVA DE PRESTAÇÃO ASSISTENCIAL DO ESTADO. AÇÃO JULGADA IMPROCEDENTE". (BRASIL. Supremo Tribunal Federal. Tribunal Pleno — *Ação Direta de Inconstitucionalidade n. 1232, do Distrito Federal,* Procurador-Geral da República e Presidente da República e Congresso Nacional. Relator Min. Ilmar Galvão. DJU de 1º.6.2001, p. 75. Disponível em: <htttp://www.stf.gov.br>. Acesso em: 27.10.2006.
(296) "Controle de constitucionalidade de normas: reserva de plenário (CF, art. 97): reputa-se declaratório de inconstitucionalidade o acórdão que — embora sem o explicitar — afasta a incidência da norma ordinária pertinente à lide para decidi-la sob critérios diversos alegadamente extraídos da Constituição. 2. Benefício assistencial (CF, art. 203, V; Lei n. 8.742/93, art. 20, § 3º): ao afastar a exigência de ser comprovada renda familiar inferior a 1/4 do salário mínimo per capita para a concessão do benefício, o acórdão recorrido divergiu do entendimento firmado pelo Supremo Tribunal na ADIn 1232, Galvão, DJ 1º.6.2001, quando o Tribunal afirmou a constitucionalidade das exigências previstas na Lei n. 8.742/93". (BRASIL. Supremo Tribunal Federal. Tribunal Pleno — *Agravo Regimental no Agravo de Instrumento n. 558265, do Paraná,* José de Nez e Instituto Nacional do Seguro Social. Relator Min. Sepúlveda Pertence. DJU de 20.10.2006, p. 56. Disponível em: <htttp://www.stf.gov.br>. Acesso em: 27.10.2006.
(297) "PREVIDENCIÁRIO. BENEFÍCIO DE PRESTAÇÃO CONTINUADA. AGRAVO REGIMENTAL. ART. 203, V, DA CF/88. ART. 20, § 3º, DA LEI N. 8.742/93. INCIDÊNCIA DOS VERBETES SUMULARES 7 E 83/STJ. PRECEDENTES. 1. A Terceira Seção deste Superior Tribunal, no âmbito da Quinta e da Sexta Turma, consolidou entendimento de que a comprovação do requisito da renda familiar *per capita* não-superior a ¼ (um quarto) do salário mínimo não exclui outros fatores que tenham o condão de aferir a condição de miserabilidade da parte autora e de sua família, necessária à concessão do benefício assistencial. 2. A reapreciação do contexto fático-probatório em que se baseou o Tribunal de origem para deferir o benefício pleiteado, pela via do recurso especial, esbarra no óbice do enunciado sumular n. 7/STJ. 3. Agravo regimental improvido. AGRAVO REGIMENTAL. AGRAVO DE INSTRUMENTO. PREVIDENCIÁRIO. BENEFÍCIO ASSISTENCIAL DE PRESTAÇÃO CONTINUADA. RENDIMENTO MENSAL *PER CAPITA*. ART. 20 DA LEI N. 8.742/93. REEXAME DE FATOS E PROVAS. SÚMULA N. 7 DO STJ. PROVIMENTO NEGADO". No âmbito argumentativo do referido acórdão, utilizou-se o seguinte excerto pertinente: "2. O v. acórdão regional reprochado foi proferido com base no conjunto probatório construído de forma idônea nos autos, o qual indicou expressamente a condição de miserabilidade do autor, requisito elementar à concessão do benefício assistencial. Portanto, a revisão deste quadro fático encontra óbice no Enunciado 7 da Súmula deste Sodalício. 3. A comprovação da situação econômica do requerente e sua real necessidade não se restringe a hipótese do art. 20, § 3º, da Lei n. 8.742/93, que exige renda mensal familiar *per capita* não

Tendo estes moldes o requisito objetivo para aferição da miserabilidade do aspirante ao benefício em tela, constata-se algumas uniformizações jurisprudenciais de âmbito regional, de significativa importância, que até um certo momento mudaram a concepção do requisito em exame.

Com efeito, assim é que, até ser cancelada, o critério objetivo da renda *per capta* reclamado pela Turma Regional de Uniformização de Jurisprudência dos Juizados Especiais Federais tinha passado a ser de ½ salário mínimo através da Súmula n. 06, vazada no seguinte teor: *"O critério de verificação objetiva da miserabilidade correspondente a ¼ (um quarto) do salário mínimo, previsto no art. 20, § 3º, da Lei n. 8.742/93, restou modificado para ½ (meio) salário mínimo, a teor do disposto no art. 5º, I, da Lei n. 9.533/97, que autorizava o Poder Executivo a conceder apoio financeiro aos Municípios que instituíssem programas de garantia de renda mínima associados a ações socioeducativas, e art. 2º, § 2º, da Lei n. 10.689/2003, que instituiu o Programa Nacional de Acesso à Alimentação — PNAA".*

A despeito da grande carga de plausibilidade jurídica, o mesmo destino também teve a Súmula n. 11 da Turma Nacional de Uniformização dos Juizados Federais, que assim estava redigida: "A renda mensal, per capta, familiar, superior a ¼ (um quarto) do salário mínimo não impede a concessão do benefício assistencial previsto no art. 20, § 3º, da Lei n. 8.742 de 1993, desde que comprovada, por outros meios, a miserabilidade do postulante".

Particularmente a este aspecto, prevalece, então, atualmente, o resultado da ADIn n. 1.232, do Distrito Federal, proposta pelo Procurador-Mor da República, que julgou improcedente o pedido deduzido com objetivo de retirar a validade do § 3º, do art. 20 da Lei n. 8.742/93 sob o argumento de que é permitido ao legislador ordinário, no cumprimento do mister regulamentar, estabelecer critérios objetivos não amparados no texto constitucional a fim de viabilizar o exercício do direito ao benefício previdenciário.

Conquanto esta seja, ultimamente, a tese prevalecente nas instâncias nobres do Poder Judiciário pátrio, doutrina e jurisprudência ainda se inclinam para outro vértice, relutando em aplicar a tese pela qual o critério objetivo serve apenas como limite abaixo do qual a miserabilidade do pretendente é presumida, sendo autorizada a concessão do benefício mesmo extrapolado aquele patamar, desde que comprovados por outros meios, a condição financeira extremada.

Neste sentido, vale a pena reproduzir decisão monocrática no Superior Tribunal de Justiça, negando seguimento a recurso com amparo em interpretação conforme a Constituição, deixando assente que a requisito da renda *per capta* inferior a ¼ não é o único que se presta a conferir o direito buscado, sendo lícito perquirir por outros meios a condição de miserabilidade do postulante:

"Trata-se de agravo de instrumento interposto pelo MINISTÉRIO PÚBLICO FEDERAL, em favor de OLÍVIA MAXIMINA DA CONCEIÇÃO, contra decisão da e. Vice-Presidente do Tribunal Regional Federal da 3ª Região, que negou seguimento ao recurso especial fulcrado nas alíneas 'a' e 'c' do permissivo constitucional. Cuida-se de ação previdenciária na qual a autora pleiteia o benefício de assistência social previsto no art. 203, V, da Constituição Federal. A pretensão foi julgada improcedente pelo juiz de primeira instância. Irresignada, apelou ao Tribunal de origem. Todavia, o recurso foi desprovido em acórdão assim ementado, verbis: 'PREVIDENCIÁRIO. BENEFÍCIO DE PRESTAÇÃO CONTINUADA. LEI N. 8.742/93. REQUISITOS. — Extraem-se do art. 20 da Lei n. 8.742/93, em síntese, os seguintes requisitos: a) idade mínima de setenta anos ou incapacidade; b) inexistência de rendimentos ou outros meios de prover o próprio sustento ou tê-lo provido pela família; c) renda familiar 'per capita' inferior a 1/4 do salário mínimo. Condições que não se verificam. — O Supremo Tribunal Federal, ao apreciar ADIN n. 1232-1, que questionava a constitucionalidade da limitação da renda 'per capita' prevista no parágrafo terceiro do art. 20 da Lei n. 8.742/93, julgou-a improcedente. Entretanto, não significa que tal dispositivo deva ser interpretado de forma meramente aritmética. Cabe ao julgador, diante das especificadades do caso concreto, aplicá-lo em consonância com os demais princípios de direito, como o art. 6º da LICC, e a garantia constitucional fundamental de assistência aos desamparados (art. 6º, CF). — O conjunto probatório é frágil, vago e contraditório, de modo que não permite a conclusão

---

superior a 1/4 (um quarto) do salário mínimo, pois tal condição pode ser verificada por outros meios. 4. Decisão monocrática confirmada, agravo regimental a que se nega provimento". (Agravo Regimental no Recurso Especial n. 529928, de São Paulo, Ministro Arnaldo Esteves Lima, DJU de 3.4.2006 p. 389). Confira também: AgRg no REsp 478379, do Rio Grande do Sul, Relator Ministro Hélio Quaglia Barbosa, DJU 3.4.2006, p. 427; AgRg no Ag 512074, de São Paulo, Hélio Quaglia Barbosa, DJU de 19.12.2005, p. 483; REsp 756119, do Mato Grosso do Sul, Hamilton Carvalhido, DJU de 14.11.2005, p. 412; AgRg no Ag 540835, de São Paulo, Hélio Quaglia Barbosa, DJU de 5.9.2005, p. 507; AgRg no Ag 561811, de São Paulo, Laurita Vaz, DJU de 20.6.2005, p. 341.

de que os requisitos legais foram preenchidos. O direito é da parte interessada (art. 333, inciso I, do CPC), o que não ocorreu a contento. — Apelo não provido.' (fl. 24) Alega o recorrente que o acórdão vergastado teria violado o art. 20, § 3º da Lei n. 8.742/93, segundo o qual 'considera-se incapaz de prover a manutenção de pessoa portadora de deficiência ou idosa a família cuja renda mensal per capta seja inferior a 1/4 (um quarto) do salário mínimo.' Aduz que o preceito constitucional é auto-aplicável e a lei complementar determinou o amparo ao deficiente. Sustenta, também, violação ao art. 5º da LICC, por contrariar os princípios vinculados ao instituto, e aos arts. 2º e 20, da Lei n. 8.742/93. Pela alínea 'c', aponta divergência jurisprudencial. Contra-razões não apresentadas. (fl. 54) A decisão recorrida negou seguimento ao recurso especial sob os seguintes fundamentos: Primeiro, pela incidência da Súmula 07 do STJ à espécie; Segundo, porque a recorrente não observou as regras contidas no art. 255, §§ 1º a 3º, do RISTJ. Na minuta de agravo o Ministério Público Federal combate a decisão agravada e requer a admissão do recurso obstado. É o relatório. Conheço do agravo. Passo ao exame da admissibilidade do recurso especial. No que pertine ao recurso pela alínea 'a', observo que o acórdão recorrido, com base no conjunto fático-probatório, não concedeu o benefício assistencial previsto no art. 203, V, da Constituição Federal de 1988, vez que não restaram comprovados os requisitos legais necessários. Assim consignou o voto condutor do acórdão vergastado: 'A declaração de pobreza para fins de assistência judiciária (fl. 08) não se presta para demonstrar as condições legais para a prestação de assistência social, seja porque adequada e destinada a demonstrar os requisitos da Lei n. 1.060/50, que não se confundem com os daquela, seja porque não traz elementos mínimos necessários para avaliar e fundamentar a convicção acerca da satisfação das condições legais para o benefício pleiteado, inclusive, porque firmada unilateralmente pela recorrente.' (fl. 22) Nesse contexto, torna-se inviável a revisão do julgado em sede de especial, a teor do disposto na Súmula n. 7 desta Egrégia Corte. A propósito, confira-se o seguinte julgado: "PREVIDENCIÁRIO. BENEFÍCIO DE PRESTAÇÃO CONTINUADA. REQUISITO ECONÔMICO. ART. 20, § 3º, DA LEI N. 8.742/93. COMPROVAÇÃO. SÚMULA N. 07-STJ. O requisito da renda per capita familiar inferior a ¼ (um quarto) do salário mínimo não constitui, por si só, causa de impedimento de concessão do benefício de prestação continuada da Lei n. 8.742/93. Fatores outros relacionados à situação econômico-financeira devem, também, ser levados em consideração — o que impede o seu reexame na via do recurso especial, consoante Súmula 07-STJ. Recurso não conhecido.' (REsp. 222.764/SP, Rel. Min. GILSON DIPP, DJU de 12.3.2001). A assistência social foi criada com o intuito de beneficiar os miseráveis, pessoas incapazes de sobreviver sem a ação da Previdência. Além do mais, o preceito contido no art. 20, § 3º, da Lei n. 8.742/93 não é o único critério válido para comprovar a condição de miserabilidade preceituada no art. 203, V da Magna Carta. O julgador não é impedido de usar outros fatores que tenham o condão de comprovar a condição de miserabilidade da família da autora. Nesse sentido: 'PREVIDENCIÁRIO. RENDA MENSAL VITALÍCIA — CF, ART. 203, V, LEI N. 8.742/93. RENDA FAMILIAR PER CAPITA SUPERIOR A 1/4 DO SALÁRIO MÍNIMO. INTERPRETAÇÃO CONFORME A CONSTITUIÇÃO. 1. A Lei n. 8.742/93, art. 20, § 3º, regulamentando a norma da CF, art. 203, V, quis apenas definir que a renda familiar inferior a 1/4 do salário mínimo é, objetivamente considerada, insuficiente para a subsistência do idoso ou portador de deficiência; tal regra não afasta, no caso concreto, outros meios de prova da condição de miserabilidade da família do necessitado. 2. Recurso não conhecido.' (REsp 223.603, Rel. Min. EDSON VIDIGAL, DJ de 21.2.2000) Assim, não sendo comprovada a miserabilidade nas instâncias ordinárias, descabe veicular esta pretensão pela via do recurso especial, face ao óbice imposto pela Súmula n. 07 do STJ. Nesse sentido: 'PREVIDENCIÁRIO. AGRAVO REGIMENTAL NO AGRAVO DE INSTRUMENTO. BENEFÍCIO ASSISTENCIAL. REQUISITOS PARA SUA CONCESSÃO. AFERIÇÃO. REVISÃO DO JULGADO. IMPOSSIBILIDADE. SÚMULA N. 7 DO STJ. 1. Não obstante afirme a Agravante a hipossuficiência econômica de seu grupo familiar, o Tribunal de origem, com base nos elementos probatórios dos autos, concluiu não restarem preenchidos os requisitos legais para a concessão do benefício assistencial. 2. *In casu*, a análise da irresignação implicaria em reexame da matéria fático-probatória. Aplicação da Súmula n. 07 do STJ. 3. Agravo regimental desprovido. (AgRg no AG 584.956/SP, Rel. Min. LAURITA VAZ, Quinta Turma, DJ de 18.10.2004.) Por outro lado, no que diz respeito ao recurso pela alínea 'c', tenho que a irresignação não se encontra apta a ser conhecida. Isso porque a recorrente não fez o devido cotejo analítico, tampouco trouxe aos autos as cópias dos acórdãos paradigmas. Destarte, o recurso especial não se apresenta apto a ser conhecido, quer, pela alínea 'a', pela incidência da Súmula n. 07 do STJ, quer pela alínea 'c', devido ao não cumprimento do art. 255 do RISTJ. Posto isso, NEGO PROVIMENTO ao agravo de instrumento. Publique-se. Intime-se. Brasília (DF), 20 de outubro de 2005. MINISTRO PAULO MEDINA Relator (Ministro PAULO MEDINA, 16.12.2005)." (Agravo de Instrumento n. 699.074, de São Paulo, Relator Ministro Paulo Medina, DJ de 16.12.2005).

Por outro lado, ao benefício foi dado fôlego e está sendo concedido, em alguns casos em que o grupo familiar do idoso é composto somente por ele e esposa ou vice-versa, mediante a decisão segundo a qual a renda *per capta* familiar não deve ser composta por eventual benefício usufruído por membro da família, mercê do disposto no parágrafo único do art. 34 do Estatuto do Idoso (Lei n. 10.741, de 1º.10.2003).[298] Por outro lado, o Supremo Tribunal Federal não está admitindo

---

(298) "O benefício já concedido a qualquer membro da família nos termos do *caput* não será computado para os fins do cálculo da renda familiar per capta a que se refere a LOAS". Vale a pena conferir os seguintes julgados: "PREVIDENCIÁRIO. BENEFÍCIO ASSISTENCIAL. INCAPACIDADE PARA O TRABALHO E A VIDA INDEPENDENTE. ESTADO DE MISERABILIDADE. RENDA FAMILIAR *PER CAPITA*. PARÁGRAFO ÚNICO DO ART. 34 DA LEI N. 10.741/2003. HONORÁRIOS ADVOCATÍCIOS. 1. Uma vez demonstrado que a autora é incapaz para o trabalho e a vida independente e que sua família aufere renda insuficiente à sua manutenção, é de ser concedido o benefício assistencial. 2. O valor da aposentadoria do pai da autora, que tem mais de 65 anos e é de valor mínimo,

Recursos Extraordinários, preconizando que a questão tem incidência unicamente no campo do direito infraconstitucional.(299)

O Supremo Tribunal Federal já decidiu, em sede de Recurso Extraordinário, que a dedução do valor do benefício assistencial recebido por outro membro do grupo familiar, na forma autorizada pelo art. 34 parágrafo único do Estatuto do Idoso, para fins de aferição da renda *per capta*, não contraria o entendimento adotado na ADI n. 1.232/DF.(300)

Já no Recurso Extraordinário n. 567985-3, do Mato Grosso, em que foi relator o Ministro Marco Aurélio, foi reconhecido a existência de repercussão geral da matéria suscitada, estando o processo ainda pendente de decisão pelo plenário do Supremo Tribunal Federal.(301)

O exame da casuística jurisprudencial externada em decisões do Tribunal Regional Federal da 4ª Região revela que, a despeito do critério da renda *per capta* inferior a um quarto, deve-se abater, na apuração deste *quantum*, despesas extraordinárias com medicamentos:

"(...) A orientação deste Tribunal é no sentido de ser possível, para análise do requisito da renda, abater-se do parâmetro legal (renda familiar *per capita* inferior a ¼ do salário mínimo — art. 20, § 3º, da Lei n. 8.742/93) despesas específicas oriundas da doença. Sobre o ponto, vejam-se os seguintes julgados das Turmas Previdenciárias e da 3ª Seção desta Corte: *PREVIDENCIÁRIO. BENEFÍCIO ASSISTENCIAL. (...) ARTS. 203, V DA CF/88 E 20 DA LEI N. 8.742/93. REQUISITOS. RENDA MÍNIMA. PARCELAS COMPONENTES DO CÁLCULO QUANTO AO SEU LIMITE OBJETIVO. INCAPACIDADE PARA A VIDA INDEPENDENTE. (...) 3. A concessão do amparo assistencial é devida às pessoas portadoras de deficiências e idosos, mediante a demonstração de não possuírem meios de prover à própria*

---

não deve ser computado no cálculo da renda familiar *per capita*. Aplicação por analogia do parágrafo único do art. 34 da Lei n. 10.741/2003. 3. Nas ações previdenciárias, os honorários advocatícios devem ser fixados no percentual de 10% (dez por cento) sobre o valor das parcelas devidas até a data da sentença, consoante Súmula n. 76 desta Corte." (Apelação Cível n. 2000.71.00.001789-2, Rio Grande do Sul, João Batista Pinto Silveira, DJU 18.10.2006, p. 686). Do interior do acórdão supra transcrito colhe-se os seguintes excertos: "ASSISTÊNCIA SOCIAL. MEDIDA DE AMPARO SOCIAL DE PRESTAÇÃO CONTINUADA. RENDA FAMILIAR INFERIOR A ¼ (HUM QUARTO) DO SALÁRIO MÍNIMO. JUROS DE MORA. 1. Pessoa com mais de 65 anos de idade, mantida por seu esposo (segurado também com mais de 65 anos de idade, aposentado por idade, que recebe proventos de apenas um salário mínimo mensal), possui direito à medida de amparo social de prestação continuada, conforme interpretação sistemática da legislação de regência (art. 20 e seus §§ 3º e 4º da Lei n. 8.742/93 c/c art. 34, parágrafo único da Lei n. 10.741/2003), desde que demonstrada a necessidade do referido benefício para manter sua própria sobrevivência. 2. Não ocorrência de ofensa à decisão do Egrégio STF na ADI 1.232-1/DF em face da aplicação analógica do art.34, parágrafo único da Lei n. 10.741/2003, para o fim de cálculo da renda familiar per capta do § 3º do art. 20 da Lei n. 8.742/93. 3. *omissis*. 4 . Recurso provido. (JEF, Processo n. 200435007192335, 1ª Turma Recursal — GO, Rel. Juiz Federal Euler de Almeida Silva Júnior, 5.10.2004) AUTOS N.: 2004.60.84.006546-6, 1ª Turma Recursal — MS, RELATOR: PEDRO PEREIRA DOS SANTOS, DATA DA DECISÃO: 13.12.2004, RECORRENTE: INSTITUTO NACIONAL DO SEGURO SOCIAL — INSS. RECORRIDA: GERALDA MAIA PEDRO INSTITUTO NACIONAL DO SEGURO SOCIAL recorreu da sentença que concedeu o benefício de que trata o art. 203, V, da CF à autora Geralda Maia Pedro. Sustenta que a renda per capita da recorrida é superior a ¼ do salário mínimo, pelo que ela não faz jus ao benefício pleiteado. Contra-razões aduzindo o acerto da decisão. Nos termos no Enunciado n. 12 desta Turma: 'o valor de aposentadoria equivalente a um salário mínimo, concedida a idoso, a partir de 65 anos, também não é computado para fins do cálculo da renda familiar a que se refere o art. 20, § 3º da Lei n. 8.742/93'. Por conseguinte, na forma do art. 557, do CPC, nego seguimento ao recurso, dado que a decisão recorrida está conforme o entendimento da Turma. Condeno o INSS ao pagamento de honorários que fixo em 10% sobre o valor da causa, excluídas as parcelas vincendas (Súmula n. 111 — STJ). Sem custas. Intimem-se. Campo Grande, 13 de dezembro de 2004. Documento assinado por JF00156 — Pedro Pereira dos Santos Autenticado e registrado sob o n. 0036.06BB.03EC.0DG3-TRF3JE01 (Sistema de Registro de Sentenças e Documentos Digitais — TRF da 3ª Região)."
(299) "AGRAVO DE INSTRUMENTO. ALEGADA VIOLAÇÃO A PRECEITOS CONSTITUCIONAIS. REEXAME DE FATOS E PROVAS. IMPOSSIBILIDADE. SÚMULA 279/STF. APELO EXTREMO TAMBÉM DEDUZIDO COM FUNDAMENTO NO ART. 102, III, 'B', DA CONSTITUIÇÃO. ACÓRDÃO QUE NÃO DECLAROU A INCONSTITUCIONALIDAE DE QUALQUER ATO ESTATAL. INVIABILIDADE DE RECURSO EXTRAORDINÁRIO. RECURSO DE AGRAVO IMPROVIDO. Não cabe recurso extraordinário, quando interposto com o objetivo de discutir questões de fato ou de examinar matéria de caráter probatório. Precedentes. Revela-se processualmente inviável recurso extraordinário, quando, interposto com fundamento no art. 102, III, 'b', da Carta Política, impugna acórdão que não declarou a inconstitucionalidade de tratado ou de lei federal. Precedentes." (AI-AgR 451566, de São Paulo, Relator Ministro Celso de Mello, JU 17.3.2006, p. 36).
(300) Recurso Extraordinário n. 558.221-3, de Santa Catarina, Relator Ministro Cesar Peluso, publicado no DJU de 15.5.2008.
(301) O instituto da repercussão geral no Brasil, ao lado de outro também de grande relevância em termos de celeridade processual (a sistemática de recursos repetitivos), foi introduzido no ordenamento jurídico processual a partir da Lei n. 11.418, de 19.12.06, que introduziu os arts. 543-A e 543-B, e seus respectivos parágrafos, no Código de Processo Civil, para exigir que os Recursos Extraordinários a serem interpostos devam atender, inclusive, ao lado dos outros pressupostos processuais também exigidos, a existência de repercussão geral da matéria suscitada. Nos termos em que ficou redigido o § 1º do art. 543-A, sempre existirá repercussão geral quando a matéria ventilada no Recurso Extraordinário for de relevância, em termos subjetivos, ultrapassando os interesses das partes processuais, do ponto de vista econômico, político, social ou jurídico. Na forma do § 3º, a seu turno, sempre existirá repercussão geral quando o recurso impugnar decisão recorrida que for contrária à jurisprudência dominante do STF ou súmula deste sodalício.

manutenção ou de tê-la provida por sua família. 4. O limite de ¼ do salário mínimo como renda per capita é o critério objetivo previsto em lei para demonstrar a hipossuficiência econômica do grupo familiar; contudo, para se chegar a apuração de tal montante é possível a exclusão de algumas receitas e despesas, cuja origem e destinação, ao fim e ao cabo, estejam em sintonia com a moldura constitucional e legal do benefício. Precedentes do STF. (...) (AC n. 2001.71.04.004673-1/RS, 5ª Turma, Rel. Des. Federal Victor Luiz dos Santos Laus, DJU de 30.8.2006) AÇÃO CIVIL PÚBLICA. (...) BENEFÍCIO ASSISTENCIAL. CRITÉRIOS PARA CONCESSÃO. BENEFÍCIO ASSISTENCIAL. CRITÉRIO OBJETIVO DE AFERIÇÃO DE MISERABILIDADE DO GRUPO FAMILIAR (RENDA PER CAPITA DE ¼ DO SALÁRIO MÍNIMO) NÃO É A ÚNICA FORMA DE DEMONSTRAR ESSA CONJUNTURA. (...) 4. O julgamento do STF, ao passar ao largo da análise acerca da possibilidade de outros critérios serem utilizados para apuração da condição de miserabilidade, deixou margem a que se examine, incidentalmente, a inconstitucionalidade por omissão do legislador em não prever outros modos para se efetuar essa demonstração. 5. Tendo o benefício assistencial como paradigmas norteadores uma série de princípios fundamentais que balizam o Estado Democrático de Direito — dentre os quais, evidentemente, o da dignidade da pessoa humana (art. 1º, III, CF) e o direito à vida (art. 5º, caput, CF) —, sem falar no direito social de assistência aos desamparados (art. 6º, CF) e os objetivos da assistência social previstos no art. 203, I a IV, da Constituição, a ausência de lei regulamentando a sua concessão observando as condições reais do requerente desse amparo, portanto, implica inconstitucionalidade por omissão do legislador em sua inércia em estabelecer mecanismos legais que procedam em tal sentido, mas que pode ser sanada mediante interpretação que coadune a redação da Lei n. 8.742/93 com os ditames inscritos neste documento. 6. Uma vez constatada que a renda familiar é superior ao parâmetro legal, compete à Autarquia Previdenciária examinar se a renda auferida revela-se suficiente para o sustento do postulante e de sua família, considerando para tal fim todas as despesas efetuadas com medicação, alimentação, taxas, impostos, planos de saúde, bem como as condições de moradia e necessidades de cuidados específicos dos beneficiários, os quais, via de regra, necessitam de acompanhamento constante. 7. O conceito de vida independente a que alude o § 2º do art. 20 da Lei n. 8.742/93 está inserido num conceito muito mais amplo de que simples atos de higiene, vestimenta, alimentação e locomoção. 8. Na avaliação da incapacidade para o trabalho e para a vida independente do requerente ao benefício assistencial descabe a aplicação de critérios objetivos pré-fixados e que não permitem a análise conjuntural das reais condições do requerente, as quais devem ser examinadas com base em laudo pericial, devidamente fundamentado e realizado por quantos profissionais da área biomédica que se fizerem necessário. (grifos nossos) (AC n. 2002.71.04.000395-5/RS, 6ª Turma, Rel. Des. Federal João Batista Pinto Silveira, DJU de 19.4.2006) PREVIDENCIÁRIO. BENEFÍCIO ASSISTENCIAL. LEI N. 8.742/93. MISERABILIDADE. PROVA. 1. Ao postular o benefício assistencial previsto no art. 20 da Lei n. 8.742/93, deve a parte comprovar sua incapacidade para o trabalho e para a vida independente, e renda familiar mensal inferior a ¼ do salário mínimo. 2. A condição concreta de miserabilidade é aferida pelas mínimas condições de sobrevivência da entidade familiar, observando-se as condições de moradia, alimentação, vestuário, saúde e gastos com medicamentos essenciais ou despesas extraordinárias. 3. Embargos infringentes improvidos. (EIAC n. 2000.72.06.001660-2/SC, Rel. Des. Federal Luís Alberto Aurvalle, 3ª Seção, un., j. 16.2.2006, DJ 8.3.2006) (...) (destaques no original) (Agravo de Instrumento n. 2006.04.00.030204-3, do Rio Grande do Sul, Relatora Juíza Federal Eloy Bernest Justo, DJU 29.9.2006, p. 708/709).

As decisões do Tribunal Regional Federal da Primeira Região também acompanham este pensamento (Apelação Cível n. 1031025, de São Paulo, Relatora Juíza Annamaria Pimentel, DJU de 13.9.2006, p. 533).[302]

Requisito negativo de ordem restritiva é o do § 4º do art. 20 da lei em comento, ao dispor

---

(302) "CONSTITUCIONAL. PROCESSO CIVIL. BENEFÍCIO ASSISTENCIAL. MISERABILIDADE. NÃO COMPROVAÇÃO. INDEFERIMENTO. Prescindibilidade do estudo social, à demonstração da precariedade das condições de vida do postulante do benefício, uma vez que os autos de constatação realizados, esclareceram, suficientemente, sua situação econômica. À concessão de BENEFÍCIO ASSISTENCIAL, exige-se que o requerente possua 65 (sessenta e cinco) anos de idade (art. 34 da Lei n. 10.741/2003) ou seja portador de deficiência física ou mental, incapacitante à vida independente e ao labor, devendo ser comprovada a insuficiência de recursos à própria manutenção ou a inviabilidade de que a família a proveja. O laudo médico revelou a incapacidade do autor ao labor, vislumbrando, o experto, provável necessidade de assistência contínua, tendo sido, inclusive, prestado compromisso de sua curadoria definitiva, pela genitora. A par do constitucional critério estabelecido no art. 20, § 3º, da Lei n. 8.742/93, existem outros parâmetros à configuração da debilidade financeira do requerente do BENEFÍCIO ASSISTENCIAL. Precedentes. Para efeito de cômputo da renda familiar *per capita*, caracterizadora da hipossuficiência, deve ser considerado o conceito de família, explicitado no §1º, do art. 20, da Lei Orgânica da Assistência Social — LOAS, com redação dada pela Lei n. 9.720/98. Além da renda familiar *per capita*, excedente à fração legal, não se denota, no momento, situação de miserabilidade, expressa na absoluta carência de recursos à subsistência do vindicante, o qual, ademais, deixou de comprovar os alegados gastos efetuados com MEDICAMENTOS. O BENEFÍCIO ASSISTENCIAL, num País marcado pela iniquidade social, vocaciona-se à camada de maior vulnerabilidade da população, diante da necessidade premente de recursos à sobrevivência, comprovados os requisitos legais. No futuro, se presentes as condições ensejadoras de amparo, factível novo requerimento, inclusive, administrativamente (art. 7º do Decreto n. 1.744/95). Conquanto o apelante se afigure deficiente, ausente um dos requisitos ensejadores à concessão do BENEFÍCIO ASSISTENCIAL, de se indeferir a prestação vindicada. No que pertine à condenação em consectários, a apelação do proponente mostra-se genérica, restando obstada a reforma da sentença, nesse particular, sob pena de malferimento ao princípio do *tantum devolutum quantum appellatum* (arts. 512 e 515 do CPC). Matérias suscitadas pelo INSS, ao fim de prequestionamento, não conhecidas, uma vez que a autarquia securitária pugnou por sua apreciação, apenas, se restasse provido o apelo. Apelação improvida".

que o benefício não pode acumulado com qualquer outro de ordem previdenciário, independentemente do regime de que se trate, com exceção da assistência médica. Eventual internação em casas de idosos não prejudica o direito ao benefício, na forma do § 5º do mesmo diploma.

Quem recebe o benefício não tem direito ao abono anual, na forma do que dispõe o art. 17 do Decreto n. 1.744, sendo cessado a partir do momento em que desaparecerem as condições que lhe deram origem ou com o falecimento do titular, não gerando direito à pensão por morte aos dependentes.[303] Se o titular falecer sem ter recebido os valores em atraso devidos pela autarquia por força de ação judicial ou pedido administrativo, os dependentes e herdeiros do *de cujus* terão legitimidade para tanto.

139.3. Legitimidade Passiva para ações referentes ao Benefício Assistencial de Prestação Continuada

Inicialmente, existia certa celeuma quanto à legitimidade passiva para ações desta natureza, sendo a jurisprudência pátria vacilante. Os tribunais regionais federais discrepavam, ora exigindo uma demanda direcionada contra a União Federal, ora tendo entendimento oposto.

O Superior Tribunal de Justiça, entretanto, ao apreciar questões afetas a apelos nobres, sempre perfilhou do entendimento de que, a despeito do custeio deste benefício estar a cargo da União Federal, está com o INSS a operacionalização da prestação, compreendendo o processamento dos pedidos administrativos e a efetiva decisão, motivo pelo qual é o legitimidado passivo nestas demandas.[304]

No âmbito da 4ª Região Federal, o TRF4 até chegou a editar a Sumula n. 61, pela qual "A União e o INSS são litisconsortes passivos necessários nas ações em que seja postulado o benefício assistencial previsto no art. 20 da Lei n. 8.742/93, não sendo caso de delegação de jurisdição". Porém, esta Súmula restou revogada.

No âmbito dos Juizados Especiais Federais, a partir da primeira Súmula editada pela Turma Recursal dos Juizados Especiais Federais, a controvérsia até então reinante no assunto deixou de existir,[305] estando na mesma esteira a de n. 04 da Turma Nacional de Uniformização, a qual tem o mesmo teor da mencionada anteriormente.

139.4. Carência para o Benefício Assistencial de Prestação Continuada

Trata-se de benefício de feição assistencial e não previdenciária, prescindindo do requisito da carência.

139.5. Data de início do Benefício Assistencial de Prestação Continuada

É a data do requerimento, observados eventuais benefícios trazidos pela interrupção da prescrição para deficientes absolutamente incapazes ou menores.

---

(303) "PREVIDENCIÁRIO — PROCESSUAL CIVIL — POSTULAÇÃO NA VIA ADMINISTRATIVA — DESNECESSIDADE — PRECEDENTES DO STJ E DO TRF/1ª REGIÃO — PRELIMINAR REJEITADA — AMPARO SOCIAL À PESSOA PORTADORA DE DEFICIÊNCIA — BENEFÍCIO ASSISTENCIAL — AUSÊNCIA DE DIREITO À PENSÃO POR MORTE. Em recentes julgamentos, o eg. Superior Tribunal de Justiça consolidou entendimento no sentido de que a prévia postulação na via administrativa não é condição para o ajuizamento de ação de natureza previdenciária (REsp n. 232260/CE, REsp n. 75437/RS, REsp n. 201656/RS). 2. Precedentes deste Tribunal: (AC 1998.01.00.095852-9/MG, 2ª Turma, Rel. Juiz JIRAIR ARAM MEGUERIAN, in DJ 31.5.2001, AC 2000.01.00.071372-4/GO, 1ª Turma, Rel. Juiz ANTÔNIO SÁVIO DE OLIVEIRA CHAVES, in DJ 10.9.2001). 3. 'O benefício de prestação continuada é intransferível, não gerando direito à pensão ou pagamento de resíduo a herdeiro ou sucessor' (art. 36 do Decreto n. 1.744/95). 4. Comprovado nos autos que o falecido marido da autora percebia benefício assistencial, por incapacidade, indevida a pensão por morte previdenciária requerida. 5. Preliminar rejeitada. Apelação e remessa oficial providas. Sentença reformada." (Apelação Cível n. 2002.01.99.016092-4, Minas Gerais, Des. Federal Luiz Gonzaga Barbosa Moreira, DJU de 27.6.2005, p. 29).

(304) "CONSTITUCIONAL. RENDA MENSAL VITALÍCIA. ASSISTÊNCIA SOCIAL. ENCARGO. OPERACIONALIZAÇÃO. INSTITUTO NACIONAL DO SEGURO SOCIAL. Conquanto tenha a Lei n. 8.742/93, ao dispor sobre a organização da Assistência Social, atribuído à União o encargo de responder pelo pagamento da Renda Mensal Vitalícia assegurada no art. 203, da CF/88, o Decreto n. 1.744/95, ao regulamentar seu art. 32, manteve o INSS como órgão responsável pela operacionalização do benefício. Recurso especial não conhecido". (REsp 189.244, de São Paulo, Relator Ministro Vicente Leal, DJ1, de 8.3.1999, p. 266). "RECURSO ESPECIAL. PROCESSUAL CIVIL E PREVIDENCIÁRIO. ASSISTÊNCIA SOCIAL. BENEFÍCIO DE PRESTAÇÃO CONTINUADA. UNIÃO. ILEGITIMIDADE. A União não é parte legítima para figurar no pólo passivo nas causas que visem a benefício de prestação continuada, tal como o previsto no art. 20 da Lei n. 8.742/93. Recurso conhecido e provido." (STJ, 5ª Turma, REsp 691079, do Rio Grande do Sul, Rel. Min. José Arnaldo da Fonseca, DJ 18.4.2005 p. 382).

(305) "A União é parte ilegítima para figurar no polo passivo nas ações em que seja postulado o benefício assistencial previsto no art. 20 da Lei n. 8.742/93".

> **Art. 140.** *Revogado pela Lei n. 9.528, de 10.12.97.*
>
> **Redações anteriores**
>
> O auxílio-natalidade será devido, após 12 (doze) contribuições mensais, ressalvado o disposto no § 1º, à segurada gestante ou ao segurado pelo parto de sua esposa ou companheira não segurada, com remuneração mensal igual ou inferior a Cr$ 51.000,00 (cinquenta e um mil cruzeiros).
>
> § 1º Não serão exigidas, para os segurados especiais definidos no inciso VII do art. 11, as 12 (doze) contribuições mensais.
>
> § 2º O auxílio-natalidade consistirá no pagamento de uma parcela única no valor de Cr$ 5.000,00 (cinco mil cruzeiros).
>
> § 3º O auxílio-natalidade, independentemente de convênio para esse fim, deverá ser pago pela empresa com mais de 10 (dez) empregados, até 48 (quarenta e oito) horas após a apresentação da certidão de nascimento, sendo que o ressarcimento à empresa será efetuado por ocasião do recolhimento das contribuições previdenciárias, mediante compensação.
>
> § 4º O pagamento do auxílio-natalidade deverá ser anotado na Carteira de Trabalho e Previdência Social — CTPS do empregado, conforme estabelecido no Regulamento.
>
> § 5º O segurado de empresa com menos de 10 (dez) empregados e os referidos nos incisos II a VII do art. 11 desta Lei receberão o auxílio-natalidade no Posto de Benefícios, mediante formulário próprio e cópia da certidão de nascimento, até 48 (quarenta e oito) horas após a entrega dessa documentação.
>
> § 6º O pagamento do auxílio-natalidade ficará sob a responsabilidade da Previdência Social até que entre em vigor lei que disponha sobre os benefícios e serviços da Assistência Social.

140.1. Auxílio-Natalidade

Como se disse em linhas anteriores, trata-se de benefício extinto pelo art. 39 do Decreto n. 1.744/95, que regulamentou a Lei n. 8.742/93, disciplinadora do Benefício de Prestação Continuada devido ao portador de deficiência e ao idoso.

Era pago em cota única ao segurado ou segurada que recebesse remuneração igual ou inferior ao limite estabelecido pela lei. O evento determinante era o afastamento de segurada do trabalho em face de nascimento de filho, sendo pago ao pai se a mãe não fosse segurada da Previdência Social.

Exigia-se um período de carência de doze contribuições mensais sem interrupção que acarretasse a perda da qualidade de segurado. O desembolso dos custos pelo pagamento de tal benefício era encardo da Previdência Social até o advento da Lei n. 8.742/93, que traçou as linhas mestras dos benefícios de Prestação Continuada para a Assistência Social.

> **Art. 141.** *Revogado pela Lei n. 9.528, de 10.12.97.*
>
> **Redações anteriores**
>
> Por morte do segurado, com rendimento mensal igual ou inferior a Cr$ 51.000,00 (cinquenta e um mil cruzeiros), será devido auxílio-funeral, ao executor do funeral, em valor não-excedente a Cr$ 17.000,00 (dezessete mil cruzeiros).
>
> § 1º O executor dependente do segurado receberá o valor máximo previsto.
>
> § 2º O pagamento do auxílio-funeral ficará sob a responsabilidade da Previdência Social até que entre em vigor lei que disponha sobre os benefícios e serviços da Assistência Social.

141.1. Auxílio-funeral

Volta-se a lembrar que os benefícios de Renda Mensal Vitalícia, Auxílio-natalidade e Auxílio-funeral já tinham sido preconcebidos pelo direito anterior à Lei n. 8.213/91 e estavam sendo pagos pela Previdência Social. A Constituição Federal inovou o ordenamento com a previsão do Benefício de Prestação Continuada devido a deficientes e idosos em situação de miserabilidade. No entanto, o dispositivo que prescrevia o direito, inciso V do art. 203 da CF/88, era carente de regulamentação legal, o que só surgiu com a Lei n. 8.742/93, que implantou no sistema jurídico pátrio a assistência social e determinou, em seu art. 40, a extinção daqueles benefícios a partir da implantação do benefício de Prestação Continuada. O Decreto n. 1.744/95 entrou em vigor em 1º.1.1996, de fato extinguindo estas prestações.

O art. 141 da Lei n. 8.213/91 acabou sendo revogado pela Lei n. 9.528/97.

Consistia no reembolso do numerário correspondente às despesas de funeral do segurado da Previdência Social. Dependia da percepção de um rendimento máximo em valor estabelecido. Se o sepultamento ficasse a cargo de dependente do segurado, era pago o valor máximo estipulado, embora a quantia efetivamente desembolsada ultrapassasse aquele patamar.

Art. 142. Para o segurado inscrito na Previdência Social Urbana até 24 de julho de 1991, bem como para o trabalhador e o empregador rural cobertos pela Previdência Social Rural, a carência das aposentadorias por idade, por tempo de serviço e especial obedecerá à seguinte tabela, levando-se em conta o ano em que o segurado implementou todas as condições necessárias à obtenção do benefício: (*Artigo e tabela com a redação dada pela Lei n. 9.032, de 28.4.95*)

Ano de implementação das condições	Meses de contribuição exigidos
1991	60
1992	60
1993	66
1994	72
1995	78
1996	90
1997	96
1998	102
1999	108
2000	114
2001	120
2002	126
2003	132
2004	138
2005	144
2006	150
2007	156
2008	162
2009	168
2010	174
2011	180

Redações anteriores

Para o segurado inscrito na Previdência Social Urbana na data da publicação desta Lei, bem como para o trabalhadores e o empregadores rurais cobertos pela Previdência Social Rural, a carência das aposentadorias por idade, por tempo de serviço e especial, prevista no inciso II do art. 25, obedecerá à seguinte tabela, levando-se em conta o ano da entrada do requerimento:

Ano de implementação das condições	Meses de contribuição exigidos
1991	60
1992	60
1993	66
1994	72
1995	78
1996	84
1997	90
1998	96
1999	102
2000	108

Ano de implementação das condições	Meses de contribuição exigidos
2001	114
2002	120
2003	126
2004	132
2005	138
2006	144
2007	150
2008	156
2009	162
2010	168
2011	174
2012	180

142.1. Norma de transição para carência dos filiados até 24.7.1991

Os direitos relativos às prestações previdenciárias, como decorrência da proteção social e infortunística, emanam de fatos constitutivos oriundos de relação jurídica de caráter continuado. O direito a uma prestação de aposentadoria por tempo de contribuição é conquistado pelo transcurso do tempo, ao qual se associa fatores como tempo de contribuição e idade mínima. Na relação jurídica futuramente conquistada pelo transcurso do tempo, o sujeito de direito em potencial cria certa expectativa de que o direito postulado será, efetivamente, conquistado, empreendendo esforços em busca da transformação daquela expectativa em direito adquirido. O direito intertemporal está intimando associado às relações jurídicas que estão em curso de constituição, daí surgindo a noção de separação entre direito adquirido, expectativa de direito e, de acordo com o que modernamente se expõe a respeito da temática aqui em causa, a *confiança dos cidadãos no ordenamento jurídico*.

Ainda que assente no Supremo Tribunal Federal, num certo sentido, a inexistência de direito adquirido a certo regime jurídico a garantir a manutenção da lei de regência de certo direito em formação,[306] o certo é que tem conquistado espaço no meio jurídico a doutrina da *confiança dos indivíduos no ordenamento jurídico*, corolário do princípio da segurança jurídica, garantindo a conservação de certas condições legais existentes ao tempo de formação do direito cuja expectativa foi criada no meio social, preservando um mínimo de estabilidade às relações jurídicas inicialmente instaladas.

Conquanto tal dicção jurídica ainda não se sobreponha, na prática operacional do direito, de forma assente, como impeditivo normativo a arrostar uma metamorfose geral no direito inaugural do cidadão, atua como lenitivo a frustrações sociais geradas por transformações normativas impopulares, garantindo, quando menos, a estabilidade jurídica, ainda que momentânea, na aquisição do direito em formação mediante a aplicação de norma de transição entre a expectativa de direito e o próprio direito que se pretendia conquistado. Como afirma Claudia Toledo, dependendo de certa relevância social que assumem certas situações jurídicas, "para a manutenção de certa estabilidade social advinda da confiança dos indivíduos no ordenamento jurídico, deve o legislador estabelecer normas

---

(306) "AGRAVO REGIMENTAL EM RECURSO EXTRAORDINÁRIO. SERVIDOR PÚBLICO. MUDANÇA NO REGIME JURÍDICO. GARANTIA DA IRREDUTIBILIDADE VENCIMENTOS. Muito embora o servidor público não tenha direito adquirido a regime jurídico, o decréscimo no valor nominal da sua remuneração implica ofensa à garantia constitucional da irredutibilidade de vencimentos. Esta é a pacífica jurisprudência do Supremo Tribunal Federal. Agravo regimental desprovido". (Agravo Regimental no Recurso Extraordinário n. 375936, Ceará, Relator Ministro Carlos Britto, DJU de 25.8.2006, p. 23). "Servidores do CNPq: Gratificação Especial: inexistência de direito adquirido. Ao julgar o MS 22.094, Pleno, 2.2.2005, Ellen Gracie, DJ 25.2.2005, o Supremo Tribunal decidiu que os servidores do Conselho Nacional de Desenvolvimento Científico e Tecnológico — CNPq, quando convertidos de celetistas para estatutários, não fazem jus à incorporação da Gratificação Especial, dada a inexistência de direito adquirido a regime jurídico". (Agravo Regimental no Recurso Extraordinário n. 435811, Rio de Janeiro, Relator Ministro Sepúlveda Pertence, DJU de 19.5.2006, p. 15).

de transição, como aquelas existentes na Emenda Constitucional 20, de 1998, à Constituição Federal de 1988".[307]

Os arts. 32, 33 e 35 da CLPS anterior à Lei n. 8.213/91 (Decreto n. 89.312, de 23 de janeiro de 1984), preconcebiam uma carência de sessenta contribuições mensais para aposentadoria por idade, tempo de serviço e especial, fundamentada na previsibilidade que tais benefícios encerram. Em outras palavras, os segurados que reclamassem estes benefícios tinham que ter cumprido, pelo menos, sessenta contribuições mensais.

O texto permanente da Lei n. 8.213/91 passou a exigir uma carência de 180 contribuições para aquelas prestações (art. 25, inciso II). Tratando de forma desigual os segurados que ainda não tinham direito adquirido a tais benefícios, cuidou o legislador de respeitar a expectativa de direito implantando um sistema de carência transitória com tempo aumentando gradativamente até o total reclamado pela norma geral (180). Com isso, segurados que recém transpunham os umbrais do novo regime sem o direito incorporado em seu patrimônio, poderiam contar com o favor legal. Exemplificativamente, o segurado com 59 contribuições às portas de 24.7.1991, não necessitará cumprir o saldo que resta para 180.

Com o aumento de seis meses para cada ano, o passar do tempo fará com que, obedecendo a tabela, em 2012 a carência de 180 contribuições seja a exigida, igualando a regra geral.

Mudança legislativa entre a redação inaugural e a que está hoje em vigor houve, também, na inserção, entre os anos de 1995 e 1996, de seis meses de contribuição, fazendo com que o total de 180 seja alcançado em 2012 e não em 2011, como pela redação orginária.

O favor legal em beneplácito à expectativa de direito contemplado neste artigo, ressalte-se, somente incide sobre os segurados que até a data de vigência da Lei n. 8.213/91, expressamente referida no texto como sendo 24.7.91, já tinham estabelecido algum vínculo de filiação antes deste marco. O texto legal menciona a inscrição do segurado. Porém, a bem da verdade, é o desempenho de atividade submetida ao crivo da legislação como sendo obrigatória (ou sem o exercício de atividade para os segurado facultativos) é que determina a regra. *A contrario sensu*, os segurados que se filiarem em data posterior a 24.7.91, por questão de lógica, terão que cumprir a regra geral de 180 contribuições, eis que o suporte fático de incidência da norma estará totalmente dentro do campo de eficácia do comando normativo.

As antigas divergências doutrinárias e jurisprudenciais sobre se era preciso ter filiação exatamente em 24.7.91 já perderam espaço para o entendimento oposto. Nos tempos que correm, não é necessário que o segurado esteja filiado exatamente naquele momento para beneficiar-se da norma de transição, sendo também aplicada para aqueles que eram filiados e posteriormente vieram a perder a qualidade.

Mais um exemplo de cautela legislativa foi a modificação operada pela Lei n. 9.032/95 ao texto do art. 142 da LB. A redação primitiva consistia na aferição da carência considerando o ano de entrada do requerimento administrativo. Esta lei passou a considerar no momento do cumprimento de todos os requisitos necessários ao benefício almejado, respeitando aqueles cujo requerimento não foi contemporâneo à aquisição do direito.

A referencia restritiva aos trabalhadores rurais e ao empregador rural cobertos pela Previdência Social Rural deve ser considerada ociosa tendo em conta que o preceito deve ser aplicado a todos os segurados indistintamente. Os trabalhadores campesinos devem atender os mesmos critérios para obterem a vantagem, ou seja, terem exercido atividade rural ou urbana antes de 24.7.1991. Tal assertiva deve valer mesmo que os trabalhadores do campo não tenham efetuado qualquer contribuição aos cofres da Previdência Social antes da vinda da Lei de Benefícios, isso porquanto o tratamento diferente dispensado a estes trabalhadores atenta contra a isonomia que deve haver entre todos, em similaridade de condicionantes fáticas que permitem tal entendimento.

A carência para os outros benefícios do sistema deve obedecer a regra geral do art. 25, havendo tratamento diferenciado apenas no que concerne à dispensa da carência, obedecidas as disposições do art. 26.

---

(307) TOLEDO, Claudia. *Direito adquirido e Estado Democrático de Direito*. Belo Horizonte: Landy, 2003. p. 192-193, *apud* ROCHA, Daniel Machado da; SAVARIS, José Antonio. (Coord.). *Curso de especialização em direito previdenciário*. Curitiba: Juruá, 2006. p. 131.

> **Art. 143.** O trabalhador rural ora enquadrado como segurado obrigatório no Regime Geral de Previdência Social, na forma da alínea "a" do inciso I, ou do inciso IV ou VII do Art. 11 desta Lei, pode requerer aposentadoria por idade, no valor de um salário mínimo, durante quinze anos, contados a partir da data de vigência desta Lei, desde que comprove o exercício de atividade rural, ainda que descontínua, no período imediatamente anterior ao requerimento do benefício, em número de meses idêntico à carência do referido benefício. (*Redação dada pela Lei n. 9.063, de 14.6.95*)
>
> **Redações anteriores**
>
> **Forma original**
>
> O trabalhador rural ora enquadrado como segurado obrigatório do Regime Geral de Previdência Social — RGPS, na forma da alínea "a" dos incisos I e IV, e nos incisos VI e VII do art. 11 desta Lei, ou seus dependentes, podem requerer, conforme o caso:
>
> I — auxílio-doença, aposentadoria por invalidez, auxílio-reclusão ou pensão por morte no valor de 1 (um) salário-mínimo, durante 1 (um) ano, contado a partir da data da vigência desta Lei, desde que seja comprovado o exercício de atividade rural com relação aos meses imediatamente anteriores ao requerimento do benefício, mesmo que de forma descontínua, durante período igual ao da carência do benefício; e
>
> II — aposentadoria por idade, no valor de 1 (um) salário mínimo, durante 15 (quinze) anos, contados a partir da data da vigência desta Lei, desde que seja comprovado o exercício de atividade rural nos últimos 5 (cinco) anos anteriores à data do requerimento, mesmo que de forma descontínua, não se aplicando, nesse período, para o segurado especial, o disposto no inciso I do art. 39.
>
> **Redação dada pela Lei n. 9.032/95**
>
> O trabalhador rural ora enquadrado como segurado obrigatório no Regime Geral de Previdência Social, na forma da alínea "a" dos incisos I e IV e nos incisos VI e VII do art. 11 desta Lei, pode requerer aposentadoria por idade, no valor de 1(hum) salário mínimo, durante 15 (quinze) anos, contados a partir da data de vigência desta Lei, desde que comprove o exercício de atividade rural, ainda que descontínua, no período imediatamente anterior ao requerimento do benefício, em número de meses idênticos à carência do referido benefício.

143.1. Aposentadoria por idade com regime transitório ao trabalhador rural

A regra transitória do art. 143 da Lei de Benefícios interage com aquela de caráter geral constante do art. 39 do mesmo diploma. Enquanto que o art. 143 incide sobre os trabalhadores rurais que especifica,[308] a norma do art. 39 aplica-se exclusivamente, como decorre de seu próprio texto, aos segurados especiais. Porém, o rol de prestações da norma perene é mais amplo do que aquele trazido pela norma de transição. O fundamento do favor legal dispensado aos segurados especiais do art. 39, dispensando-os do aporte financeiro sem solução de continuidade,[309] jaz na condição personalíssima da atividade desenvolvida por estes segurados, tornando despicienda a contribuição e o cálculo dos benefícios nos mesmos moldes dos demais segurados. Mesmo assim, volta-se a lembrar, também podem ter acesso ao mesmo elenco de benefícios a que fazem jus os demais segurados, contanto que contribuam facultativamente, na forma do inciso II do mesmo artigo.

A finalística da norma previdenciária em comento, mais uma vez, foi de premiar a expec-

---

(308) Empregado rural e segurado especial, apenas, porquanto os incisos III e IV do art. 11 da mesma lei foram revogados pela Lei n. 9.876/99.
(309) O segurado especial recolhe contribuições apenas sobre a comercialização de sua produção, nos termos do art. 25 da Lei n. 8.212/91.

tativa de direito do segurado empregado rural que, com o advento da Lei n. 8.213/91, migrou do regime assistencialista do FUNRURAL para o sistema contributivo previdenciário, não podendo, com isso, ver frustradas as expectativas de obtenção de benefícios que até então tinham incorporado em seu patrimônio jurídico com a exigência de carência em número de contribuições mensais.[310] Este é o motivo pelo qual o prazo de 15 anos eleito pelo legislador é igual ao da carência geral (art. 25) para estes benefícios. A condição é a prova do exercício de atividade rural igual ao número de meses exigido para carência do benefício, levando-se em consideração, como já dissemos nos comentários ao artigo anterior, se filiado anteriormente a 24.7.91, a carência transitória do art. 142 da Lei n. 8.213/91.

Destaque-se que, conforme texto deste artigo, a possibilidade de concessão do benefício cessou a partir do término do prazo concedido aos segurados já filiados antes da Lei n. 8.213/91, não podendo a norma do art. 39, do mesmo diploma, ser aplicada extensivamente àqueles segurados por ter nascido vocacionada apenas aos novos filiados.

O Poder Executivo editou a Medida Provisória n. 312, de 19 de julho de 2006, prorrogando o prazo por mais dois anos para o segurado empregado rural. Conquanto tenha sido deixado à margem da contemplação do governo, o segurado especial, por força do princípio da isonomia, também está abrangido pela disposição transitória, porquanto não há razão jurídica ou fática que justifique a disparidade de tratamento. A aludida Medida Provisória foi convertida na Lei n. 11.368, de 9 de novembro de 2006. De ver-se que o parágrafo único da lei referida foi incluído pela Medida Provisória n. 385, de 22 de agosto de 2007, a qual estendeu a prorrogação do prazo ao segurado contribuinte individual em caráter eventual que presta serviços para empresa. Entretanto, tal Medida Provisória foi rejeitada por Ato Declaratório do Senado de n. 3, de 2008. Atualmente, através da MP n. 410, de 28.12.2007, convertida na Lei n. 11.718, de 20 de junho de 2008, art. 2º e respectivo parágrafo único, o prazo, para os segurados em referência, foi novamente prorrogado para até 31 de dezembro de 2010.

Por outro lado, conquanto tenha terminado o prazo, entende-se que, por força do direito adquirido à contagem do tempo de serviço laborado ao tempo de legislação que o consagrava, existe, ainda sim, a possibilidade de concessão, não podendo a norma vir de encontro ao postulado hierarquicamente de maior autoridade estabelecendo prazo para o seu exercício.

Aliás, o projeto de Lei n. 6.852/2006, de autoria do então Ministro de Estado e Previdência Social Nelson Machado, já recomenda que ao final do prazo previsto para este artigo, o segurado especial passe a ter direito ao benefício mediante subsunção à regra geral disposta no art. 39, inciso I. Quanto ao empregado rural, dispunha no mesmo sentido que a Medida Provisória ora em vigor, estabelecendo dilação de prazo em favor do empregado rural para mais dois anos.

Por outro lado, poder-se-ia entender, a bem dos segurados empregado rural e trabalhador avulso, que devem ser espancadas qualquer discriminações de ordem restritivas de direitos, com feição probatória ou mesmo temporal, a exemplo da regra em comento, na exata medida em que tais categorias jurídicas estão albergadas pela presunção de recolhimento de suas contribuições pelas empresas a isso obrigadas, na forma do que dispõe o art. 33, § 5º, da Lei de Custeio.

O excerto jurisprudencial abaixo transcrito confirma este posicionamento:

"PREVIDENCIÁRIO. REVISÃO DE BENEFÍCIO. APOSENTADORIA POR TEMPO DE SERVIÇO. PROPORCIONAL PARA INTEGRAL. MAJORAÇÃO RMI. LABOR RURAL. INÍCIO DE PROVA MATERIAL CORROBORADO POR PROVA TESTEMUNHAL. RECONHECIMENTO. CONTRIBUIÇÕES PREVIDENCIÁRIAS. IMPLEMENTAÇÃO DO TEMPO DE SERVIÇO. CORREÇÃO MONETÁRIA. 1. A atividade rural é comprovada mediante início de prova material corroborado por prova testemunhal idônea. Em se tratando de trabalhador rural boia-fria, a exigência da prova material é mitigada, privilegiando-se a prova oral. 2. O tempo de serviço rural do segurado especial, anterior à vigência da Lei n. 8.213/91, pode ser computado para a aposentadoria por tempo de serviço, sem o recolhimento das contribuições previdenciárias correspondentes, por força do § 2º do seu art. 55, salvo para fins de carência. Já o tempo de serviço prestado na qualidade de empregado rural está sujeito ao pagamento de contribui-

---

(310) Razão pela qual a norma do art. 55, § 2º, da Lei n. 8.213/91: "O tempo de serviço do segurado trabalhador rural, anterior à data de início de vigência desta Lei, será computado independentemente do recolhimento das contribuições a ele correspondentes, exceto para efeito de carência, conforme dispuser o regulamento". Quer dizer que o exercício campesino será computado para computo de tempo de serviço, mas não como carência.

ções previdenciárias, cuja responsabilidade é do empregador na forma dos arts. 79, inciso I, da Lei n. 3.807/60 (LOPS), e 30, inciso I, alínea "a", da Lei n. 8.212/91 (Lei de Custeio), não podendo o segurado ser lesado em razão de ônus que não é seu. 3. Implementados 35 anos de tempo de serviço na DER/DIB, é devida à parte autora a revisão de sua aposentadoria proporcional para integral pelas regras previstas na Lei n. 8.213/91, majorando-se a respectiva renda mensal inicial a 100% do salário de benefício. 4. A correção monetária das diferenças vencidas deve ser calculada pelo IGP-DI, incidindo a partir da data do vencimento de cada parcela, nos termos dos Enunciados das Súmulas ns. 43 e 148 do STJ." (Apelação Cível n. 2004.70.01.005427-0, Paraná, Relator Eloy Bernest Justo, DJU de 11.4.2006, p. 671).

É importante anotar que os segurados abrangidos pelo art. 143 terão que comprovar apenas a configuração do exercício campesino exatamente nos moldes exigidos em período igual ao da carência exigida para aposentadoria por idade, considerando, na aplicação da norma transitória do art. 142, o ano em que completou o requisito etário.

Ao tempo da redação original, que exigia o exercício de atividade rural por cinco anos, o Superior Tribunal de Justiça já teve oportunidade de decidir, em apelo nobre, lide em face da qual o julgado restou assim ementado:

"PREVIDENCIÁRIO. RURAL. TEMPO DE SERVIÇO ANTERIOR À LEI N. 8.213/91. CONTRIBUIÇÕES PREVIDENCIÁRIAS. RECOLHIMENTO. COMPROVAÇÃO. Aos segurados especiais rurais enquadrados no inciso VII do art. 11 da Lei n. 8.213/91, em regime de economia familiar, não é exigida a comprovação de recolhimento de contribuições, senão a prova da atividade rural anterior por cinco anos. Recurso conhecido e provido". (REsp 177381, de São Paulo, DJ 10.5.99, p. 207).

De notar-se que o período que se exige comprovado deve ter como marco inicial sempre imediatamente anterior ao requerimento administrativo ou à data em que completado o requisito etário,[311] lembrando que a simultaneidade dos requisitos para este benefício é condição *sine qua non*.[312]

A Turma de Uniformização de Jurisprudência nos Juizados Especiais Federais decidiu questão de grande relevância na seara do campo probatório. Entendeu aquele colegiado, nos autos de Incidente de Uniformização de Jurisprudência n. 20027001026624-0, originado da Seção Judiciária do Paraná, que, tratando da comprovação material da condição de boia-fria, ou volante, pode ser aceita como início razoável de prova documental a prova extemporânea.[313]

---

(311) Confira julgado da Turma Recursal dos Juizados Especiais Federais de Santa Catarina: "PREVIDENCIÁRIO. APOSENTADORIA POR IDADE RURAL. IMPOSSIBILIDADE DE APLICAÇÃO DA SUM 02 DA TURMA DE UNIFORMIZAÇÃO DA 4ª REGIÃO. Contagem da carência retroativamente a DER ou implemento do requisito etário, sempre na vigência da Lei n. 8.213/91". (Processo n. 2004.72.95.001723-1, Relatora Juíza Eliana Paggiarin Marinho, Sessão de 17.6.2004).
(312) "PREVIDENCIÁRIO. APOSENTADORIA POR IDADE RURAL. NECESSIDADE DE PREENCHIMENTO SIMULTÂNEO DOS REQUISITOS DA IDADE MÍNIMA E DA CARÊNCIA. O direito à concessão da aposentadoria por idade rural pressupõe o preenchimento dos requisitos da idade mínima e da carência antes de o postulante haver deixado a atividade agrícola. Precedente desta Turma Recursal no Processo n. 2004.72.95.001723-1, Relatora Juíza Eliana Paggianrin Marinho. Sessão de 17.6.2004." (Processo n. 2004.72.95.007682-0, Relator Juiz João Batista Lazzari, Sessão de 17.2.2005).
(313) "PREVIDENCIÁRIO. APOSENTADORIA POR IDADE. TRABALHADORA BOIA-FRIA. INÍCIO DE PROVA MATERIAL. PROVA DOCUMENTAL EXTEMPORÂNEA. ADMISSIBILIDADE. PROVA TESTEMUNHAL COMPROVA ATIVIDADE RURAL COMO BOIA-FRIA. I — A jurisprudência da 3ª Seção do Superior Tribunal de Justiça, conforme os julgamentos das AR 551/SP e 638/SP, ambos da relatoria do Min. Paulo Galloti, pacificou entendimento pelo qual, nos casos de trabalhadores rurais boias-frias (ou volantes), documento novo que ateste o exercício daquela atividade pode ser considerado como razoável prova material. II — Outros documentos contemporâneos ao período reclamado e mais a prova testemunhal idônea comprovam o exercício de atividade rural como boia-fria. III — Incidente conhecido e provido". (BRASIL. Turma de Uniformização de Jurisprudência dos Juizados Especiais Federais. *Incidente de Uniformização de Jurisprudência n. 20027001026624-0, Paraná*. Ilda Aparecida Alves e Instituto Nacional do Seguro Social — INSS, Relator Guilherme Bollorini Pereira. Disponível em: <http://www.justicafederal.gov.br>. Acesso em: 19.11.2006.

> **Art. 144.** Até 1º de junho de 1992, todos os benefícios de prestação continuada concedidos pela Previdência Social, entre 5 de outubro de 1988 e 5 de abril de 1991, devem ter sua renda mensal inicial recalculada e reajustada, de acordo com as regras estabelecidas nesta Lei. (*Revogado Pela Medida Provisória n. 2.187-13, de 24.8.2001*)
>
> Parágrafo único. A renda mensal recalculada de acordo com o disposto no *caput* deste artigo, substituirá para todos os efeitos a que prevalecia até então, não sendo devido, entretanto, o pagamento de quaisquer diferenças decorrentes da aplicação deste artigo referentes às competências de outubro de 1988 a maio de 1992. (*Revogado Pela Medida Provisória n. 2.187-13, de 24.8.2001*)
>
> **Redações anteriores**
>
> Até 1º de junho de 1992, todos os benefícios de prestação continuada concedidos pela Previdência Social, entre 5 de outubro de 1988 e 5 de abril de 1991 devem ter sua renda mensal inicial recalculada e reajustada, de acordo com as regras estabelecidas nesta Lei.
>
> Parágrafo único. A renda mensal, recalculada de acordo com o disposto no "caput" deste artigo, substituirá para todos os efeitos a que prevalecia até então, não sendo devido, entretanto, o pagamento de quaisquer diferenças decorrentes da aplicação deste artigo referentes às competências de outubro de 1988 a maio de 1992.

144.1. Revisão de benefícios previdenciários com DIB entre 5.10.88 a 4.4.91 (Buraco Negro)

Os arts. 144 a 147 da Lei de Benefícios foram revogados pela Medida Provisória n. 2.187-13, de 24.8.2001, convertida na Lei n. 10.887, de 18 de junho de 2004.

No entanto, faz-se necessária uma incursão neste ponto, valendo repisar os mesmos argumentos expendidos nos comentários ao art. 41, que trata da regra geral de reajustamento do Plano de Benefícios da Previdência Social.

Mercê da política constitucional de combate à depreciação da RMI dos benefícios, traduzida na redação primitiva do art. 202, *caput*, da Constituição Federal, o legislador ordinário introduziu no ordenamento jurídico a regra do art. 144 da Lei n. 8.213/91, estabelecendo o recálculo e reajuste das rendas mensais iniciais dos benefícios concedidos da Constituição Federal de 1988 até a normatização infraconstitucional da legislação previdenciária, dentro do período de 5.10.1988 a 4.4.1991, doutrinariamente conhecido como buraco negro.

Isto porque, como dito anteriormente, os benefícios concedidos dentro do período constitucional demarcado foram concedidos pela CLPS e reajustados por força da incidência do art. 58 do ADCT da CF/88, com ordem de recálculo administrativo, até 1º.6.1992, para correção de todos os trinta e seis salários que compõem o período de cálculo e substituição por novos coeficientes de RMI.

Neste particular, é oportuno registrar que a declaração, pelo STF, de constitucionalidade do art. 144 da Lei n. 8.213/91, face à carência de auto-aplicabilidade do preceito constitucional do *caput* do art. 202 da CF/88, na sua redação primitiva, acabou elidindo o pagamento das diferenças decorrentes do recálculo, restando hígida a redação do art. 144 da norma legal. Apesar da data de publicação da Lei n. 8.213/91 ser no mês de julho de 1991, o marco final da aplicação do art. 144 deste mesmo diploma, 4.4.1991, é a véspera da data de início de vigência da Lei n. 8.213/91. Nesse ponto, o somatório de seis meses para elaboração do projeto de lei com outro prazo também de seis meses para apreciação pelo Congresso Nacional e, por último, adicionando o período de dezoito meses para implantação progressiva de tal legislação, resulta num total de exatos trinta meses determinados pelo legislador constituinte, no art. 59 do ADCT. Tal prazo não foi cumprido, todavia, a legislação ordinária garantiu os efeitos decorrentes da mora.

Art. 145. Os efeitos desta Lei retroagirão a 5 de abril de 1991, devendo os benefícios de prestação continuada concedidos pela Previdência Social a partir de então, terem, no prazo máximo de 30 (trinta) dias, suas rendas mensais iniciais recalculadas e atualizadas de acordo com as regras estabelecidas nesta Lei. (*Revogado Pela Medida Provisória n. 2.187-13, de 24.8.2001*)

Parágrafo único. As rendas mensais resultantes da aplicação do disposto neste artigo substituirão, para todos os efeitos as que prevaleciam até então, devendo as diferenças de valor apuradas serem pagas, a partir do dia seguinte ao término do prazo estipulado no *caput* deste artigo, em até 24 (vinte e quatro) parcelas mensais consecutivas reajustadas nas mesmas épocas e na mesma proporção em que forem reajustados os benefícios de prestação continuada da Previdência Social. (*Revogado Pela Medida Provisória n. 2.187-13, de 24.8.2001*)

Redações anteriores

Os efeitos desta Lei retroagirão a 5 de abril de 1991, devendo os benefícios de prestação continuada concedidos pela Previdência Social, a partir de então, terem, no prazo máximo de 30 (trinta) dias, suas rendas mensais iniciais recalculadas e atualizadas de acordo com as regras estabelecidas nesta Lei.

Parágrafo único. As rendas mensais resultantes da aplicação do disposto neste artigo substituirão, para todos os efeitos, as que prevaleciam até então, devendo as diferenças de valor apuradas serem pagas a partir do dia seguinte ao término do prazo estipulado no *caput* deste artigo, em 24 (vinte e quatro) parcelas mensais consecutivas, reajustadas nas mesmas épocas e na mesma proporção em que forem reajustados os benefícios de prestação continuada da Previdência Social.

145.1. Retroação da revisão administrativa, para adequação aos novos cálculos, para os benefícios com DIB a partir da Lei n. 8.213/91

Como se disse nos comentários ao artigo anterior, os arts. 144 a 147 da Lei de Benefícios foram revogados pela Medida Provisória n. 2.187-13, de 24.08.2001, convertida na Lei n. 10.887, de 18 de junho de 2004.

Já os benefícios concedidos a partir da data em que retroagiram os efeitos da Lei n. 8.213/91 (5.4.1991), na forma do seu art. 145, em face da demora na efetiva implantação das novas regras, também continuaram sendo concedidos pela CLPS, porém, administrativamente, tiveram suas rendas mensais iniciais substituídas e garantida a compensação. A única diferença em relação ao art. 144 está na circunstância de que a eficácia parcial da retroatividade deste e a carência de aplicabilidade do art. 202 da CF/88 não conferiam o direito às diferenças. Em face disso, embora o período tenha sido marcado pela equidade na implantação das novas regras (com correção de todos os 36 salários do cálculo), a demora na regulamentação do art. 202, *caput*, da constituição, provocada pelo legislador ordinário, acabou cometendo a injustiça, embora ao amparo da lei, de deixar sem ressarcimento das diferenças acarretadas nos benefícios naquele período.

Por último, os benefícios concedidos a partir da publicação da Lei n. 8.213/91 (24.7.1991), não precisaram de revisão, tendo em vista que a DIB ocorreu na data de vigência daquele diploma normativo e com aplicabilidade direta de seus preceitos.[314]

---

(314) Os arts. 144 a 147 da Lei n. 8.213/91 foram revogados pela Medida Provisória n. 2.187-13, de 24.8.2001, posteriormente convertida na Lei n. 10.887, de 18 de junho de 2004.

Art. 146. As rendas mensais de benefícios pagos pela Previdência Social incorporarão, a partir de 1º de setembro de 1991, o abono definido na alínea "b" do § 6º do Art. 9º da Lei n. 8.178, de 1º de março de 1991, e terão, a partir dessa data, seus valores alterados de acordo com o disposto nesta Lei. (*Revogado Pela Medida Provisória n. 2.187-13, de 24.8.2001*)

146.1. Regra transitória de reajustamento dos benefícios do RGPS mantidos até a data de vigência da Lei n. 8.213/91

A regra geral inserta na Lei n. 8.213/91 para reajuste dos benefícios previdenciários é a norma constante do art. 41.

Para o perfeito entendimento deste art. 146 é preciso conjugá-lo às determinações constantes do art. 58 do ADCT.

E, com efeito, pois, como já tivemos oportunidade de explanar o tema do reajuste dos benefícios previdenciários à base da equivalência com o salário mínimo, volta-se a lembrar que dita correspondência vigorou de forma transitória no período previamente demarcado no texto constitucional: de abril de 1989 a dezembro de 1991.

O art. 146 estabelece os marcos nos quais incidirão os reajustes com o advento do Plano de Benefícios da Previdência Social: a partir de setembro de 1991, tem aplicação o art. 41; até aquele mês, pela incorporação do abono mencionado no art. 146. Estes reajustes foram implantados em cumprimento às determinações do art. 58 do ADCT para equivalência com o salário mínimo no período delimitado constitucionalmente. O período de reajuste em comento, a seguir explicitado, está entre março a setembro de 1991.

Conferindo efeitos concretos àquela disposição, administrativamente veio a Portaria n. 3.485, de 16.9.1991, estabelecendo que para os benefícios de valor igual ou superior ao salário mínimo em março de 1991, o abono será, em agosto de 1991, de 54,60% (cinquenta e quatro vírgula sessenta por cento) incidentes sobre o valor da renda mensal de março de 1991.

Acontece, porém, que a Portaria n. 10, de 27 de abril de 1992, com a advertência expressa do motivo de sua edição ter sido a existência de dúvida a respeito do percentual de reajuste, para setembro de 1991, a ser aplicado sobre os benefícios previdenciários no período de março a agosto de 1991, entre as opções existentes de: a) 54,60% (variação da cesta básica); b) 79,96% (INPC); e c) 147% (reajuste do salário mínimo), resolveu fixar, com efeito retroativo a partir de 1º de setembro de 1991, o percentual de 79,96% para aqueles benefícios, abatendo-se o percentual de 54,60% já anteriormente fixado pela Portaria n. 3.485/91.

Encampado pela administração entendimento consolidado pelo STF a respeito da matéria, ato contínuo, foi editada a Portaria n. 302, de 20 de julho de 1992,[315] fixando com efeito retroativo a contar de 1º de setembro de 1991 o

---

(315) *"O MINISTRO DE ESTADO DA PREVIDÊNCIA SOCIAL, no uso das atribuições que lhe confere o artigo 87, parágrafo único, inciso II, da* Constituição Federal, CONSIDERANDO a Lei n. 8.213, de 24 de julho de 1991, que instituiu os Planos de Benefícios da Previdência Social; CONSIDERANDO o Regulamento dos Benefícios da Previdência Social, aprovado pelo Decreto n. 357, de 7 de dezembro de 1991 e legislação específica; CONSIDERANDO a decisão proferida no RE 147.684-2-SP, sendo recorrentes o Ministério Público Federal e a União Federal e recorrido o Sindicato dos Trabalhadores nas Indústrias Metalúrgicas, Mecânicas e de Material Elétrico de São Paulo que, por maioria de votos não conheceu do recurso, sendo mantida consequentemente a decisão que determinava a revisão dos benefícios previdenciários no índice de 147,06% (índice de reajuste do salário mínimo), a partir de 19 de setembro de 1991; CONSIDERANDO que a extensão desse critério de reajuste aos benefícios dos demais aposentados e pensionistas constituirá medida relevante, notadamente no atual quadro de disseminada litigiosidade; CONSIDERANDO os princípios e objetivos que regem a Previdência Social, resolve: Art. 1º Fixar com efeito retroativo, a partir de 1º de setembro de 1991, o percentual de 147,06% para reajuste dos benefícios de valor igual ou superior Cr$ 17.000,00, em março de 1991, que corresponde ao índice de reajuste do salário mínimo no período de março a agosto de 1991, deduzido o percentual de 79,96%, objeto da Portaria n. 10, de 27 de abril de 1992. Art. 2º O reajustamento de que trata esta Portaria incidirá sobre a renda mensal dos benefícios, a partir da competência agosto de 1992, efetuando-se os pagamentos relativos ao período anterior segundo normas a serem estabelecidas oportunamente. Parágrafo único. Aos beneficiários que já receberam valores reajustados em percentual igual ou superior ao fixado nesta Portaria não será paga a diferença referida no *caput*. Art. 3º

reajuste para os benefícios acima do mínimo (no mês de março de 1991) o percentual de 147,06%, variação do salário mínimo de março a agosto de 1991, deduzindo-se o percentual de 79,96% já aplicado por força da Portaria n. 10/92.

Quanto às diferenças resultantes da sistemática da Portaria n. 302/92, a Portaria n. 485, de 1º/10/92, determinou o pagamento das diferenças do período de setembro de 1991 a julho de 1992 e o abono anual de 1991, a partir de novembro de 1992, em doze parcelas sucessivas e corrigidas monetariamente.

A respeito da questão assim fecundada, o Tribunal Regional Federal editou a Súmula n. 48:

"O abono previsto no art. 9º, § 6º, letra 'b', da Lei n. 8.178/91 está incluído no índice de 147,06%, referente ao reajuste dos benefícios previdenciários em 1º de setembro de 1991".

À guisa de conclusão, os benefícios previdenciários acompanharam o reajuste pela equivalência com o salário mínimo no período definido pelo art. 58 do ADCT e, especialmente no período em comento, pode-se traçar o seguinte panorama: para acompanhar o reajuste de 147,06% dado ao salário mínimo no período de março a agosto de 1991, foram repassados aos benefícios acima do mínimo três percentuais, a saber: 54,60%, 79,96% com dedução do primeiro e, por fim, 147,06% deduzindo-se os 79,96% já aplicados.

> **Art. 147.** Serão respeitadas as bases de cálculo para a fixação dos valores referentes às aposentadorias especiais, deferidas até a data da publicação desta Lei. (*Revogado Pela Medida Provisória n. 2.187-13, de 24.8.2001*)
>
> **Redações anteriores**
>
> Serão respeitadas as bases de cálculo para a fixação dos valores referentes às aposentadorias especiais, deferidas até a data da publicação desta Lei.

147.1. Norma transitória para bases de cálculo das aposentadorias especiais concedidas até 24.7.91.

Talvez em nenhum outro ramo do direito o princípio *tempus regit actum* e o do direito adquirido tenha tanta aplicabilidade quanto no direito previdenciário.

Mais um exemplo é esta norma do art. 147 da LB.

Para que se tenha bem delineada a *mens legis*, é preciso interagí-lo com os arts. 144 e 145 do mesmo livro. Conquanto já revogados pela Medida Provisória n. 2.187-13, de 24.8.2001, convertida na Lei n. 10.887/04, deve-se ter presente o entendimento acerca destes dispositivos, sempre muito importantes na análise dos direitos dos segurados. Aliás, pode-se afirmar que em direito previdenciário, o operador do direito sempre vai precisar em algum momento ter conhecimento acerca da legislação pretérita.

Da análise conjunta dos dispositivos que tratam de perto da matéria do direito intertemporal pela Lei n. 8.213/91 (arts. 144, 145 e 147), chega-se às seguintes conclusões interpretativas: 1) a expressão bases de cálculo referidas pelo art. 147 diz respeito apenas aos coeficientes aplicáveis, ficando à margem do preceito as regras referentes à correção dos trinta e seis salários de contribuição do período básico de cálculo; 2) As aposentadorias especiais concedidas até 24.7.91 terão que obedecer às mesmas regras da legislação antiga acerca dos coeficientes de cálculo, prevalecendo o art. 147 sobre os arts. 144 e 145, por ter caráter especial; 3) As aposentadorias especiais com DIB após a publicação da lei terão os novos coeficientes trazidos pelas regras permanentes.

Compete ao Instituto Nacional de Seguro Social — INSS e à Empresa de Processamento de Dados da Previdência Social — DATAPREV adotarem as providências necessárias ao cumprimento do disposto nesta Portaria. Art. 4º Esta Portaria entra em vigor na data de sua publicação".

> **Art. 148.** *Revogado pela Lei n. 9.528, de 10.12.97.*
>
> **Redações anteriores**
>
> Reger-se-á pela respectiva legislação específica a aposentadoria do aeronauta, do jornalista profissional, do ex-combatente e do jogador profissional de futebol, até que sejam revistas pelo Congresso Nacional.

148.1. Benefícios com regime jurídico apartado do Plano de Benefícios

Revogado pela Lei n. 9.528/97, o art. 148 da Lei n. 8.213/91 regulava a transição do regime jurídico anterior das aposentadorias diferenciadas do aeronauta, do jornalista profissional, do ex-combatente e do jogador profissional de futebol.

Tal dispositivo está em meio a disposições transitórias da Lei n. 8.213/91, razão pela qual tem sentido poder afirmar que, existentes no regime jurídico anterior ao seu advento, tais benefícios, de fato, mereciam o tratamento transitório como efetivamente dispensado.

A aposentadoria dos jornalistas profissionais era regulamentada pela Lei n. 3.529, de 13.1.59, sendo devida aos trinta anos de serviço de forma integral.

A inativação do jogador profissional de futebol estava definida na Lei n. 5.939, de 19.11.73 e regulamentada pelo Decreto n. 77.210/76.

A aposentadoria especial do aeronauta nos moldes do Decreto-lei n. 158, de 10 de fevereiro de 1967, está extinta a partir de 16 de dezembro de 1998, passando a ser devida ao aeronauta os benefícios do Decreto n. 3.048/99, nos termos em que restou redigido seu art. 190, parágrafo único. O marco final foi estabelecido em face do advento da Emenda Constitucional n. 20/98.

A inércia legislativa foi superada com o advento da Lei n. 9.528/97, resultado da conversão da Medida Provisória n. 1.526/96,[316] extinguindo o tratamento diferenciado dispensado a tais prestações. Remanesce ao alcance de eficácia das normas o direito adquirido, ainda que atemporal o requerimento. Portanto, o cumprimento contemporâneo dos pressupostos enseja a concessão.

A contar do marco final do campo de eficácia da Medida Provisória n. 1.523, de 11.10.96, convertida na Lei n. 9.528/97, estas categorias profissionais não mais dispunham do direito ao benefício do tratamento diferenciado até então existente, sendo devidos e pagos pelo Regime Geral da Previdência Social nos mesmos moldes dos demais benefícios de outros segurados.

De resto, cumpre afirmar, por oportuno, que, porque não expressamente referidas no texto compreendido no art. 148 da LB, a aposentadoria especial de telefonista, regida pela Lei n. 7.850, de 23.10.89, continua sendo regrada por este diploma extravagante, sendo devida aos vinte e cinco anos de serviço.

148.2. Pensão Especial Vitalícia da Síndrome de Talidomida

O benefício de Pensão Especial Vitalícia da Síndrome da Talidomida, inaugurado na Lei n. 7.070, de 20.12.1982 e disciplinado na Instrução Normativa INSS/DC n. 118, de 14 de abril de 2005, arts. 610 a 616, destina-se a amparar materialmente, com caráter indenizatório, as pessoas nascidas com problemas de deficiência em face do uso, pela mãe, da droga denominada Talidomida. A data do início da pensão principia na data do pedido do benefício, cuja RMI pode variar obedecendo ao grau de dependência resultante da deformidade física. Da mesma forma que o aposentado por invalidez, também

---

(316) O art. 190, *caput*, do Decreto n. 3.048/99 dispôs que "a partir de 14 de outubro de 1996, não mais serão devidos os benefícios de legislação específica do jornalista profissional, do jogador profissional de futebol e do telefonista".

tem direito a 25% como acréscimo na renda mensal o beneficiário que necessite de assistência permanente de outra pessoa e que tenha recebido pontuação superior ou igual a seis pontos, na ordem de graduação convocada como parâmetro. Se tiver, alternativamente, pelo menos 25 anos de contribuição, se homem, ou vinte anos, se mulher, ou 55 anos de idade, homem, e 50, mulher, e, nestes casos, contar com, no mínimo, quinze anos de contribuição para a Previdência Social, fará jus ao adicional de 35% sobre o valor do benefício. O benefício é vitalício e intransferível, não gerando pensão ou pagamento de resíduo a seus familiares. Não poderá ser acumulada com qualquer rendimento ou indenização por danos físicos, inclusive LOAS ou Renda Mensal Vitalícia. Comprovando o caráter indenizatório de que se reveste, pode ser acumulada com outro benefício do RGPS ou de qualquer outro. Os documentos necessários para instruir o pedido estão arrolados no art. 615.

148.3. Pensão Mensal Vitalícia do Seringueiro e seus Dependentes

A Pensão Mensal Vitalícia do Seringueiro e seus Dependentes está disciplinada a partir do art. 617 da mesma Instrução Normativa, cujas bases foram expostas no art. 54 do ADCT. Este diploma transitório estabeleceu que os seringueiros recrutados nos termos do Decreto-Lei n. 5. 813, de 14 de setembro de 1943, amparados pelo Decreto-Lei n. 9.882, de 16 de setembro de 1946, poderão receber, sobrevindo carência de recursos, pensão mensal vitalícia ou valor de dois salários mínimos. De acordo com art. 617 daquela norma interna, o requerente deverá comprovar que não aufere rendimento igual ou superior a dois salários mínimos; não recebe qualquer espécie de benefício do RGPS urbano ou rural; não se encontra nas situações descritas no inciso III (trabalhou como seringueiro recrutado nos termos do Decreto-Lei n. 5.813, de 14 de setembro de 1943, durante a Segunda Guerra Mundial, nos seringais da região amazônica, e foi amparado pelo Decreto-Lei n. 9.882, de 16 de setembro de 1946 ou na mesma função na Região Amazônica atendendo ao apelo do governo brasileiro, contribuindo para o esforço de guerra na produção da borracha, durante a Segunda Guerra Mundial). Na hipótese de o requerente residir em casa de outrem, parente ou não ou de vivenciar a condição de internado ou de recolhido a instituição de caridade, não terá prejudicado o direito à pensão mensal vitalícia (art. 618). É vedada a percepção cumulativa da pensão mensal vitalícia com qualquer outro benefício de prestação continuada mantido pela Previdência Social, ressalvada a possibilidade de opção pelo benefício mais vantajoso (art. 619). O início da pensão será fixada na DER e o valor mensal corresponderá a dois salários mínimos vigentes no País (art. 621). Continuará sendo paga ao dependente do beneficiário, por morte desse último, no valor integral do benefício recebido, desde que comprove o estado de carência e não seja mantido por pessoa de quem dependa obrigatoriamente (art. 622).

148.4. Sistema especial de inclusão previdenciária a trabalhadores de baixa renda e sem renda própria dedicados exclusivamente ao trabalho doméstico

Por fim, não se deve esquecer, também, da norma programática com feição relativamente assistencialista que impõe a diretriz constitucional do "... sistema especial de inclusão previdenciária para atender a trabalhadores de baixa renda e àqueles que sem renda própria que se dediquem exclusivamente ao trabalho doméstico no âmbito da residência, desde que pertencentes a famílias de baixa renda, garantindo-lhes acesso a benefícios de valor igual a um salário mínimo." (§ 12, art. 201, CF, na forma da EC n. 47, de 5.7.2005). Até o presente momento a referida lei ainda não foi elaborada, não havendo, ainda, definição de titulares de direitos subjetivos além das figuras genericamente mencionadas no texto maior. Segundo diretriz traçada no parágrafo seguinte, pelo menos se sabe que "o sistema especial de inclusão previdenciária de que trata o § 12 deste artigo terá alíquotas e carências inferiores às vigentes para os demais segurados do regime geral de previdência social".

A propósito disso, ao contrário do que tinha sido escrito até o fechamento da primeira edição deste livro, sobreveio modificação legislativa que atendeu ao disposto constitucional para proteção especial de inclusão previdenciária de trabalhadores à míngua da necessidade de formalidades e registros inscritivos no segmento previdenciário. Assim, com o advento da EC n. 42/03, o § 12 do art. 201 da Constituição

Federal teve a sua redação modificada e a introdução do § 13 foi responsável pela imposição de carência e alíquotas de contribuição inferiores aos demais segurados. Por força da Lei Complementar n. 123, que veio posteriormente ao encontro da necessidade de complementação do texto constitucional acima aludido, foram criados os segurados contribuintes individuais e os facultativos de baixa renda, beneficiados com uma condição de alíquota diferente dos demais protegidos pelo RGPS. Fica claro, antes de tudo, que o regime diferenciado em prol destas figuras novas somente é aplicado em caso de falta de interesse, por partes destes, de alcançarem benefício de aposentadoria por tempo de contribuição. Em caso de pretensão a benefícios deste porte, que reclamam maiores aportes contributivos e necessidades atuariais de maior dimensão, haverá necessidade de complementação da contribuição reduzida para atingimento de mesmo nível contributivo de todos os segurados. Mercê da MP n. 529, de 7 de abril de 2011, o art. 21, § 2º, da Lei n. 8.212/91 (Lei de Custeio da Seguridade Social) ficou modificado depois que foi introduzida a redução de 20 para 11%, para efeito de alíquota dos contribuintes individuais que trabalham por conta própria, sem relação de trabalho com empresa ou equiparado, e do segurado facultativo.

> **Art. 149.** As prestações, e o seu financiamento, referentes aos benefícios de ex-combatente e de ferroviário servidor público ou autárquico federal ou em regime especial que não optou pelo regime da Consolidação das Leis do Trabalho, na forma da Lei n. 6.184, de 11 de dezembro de 1974, bem como seus dependentes, serão objeto de legislação específica.

149.1. Ex-combatentes

Em situação similar a dos aeronautas, jornalistas e jogadores de futebol, o regime legal dos benefícios dos ex-combatentes e dos ferroviários também tem caráter de especialidade.

Nestas espécies de aposentadorias buscou o legislador amparar certos tipos de trabalhadores com benesses de cunho político, premiando-os pelo exercício de alguma tarefa tida como de grande relevância para a pátria.

O regime previdenciário dos ferroviários estava previsto nos arts. 84 a 92 da CLPS (Decreto n. 89.312/84) e o dos ex-combatentes nos arts. 79 a 83 do mesmo diploma.

A CLPS considera ex-combatente "I — quem participou efetivamente de operação bélica na Segunda Guerra Mundial, como integrante de Força do Exército, da Força Expedicionária Brasileira, da Força Aérea Brasileira, da Marinha de Guerra ou da Marinha Mercante; II — o integrante da Marinha Mercante Nacional que entre 22 de março de 1941 e 8 de maio de 1945 participou de pelo menos 2 (duas) viagens em zona de ataques submarinos; III — O piloto civil que no período do item II participou, por solicitação de autoridade militar, de patrulhamento, busca, vigilância ou localização de navio torpedeado e assistência aos náufragos".

A concessão, manutenção e reajustamento dos benefícios ao ex-combatente e seus dependentes observava a legislação comum (CLPS), no entanto, era privilegiado com uma aposentadoria por tempo de serviço ou abono de permanência em serviço com tempo reduzido para 25 anos, bem como com auxílio-doença e aposentadoria por invalidez com renda mensal inicial de 100% do salário de benefício e, quanto às demais aposentadorias, uma renda não superior a 95% (art. 79).

Este art. 149 criou o encargo legislativo de elaboração de lei específica para estas categorias, que até a edição desta obra ainda não havia surgido. De qualquer modo, a segurança jurídica privilegiou o direito adquirido dos segurados que até a edição da Lei n. 8.213/91 já tinham todos os pressupostos cumpridos segundo a legislação revogada.

Ainda que se possa falar em omissão legislativa, houve, no caso, revogação expressa da matéria em comento em face da lei nova ter regulado integralmente a respeito da legislação anterior (CLPS).

O regime jurídico encontra-se dividido em várias normas surgidas ao longo dos tempos, cabendo citar a Lei n. 4.297, de 23 de dezembro de 1963, a Constituição Federal de 1967 (art. 178), Lei n. 5.315, de 12 de setembro de 1967 (que regulamentou a CF/67), e a Lei n. 5.698, de 31 de agosto de 1971.

149.2. Ferroviários

O direito dos ferroviários servidores públicos e autárquicos ou em regime especial consiste na complementação de aposentadoria mantida e paga pelo Instituto Nacional da Previdência Social, cujo fundamento está nos arts. 1º, 3º e 4º, do Decreto-Lei n. 956, de 13 de outubro de 1969.

> **Art. 150.** *Revogado pela Lei n. 10.559, de 13.12.2002.*
>
> **Redações anteriores**
>
> Os segurados da Previdência Social, anistiados pela Lei n. 6.683, de 28 de agosto de 1979, ou pela Emenda Constitucional n. 26, de 27 de novembro de 1985, ou ainda pelo art. 8º do Ato das Disposições Constitucionais Transitórias da Constituição Federal terão direito à aposentadoria em regime excepcional, observado o disposto no Regulamento.
>
> Parágrafo único. O segurado anistiado já aposentado por invalidez, por tempo de serviço ou por idade, bem como seus dependentes em gozo de pensão por morte, podem requerer a revisão do seu benefício para transformação em aposentadoria excepcional ou pensão por morte de anistiado, se mais vantajosa.

150.1. Anistiados

A aposentadoria para os anistiados pode ser considerada como uma espécie de recompensa por prejuízos sofridos por aqueles que foram atingidos por certos atos políticos.

Apesar da revogação deste art. 150 pela Lei n. 10.559, de 13.11.2002, a aposentadoria dos anistiados está alicerçada no art. 8º do ADCT (Ato das Disposições Constitucionais Transitórias), mantendo-se o direito adquirido ao tempo da legislação abolida. Aquela lei regulamenta os direitos do anistiado político, sendo atualmente o seu estatuto jurídico.

Nos termos do art. 1º da Lei n. 10.559/2002, "O Regime do Anistiado Político compreende os seguintes direitos: I — declaração da condição de anistiado político; II — reparação econômica, de caráter indenizatório, em prestação única ou em prestação mensal, permanente e continuada; III — contagem, para todos os efeitos, do tempo em que o anistiado político esteve compelido ao afastamento de suas atividades profissionais, em virtude de punição ou de fundada ameaça de punição, por motivo exclusivamente político; e IV — conclusão do curso, a partir do período letivo interrompido, para o punido na condição de estudante, em escola pública, ou registro do respectivo diploma para os que concluíram curso em instituições de ensino no Exterior, de acordo com os critérios estabelecidos pela Lei n. 9.394, de 20 de dezembro de 1996, que "Estabelece Diretrizes e Bases da Educação Nacional".

O art. 2º define as espécies de segurados abrangidos pela norma.

Art. 151. Até que seja elaborada a lista de doenças mencionadas no inciso II do Art. 26, independe de carência a concessão de auxílio-doença e aposentadoria por invalidez ao segurado que, após filiar-se ao Regime Geral de Previdência Social, for acometido das seguintes doenças: tuberculose ativa; hanseníase; alienação mental; neoplasia maligna; cegueira; paralisia irreversível e incapacitante; cardiopatia grave; doença de Parkinson; espondiloartrose anquilosante; nefropatia grave; estado avançado da doença de Paget (osteíte deformante); síndrome da deficiência imunológica adquirida-Aids; e contaminação por radiação, com base em conclusão da medicina especializada.

151.1. Relação das doenças isentas de carência para concessão de benefícios por incapacidade

O fundamento de qualquer regime previdenciário jaz no princípio de que a cobertura securitária não abrange os riscos sociais pretéritos. A cobertura previdenciária estatal é direcionada apenas aos fatos jurídicos futuros que a lei houve por bem normatizá-los. Além disso, a entrega da prestação previdenciária como direito subjetivo depende do respectivo aporte financeiro como paga. Ao montante mínimo de contribuição exigido dá-se o nome de carência. O art. 25 da Lei n. 8.213/91 traz a disciplina jurídica do número de contribuições mensais para os benefícios do RGPS.

Entretanto, casos há em que condições especiais impõem um tratamento particularizado, a bem da isonomia. Dentre as muitas situações especiais, uma é a regra do art. 151 da LB.

Por expressa disposição em seu texto, este art. 151 também demanda complementação legislativa com a lista das doenças mencionada no inciso II do art. 26 da Lei n. 8.213/91. Enquanto ainda não tinha sido elaborada tal relação, as enfermidades que, provisoriamente, complementavam aquele dispositivo eram as mencionadas no texto legal. Atualmente, a relação propalada veio através da Portaria Interministerial MPAS/MS n. 2.998, de 23 de agosto de 2001, publicada no DOU de 24.08.2001.

Deste modo, o segurado que se incapacitar temporária ou definitivamente após filiar-se ao RGPS em decorrência de alguma destas entidades mórbidas terá direito enquanto cumpridos os requisitos da filiação ao regime (qualidade de segurado) e a incapacidade temporária ou permanente, conforme o benefício pretendido for auxílio-doença ou aposentadoria por invalidez. É de todo imperioso que a incapacidade seja posterior à filiação, quando muito dentro do período de graça.

> **Art. 152.** *Revogado pela Lei n. 9.528, de 10.12.97.*
>
> **Redações anteriores**
>
> A relação de atividades profissionais prejudiciais à saúde ou à integridade física deverá ser submetida à apreciação do Congresso Nacional, no prazo de 30 (trinta) dias a partir da data da publicação desta Lei, prevalecendo, até então, a lista constante da legislação atualmente em vigor para aposentadoria especial.

152.1. Relação de atividades profissionais para aposentadoria especial

Como já tivemos oportunidade de explanar a respeito da aposentadoria especial (art. 57), o direito anterior presumia a presença de agentes nocivos à saúde humana mediante a simples prova do desempenho de certas atividades profissionais previamente catalogadas em relação com caráter exemplificativo.

Por força desta norma transitória, a nova lista com a relação das atividades profissionais teria que ser submetida ao crivo do Congresso Nacional em 30 dias a partir da Lei n. 8.213/91. Enquanto não fosse editada tal relação, os Decretos n. 53.831, de 25.3.1964 e 83.080, de 24.1.1979, vigentes à época, continuaram, em face da inércia legislativa, com a regulamentação da relação das atividades. Porém, a partir da Lei n. 9.032/95, ficou inviável juridicamente a concessão de tal benefício mediante os critérios de presunção relativa até então adotados, passando a ser exigida a presença efetiva do agente agressivo em contato com o trabalhador.

Daí a razão pela qual a Lei n. 9.528/97 resolveu revogá-lo.

> **Art. 153.** O Regime Facultativo Complementar de Previdência Social será objeto de lei especial, a ser submetida à apreciação do Congresso Nacional dentro do prazo de 180 (cento e oitenta) dias.

153.1. Regime Facultativo Complementar

É sabido que o Regime Geral de Previdência Social tem como escopo a manutenção de um mínimo de dignidade de vida para o segurado, não havendo possibilidade jurídica, por contrário aos princípios previdenciários, de manutenção do mesmo padrão de vida antes do benefício. Mesmo que aufira rendimentos acima do teto máximo do valor do salário de contribuição, a taxação é limitada na medida das possibilidades previamente estipuladas para o valor dos benefícios. Garante-se, no entanto, um benefício de valor nunca inferior ao mínimo.

Com este art. 153, a intenção do legislador era criar um sistema de previdência pública complementar ao RGPS para aqueles que pretendiam rendimentos superiores aos limites impostos pela Previdência Social no afã de manter o mesmo padrão de renda auferido antes da percepção do benefício e, com isso, subverter, por via transversa e legitimamente, um dos princípios norteadores da finalística previdenciária.

Não houve a criação do pretendido sistema facultativo complementar aludido pela norma, porém, a Emenda Constitucional n. 20/98 inovou ao dispor sobre a matéria de previdência complementar, eliminando a possibilidade de regime facultativo complementar em moldes públicos, restando ao segurado aposentado pelo RGPS eleger um sistema privado de previdência aberto ou fechado.

Art. 154. O Poder Executivo regulamentará esta Lei no prazo de 60 (sessenta) dias a partir da data da sua publicação.

154.1. Regulamentação da Lei de Benefícios

O primeiro ato do Poder Executivo a regulamentar do Plano de Benefícios da Previdência Social após 24.7.91 foi o Decreto n. 357, de 7.12.1991. Em sucessão, seguiram-lhe os Decretos n. 611, de 21 de julho de 1992, 2.172, de 5.3.1997, estando atualmente em vigor o de n. 3.048, de 6.5.1999, com algumas alterações expedidas após a sua entrada em vigor.

O Regulamento a que se refere o artigo trata-se de ato normativo do Poder Executivo. É ato administrativo e não legislativo, incumbido de esboçar em minúcias o conteúdo normativo da lei, cuidando para não contrariá-la. Pode esclarecer seu conteúdo, porém, é-lhe defeso exorbitar do fim para o qual foi criado. Norma administrativa por essência, sua autoridade normativa vincula exclusivamente a administração pública, não estando o juiz a ela atrelado.

Após a Constituição Federal de 1988, a primeira lei versando sobre o Plano de Benefícios da Previdência Social foi a 8.213/91, sucessora da CLPS (Decreto n. 89.312/84).

154.2. Alterações legislativas posteriores

Enquanto a posteridade legislativa constitui-se em mera coadjuvante do sistema normativo previdenciário, por apenas modificarem o conteúdo consolidado do diploma inaugural, a Lei de Benefícios, juntamente com a Lei de Custeio (Lei n. 8.212/91), são as protagonistas deste contexto, embora não se possa entrever neste conjunto nenhum conflito hierárquico. O Regulamento da Previdência Social alcança tanto o plano de benefícios quanto o custeio do regime.

Art. 155. Esta Lei entra em vigor na data de sua publicação.

155.1. Vigência

A Lei n. 8.213/91 foi publicada em 24.7.91 e o início de sua atividade foi determinado para a mesma data, não havendo, desta forma, *vacatio legis*. Conquanto isso, por expressa disposição de seu art. 145, seus efeitos retroagiram a 5 de abril do mesmo ano, a fim de fazer frente às consequências por ele especificamente determinadas, ocorrendo a retroatividade parcial de seus preceitos a alguns fatos ocorridos antes de sua vigência, tendo havido, neste particular, retroatividade expressa.

Art. 156. Revogam-se as disposições em contrário.

156.1. Revogação

O princípio constitucional do direito adquirido impõe a observância da segurança jurídica das situações definitivamente consolidadas contemporaneamente à legislação de regência. A não ser assim, a ela sobrepõe-se a norma constitucionalmente superior garantidora daquele princípio.

Consolidação por excelência, revogou expressa e integralmente a legislação contrária que lhe precedeu. Apesar disso, a legislação pretérita jamais vai deixar de operar imperativamente como salvaguarda do direito adquirido.

Brasília, em 24 de julho de 1991; 170º da Independência e 103º da República.

BIBLIOGRAFIA

BALTAZAR JÚNIOR, José Paulo. *O crime de omissão no recolhimento de contribuições sociais arrecadadas; Lei n. 8.212/91, art. 95, d*. Porto Alegre: Livraria do Advogado, 2000.

BALERA, Wagner. *A seguridade social na Constituição de 1988*. 4. ed. São Paulo: LTr, 1998.

_____. *Curso de direito previdenciário*. 4. ed. São Paulo: LTr, 1998.

_____. *Sistema de seguridade social*. 3. ed. São Paulo: LTr, 2003.

_____. *Noções preliminares de direito previdenciário*. São Paulo: Quartier Latin, 2004.

BASTOS, Celso Ribeiro. *Curso de direito constitucional*. 19. ed. São Paulo: Saraiva, 1998.

BIGOLIN, Giovani. O Requerimento Administrativo e o Controle Judicial dos Benefícios Previdenciários. In: *Temas atuais de direito previdenciário e assistência social*. ROCHA, Daniel Machado da. (org.). Porto Alegre: Livraria do Advogado, 2003. p. 49-72.

BOLLMANN, Vilian. A aposentadoria por idade e a Lei n. 10.666/2003. *Revista de Previdência Social*. LTr: São Paulo, n. 284: p. 645-652, julho de 2004.

BONAVIDES, Paulo. *Teoria do Estado*. 3. ed. São Paulo: Malheiros, 1995.

_____. *Curso de direito constitucional*. 8. ed. São Paulo: Malheiros, 1999.

CANOTILHO, José Joaquim Gomes. *Direito constitucional*. Coimbra: Almedina, 1991.

CARDONE, Marly. *Previdência, assistência e saúde: o não trabalho na constituição de 1988*. São Paulo: LTr, 1990.

_____. *Dicionário de direito previdencial*. 3. ed. São Paulo: LTr, 2002.

CARRION, Valentin. *Comentários à Consolidação das Leis do Trabalho e legislação complementar e jurisprudência*. São Paulo: RT, 1995.

CASTRO, Carlos Alberto Pereira de; LAZZARI, João Batista. *Manual de direito previdenciário*. São Paulo: LTr, 2001.

COELHO, Fabio Alexandre; ASSAD, Luciana Maria; COELHO, Vinicius Alexandre. *Manual de direito previdenciário: benefícios*. 1. ed. São Paulo: Juarez de Oliveira, 2006.

COIMBRA, Feijó. *Direito previdenciário brasileiro*. Rio de Janeiro: Edições Trabalhistas, 1990.

COSTA, Eliane Romero. Desenvolvimento social — política pública para a inclusão previdenciária do trabalhador de baixa renda. *Revista de Previdência Social*. São Paulo: LTr, n. 309: p. 528-530, agosto de 2006.

COUTO, Berenice Rojas. *O direito social e a assistência social na sociedade brasileira: uma equação possível?* São Paulo: Cortez, 2004.

CRETELLA JÚNIOR. *Comentários à Constituição de 1988*. V. I, Rio de Janeiro: Forense Universitária.

DINAMARCO, Candido Rangel. *A reforma do código de processo civil*. São Paulo: Malheiros, 1995.

DUARTE, Marina Vasquez. *Direito previdenciário*. Porto Alegre: Verbo Jurídico, 2002.

FENDT, Roberto. Os rumos da economia: entre o desejável e o possível. In: SCHÜLER, Fernando; AXT, Gunter (Orgs). *Brasil contemporâneo — crônicas de um país incógnito*. Porto Alegre: Artes e Ofícios, 2006. 125.

FERNANDES, Aníbal. *Previdência social anotada*. Bauru: Edipro, 1998.

FERREIRA FILHO, Manoel Gonçalves. *Estado de Direito e Constituição*. São Paulo: Saraiva, 1988.

FRANÇA, Rubens Limongi. *A irretroatividade das leis e o direito adquirido*. 3. ed. São Paulo: Revista dos Tribunais, 1982.

FREIRE MARTINS, Bruno Sá. O regime previdenciário dos servidores contratados temporariamente. [s.l.]: *Revista Previdenciária*. V. 69: p. 7-9, setembro de 2005.

FREITAS, Vladimir Passos de (coord.). *Direito previdenciário*. Aspectos materiais, processuais e penais. 2. ed. Porto Alegre: Livraria do Advogado, 1999.

FREUDENTHAL, Sergio Pardal. *Acidentes do trabalho*. São Paulo: Síntese Trabalhista n. 108: p. 35-40, 1998.

_____. *Aposentadoria especial*. São Paulo: LTr, 2000.

_____. Conversão de tempo especial em comum. *Revista de Previdência Social*. São Paulo: LTr, n. 303: p. 109-113, fevereiro de 2006.

GARCIA RIBEIRO, Júlio César. *A previdência social do regime geral na constituição brasileira*. 1. ed. São Paulo: LTr, 2001.

GIAMBIAGI, Fabio. *Reforma da Previdência. O encontro marcado*. A difícil escolha entre nossos pais ou nossos filhos. Rio de Janeiro: Campus, 2007.

GOMES DE MATTOS, Mauro Roberto. *Lei n. 8.112/90 interpretada e comentada Regime Jurídico Único dos Servidores Públicos da União*. 3. ed. ampliada e atualizada. Rio de Janeiro: América Jurídica, 2006.

GONÇALVES CORREIA, Marcus Orione; BARCHA CORREIA, Érica Paula (coord.). *Direito previdenciário e Constituição*. São Paulo: LTr, 2004.

HORVATH JÚNIOR, Miguel. *Lei previdenciária comentada*. São Paulo: Quartier Latin, 2005.

_____. *Direito previdenciário*. 6. ed. São Paulo: Quartier Latin, 2006.

_____. *Previdência Social em face da globalização*. São Paulo: Quartier Latin, 2006.

KELSEN, Hans. *Teoria pura do direito*. São Paulo: Martins Fontes, 1995.

KEMMERICH, Clovis. *Lei dos planos de benefícios da previdência social anotada*. 1. ed. São Paulo: Saraiva, 2000.

LAZZARI, João Batista. O processo eletrônico como solução para a morosidade do judiciário. *Revista de Previdência Social*. LTr: São Paulo, n. 304: p. 173-174, março de 2006.

LEITE, Celso Barroso. *A proteção social no Brasil*. São Paulo: LTr, 1986.

_____. Previdência Social: repondo as coisas nos seus devidos lugares. *Revista de Previdência Social*. LTr: São Paulo, n. 305: p. 239-241, abril de 2006.

LIMA de CARVALHO, Márcia Dometila. Aposentadoria especial dos servidores do Instituto de Pesquisas de Energia Nuclear — IPEN/CNEN. *Revista de Direito Social*. Sapucaia do Sul: Notadez, n. 11: p. 11-28, 2004.

LUCHI DEMO, Roberto Luis. *Jurisprudência previdenciária*. São Paulo: LTr, 2003.

_____; SOMARIVA, Maria Salute. Pensão por morte previdenciária — aspectos materiais e processuais atualidades, sucessão legislativa e jurisprudência dominante. [s.l]: *Revista Previdenciária*, v. 68: p. 7-13, agosto de 2005.

LUZ LEIRIA, Maria Lúcia. *Direito previdenciário e Estado democrática de direito*: uma (re)discussão à luz da hermenêutica. Porto Alegre: Editora do Advogado, 2001.

MACHADO, Charles M. *Constituição Federal na prática*. Florianópolis: Terceiro Milênio, 1999.

MARTINEZ, Wladimir Novaes. *A seguridade social na Constituição Federal*. 2. ed. São Paulo: LTr, 1992.

_____. *Direito previdenciário procedimental*. São Paulo: LTr, 1998.

_____. *Aposentadoria especial*. 2. ed. São Paulo: LTr, 1999.

_____. *Direito adquirido na Previdência Social*. São Paulo: LTr, 2000.

_____. *Comentários à lei básica da Previdência Social*. 5. ed. São Paulo: LTr, 2001.

_____. *Pareceres selecionados de previdência complementar*. São Paulo: LTr, 2001.

_____. *Princípios de direito previdenciário*. 4. ed. São Paulo: LTr, 2001.

_____. *Fator previdenciário em 420 perguntas e respostas*. 2. ed. São Paulo: LTr, 2001.

_____. *Curso de direito previdenciário. Tomo IV previdência complementar*. 2. ed. São Paulo: LTr, 2002.

_____. *Prova de tempo de serviço*. 3. ed. São Paulo: LTr, 2002.

_____. Taxação dos inativos sob a cláusula pétrea. *Revista de Previdência Social*. São Paulo: LTr, n. 284: p. 594-595, julho de 2004.

_____. Tempo especial do aeronauta. *Revista de Previdência Social*. São Paulo: LTr, n. 301: p. 781-783, dezembro de 2005.

_____. Direito adquirido à melhor prestação. *Revista de Previdência Social*. São Paulo: LTr, n. 304: p. 192-194, março de 2006.

MARTINS, Sergio Pinto. *Direito da seguridade social*. 14. ed. São Paulo: Atlas, 2000.

_____. Fator previdenciário. *Revista de Previdência Social*. São Paulo: LTr, n. 304: p. 175-176, março de 2006.

MAXIMILIANO, Carlos. *Direito intertemporal ou teoria da retroatividade das leis*. São Paulo: Freitas Bastos, 1946.

MAXIMILIANO, Carlos. *Hermenêutica e aplicação do direito*. Rio de Janeiro: Forense, 1997.

MEIRELLES, Helly Lopes. *Direito administrativo brasileiro*. São Paulo: Revista dos Tribunais, 1990.

MORHY, Lauro (org.). *Reforma da previdência em questão*. Brasília: Editora UNB, 2003.

NASCIMENTO, Amauri Mascaro. Questões atuais de direito do trabalho. São Paulo: *Revista LTr*, v. 61, n. 1, janeiro de 1997.

_____. *Iniciação ao direito do trabalho*. 23. ed. São Paulo: LTr, 1997.

NASCIMENTO, Carlos Valder do; FERREIRA. Sérgio de Andréa; BARROS, Sérgio Resende de. *Reforma da previdência e contribuição de inativos*; direito adquirido e segurança jurídica. Belo Horizonte: Fórum, 2003.

NASCIMENTO, Tupinanbá Miguel Castro do. *Curso de direito infortunístico*. Porto Alegre: Sulina, 1973.

OLIVEIRA, Wagner Roberto de. *Prática forense previdenciária*. São Paulo: JH Mizuno, 2005.

ORIOLA DE RAEFFRAY, Ana Paula. *Direito da saúde de acordo com a Constituição Federal*. São Paulo: Quartier Latin, 2005.

PARIZATTO, João Roberto. *Juizados especiais cíveis e criminais Justiça Federal*. 2. ed. Minas Gerais: Edipa Editora Parizatto, 2002.

PEREIRA de CASTRO, Carlos Alberto; LAZZARI, João Batista. *Manual de direito previdenciário*. 4. ed. São Paulo: LTr, 2003.

PEREIRA, Hélio do Valle. *Manual da fazenda pública em juízo*. Rio de Janeiro: Renovar, 2003.

PEREIRA NETTO, Juliana Presotto. *A Previdência Social em reforma*: o desafio da inclusão de um maior número de trabalhadores. São Paulo: LTr, 2002.

RAO, Vicente. *O direito e a vida dos direitos*. São Paulo: RT, 1991.

REQUIÃO, Rubens. *Curso de direito comercial*. São Paulo: Saraiva, 1988. V. 1.

REZENDE COLNAGO, Lorena de Mello. Desaposentação. *Revista de Previdência Social*. São Paulo: LTr, n. 301: p. 784-802, dezembro de 2005.

ROBLES, Gregório. *O direito como texto quatro estuados de teoria comunicacional do direito*. São Paulo: Manole, 2005.

ROCHA, Daniel Machado da; BALTAZAR JÚNIOR, José Paulo. *Comentários à Lei de Benefícios da Previdência Social*. 2. ed. Porto Alegre: Livraria do Advogado, 2002.

_____. *Temas atuais de direito previdenciário e assistência social*. 1. ed. Porto Alegre: Livraria do Advogado, 2003.

_____. *O direito fundamental à Previdência Social*. Porto Alegre: Livraria do Advogado, 2004.

_____ (coord.); SAVARIS, José Antonio (coord.). *Curso de especialização em direito previdenciário*. Curitiba: Juruá, 2006, v. 1.

_____ (coord.); SAVARIS, José Antonio (coord.). *Curso de especialização em direito previdenciário*. Curitiba: Juruá, 2006, v. 2.

RUSSOMANO, Mozart Victor. *Comentários à lei orgânica da previdência social*. 2. ed. Rio de Janeiro: José Konfino Editor, 1967, v. 1.

_____. *Curso de previdência social*. Rio de Janeiro: Forense, 1979.

_____. *Curso de direito do trabalho*. 6. ed. Curitiba: Juruá, 1997.

SANTOS, Marisa Ferreira dos. *O princípio da seletividade das prestações de seguridade social*. São Paulo: LTr, 2004.

SANTOS, Moacyr Amaral. *Comentários ao código de processo civil*. 6. ed. Rio de Janeiro: Forense, 1994, v. IV.

SERAU JÚNIOR, Marco Aurélio. *Curso de processo judicial previdenciário*. São Paulo: Método, 2004.

SILVA, José Afonso da. *Aplicabilidade das normas constitucionais*. São Paulo: RT, 1986.

_____. *Curso de direito constitucional positivo*. 7. ed. São Paulo: RT, 1991.

SILVA, De Plácido e. *Vocabulário jurídico*. 15. ed. Rio de Janeiro: Forense, 1998.

SOUZA JÚNIOR, César Saldanha. *Constituições do Brasil*. 1. ed. Porto Alegre: Sagra Luzzatto, 2002.

STEPHANES, Reinhold. *Previdência social, uma solução gerencial e estrutural*. Porto Alegre: Síntese, 1993.

_____. *Reforma da previdência:* sem segredos. 2. ed. Rio de Janeiro: Record, 1998.

STRECK, Lenio Luis. Jurisdição constitucional e hermenêutica: perspectivas e possibilidades de concretização dos direitos fundamentais-sociais no Brasil. novos estudos jurídicos — *Revista Quadrimestral do Curso de Pós-Graduação Stricto Sensu em Ciência Jurídica da UNIVALI*. Itajaí: UNIVALI Editora, n. 2: p. 257-302, maio/agosto de 2003.

TAVARES, Marcelo Leonardo (coord.); IBRAHIM, Fábio Zambitte; RAMOS VIEIRA, Marco André. *Comentários à reforma da previdência (EC n. 41/2003)*. Rio de Janeiro: Impetus, 2004.

THEODORO JÚNIOR, Humberto. *Curso de direito processual civil*. Rio de Janeiro: Forense, 1999, v. 1.

UGATTI, Uendel Domingues. *O princípio constitucional da contrapartida na seguridade social*. São Paulo: LTr, 2003.

VASCONCELLOS WEITRAUB, Arthur Bragança de. *Previdência privada*. Atual conjuntura e sua função complementar ao regime geral da previdência social. 2. ed. São Paulo: Juarez de Oliveira, 2003.

_____. Arthur Bragança de; LEMES, Emerson Costa; VIEIRA, Júlio César. *Cálculos previdenciários*. São Paulo: Quartier Latin, 2006.

VENOSA, Silvio de Salvo. *Direito civil:* direito de família. 5. ed. São Paulo: Atlas, 2004.

VILELA BERBEL, Fábio Lopes. *Teoria geral da previdência social*. São Paulo: Quartier Latin, 2005.